"十二五"普通高等教育本科国家级规划教材
新编高等学校公共管理专业精品教材

公共管理心理学

（第二版）

主　编　贾海薇
副主编　孙柏瑛　范柏乃

科学出版社
北　京

内 容 简 介

本教材由两大部分组成，一是理论部分，内容包括公共管理心理学概论与公共管理中的社会认知、社会态度、社会认同、人际关系、社会行为、群体心理、文化与民族心理、社会变迁与公共管理心理，共九章；二是实践部分，内容包括公共管理心理学在公共行政、司法实践、公共卫生与医疗、城市管理、应急管理、新闻传播、劳动安全管理、社会工作、教育管理、社会保障领域、人格教育领域的运用，共十一章。全书紧密联系我国社会主义现代化建设与民族传统文化传承的实际，讨论各类公共管理问题与对应的心理现象，深入分析了政府、社会、公民行为与心理，理论与实践彼此呼应，案例与分析深入浅出。各章设学习导读、课前案例、课后案例与案例简析，理论性、实践性都很强。

本教材内容充实、结构新颖，适合作为公共管理学科各个专业的学习者及公共管理各个组织的实践者的学习教材。

图书在版编目（CIP）数据

公共管理心理学 / 贾海薇主编. —2 版. —北京：科学出版社，2018.5

“十二五”普通高等教育本科国家级规划教材　新编高等学校公共管理专业精品教材

ISBN 978-7-03-057011-6

Ⅰ. ①公…　Ⅱ. ①贾…　Ⅲ. ①公共管理—管理心理学—高等学校—教材　Ⅳ. ①C93-051

中国版本图书馆 CIP 数据核字（2018）第 054403 号

责任编辑：王京苏 / 责任校对：孙婷婷　贾娜娜

责任印制：吴兆东 / 封面设计：蓝正设计

科 学 出 版 社 出版

北京东黄城根北街 16 号

邮政编码：100717

http://www.sciencep.com

固安县铭成印刷有限公司印刷

科学出版社发行　各地新华书店经销

*

2012 年 7 月第　一　版　开本：787×1092　1/16

2018 年 5 月第　二　版　印张：27 1/2

2025 年 1 月第九次印刷　字数：655 000

定价：68.00 元

（如有印装质量问题，我社负责调换）

序　一

在 2010~2011 年的几次国内学术会议上我都见到了贾海薇教授，讨论中得知她带领的一个青年教师团队编著了《公共管理心理学》，相关的资料已经在他们的教学中使用了 6 年，逐步形成了一个比较正式的教材范本。虽然我不太涉足心理学的研究，但是通过她的介绍及阅读教材初稿，我发现他们整合近年来中西方心理学研究的新成果，并将心理学的理论知识、技术方法与公共管理学科的典型问题的研究结合在一起，编写了一部颇具新颖性的教材，这是一种积极的尝试。教材中的案例选取侧重国内典型的公共管理问题，在探讨了基本理论后，还设立了主题章节，有助于学生更细致地了解和掌握心理学在公共管理实践中的运用，推动心理学研究与公共管理实践相结合。

虽然教材的编写还属前沿探索，但这种尝试的勇气和努力值得赞赏。许多学科的进步都是建立在学者们点滴研究的基础之上，逐渐达到理论化、经典化的高度。正如我在该教材第一版的序言中提到的，我由衷地希望，这部教材会给我们一个重要的启示，一个新的研究起点，为我们打开一个新的研究公共管理的窗口，或给我们提供一些新的方法来研究公共管理活动。在人们的生命价值、心理感受受到高度重视的现代生活中，心理学的研究应该得到更广泛的关注，以帮助人们在不同的情况下，对自己、对他人甚至对世界有更好的了解。

该教材于 2014 年 9 月入选教育部第二批“十二五”普通高等教育本科国家级规划教材，于 2015 年启动修订工作，已历经两年，参编单位与参编者更加丰富化，现经修订更新之后再版，更上了一层楼，这也反映了编著者持续的努力与认真的态度。希望这部教材的出版与再版，能够吸引更多的学者关注公共管理领域的管理者与被管理者互动过程中的心理维度，推动公共管理学对大写的“人”的更多的关注。

蓝志勇　教授
清华大学公共管理学院
2018 年春

序　　二

在我的指导下，贾海薇教授于2014年9月至2015年7月在北京大学政府管理学院完成了国内访问学者的研修任务，我清楚地记得2014年9月入学见面谈话时，她兴奋地告诉我她所编著的《公共管理心理学》教材，入选了教育部第二批“十二五”普通高等教育本科国家级规划教材，我为她感到高兴。我长期从事公共管理学科的教学和研究活动，对心理学领域虽了解不多，但知道有组织行为学、结构心理学、实验心理学、工业心理学等，不过确实在此之前，我还没有听说过有正式的《公共管理心理学》教材的诞生，她在这个领域的探索与努力是具有学科的前沿性与开拓性的。

在第二版正式出版之际，贾海薇教授邀请我写序，我感到应该写几行文字，以激励她与她的同事对知识的孜孜追求，并激励青年学者不断创新。

从心理学的角度，来研究公共管理，探讨公共事务中的心理发展规律，探讨公务员和接受公务员服务的大众的心理特质、心理倾向、感受、意愿、期望及行为与行动，确实是一次全新的尝试。近年来相关研究的学术论文渐现于各类学刊。例如，关于公务员与私企人员不同的就业环境、职业目标、价值偏好、人生态度、荣誉感、教育和生活背景等问题的研究尚不丰富。系统性地站在公共管理学科的视角，全面地总结心理学对公共价值实现的促进，确实是必须同时具有公共管理研究基础与心理学研究基础的人才能胜任的。贾海薇教授等基于多年的一线教学与科学研究，能够积极大胆地尝试着开展这项工作，这是很值得嘉许的。

公共管理中的公务员和社会民众的心理问题，确实是一个实实在在存在的问题，但从心理学的角度、用心理学的理论来系统地审视这些问题，将心理学的研究成果积极引入公共管理的研究是一个十分大胆的尝试。例如，现在国际上比较热门的公共服务动机的研究，就是心理学研究与公共管理研究的新结合。在这个知识爆炸、学科交叉、观点碰撞的时代，学无禁区、业无边界，因此，《公共管理心理学》的编著是一件十分有益的事情。

周志忍　教授

北京大学政府管理学院

2018年春

序　三

贾海薇的本科与硕士求学阶段是在西安交通大学度过的，在母校，她不仅取得了工学学士学位与法学硕士学位，也获得了她职业生涯的最初经验与心得。作为她攻读硕士学位时的导师，我一直希望并支持她能够跨学科学习、多领域发展，在公共管理的专业领域进行系统的研修，先打下一个扎实的理论基础，再进行理论联系实际的创新性研究。

时间过得真快，和贾海薇重逢时，她已经是一名从教25年的“老”教师了，而且真的成了我的同行，成长为一名公共管理学科的教授、硕士生导师。我很高兴这些年她能够牢记母校“精勤求学、敦笃励志、果毅力行、忠恕任事”的校训，踏踏实实地在教学、科研领域努力工作，并且能够遵循教育、教学规律，在课程教学中先是创编讲义，然后组织团队，再是扩大与知名高校同行的合作，最终于2011年底与一批年轻人一起编著出版了《公共管理心理学》。由于选题的新颖性，教材入选了教育部第二批“十二五”普通高等教育本科国家级规划教材，现在她又根据本领域学术研究的新进展和新成果，及时更新教材内容，在第一版的基础之上，对教材内容进行细化与丰富化。

尽管这部教材还有需要进一步完善的地方，但却显示了公共管理学科的年轻学者敢于创新、勤于探索的勇气，它至少打破了国内公共管理学院在教学中普遍采用偏重企业管理、工商管理领域的《管理心理学》或《组织行为学》等教材的尴尬局面，开拓性地提供了一部能够满足公共管理学科各个专业教学的需要，重视公共价值实现与公共事务心理特点的教材。《公共管理心理学》采用了理论与应用相结合的形式，是一部实用性很强的教材，能使学生、教师在公共管理领域进行学习、研究之时，也对相关的心理问题与心理效应的分析有足够的兴趣与重视。

特书此序，以资鼓励。

朱正威　教授
西安交通大学公共政策与管理学院
2018年春

目　录

第一章

公共管理心理学概论

【学习导读】

1. 掌握公共管理心理学的基本概念与重要理论。
2. 了解公共管理心理学的研究对象与研究方法。
3. 掌握心理学的基本概念。

【课前案例】

2011 年 3 月，日本东海岸近海海底地震，引发海啸，导致次生灾难——核辐射与核污染。作为邻国，中国也受到了核辐射与核污染的威胁。就在我国政府与国内各界有关组织积极监控各地空气、水文中的辐射粒子浓度，并及时发布信息的时候，一个谣言在国内部分省（自治区、直辖市）迅速传播：食盐可以防辐射，于是多地发生抢盐风波，一些不法商人趁机囤积居奇，哄抬物价，超市里盐被抢购一空，就有人开始抢购酱油。参与抢购的很多人根本不知道可以防辐射的是碘，只是看到别人在抢购，又听说可以防辐射，就唯恐落后地挤入抢购人群。各地政府迅速采取了一系列的应对措施。例如，通过应急管理系统发布了科学预防辐射的知识，通过正式媒体发布关于市场管理的信息，并积极组织食盐货源以保证供应等，民众的恐慌心理得到疏导，一场社会风波得以平息。

人类社会的历史就是经济、政治、文化的总发展史，从某种意义上来说，也是公共管理的发展史。从氏族部落到现代国家，寻求国家公共利益、发展全民生活一直是人类社会管理的目标，即使在奴隶社会、封建社会与资本主义社会中，统治者与被统治者唇齿相依的客观现实，也促使社会管理者要尽可能考虑民众利益，而不只是考虑统治者的利益。全体的公共利益与个体的私人利益长期博弈，促进了人与人之间经济政治利益的协调以及文化心理的变迁。心理学的研究表明，人的心理是脑的功能，是外部世界在头脑中的反映，它决定了人的行为。因而人所处的外部世界时刻影响着人的心理，而人的心理又时刻影响自身及群体的行为，进而影响着整个外部世界。人类社会的公共管理就是在与民众心理的互动影响下，不断取得进步与发展的。

第一节 公共管理心理学的基本界定

公共管理是对国家与社会公共事务的管理，因其特殊的重要地位，成为当代国家间竞争的核心软实力之一。在国内，公共管理学科的发展还处于幼年期，对于公共管理心理学的研究更是刚刚起步，我们的研究工作将成为提高国内公共管理水平、提升公共管理质量的一次有益探索，也是将最新心理学研究成果与国内公共管理实践相结合的一次积极尝试。

一、研究公共管理心理学的意义

公共管理作为现代人类社会管理的重要领域，是在其现有的生态环境中发展演进的。对其产生重大影响的生态环境要素主要有文化、社会资源和宪政结构。作为对社会经济状况的全面反映，这三大要素分别从深层次的心理意识、管理效率与效益及法律与制度体系层面对公共管理产生着持续而深刻的影响。作为人类的创造物，文化对公共管理的影响处于最基础的地位，也是最活跃的，社会资源次之，宪政结构则是范围最为狭窄、最为正式化的部分。

广义的文化是人类一切物质与精神产物的积累，狭义的文化主要指精神产物的积累，“它包括一国居民中当时盛行的态度、信仰、价值观和技能”（阿尔蒙德和鲍威尔，1987），也是民众的时代心理与行为的集合。“文化也是目前人们正在进行的变革国家政府的努力当中之核心环节”（Brudney et al.，2000）。从公共管理的视角，文化就是同公共管理可能直接或间接地产生联系的个体或群体的心理、行为模式、价值判断与态度倾向等。

在民主化程度日益提升的当代，民众心理可以显著地影响公共组织的政策抉择与行动绩效，从而对公共管理工作提供重要支持，或是提出重大挑战。在进行公共事务管理与改革时，管理者与改革者就不仅要考虑经济基础，还要考虑文化基础。人们的政治信仰、参政习俗，对政府的认识、对权威的看法，传统文化背景下已经形成的群体心理特征、新时代中正在形成的心理变迁动向，等等，都会对公共管理活动的开展产生极大影响，而且常常超过经济因素的影响（因为经济因素的影响需要通过公共文化与社会心理来传达与执行），决定着一个国家公共管理的绩效高低与改革成败。

所以，我国公共管理的研究，要在起步阶段就注意引入心理学的最新研究成果，运用心理学的理论、方法分析研究公共管理领域有别于其他管理领域的独特心理问题和各种现实矛盾，发现并总结其中的独特规律，丰富公共管理理论体系，科学指导我国的公共管理实践。

二、当前我国公共管理中重大的心理问题

（一）公共管理实施主体的心理问题

1. 组织层面

目前，我国正处于改革的深水区，经济改革取得显著成效，政治体制改革、行政管理体制改革也将深入推进。社会变革大，民众的心理波动也大，社会管理难度显著增加，公共管理的主体面临着一系列新的问题和压力。以政府机构为例，整个行政管理组织的决策质量、执行能力、工作效率与组织活力、组织文化等面临严峻的考验，如果应对不力就会出现问题；某些部门、地区、层面的行政组织“服务效能低下、行政决策失误、公共权力滥用、公共财政浪费、职务腐败严重”等现象，可能被民众泛化认知。以非营利组织为例，不仅要做好本职工作，还要积极经营组织信息，做好公共危机管理。例如，郭××网上晒富、上电视节目到最后因聚众赌博而锒铛入狱等一系列事件，本是个体在社会大众面前的滑稽表演，却给某个社会组织的形象带来了消极影响，导致国民对福利慈善机构的管理产生了不信任。

2. 个体层面

从个体层面考察，公共管理与服务的工作者是具体心理问题的载体与责任体。例如，公务员队伍的工作倦怠问题已对国家公共事务管理造成了较严重的负面影响，主要症状有工作积极性和工作效率低下、官僚作风与脱离群众情况严重、人际冲突增加、缺乏合作、身心素质较差等。

可见，现实的公共管理实践发展已经提出了必须尽快加强公共管理心理学研究的客观要求。通过本学科的研究，我们可以找寻公务员心理问题的预防、诊断与解决的理论与方法。通过工作生活质量改善计划、行政管理文化塑造、职业能力培训辅导、公共组织管理变革、领导艺术学习修炼等方法，有效地预防公务员的职业心理问题，优化公务员个体和群体的心理素质，最大限度地开发其工作潜能；并通过建立有效的干预机制，对已出现心理问题的人员给予专业性的咨询和治疗，使公务员能够以健康的身心状态完成国家赋予的工作任务，促进公共管理良性运作，确保我国完成深化改革，建设和谐社会的历史任务。

（二）公共管理服务对象的心理问题

1. 群体层面

我国现处于社会转型的关键阶段，前期改革中积累的矛盾日渐凸显，各社会阶层的价值观、世界观与人生观有所不同，对传统文化的继承及对外来文化的理解也不同，加之维权意识与民主觉悟日益提高，任何可能引发关于“公平”“正义”“价值”讨论的事件都会备受关注，且民众普遍缺乏安全感（人作为生物体而具有的典型心理倾向）以及转型期特有的不满足感，就会对社会事件的消极方面反应敏感，甚至过激，可能导致社会不稳定的因素增加。

2. 个体层面

高速发展的经济，导致快节奏的工作生活方式，国人成为全球公认的“最努力工作的人”，但过负荷的工作生活压力导致的亚健康也成为困扰全社会的问题。城市白领的紧张焦虑、情绪压抑，与农民工的缺乏劳动安全保障、恶性职业疾病侵害等问题纠缠在一起，无论脑力劳动者还是体力劳动者，面对人生理想蓝图与现实状况之间的差距，都有无助感与脆弱感，个体抑郁度与焦虑度较高。

【阅读资料】

自杀是全球15～29岁人群的一大死因，近期研究表明，大学生近1年的自杀心理倾向检出率是19.2%。据相关调查数据显示，我国大学生自杀死亡比例已占非正常死亡的47.2%，且大学生自杀总数和自杀行为低龄化还有逐步上升趋势。

资料来源：江光荣等. 中国国民心理健康素养的现状与特点[J]. 心理学报，2021，53，（2）：182-198.

一些因心理因素导致的社会问题，极大地引发了社会思考，也反映出当前国家公共事务管理中，必须高度关注民众心理（群体层面与个体层面）的发展变化。公共管理心理学就是要服务于公共管理事务的实践，用已有的研究成果指导管理，并在社会管理中发展与提炼新的理论与方法，以丰富自身。

三、公共管理心理学的定义与研究范畴

（一）公共管理心理学的定义

公共管理心理学是关于公共管理活动中人的心理、行为的科学，以个体心理为基础，以群体心理为重点，分析公共管理活动中人的心理行为反应，在具体的历史与社会环境下对其进行解释，并探索促进公共管理的效率效益的心理机制的建立与完善。

国家与社会是由个体组成的，个体既接受国家与社会的影响，又影响着国家与社会，公共管理是国家与社会管理中保障全民公共福利、促进公共利益的重要管理活动，任何个体都是公共管理活动的参与者，只是在某项活动中分配的角色不同，但始终处于{管理者，被管理者}这个集合。个体自身的参与，影响着公共管理的质量与水平，也影响着公共管理的变革路径与发展趋势，而社会环境对其行为的应答，也反作用于其心理。以网络反腐为例，网民强大的搜索与信息曝光能力，使一些腐败分子无处遁形。因互联网的运用普及而新产生的网络监督渠道弥补了先前社会监督中的不足，提升了社会对公共利益执行者的监督质量，积极作用是主要的。但是网络信息良莠不齐，且有部分低素质网民故意制造危言耸听的虚假信息以吸引公众的注意，往往导致引发消极情感的负面信息过度传播。例如，对个别腐败分子的批评泛化为对整体行政组织的消极评价，不利于行政组织积极高效地推进行政管理工作。所以，公共管理心理学要重点研究在公共管理活动中，人们是怎样相互影响的，要研究促进公共管理活动中管理者与被管理者之间良性的心理影响与行为应答的途径与方法，解答现实问题，剖析民众心理，降低群际摩擦，

减少管理成本，提高公共管理的效率效益。

（二）公共管理心理学的研究范畴

根据公共管理心理学的学科定义，其研究范畴主要包含以下几个方面。

1. 现实社会中公共管理主客体的心理与行为的特征分析

对于公共管理心理的研究，先要加强对公共管理的主客体的个性心理及行为模式特征的分析研究，可以从个体层面入手，但不能以个体为分析单元，而应逐层推进到群体、组织层面，以整个社会系统为分析单元。研究公共管理主客体的心理行为特征，是要在公共事务管理过程中更好地对其加以引导和利用，提升公共管理质量与效率效益。

现实社会中的组织细胞是一个个具体的人，人与人相互作用形成组织，所以，研究公共管理心理学，首先考察个体，这是着眼点；其次考察个体所在的微观结构的社会，如家庭、学校、社区、工作单位等，在这个范围内，社会与个体的相互作用则是直接的，涉及的公共管理问题往往是与其本人密切相关的；最后考察个体所在的宏观结构的社会，如国家、民族、阶级等，在这个范围内，社会与个体的相互作用则是间接的，涉及的公共管理问题往往是一群人（因这个公共事务问题而与某个个体具有同性质的人的集合）；这样，个体、小组织、大社会，逐层联结在一起。公共利益是多个个体私利的集合，往往要忽略一些个性化的利益因素，确保多数人的公共利益，所以，公共管理心理学的研究就要在能够看到个体的基础上（同一外界刺激，不同个体会有不同的反应），优先分析促进公共利益实现的群体心理、组织心理，要同时关注公共管理主客体的心理状态。

2. 公共管理领域特殊的心理、行为问题的规律探索

在对现实社会中公共管理主客体的心理与行为的特征进行全面分析的基础上，公共管理心理学要研究揭示公共管理活动的各种管理行为的心理机制，解决如何指导公共管理主客体科学、理性地采取行为反应与合情合理的心理应答的问题，如权威与遵从权威的心理问题，成功动机与权力欲的问题，经济利益驱动政治参与的问题，公共权利与私人权利博弈的心理互动问题，行政管理系统的人员选拔、工作效率及廉政建设的心理机制构建问题等，在管理学、心理学与管理心理学已有成果的基础上，探索公共管理领域特殊的心理、行为问题的规律。

对心理的考察必须把握其发生、发展的具体的环境，在社会心理学中人们称其为社会情境（social situation），在公共管理心理学中称其为公共管理情境（public administration situation），它确定了一种基本的研究情境。公共管理情境，是与个体直接相关联的公共管理环境，它包含着个体与环境的相互作用，是与个体心理相关的全部环境状态。公共管理情境与公共管理环境的主要区别是：①公共管理环境是整体存在的社会大环境，而公共管理情境则是社会大环境中的某些特定部分；②公共管理环境对个体而言是纯客观的，不同公共管理主客体可以处于同样的环境之中，而公共管理情境则是主观与客观的统一，不同的公共事务问题涉及不同的个体，同一公共事务问题也可能涉及不同的个体，且他们可能处于不同的情境之中；③公共管理情境是在被个体所意识到的情况下，直接

对个体心理发生影响的，而公共管理情境以外的公共管理环境则是在未被个体所意识到的情况下，间接地对个体心理发生影响的。

公共管理活动是在大的公共管理环境、小的公共管理情境中，由主客体同时参与的活动，所以，公共管理心理学的研究就要重视情境的作用。又因为相同的外界刺激，在不同的情境下人们会有不同的心理反应，进而总结情境与心理的联结关系，探索公共管理领域特殊的心理、行为问题的规律。

3. 公共管理心理学的理论体系的健康发展

关注现实中的公共管理事务的演变与发展，及时发现问题，找寻有效解决的途径，更好地促进公共管理主客体心理健康发展，促进公共组织系统的结构改善和功能优化，以理论联系实际的新产出来丰富先前对个体心理、群体心理、领导心理等领域的研究，以公共管理活动中独特的心理规律的总结与概括，建立能够促进社会健康发展的公共管理心理学的理论体系，促进管理心理学的结构完善。

四、公共管理心理学的学科地位

随着心理学和管理学的发展，这两大学科相互交融组合，管理心理学、公共管理心理学应运而生。

心理学作为人类对自身精神世界不断探索而形成的科学体系，从诞生之日起就在努力总结人（个体与群体）的思想、行为、特点、特征与发展趋势，试图找寻环境刺激与行为应答的联系，预测与控制人的思考方式、思想结果与行为模式。以闵斯特伯格（Hugo Münsterberg）为代表的学者逐步将心理学应用于生产与组织管理领域[①]。之后，心理学与管理学结合，先后产生了管理心理学、组织行为学等学科分支。管理心理学、组织行为学关注在管理实践中如何正确处理个人与群体、个人与组织的关系，从而调节人的心理，控制和预测人的行为，以充分发挥人力资源的作用，获得高效率与高效益的劳动产出。

管理学诞生于近现代企业管理的实践，迄今已有一百年的历史，其核心是关注如何在生产与经济管理中合理地组织人、财、物等资源，从而实现产出的最大化。国家管理的历史更久远，自人类社会进入“国家”形态，管理就存在，而以基督教、佛教、伊斯兰教等宗教组织为代表的案例，也可以说明管理历史的悠久性。所以，管理学不能仅仅将视野局限在经济管理领域，它还必须回答政治、文化、社会管理等领域的效率效益问题，总结其中特殊的管理规律，因而产生了公共管理学、企业管理学、军事管理学、文化管理学等学科分支。

心理学、管理学在公共管理领域的应用，就是要以心理学基本理论与管理学基本理论来共同指导公共事务管理中的实际活动，总结公共管理领域中人的特殊的心理活动特点（如公共福利保障对民众的心理影响）与行为方式（如选举中民主参与行为的模式与规则等），形成本学科的理论体系。加强公共管理心理学研究与理论联系实践，既是丰富

① 闵斯特伯格的著作《心理学与经济生活》于1912年用德文发表，1913年该书被翻译为英文版《心理学与工业效率》。

和发展现代管理学理论体系，也是丰富和发展心理学理论体系，既是应用现代管理学理论来指导公共事务管理，也是应用心理学成果来指导公共事务管理，所以，公共管理心理学的学科关系与地位如图 1.1 所示，是管理学与心理学的交叉学科集——管理心理学的下属子集。

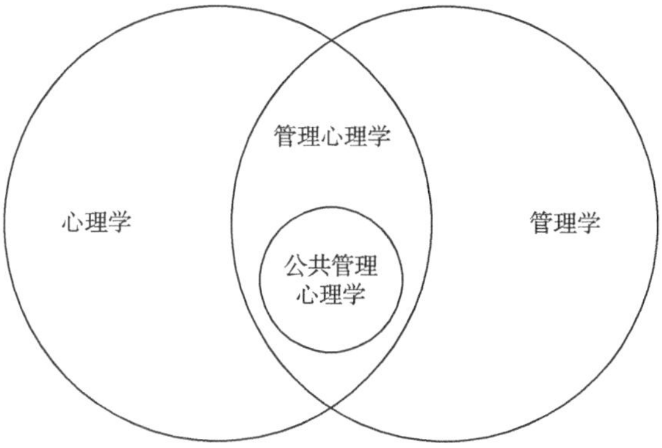

图 1.1　公共管理心理学的学科关系与地位

需要重点说明的是公共管理心理学与管理心理学的关系，有学者认为：公共管理心理学与管理心理学是并列学科的关系，因为管理心理学的产生和研究的重点是经济与生产管理领域的心理学问题，公共行政或公共管理领域仍是一片空白，从而给公共管理心理学留下了发展的空间，也就决定了它们之间是并列的学科关系。而我们认为管理心理学（此为广义的管理心理学，是其“应有集”，而不是“现有集”——只是研究经济与生产管理领域的心理学问题）是管理学与心理学的交叉学科，是管理学理论与心理学理论在实践中的交集，学科目的是通过研究管理过程中人的心理与行为，探索管理效率与效益的关系、管理者与被管理者的关系；公共管理心理学作为管理学与心理学交集的管理心理学中一个更加具体的分支，是心理学理论在公共管理领域的应用，研究的是公共管理领域的心理学问题。

所以，管理心理学与公共管理心理学之间是总分与包含关系，即公共管理心理学是管理心理学的一个分支学科，是管理心理学的一个重要组成部分。管理心理学的研究应该涵盖一切管理领域（尽管现在的体系还不完善），公共管理心理学的研究与发展，恰恰是管理心理学进一步发展的客观需要，也是管理心理学中一个有待不断研究的领域。公共管理心理学的研究成果必将丰富管理心理学的内容，促进管理心理学的体系发展。

五、国内公共管理心理学领域的研究与思考

当代的公共管理是公共组织提供公共物品和服务的活动，它“主要关注的不是过程、程序和遵照别人的指示办事及内部取向，而更多的是关注取得结果和对结果的获得负个人责任”（陈振明，2001）。公共管理活动是政府、第三部门及个人均可参与的管理活动，涉及“公共物品、公共选择、集体行动的逻辑、委托–代理、产权、交易成本、交换范式、

制度安排与创新、政府失败、准市场、学习型组织、多元组织、认知风格、管理网络、管理工具、成本核算”等一系列有别于经济、私利的问题，但又与经济、私利密切相关。公共管理的核心问题是公共事务的管理，就是管理所有涉及全民公共利益的重大问题。所以，公共管理的参与者主要是政府、第三部门及个人，其中，最主要的关系是政府与个人的关系及第三部门与个人的关系。

公共事务由于涉及全民的公共利益，受到广泛的关注，所有参与者的心理都会受到公共事务管理过程的影响，所有的参与者也都希望能够影响公共事务管理的过程，以维护自身利益。例如，当下的城市管理、城乡公共福利改革及社会贫富差距调节等事务，其解决的质量将直接影响到国家的稳定、社会的发展与人民的幸福。

因而，作为公共管理的主要参与者——政府、第三部门及个人，他们的心理与行为也深受学术界的关注，引发了学者强烈的研究兴趣，已经取得了不少成果。例如，叶国平（2009）的《公共危机管理中的民众心理干预探讨》对公共危机状态下民众的心理表现、心理特征及干预进行了分析；赵玉芳和毕重增（2009）的《我国民众对公共事务的归因结构》研究，揭示了公众对公共事务的归因判断结构和优先谱系，并指出其对政府行政的意义；张婍和王二平（2009）的《政府信任：前因变量及对公众合作行为意向的影响》研究指出了公众对政府的政治信任影响其对政府解决公共问题的合作行为；景怀斌（2009）的《从心理的二维特性看公共管理的着眼点》理论构想，提出了公共管理动态兼顾理性和情感的原则；贾海薇（2012a）的《县处级党政干部工作倦怠的成因分析》细致分析了党政干部工作倦怠的心理成因，并提出了公务员 EAP（employee assistance program，即员工帮助计划）心理干预机制的构建，探讨了工作倦怠预防对反腐、增效的积极作用；史占彪等（2014）的《公务员心理健康促进体系建设实践与反思》着重分析了我国公务员目前的心理健康问题；等等。

学者们认为：一方面，心理学应研究社会公共问题，才能继续扩大心理学对社会的影响力；另一方面，公共管理应充分使用心理学、管理学的已有成果，以实现高效地处理公共事务的目标。

公共管理涉及的公共事务问题不同于经济管理中鲜明的物质利益问题，使公共管理者常常遇到“理性”与“价值”两难抉择的政策困境，“理性”（指经济理性）以效率效益为最高标准，“价值”（指精神价值）则以人们的精神追求为最高标准。在公共管理活动中，其主旨是实现“公平、公正、公益”的精神价值，同时也要提高管理“效率”、追求管理“效益”。而在“民众—公共事务—社会制度—公共管理者”共同构成的“结构-功能”空间中，公共事务的管理效率及管理效益的实现情况，相当程度上取决于管理者与被管理者的心理状态，因此民众心理的变化与发展成为公共管理的起点、过程和终点。公共管理就是要疏导民众心理中的情绪郁结，以公共政策科学调节各种利益关系与文化摩擦，实现民众心理的合理疏导与理性自由，即所谓“民心顺则天下治”。由于公共利益追求的物质性与精神性并存，且公共事务的边界具有与时俱进的开放性，公共管理活动进程中经济理性和精神价值应始终互补、互动，这和经济与生产管理领域重点追求最大物质利益的原则有根本差异，加强对公共管理活动中的“人”的特殊心理的分析，有助于公共管理质量与效率的显著提升。

第二节 心理学的发展与基本理论

一、心理学的产生与发展

心理学作为一门独立的科学，迄今也只有 130 多年的历史，虽比管理学的发展史略长些，但仍然是一个“稚嫩”的学科。心理学与管理学一样有一个漫长的“前诞生期”，中西方的古代哲学和宗教很早就讨论了身和心的关系以及人的认识是怎样产生的问题。古希腊哲学家如柏拉图、亚里士多德等，中国古代思想家如荀子、王充等都有不少关于心灵的论述。

在西方，从文艺复兴到 19 世纪中叶，人的心理特性一直是哲学家研究的对象，心理学是哲学的一部分。英国的 F.培根（Francis Bacon，1561—1626）、T.霍布斯（Thomas Hobbes，1588—1679）、J.洛克（John Locke，1632—1704）等，以及 18 世纪末法国的百科全书派思想家都试图纠正中古时代被神学歪曲了的心理学思想，并给予符合科学的解释。培根的归纳科学方法论对整个近代自然科学的发展起了很大作用；霍布斯提出人的认识来源于外在世界；洛克最早提出联想的概念，推动了心理学的发展。法国的梅特里（Julien Offray de La Mettrie，1709—1751）提出了在当时有进步意义的“人是机器”的观点（带有机械唯物论色彩）。到 19 世纪中叶，自然科学进步显著，科学的威信逐步确立，生理学的发展接近成熟，心理学开始摆脱哲学的一般讨论而转向于具体问题的研究，这一切就为心理学的独立营造了历史环境。

1879 年，W.冯特（Wilhelm Wundt，1832—1920）（图 1.2）在莱比锡建立了世界上第一个心理学实验室，心理学从此脱离哲学而成为独立的科学。冯特是一位哲学家兼生理学家，他的心理学实验室主要研究“感知觉”心理过程，所用的主要是生理学的实验技术（他称自己的这种研究为“生理心理学”或“实验心理学”）。冯特认为心理学是研究人的直接经验或意识的科学，复杂的心理活动是由简单的单元构成的，心理学的任务就是把心理活动分解为一些心理元素，他显然深受当时化学发展的影响（后人又把冯特的心理学体系称为“元素心理学”或“构造心理学”）。冯特晚年还开展了民族心理学的研究，被视为现代社会心理学的先导。冯特在莱比锡招收了欧美各国大批进修生，这些进修生学成归国后，分别建立心理学系和心理学实验室，使这门新兴的科学得到迅速推广。

冯特创立的心理学是研究意识的科学（要求承认意识的存在），但 1913 年美国心理学家 J.B.华生（John Broadus Watson，1878—1958）向其提出了挑战，指出：心理学如果要成为一门科学，与自然科学其他学科处于平等地位，就必须放弃“意识”这一心理学的研究对象，因为意识是主观的东西。他认为科学的心理学的研究对象应是可以客观观察的人和动物的行为，所以，心理学是研究行为的科学，它要探讨一个刺激使有机体

图 1.2　心理学之父　威廉·冯特

发生了什么反应，在什么环境下产生了什么行为。至于头脑内部发生的过程，由于只能推测，不能肯定，所以不必给予理会。华生在心理学界掀起了一场影响深远的行为主义运动。

20 世纪 40 年代前后的新行为主义学派，强调在实验操作的基础上研究人和动物的行为，B.F.斯金纳（Burrhus Frederic Skinner，1904—1990）还尝试把行为主义原理用于改造社会，他的小说《沃尔登第二》，以日记形式描写了一个乌托邦式的理想社会——一个集体农庄，有极完善的社会组织，用工分计算劳动报酬，完全用行为主义原理来培养训练儿童，没有竞争和剥削，人与人之间都能和睦相处，互相友爱。这样一个事先设计好的社会体制避免了现代资本主义的各种弊病，斯金纳把这种社会设计称为“行为工程”，并把这样一个社会的实现寄托于中国。行为主义从 20 世纪 20 年代到 50 年代一直统治着美国心理学，尽管其理论过于简单化和绝对化。后来人们逐渐认识到：人的思维等心理活动也可进行客观的研究，内在心理活动与意识的存在是不能被否认与忽视的。

在行为主义兴起的同时，欧洲产生了两大心理学派别：格式塔学派与精神分析学派。格式塔学派诞生于德国，它反对冯特构造心理学的元素主义，其代表人物是 M.韦特海默（Max Wertheimer，1880—1943）、K.科夫卡（Kurt Koffka，1886—1941）和 W.克勒（Wolfgang Köhler，1887—1967）。格式塔，即“Gestalt”（德语），意思是整体、完形。这个学派主张研究人脑的内部过程，认为人在观察外界事物的时候，所看到的东西并不完全取决于外界，而是在人的头脑中有某种“场”的力量把刺激组织成一定的完形，从而决定人看到的外界东西是什么样的（受当时物理学中流行的“场”理论的影响）。他们通过对猿猴的研究，认为人和动物解决问题（学习）是靠突然发生的“顿悟”。格式塔学派反对冯特学派只强调分析的做法，而认为心理现象是一个整体，整体决定其内在的部分，这种强调整体和综合的观点在学科发展上是基于否定冯特的分析法的螺旋式进步。

精神分析学派由奥地利医生 S.弗洛伊德（Sigmund Freud，1856—1939）创立，他利用催眠术和自由联想法对精神病患者进行治疗，发现童年记忆对个人的内在心理影响较大，认为：意识的内容是理智的、自觉的，无意识的内容多是与理智、道德相违背的，当理智与无意识的矛盾激化，就造成神经症。为了治病就需要对病人的无意识进行心理分析，即为精神分析。精神分析学派认为：心理学要探讨人在生活中基本的心理动机，而人的基本的心理动机都是无意识的冲动，这些无意识的冲动在人的生活中起着决定性的作用，有意识的心理过程则只是显露在表面的一些孤立的片断。这个理论产生于西方社会转型期——正是人的欲望渴望极大释放，但却受到社会极大制约的情境，精神失常比例较高、道德普遍堕落是一种主要的社会病症，所以被接受的程度很高。当代的新精神分析学派已不再特别强调生物冲动的作用，而更为重视人际的社会关系。

俄国人 И.М.谢切诺夫（Иван Михайлович Сеченов[①]，1829—1905）建立了以“大脑的反射”作为心理学的基本概念的观点；В.М.别赫捷列夫（Владúмир Михáйлович Бéхтерев，1857—1927）写了《反射学》一书；И.П.巴甫洛夫（Ивáн Петрóвич Пáвлов，1849—1936）专门研究了条件反射，且他的条件反射学说促进了美国行为主义的兴起，对苏联、美国的心理学均产生了巨大的影响，成为行为学派的理论基础之一，也直接影响了中国及一些东欧国家。

在中国，现代心理学的教学开始于清末改革教育制度、创办新式学校的时期，在当时的师范学校里最先开设了心理学课程，所用的教材多是从日本和西方国家翻译过来的。1907 年王国维翻译出版了丹麦心理学家 H.霍夫丁（Harald Hoffding，1843—1931）所著的《心理学概论》，1910 年，王国维又翻译出版了《教育心理学》，1918 年陈大齐著《心理学大纲》，这是中国最早以心理学命名的书籍。1917 年北京大学建立心理学实验室，1920 年南京高等师范学校建立中国第一个心理学系。1921 年中华心理学会成立，1929 年中央研究院设立心理研究所，构造心理学、行为主义心理学、格式塔心理学、精神分析等都被介绍到中国来。中国也开始了自己的心理学研究，在 20 世纪 30 年代前后，郭任远的鸟类胚胎行为研究，黄翼的儿童绘画研究，孙国华的新生儿行为研究，艾伟、沈有乾等的汉字研究，陆志韦、萧孝嵘等的心理测验研究，卢于道、汪敬熙等的生理心理学研究，陈立、周先庚等的工业心理学研究等都做出了成绩。1937 年后，多数大学迁到西南，心理学的教学虽然继续进行，但是研究工作几乎停顿。1945 年抗日战争胜利后，各大学迁回原址复校，研究才得以恢复，此时全国约有 10 所大学设有心理学系，其教学与研究主要受美国心理学的影响。

中华人民共和国成立后，成立了中国科学院心理研究所，多所大学和师范院校设立了心理学专业和教研室，主要学习苏联的心理学理论和巴甫洛夫的学说，开展条件反射和高级神经活动的心理学研究，讨论心理学的对象、任务和方法及评述西方心理学派别。

---

① И.М.谢切诺夫的英文名被译为 Ivan Mikhaylovich Sechenov，简称 I. M. Sechenov；В.М.别赫捷列夫的英文名被译为 Vladimir Mikhailovich Bekhterev，所以又简称 V.M. Bekhterev；И.П.巴甫洛夫的英文名被译为 Ivan Petrovich Pavlov，所以又简称 I. P. Pavlov；请读者在阅读相关的俄文文献与英文文献时注意这些学者姓名的区分与联系。

我国心理学家认为心理是脑的功能，是对客观现实的反映，实践活动是人的心理发生、发展的源泉。深受客观唯物主义的影响，潘菽还提出建立具有中国特色的心理学。20世纪60年代初期，心理学教学与研究的重点转向联系社会主义建设的实践，后因“文化大革命”而中断，70年代中后期重新恢复，80年代，北京大学、北京师范大学、杭州大学、华东师范大学、华南师范大学等多所高校设立了心理学系、心理研究所，开设心理学专业，之后我国在生理心理学、认知心理学、发展心理学、管理心理学、教育心理学、医学心理学、工业心理学等领域内逐步取得了丰硕的研究成果。

二、心理学的基本概念与理论

（一）心理学的学科定义

心理学（psychology）是研究人和动物心理现象发生、发展和活动规律的一门科学。心理学既研究动物的心理①，也研究人的心理，而以人的心理现象为主要研究对象。心理学与其他学科之间的关系位置如图1.3所示。

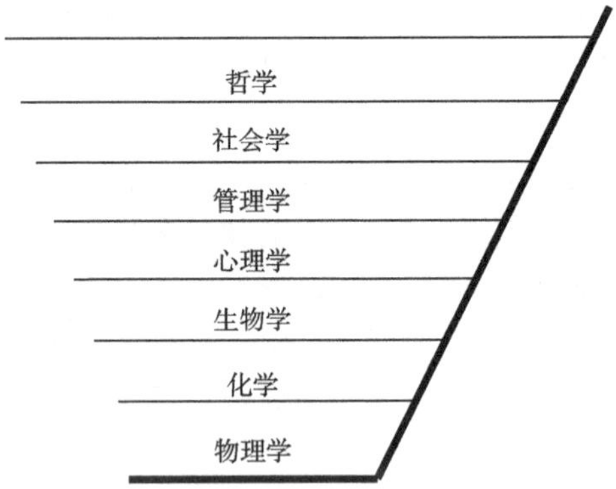

图1.3 心理学与其他学科之间的关系位置

心理学努力以科学的方法，间接的观察、研究或思考人的心理过程（包括感觉、知觉、注意、记忆、思维、想象和言语等过程），把握人与人之间的共性，分析人与人的不同，通过对人格（需要与动机、能力、气质、性格、自我意识等）及人在各种活动中行为的研究，力求找寻一般性的规律，并运用这些规律，更好地服务于人类的生产和实践。

（二）心理学的基本概念

1. 心理现象

心理现象包括感觉、知觉、表象、想象、思维、记忆、情感、意识和意志等，其中，感觉是心理产生的标志，是其他一切心理现象的基础、源头和“胚芽”。

① 研究动物心理主要是为了深层次地了解、预测人的心理的发生、发展的规律。

2. 神经系统与脑的机能

心理是由刺激引起的电脉冲在神经系统上传播的结果，即由刺激在细胞膜上引起的生物电流在神经系统中传播而产生的。神经系统是心理产生的生理基础，脑是对刺激信息进行加工的中心。

3. 心理活动过程

感觉是刺激物的某种特性进入神经系统的“通道”，把刺激“编码”成不同频率和强度的电磁场，在神经系统“周游”，引起相应的体态变化（包括行为和语言）。人只能感觉一定强度范围（感知阈值）的刺激，过高或过低的刺激都不能直接引起我们的感觉（所以我们人所感知的世界只是现实世界的一部分）。

知觉是把通过感觉而“搜集起来”的几种物质特性的信息综合起来进行的反映，表象则是对物质过去到现在的整体认识的总结，想象是在过去表象的基础上对物质的可能形态进行的预测，思维就是对事物特征进行“加工”。记忆是把事物的特性“录入”大脑的过程；录入内容有的建立了与其他原有内容的紧密联系，表现为“长时记忆”，而不能紧密联系的，根据其能回忆起来的时间长短分为“短时记忆”和“暂时记忆”。

意识和潜意识是经过记忆过程的事物特征的“存贮库”，但意识与潜意识并无明显的界限，在自然状态下，意识总是向潜意识过渡；在外界的干预下，人也可以把潜意识转化为意识。潜意识不自觉地改变人的行为，且其“存贮库”与作用远远大于意识，意识只是外显的“冰山一角”。意志是人在意识状态下自觉地确定目的，并支配行动、克服困难、实现目标的心理活动过程。

4. 行为

口头语言是通过声带和口舌等相关肌肉的高度组织化，发出有规则的声波，不同的声波被赋予不同含义；书面语言是把不同含义的声波用特定符号进行记录。说与写，是人特有的行为，所有的行为都是在心理支配下产生的，是心理活动的外显，这些行为具有一定的含义并发挥一定的作用。人们主要通过他人的言语、体态、行为及其变化来推测和探知其心理状态与变化。

5. 人格

人格（个性）包含个性心理特征与个性心理倾向。个性心理特征包含能力（智力）、气质与性格。能力与智力是遗传与教育共同决定的心理能力，是个体心理功能在其行为结果与思维成果上的反映；气质是与遗传特质密切相关的心理过程的速度、稳定性、强度及心理活动的指向性特点；性格是个体对现实比较稳固的态度及与此相适应的习惯化的行为方式，是神经活动类型与生活环境的“合金”。

个性心理倾向是人进行活动的基本动力，是人格结构中最活跃的成分，其包含需要、动机、兴趣、理想、信念、价值观等。需要是有机体内部的一种不平衡状态，表现在有机体对内部环境或外部生活条件的意志稳定的要求，是动机产生的基础；动机是由一种目标或对象所引导、激发和维持的个体活动的内在心理过程或内部动力。兴趣是基于需要而对某一事物产生了解、探索、从事等心理活动与行为的心理倾向。理想是具有客观必然性、社会约束性与阶级特性烙印的对未来的个人希望和想象。信念是基于认识所形成的个人心理与行为价值的判断。价值观是基于个人需要、认知、思维所形成的意义抉择。

6. 情绪与情感

情绪与情感是人对客观事物的态度体验及对应的行为反应，由主观体验、外部表现、生理唤醒三种成分组成。主观体验是个体对不同情绪与情感的自我感受；外部表现是由面部表情、姿态表情、语调表情组成的外显表现；生理唤醒是情绪与情感产生的生理反应。

（三）心理学的分支

心理学自诞生起就对人类生活起着很大的作用，其应用与研究的范围也不断扩大，形成一系列的分支学科。

1. 普通心理学

普通心理学是研究正常成人的心理过程和个性心理特征的一般规律的学科，建立了心理学研究最一般的方法论原则和具体研究方法。普通心理学既包括过去研究中已经定论的、为科学实践所证实并为科学家所公认的理论和规律，也包括虽不一定为大家所公认，但却有重大影响的学派的理论和学说，还包括处于科学发展前沿的新成果和新发现。它的理论体系总在不断地充实新内容，是心理学最基本、最重要的基础研究。

2. 生理心理学

生理心理学是从人体生理、神经生理、神经解剖、神经生物化学等方面进行关于心理的生理基础和机制研究的学科，是心理学基础研究的重要组成部分。生理心理学在现代脑科学的研究成果和现代医学技术方法的基础上，揭示各种心理现象在脑的解剖部位及脑功能上发生的规律。生理心理学还可细分为神经心理学、心理生物学、动物心理学等分支学科。

3. 教育心理学

教育心理学研究教育与学习过程中的心理活动规律，特别是研究学校教育和教学过程中学生与教师的心理活动规律，揭示教育过程和心理发展的关系，研究智能的发展与智力测查方法，把发展心理学的研究成果应用到教育实践中去。教育心理学的主要研究内容包括：受教育者知识和技能的掌握规律，心理的个别差异与学习能力的培养，道德品质的形成与发展，教育者心理品质的建设，影响教育成效的因素等。

4. 发展心理学

发展心理学是研究人的一生心理发展规律的学科。每个人的一生，始终处于发展之中，个体的每个人生阶段的心理发展情况既包括心理变化的各个过程及各个特征，又有主要的发展方面和主要的矛盾方面。在全面发展的基础上，每一阶段的主要矛盾得到解决，即将向下一阶段过渡。发展心理学可细分为婴儿心理学、幼儿心理学、学龄儿童心理学、少年心理学、中年心理学、老年心理学等分支学科，与教育心理学联系最密切。

5. 临床心理学

临床心理学是关于疾病和健康的心理学研究，探讨心理因素在维护健康和致病方面的作用，并研究在医疗中医护人员与病患的行为特点及对治疗康复的影响，在综合医院、专科医院，特别是在精神病医院中发挥重要作用。临床心理学可以细分为两个主要分支学科：①变态心理学（或称为“病理心理学”），它研究人的心理与行为的异常，即研究在认知活动、情感活动、动机和意志行为活动、智力和人格特征等方面的异常表现形式、发生原因、机制及发展规律，探讨鉴别评定的方法及矫治与预防的措施，研究精神药物的作用，等等；②康复心理学（或称为“保健心理学”），研究身心疾病或生理疾病的心理辅助康复方法与作用，研究病患的生活质量改善，开展心理卫生与心理健康教育工作，促进病患身心全面康复，预防心理疾病的发生，对正常人的身心健康提供指导与帮助。

6. 工程心理学

工程心理学研究现代工业中人与机器的关系，即人机系统的和谐，促进工程设计中对人的身心特点的考虑，促使设备适应人的身心特点，以提高工作效率与工作舒适度等。例如，工厂的温度、照明和工作条件，航空航天中的仪表显示设计，教室中座椅的曲线设计及讲台高低，车船驾驶系统的合理性、安全性，等等，都是工程心理学研究的课题。

7. 管理心理学

管理心理学研究被管理者与管理者的心理素质以及二者之间的互动协调问题，主要包括：对被管理者的心理活动与特点的研究，如对员工的工作能力和专业技能的了解——能力评价，员工能力与岗位要求的匹配——人才甄选，员工在岗位上的工作表现——绩效评估，员工的动机、情绪和需要——工作态度，人才储备与培训——人力资源管理，等等；对管理者的心理活动与特点的研究，如管理能力、管理风格、领导素质、领导行为、管理绩效、激励手段、沟通方法、组织结构等，以全面调动人的工作积极性，充分发挥人的工作潜能，形成和谐的工作气氛，提高工作效率。管理心理学可细分为企业管理心理学、公共管理心理学、经济管理心理学等分支学科。

8. 商业心理学

商业心理学研究商业活动中人的心理活动及其规律，运用心理学知识和方法解决商品流通过程中有关的行为问题，可以细分为市场心理学、消费者心理学和广告心理学等分支学科。市场心理学研究市场供求关系中心理因素的作用，如定价策略、升价策略与供应方法等；消费者心理学研究商品生产、商品流通及服务行业中消费者的心理规律，如购买动机、购买行为、品牌忠诚等；广告心理学研究商标、包装、广告设计的心理效果，如广告的心理效应、包装的美感与文化认同、商标的心理价值等。

9. 犯罪心理学

犯罪心理学研究人犯罪的动机、心理活动特点与犯罪行为选择等问题，关注犯罪者的意志、思想、意图及行为的变化，与犯罪人类学、变态心理学联系紧密。其研究目的在于探索导致犯罪的原因，分析犯罪前期、中期、后期的心理反应，最大可能地预防犯罪，减少社会不稳定因素，或是协助分析犯罪事实，支持司法机关对罪犯给予应有的惩罚。

10. 军事心理学

军事心理学研究人在军事活动条件下的心理问题，包括军事人员的选拔和分类，军事技术和武器的学习过程，战争中的心理战术，参战宣传与反宣传，士兵士气与激励，指挥员和士兵的关系等。根据兵种特点，军事心理学可细分为航空航天心理学、陆战心理学和航海心理学等分支学科，针对特种军事行动要求进行研究。例如，航空航天心理学重点研究飞行员、宇航员身心能力的培训及在失重超重条件下的心理变化及适应等。陆战心理学重点研究陆战人员集团配合、装备配合、地形配合的战术心理，以及队伍部署中的心理调整等。航海心理学重点研究船员长期离开陆地时的心理变化，海上战斗和舰艇操纵中的特有心理问题等。

11. 社会心理学

社会心理学是对人的社会心理和社会行为规律进行系统研究的科学。社会心理和社会行为是指个体或群体在特定的社会环境条件影响下所做出的内隐和外显的反应，社会心理学研究以个体心理、动机、人际关系发生发展及其规律为基础，着重探讨个体社会化的条件和规律，个体的社会动机与态度的形成，个体在群体中人际关系和群体（组织）心理的形成与影响，等等，可细分为民族心理学、家庭心理学、人际关系心理学等分支学科。

（四）心理学的经典学派

1. 内容心理学派

内容心理学派的代表人物主要有冯特和费希纳（Gustav Theodora Fechner，1801—1887）。冯特是近代心理学的创始人，创建内容心理学，促成了心理学的独立。费希纳创建心理物理学，认为身心之间或外界刺激和心理现象之间存在函数关系或依存关系（将心理与物理联结起来），并受赫尔巴特的启发，认为心理是可测量的。经过许多实验和推导，他把感觉强度和刺激强度之间的关系概括为公式：$S=C\times\log(R/R_0)$，其中，S 为感觉强度；C 为适用于不同感觉中的每个感官的常数；R 为刺激强度；R_0 为绝对阈限刺激强度，这表明刺激形成的心理效果不是绝对的，而是相对于已有的感觉的强度。费希纳在研究中曾创造了三种心理测量的方法：最小可觉差法、正误法和均差法。他还把物理学的数量化测量方法带到心理学中，提供了心理学实验研究的工具与路径，为冯特采用实验研究方法奠定了基础。

2. 意动心理学派

冯特的内容心理学是促成布伦塔诺（Franz Brentano，1838—1917）意动心理学的直接动力。布伦塔诺认为心理学研究的对象不是感觉、判断等思维内容，而是感觉、判断等思维活动，即意动，并将意动概念作为中心的心理学概念进行阐述。布伦塔诺把意动基本上分为三类：①表象的意动（感觉、想象），如我见、我听、我想象；②判断的意动（知觉、认识、回忆），如我承认、我否认、我知觉、我回忆；③爱憎的意动（感情、希望、决心、意向、欲望），如我感到、我的愿望、我决定、我意欲、我请求。这三类之中表象的意动是最根本的，其他的两类是在这一类的基础上形成的。布伦塔诺不反对使用实验方法，但他主要采用自我观察法而不是实验法。

3. 构造主义心理学派

构造主义心理学派是由冯特的学生铁钦纳（Edward Bradford Titchener，1867—1927）在美国建立的，是内容心理学思想的继承和进一步发展，主张心理学应该采用实验内省的方法，分析意识的内容，并找出意识的组成部分，以及它们如何联结成各种复杂心理过程的规律。铁钦纳的构造心理学与冯特的内容心理学在研究对象、方法和研究问题上相似，但在具体看法上不同。冯特讲统觉，铁钦纳用注意代替统觉；冯特把心理现象分析为感觉和简单的感情两种元素，铁钦纳则分析为感觉、意象和简单感情三种元素；冯特认为每种心理元素都有两种基本属性，即性质和强度，铁钦纳则认为每种心理元素的基本属性除性质和强度外，还有持久性、清晰性、广延性等；冯特认为情感包括愉快和不愉快、激动和沉静、紧张和松弛，也就是冯特的情感三度说，铁钦纳认为情感只有愉快和不愉快。在构造主义心理学的影响下，西方心理学的实验研究得到了迅速发展。

4. 格式塔心理学派

1912年，魏特曼（Michael Wittmann，1880—1943）发表了论文《似动的实验研究》，标志格式塔心理学派兴起。格式塔心理学派深受德国哲学家康德（Immanuel Kant，1724—1804）的哲学思想[①]、物理学家马赫（Ernst Mach，1838—1916）的感觉分析与厄棱费尔（Christian Freiherr von Ehrenfels，1859—1932）的格式塔质概念的影响[②]，强调整体并不等于部分的总和，整体乃是先于部分而存在并制约着部分的性质和意义，所以，他们坚决反对对任何心理现象进行元素分析，对于抑制心理学内的机械主义和元素主义观点的错误倾向具有一定积极作用。魏特曼等在知觉领域里进行了大量的实验研究工作（如似动实验），揭示了知觉过程中图形和背景的关系；克勒的“顿悟”和韦特海默的“创造性思维”对学习理论的发展完善贡献卓著。

【阅读资料】

马赫（1997）《感觉的分析》：“空间模式（如几何图形）和时间模式（如曲调）的感觉与元素无关。即使观察者注视客体的空间方位可能变化，但是它对客体的视觉是不变

---

① 康德认为：知觉不是一种被动的印象和感觉因素的结合，而是这些元素主动地组织成完整的经验以及结合起来后形成的经验。

② 厄棱费尔认为：有些经验的质不能用传统的各种感觉结合起来解释，这些质叫格式塔质，或形质。知觉是以个体感觉之外的某些东西为基础的。一支曲调是一个形质，不依赖于组成它的那些特殊感觉。

的。例如，无论从哪一边或从顶上，或从一角去看，在我们的视觉中，一张桌子仍然是一张桌子。同样一系列的声音，如一支曲调，即使可能改变速度，但在我们的听觉中，它仍然是同一支曲调（我认为，即使音阶改变，或有错音，也不影响人们对这支曲调的整体知觉）。”

5. 机能主义心理学派

机能主义心理学派是在与构造主义心理学派的激烈论战中形成发展起来的。他们对立的焦点，就是在于构造主义把人的心理视为一个可以绝缘于外界的独立的经验世界，而机能主义则力求把人的心理视为一种生物适应工具。因此，机能主义主要研究的是作为生物适应工具的心理（意识）的机能或功用，反对构造主义把意识分析为元素，关注心理的效用而不注意内容。机能主义重视心理学在实际中的应用，主张把心理学的研究范围扩大到动物、儿童、变态人群、个性差异及一切可能的心理领域，而不仅仅局限于一般成人的心理研究。在方法上，机能主义主要采用发生学的观点和客观观察法、实验法等。

6. 精神分析学派

经典精神分析学派由弗洛伊德开创，代表人物还有荣格（Carl Gustav Jung，1875—1961）、阿德勒（Alfred Adler，1870—1937）等。弗洛伊德在毕生的精神医疗实践中，对人的病态心理进行了深刻分析，总结发现人的童年心理创伤对人影响深远，无意识里隐藏着大量的欲望与冲动，本能是心理与行为的主要内在驱动。他从对病态人群的分析入手，进而推演到正常人的心理健康研究，经过多年累积逐渐形成精神分析理论与相应的治疗方法。分析性心理治疗的原则重点不仅在于解除精神症状，而且在于改进病人对现实的心理适应方式，包括对内如何处理自己的欲望要求，调节“超我”的适当控制，以更有效的方式来应付外界现实的要求，即治疗的范围要包括内在的精神、人际关系、现实的适应，其最终目标是促进自我性格的成熟。弗洛伊德基于自己长期的研究，提出了对人的心理和人格的独特解释。他的理论被弗洛姆（Erich Fromm，1900—1980）、沙利文（Harry Stack Sullivan，1892—1949）、霍妮（Karen Horney，1885—1952）等继承、修正与发展，新精神分析学派由此生成。该学派代表人物埃里克森（Erik Homburger Erikson，1902—1994）认为，人的自我意识发展持续一生，可分为八个阶段，这八个阶段的顺序是由遗传决定的，但是每一阶段能否顺利度过却是由环境决定的，这被称为“心理社会发展阶段”理论，在发展心理学领域影响重大。

7. 行为主义学派

行为主义学派认为心理学不应研究意识，只应研究行为，把行为与意识完全对立起来，主张采用客观的实验方法，而不使用内省法。它分为旧行为主义和新行为主义两个阶段，旧行为主义以华生等为代表，新行为主义以斯金纳等为代表。华生认为人类的行为都是后天习得的，环境决定了一个人的行为模式，查明环境刺激与行为反应之间的规律性关系，就能根据刺激预知反应，或根据反应推断刺激，达到预测并控制动物和人的行为的目的。斯金纳认为心理学应关注可观察到的外表行为，而不是行为的内部机制，他认为心理科学应在自然科学的范围内进行研究，目标是确定刺激与有机体反应之间的函数关系，在考虑一个刺激与一个反应之间的关系时，也要考虑到那些改变刺激与反应的关系的条件，提出公式 $R=f(S \cdot A)$，即反应 R 与刺激 S 之间因第三变量 A 而形成复杂的函数关系。

8. 人本主义心理学派

人本主义心理学派由美国心理学家 A.H 马斯洛（Abraham Harold Maslow，1908—1970）创立。马斯洛认为人类行为的心理驱动力不是性本能，而是人的需要，分为七个层次（由下而上依次是生理需要、安全需要、归属与爱的需要、尊重的需要、认知需要、审美需要、自我实现需要），并认为人类共有真、善、美、正义、欢乐等内在本性，具有共同的价值观和道德标准，达到人的自我实现关键在于改善人的“自知”或自我意识，使人认识到自我的内在潜能或价值，人本主义心理学就是促进人的自我实现。当代该学派的代表人物还有罗杰斯（Carl Ramson Rogers，1902—1987），他倡导的“来访者中心疗法”就是让人领悟自己的本性，不再倚重外来的价值观念，让人重新信赖、依靠机体自我估价过程来处理经验，消除外界环境通过内化而强加给人的价值观，让人可以自由表达自己的思想和感情，由自己的意志来决定自己的行为，掌握自己的命运，修复被破坏的自我实现潜力，促进个性的健康发展。人本主义主张研究对人类进步富有意义的问题，关心人的价值和尊严，反对将人的心理低俗化、动物化的倾向。

9. 日内瓦学派

日内瓦学派以皮亚杰（Jean Piaget，1896—1980）的发生认识论为理论基础，是机能主义的发展，认为人的认识的形成，既不是外物的简单复本（经验论），也不是主体内部预成结构的独立显现（预成论），而是包括主体和外部世界在连续不断的相互作用中逐渐建立起来的一系列结构。客观知识从属于这些结构，认知结构的发展标志着儿童智力水平的提高和逻辑范畴与科学概念的深化。皮亚杰认为认知结构的形式表述就是运算逻辑，是主、客体相互作用的内化和外化的结果，认知结构的发展理论、运算逻辑以及逻辑范畴和科学概念的发生认识论，构成了儿童（主体）认知功能发展的全貌。日内瓦学派认为机体具有组织和适应两种功能，智力的本质是适应；认知层次的适应是物质层次的适应的延伸，都是使机体得以存在和发展的手段。适应机能的实现须以某种基本的结构存在为前提，而结构又是组织机能的产物。适应具有两个功能侧面——同化和顺化：同化是主体把外界刺激整合于主体正在形成或已形成的认知格式或结构；顺化指格式或结构受到不易同化的刺激的影响而发生的改变。同化与顺化之间的调节或平衡化的实现，就是认识上的适应，支配认知发展的最重要因素便是这种平衡化的内在趋势。

第三节　公共管理心理学领域的重要理论与研究方法

古希腊的苏格拉底和柏拉图认为，人性虽然不能完全摆脱生物遗传的纠缠，但却可以受到环境和教育的深刻影响。柏拉图在《理想国》中主张设计一种社会，使其中的孩子能够由适当的教育加以适当的塑造，社会也得以良性运转。柏拉图的理想主义观点在后来的社会哲学家康德、歌德（Johann Wolfgang von Goethe，1749—1832）和卢梭（Jean-Jacques Rousseau，1712—1778）等的学说中继承下来，并得到了进一步的发展。他们认为，人具有潜在的善性，构建善的社会并对人进行善的教育，可以使人享受善的美好。

法国群体心理学代表人物塔尔德（G. Tarde，1843—1904）在其著作《模仿律》中创设了模仿理论，并解释人的全部社会行为，认为模仿是“最基本的社会现象”，连犯罪也是通过暗示、模仿和欲望等社会原因产生的，因此他认为对群体行为最为成功的说明应该是个体的或心理学的，而不是社会学的。迪尔凯姆（David Émile Durkheim，1858—1917）则认为社会的事情是无法还原到个人水平的，社会情境下的心理研究只能从群体开始并终止于群体。勒朋（Gustave Le Bon，1841—1931）一方面接受了塔尔德的观点，以具有催眠性质的暗示感受性来解释人的社会行为，尤其是个人聚集而成的“群体”行为。他认为，群体具有神经质的感染因素，“去个性化、感情作用大于理智作用、失去个人责任感”是群体的三大特征。另一方面，他也接受了迪尔凯姆的观点，认为群体意识是不同于个体意识的一种独立的存在，因为群体本身就具有“与作为构成群体的各个个体完全不同的特征”。

公共管理心理学由于重点研究公共管理活动中个体与群体的心理，所以既要关注参与公共管理活动的个体的心理特征与行为选择，又要关注个体的思想、情感、行为怎样受到他人存在的影响，包括实际存在、想象中的存在或隐含的存在的影响①。公共管理心理学应采用科学的心理学方法，分析个体、群体在公共管理活动中心理的变化与过程，揭示影响个体、群体行为的社会条件，探讨制约个体、群体行为的动机、意识等心理机制的影响因素。

一、公共管理心理学领域的基本概念

公共管理是对社会公共利益的协调与管理，所以始终与群体相关，进而与群体中的个体相关，所有管理学、心理学对于群体与群体心理的研究成果在公共管理心理学中都有着重要影响力。

（一）群体

社会群体生活是人的基本生活方式，群体是相对于个体而言的，但不是任何几个人就能构成群体。群体是指两个或两个以上的人，为了达到共同的目标，以一定的方式联系在一起进行活动的人群。群体内有认同感和归属感、一定的结构、共同的价值观等。以群体结构的正规化、复杂性程度的不同，可以将群体分为正式群体与非正式群体。公共管理领域的正式群体，最具代表性的是国家机器中的政府组织、军队组织等，不同范围内的民众、基层社会、利益群体等属于非正式群体。

① 隐含的存在，指个人以在社会组织中的地位和在文化团体中的成员身份进行的许多活动。

正式群体有清晰的命令链与组织目标，群体的存在就是为了完成群体任务；非正式群体多以利益、情感或某种共同特征为纽带而联结，具备多种类型，如以血缘关系结合起来的氏族、家庭类群体；以地缘关系结合起来的邻里类群体；以业缘关系结合起来的各种职业群体。各种正式与非正式的群体汇集形成“社会”[①]（一个在政治学、社会学、心理学、管理学、经济学等领域被广泛应用的概念）。布卢姆（Benjamin Samuel Bloom，1913—1999年）把无组织群体分为四种：集群、大众、公众和社会运动团体。集群是指在某个时间某个地点无组织的聚集人群；大众是指散布在广大社会范围内、接触大众传播媒介的人，集群和大众都是无组织群体，具有自发性、散漫性、被暗示性、情绪性和无责任性等特点；公众则在法律、公共关系等不同学科具有不同的定义，或是排他的，或是排己的，在公共管理领域则具有与大众近似的含义；社会运动团体是指参与某种社会运动[②]的群体，具有临时性或长期性、一定的分散性与一定的组织性并存等特征。

群体具有生产性功能和维持性功能，其价值和力量在于其成员思想和行为上的一致性，一致性的强度取决于群体规范的特殊性和标准化的程度。群体规范具有维持群体、评价和导向成员思想和行为及限制成员思想和行为的功能。群体内，正式规范与非正式规范可能同时存在，当两者不一致时，人们往往按照非正式规范行动。群体规范对个体行为的制约表现为个体服从和从众。群体规范通过“内化-外化”的机制影响个体思想和行为的变化，在公共管理领域中通过建立和维持良好的群体规范，可以培养社会期待的好思想、好品德、好行为，群体规范是相应的心理依据。

以群体的规模大小，群体可分为大型群体与小型群体。民族、国家等是大型群体，一个企业、村落、社区是小型群体。小型群体的问题可以进行现场实验与观察研究，其成果有助于促进对大型群体的分析，当前的热点有社会促进和社会抑制、权威与顺从、群体凝聚力及其测量、群体领导、群体思维风格、群体决策质量、群体极端化等。小型群体研究的代表人物是梅奥（George Elton Mayo，1880—1949）。基于霍桑实验，梅奥提出了“社会人假设”，分析了群体中的两类结构——正式结构和非正式结构，并揭示出这两类结构在群体管理中的相互关系与重要意义。

【阅读资料】

街角社会

一个意大利人贫民区的社会结构学者威廉·富特·怀特以被研究群体——“街角帮”一员的身份，置身于被研究群体的生活环境和日常活动之中，对闲荡于街头巷尾的意裔青年的生活状况，非正式组织的内部结构、活动方式，以及他们与周围社会的关系加以观察，并及时做出记录与分析，最后得出了关于该群体社会结构及互动方式的重要结论。他写道，“‘街角帮’的结构产生于帮内成员之间长时期的经常交往。多数帮的核心的形

① 社会，一种独特的人群共同体，具有四大基本特征：第一，有共同生活的区域；第二，经济上能够自给自足；第三，能够自我繁衍；第四，有自己独特的价值观和行为准则，即文化。

② 社会运动（social movement）是指有组织的一群人，有意识且有计划地改变或重建社会秩序的集体行为，用意则在促进或抗拒社会变迁。一般而言，社会运动可分成四种形式：回归运动、改革运动、革命运动与乌托邦运动。

成可以追溯到成员们的少年时代，……街角青年也可能从这个地区内的某一处搬到另一处居住，但是他几乎总是会继续忠于他最初的街角”（怀特，1994）。

（二）群体思维

个体思维由其智力水平、思维风格与人格特质决定，而群体彼此互动影响，使决策问题与决策结果之间的关系非常复杂。美国社会心理学家詹尼斯（Irving Janis，1918—1990）于1972年提出群体思维（groupthink）概念及其理论框架之后，在学者们的一些典型的政治、军事决策事件的群体思维研究中，被考察、分析最多的变量是群体凝聚力（group cohesion），而后一些重要的变量也被逐步列入考察，如群体中的领导风格、权力动机（power motivation）对群体思维结果的影响、成员的责任感和性别对群体思维效果的影响、决策规则对群体思维症状和过程的影响、集体乐观（collective optimism）和集体规避（collective avoidance）、群体思维过程中时间选择的重要性、群体思维决策过程中风险的地位和选择转移（choice shift）现象、群体思维决策过程中的从众（conformity）效应和顺从压力（compliance pressures）等也受到关注。

詹尼斯分析了美国群体决策史中四个经典失败案例——珍珠港事件、发动朝鲜战争、入侵古巴、发动越南战争，最终得出群体思维是导致决策失误的主要原因。成员背景、价值观的相似性，以及来自于外部威胁的压力，是促使决策过急、过激的重要原因，且由于群体思维案例中的领导人与非群体思维案例中的领导人对决策的态度不同，从而影响了群体对决策的看法。后续其他研究揭示：凝聚的群体对他们的决策更有信心、更愿意冒险，存在命令式领导风格的群体都容易产生群体思维，决策程序的缺乏和群体思维的发生之间有正相关的关系，以及“群体与外界隔绝、命令式的领导方式和群体同质性”这四个条件能够很好地预测群体思维的发生。群体思维理论的最大贡献，是通过提出一种群体决策行为理论，而引发了更多对群体决策的关注，但拘囿于“群体思维”这个词的概念，使其具有贬义，目前多被译为“团体迷思”，而我们公共管理心理学对群体思维的考察是建立在广义的、中性的角度，分析群体的思维规律，进而分析群体决策的质量与群体行为的选择。

（三）群体心理

基于对群体的静态结构的认知，研究群体的心理活动过程，把握群体内部各成员之间、群体与外部个体之间、群体与群体之间的心理互动，是公共管理心理学的重要任务。在现代社会中，通过大众传播媒介，短时期内可将信息广泛地传给大众，往往可以激发管理者意料不到的群体心理效应，有组织与无组织的人群聚合（众多人的集合）都可能产生强大、强烈的心理浪潮，其行为反应特征及其形成过程有异有同。

信息的全球化、即时化与广泛化缩小了个体差异、群体差异、地区差异等因素对人心理的影响，人们更多地受到他人与社会舆论的影响，且更多的人希望影响他人，积极投入信息发布与反馈的洪流中。人与人之间由于更加紧密的相互作用而发生的更鲜明、更频繁的大众社会心理现象，如流行与模仿、暗示与流言、热议舆论、人肉搜索、传媒轰炸等，可能使局部经济恐慌，进而引发广大地区的经济恐慌，个别的社会治安事件引发广大地区的大众骚扰等，给公共管理带来了很大的难度。公共管理心理学要研究这些现象产生的客观原因、心理机制，以及可以采用的社会控制与引导方法等。

（四）群体决策

目前得到较为深入研究的是具有正式规范约束的群体决策，如企业董事会、各类委员会或政务决策小组的决策，而松散的人群混合的决策及其结果的研究尚很不足。由正式规范而组织起来的群体，其决策与个人决策相比较，决策的正确性程度较高，但速度迟缓，所以当决策的正确性比决策速度重要时，群体决策较为优越；而个人决策通常比群体决策具有较大的创造性，群体决策则会受到相互不同意见的约束。个人决策适合于工作结构不明确，需要创新的工作，决策责任明确；而群体决策适合于任务结构明确，有一定执行程序的工作，决策责任分散。决策风险方面，群体决策更会发生保守或冒险两个极端的倾向，即群体决策的极化现象，其主要取决于占优势的群体气氛。如果群体成员大多数比较保守，群体决策将比个人决策更保守；如果群体成员大多冒险，则群体会做出更具风险的决策，且决策由群体承担责任，其成员容易产生不负责任的倾向。

运用积极的群体决策技巧可以提高工作效益，能够促使群体成员充分参与群体活动，对共同的计划和目标形成较高的责任感和义务感，可以增强积极的价值观念，提高成员的自尊心和自信心；因参与者增加，多元化认知可以加强各种信息的纵向和横向交流，有助于创建更为完善的方案，以及使参与者更愿意承担所决定的任务和所需要的变革。

（五）群体行为

按照组织程度，可把群体分为有组织群体和无组织群体。有组织群体是指各种集体、各类组织，从较为松散的兴趣团体到组织纪律性极强的政府、军队等；无组织群体是指群众、大众、受众、听众、观众等。狭义的群体行为是指无组织群体的行为，广义的群体行为则是指有组织群体的行为，即集体行为。

狭义的群体行为是指若干个体为某个问题自发地、没有预先计划地形成的群体行为。与集体行为相比，狭义的群体行为只是一些个体积极参加活动或偶尔参加活动，共同目标短暂，组织结构松散，角色不分化，没有公认的领导，凝聚力低，没有个体的归属感，是低层次的群体行为。狭义的群体行为的形成具有偶发性，是由某个事件在一定范围的群众中产生共鸣而引发的，一般包括五个过程：①若干个体聚集在一起为某一共同注意的目标而互相交往，互相影响；②受到某种特殊的鼓动；③产生情感上的共鸣并出现极化性的倾向；④产生为实现共同目标的行动；⑤对环境的重新估计。1895 年勒朋在所著的《群众心理学》中指出：群众是冲动的、无理性的、缺乏责任感的、愚蠢的，个体一旦参加到群众之中，由于匿名、感染、暗示等因素的作用，就会丧失理性和责任感，表现出冲动的、凶残的反社会行为。他的研究可以较好地揭示网络舆论轰炸、社会突发骚乱等现象。

人们结成群体后往往可以得到更高的个人安全感与更低的社会责任感，使狭义的群体行为问题成为引发社会不稳定、扩大社会燃点的重要问题，这是当代公共管理的重点。公共管理心理学既要关注狭义的群体行为，又要关注广义的群体行为（包含更规范化、理性化与组织性的集体行为与组织行为，如政府行为）。

【阅读资料】

群体极化

群体极化，是指群体成员中原已存在的倾向性得到加强，使一种观点或态度从原来的群体平均水平，加强到具有支配性地位的现象。群体的讨论可以使群体中多数人赞同的意见得到加强，赞同的人更相信自己意见的正确性，而原先群体反对的意见，讨论后反对的程度也更强，最终使群体的意见出现极端化倾向。而个人在参与群体讨论时，由于受群体气氛的影响，也会出现支持极端化决策的心理倾向。这种群体决策极端化的倾向可以区分为两种情况，一种叫冒险偏移，另一种叫谨慎偏移。群体极化具有双重的意义。从积极的一面来看，它能促进群体意见一致，增强群体内聚力和群体行为。从消极的一面来看，它能使错误的判断和决定更趋极端。群体极化似乎很容易在一个具有强烈群体意识的群体内产生，也许是在这样的群体中，其成员对群体意见常做出比实际情况更一致和更极端的错误决定。

二、公共管理心理学领域的重要理论

公共管理心理学的重要理论都是涉及公共管理活动中的各项事务与人的心理问题的理论，关注的是群体思维与群体心理、群体凝聚力与团体动力学、社会心理气氛、小团体意识、聚众行为、群际关系与参照群体、集体管理与集体成员自决、价值定向一致、利益博弈的心理策略、社会舆论与心理疏导、选举策略与民意测验、行政领导与领导风格、个性消失与个性张扬等，最有影响力的理论有社会学习理论、社会认知理论、社会角色理论、场论、社会认同理论、符号交互作用理论、社会交换理论等。

（一）社会学习理论

F. H.奥尔波特（Floyd Henry Allport，1890—1979）（图 1.4）在 N.特里普利特（N. Triplett，1861—1934）1897~1898 年所做的社会促进研究的实验基础上，于 1916~1919 年进行了一系列有关“社会促进”的实验，他观察到：合作群体中存在的社会刺激，会使个人工作在速度和数量方面有所增加，这一增加在涉及外部物理运动的工作中要比纯智力工作中表现得更为突出。

班杜拉（Albert Bandura，1925—）（图 1.5）的社会学习（观察学习）研究促成了社会学习理论的诞生，1973 年他写作了《攻击行为：社会学习分析》，1977 年出版了他最优秀的著作《社会学习理论》，这使他在心理学界获得了较高的声望①。社会学习理论的主要观点如下。

① 班杜拉于 1972 年获美国心理学会授予的杰出科学贡献奖；1973 年获加利福尼亚州心理学会杰出科学成就奖；1974 年当选为美国心理学会主席。

图 1.4　F. H. 奥尔波特

图 1.5　A. 班杜拉

（1）强调人的行为和环境的相互作用。人的行为和环境的相互作用，使个体建立了为应付环境而习得的行为模式。

（2）强调认知因素。由于人类能够用符号来思考及提出问题，因此能够预见行为的结果，并以此来改变行为或激发某种行为。

（3）强调观察学习。他认为许多行为模式都是通过观察他人的行为及其后果学习来的，特别重视模仿对象（榜样）的特征对激发特定行为的重要性。

（4）强调自我调节过程。人的某种特定行为既对外界产生影响，也会产生自我评价的反应。行为的增强或消失来源于外界反应和自我评价，并且个体通过自我强化或自我惩罚来加强对其行为的自我调节。

（二）社会认知理论

社会认知理论来源于格式塔心理学，格式塔心理学派主张心理现象最基本的特征是个体在经验中所呈现的结构性或整体性，认为整体不等于部分之和，个体经验不等于感觉和情感等元素之和，对新事物的理解是对已有结构（经验）的突然改组。S.E.阿希（Solomon Eliot Asch，1907—1996）（图 1.6）与 L.费斯廷格（Leon Festinger，1919—1989）（图 1.7）等用该理论解释社会心理现象，发展为社会认知理论，社会认知理论的主要观点如下。

图 1.6　S.E. 阿希

图 1.7　L. 费斯廷格

（1）该理论强调认知结构的意义，认为认知是个体以已有的知识结构来接纳新知识，同时，旧知识结构也从中得到改造与发展。个体在特定的社会情境中，并不是简单地接受外界刺激，不管外界情况怎样随意和凌乱，个体总是根据已有经验，把外界刺激组织成简单的、有序的形式加以解释。

（2）个体对于情境的组织、解释和认知也决定了其在特定情境下的行为方式。所以，个体遇到他人时，先确定是在什么场合，对方的职业、地位、性格等个人特征，对方在做什么，其意图、动机及对自己的期望是什么，然后再决定自己做出相应的反应。

该学派以社会认知理论为基础，还发展出了许多小理论，如归因理论（attribution theory）、社会比较理论（social comparison theory）、认知平衡理论（cognitive consistency theory）等。

（三）社会角色理论

R.林顿（Ralph Linton，1893—1953）在其1936年的著作 *The Study of Man* 中认为：当个体根据他在社会中所处的地位实现自己的权利和义务时，他就扮演着相应的角色。J.W.蒂博和H.H.凯利（Thibaut and Kelly，1959）认为：角色是他人对相互作用中处于一定地位的个体的行为的期望系统，也是占有一定地位的个体对自身行为的期望系统。J.L.弗里德曼（Freedman，1975）等指出，社会角色是关于人们在特定类型的关系中应当如何行动的一套规则。苏联社会心理学家Л.布耶娃（Л. Буйелва）认为，社会角色是社会职能，是在特定社会中形成的一定类型活动和相应行为方式不可分割的统一体，归根结底决定于个体在社会关系系统中所处的地位。社会给某一社会角色的执行者提出一般的行为方式或标准，每个人具体扮演这个角色时带有一定的个人色彩。社会角色理论的主要观点如下。

（1）人们会基于对自己和他人角色的设想而进行角色采择，儿童通过角色采择的心理活动来学习适宜行为，成人则依据角色采择去提高其交往效率。

（2）人们会基于对自己和他人角色的设想而进行角色扮演，可区分为两种不同类型的角色扮演：角色扮演（role playing）和扮演角色（playing the role）。前者指个人在生活中实际扮演的角色，后者指暂时扮演某个特定的角色。例如，一个演员既扮演着一个演员的专业角色，又在某时扮演某个戏剧角色。

（3）人们是在社会化过程中受到角色规则的训练和教育的，偏离了社会角色规则会受到社会的排斥和制裁。人们真正相信自己的角色，认为应当完善地扮演，行为就是真实的，自我和角色就是统一的；当人们不相信和不认为应当扮演某个角色，只是为了满足他人期望而扮演时，就会出现自我和角色分裂。

（4）一个人可以同时扮演多个角色，并能保持各角色间和谐一致，但有时也会发生角色冲突。角色冲突可分为角色间冲突和角色内冲突。角色间冲突往往是因为社会对个体承担的不同角色提出不同的甚至矛盾的要求，而个体不能同时满足所有这些角色要求造成的；角色内冲突通常是因为不同群体对同一角色的体现者提出不同的要求造成的。

（5）角色期望是随着时代而变化的，如对男女两性角色的期望现在与过去相比已发生了很大的变化，顺从于刻板的角色是身心失调的重要原因之一，经常考虑个人扮演不同社会角色的方式，有助于保持身心健康。

（四）场论

K.Z.勒温（Kurt Zadek Lewin，1890—1947）（图 1.8）把其早期研究个体行为的心理动力场或生活空间学说应用于研究社会问题中，以研究团体生活动力为目的，主要研究团体的气氛、团体内成员间的关系、团体的领导作风等，把群体研究与实证的实验方法结合起来，对心理学的发展做出了很大的贡献。他的主要观点如下。

图 1.8　K.Z.勒温

（1）团体是一个动力整体，整体并不等于各部分之和，整体中任何一个部分的改变都必将导致整体内其他部分发生变化，并最终影响到整体的性质。

（2）团体不是由一些具有共同特质或相似特质的成员构成，特质相似和目标相同并不是团体存在的先决条件。团体的本质在于其各成员间的相互依赖，这种相互依赖关系决定着团体的特性。

（3）个体和他的情境构成了心理场，与此相同，团体和团体的情境就构成了社会场；个体的行为主要由其生活空间内各区域间的相互关系决定，团体的行为也主要由团体的社会场中各区域间的相互关系决定。

（4）任何一个团体都面临着分裂和内聚对抗的压力，分裂的压力主要来源于团体内各成员间交往的障碍或团体内每个个体的目标和团体目标间的冲突；内聚的压力则是团体内抵抗分裂的力量，是团体成员间的正效价或吸引力，它的强度依赖于个体求得成员资格的动力强度。分裂和内聚是团体中时刻进行斗争的一对矛盾，一个良好的有生命力的团体必须要有较强的内聚性才能防止团体的分裂。

心理场（“场”的概念是从物理学中借用过来的）是其理论的核心，勒温认为心理场就是由一个人的过去、现在的生活事件经验和未来的思想愿望所构成的一个总和，即心理场包括一个人已有生活的全部和对将来生活的预期。每一个人心理场的过去、现在和未来这三个组成部分都不是恒定不变的，它们会随着个体年龄的增长和经验的累积在数量上和类型上不断丰富和扩展，一个人的生活阅历越丰富，其心理场的范围就越大，层次也越多。为了更好地说明心理动力场，勒温提出了心理生活空间（lifespace）概念（简称生活空间）。生活空间实际上就是心理动力场和拓扑学、向量学相结合的另一种表现方式，可用 $B=f(P \cdot E)$ 这一公式表达，即个人行为 B 是个人心理特征 P 与环境 E 的函数，而环境 E 不是客观环境，而是个人心理生活空间所形成的环境。生活空间可以分成若干区域，各区域之间都有边界阻隔，而个体发展的心理过程实质就是生活空间的各个区域沿着多个方面不断丰富和分化。

（五）社会认同理论

心理学家 H.泰菲尔（Henry Tajfel，1919—1982）等学者通过研究发现如下内容。

（1）一个群体和随之形成的偏见有可能形成于很短的时间内。即使在成员之间没有面对面的交流，相互之间互不认识，而且他们的“群体”行为没有实际影响力的情况下，还是有可能形成群体。

（2）人们一旦形成群体（联结或紧或疏），就会做出类似的事情：模仿群体中其他成员的行为，偏袒自己群体中的成员，寻找出一位领袖以建立崇拜，并抗击其他群体的领袖，歧视不属于这个群体的其他人。

（3）人们的身份是由所属的群体塑造的，是建立在群体成员身份之上的，一个人所属群体的性质决定了他的身份与社会地位，所属群体的地位与自己在该群体中的地位这两个变量共同决定人们的社会身份感与荣誉感。

（4）人们希望成为地位高、形象良好的群体中的一员，有可供比较的、可供俯视的群体的存在，这是人的阶层意识产生的主要根源。群体对于人是如此重要，以至于不需要任何激励，人们总会加入持续时间或短或长的群体中，然后自发地有目的地改善自己的群体和其他群体相对的形象和地位。

（5）人们加入群体的心理动因主要来源于群体可以给个体提供安全感、地位感、情感归属、自信与权利以及目标实现，维护所属群体的心理动因主要是维护群体对自己也是有利的，人们希望通过保护与自己一样的其他人来保护自己，维护群体利益就是维护自身的利益。

（六）符号交互作用理论

以 G.H.米德（George Herbert Mead，1863—1931）为代表的符号交互作用理论学派把社会相互作用解释为符号交换。人们之间是相互作用与相互影响的，而这种相互作用与相互影响是通过人们创造出来的语言符号进行的，语言能使人认识自己和他人的行为，使这些行为成为有意义的客体。人们不仅生活在一个物质世界中，而且还生活在一个自己用语言符号创造出来的符号世界中，人们对周围世界的反应就是对符号世界的反应，是以符号世界为立足点，而不是以物质世界为立足点。在现实沟通中，人们能通过符号交换获知他人或群体怎样看待自己，即了解他人或群体对自己的角色期待，相应地解释情境，并决定自己如何行动。因此该理论认为，人们的心理就是一切符号行为，人们之间心理上的相互作用与相互影响实际上就是符号的交互作用，研究人的心理活动也就应该研究人的语言符号活动。

该理论有三个主要假设：①人对外界事物所采取的行动是以该事物对他的意义为基础的；②某些事物的意义来源于个体与他人的互动，而不存在于这些事物本身之中；③当个体在应付他所遇到的事物时，他是通过自己的解释去运用与修正这些意义的。

符号交互作用理论的主要观点如下。

（1）心智、自我和社会不是分离的结构，而是基于人际符号互动的过程而形成的；三者的形成与发展都以使用人际符号为前提。

（2）语言是自我形成的主要机制，人与动物的主要区别就是人能使用语言这种符号系统，人际互动是通过自然语言进行的。

（3）心智是社会过程的内化，内化的过程就是人的“自我互动”过程，个体通过人际互动学到了有意义的符号，然后用这种符号来进行内向互动并发展自我。

（4）行为并不是个体对外界刺激的机械反应，而是在行动的过程中自己“设计”的，个体在符号互动中学会在社会允许的限度内行事。

（5）个体行为受其自身对情境的定义的影响和制约。人对情境的定义，表现在个体不断地解释所见所闻，对各种事物赋予意义。

（6）在个体与他人面对面的互动中，协商的中心问题是身份和身份的意义。

（7）自我是社会的产物，是主我和客我互动的结果。主我是主动行动者，客我是通过角色获得形成的在他人心目中的我，即社会我。行动由主我引起，受客我控制，前者是行为动力，后者是行为方向。

（七）社会交换理论

社会交换理论由霍曼斯（George C. Homans，1910—1989）（图 1.9）创立，为布劳（Peter M. Blau，1918—2002）（图 1.10）等发展。布劳接受了由斯金纳提出的、由霍曼斯进一步讨论的社会交换的基本心理原则，认为：虽然大部分人类行为是以对社会交换的考虑为指导的，但社会交换只是人类行为的一部分；使行为变为交换行为必须具备的两个条件，一是该行为的最终目标只有通过与他人互动才能达到；二是该行为必须采取有助于实现这些目的的手段。

图 1.9　霍曼斯

图 1.10　布劳

布劳把社会交换界定为“当别人做出报答性反应就发生、当别人不再做出报答性反应就停止的行动”，认为它是个体之间的关系与群体之间的关系、权力分化与伙伴群体关系、对抗力量之间的冲突与合作、社区成员之间间接的联系与亲密依恋关系等的基础。社会的微观结构起源于个体期待社会报酬而发生的交换。个体之所以相互交往，是因为他们都从相互交往中通过交换得到了某些需要的东西。

布劳既吸收了霍曼斯理论的基本原理和基本命题中的合理内核；又汲取了马克思辩证法思想的精髓，运用集体主义方法论与整体结构论，对社会交换中的宏观结构进行了研究，并用不对等交换的原则揭示了权力产生、反抗及变迁的基本规律，使社会交换理论从微观向宏观过渡。

布劳区分了两种社会报酬：①内在性报酬，即从社会交换关系本身中取得的报酬，如乐趣、社会赞同、爱、感激等；②外在性报酬，即从社会交换关系之外取得的报酬，如金钱、商品、邀请、帮助、服从等。他还区分了三种社会交换形式：①内在性报酬的社会交换，即参与者把交换过程本身作为目的；②外在性报酬的社会交换，即参与者把交换过程看作实现更远目标的手段，外在性报酬对一个人合理选择伙伴，提供了客观的独立的标准；③混合性的社会交换，既具有内在性报酬，也具有外在性报酬。他还讨论了影响社会交换过程的三种因素：①交换发展时期与交换伙伴间关系的特点和性质；②社会报酬的性质和提供它们时付出的成本；③发生交换的社会背景。

对于微观社会结构中的社会交换，他发现人际的社会交换开始于社会吸引①，社会吸引过程导致社会交换过程，互相提供报酬将维持人们之间的相互吸引与继续交换；但是，并不是所有的社会交换都是对等的，人际关系既可以是交互的，也可以是单方面的。假设有甲、乙两个人，乙给甲提供某种东西，但是甲却没有相应地回报乙，这时甲就有四种选择：①强迫乙再给他回报；②从另一个来源获得乙所能给的回报；③寻找没有乙给予回报也能继续过下去的方法；④服从乙，按照乙的意愿行事。如果甲选择了第四种，那么乙对甲就拥有了权力。因此，社会交换中义务不平等就会使一方获得权力，而另一方失去社会独立性。因此布劳认为，个人或群体要保持社会独立性，就必须具备以下条件：①战略资源。一个人（群体）如果拥有使其他人为自己提供必要服务和利益的有效诱因的所有必要资源，就受到了保护，不会变得依赖于任何人（群体）。②替代资源。一个人（群体）如果能获得替代性的服务，或有可替代的服务提供者，就不必依赖于某人（群体）。③强制力量。如果拥有迫使别人（群体）提供必要的利益或服务的强制力量，也就不必依赖于某人（群体）。④减少需要。没有某种服务，也能继续生活工作，就不必依赖于某种服务的提供者。

布劳认为“权力是个人或群体将其意志强加给其他人的能力”，获得与维持权力的战略就是要防止其他人选择保持社会独立性的任何一个条件方案，同时强制其他人服从，为此，他提出了四种必要条件：①对于他人能够提供的、作为交换的利益保持冷淡；②对于别人需要的东西加以垄断；③防止他人为满足需要而形成强制力量；④所能提供的利益为他人所急需。

布劳发现群体之间交换与个人之间交换有一些相同点：①群体之间的交换也受追求报酬的欲望支配。②群体之间的交换也大致经历了“吸引—竞争—分化—整合”的过程，如果群体间的交换是平衡的，就会形成相互依赖的关系；如果是不平衡的，就会出现地位和权力的分化。当某一群体取得权力地位并与其他群体建立依从关系且能有效地控制从属群

① 社会吸引是指与别人交往的倾向性，即不管出于任何原因而想去接近另一个人，如果一个人期望在与别人的交往中得到报酬，那么不论这些报酬是内在的还是外在的，他们都会受到能提供这些报酬的人的吸引。

体时，一个更大的整体也就形成了。③人际交换中的公平性原则同样适用于群体间的交换。

布劳认为，宏观结构中的交换与微观结构中的交换存在差别：在微观结构中人与人的交换是直接的，而在宏观结构中，人与人的交换更多的是间接的，成本与报酬的联系是远距离的，所以需要某种机制来传递人与人之间的关系结构。社会规范提供了这一机制，使参与各方能以同样的情景定义进行交换，所以宏观社会结构中，以社会规范为中介的间接交换替代了微观结构中的个体之间的直接交换。

布劳认为社会结构可用参数来描述：①类别参数，包括性别、种族、宗教、语言、职业、婚姻状况等；②等级参数，包括教育、收入、财富、权力等。人们的特征如果按类别参数分类，就被定义为群体；如果按等级参数分类，就被定义为地位。社会结构的分化一般有两种形式：异质性和不平等。异质性是水平分化，指人口在由类别参数所表示的各群体之间的分布；不平等是垂直分化，指人口在由等级参数所表示的各地位之间的分布。布劳认为异质性和不平等都会给社会交换设置障碍，社会分化越大，这些障碍就会越广泛地阻碍社会交换。分化意味着它阻碍了社会结构各个部分之间的面对面的交换，而整合则是增强了社会结构各个部分之间的面对面的交换，公共管理的任务就是控制社会结构的过度分化，提高社会结构的整合能力。

三、公共管理心理学的研究方法

公共管理心理学采用管理学与心理学两大学科研究方法相结合的方法，主要有观察法（observation method）、实验研究法（experimentation method）、调查研究法（investigation method）、心理测验法（psychological testing method）及个案研究法（case study method）等。

（一）观察法

观察法是指研究者有目的、有计划地在自然条件下，通过感官或借助于一定的科学仪器，对社会生活中人们行为进行系统观察和记录，然后对所做记录进行分析，发现心理活动和行为发展规律的方法，具体可分为参与观察法和非参与观察法两种。

1. 参与观察法

参与观察法是指观察者进入被观察者所处的公共管理的现实环境或社会关系之中进行观察、收集资料的一种研究方法。在这种观察状态下，由于研究者或是作为被观察群体的一员，或是作为被观察群体可以信赖的“外人”出现的，减少了对所要观察对象的干扰，可以使被观察者做出比较自然的反应。根据参与的程度，参与观察法可分为完全参与观察法与半参与观察法。

2. 非参与观察法

非参与观察法是指观察者完全处于旁观者的立场，不参与被观察者的任何活动。这种观察法，一般不需要被观察者的配合，观察者可以客观旁观，对观察环境和被观察者没有干扰，可以观察到最真实的反应，但是可能由于没有参与而了解得不够深入详细。

（二）实验研究法

实验研究法是心理学研究中非常重要的方法，心理学的实验研究是力求利用自然科学研究所采用的各种具体途径和手段，包括仪器和工具的利用，有目的地控制一定的条件或创设一定的情境，以引起被试的某些心理活动，从而进行研究的一种方法。实验研究法旨在控制一切可能干扰实验结果的各种因素，有目的、有组织地操纵某个因素，查明其对被试的心理影响效果。实验研究之所以不同于其他研究，完全与控制（control）这个概念有关。有控制的实验类似于自然科学中的实验。在社会心理学中，信度（reliability）和效度（validity）是通过运用有控制的实验设计才获得的。

实验研究法既有优点，也有缺点，许多学者作了不同评价，下面列举几种代表性的评价。Abramovitch 和 Freedman（1981）指出，实验研究法的最大优点是通过实验可以证明实验组与对照组两者出现的结果是实验因素操作所引起的，从而揭示实验因素与被试反应之间内在的因果关系。但是，它并不适用于研究自然性偶发事件的影响，如空袭、水灾、火灾、疾病等是偶发事件，不能作为随意安排的实验因素，尤其是，实验研究法也不能有效地大量收集资料，一次实验中只能注意到一两个实验因素。Bar-Tal 和 Kruglanski（1988）就指出，实验研究法是有缺陷的，由于心理活动受时间、文化的限制，实验研究法无法完全控制生活中影响人们行为的全部实验因素，所以无法总结社会行为的普遍规律。

实验研究法可以分为实验室实验（laboratory experiment）、自然实验（natural experiment）或现场实验（field experiment）、模拟实验（simulative experiment）及准实验（quasi-experiment）四种。

1. 实验室实验

实验室实验是指研究者在严格地控制各种外部变量的情况下，使被试集中注意力于其所感兴趣的变量的一种方法。这一方法最重要的特征就是研究者能够控制自变量和因变量，通过这种控制可以消除许多外来因素的影响，这使实验室实验具有较高的内部效度。

实验室实验方法的优点是其控制条件严格，可以避免许多其他因素的干扰，其研究结果的说服力较强。沃尔普等（Walpole et al.，1993）从建构理论的高度，充分肯定了实验室实验的作用，他指出：心理学家把观点和研究成果组织进理论体系中，一个好的理论体系可以把一连串事实提炼成简短的预见性原理，运用这些原理，我们可以证实或修改理论，引发出新的研究课题，或提出实际应用的建议。实验室实验可以使社会心理学家脱离生活经验，证实这些理论，然后回到真实世界中，应用这些原理或成果。

实验室实验因增添了人为因素，如实验室环境可能引发被试的迎合心理与对评价的忧虑，故其真实性较差，外部效度较低，对其结果的推广与应用，必须持谨慎态度。许多公共管理活动中宏观的心理现象，如民众的情绪感染、群众性的冲突行为等，难以在实验室内进行实验。

2. 自然实验或现场实验

自然实验是指当研究工作必须在自然环境中而不是在实验室中进行时，对自变量施行某些控制，有目的、有计划地创设和控制一定的条件来进行研究，如创建一个对照组，即找到一个不接受实验刺激的另一种情境，通过比较，推断出因果关系。自然实验法在控制实验条件与施加实验措施方面，不如实验室实验法那样方便，但比较接近人们的真实生活，易于实施，兼有实验法和观察法的优点，其实验结果也较易推广，但运用这种研究方法必须与有关方面建立协作关系。

3. 模拟实验

模拟实验是研究者设计一种人为情境，对真实社会情境进行模拟，以期探求人们在特定的社会情境下的心理活动的发生与变化。例如，研究人们在什么样的社会情境下容易发生助人行为，研究者可设计不同的情境，请工作人员扮演醉汉、病人或残疾人，在公共场合中故意摔倒，观察周围的过路人是否进行帮助，对哪些困难者帮助得最多（Latané，1981），还有社会信任度的研究等，均可使用以上实验方案。许多公共管理心理学的研究课题都能采用模拟实验。

这种方法虽然是人为地设计情境以模拟社会，但对被试来说，如果未觉察其中的人为因素，则其反应是真实的，也是可信的。

4. 准实验

实验室实验等方法要求对实验条件进行严格控制，并确保实验的内部效度，但是公共管理心理学处理的是大量的公共管理问题与社会管理现象，许多时候无法进行被试选择、条件控制或直接给予实验变量的处理，尤其是由果溯因的问题研究，这时可以采用准实验设计。准实验设计采用的被试变量常常是自然形成的变量（如性别、种族）、社会生活导致的变量（如阶层、宗教信仰），通过有或无对照组的多次前后测时间序列设计等方法获取实验结果。

（三）调查研究法

调查研究法是研究者根据所研究的问题的性质进行实地调查、收集材料，然后作统计分析，最后得出结果的一种研究方法。调查研究法按不同的标准可以分为不同的类型，按照被调查者的情况，可分为典型调查、个案调查、抽样调查、普查。调查研究法是社会学家、管理学家和心理学家在研究社会问题、公共管理问题中的心理变化与行为反应时常常使用的收集数据、分析资料的方法。

调查研究法的特点如下：①调查研究法适合于大样本的研究；②相对于实验室实验法，调查研究法简单、具体；③它避免了实验条件下被试不自然的行为反应和故意迎合实验者而做出的表现，同时也避免了在实验中研究者的主观倾向影响对研究对象行为活动的解释。

问卷调查与访谈调查是运用最广泛的两种方式。问卷法的调查对象可以十分广泛，方式也可以十分简便，通过开放式问卷或封闭式问卷，在很短时间内即可获得丰富的第一手资料，节省人力、财力与时间；但问卷调查也有不足之处，主要是被调查者的填写可能会发生某种偏差，产生虚假性。人们回答问题时往往有他人取向（other-directed）的倾向，他们为了求得某种安全感按社会的准则，而不是根据自己的内心标准来填写，因此所获得的结果的可靠性可能要打折扣。所以，设计问卷时就要讲究策略。问卷调查可以拓宽研究涉及的群体面与人数，但分析问题可能不够深入，这时就可选择结构式或非结构式访谈作为补充，拓深对研究群体的了解，加强研究的深度。

（四）心理测验法

心理测验法，就是采用标准化的心理测验量表或精密的测验仪器，来测量被试有关的心理品质的研究方法，是一种通过引起行为测量心理品质的方法。如果在测验中所表现出来的行为很恰当地反映了它所要测量的东西，那么这个测验就能给研究者提供可靠的信息。心理学家一直在尝试创建多个客观的对研究对象进行检测，以获得被试的有关心理特征与活动规律。

公共管理心理学研究中根据研究问题的需要，可以使用关于人格（personality）、智力（intelligence）、态度（attitude）方面的心理测验，品格测验、个体测验、团体测验等，自我评定（或自我评鉴）（self-assessment）、他人评定（hetero-assessment）、投射技术（projective technique）、语意分析（或语意区别法）（semantic differential technique）、情境测验（situational testing）等，以及明尼苏达多相人格量表、加利福尼亚心理量表、卡特尔 16 种人格测试、罗夏墨迹测验、主题统觉测验等。

（五）个案研究法

个案研究法就是对某一个体、某一群体组织或某一事件在较长时间内连续进行调查、了解、收集全面的资料，从而针对该个体、该群体组织或该事件进行时间序列下的详细分析，研究其中主客体的心理发展变化的全过程的方法。

【思考题】

1. 公共管理心理学的概念的内涵与外延是什么？
2. 公共管理心理学的研究对象有哪些？
3. 公共管理心理学的研究方法有哪些？
4. 为什么要学习公共管理心理学？
5. 心理学的基本概念有哪些？
6. 心理学的主要流派有哪些？
7. 心理学有哪些分支？公共管理心理学的学科地位是怎样的？
8. 公共管理心理学中重要的理论有哪些？

第二章

公共管理中的社会认知

【学习导读】

1. 掌握社会认知的理论框架。
2. 掌握对自我的认知的相关理论。
3. 掌握对他人的认知的相关理论。
4. 了解社会认知的偏差的相关理论。

【课前案例】

提到农民，想到的就是“头戴草帽、手拿农具、卷着裤腿、一身泥土”的形象；提到教师，想到的就是“戴着眼镜、书卷气十足、两手粉笔灰”的形象；提到工人，想到的就是“身着工装、拿着扳手、满身机油与灰尘”的形象；提到白领，想到的就是“一身职业装、拿笔记本电脑、行色匆匆”的形象，我们还可以举出很多例子，这些印象对吗？可能是对的，所以人们才有这样的群体角色形象认知，影视剧中演员也会按照人们对角色的外形、举止认知来表演，人们才会认为“演得很逼真”；可是，这种认知可能也是错的，因为时代变迁，群体角色形象已经发生变化了。

知觉是个体对外界事物的整体反映，是将人的感觉通道所获得的信息进行选择、综合，从而形成完整映象的过程。作用于人的信息有两大类：一类是自然界中的机械、物理、化学和生物等方面种种现象的信息，称为非社会信息；另一类是来自于社会现象的信息，包括担任社会角色并具有特性的人、人际关系、群体以及各种社会结构和社会事件等，称为社会信息。对非社会信息的知觉称为对物的知觉或一般知觉，而对社会信息的知觉则称为对人的知觉或社会知觉。普通心理学更多关注对物的知觉或一般知觉，而社会心理学、公共管理心理学更多关注社会知觉。

“社会认知”（social cognition）一词最早由 R.S.伍德沃斯（Robert Sessions Woodworth，1869—1962）于 1931 年提出，而后由 J.S.布鲁纳（Jerome Seymour Bruner，

1915—2016）于 1966 年进一步发展出新观点，从而开启了社会知觉研究的大门。布鲁纳认为知觉不仅决定于客体本身，也决定于知觉者的目的、需要、态度与价值观，即指明知觉者的社会决定性。这个概念对社会认知的研究及其发展颇具意义。目前西方文献中将社会知觉（social perception）、社会认知、人际知觉（interpersonal perception）等术语并用，没有进行细分，我们可以从以下角度把握：①奥斯特罗姆（Ostrom，1984）（Thomas Marshall Ostrom，1936—1994）认为社会认知研究包括对所有影响人对信息的获得、表征和提取的因素以及这些过程与知觉者的判断之间的关系的思考；②社会认知是一种强调对认知过程的理解是认识复杂的社会行为的钥匙的观点；③社会认知包括两个相关的方面："组织方面"是指构成一个人的社会知识、社会认知的范畴和原则，"过程方面"是指通过社会互动而发生的沟通、接受和加工信息的一切方式，如注意、记忆，也包括一些严格的社会性过程，如沟通和观点采择（Damon，1991）；④社会认知通常是指两种认知——关于人、群体的认知和具有情感、动机态度、情绪色彩的认知（Kosslyn and Kagan，1991）；⑤社会认知通常是指关于人、自我、人际关系、社会群体、角色和规则等的认知，及其与社会行为的关系的认知（Shantz，1983）；⑥社会认知研究的对象是那些发生在他人和自己身上的心理事件以及人们对社会关系的思考（Crusel and Lytton，1988）。其实，社会认知作为认知心理学、发展心理学、社会心理学、公共管理心理学共同研究的对象，由于各个学科研究者研究的角度不同，其定义上存在分歧是很自然的。但是我们认为，公共管理心理学在定义社会认知时应抓住两个本质特征：其一，认知对象的社会客体性，或者说社会认知是人对社会性事件的认知加工；其二，人的社会认知对其处在行为的调节作用，社会治理要求人们把知和行结合起来。所以林崇德和张文新（1996）认为，"社会认知是指人与社会性客体之间的关系，如关于人、人际关系、社会群体、自我、社会角色、社会规范等的认知，以及对这种认知与人的社会行为之间的关系的理解和推断"。

爱若森等（Aronson et al.，2005）所著的《社会心理学》一书中将"社会知觉"定义为"人们如何形成对他人的印象及如何对他们做出推论"，国内一些学者认为"社会认知有时也被称为社会知觉"（郑雪，2004）。虽然对社会认知概念的界定仍众说纷纭，但对其内涵已基本达成共识：社会认知是个人对他人或自己的心理与行为的感知与判断的过程，涉及个体对来自他人、自己及其周围环境的公共信息进行整合的复杂过程。

1978 年在西安大略大学（University of Western Ontario）首次召开人格社会心理学大会，并将社会认知作为大会议题，这标志着社会认知进入了心理学主流的视野。从 J.S.布鲁纳开始，尤其是 20 世纪 70 年代以来，社会认知研究的范式不断调整变化，使社会认知的研究框架日益明确，研究方法更加科学，研究内容逐步深化，已形成众多社会认知理论。社会认知的内容主要涉及对自我的认知和对他人的认知两方面，故从这两方面来研究社会认知偏差的产生原因及其克服策略，对公共治理具有很大的意义。

第一节　社会认知的理论框架

自 1931 年心理学家开始研究社会认知，到 1970 年后广泛借鉴认知心理学的理论和方法，关于社会认知的研究逐步深入，形成了比较成熟的社会认知理论模型。从 1990 年开始，他们又把研究触角伸向社会认知的内隐层面，从而进一步加深了心理学对社会认知的理解和把握，形成具有代表性的四个理论模型。

一、范畴模型

该模型比较关注社会群体的抽象的、概括化的概念，认为：一旦个体获得有关某个群体的信息，便会发展出对该群体的概括化的概念，即范畴。这种范畴是变化的，不具有决定个体是否属于某个范畴的定义性特征或标准。只要某客体特征与范畴社会认知特征充分相似，该个体就会被归属于该范畴。范畴模型类似于认知心理学中模式识别研究领域中的学者若驰（Eleanor Rosch，1938—）提到的“原型说”（prototype theory），“原型”是指一类客体的内部表征，反映的是一类客体具有的基本特征，而且原型代表的是一个范畴实例的集中趋势，并以抽象出来的表象来表征。

另外，范畴模型主张主体会根据客体所属的诸多范畴同时归类，但一般是按照与靶子特征最匹配的范畴原型归类。有的研究者则认为，归类过程是一种基于某些原始特征的自动加工过程，这些特征具有重要的独特性，并被频繁使用着，有时可能还未涉及归类过程，就激活了后继的社会认知活动，目前对此观点还存在争议。

该模型的理论观点在过去的社会认知研究中或隐或显地存在着，并被普遍接纳，但在社会认知的整体解释上却存在很大的局限性，主要有以下几个方面。

（1）该模型很难说明知觉者对范畴组织成员变异性的认识与敏感性，即该模型代表知觉者对于客体观念的核心趋向，但却不能表征范畴内部各成员间分散性的认知。因为按照该模型，知觉者可基于原型这一平均水平来判断范畴成员的变化程度，因此在判断成员的变异性时，知觉者会依赖范畴样例进行自动恢复；然而事实并非这么简单，如果将范畴内部的变异性看作范畴的另一特征，则获得主宰范畴属性的抽象信息的过程就完全有可能创设有关范畴变异性的知识。该问题目前颇有争议性，争论的焦点是：变异性信息是不是以抽象信息的形式储存的。

（2）关于范畴之中的亚类型问题。很多文献都认为，知觉者运用了大的社会群体的非常概括化的概念，而这种概括化的概念的一个潜在缺陷是过于包容。布瑞维尔等（Brewer et al.，1981）研究表明，在等级范畴系统中，宽泛的范畴往往具有上位和下位范畴，同时还包括一些更为独特的下属水平或亚类型。虽然有时人们简单地将他人归类为“旧人”，但事实上他们对包容性范畴的更加具体的亚群体拥有更加丰富和更好的认知。尽管获得了这些发现，斯密斯和萨拉特（Smith and Zarate，1990）还是对社会认知亚类型水平形成的必然性持怀疑态度，他指出：对任何一种范畴而言，都存在着无数的亚类型，而且许多亚类型都拘泥于具体的场合。

（3）该模型很难说明特殊事例对信息加工的巨大影响。例如，在一个“判断陌生人”的实验中，让被试对留短发的陌生人进行印象判断，有的被试认为所遇到的陌生人是不友好的，可能是因为以前遇到的某个留短发的人不友好。虽然该研究证明做出社会判断时样例表征的重要性，但没有提供抽象知识表征在社会认知中不可靠的有力证据。

范畴模型难以解释的成员变异性问题、亚类型问题以及特殊事例对信息加工的影响等，但通过样例模型都能够给予合理解释。

二、样例模型

该模型主要是解释归类过程的，认为：归类不是通过客体与范畴原型之间的比较，而是通过客体与样例记忆集合中范畴成员之间的比较获得的。比较的样例与客体之间具有极大的相似性，而且样例的恢复与使用往往是无意识性的。斯密斯和萨拉特（Smith and Zarate，1990）等指出，社会归类中的样例模型应该包括社会判断过程。他认为社会概念是对凝聚样例的重新概括，而不是作为抽象知识来贮存的。这种观点与若驰提出的原型说也有相同之处，若驰认为，概念是以原型即它的最佳实例表征出来的，人们对某一概念的认识主要是从这一概念的最佳实例来理解的。其中，概念是由两个因素构成的：一是原型或最佳实例样例，二是范畴成员的代表性程度。根据他的模型，样例恢复不仅负责社会信息的初始归类，而且也指导着社会判断过程。

样例理论与范畴理论的不同之处在于：样例理论将原型看作与同一概念成员有更多的共同特征的实例，是一个特定的具体的表象；而范畴理论中的原型则主要着眼于个体与范畴的匹配。

样例模型也有缺陷，其一，该理论无法解释个体如何根据自己的信息渠道从群体信息源获取某一群体的抽象表征。为此，一些样例模型主张将抽象信息作为特殊的样例加以贮存与激活。虽然这样可以提供样例形式表征抽象特征的机制，但混淆了抽象与具体表征间的区别。如果恢复样例并在判断过程中使用抽象知识，那么如何判断它是以具体样例还是以抽象的概括化产物来贮存呢？其二，它无法解释范畴理念问题。斯密斯认为，如果没有范畴理念，样例集合就不能撮合，不能形成一致的概念或范畴。例如，如果要求某人描述一位典型的女性，所恢复的样例必须被标准的理念所确定，否则判断时，知觉者就不能激活适宜的样例。

三、群体表征的混合模型

由于纯粹的抽象模型和样例模型都存在一定缺陷，有研究者主张将两个模型整合起来，提出了群体表征的混合模型，即同时包括抽象知识的表征和具体的样例表征，但该模型也存在以下不足。

1. 信息学习顺序不同，二者表征不同

斯密斯和萨拉特（Smith and Zarate，1992）的实验可检验社会归类过程中抽象信

息与样例信息的使用情况。实验中，被试的任务是学习将靶子成员归类为两个群体。被试分为两组，一组在学习群体样例之前学习原型信息，另一组被试则未给予原型信息。学习阶段结束后，要求被试对学习过的靶子连同新靶子一起归类，刺激材料以被试使用样例信息为基础还是使用抽象信息为基础的策略而不同。结果发现：没有学习过原型信息的被试则会通过与预先学习的样例进行比较来归类新样例，学习过原型信息的被试则基于原型来归类新样例，说明被试了解信息的顺序影响着对范畴成员的后继加工。

2. 该模型难以解释以记忆为基础的在线加工

因为遇到新的样例时，形成抽象表征的程度是决定后继加工中使用何种信息的关键因素。如果样例编码阶段激活的是群体水平的特征，那么抽象信息更可能对后继判断有影响；如果在线没有形成抽象信息，个体则要依赖样例记忆来指导后继加工。

3. 认知资源有限也是该理论难以克服的挑战

雷维奇（Lewicki，1985）发现：资源有限条件下，知觉者更可能依据范畴组织信息，而不是依据成员组织。其他研究也表明：判断客体时，认知需求影响着个体依赖的范畴水平知识，而不是个体化客体信息的概率。可见，抽象信息所需资源很少，资源有限时，个体更倾向于依赖这种方式进行归类。而具体样例所需认知资源较多，将两者整合起来并不符合认知资源节省的原则。

四、社会认知理论模型的新进展——情境模型理论

情境模型这一概念最早由 Laird（1988）提出，Robert S. Wyre 和 Thomas K. Srull 于 1989 年沿用了这个概念，并由此发展成情境模型理论。他们认为存在两种知识结构，即情境模型和概化表征。其中情境模型代表人们对具体事件和事态的理解，而且通常在理解社会情境的传递信息过程中自动建立。这种模型一旦建立就为理解新信息、对信息涉及的人事判断提供相应的基础。该模型主要以 R. A. Zwaan 和 G. A. Radvansky 于 1998 年提出的事件检索模型理论为依据，认为在理解过程中人们至少需要建构五个维度，即时间、空间、实体、起因和目的。其中，时间和空间指事件发生的时空背景，实体是用来理解情境结构的中介，起因指事件之间的发生和结果关系，目的指在某一情境中中介物的目标。

Wyre 和 Srull（1989）除认为存在两种知识结构之外，还认为存在两种亚情境，即事件状态和事件过程，其中事件状态只有一个时空框架的情境，且更具静态性；而事件过程是事件状态的集合，它由普通实体构成，并用一个主题形式统一起来。相应的，情境模型理论区分出事件与情节两种情境模型。其中事件模型是具体时空框架的表征，其信息包含时空框架、情境中的实体及实体之间的结构关系等，实体是该系统内信息协调的基础，可被看作该结构的核心。

此外，情境模型理论有两个假设：①认为与情境模型有关的社会事件通常包括参与者或观察者自身，即认为这些模型可能包含描述事件个人和事件方面的信息；②认为命

题性信息除了用来创设情境模型外，也可与上述信息发生联系。

情境模型理论不仅可以解释人们对呈现在社会背景中的有关人或事的单个陈述的理解，也可以用以解释在公众媒体或非正式谈话中进行交流的人的有关反应。有关该理论的假说和意义评估还有待进一步提炼和提高，但作为社会信息加工的构思框架，其应用价值很高。

五、内隐社会认知的发展

社会认知强调内部知识结构（社会性对象的心理表征）与外部事件（具体的人和社会场合的新信息）之间的相互作用。它的研究涉及归因、图式、自我概念、注意、记忆、推理、情感、态度和人际知觉等方面，关注的是社会行为的认知调节。经过长期的认知主义取向研究之后，人们发现，人是“朴素的科学家”或“目标明确的策略家”的隐喻（metaphor）并不完全恰当，因为在人的行为成分中，有许多因素是无法仅凭“逻辑”或“理性”就能解释清楚的，许多内部心理过程都发生在个体意识之外，研究者的注意力又转向人的非理性方面。根据社会信息加工的有意识和无意识性，社会认知可分为内隐和外显两个方面。内隐社会认知（implicit social cognition）是指在社会认知过程中，虽然个体不能回忆某一过去经验（如用自我报告法或内省法），但这一经验潜在地对个体的行为和判断产生影响。这一概念最初由美国心理学家 A.G. Greenwald 和 W. R. Banaji 于 20 世纪 90 年代中期提出，是他们基于半个世纪以来有关研究成果，并经过科学反思和理性加工而提出的，关注的焦点在于个体的无意识成分参与了有意识的社会认知加工过程。

内隐社会认知研究多采用内隐记忆研究的间接测量技术和方法。例如，目前采用较多的是认知判断的潜伏期测量（judgment latency measures）、启动效应（priming effect）及投射测验等（projective measures）。这种研究方法使过去行为主义、精神分析学派等无法实证的内部心理过程和传统的认知心理学忽视的无意识加工活动得到了直接的实验室观察。随着内隐记忆研究方法的不断进步与创新，内隐社会认知已经成为社会认知领域的一个研究热点。已有研究揭示出社会知觉、刻板印象、性别差异、印象形成中都存在内隐社会认知，并且相对于其他材料，社会认知具有更强的内隐性。我国杨治良等研究者通过一系列研究也证实了内隐社会认知的存在，并进一步证实社会认知具有更强的内隐性。从 1996 年开始，杨治良等对社会认知中的刻板印象、性别差异及印象形成等进行了研究，其研究成果不仅丰富了内隐记忆的研究内容，提高了认知科学在各应用学科中的价值与地位，也促使了认知科学研究领域的进一步扩大，使心理学各个领域之间显现融合趋势。

内隐社会认知具有以下鲜明的特征：①社会性。内隐社会认知涉及对人及人际关系等社会对象的认识活动，包含了一定的社会历史意义。②沉淀性。这种认知是在以往的生活经历中形成的，而且会对以后的行为产生影响，是长期积累的结果。③无意识性。内隐社会认知发生、发展以及后来对个体行为产生的影响都是在个体本身没有意识到的情况下发生的，是自动的、无意识的操作过程，难以用语言来描述。④启动性。过去的经验对当前的操作产生一定的个体自身意识不到的影响，这是一种启动效应。

内隐社会认知的提出具有非常重要的意义：①该理论可以为无意识提供实证依据。个体虽然无法回忆先前经历过的事情，但这些经历的确对他以后的活动产生了影响；内隐研究的方法可间接予以证实，并顺利解决这一难题。②内隐社会认知的研究具有很高的内部效度和外部效度，现有研究结论普遍认为，在态度、自尊和刻板印象中都包含着复杂的内隐操作，该论断从总体水平上提高了社会认知理论的构想效度。

最近几年，国内外研究者在社会认知神经科学框架下，在刻板印象、态度及态度转变、对他人认知、对自我知觉、情绪与认知的交互作用等问题的研究上都取得了重要进展。社会认知神经科学的研究方法进一步拓宽了该领域的研究，社会认知的研究在广度、深度等方面都在不断发展，并且理论与研究的水平将随着技术手段的更新和研究思路的创新而得以不断提高。

第二节　对自我的认知

自我是关于自己个人的品质、社会角色、过去经验、未来目标等方面的心理表征。自我知觉是指行为者确定自己行为的原因，以及了解自己的情感、动机、倾向、品质等内部状态的过程，也称自我概念或自我印象。它不同于他人知觉。首先是知觉者与被知觉者的不同。自我觉知中，个体既是知觉者又是被知觉者，二者同为一体；对他人觉知时，二者则不是同一体。其次，对他人的知觉大多依赖外部线索推断他人行为或动机，而对自我知觉时既可依据外部线索，也可直接通过自我内省和观察而实现。那么，自我具有哪些特性呢？如何获取自我认知的信息呢？自我认知有哪些方式呢？

一、关于自我及自我觉知

（一）自我的界定

美国心理学家威廉·詹姆斯（William James，1842—1910）曾描述自我觉知的二元性（duality），并区分了已知我（known self）或宾格我（me）与知悉我（knower self）或主格我（I）。其中，已知我或宾格我由对自己的看法与信念组成，指作为经验客体的自我；而知悉我或主格我是活跃的信息处理器，是作为情境中活动者的自我。“宾格我”概念包括三个不同的实体：①精神性自我（spiritual self），这是自我最核心的部分，包括个体对自我能力、人格、目标、欲求和信仰的认知与评价；②物质性自我（material self），包括自我的躯体部分及与自我躯体有密切关系的服装、亲人、家庭环境等；③社会性自我（social self），是他人所知觉的我们所担任的社会角色、社会任务或社会地位。按照威廉·詹姆斯的观点，自我外延扩展超出个体的躯体边界，而包括了个体的所有——名誉、声望、家庭、社会关系网，而任一部分的变化都会导致自我知觉的变化。

【阅读资料】

我们人类是不是唯一有自我意识的物种?

许多有趣的研究（Gallup，1977）指出，人类并不是唯一有自我意识的生物。研究者将一面镜子放入动物的笼子里，直到动物熟悉这面镜子为止，然后短暂麻醉动物，并在它们的眉心或耳朵上涂上红颜料。动物苏醒之后，它们在镜子面前会发生什么事情呢?研究发现，黑猩猩在看到镜子之后，会立刻摸它们头上被涂上红颜料的部位。对海豚的研究也发现，此时它们也会径直游向镜子，蜷曲身体观察身体上的圆点。所有这些研究都说明，黑猩猩和海豚都有一种初步的自我意识。它们知道镜中的影像是自己而不是其他动物，并且知道自己和以前有点不一样。

Sedikides 和 Skowronski（1997）从进化论角度提出自我最先出现的层面是主观自我觉察，植物不具备此项特征，而大多数的动物具备该特征，从而提高了存活率；少数动物发展出客观自我觉察，即把自己当作客体来注意的能力；人类则达到更高层面——象征性自我觉察，即通过语言形成对自我的抽象的认知表象的能力。通过在蹒跚学步的儿童身上进行类似研究发现，人类的自我认识在两岁左右就开始发展了。随着年龄的增长，初步的自我意识也会变得越来越复杂。通过对不同年龄的儿童提出“我是谁”这个相同的简单问题，心理学家研究人类的自我概念从孩童到成年是如何演变的。结果发现，幼小儿童的自我概念常常是一些具体的、具有清楚界限的及易于观察的特征，如年龄、性别、居住环境及其个人嗜好等，而成熟后，就不再强调自我的生理特征，而强调心理状态及关心他人如何评价自己。

（二）自我的多重性

自我是单一概念还是多重概念呢? 威廉·詹姆斯在 1890 年就提出了多重自我的概念:“一个人具有许多的社会性自我，如同有许多人认识他，并在他们的头脑中形成他的形象。”例如，一个女人既可以是女儿、妻子、母亲，又可以是教师、公民，还可能是社会活动家。在不同的情境中，我们可以管理自己的印象，呈现不同的形象，使不同的人对我们形成不同的印象。那多重自我是怎样影响我们的自我概念呢? Rosenberg 和 Turner（1981）区分了自我形象和自我概念，认为自我形象是短暂的，可在短时间内经常变化，并形成很多自我形象；而自我概念则具有稳定性，并与自我形象中的主流内容是互动的，一旦自我形象危及自我概念，个体会改变自我形象以保护自我概念的稳定。

（三）自我概念

库利（Cooley，1922）提出“镜中我”的概念，认为自我概念是在我们与他人交往时产生的，是我们认为他人如何知觉我们的反映；并指出自我概念包含三个因素：①关于被他人看到自己的姿态的自我觉察；②关于他人对自己所做的评价与判断的自我想象；③关于自己对自己怀有的感情倾向——自尊或自卑。米德（Mead，1934）提出了类似概念，认为只有当我们意识到自己成为他人的知觉对象时，才会形成自我概念。这种意识表现为我们预期他人将如何对我们的行为做出反应；自我概念的重要性使我们具有从别人的角度来认知自我的能力。

所以自我觉知时应关注：①统一程度。整合多重自我，才能进行自我觉知。②觉察程度。觉察程度不同，觉知不同。③自我的稳定性。不同时间、不同情境，自我不同，只有相对稳定的自我，才能形成准确的自我觉知。④评价性质。人依据所属群体特征评价自己。⑤社会意见的一致性。自我觉知与他人对自己的觉知在一定程度上一致，就可参照他人的评价来进行自我觉知。

自我概念会对个体对自己及他人的看法产生影响，并会影响个人情绪与行为选择。例如，个体经历了一次重大的挫折或疾病（情感挫折或重大疾病），会产生强烈的消极情绪与否定自我的认识，导致抑郁，对社会做出进一步的消极反应，这种行为选择又会导致更多的消极情绪与否定的自我概念，形成恶性循环。

二、自我觉知的信息获得

（一）来自自我行为的信息

研究发现，自我觉知的主要信息源来自于自我行为。有两种理论对此予以证明。一是费斯廷格和卡尔史密斯（Festinger and Carlsmith，1959）提出的认知不协调理论。该理论主张，人们的态度倾向于和行为保持一致。如果出现不一致，就会通过调整来保持一致。因为二者一致，可通过行为提供认知自我内在过程的信息。在他们的一项经典研究中，安排选自斯坦福大学的男生被试先做一小时枯燥无味的工作，然后让他们骗女生说，该工作非常有趣。这些男生为此得到的报酬不同，一半得到 1 美元，一半得到 20 美元。最后问这些学生是否真的喜欢这项工作。结果发现，获得 20 美元报酬的被试报告说“不喜欢”，而获得 1 美元报酬的被试却报告说“很有趣”。对此结果，他们解释说，这是因为人有一种降低认知不协调的倾向。很明显给予被试 1 美元的报酬不足以支付一小时的工作和欺骗行为的代价，这就使被试产生了认知不协调，自我概念受到威胁，于是出现一种保护反应——改变自己的态度，使自己的态度和行为保持一致。既然行为与态度保持一致，行为自然就可以为自我知觉提供信息。

第二种理论是贝姆（Daryl Bem，1938—）1967 年提出的用于解释人如何理解自己的特性和偏好的自我知觉理论（self-perception theory）。该理论认为，当我们的态度和感受处于不确定或模棱两可的状态时，我们会通过观察自己的行为和该行为发生时的情境来推论自己的态度和感受。如果自己明确知道自己的行为，就无须观察行为来推断，当个体不能直接了解自己的态度、情绪和其他内部感受状态时，就会考察自己的外显行为，通过对行为进行归因推知自己的内部状态；人们会判断自己的行为是反映了自己的真实感受还是受到情境的影响，排除情境有效的情况下，会认为行为即是内心状态的外显。贝姆的一项卡通实验研究很好地说明了有时我们和旁观者一样，需要通过外部线索来推断自己的内部特征。实验中，实验者教会被试使用色光作为正确性的线索，告诉被试在出现黄褐色光时，按照真实情况回答涉及自己的问题；当光转为绿色时撒谎。这样，被试学会黄褐色光出现时相信自己，绿光出现时不要接受自己的回答。然后，让他们回答卡通是否有趣。结果发现，他们的回答受到黄褐色光和绿色光出现的影响。他们会根据色光提供的线索来判断自己关于卡通的真实态度，也就是说，他们的行为就像一个旁观者，在看到绿色光时真的认为自己在撒谎。

尽管认知不协调理论和自我知觉理论着眼点不同，但都说明了个体行为是自我知觉的信息来源之一。不过，对行为做自我推论时也常常发生错误。瑞思曼等（Reisman et al.，1970）的实验说明了这个问题。实验中，在给被试看10张色情图片时，被试可以听到一种声音，并被告知这是他们自己的心跳声。实际上这个声音是事先准备好的，与被试的心跳没有任何关系。一些被试看其中5张图片时，听到“自己的心跳加快”，但看另外5张图片时，则没有出现这种变化；另一些被试则看其中5张图片时，“心跳”频率降低，而看另外5张时没有变化。结果，两组被试都判断那些伴随心跳显著变化的图片比没有变化的图片更有吸引力。这种假反馈导致被试对自己行为的错误归因。Storms和Nisbett（1970）对失眠病人的药物“安慰剂”实验也说明了来自自我行为的错误推论。

（二）来自自我分析的信息

人们其实经常进行内省，就是主动进行内心深处的探索，检视自己的想法、感受、动机，进行自我分析。“最了解自己的就是自己”的格言反映的是：内省获得的推论比通过外显行为而获得的可能更可靠，因为内省可以忽视情境压力，更多地报告内心真实想法。自我知觉理论认为：当人将注意力专注于自身时，会根据内在的标准与价值观分析自己的行为，并揭示出更多心理感受。但是心理学家却认为，人们实际上并不能准确描述自己的心理感受，因为涉及人的自我意识问题，有很多高级、复杂的心理过程通常并不能被个体所准确觉察。

威尔森（Wilson，1975a）采用双声听觉实验证明了人们的低意识水平。被试通过双声道耳机的一个声道听到一个声音，而在另一个声道听到另一连串很低的音调，结果，被试没有听到另一个声道的音调。然后安排被试在两个声道中听一些新音调和旧音调。结果，虽然被试没能分辨出新旧音调，但他们比较喜欢旧音调。也就是说，虽然个体没有意识到曾经听过这些音调，但是他们的行为却受到了这种无意识影响。

（三）通过他人获得的信息

在知觉自我时，人们还会通过他人来获得信息，一是他人的评价，如标签理论解释了人们被贴上某种标签后，常会根据这个标签来判断自我。例如，当一个人被贴上“认真”的标签后，会自觉按照标签行为，并关注他人的不认真行为信息来强化自己的自我特征。二是与他人进行比较，有意无意地和自己相似的人进行比较，并依据行为的相似性或差异性来觉察自我。沙赫特和辛格（Schachter and Singer，1962）的一项经典研究可以说明这个观点。他们的实验中，被试被告知做“维生素”实验。其中一半被试服用有生理唤醒的药物（精神类药物），另一半则服用安慰剂。在服用真药的实验组中，一半被试被告知真实反应，另一半被试则被告知会有副作用（与真实生理反应无关），而服用安慰剂的一组被告知无副作用。实验过程中，还安排一名合作者混入不同被试组完成事先安排的活动。活动分两类，一类活动是积极和愉快的，如玩呼啦圈、扔纸团等，另一类活动是消极和愤怒的，如抱怨、对他们冒犯等。之后合作者离开，主试询问被试实验的感受如何。结果，被告知错误信息和没有告知药效的真药组的报告和合作者表现出的情绪一致，或为愉快或为愤怒；而告知真实药效的被试和服用安慰剂组的被试没有情绪变化。可见，当没有明显线索可以解释自己的生理唤醒时，被试倾向于根据合作者的行为反应来解释自己的反应。

【课题思考】

你将与谁进行社会比较?

上完这门课程，你考试后最关心的应该是分数了。如果你得了85分，你会开心吗?如果你根据自己的考试表现预计得70分，那么这个成绩的确会让你高兴，但是当你知道班上三分之二的同学的成绩均在85分以上，这种高兴又会有所降温；不过你还可以与另外三分之一的同学进行比较，毕竟比他们要好。总之，有利于自尊心维护的思考路线更会被采用，尽管你可能忽视了一个问题：比你差的人永远都会存在。这就是当人们进行社会比较时必然要考虑的参照物选择问题，你将倾向于上行社会比较还是下行社会比较?

上行社会比较——将自己与那些在某方面比自己出色的人进行比较，可以提高人们的期望水平、成就动机，但是会让你感觉自己很失败、很差劲，因而引发消极的郁闷情绪。

下行社会比较——将自己与那些在某方面比自己差的人进行比较，可以让人感觉良好，但是会降低期望水平，消减竞争精神，安于现状。

三、自我的功能

研究者发现自我具有两种功能，它能够帮助我们更好地理解自我、觉知自我。

（一）组织功能

自我的组织功能主要是通过自我图式实现的。自我图式——个体对于自我的认识概括，来自于过去的经验，负责组织并指导对个体社会经验中与自我有关的信息进行加工（Markus，1977）。人们通过不断的自我知觉形成自我图式，自我图式则在个体对外界信息的注意、编码、组织、存储及对已有记忆的提取中发挥作用。在关注他人时，自我图式还充当了放大镜的角色。

用自我图式整合各类信息，可以帮助我们更好地组织信息并将这些信息与其他关于自己的信息联系起来，以便日后更好地识记和提取。研究发现，人们对与自身相关的信息识记效果更好，这种倾向被称为“自我参照效应”。一项研究中要求被试用20个形容词，如“温暖的”“精力充沛的”“安静的”“柔顺的”等来描述人。被试被随机分为两组，一组被试思考这些形容词在多大程度上可以描述自己，一组被试思考这些形容词在多大程度上可以描述他人。之后通过考察被试的回忆成绩，发现第一组被试识记效果更好。

（二）管理功能

自我的管理功能是通过自我规范实现的。自我具有规范人们行为、选择及规划未来的管理功能，因此，人可以想象从未发生过的事情并能进行长期规划，成为地球上唯一的对未来可以打算、规划并对自己的行为加以控制的物种。一项实验提出的“自我规范资源模式”认为：自我控制是一种有限的资源，人们能够投入自我控制中的能量有限，某一任务的能量花费会对另一项任务产生限制。在这项研究中，要求被试在某一任务中施加自我控制，然后观察这种控制是否会降低他们对后继的无关任务中施加控制的能力。例如，要求被试完成压抑一个念头（不要去想一头熊）的任务后，接着完成情绪控制任务（观看一部喜剧但要求不要发笑），相对于没有压抑要求的对照组而言，实验组被试的抑制效果很差。研究者认为，第一项任务占用了用来控制行为和情感的资源，从而导致随后的自我控制行为变得更加困难。这一发现有助于解释人们在压力之下常常会失去自我控制的原因。

四、自我知觉的表现

最常见也是最重要的自我知觉的表现是自尊，即对自我的评价与接受。自尊有高低之分，会产生积极和消极两种效果。自尊高意味着个体对自我的肯定，而自尊低则意味着个体对自我的否定。多数情况下，自尊高会产生积极效果，自尊低则有消极效果。自尊高通常是有益的，有助于提高机体免疫能力防止传染疾病，而自尊低则一贯有负面影响，会削弱身体的免疫系统。

一般而言，大多数人认为自己是好的，并不惜花费大量时间和精力试图提高自己的自尊水平，努力成为自己期望中理想的人。但实际上，自尊受很多因素的影响，其中有些因素是个人所无法改变的。

（一）民族

各民族的社会条件不同，社会影响力不同，自我知觉就不同，克拉克兄弟（Clark K B and Clark M P，1947）曾以5~7岁的119名美国北部黑人儿童和134名美国南部黑人儿童做实验，观察他们按照主试指令完成任务后的反应，发现多数黑人儿童偏爱白色洋娃娃，对深肤色娃娃持否定态度。结果表明：在种族歧视条件下，黑人儿童从小就认为自己的种族低人一等，影响了他们的自尊。而在20世纪70年代后，研究结果已因为种族歧视法案的通过和媒体正面宣传的影响而有所改变，黑人学生的自尊水平和白人学生没有了显著差异，可见人权运动对人的自我知觉影响巨大，更说明人的心理活动会随着生活条件的改变而改变。

（二）性别

自人类社会进入男权社会后，性别偏见就一直存在。当今世界经济发展水平显著，但在东西方国家男尊女卑的现象仍然非常普遍，并影响到两性的自尊水平。传统观点认为，男女两性的行为特征和人格特征都存在着差异，社会角色理应不同，而且男性的能力一般都高于女性。社会对女性的许多权利还在制度、习俗、道德等层面上给予约束，限制了女性的发展和男女两性的职业选择，以及在婚姻家庭中的地位与影响力，也影响了男女两性的自我觉知和自尊。很多研究发现，和男性相比，女性的自我概念和自尊水平都较低。但随着女权运动的推进与各国对女童教育的逐步重视，女性在社会生活各个领域日益活跃，自尊水平也显著提升。

（三）经济地位

经济地位是凭借个人努力可以改变的状态，对自尊有很大影响。一般认为，经济地位高，自尊水平也高，反之亦然。研究发现，在西方国家，来自贫穷家庭的孩子长大后形成的自尊水平低于富裕家庭条件下的孩子。另有研究显示，来自经济地位低的家庭的儿童比来自中产阶级家庭的儿童有更高的自尊需求。

第三节　对他人的认知

人是社会性的个体，人的行为是基于个体对他人的了解而做出的。不了解他人及周围事物，人就无法判断自己的行为。关注他人、了解他人是个体知觉社会的主要内容。其中，对他人的看法即印象（impression），探究他人行为背后的原因即归因，印象和归因是对他人的主要认知。个体日常生活中的实际行动，就是以此为依据做出的。

一、印象

（一）印象与印象形成的概念

印象是指我们对他人的看法，即遇到他人后，主观上按照自己的已有经验，对他人进行归类后形成的对他人的知觉。这种知觉有助于个体明确下一步行为的方向和性质。这个对他人归类，了解他人对我们的意义，使自己的行为获得明确定向的过程，就是印象形成。

从理想状态来说，印象是他人各方面的突出特点的综合，反映的是他人的总体特征。但实际上，个体并不是在获取他人的全部特征之后才形成印象的，而是基于部分信息，甚至只要短暂的接触，有时只是瞥上一眼，就会形成最初印象。心理学家也普遍认为，对他人的印象是在有限的信息资料基础上形成的，且印象形成过程是潜意识的，个体一般知觉不到。

尽管人们没有知觉到印象形成过程，但印象却影响着对他人的进一步知觉。正因为对他人印象不同，因此对他人归类也不同，导致个体对他人态度和行为不同，对自己行为是否适当的理解也不同。

（二）印象形成的特性

1. 各特征间协调一致

个体基于有限信息形成的他人印象总是协调一致的，而非矛盾或不一致，即个体不会认为他人既是好人又是坏人，既善良又邪恶，既真诚又虚伪，而会认为他人或是好人或是坏人，或善良或邪恶，或真诚或虚伪。尽管印象形成时，参考的信息有限，而且各特征间还可能存在矛盾之处，但个体不会受这些不一致信息的影响，而会通过重新审视、协调组织、认知加工等策略对不一致信息进行筛选和重组，最终形成协调一致的整体印象。

2. 核心特征的主导地位

在获得的有限信息中，各信息对形成他人印象的作用不同。有些信息更重要，对整个印象的形成起着主导作用，一旦变更，整体印象随之而改变，这些特征被称为核心特征。心理学家阿希在实验中揭示：当两组材料只有一个形容词不同，如一组材料为“聪明、灵巧、勤奋、热情、果断、注重实际、谨慎”，另一组材料中把“热情”改为“冷淡”，结果两组被试对该人的描述完全不同。前一组有 90%被试认为该人慷慨大方，77%认为他风趣；后一组则只有 10%认为他风趣、宽宏大量，多数认为他斤斤计较、无同情心、势利。阿希认为，之所以如此，是因为“热情”和“冷淡”是核心特征，核心词的变换是导致结果不同的主要原因。

不过，近些年研究又发现，核心特征在形成他人印象时所起的作用是非常复杂的，某些特征能否成为核心特征，还取决于同时呈现的其他特征。如果将阿希所用材料改为“服从、软弱、肤浅、轻薄”，此时，无论加上“热情”还是“冷淡”特征，对他人的印象也不会有很大区别。这说明，这组词中的“热情”或“冷淡”不是核心特征。

3. 评价维度的关键作用

个体对他人印象的描述一般包括评价（好—坏）、强度（强—弱）、效果（积极—消极）三个维度，其中评价维度起着关键作用，直接影响着其他两个维度，当对他人印象在“好—坏”维度上做出判断后，印象就基本形成。这是奥斯古德（Osgood，1952）采用语义判断法对印象形成进行研究的结果。后来，罗森伯格等（Rosenberg et al.，1968）用多维测量程序将“好—坏”维度细分为社会特性和智力特性两个方面。汉密尔顿（Hamilton，1964）又进一步发现，较多的社会特性品质影响个体对他人做出喜好程度的判断，而较突出的智力特性则影响对他人的尊重程度判断。

（三）影响印象形成及其准确性的因素

一般来说，通常所说的印象是第一印象或最初印象。由于第一印象导致总体印象形成中，最初获取的信息比其后获取的信息影响更大的现象，称为首因效应（primary effect）。与此相对应，在总体印象形成中，新近获取的信息比原来获取的信息影响更大的现象，称为近因效应（recently effect）。

大量研究证实，首因效应和近因效应普遍存在，且首因效应发生得更为经常，近因效应则在对熟人的认知中更为常见，但都会产生误差，导致对他人印象的不准确。巴克豪德（Buckhout，1974）研究发现，一次人身攻击事件发生近两个月后，142 名事件目击证人指认包括袭击者在内的 6 张照片时，60%的人，包括被袭击者本人指认错误，由此可见印象误差之大。

影响印象形成及其准确性的因素有哪些呢？从知觉者来说，主要涉及知觉者当时的情绪状况、内隐的人格理论与投射作用三方面。

1. 知觉者当时的情绪状况

早期的心理学家通过系列实验证实，知觉者当时的情绪状况直接影响着印象形成过程的信息选择与解释，进而影响印象形成。莫瑞（Henry Alexander Murray，1893—1988）在 1938 年的实验中发现，当给刚受到惊吓的女孩看他人表情图片时，她认为其表情也是恐惧的，但没有参与前面实验的对照组女孩则不会这么认为。其实，情绪左右着人的心境，影响人的行为。心情好的时候，认为他人让人愉快，而心情沮丧时，则会认为他人惹人心烦。不同心境下形成的他人印象不同，情绪是影响印象形成的因素之一。

2. 内隐的人格理论

乔治・凯利（Kelly，1955）认为，每个人都有关于他人的独特理解，并认为人们的各种个性特征彼此相互联系，因此只要认识其中某个占主要位置的特征，就可以推断其他品质。例如，知道某人懦弱，就可推知他多虑、胆小、怕事、安分守己等；知道某人说话粗俗，就可推知他胆大妄为、不守信用等。因此人们以内隐的人格理论为依据推测他人品质时，常常会出现“光环效应”或“晕轮效应”。

3. 投射作用

投射作用是指一个人由于自己的需要和情绪倾向，将自己的特征投射到他人身上的现象。这种作用导致被知觉者具有了知觉者所具有的特征。投射作用的直接效果是，知觉者自身心理状况对印象形成的影响比被知觉者本身具有的特征更大。因为投射作用使知觉者对他人的知觉发生偏差，这样形成的有关他人的印象实际上更像知觉者本身。大量心理学实验证实，无论知觉者的自身心理状态是喜或悲，对别人的判断都会更接近他个人的心理状态，因此对他人的印象就成了知觉者个人自身真实心理状态的体现。可见，对他人的评价或印象既是对他人个性的测量，也是一个人自我个性的良好鉴定。

除此之外，知觉者与被知觉者之间相互熟悉的程度，是否有情感涉及等也会影响印象的形成及其准确性。研究发现，人与人之间熟悉程度的增加不能提高印象形成的准确性，反而导致准确性降低，而个人情感涉及是导致偏见的重要因素。一般而言，个人情感涉及的增加，会导致信息选择和解释的客观性下降，从而对他人的印象判断精确性下降。正因为人与人之间越熟悉，情感涉及的成分越大，个人偏见的作用也随之提高，形成他人印象的准确性就越差。

二、归因

在认知过程中，有关他人当前的心情与感受是我们关注的焦点，但我们更关注的是他人行为背后的稳定特质和性格特征，即我们不仅想知道他人是如何行动的，还想知道他人为何如此行动。在心理学中，将寻求他人行为的原因进而了解他人行为背后的稳定特质和性格特征的过程称为归因（attribution）。

之所以有归因需求，是因为人需要了解外部世界、他人甚至自己行为的真正原因；需要对事物有预见性，以明确引导自己的行为；需要知道其他人对自己有利还是有害；需要知道自己的某种行为是带来奖励的后果还是惩罚的效应；等等。归因使人们对事物有预见性，并对周围世界有相对固定、前后一致的看法，使我们适应世界。即使是错误的归因、错误的预见，也起着同样的作用。

（一）归因的两种模式

“归因理论之父”——海德（Heider，1958）认为，人们像业余心理学家一样，尝试着拼凑各种信息以了解他人的行为，直到找到一个合理的解释或理由为止。他提出很有价值和影响力的“二分法”归因理论：当人们试图解释别人为什么会表现出行为时，一般存在两种归因模式，一种是内部归因（internal attribution），认为个体的行为，是其自身的特征（如人格、态度或个性）决定的；一种是外部归因（external attribution），认为个体的行为，是源于外部情境，并假设大多数个体在同一情境下会有相同的反应。例如，当看到“父母当众大声训斥子女”这一情形，人们可能认为这种行为与父母对孩子的态度有关，进行内部归因，进而认为他们缺乏修养、教育孩子的方式不当；还可能认为这种行为与当时的情境（例如，孩子沉迷网吧，彻夜未归，父母焦急地寻找一夜）有关，进行外部归因。

归因类型不同，效果也会不同。如上例，如果进行内部归因，必然形成对家长的负面印象；但若进行外部归因，就不会轻易产生对家长的负面印象——毕竟孩子的行为确实很令父母生气失望，面对这种情境，大多数父母都会这么做。

二分法的归因在日常行为中极为普遍。例如，婚姻美满的夫妻对伴侣行为的归因模式与关系紧张的夫妻有很大差异。婚姻美满的夫妻倾向于对伴侣的正向行为作内部归因，如认为“他之所以帮助我，是因为他爱我”，对负向行为作外部归因，如认为“他之所以不干家务，是因为他工作太累了”。相反关系紧张的夫妻会倾向于相反的归因模式，对正向行为作外部归因，认为“他之所以帮我，是因为他想给他的朋友留下好印象”，对负向行为作内部归因，认为“他之所以不干家务，是因为他根本就是个自私懒惰的家伙”。无论夫妻关系如何，第一种归因模式都会促进双方关系良好发展，而第二种则会导致双方关系更加糟糕。一般而言，我们倾向于内部归因，而不是外部归因。例如，当一个人沿街乞讨时，我们一般认为他穷困潦倒的原因是咎由自取，太懒惰或者其他，而不会认为是外部原因，如工厂倒闭、爱人生病等。这是因为在知觉上，我们一般将注意力放在知觉对象身上，而知觉情境即外部原因则常常被忽略。

（二）归因理论

所有有关个体如何从他人行为中推论原因的研究及其对原因的描述都统称为归因理论。心理学家创建了许多着眼于不同的归因过程和归因作用以试图解释说明归因的各种理论。

1. 对应推断理论

爱德华·琼斯和戴维斯（Jones and Davis，1965）提出对应推断理论，试图解释知觉者关于他人行为的原因的推断过程，是海德归因理论的扩展，但更着重对人的特质的归因。该理论认为，人具有意图和按照意图行事的能力，行为和引起行为的意图总是与某种倾向性对应。归因过程就是归因者把被归因者的意图与其行为的结果联系起来进行推断的过程，并以一致性推理为推断前提，即把人的行为看作他的意图的直接反映。琼斯和戴维斯认为，行为选择、社会要求和社会角色是影响对应推断理论的主要因素。

（1）行为选择。如果行为是自由选择的，那由行为推断其内部原因是可行的。但如果行为不是自由选择的，而是受到情境的限制或外界压力而被迫实施的，就不能反映行为者的真实意图，也就不能做出对应推断。例如，看到一个人在地铁站急速地扒开人群向前走，行为鲁莽冲撞，是否就说明他是急躁或粗鲁的？不一定。因为导致这一行为的原因可能是情境因素，如赶一个重要的约会或是上班要迟到，而其人原本是温和、有礼貌的。因此，当他人行为是不可选择时，把他人的行为直接视为其人格特质，肯定得到错误推断。所以推断他人行为时，应该关注更有说服力的可选择行为，并依据这些行为信息进行推断，而不能盲目进行推断。

（2）社会要求。人是社会的人，人的许多行为并非出于本意，而是由于社会规范的要求，而从这样的行为中无法推断行为者的内在特质。但如果行为是偏离社会规范的，那就能反映行为者的真实意图，因为这是其本身特质的反映。在心理学中，将某种特殊因素而非其他因素产生的效果称为非共同效果，这种因素就是非共同效果因素。为此，在对应推断时要多关注非共同效果因素，而努力忽略社会规范认同的共同效果因素。相似的，尽量不要从高社会赞许的行为中进行推断，而应从低社会赞许的行为增加对他人特质的了解，因为低社会赞许行为更能提供有关被知觉者的特点和看待世界的方式。

（3）社会角色。社会角色是行为者的身份或角色对行为的影响。如果行为本身是行为者的职业范畴或身份要求，那该行为就难以反映行为者的内在特质。例如，帮助盲人过马路这一行为发生在交通警察身上，就会因为这是他应该做的而不做内部特质归因。只有当一个人的行为并非他的职业角色范畴时，才能用于推断他的人格特质。

2. 因果归因理论

哈罗德·凯利（Kelley，1967）提供了判断人们如何做出内部或外部归因过程的理论思路，即当我们形成对他人的印象时，会注意并思考不止一项信息。例如，假如一个人向朋友借钱却遭到拒绝，他会根据不同时间、不同情境下的各种行为案例来解释这一行为再判断朋友的意图。凯利还提出了共变原理（the principle of covariance），即要对一个人的行为做出归因，需从行为主体、刺激客体、情境因素三个维度进行解释，并要考察三个标准。

（1）独特性：指行为者对不同刺激对象以相同反应的程度，即是否“非正常反应”？

（2）一致性：指行为者与其他行为者对相同刺激的行为反应一致与否，即是否“众人皆然”？

（3）一贯性：指行为者的行为随时间地点的变化而变化的程度，即是否“始终如一”？

例如，小 A 此次数学考试成绩好，感觉愉快，归因于成绩本身即实体维度的作用，即归因于刺激客体；归因于是努力学习而得的，即个人维度的作用，即归因于行为主体；归因于刚考完试，即行为的时间、方式的作用，即归因于情境因素。还可以根据三个维度的差异做出以下归因：①独特性——各门考试功课均好，数学也好；一致性——其他同学均好；一贯性——小 A 的数学成绩一直好，结论：正常发挥的考试。②独特性——小 A 其他功课成绩都好；一致性——其他同学数学都不好，只有小 A 好；一贯性——小 A 成绩一直好，结论：小 A 个人学习努力。③独特性——其他功课不好，只有数学好；一致性——其他同学各门考试都好；一贯性——小 A 的数学一直好，结论：小 A 偏科。

【案例阅读】

麦克阿瑟（McArthur，1972）对凯利的三维度因果归因理论的预测性进行了系列研究。在其中一个实验中，以问题的形式提出简单的假设事件，通过变化独特性、一致性和一贯性信息，测定其归因结果。事件“为什么玛丽对一个喜剧演员大笑？”的三种实验条件及其归因结果见表 2.1。

表 2.1 玛丽发笑的实验条件及其归因结果

条件	提供信息			归因结果
	独特性	一致性	一贯性	
1	高：她没对其他人笑	高：其他人也发笑	高：她总是对他笑	刺激客体：小丑（61%）
2	低：她总对喜剧演员笑	低：他人几乎不笑	高：她总是对他笑	行为主体：玛丽（86%）
3	高：她没对其他人笑	低：他人几乎不笑	低：她总不对他笑，今天却笑	情境因素（72%）

研究结果表明，第一种条件下，61%被试把玛丽对喜剧演员大笑这一事实归因于喜剧演员（刺激客体）上；第二种条件下，86%被试把事实归因于玛丽本身（行为主体）上；第三种条件下，72%被试则把事实归因于当时的情境因素上。结果完全证实了凯利的归因理论的预测。

已有研究显示：在形成归因时，人们更多地依赖独特性与一贯性信息。实际上，个体行为的原因往往非常复杂，既有客观原因，也有主观原因，而且三方面的信息未必都能够得到，这就容易导致归因困难或判断失误。

（三）影响归因的因素

人们对他人的知觉通常做得很好，但也存在着很多典型错误。

1. 一致性偏见

对他人行为，大多数人都有一个普遍基本的图式或理论，即人们的所作所为源于他们是什么样的人，而不是他们处于什么样的情境。这种忽视情境因素而推论他人行为与其个性及人格相一致的倾向被称为一致性偏见（correspondence bias）。这种偏见经常存在，以至于心理学家称之为基本归因错误（fundamental attribution error）（Heider，1958；Ross and Nisbett，1991），即解释别人行为的原因时，高估内在的性格因素，低估情境因素的倾向。爱德华·琼斯和维克多·哈里斯（Jones and Harris，1967）让几名大学生读同学写的一篇文章，并猜测作者态度。实验分为两种情境，其一，告诉被试作者可以随意选择自己的态度，其二，告诉被试作者的态度是被设定好的，他本人没有选择权。结果，在两种情境下被试都认为作者认同他文中的观点，即使被试知道作者态度的选择是外因决定的，他们也会认为作者所写的内容反映了他真实的态度，即对作者的行为趋于内部归因。

2. 知觉者与被知觉者差异

一般而言，我们对自己的行为倾向于外部归因，对他人的行为倾向于内部归因。例如，看到父亲对孩子责骂，我们进行归因时会认为他态度粗鲁，不是个好父亲。但被知觉者则归因于外因，如失业后内心的焦躁和生活的压力。这就是知觉者与被知觉者的差异。导致这种差异的主要因素是所获得的信息存在差异，即被知觉者比知觉者掌握更多有关个人的信息。被知觉者了解自己多年来的行为，知道行为发生的情境因素，对自己的行为在不同时间、不同情境下的相似性与差异性都更清楚。按照凯利的三维度因果归因理论，可以解释为被知觉者比知觉者掌握更多的有关自己独特性及一贯性的信息。

3. 自利归因

自利归因是指人们倾向于将自己的成功归因于内部因素、性格因素，将失败归因于外部因素、情境因素的现象。这主要是在自尊受到威胁时个体处于自我保护而进行的归因。例如，在试卷发下来之前，你忐忑不安地等着成绩，结果发现试卷上清楚地写着大大的100，你会怎么解释呢？斯奈德等（Snyder et al.，1977）的研究证实了人们归因过程中的自我价值保护倾向。实验中被试参加相互竞争的游戏，随机安排一半被试获胜一半被试失败。之后，要求被试对他们及对手的输赢进行归因，研究的结果如表2.2所示。

表2.2　竞争游戏的归因结果

归因	对自己		对他人	
	成功	失败	成功	失败
内在归因（技术、努力）	8.13	0.56	3.54	3.00
外在归因（运气、难度）	4.25	4.74	6.00	3.38
内外之差	+3.88	−4.18	−2.46	−0.38

从表2.2可以看出，如果是对自己的行为归因，则成功时，人们倾向于内在归因，而失败时则倾向于外在归因。将成功归因于自己，显然有利于自我价值的确立，而将失

败归因于外在条件，降低自己对失败结果的负责程度，是典型的自我防卫。而对他人的结果进行归因时，更倾向于用外在条件解释成功，对失败的解释则平衡内外两个因素。之所以如此，是因为一方面可以减弱他人成功对自己的压力，另一方面是人们具有把自己置于有利地位的自我价值保护倾向。

4. 观察位置

研究表明，与某事物相对的空间位置差异，也是导致归因差异的因素之一。谢利·泰勒和苏珊·费斯克（Taylor and Fiske，1975）做的一项巧妙研究对此予以证实。实验中，安排两名男学生进行一段“相互对考”的对话（实际上两人是实验同谋，他们的对话依循特定的脚本）。每一轮实验中，都有 6 名真正的被试参加，他们坐在指定座位，观察两人的对话。其中两名观察者分别坐在谈话者两侧，可以清楚地看到两名谈话者；另外四名观察者分别坐在两名谈话者后方，他们分别看到其中一名谈话者的背面和另一名谈话者的正面。显然，侧面的观察者与谈话者在空间关系上是相同的，而另外四名观察者与谈话者的空间关系相差明显。空间关系在研究中得到巧妙的控制。

之后，两名谈话者进行五分钟的标准化谈话，内容就像初次见面一样介绍自己的专业、工作计划、家乡、家庭、课外活动等，每次谈话内容相同。被试的任务，就是当谈话者结束谈话后，报告自己对谈话者交流过程的因果关系的知觉，即两人交谈过程中，每个人决定谈话方式、信息交流种类和引导另一人谈话的程度有多大。表 2.3 是他们研究的实验数据。

表 2.3 谈话实验的数据

观察者位置	谈话者	
	甲	乙
面对谈话者甲	20.25	15.54
侧面	17.51	16.75
面对谈话者乙	12.00	20.75

从表 2.3 可以看出空间位置对解释谈话者行为的影响。坐在侧面的观察者，由于与两名谈话者空间距离相同，因而认为两人沟通情况基本相同。而坐在后方的观察者，无论面对哪个谈话者，对坐在自己对面的谈话者都更为肯定他们在谈话中的支配性角色，感到他们比对方更有能力。

5. 社会视角

大量实验证实，人们在归因事件中的视角不同，对事件原因的解释也会不同。尼斯伯特（Nisbett et al.，1973）以男大学生为被试，研究了被试个人对选择女朋友和专业的理由，并与他对朋友的选择的判断做对比。结果表明，解释自己喜欢女朋友的原因时，他们倾向于外部归因，而对朋友的女朋友选择却倾向于内外归因兼顾。但解释专业选择的原因时，他们对自己的选择倾向于内外归因兼顾，而对朋友的选择则倾向于内部归因决定，数据如表 2.4 所示。

表 2.4　男大学生的判断结果

解释内容	喜欢女朋友的原因		选择专业的原因	
	女朋友（外部）	个人（内部）	专业（外部）	个人（内部）
自己的行为	4.61	2.04	1.52	1.83
朋友的行为	2.70	2.57	0.43	1.70

第四节　社会认知中的偏差

人们总希望以完全符合逻辑的方式对他人及周围事物进行归类推理，但在对他人及周围事物进行归类推理的过程中，不可避免地会出差错，这就是社会认知偏差。偏差涉及范围广泛，既有种族歧视等极端偏见，也有关于年龄、地域、职业，甚至体重超重等方面的偏差，无论形式和侧重点如何，偏差始终真实地存在，并影响着对他人认知，心理学家对偏差在社会认知中的作用一直较为关注。

一、社会认知偏差的含义

社会认知偏差有积极和消极之分。例如，老师格外欣赏某个学生，认为他能力强、聪明等，其实对该生的认识就存在积极偏差。我们主要探讨偏差的消极方面，所谓消极偏差是指根据错误或不完全的信息概括而成，对特定的社会群体及成员所具有的不公正、不合理、敌对的否定态度。例如，一位高中数学老师认为“女生数学能力很差”，那么他对女学生的数学学习就会持消极和否定态度，即使他的观点并不正确，还遇到过不少女生数学学习优秀的情况，但仍固执地认为高中阶段所有女生的数学学习都很糟糕。其实，每个人或多或少都存在偏差，不管是大的、抽象的偏差，如民族偏差、国家偏差、种族偏差等，还是小的、具体的偏差，如区域偏差、食物偏差、体形偏差等。

但是，偏差与偏见[①]不等同于歧视。偏差反映的是不公正、否定的态度，而歧视则是基于偏差而做出的不公正、不合理的行为方式，二者的关系可看做态度与行为的关系。偏差与歧视常常分离，有偏差不一定就有歧视。

偏差具有的三个主要特征如下。

（1）以有限信息来源为基础。偏差的信息来源往往不全面，是以偏概全的结果。

（2）认知成分是刻板印象。忽视个体差异，把某一特征归属于每个团体成员。

（3）有先入为主的判断。即使面对事实，也难以更改最初的错误判断，固守偏见。

二、偏差的起因

是什么原因导致了人的偏差？是“先天的”还是“后天的”？进化心理学家认为，

① 偏差是指主体在认识过程中形成的与客体特质并不一致的判断；偏见是指主体对客体的不正确认知达到固定化的判断与态度。

所有的动物都强烈地倾向于偏好遗传上和自己相似的动物，并对遗传上不相似的动物感到恐惧与厌恶，即使后者与它们无冤无仇（Trivers，1985；Buss and Kenrick，1998），偏差似乎是先天的，是一种基于求生本能而导致生物对自己家人、团体及种族等的偏袒，对外人、外团体等则充满敌意。

目前，大多采纳折中的观点，认为先天的遗传因素在偏差形成中有一定作用，但一些偏差是后天习得的，是文化有意无意影响的结果，特别是子女受父母对待偏差的行为方式的直接影响较大。罗恩与扎娜（Rohan and Zanna，2001）研究发现，持有平等态度和价值观的父母，其子女也如此。形成偏差的主要原因如下。

（一）社会认知因素：刻板印象

社会认知过程是产生与维持刻板印象与偏差的重要因素。一般来说，我们在获取、存储和整合信息时，倾向于将信息分类组织，形成一些构架并用以解释新的或不同寻常的信息。几乎每个人都能概括出"北方人、南方人、美国人、中国人、上海人、北京人、广东人、工人、农民"等群体的特征，尽管也许你根本没和他们真正接触或交往过，这就是刻板印象的作用。所谓刻板印象，就是有关特定社会群体的知识、信念及个体所认为的属于该群体的那些典型特征所组成的认知结构，或者说，在某种程度上它是该社会群体所有成员共同具有的特征。一旦刻板印象被激活，该群体的所有特征也会立即得到激活，这就是提到某群体名称后，能列出其特征的原因。

刻板印象对我们的社会信息加工的影响很大。一般来说，与此相关的信息总比无关的信息加工迅速且更深入，记忆也更加牢固。而且，刻板印象在个体信息加工过程中起着主导作用，即使信息中存在着与刻板印象矛盾的不一致信息，我们也不会轻易改变刻板印象。

对刻板印象的研究一直是社会心理学、公共管理心理学领域的焦点。特别是在 20 世纪 80 年代后，内隐社会认知研究更是促进人们更好地理解这一现象，人们发现刻板印象也存在对行为的无意识影响，即内隐刻板印象。一旦它被激活，就会影响我们的思想、决策和行为，影响对他人的认知。

（二）社会分类原因：社会认同理论

人们总是把社会世界分为不同的两种类别，即我们和他们，这就是社会分类。例如，我们借外部特征划分动物和植物来了解自然界；同样，也依照性别、国籍、种族等特点对人类进行分类以了解我们的社会世界。当我们遇到具有某些特征的人时，过去形成的信息就会帮助我们决定对这类人的反应。可见，社会分类既是实用的也是必需的。简单来说，人们把他人要么看成是自己人（群体内/内团体），要么看成是外人（群体外/外团体），导致内团体偏差和外团体偏差。内团体偏差指我们会以积极的态度对待自己的团体成员。外团体偏差导致"外团体同质性"认知，即认为外团体成员之间的相似性，比内团体成员之间比较而得的相似性更多，这就使我们戴着有色眼镜来看待以自己为参照的社会团体。Tajfel 和 Turner（1985）等用社会认同理论对此做出解释，认为个体一般通过对特定社会群体的认同来增强他们的自尊，但只有在他们认识到内团体优于外团体时，这一策略才能成功，导致内团体偏差，每一群体都极力认为自己不同于其他群体，而且优于其他竞争群体。卡尔迪尼（Cialdini，1976）考察了周日校际球赛后，周一学生穿有校徽运动衫的比例，结果发现，赢球后学生更愿意穿校徽运动衫。

（三）社会群体间的竞争冲突：现实冲突理论

竞争与冲突是偏见最明显的来源之一，人们要竞争稀有资源、政治权力与社会地位。现实冲突理论认为，有限的资源导致团体之间出现竞争并引发冲突，他们在对自己所属团体产生认同时，还逐渐对其他团体产生了否定和贬低，造成偏差和歧视的增加（Jackson，1993）。有些研究证实了团体间偏见的产生。例如，谢里夫（Muzafer Sherif，1906—1988）进行的一项经典研究 Robbers Cave Experiments，他采用童子军营区的自然环境，动态地展示并证实团体间持续的竞争造成直接冲突，甚至暴力侵犯，并导致偏见产生。实验被试都是 11 岁社会适应良好的男孩，来自白人中产阶级家庭，然后让他们参加夏令营活动，实验就在活动之中自然进行。所有被试随机分配，实验分两个阶段进行。在第一阶段，两组分别进行一系列趣味活动，如吃饭、游泳等，活动结束时，每组都形成自己不成文的规则、非正式领导者，并自发各自起名，设计了队旗。两个小组都变成有凝聚力的团体，组内成员角色分化，并逐渐稳定。第二阶段，两组相遇，开展竞争性比赛，如橄榄球赛、棒球赛、拔河比赛等，胜方将获得奖杯，成员获得奖品。这些竞争性活动引发两组成员的冲突与紧张情绪。同时研究者还设法增加两组之间的冲突，结果，“我们”和“他们”的意识分化明显，两组关系紧张，并逐步升级，由最初的言语谩骂到后来的拳脚相加，最后是全面暴动，每组成员对另一组都持否定态度。夏令营结束后，各组的择友对象基本是同组成员。可见，因资源有限导致群体间的竞争冲突也是导致偏差与偏见产生的原因。

（四）从众行为

从众行为是社会生活中常见的一种现象，它导致的偏差源于个体对社会规范的遵从，从众要么是为了获取信息（信息性从众），要么是为了融入团体被人接受（规范性从众），因为不从众就会给个体带来痛苦。佩蒂格鲁认为：大多数人采取偏差态度与歧视行为是为了从众，或者适应团体中大多数人的观点。这种规范性从众很有影响力和说服力，虽然社会分类和冲突竞争都是造成社会偏差的原因，但最大的决定因素是这种奴隶式的规范性从众。

从众是一种规范性行为，规范是一个社会所持有对行为的正确性、可接受性及被许可性的信念。不同文化有不同的规范，同一个国家也会出现严重的地区性差异，如果刻板信息和歧视行为被一个社会看作一种规范，那只要生活在这个环境中，大多数人便潜移默化地具有了某种程度的偏见态度和歧视行为。这就是所谓的制度化歧视，即绝大多数人持有歧视态度。其中“制度化种族歧视”与“制度化性别歧视”是其中最常见的两种歧视。例如，当今印度仍然盛行着性别与种姓的歧视文化与制度规范。

三、常见的社会认知偏差

（一）负面偏差

负面偏差是指与正面的信息相比，个体对负面信息更敏感的偏差。例如，你向朋友打听一位你从未谋面的人，他提到很多关于这个人的正面信息（愉快、漂亮、聪明、大方、友好），只提到一个无关紧要的负面信息（有时有点自夸）。之后，你对这个人的印象是什么？听到的这些信息中，你更容易记住哪些呢？一般情况下，其结果是负面印象和负面信息。也正因为如此，当你必须要见这个人时，预知的负面信息会比正面信息的影响更大，有关社会其他方面的信息也是如此。

我们为什么会有这种倾向呢？从进化角度来说，负面信息反映的是威胁我们安全或健康的外部世界特征，对它的敏感可以引起我们注意并尽快做出反应，避免受到伤害。有关研究对此也予以证实。一项有关面部表情辨认的研究发现，与积极面部表情（如友好）相比，我们识别消极表情（如敌意）会更快更准。奥曼等（Ohman et al.，2001）的一项研究中，让被试从不同表情的面孔图片中搜索中性、友好的或威胁的面孔，结果无论背景表情如何，被试识别威胁的图片总是更快更准，脑成像的认知神经科学研究也为此提供了佐证。艾托等（Ito et al.，1998）将中性图片（如盘子）、正性（如红色法拉利跑车）、负性（如残缺面孔）三类图片与其他中性图片混杂在一起，被试看图片并做出中性、正性和负性的判断，按规定键予以作答，记录该过程中被试的脑电波活动。结果表明，与正性图片的识别和判断相比，负性图片的 LPPs（parietal late positive potentials，即一种后正电位）更加迅速。可见，负面偏见在社会认知的早期阶段就开始起作用。进化论观点的解释是，对负面信息的较早反应有利于维持生命。

总之，人类对负面信息的高敏感性是社会认知的一个基本内容，是人脑的重要功能之一。

（二）乐观偏差、计划谬误和悲观偏差

乐观偏差是指期望事情总体变好的倾向。研究表明，大多数人认为并相信，自己比其他人的积极经历更多，消极经历或不幸经历更少（Shepperd et al.，1996）。日常生活中，大多数人也会认为，自己比别人更有可能找到好工作、婚姻更幸福、身体更健康、生命更长寿，也更少可能经历天灾人祸。

计划谬误是乐观偏差的极好例证，是指相信自己在某段时间能够比实际完成更多任务的偏差。正因为存在着乐观偏差，才表现出计划谬误，导致单位或者个人经常制订一些不切合实际或者不可能全部按期完成的计划。这主要和人的认知加工资源有限有关。因为预期完成某任务所需要的时间时，人的思维会进入计划或陈述模式，思考的焦点放在如何完成任务上，占用大量甚至全部的认知资源，个体无法回忆过去完成类似任务所需时间的信息，导致重要参考指标被忽略，个体陷入盲目乐观和计划谬误之中。另外，完成任务的强烈动机也会导致乐观偏差和计划谬误。人们多会认为将要发生的事情正是他们所希望发生的（Johnson and Sherman，1990），完成新任务的动机一般都会非常强

烈，因此对完成任务所需时间做出过度乐观的预期。

乐观偏差和计划谬误常常是针对乐观和积极事情而言，而对于不得不面对的消极、悲观的事情时，人会表现出和乐观偏差相反的模式，即高估消极结果出现的概率和强度，以便对不可避免的消极结果做好充分的心理准备。这种过高估计悲观结果的偏差是一种悲观偏差，沙普特等（Shepperd et al.，1996）的研究表明，悲观偏差源于满足“准备好面对最坏的结果”的欲望。研究中，当研究者要求大学生估计他收到超支账单（负性结果）或退回钱款（正性结果）可能性时，经济困难的学生对负性结果出现的可能性的估计高达 40%~67%，远超过预设定的 25%，不过这种悲观偏差仅发生在他们对自己负性结果的估计上，对其他人的估计没有这种效应。

悲观偏差表明，当人们预料到将要出现消极结果时，确实做好了最坏的打算，但过度悲观只是过度乐观的一个反面特例，是为了保护我们免于受到意外坏消息的突然袭击。多数情况下，我们对自己的生活常常持积极乐观的态度。

（三）理性思考偏差

与直觉、简单的思维方式相比，多数人更偏爱理性、系统的思维方式，他们认为“经过深思熟虑的理性思考，个体做出错误判断或者出现偏差的可能更小”。这也是一种偏见，人们常常发现，当试图更冷静地思考问题，并为此花费大量时间后，却发现自己越来越糊涂了。过多的理性思考，未必是好事。一项实验中，要求大学生对几种草莓果酱进行等级排列，控制组被试品尝后直接完成等级排列任务，实验组被试则需要进一步分析他们对草莓果酱的反应，结果和控制组相比，实验组的判断准确性更低。这说明，过多思考有时会使我们陷入严重的认知困难。所以，面对重要事情时，冷静理智的思考是重要的，但过分细致的思考有时反而适得其反，事与愿违。

除了这三种常见的认知偏差外，还有反事实思维偏差。所谓反事实思维偏差是指某种情境下个体想象与事实不符的另一种可能，这种“如果那样，可能会如何？”的假设思考也会影响我们的认知。例如，对失去的机会感到深深的遗憾，这也是一种反事实思维偏差。

四、偏差的消除

偏差是普遍存在的不公正的社会现象，心理学家提出接触理论，认为减少偏差与偏见的最重要方式是接触，即让内团体和外团体的成员一起相处、增强互动。支持接触理论的理由主要有：①增加不同团体之间的接触可以使他们相互熟悉与了解；②虽然刻板印象难以改变，但当其不一致的信息积累到一定程度时，也会促使其改变，而通过接触就增加了不一致信息的搜集；③增加接触有助于打破群体的内外界限。接触理论认为，单纯接触还不足以达到目的，为了真正消除偏差，还需要在接触中满足相互依赖、追求共同目标、地位平等、非正式的人际接触、频繁接触、平等的社会规范六个条件。如果这些条件不能满足，非但消除不了偏差，还可能使原有的负性态度更加恶化。

除了增加团体之间的接触之外，以下三种措施也有利于偏差的消除。

1. 社会化

社会化因素是导致偏差形成的因素之一，儿童的偏差是从父母、他人和自己的直接经验及媒体获得的。这就要求父母及其他成年人注意引导，努力让他们从小养成公正客观、宽容谦让的态度和行为方式。同时学校也应当给学生正面的影响，教育他们实事求是、客观公正，从认知上消除偏差，而大众媒体也需注意宣传内容的选择。

2. 认知干预

刻板印象是偏差形成的认知因素，并对偏差起着重要的影响作用，如果消除了刻板印象，个体就会对他人和事物的认知发生变化，变得更加客观公正，从而消除认知偏差。因此，从认知角度进行干预，从消除刻板印象入手，也是消除偏差的常用方法。

3. 社会影响

研究表明，人们现实的态度不是存在于真空之中，个体所持有的态度不仅受到他们先前经验的影响，而且也受到当前信息的作用。既然偏见是一种态度，虽说不容易改变，但不等于不能改变。偏见是在个体社会化过程中形成的，也会因社会环境影响而发生变化。因此，只要营造一种平等、互助的良好社会氛围，制定有利于消除偏见的社会制度，加入社会强制力，就可以促进偏见的消除。

【课后案例】

你知不知道“自我定义”的文化差异?

美国人对“会叫的轮子才能够得到油的润滑!”的谚语很熟悉，因为它体现了欧美文化中自我定义的特征，即个人重视独立与独特性。日本则有句谚语是“突出的钉子会被敲扁!”，这句话则反映了以社会依存为出发点定义“人的社会价值”的观念。而在中国，你可能同时听到以下俗语或格言：“会哭的孩子有奶吃”“木秀于林，风必摧之”，那么你将采纳哪一种观点？这种相互矛盾的观点会不会让你的行为选择陷入矛盾之中呢？其实不用担心，每一个中国人都能够很好地处理这种行为选择，因为其头脑中具备朴素的辩证法规则，能够根据情境合理地运用上述任一观点作为其行为的指导。只是请你思考：在当今社会，对上述两种观点的支持率各有多少呢?

【案例简析】

上述两种观点的支持率可能是各占 50%，倡导个性独立的欧美文化对国人，尤其是年轻人的影响越来越大，但中国传统文化“中庸、含蓄、内敛”的智慧在儿时就已在父辈的教导下心领神会了，所以，当代的年轻人必然是时代进步与社会转型中的困惑者，总会做是张扬自我还是收敛自我的心理斗争，都会面对自我定义与社会统合的难题。

【思考题】

1. 社会认知的模型有哪些？各个模型的主要理论观点是什么？

2. 自我认知与自我概念的定义是什么?
3. 自我概念获得的途径有哪些? 自我具有怎样的功能?
4. 对他人的认知是如何实现的? 影响归因的因素有哪些?
5. 社会认知偏差主要有哪些? 怎样消除认知偏差?

第三章

公共管理中的社会态度

【学习导读】

1. 掌握社会态度的概念。
2. 理解社会态度理论和社会态度的转变。
3. 了解社会态度的测量。

【课前案例】

在一项研究中，研究者在学校的洗手间贴上一条标语，试图让人们不再在洗手间的墙上乱写乱画。这条标语是“无论如何，不能在墙上写字”，另一条相对温和“请勿在墙上写字”。两个星期后，研究者回到学校检查在贴上标语之后究竟还有没有乱写乱画的现象。正如他们所预测的，贴有比较强烈禁语的洗手间，这种乱写乱画现象存在更多。

一个人的社会态度不是生来就有的，而是在后天社会化的过程中形成的。它具有一定的稳定性，但又不是一成不变的。随着主客观因素的改变，个人的社会态度也会随之发生改变，因此，“态度”一直是心理学研究的主题。

“态度”正如 G. 奥尔波特（Allport，1935）所说：“这个概念在当代美国心理学中，也许是最有特色的和不可缺少的概念。它已使自己成为美国心理学这座大厦的拱心石。”由于态度在个体及团体的社会生活中无时无刻不对人的行为产生重要的影响，因而在现代公共管理理论及实践中，人们也特别重视态度在改善管理质量和提高领导效率中的作用，以促使人们能够更好地运用态度理论来达到团体的目标。

第一节　社会态度的概述

一、社会态度的定义

人们对自然现象（如日出、月落、花开、叶落）和社会现象（如攻击、竞争、劳动、学习）都会有各种各样的态度。公共管理心理学主要研究人们对社会现象、公共事务的态度，可统称为社会态度（social attitude）或态度。

（一）态度概念的提出

“态度”一词，源于拉丁语 Aptus，这一语词具有两种基本的含义：其一，它具有“适合”或“适应”的意思，指对行为的主观的或心理的准备状态；其二，在艺术领域中，这一概念指雕塑或绘画作品中人物外在的和可见的姿态。如果说第一种含义的“态度”是心理学的，那么，第二种含义的“态度”则称得上是解剖学的。

第一位在现代意义上使用“态度”这一概念的研究者是英国社会学家赫伯特·斯宾塞（Herbert Spencer，1820—1903）。1862 年，斯宾塞在《第一原理》中写道：“在有争议的问题上达到正确的判断，主要依赖于我们在倾听和参与辩论时，头脑中具有的态度；并且，要保持正确的态度，我们就必须去了解普遍的人类信仰在多大程度上是正确的以及在多大程度上是不正确的。”

在斯宾塞使用“态度”这一概念之后不久，1888 年，丹麦生理学家朗格（Carl Georg Lange，1834—1900）在有关反应时间的实验中发现，被试如果集中注意于即将做出的反应，其反应时间比集中注意于即将来临的刺激要短。显然，有没有精神准备影响到了人对刺激的反应。这种预先的倾向或准备的状态被称作“态度”，朗格的经典实验后来被认为是涉及态度的最早的实验研究。继朗格之后，闵斯特伯格（Münsterberg，1908）提出了有关注意的行为理论；而威廉姆·H.弗雷则主张“肌肉紧张的稳定条件是意识选择其方向的决定条件”。

上述研究为心理学家界定态度创造了条件。M.洛开奇（Rokeach，1968）把态度看作一种具有结构性的复杂的认知体系，认为“态度是个人对于同一对象的数个相关联的信念的组织”。D.卡茨（Katz，1960）认为，态度是“评价某个符号或对象的倾向”。这类定义偏重于认知方面，强调的是内在的信念组织。爱德华兹（Edwards，1957）认为，态度是“与某个心理对象有联系的肯定或否定感情的程度”。这样的定义偏重于情感方面，强调的是赞成或不赞成、喜欢或不喜欢的表达。G.奥尔波特的定义是具有典范性的：“态度是根据经验而组织起来的一种心理和神经中枢的准备状态，它对个人所做出的反应具有指导性的或动力性的影响。”M.弗里曼（Freeman，1984）等指出：“态度对任何给定的客观对象、思想或人，都是具有认识的成分、表达情感的成分和行为倾向的持久体系。”

（二）态度的定义

对于态度比较完整的定义是戴维·迈尔斯（Myers，1993）提出的，他认为“态度是对某事物或某人的一种喜欢与不喜欢的评价性（evaluative）反应，它在人们的信念、情感和倾向性行为中表现出来”，所谓评价性反应即指对某种事物的价值予以评定的历程。与迈尔斯的定义基本相似的还有里帕（Lippa and Donaldson，1990）的定义，他认为“态度是对某一目标的一种评价性反应，是社会心理学研究的一个中介变量”，所谓中介变量（intervening variable）是指它不是可触摸的具体客体，而是一种假设的建构，可以推断出，但无法直接观察。例如，当人们支持自己选出的候选人时，当顾客在商店购买自己喜欢的香皂时，我们可以看到某种态度所起的效果，但却看不到态度本身。

二、社会态度的构成

我们在对态度进行分析时，要涉及三个因素：①认知因素（cognition component），即对态度对象的想法与信念；②情感因素（affection component），即对态度对象的情绪反应；③行为因素（behavior component），即对态度对象采取的行动或可观察的行为。这三个因素也即态度的三因素（Rosenberg and Hovland，1960）。

（一）认知因素

认知因素规定了态度的对象。态度总是有一定的对象，其对象可以是人、物、群体、事件，也可以是代表具体事物本质的一些抽象概念（如勇敢、困难等），还可以是制度（如婚姻制度、高考制度等）。如果笼统地说某人有善意的态度是不确切的，态度必须有明确的对象，如对自己兄长的态度，对学习的态度等。认知因素有好坏的评价与意义叙述的成分。叙述内容包括个人对某一对象的认识与理解以及赞成与反对，如对善—恶，友好—不友好等的判断。

（二）情感因素

情感因素是个人对某个对象持有的好恶情感，也就是个人对态度对象的一种内心体验，如喜欢—厌恶、尊敬—轻视、热爱—仇恨、同情—冷漠等。根据多数理论家的观点，态度是评价性的，但它涉及喜欢与不喜欢。态度定义的中心论点是假定人们具有某种态度后，即有一种情绪上的反应。

（三）行为因素

行为因素是个人对某个对象的行为反应，包括行为的准备状态、行为的实施与行为的后续反馈。

一般来说，态度中的认知、情感、行为三个因素是相互协调的。但有些时候，态度的三个因素之间也会发生不一致的情况。当发生矛盾时，其中情感因素起主要作用。

三、社会态度的特征

伊恩·帕克（Ian Parker，1956—）对态度提出了如下四个基本标准：①它在对象（或价值）世界中具有明确的取向，并在这方面有别于简单的条件反射；②它并不是一种完全机械的、无意识的和习惯性的模式，它表现某种紧张的状态，即使这种状态还处在潜在的阶段；③它在强度上有所变化，有时是影响个人行为的占优势的因素，有时则对个人行为没有什么影响作用；④它植根于人的经验之中，因此并不单单是一种社会本能[①]。

① 引自G.奥尔波特《社会心理学的历史背景》（1968年），转引自周晓虹. 现代社会心理学名著菁华. 南京：南京大学出版社，1992：407。

根据帕克提出的标准，结合现代社会心理学中有关态度的其他论述，我们可以将态度或社会态度的基本特征总结如下。

（一）社会态度具有对象性特征

我们可从两个层面上对社会态度的对象性特征进行理解：一是较为浅显的层面。个体或社会成员所具有的任何态度都是指向于某一具体对象的，该对象可以是事，可以是物，当然也可以是人；而针对的人可以是自己，可以是他人，还可以是一个群体。这种明确的取向性，使态度有别于个人对环境刺激做出的简单的条件反射。二是较为深入的层面。社会态度所具有的这种具体的对象性特征又使它有别于个体所持有的价值观念；价值观念相比较来说要比态度更为宽泛和更为抽象，可以体现为理论的价值、权力的价值、社会的价值和宗教的价值等，而并不涉及某个特定的对象。但是，价值观念构成个体决策的抽象准则，可以作为个体持有某种态度的内在基础。因此，人的价值观念不同，对某一具体对象持有的态度也就可能不同。

（二）社会态度具有内在性特征

社会态度不同于社会行为，它是个体的内在心理取向，因此，不能从外部直接观察到，而只能间接地从一个人的表情、意向和行为中推测。罗森伯格和霍夫兰德（Rosenberg and Hovland，1960）曾把态度看做人所接受的刺激（态度对象）与可观察到的反应（行为）之间的一种内在中介。在以罗森伯格和霍夫兰德的理论模式建构的图 3.1 中，刺激是一种独立变量，反应（包括情感、认知和行为三方面在内）是一种依从变量，而态度则是一种中介变量。在此之中，人的情感、认知和行为影响态度，反过来，态度也影响着人的情感、认知和行为。这样的观点是受到新行为主义者的明显影响，它表明作为一种内隐性心理结构的态度会影响到个体对刺激做出的反应。

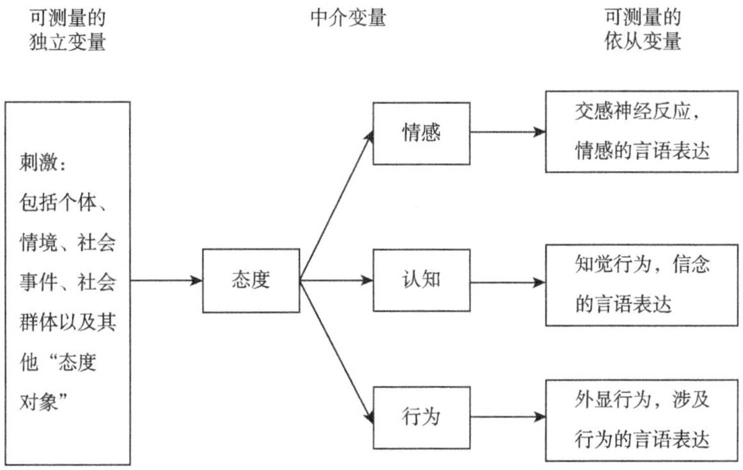

图 3.1　罗森伯格和霍夫兰德的态度中介作用图示

（三）社会态度具有持久性特征

态度是个体在后天的社会生活中形成的，一旦形成，态度便具有相对的持久性。稳定的态度作为个体人格的组成部分，是不会轻易改变的。在态度的三种心理因素当中，情感因素最难以改变，因而也是最为持久的、内在的，它由此构成了社会态度的核心部分。

不过，应该指出的是，态度的形成并不是一朝一夕的事，它要经历一个相当长的过程，而在这个过程的不同阶段上，态度的稳定程度是不同的，因此，它也就存在着不同程度上的变化的可能性。凯尔曼（Kelman，1958）曾提出过一个态度变化过程的模式，他认为，态度的形成可经历服从、认同和内化三个过程。服从是个体为得到报酬或避免惩罚而在表面上持有某种态度，认同是个体为与其他个体或群体取得一致而自愿接受某种态度，内化则是个体真正把某种态度纳入自己的价值体系。显然，服从所掌握的态度是最不稳定的，而内化所掌握的态度是最为持久、稳定、难以改变的。

四、社会态度与行为

（一）社会态度与外显行为

有关社会态度与外显行为之间的关系的探讨几乎和态度本身的研究历史一样长远。在心理学家对态度发生最初的兴趣之时，大多数学者对态度和行为之间的关系基本上持肯定的意见，用当时流行的假设来说，一个人的态度决定了他的行为。举例来说，一个人支持某一政治家，很可能去投他的票；一个人觉得不该发展烟草工业，也就不可能抽烟。这样的假设提出的前提也极其简单，既然态度是行为的预先倾向或内在准备状态，我们当然可以通过态度来预测行为，那么态度问题研究自然就成为我们达成对人类行为洞悉的最佳途径之一。这样的看法直接促成了20世纪三四十年代的态度研究热潮，包括各种态度量表的编制、对态度测量的关注，都与上述假设有着或多或少的关联。但是，上述假设并非没有遇到挑战。相反，早在20世纪30年代初，即在态度研究最兴盛时，美国学者拉皮尔（Lapiere，1934）就在一项著名的研究中对态度与行为相一致的看法提出了异议。

在这项研究中，拉皮尔与一对年轻的中国留学生夫妇进行了一次环美旅行。由于当时美国人对东方人普遍持有歧视态度，拉皮尔和同伴们旅行前预料很难受到旅馆和饭店的热情接待。但是，在万余英里（1英里≈1609.34米）的行程中，他们光顾的184家饭店和66家汽车旅馆只有一家拒绝接待。6个月以后，拉皮尔给他们光顾过的旅馆、饭店和一些他们没有光顾过的旅馆和饭店寄去了调查问卷。调查问卷共有两种，一种是只就中国人提问，一种是分别就中国人、德国人、法国人、日本人等提出类似的问题。因为拉皮尔担心只就中国人的提问会引起怀疑，而得不到确切结果。两种调查问卷都包括这样的问题："你愿意在你那里接待中国人做客吗"，结果是，尽管上面那对中国夫妇在实际旅程中得到了很好的接待，但开饭店或旅馆的美国人对中国人依旧有着极大的偏见和歧视。拉皮尔及其他一些研究者依此得出了态度和行为之间存在着很大的不一致性的结论。

拉皮尔的结论引发了一系列的后继研究，人们提供了大量的证据来支持态度与行为不相关的观点，但相反的证据也不断出现：在一项以台湾已婚妇女为对象所做的调查中，要求被调查者对“你还想再要孩子吗”的问题做出回答。三年以后发现，当时做肯定回答的妇女，64%的人生了孩子，而当时做否定回答的妇女只有 19% 的人生了孩子。另外一些有关党派态度和选举行为关系的研究也得出了类似的结论。

在这样的情形下，有关态度和行为相关的说法重新受到人们的重视。心理学家开始着力于说明在什么情况下，以及在什么样的前提下，态度和行为具有相关关系。有人发现，当态度变得特别突出时，与行为的关联性可能就会增大；也有人发现，态度测量越是具体，与行为的关系就可能越大；而费希伯恩和阿泽恩（Fishbein and Ajzen，1974）则发现，要想通过态度来预见行为，所测量的态度应与所考察的行为相符。他们提出一般的态度能够预见一般的行为，但却不见得能够预见特定的行为。就拉皮尔的研究而言，他的调查问卷测量的是美国人对中国人的一般态度，而被测量者实际的行为则是特别针对穿着入时、举止文雅、又有白人陪同的年轻的中国夫妇的。显然，在这样的研究中出现态度与行为的不一致，是因为所测量的态度与所考察的行为并不相符。

（二）态度与行为模式

为了能对特定的行为做出预测，1975 年，费希伯恩和阿泽恩在他们提出的合理行为理论的基础上提出了图 3.2 所示的“行为意图模式”。在他们看来，人会考虑到自己行为的含义，大部分行为都是受意识控制的。因此，一个人是否采取某一特定行为的最直接的决定因素是意图。意图又取决于两种变量，一是行为者对该行为的态度，二是行为者的主观行为规范，它由个体所知觉到的特定的行为期待构成。“因此，一个人的行为意图就被看作下列两个因素的某种函数：他对于该行为的态度以及他的主观规范”（Fishbein and Ajzen，1975）。

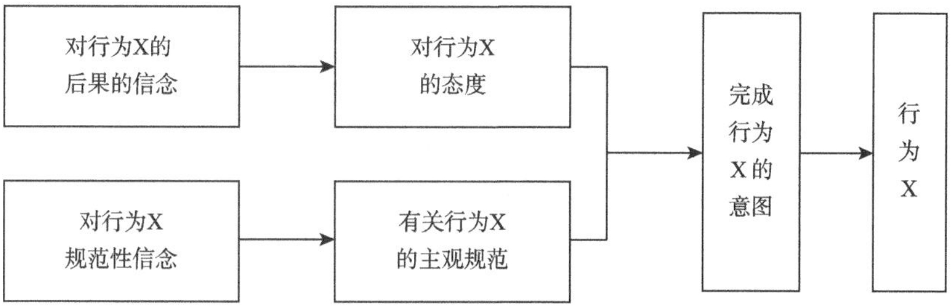

图 3.2 预测特定意图和行为的模式

在这一模式中，态度是个人对特定行为的态度，而不是个人对一般对象的态度。因此，我们可以通过这种特定态度和主观规范来预测一个人的特定行为。另外，必须注意的是，一个人的行为和行为的结果是两回事。行为受个体行为意图的控制，而行为的结果则超出了个体的行为意图的控制范围。所以，想做不想做是一回事，做没做到则是另一回事。

五、态度形成的影响因素

态度的形成实际上是一个社会化的过程，是个体在后天的社会生活环境中通过学习而逐渐形成的。因而，个体态度的形成受到社会生活环境中各种因素的影响和制约；此外，态度形成的过程可以描述为通过联想、强化和模仿等学习方式不断学习的结果。

（一）环境因素的影响

1. 社会环境的影响

一个人自出生开始直到生命的终结都生活在一定的社会环境之中，并受到社会环境的影响。这种影响主要是通过社会规范、准则的要求和约束，各种思想观念的宣传和教育，风俗习惯的潜移默化和文化的熏陶等方式进行的。

社会环境对个体态度形成产生的影响具有一系列的特点：第一，它是一种有选择的影响，只让个体了解或接触符合社会要求的态度；第二，它是一种持久的影响，往往伴随人的一生；第三，它是一种多元化的影响，即社会环境的不同方面或不同因素对个体态度形成的影响往往是不一致的，甚至是相互矛盾的；第四，它是一种宏观的影响，对人们的态度起着导向作用，对个体态度形成的要求和约束也往往是一般意义上的。

2. 家庭的影响

对于个体最初态度的形成，家庭及父母的影响是最重要的。父母的教养方式对于个体态度的形成及其今后态度的变化和发展具有决定性的作用。早期形成的态度往往会一直保持到成人期，有些态度则可能会影响人一生的发展。

家庭及父母的影响还通过家庭成员之间的人际关系以及家庭成员共同生活的方式表现出来。除了以血缘关系为基础形成的长幼关系之外，还包括了相互之间的情感关系。情感关系较融洽，则互相之间的影响就较大，在态度上也易趋于相近或相同；此外，家庭共同的生活方式对孩子态度的形成也具有显著影响，从小就生活在一个充满民主、平等气氛家庭中的孩子，容易形成良好的与人相处的态度，会用平等的方式与人相处，用民主的方式解决问题。

但是，我们不应该过分强调父母及家庭的影响。随着孩子年龄的增长，父母的影响也开始减弱，从青春期开始，这种减弱便越来越明显。这是因为在青春期及其后期，来自同辈群体、各种团体和大众传媒的新影响进入个人的生活。

3. 同辈群体的影响

随着年龄的增长，同辈群体逐渐成为首要的参照群体，对一个人的态度产生重要影响。个体开始经常把自身所持有的态度、观点与同伴们的态度、观点作比较，并以同伴们的态度、观点为依据来调整自己原有的态度、观点，使自己与同伴们保持一致。

4. 团体的影响

个人所属的团体也会对其态度的形成产生重要的影响作用。团体是通过特定的行为规范和准则来约束和限制其成员的。每一个加入团体的个人都必须遵守团体规范，在言行上与团体保持一致。因此，团体可以利用其对成员的影响力来促进成员态度的形成和转变。

但是，团体对个人影响力的大小是因人而异的。如果团体对其成员有很强的吸引力，则成员就更愿意遵守团体规范，团体对个人的影响力就越大；反之，则团体对个人的约束力就比较小。如果个人在团体中处于一个较高的地位，则其感受到的团体规范的压力就越大，团体对他的影响力也相应地较大。

此外，参照群体对人态度形成的影响也是很大的。这是由于参照群体具有很强的社会比较和规范功能。

5. 大众传媒的影响

大众传媒是以报刊、图书、电影、广播、电视等为手段面向大众的一种信息沟通方式。社会通过大众传媒将社会规范、价值标准、文化传统以及对某一社会事件的态度传递给公众，从而影响公众形成符合社会要求的态度。

（二）个体学习方式的影响

人的社会态度不是生来就有的，而是在后天社会化的过程中习得的。具体地说，它是通过联想学习（association learning）、强化学习（reinforcement learning）和观察学习（observational learning）这三种基本的学习方式得以实现的。这三种形式的学习分别以经典条件作用理论、操作性条件作用理论和替代性强化作用理论为基础。

1. 经典条件作用理论与联想学习

经典条件作用理论是由俄国生理学家巴甫洛夫（Pavlov，1927）创立并完善的。他通过狗的唾液分泌实验，区分出了无条件反应和条件反应。由无条件刺激引起的本能反应称为无条件反应，如食物呈现会导致狗唾液分泌；由条件刺激引起动物本能反应的情况称为条件反应。条件反应的出现必须建立在无条件反应的基础之上，即当无条件刺激引起动物本能反应的同时，伴随着一种条件刺激的出现，反复多次之后，只要一出现条件刺激，就会引起动物的本能反应。例如，在食物导致狗唾液分泌的时候，伴随铃声的出现，反复多次之后，只要一出现铃声，狗就会分泌唾液。巴甫洛夫认为，动物之所以能够对条件刺激做出条件反应，就在于动物凭借联想的过程在刺激之间建立了联系。

古典条件作用理论被用来说明态度的习得过程。例如，小孩通常都有吃手指的不良习惯，如果父母在孩子每次吃手指时都给他讲述吃手指有多脏，会导致疾病之类的话，并让他看一些生病小孩难受样子的照片。反复多次之后，孩子在每次吃手指时就会联想到父母的话和那些小孩生病难受样子，从而产生对吃手指的恐惧和厌恶的态度，改掉了吃手指的不良习惯。在这个例子中，正是通过联想学习使小孩建立起了对不良习惯的厌恶态度。此外，古典条件作用理论还可以用来说明态度的泛化现象。个体常常会在相似的对象之间建立联想，因此，也会将对某种事物的态度扩展到其他相近的对象上。在这个例子中，孩子可能会对所有与吃手指相近的不讲卫生的习惯表示厌恶。

2. 操作性条件作用理论与强化学习

操作性条件作用理论，也称为工具性条件作用理论，是由斯金纳（Skinner，1938）创建的。他认为，人类的学习都是建立在操作和强化的基础上的。操作行为是指那些作用于环境从而产生结果的行为，行为本身的结果就构成了个体行为的强化刺激物。如果个体采取某种行为作用于环境得到的是积极的结果，即得到了正性的强化，则个体在今后出现同样的环境条件时就会表现出同样的行为；反之，如果个体行为导致的是消极的后果，即得到了负性的强化，则个体在今后出现同样的环境条件时就会避免同样行为的出现。因此，只要掌握了行为结果所具有强化作用的内在规律，就能有效地控制人们的学习行为。

强化原理也可用于解释人们态度的习得过程。英斯科（Insko，1967）曾在实验中用言语的强化来研究态度的习得。研究结果发现，那些受到正性的强化的学生所表达出的态度，不仅其基本观点没变，而且在程度上更为强烈；而那些受到负性的强化的学生所表现出的态度，虽然其基本观点也没有大的变动，但在程度上则明显不如受到正性的强化的学生强烈。

3. 替代性强化作用理论与观察学习

班杜拉把观察学习的基本含义界定为："一个人通过观察他人的行为及其强化结果而习得某些新的行为反应，或使他已经具有的某种行为反应得到矫正。同时，在这一过程中，观察者并没有对示范反应做出实际的外显操作。"个体通过对他人态度和行为的观察，将其言行记忆在头脑中，并且在以后遇到相类似的环境时模仿他人的行为表现。在观察学习中，观察的主体称为观察者，被观察的对象称为榜样，榜样对观察者具有很强的示范作用，形成替代性强化。例如，在儿童社会化的过程中，树立一些符合社会规范的榜样具有特别的意义。

通过观察而进行的学习是依靠模仿来实现的。模仿的效果取决于观察的效果；对他人行为的模仿也受到强化因素的影响，这种强化可以是个体自身所特有的自我强化，可以是外界施加于个体的直接强化，也可以是从他人被强化的事实经验中感受到的替代性强化。个体对他人行为有一个较好的观察，加上强化作用的激励，就能够较好地进行模仿学习。

上述三种不同形式的学习是态度习得的主要途径，各自具有不同的特点和作用。一般来说，个体态度的习得是在这三种形式的学习的共同影响和相互作用下进行的。

第二节　社会态度的理论

对态度的研究，根据其基本观点和方法的不同，大致可以分为以下五个类别。

一、社会学习理论

社会学习理论关于态度转变的基本观点认为人们态度的转变过程实际上是一个学习的过程，是在强化原理的支配和控制下所进行的特定刺激与特定反应的联结过程。在特定刺激和特定反应之间，不能忽视个体本身的作用。因此，在改变他人态度时，不仅要了解刺激与强化作用的特性，还要了解作为中介环节的个体的情况，如个体过去的强化经历。只有这样，才能有效地促使他人态度转变。

因此，在社会学习理论指导下进行的有关态度转变的实证研究一般分为两个方面：一是注重对强化的研究，力求总结出一套精确的强化法则；二是注重对刺激以及个体特点的研究，力图具体探讨刺激的来源、刺激本身的性质、刺激作用的过程及刺激接受者这几个方面的因素对态度转变的影响。

总之，态度转变的社会学习理论并未超越行为主义学习理论的范围，它不是一个具有特定概念、原理和法则的独立的理论体系，而只是行为主义学习理论在态度转变领域的应用。

二、认知平衡理论

认知平衡理论的创始人是美国社会心理学家弗里兹·海德（Heider，1958）。海德从人际关系的协调性出发，认为在一个简单的认知系统里，存在着使这一系统达到一致性的情绪压力，这种趋向平衡的压力促使不平衡状态向平衡状态过渡，并且这种过渡遵循着最小付出原则。

海德提出 P-O-X 模型，指出人们的认知系统中几种评价态度或感情之间有趋向一致的压力。P 是认知者，O 为认知的另一个人，P 和 O 建立了一定的感情，X 则是与 P 和 O 有某种关系的某种情境、事件、观念或第三个人。它体现的是一种简单的交往情境，P、O、X 这三者具有情感或态度上的某种联系，态度可以有肯定和否定之分。反映在 P 的认知结构中的这一个三角关系可以是平衡的，也可以是不平衡的。当三方关系均为肯定，或两方为否定，一方为肯定时，便存在着平衡状态，否则便存在着不平衡状态（图 3.3）。认知的不平衡状态会产生心理的紧张，造成恢复平衡的心理压力，从而导致改变态度、求得平衡。

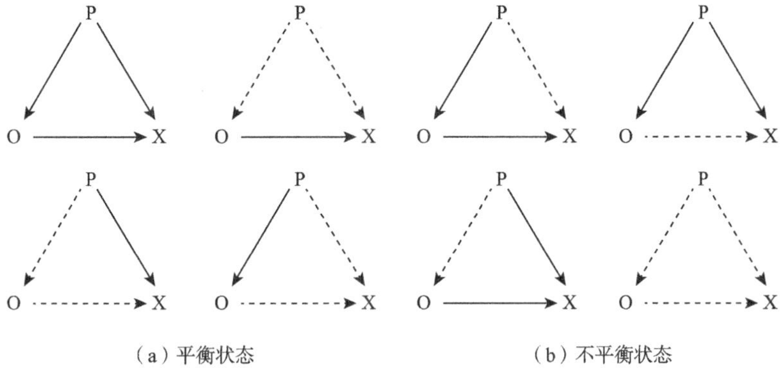

图 3.3　认知的平衡状态与不平衡状态

这一理论的中心思想是，认知处于平衡状态时，能引起一种满意状态，而一旦失去这种平衡状态，就会产生心理的紧张，造成恢复平衡的心理压力；当认知处于不平衡状态时，会力求趋向于平衡状态，或改变现存的某种认知因素，以校正不平衡。

海德突破了传统格式塔心理学只从主体与客体关系上考察个人认知的局限，把人际关系引入认知研究领域，从主客体及主体与他人的多重关系上来研究认知，在 20 世纪五六十年代的社会心理学界独树一帜。但是，这一带有前导性的社会认知理论也引起了诸多批评。首先，人们普遍反映海德虽然说明了社会知觉和人际关系，但他却未能对人际关系本身做出令人满意的说明。确实，用P-O-X模型来说明整个纷繁复杂的人际关系本身就是十分牵强的。这就像人们讥讽的那样，“我喜欢吃鸡，鸡喜欢吃糠，那么，按海德的说法，我是否也喜欢吃糠？”其次，P-O-X模型是按照“全或无”（all or no）的原则来确定三因素之间的全部关系的，因此未能涉及正或负的关系的程度，“而这种关系程度通常是各种关系的极其重要的指标”（Andreeva，1987）。

三、认知失调理论

认知平衡理论，促使人们从认知角度再做进一步的思考，提出了各种不同的学说，其中尤以费斯廷格等（Festinger and Carlsmith，1959）的认知失调理论最为著名。在这一理论中，费斯廷格提出，每一认知结构都是由诸多基本的认知元素构成的，而认知结构的状态也就自然取决于这些基本的认知元素相互间的关系。他将这种关系还原成三种可能性：①协调，此时两种元素的含义一致，彼此不矛盾；②不相干，此时两种元素的含义互不牵连；③不协调，此时两种元素彼此矛盾。不协调或称失调是有程度上的区别的，它主要取决于两个方面：其一，不协调的程度同某一认知元素对个人生活的重要性成正比，显然，损失了一元钱和丢掉了一份满意的工作造成的失调程度是不同的；其二，不协调的程度还取决于一个人所具有的不协调认知的数目与协调认知的数目的相对比例。综合这两个方面可以获得以下公式：

$$\text{不协调程度}=\frac{\text{不协调认知数目}\times\text{认知元素的重要性}}{\text{协调认知数目}\times\text{认知元素的重要性}}$$

这一理论同上述认知平衡理论的主要区别有二：其一，它不像后者那样重社会认知，轻社会行为；其二，它不像后者那样将认知不平衡或失调视为认知结构的反常状态，相反，它认为认知失调是人的认知结构的一种正常状态，由于不同的认知元素各有其相对独立性，所以认知矛盾或认知失调是不可避免的。

在这样的思想的指导下，费斯廷格在《认知失调理论》一书中提出了有关认知失调理论的两大基本假设。

第一条假设指出，“作为一种心理上的不适，不协调的存在将推动人们去努力减少不协调，并力求达到协调一致的目的”。这意味着，认知失调将会造成特定的心理压力，并使人产生一种求得协调的动机。具体来说，减少不协调的途径有三种：①改变行为，使主体对行为的认知符合态度的认知。例如，知道“吸烟有害”的人把烟戒了。②改变态度，使主体的态度符合其行为。例如，认为“我比谁都聪明”但又“考试常不及格”的人，改变自我评价，转为“我学习很吃力”故“考试常不及格”，这样就能够协调起来了。③引进新的认知元素。例如，认为“我比谁都聪明”但又“考试常不及格”的人，可以通过找各种借口，如强调自己运气不好或复习未抓住重点等，消除不协调感。

第二条假设则指出，“当不协调出现时，除设法减少它以外，人们还可以能动地避开那些很可能使这种不协调增加的情境因素和信息因素”。

在认知失调理论提出后的十多年里，包括费斯廷格本人在内的许多心理学家围绕该理论进行了一系列的实验研究。其中最著名的实验研究有这样几项：一项是费斯廷格和卡尔史密斯（James M. Carlsmith）1959年进行的“被迫依从”实验。他们让被试从事一系列枯燥无味的工作，接着诱使他们撒谎告诉别人工作很有趣，付给被试的报酬或者为1美元，或者为20美元，最后询问被试是否喜欢这一工作。结果拿1美元报酬的被试比拿20美元报酬的被试更积极地评价了这项工作。对这种用传统的经济人激励理论解释不了的现象，费斯廷格的解释是，仅拿1美元报酬的被试失调的程度要高于拿20美元报酬的被试，所以，他们改变态度的可能性就更大（Festinger and Carlsmith，1959）。

另一项研究是J.布雷姆（Jack W. Brehm）1966年进行的“心理对抗”实验。他通过实验证明，“当一个人相信自己是在自由地从事一项习惯的行为时，如果他的自由被取消或受到取消的威胁，就会产生心理抗拒现象”。抗拒的程度与这样两个因素成正比：①被取消或受威胁的自由的重要性；②该种自由行为的比例。而这种心理上的抗拒可视为是一种旨在重新确立被取消或受威胁的自由的动机状态。

四、自我知觉理论

贝姆于1967年提出了自己对态度和态度转变的看法，认为自我觉知的很多重要方面都以明确的、持久的信念、态度和情感偏好作为内在参照。人们通过对自己行为的归因来知觉事物，并对事物抱有某种态度。

归因理论基本上强调我们怎样觉知自己和怎样觉知他人。个体倾向于把他们的具有消极结果的行为归因于环境条件，即向外归因；而当行为具有积极的结果时，个体倾向于向内归因，认为是自己能力的结果。观察者对他人行为结果的觉知表现为对其能力的觉知和对他试图去做的动机的觉知，当一个行为不适当的个体，其失败的原因被看作缺乏能力而不是缺乏努力时，他会得到较确定的归因。

贝姆提倡以归因理论来说明态度转变的心理机制，即自我知觉理论。在上述介绍的“20美元—1美元实验”中，他认为被试态度的改变是一种归因，是被试对要求他们告诉别人一个令人厌烦的任务为有趣的原因的归因。在他自己的实验中，贝姆让被试听一盒磁带，录音是几个在20美元条件下或1美元条件下的人员在描述他们的行为，贝姆要求被试估计录音中的人对那个令人厌烦的任务的态度，结果是听录音的被试判断得到1美元奖赏的被试具有一种比较肯定的态度，因为大的奖赏被归因为说谎的较大理由。

五、态度转变三阶段理论

态度不同于一般的认知活动，它具有情感等因素，比较持久、稳固。因此，态度的转变需要经历一个较为复杂的过程。科尔曼（Herbert C. Kelman）于1961年提出的态度转变三阶段理论将一个人态度转变的过程描述为服从、认同、内化三个阶段。

（一）服从

服从是一个人按照社会要求、群体规范或他人意志而做出的行为，其目的是达到某种物质或精神的满足或避免惩罚。服从通常是外在压力作用的结果，不是个人的自愿选择，因此，由服从造成的态度转变只是暂时的、表面的。但是，被迫的服从成为习惯后，就变成了自觉的服从，产生相应的态度。例如，不能随地吐痰的规定，可能个人开始并不习惯，但是为了逃避罚款的压力，只好服从。时间长了，人们就形成了习惯，形成不随地吐痰的态度。

（二）认同

在这一阶段，个体态度的转变不再是表面的了，而是自觉自愿地接受他人的观点、信念、态度和行为，并有意无意地模仿他人，使自己的态度和他人要求相一致。也就是说，态度在这一阶段已比服从时进了一步，由被迫转为自觉接受，只是新态度还不能和自己的态度体系完全融合。

（三）内化

内化是态度转变的最后阶段。在这一阶段，个体完全地从内心相信并接受了他人的观点，并将他人的观点、态度完全纳入自己的价值体系中，成为自己人格的一个组成部分。到了内化阶段，个体的态度已经发生了彻底的转变，不再需要具体的、外在的榜样来学习了，形成的态度也是比较稳固的，不容易再改变了。

第三节　社会态度的转变

社会态度往往具有预测行为的作用，因为态度改变了，其行为也随之发生改变，所以研究态度转变具有现实意义。

一、影响态度转变的因素

霍弗兰（Hovland，1959）曾经提出一个态度转变的模式，这是美国心理学界公认有效的模式（图 3.4）。霍弗兰指出，影响态度转变的因素有四个，即宣传说服者变量、信息变量、渠道变量、信息接受者变量。从图 3.4 中可见，不仅每种变量可影响态度转变，而且各个变量之间亦有相互作用。

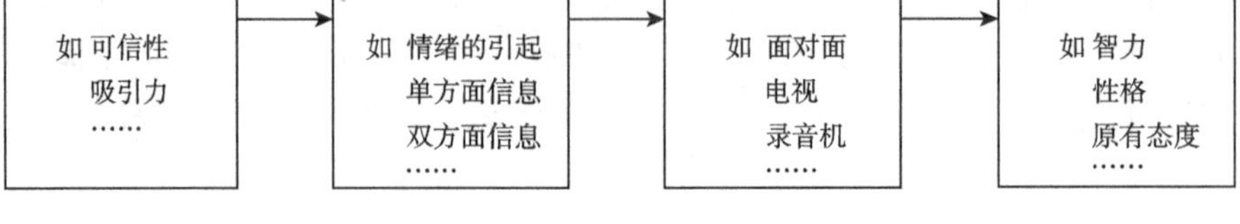

图 3.4　影响态度转变的因素

（一）宣传说服者变量

宣传说服者的可信性（credibility）、吸引力（attractiveness）等影响着人们态度的转变。霍弗兰 1951 年做了一个关于宣传说服者的可信性对人们态度转变的影响的经典性研究：设立两组被试，让他们听一篇有关建立核动力潜艇的实用性争论的文章，实验者告诉一组被试，该文章为一位著名的物理学家所写；告诉另一组被试，该文章系摘自苏联某家小报（研究者认为前者有高的可信性，后者有低的可信性）。实验者宣读完毕后即刻测量被试态度转变的情况，结果表明，宣传说服者的高可信性能更多地转变被试的态度。研究者认为，这一研究显示出，宣传说服者的可信性往往比信息本身的逻辑性与合理性更重要。

宣传说服者的变量，如可信性、吸引力经常被用于广告中，效果良好。商业广告往往利用名人来宣传产品，如篮球明星卖运动衣。近期研究支持广告者的吸引力、可靠性、权威性与公正性等因素具有更好的说服效果的假设（Chaiken，1980；Petty et al.，1981）。

霍弗兰发现，宣传说服者的可信性的影响在其信息刚刚传递后的效果最大，时间一久，就逐渐变小，然而原来低可信性的宣传说服者的效果却随时间的推移而上升，见图 3.5。这种现象被称为睡眠者效应（或事后效应）（sleeper effect）。最近，学者们研究了影响睡眠者效应的一些因素，发现当宣传说服者所提供的信息伴有含糊性的暗示时，或者当有强烈暗示影响人们更快、更好地记忆信息内容时，睡眠者效应就容易产生（Greenwald，1968）。

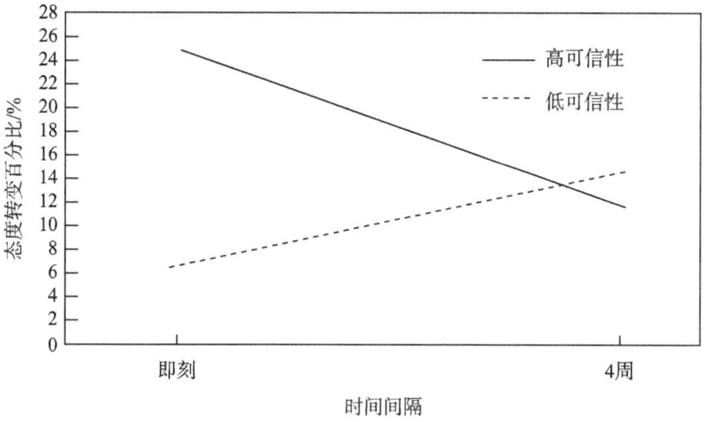

图 3.5　低可信性宣传说服者的睡眠者效应

（二）信息变量

信息本身的内容及组织对宣传说服及态度的转变均有重要影响。

1. 单方面信息与双方面信息

这是强调宣传说服的内容需要有针对性。当人们和宣传者所提倡的方向保持一致时，并且他们在这方面的知识经验不足时，宣传单方面信息比较合适。当人们早已具备比较充分的知识经验而且习惯于思考和比较时，双方面宣传可以向他们提供更多信息以权衡利弊得失。

霍弗兰等曾在第二次世界大战中对军队士兵进行了实验。当时士兵有厌战情绪，希望早日结束战争，于是，他们进行了关于态度转变的研究。宣传的内容是“美国和日本打仗要延长”。实验者对一部分士兵宣传时，只从单方面分析延长战争的必要性，如“从美国本土到太平洋盟军基地的补给线很长，不容易迅速传送各种配给品”，而且“日本控制了不少当地资源，日本军队人数多、士气高，日本人有武士道精神等”，因此战争至少要继续两年。实验者对另一部分士兵除宣传上述内容外，还强调了不利于日方继续作战的因素，如“盟军海军力量强于日本，在过去两次海战中日本海军损失惨重”等，因此战争不能很快结束，和日本打仗至少还要两年。

研究结果表明：对于文化程度低的士兵来说，单方面的宣传容易转变他们的态度，他们都接受了这一观点；对于文化程度较高的士兵来说，进行正反两方面宣传的效果好。此外，士兵最初的态度和宣传者所强调的方向一致时，单方面宣传有效；若最初态度与宣传者的意图相矛盾时，双方面宣传更有效。

目前许多商业广告都是一边倒的单方面宣传，从心理学角度来看，对一些知识经验丰富或教育程度较高的人来说，并不能产生多大作用，但它确实也会使另一些人相信，甚至有些商品广告言过其实、夸大其言也蒙骗了一些人。

2. 信息引起的恐惧程度大小

信息的传播必须使人们的内心感到有压力与威胁，只能听从劝告转变态度以消除心理上的负担。也就是说，宣传说服必须晓以利害，但又必须理智地实事求是地提供信息。

詹尼斯和费斯巴哈（Janis and Feshbach，1953）进行了一系列的实验研究。他们使用三种不同的宣传方式说明龋齿和身体健康的关系。第一组以强硬的讲解方式，说明牙齿腐烂引起的痛苦和感染；第二组用中等程度的方式诉说，其口气不如前者强硬；第三组用轻微的方式诉说。三种不同程度的宣传方式能引起三种不同程度的焦虑。第一组表现出强烈的焦虑；第二组是中等程度；第三组是轻微的焦虑。结果最注意口腔卫生的是第三组（38%），第一组最少（8%）。他们还曾以吸烟成瘾的人为被试，把他们随机分为甲、乙两组，施以不同程度的信息，让甲组观看吸烟致癌的患者，手术时肺部溃烂情况的录像（影），从而形成高焦虑；让乙组观看 X 光照片并听取讲解，从而形成低焦虑。最后调查甲乙两组对吸烟的态度转变的人数，甲组占 31.2%，乙组占 68.8%。

有学者指出，上述实验证明高恐惧无助于态度转变的情况是较少的，大量的实验材料都证明恐惧、害怕有助于态度的转变（Higbee et al.，1982）。他们还研究关于打破伤风预防针的课题，以中学生为研究对象，把被试分为三组，分别接受不同宣传，以引起从高到低不同程度的恐惧，结果三组被试态度转变分别为 39%、31%、15%。日本学者原岗也重复了这一实验，结果相同。这说明，信息所引起的心理压力越大，则人们态度越易转变。

上述两种不同的结果说明，信息发生的情绪作用与理智作用是不同的，因此信息引起恐惧的程度必须依据要求态度转变的轻重缓急而确定。如果需要人们立即采取行动转变态度的话，则宣传应该能引起较强烈的恐惧心理，使这种恐惧心理转化为一种动机力量，以激发人们迅速改变态度。例如，上述打破伤风针的宣传使人们认识到如果不打针，后果危险，发生强烈的情绪体验，从而很快转变其态度；如果宣传者要求人们可以延长一段时间改变态度，则不必过分强调危险，因为恐惧心理随时间的推移而逐渐消失，但人们理智上却是清楚的，而且会逐渐占上风，认识到应该重视它，转变原先的态度。又如，抽烟患癌的宣传，过分做恐惧的宣传反而会发生抵触情绪，认为不抽烟的人也会患肺癌；即使患癌，只要早期诊断、早期治疗也不会危险。但理智上终究认识到抽烟有患癌的危险性，应该戒烟，但迟几天问题不大。由此可见，情绪性作用和理智性作用对于态度的转变随问题的性质而有所不同，值得宣传者重视。

（三）渠道变量

宣传说服有许多渠道，包括面对面以及大众传播媒介，如报纸、杂志、无线电、电视、录像（影）等。其实，没有单纯的最好渠道，它们各有优点，适合于不同的目标和目的。

1. 个人与个人面对面进行宣传说服

这一渠道的效果很好（Berelson et al.，1954；Katz and Lazarsfeld，1955）。这是因为面对面地宣传说服更具体、更有针对性、更引人注意，可以激发人们对信息加以更多的思考和关注。

2. 大众传播媒介

大众传播媒介的主要优点是它可以迅速地将信息传达到许多人，印刷品如报纸、杂志、书面材料等所阐述的内容有助于人们更好地理解，尤其是当信息内容非常复杂时，这一优点更为明显，它允许人们反复阅读，避免遗漏或误解信息。如果信息简单，那么视听方式的效果更好（Chaiken and Eagly，1976），因为对信息的视与听易于快速集中人们的注意力，从而迅速地加以接收而产生更大的效果。

有一实验比较了各种大众传播方式的效果（Chaiken and Eagly，1993）。实验材料是关于大学准备收取高额学费并减少助学金的信息，渠道是书面、录音及录像（影），让各组被试接受一种信息渠道，实验中又增加了一个变量，即宣传说服者自身的吸引力大小。然后测量各组被试态度转变的程度并加以比较。研究结果发现，态度转变的强度既与信息渠道方式有关，又与宣传说服者吸引力大小有关，见图 3.6。

图 3.6 表明，宣传说服者若具有吸引力，则他在录音、录像（影）中更具说服力；若无吸引力，则他在书面信息中较具说服力。

（四）信息接受者变量

上述霍弗兰等的研究中，还探讨过信息接受者的许多变量，其中包括智力、认知需要、人们原有的态度等。一些学者认为这一研究结果相当复杂和不稳定，可能因为这些变量在态度转变的不同阶段而发生不同的作用（McGuire and Papageorgis，1962；Petty and

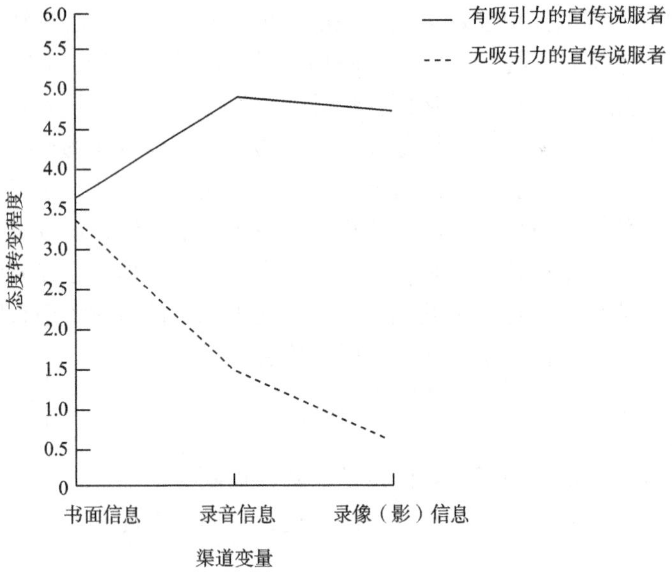

图 3.6 态度转变程度与渠道变量、宣传说服者吸引力的关系

Cacioppo，1981；McGuire，1986）。

1. 智力

智力水平高可能增进人们对信息的理解，但却会降低他们接受信息的程度。研究表明，对复杂而合理的信息，高智商者较低智商者更易被说服，而对简单的信息则不然（Eagly and Warren，1976）。

2. 认知需要

人们的认知需要有个体差异，这对宣传说服的效果有影响。卡乔鲍和佩蒂等（Cacioppo and Petty，2009）制定了一份“认知需要测验”，如表 3.1 所示。

表 3.1 认知需要测验

问题	评分 （完全不符合~完全符合为 1~7 分）
1. 我更喜欢复杂的问题	1 2 3 4 5 6 7
2. 我喜欢应付需要深入思考的情境	1 2 3 4 5 6 7
3. 思考不是我所喜欢的	1 2 3 4 5 6 7
4. 我愿做少思考的事，而不愿做对我的思考能力具有挑战性的事	1 2 3 4 5 6 7
5. 我尽量避免会使我深思的境地	1 2 3 4 5 6 7
6. 我在艰难而仔细的考虑中获得满足	1 2 3 4 5 6 7
7. 我只想到我不得不想到的程度	1 2 3 4 5 6 7
8. 我更喜欢思考那些琐碎的日常问题而非终极性的哲学问题	1 2 3 4 5 6 7
9. 我喜欢做那些简单而用不着思考的事情	1 2 3 4 5 6 7
10. “靠思考得以进取”这观点我挺感兴趣	1 2 3 4 5 6 7
11. 我确实喜欢一项包含有新的解决方法的任务	1 2 3 4 5 6 7

续表

问题	评分（完全不符合~完全符合为 1~7 分）
12. 学习新的思考方式并不令我兴奋	1 2 3 4 5 6 7
13. 我喜欢设法解决生活中的难题	1 2 3 4 5 6 7
14. 抽象思维对我有吸引力	1 2 3 4 5 6 7
15. 我喜欢做一项需要智慧的、困难而重要的事情	1 2 3 4 5 6 7
16. 完成一项需要大量智力的任务后，我感到很轻松	1 2 3 4 5 6 7
17. 我只要知道怎样完成这项工作就够了	1 2 3 4 5 6 7
18. 即使这问题对我个人没什么影响，我往往也愿意去思考	1 2 3 4 5 6 7

资料来源：Cacioppo 和 Petty（2009）

认知需要测验得高分者喜欢思考，并力求理解外来信息；得低分者喜欢使用捷径，较少思考。研究表明，认知需要得分的不同与其态度转变的强度呈正相关（Petty and Cacioppo，1986）。一项研究的对象是女大学生，研究目的是测验她们的认知需要分数。研究者让她们阅读一份有关提高学费的争论意见书，一组女生阅读强烈争论的意见书，而另一组女生则阅读微弱争论的意见书。研究结果表明，认知需要高分的女生更易为强烈争论的意见书所说服，而低分者则相反（Cacioppo et al.，1983）。由于前者喜欢思考，更可能看到强烈争论中所包含的正确的内容，见图 3.7。

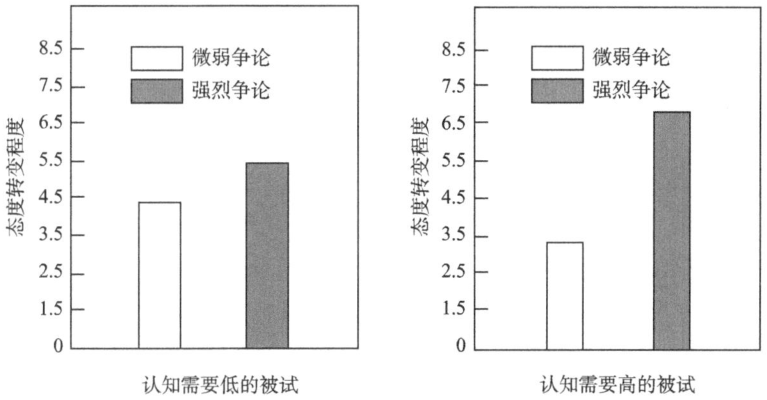

图 3.7 认知需要对其态度转变的影响

资料来源：Cacioppo 等（1983）

3. 人们原有的态度

宣传说服者的信息能否被对方接受和信息接受者原有的态度与要求转变的态度之间的距离有关。在一定范围内，距离越大可能态度转变也越大，但超过一定的理性判断范围，则可能效果甚微。

波什纳（Stephen. Bochner）和英斯科（Chester. A. Insko）1966 年的一项实验支持了这个观点。他们研究被试原有的态度与要求转变的态度之间距离的大小对态度转变的关系。实验者先询问被试认为最恰当的睡眠时数应该是多少（即原先对睡眠时数的态度），平均为 7.89 小时，然后把被试平均分为九组，发给每组被试一篇 3 页长的文章（文章提倡由于健康与工作效率的关系，每人每天的睡眠时数应该为几个小时），九个组所获的文章中时数各不相同，分别从 0 到 8 小时。实验者还让被试知道文章的作者是一位获得诺贝尔奖的著名生理学家。被试看完文章后，实验者给其有两项问题的问卷：①你是否相信作者所讲的道理？有无说服力？②现在你认为最恰当的睡眠时数是多少？研究结果表明了态度立场的差距和态度转变的关系。在一定范围内，文章提倡少量睡眠时数时，被试在态度上能稍微做一些转变。例如，文章提倡每天只需睡 3 小时，被试认可的睡眠时间从原来的 7.89 小时下降为 6.6 小时。但超过了一定的范围，则被试的态度坚持原来的立场。例如，文章认为每天只需睡 2 小时、1 小时乃至可以不睡，则被试仍坚持认为需要睡 7 小时以上。

二、两种宣传说服路线

宣传说服有两种路线，即中心路线（central route）和外围路线（peripheral route）。帕蒂等（Petty and Cacioppo，1986；Eagly and Chaiken，1993）对此做了专门的研究。

（一）中心路线与外围路线的含义

中心路线是突出信息中所包含的优点、性质、合理性等方面，通过系统的讨论以激发人们进行思考的路径方法。例如，计算机广告很少由好莱坞影星或杰出的运动员去宣传，而主要是向顾客提供有竞争力的特征和一定的价格。研究者指出，有些人更具有分析能力，他们喜欢思考问题，并细致地解决问题。这类人不只依赖于争论论据的说服力，而且还依赖于自己对这些论据的认知与加工，通过深入思考后，转变的态度可以持续较久。

外围路线是宣传说服者向人们提供信息，使之未经过人们深入思考就被接受的路径方法。例如，香烟广告，只要使产品和美丽、优雅的形象相联系，而并非提供产品本身的信息，即使是喜欢分析问题的人们，也常常接受这种简单的启发式宣传说服方式（Chaiken，1980）。如果宣传说服者表达清晰、吸引力强，有良好动机的话，人们就采用外围路线，并不作思考就接受信息。

（二）态度转变中两种路线的比较

中心路线和外围路线在态度转变过程中所起的作用是不同的。

首先，研究表明，中心路线的说服效果比外围路线更持久（Chaiken，1980；Petty and Cacioppo，1981，1984，1986）。因为通过中心路线转变态度是比较困难的，必须通过大量的思考，出自内心的信服；而外围路线基于暂时的、表面的和非本质信息的提示，基于宣传说服者的可信性与吸引力，这些信息提示所发生的影响可能很快减少。

其次，研究表明，通过中心路线来转变态度比通过外围路线对行为有更好的预测性（Petty and Cacioppo，1984）。因为通过中心路线转变态度是来自有目的的思考和精细加工，可能有助于自我觉察，因此人们有意去思考或留心自己的态度，使他人能更好地预测其行为。而且，由于有更多的认知伴随，更容易记住自己的态度，从而影响自己的行为。另外，通过中心路线转变态度，是基于接受自己逻辑思维的加工，而更少地随情境而变化，因此，能根据这样的态度较好地预测其行为。两种路线的比较见表 3.2。

表 3.2　态度转变的两种路线比较

路线	路线特点	态度转变过程中的影响因素	态度转变的效果
中心路线	被试对信息内容反应积极并作认知加工	信息接受者的认知反应 信息接受者的逻辑判断 宣传说服的质量	态度转变相对强烈、较持久，可由态度预测其行为
外围路线	被试依据外部信息而不是通过积极的思考信息本身的内容	宣传说服者变量，如可信性和吸引力 信息表面特征 宣传说服的次数	态度转变微弱而短暂，根据态度较难预测其行为

资料来源：Petty 和 Cacioppo（1984）

从表 3.2 可知，如果人们依靠外围路线，那么必须加强宣传说服者的外部形象，强调信息的表面特征，并增加宣传说服的次数，以加深人们的印象，促使其态度转变；如果人们依靠中心路线，那么必须引导人们思考信息的内容，而不是着重于说服的次数。因此，要使人们走中心路线，一个办法是使宣传说服信息与人们的利害有高相关，从而促使人们注意信息内容，以转变态度。

中心路线与外围路线在人们的日常生活中都很重要,商业广告和销售中大量使用外围路线进行宣传说服,即使是法庭这样一个权威而公正的地方,陪审员可能也受外部信息的影响,如辩护者的形象或证据的数量。这说明外围路线的宣传说服也是十分必要的一种手段。

三、影响态度转变的方法

（一）角色扮演法

一些个案研究发现，一个人的某些特殊经历能大大改变其态度。例如，一个人在酒驾后发生车祸但幸免于难，从此他不再饮酒。为了能够主动地获得这样的态度转变，心理学家通过角色扮演来“制造”类似的经历。例如，要求抽烟的妇女扮演肺癌患者的角色。剧情是：医生告诉患者一个坏消息，她患了肺癌要立即进行手术，那些扮演肺癌患者的妇女的台词是问一些有关手术的问题，如手术失败后会怎样等。实验之后，参加过角色扮演的那些人吸烟量大大地减少了，而那些只从录音中听到同样故事的人吸烟量变化较小。无论如何，情绪冲突和易患肺癌的事实对吸烟者态度的转变都会有一定影响。

（二）团体方法

团体影响力是不可否定的。如果不信，可以做一个小实验：现在去公共汽车站，挤上一辆拥挤的车，抢一个座，然后开始用最大声音唱歌。你愿意去试试吗？真会这样做的人恐怕不会超过 1%。

一个有趣的扔废弃物的实验显示了团体的影响。这项研究的问题是：一个地方现有废弃物的多少是否会影响人们在此扔废弃物的行为？如图 3.8 所示，当被试走进一个公共车库时，有人递上一张传单。车库地上已有的丢弃传单越多，人们越可能把手中的传单扔在地上。显然，别人在此扔废弃物意味着这里不严格禁止扔废弃物。因此，一个公共场所保持得越清洁，就越不需要经常打扫。

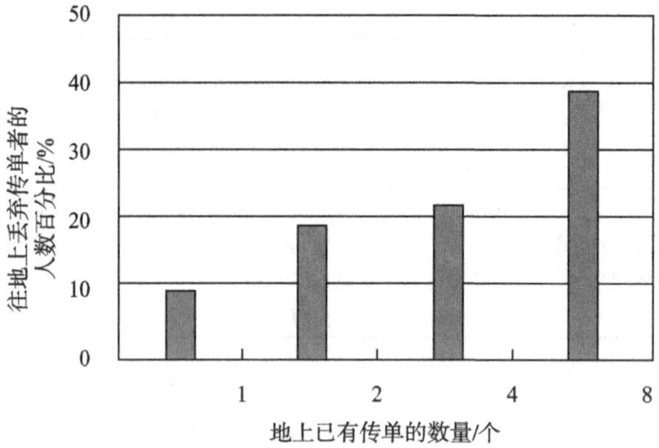

图 3.8　团体的影响

（三）承诺

在一些研究中，那些同意接受较小要求的人，接下来更有可能同意接受较大的要求，即登门槛原理（foot-in-the-door principle）：一旦人们有一只脚跨入了门槛，他们就能利用承诺感增加人们随后的依从性。

“登门槛”原理：那些挨家挨户推销产品的推销员们早就知道，只要他们能进了你家的门，你答应先看看或尝尝他们的产品，买卖就算做成一半了。“登门槛”原理，指一个人如果开始答应了别人一个较小的要求，随后便可能依从于一个较大的要求。例如，有关部门问你能不能在你家门前竖一个又大又难看的交通安全标志牌，你可能会拒绝；如果你同意先竖一个小的标志牌在那里，随后有一天你就可能允许在你家门前竖那个大的标志牌。显然，“登门槛”原理是基于人们对自己行为的评价。这也叫“先尝后买”效应，如果你答应了卖主“先尝尝”的小要求，就很容易相信自己并不介意按别人的要求做，以后便可能依从他让你“买一个”的大要求。

（四）示范

有学者想知道：在刚刚目睹他人相互帮助的情景后，人们是否更倾向于帮助其他有困难的人?为了回答这个问题，他们在繁华的街道上停放了一辆瘪了一个车胎的福特牌汽车，一名年轻妇女站在旁边。一个充满气的车胎靠在小汽车上，这是控制条件。经过的 2 000 辆汽车，只有 35 辆汽车停下来帮助这名妇女换车胎。在实验条件下，在离测验地（停放瘪了车胎的汽车处）400 米外停着另外一辆汽车，一名妇女站在一旁看一名男士为她的汽车换轮胎。结果发现，目睹过这种帮助情景的 2 000 辆汽车中有 58 辆停下来帮助妇女修理汽车。这说明示范相应的结果会使人的态度发生转变。

第四节　社会态度的测量

态度是一种内在的心理倾向，它无法被直接观察到，但可以通过某些方法和技术间接地推测出来。心理学家在一开始研究态度之时，在态度能够预测行为的观点支配下，十分注重对态度的测量，提出了许多态度测量的理论和技术。在这方面，社会学家和心理学家的合作体现得十分鲜明：先到者是社会学家鲍格达斯（Emory S. Bogardus），接着而至者是心理学家瑟斯顿（Louis Leon Thurstone）。前者于 1925 年公布了著名的"社会距离量表"，后者不但在 1926 年提出了"态度能够被测量"的结论，而且于 1929 年在与蔡夫（Emest John Chave）合作出版的《态度测量》一书中首次公布了一种测量宗教态度的量表。从那以后，各种态度测量的方法和技术纷纷出现，到目前为止已达数百种之多。这些测量方法主要包括量表测量和非量表测量两大类。

一、量表测量

态度量表是测量态度的主要工具。量表是由社会学家、心理学家根据特定的态度对象、采取科学的设计程序加以编制的，然后通过被测量者的自陈或自我报告来评定其对特定态度对象的态度。当然，存在着不同的编制方法和量表的设计程序，因此也就有许多种量表。常用的量表有如下几种。

（一）瑟斯顿量表

瑟斯顿量表（等距法）的测量程序是十分复杂的。假设我们测量被试对宗教的态度，先要围绕宗教问题制定一系列的项目，包括多达 100 条以上的有关宗教问题的陈述。这些陈述在意义上不能模棱两可，并且要能概括问题的全部范围，即在一连续统一体上从强烈赞同到中立再到强烈反对。再把这 100 条以上的陈述交给 300 名判定者，让他们将这些陈述按序分配到代表态度变量的一个虚构量表中，该量表可为 7、9 或 11 等级。在这由 7、9 或 11 等级构成的连续统一体中，一端代表强烈赞同，一端代表强烈反对（图 3.9）。最后等 300 名判定者都完成分配任务后，就能计算出每一个陈述的量表值。如果使用的是 7 分等级，任何落入第 1 等级的陈述都具有量表值 1，而落入其他等级的陈述也具有相应的量表值。

被试对陈述进行分类，依据其认为某一陈述相当或接近图 3.9 中所示有代表性的 7 大类情况而定。这一过程的最终结果是形成一套约 20 条的陈述，它按等距间隔分布在从赞同到反对的连续统一体上，其量表值是逐渐增加的。然后，要求被试在这 20 条左右的陈述中选择他所赞同的那些陈述，选中陈述的平均值或中值就是被试在这一问题上的态度分数。

瑟斯顿量表曾被有效地运用于测量对战争、死刑、宗教、少数民族群体的态度，但他的方法也受到了人们的批评。批评集中在这样两个方面：其一，瑟斯顿的基本立足点

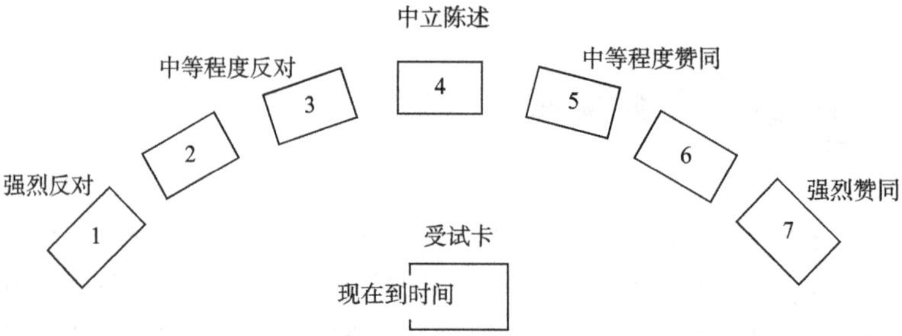

图 3.9 瑟斯顿测量态度的方法

资料来源：Chave（1929）

有问题，因为他假设在一个量表的单个连续统一体上能够准确有效地标明个体的态度差异；其二，瑟斯顿的方法过于复杂，特别是量表编制起来很麻烦，用霍兰德的话说，“它太浪费时间并且不实用”。

（二）利克特量表

利克特量表，又称为累加量表，其简便之处在于他基本没有使用判定者。利克特的态度问卷一般分为四类：①同意或不确定或否定；②多重选择问题；③依序排列的五类连续统一体；④登载社会冲突的报纸剪辑。

利克特量表的计分方法是累加技术，具体的做法是，先从被试那里收集有关的态度反应，然后给每一反应标上量表值，接着，“通过计算每位被试所选陈述的平均值来确定他的得分。事实上，由于每位被试所选陈述的数量是一致的，所以经常计算的是被试的总得分而不是平均分”（Likert，1932）。这种总得分代表被试对特定态度对象的态度，得分越高，态度就越趋于肯定。

（三）语义差异量表

语义差异量表着重分析态度对象个体所具有的隐含意义，是奥斯古德（Charles E. Osgood）、苏西（Gerorge J. Suci）和塔南鲍姆（Percy H. Tannenbaum）1957 年制定的（图 3.10）。该测量方法的基本前提是：态度是由人们赋予关键词或关键概念的意义（语义）所构成的，而这些意义可以通过语词联想的反应加以确定。具体就实施而言，实验者根据所要测得的问题设计一套双极形容词来编制语义差异量表，将每对双极形容词分别写在一个连续统一体的两端。每一连续统一体可以有 5 级也可以有 7 级，分别代表人们对某一对象的各种态度水平。将被试的选择累加起来，即可得到被试肯定或否定的态度。

同上述瑟斯顿和利克特两种量表相比，语义差异量表编制起来免去了确定陈述的麻烦，因此，它能够十分简便地测量人们对各种事物和人的态度。

二、非量表测量

上述量表测量方法有许多优点，但也有其自身的局限。局限之一是，量表测量的基问题：你认为甲某的态度是……？

	1	2	3	4	5	
好的						坏的
幼稚的						成熟的
积极的						消极的

图 3.10　语义差异量表：个人分析

资料来源：Osgood 等（1957）

础是被测量者的自我报告，但是，如果被测量者对自己的真实态度进行掩饰，或者对量表测量不认真，量表的价值就不能保证。为了避免这类问题，社会心理学家采取各种办法，如规定不记名、说明测量的科学意义等，但有时仍难以克服上述局限。在这种情况下，另一些研究者便在态度测量中发展出了一些不使用量表的测量方法。

（一）自由反应测量

自由反应测量的特点是给出开放式的问题或刺激物，但不提供任何可能的答案让被测量者加以选择，而是让被测量者依据自己的情况去确定答案。可采用问答法，测量者提问，被测量者谈出自己的看法，其缺点是不够精确。也可采用投射法，如主题统觉测量，测量者给出意义不明确的刺激物，如图案等，再通过被测量者的反应来推测其态度，其缺点是解释的难度较大。

（二）行为反应测量

行为反应测量的特点是以被测量者的行为举止作为态度的客观指标来加以观察，其基本假设为行为是态度的外在表现。例如，通过身体距离、目光接触等非言语的沟通来测量人与人之间的态度。这种测量不直接涉及被测量者的态度，不易被本人觉察，可获得较可靠的资料，但问题在于行为与态度并非简单的一一对应的关系。

（三）生理反应测量

生理反应测量的特点是通过检查被测量者的生理变化来测量其态度。因为态度可以引起机体的一系列生理反应，像瞳孔、心跳、呼吸、血压、皮肤电的改变，有的研究者便利用皮肤电反应作为指标去探测种族偏见的态度，也有的机构用此种方法去测量人们语言的真实程度。生理反应不易受意识控制，相对来说较为可靠，但这种测量的局限在于它只能测量极端的态度，并且难以识别态度的方向。

第五节 态度研究新进展

20 世纪 80 年代以来，西方心理学家有关态度的研究取得了新的进展。态度研究的新进展主要体现在对态度转变过程的多元变量的深入研究和有关态度转变的模型的提出。其中，态度转变过程中深入研究的多元变量包括态度转变中的信息来源变量、信息变量、接受者变量和情境变量。具有代表性的模型有态度转变的详析可能性模型（the elaboration likelihood model of persuasion，即 ELM 模型）①和态度转变的协同学模型。

一、态度转变过程的多元变量的研究新进展

（一）态度转变中的信息来源变量

1. 专家身份方面

摩尔等（Moore et al.，1986）通过快速、中速和慢速呈现广告信息的说服效果研究发现：当中速和慢速呈现信息时，专家效应下降，接收者更加详细地分析广告信息中的说服信息。专家身份效应还与新态度信息对接收者的重要性、新态度信息的明确性有关。还有学者研究发现，与信息接收者不密切的态度易受专家身份影响而发生态度转变；当新态度信息不明朗时，来自于专家的观点比之于非专家的观点说服力强。

2. 多源信息源的影响

除了专家身份和可信性外，信息源的多源性也会影响信息的说服效果。根据社会互动影响的理论，信息接收者在强有力的信息源、近距离信息源或众多的信息源条件下，更有可能受影响而发生态度转变。值得注意的是，如果态度信息具有很强的说服力，而且又是来自多个信息源，那么信息接收者将给予信息更多的关注和对说服目标的思考，从而引起态度的转变。然而，如果态度信息具有的说服力很弱，即使来自多个信息源也不会额外引起态度转变。

而且多源信息源导致的说服是有条件的：第一，这些多源信息源要能相互依赖、相互支撑而不是矛盾的或预谋性勾结。第二，这些多源信息源的多源数量的增加是有上限的。也就是说，尽管多源信息源比单一信息源说服效果好，但是一些信息源超过一定数量（门槛值），再多的信息源也不会导致态度转变的增加。

（二）态度转变中的信息变量

1. 论点性质

以前许多研究都把论点作为一个控制变量而不是作为影响态度转变的一个自变量。

---

① ELM 模型由心理学家派蒂（Richard E. Petty）与卡乔鲍（John T. Cacioppo）提出，也被称为“精细加工可能性”模型。

事实上，论点本身会对说服效果产生重要的影响。其中，论点性质是论点影响力的重要因素之一。论点的性质对接收者的影响，主要是指该论点是否满足因果解释性。假如接收该信息后，所产生的结果是极有可能实现的和可期待的，那么该论点和其他论点相比就极具竞争力；或者，接受该态度后，极有可能避免不期望的结果，那么该论点也具有强说服力。此外，论点越被个体知觉为好的、有益的，越是与接收者的世界观相符，则该论点越有可能促使态度发生转变。例如，信教者更容易被有利于宗教的而不是有利于法律的论点说服。

2. 论点数量

早期研究曾认为论点数量的增加会导致说服性增加。但实际上，不能简单下这样的结论。当态度对象与个体的关系不大，或个体有关该态度的知识缺乏时，个体改变原先态度的可能性很低。这时，倘若增加论点的数量或延长说服的持续时间，则说服性增加。反之，在具备中心路线的信息加工条件下，如果论点说服力不强，仅靠增加论点的数量或延长说服的持续时间反而会减少说服力。

3. 论点的表达形式

论点可以采用多种表达形式。例如，一个反对吸烟的观点，可用消极的表达形式——“假如你不停止吸烟，你可能很快就会死”；也可以用积极的表达形式——“假如你停止吸烟，你就可能长命”。研究表明：以消极形式表达的信息比积极形式表达的信息有更大的影响力。这可能是因为消极形式表达的信息在人们判断时被给予更大的权重。当人们有较强的动机去思考与态度有关的信息时，以消极形式表达的论点影响力更大；反之，则积极形式表达的信息影响力更大。

史密斯和佩蒂（Smith and Petty，1996）则认为，在考虑信息表达形式与信息加工关系时，积极形式表达（或消极形式表达）的态度论点能否导致更多的信息加工依赖于信息接收者需要哪种表达形式。假如信息接收者期待消极形式表达的信息，而信息提供者却引导他们接受积极形式表达的信息，则积极形式表达的信息不容易受到信息接收者的重视。

（三）态度转变中的接受者变量

1. 认知需要

有研究发现，具有高认知需要的个体对认知活动很有兴趣，只要有机会他们就有认知加工的倾向。因此，他们的认知活动主要受说服信息中实质性论点的影响，而较少受边缘性信息影响。而低认知需要的个体尽量回避深入思考，除非情境要求他们这样做，他们往往受说服信息中信息线索的影响较大。但有两点要注意：第一，高认知需要的信息接收者，他们的思考方式或态度信息加工方式并不一定是客观的。例如，他们也会受到情绪影响而产生偏见性加工。第二，低认知需要的信息接收者在动机和情境作用下，也能尽力避开对线索的依赖而认真审查信息的内容。

2. 自我监控

早期的研究发现高自我监控者，注重自己的社会形象，他们更易接受态度信息的说服；而低自我监控者，更多地受内在信念和价值观影响，根据内在要求判断信息。具体来说，对于高自我监控者而言，态度发挥着社会调适功能，因此，他们易受声称采纳它们就意味着更符合社会形象的论点的影响。而对于低自我监控者来说，态度发挥着价值功能，因此，他们对于可以促进潜在优越感和优良品性的论点更有兴趣。

（四）态度转变中的情境变量

1. 期待讨论或互动

研究发现，在个体期待讨论或要对他人负责时，个体态度信息加工的状况视以下情况而定：假如个体对期待讨论的论点不熟悉或认为它重要，而又不知道周围人立场，这时，个体倾向于仔细考察所能获得的信息，力图采用最优或最公正的立场。如果个体了解周围人的立场，且态度论点不太重要，个体在与周围人交流时，将偏向于赞成周围人的观点。但如果态度对象对于个体来说很重要，或者个体以前对特定观点持赞成态度，那么预先讨论或互动则不会修正原有态度，还可能会极化原有态度，即个体会竭力维持原有态度的正确性。

2. 情绪

有研究发现，环境中的许多刺激要素能改变一个人的情绪，而情绪的变化会影响态度的转变。近来的研究表明，情绪是通过它对说服信息或态度对象的错误归因（例如，因为我喜欢或接纳这个观点，所以我才感觉良好）来影响态度的。进一步研究发现，快乐的情绪会消减对信息内容的加工。快乐的情绪所激活的记忆中的思想会占据个体的注意容量，从而使接收者输入信息的能力减少。另一些研究发现，情绪对态度的影响不能简单理解为何种性质的情绪引起的信息加工更多。情绪对态度的影响是通过影响大脑记忆库中思维记忆的性质，从而影响态度信息加工的选择。快乐情绪的信息接收者，往往选择使一个人保持快乐的信息，即在记忆的思维回溯中积极的信息材料的回忆会增进，而消极的信息材料的回忆受抑制。消极情绪者对消极信息发生可能性的预期，要高于积极信息。因此消极情绪的信息接收者更易接受消极态度信息的影响，被它们说服。这样看来，信息的提供者在做说服计划时，就要尽力避免引起消极后果的说服，促进积极情绪的发生。

二、有关态度转变的新模型

（一）态度转变的详析可能性模型

态度转变的详析可能性模型是一个关于态度转变过程和在态度转变的过程中能体现出态度强度的理论。该模型认为态度转变是一个连续体，它涉及具有动机和能力的个体怎样评价他人、某种观点或立场的核心属性或价值。态度转变的详析可能性模型根据个体对态度信息加工动机的程度、态度信息加工能力的高低以及加工过程耗费心力的程度分为两种模式：中心路线的说服模式和外围路线的说服模式。就前者而言，具有强动机和能力的人，越有可能努力地审查判断所有能够得到的与态度对象有关的信息。因此，当这种详析可能性越高时，人们会调用他们已有的和可得到的具有强说服力、支持力的信息来评价与态度有关的信息。这种态度转变的运作机制就是态度转变的中心路线。中心路线的说服模式对于态度的改变来说能起到一个持久有效的作用，然而，并不是任何人对任何态度信息在任何条件下都能做一个精心的、勤于思考的、一丝不苟的态度审查者。例如，文化程度较低的个体，对态度信息的加工动机和能力较弱；又如，个体缺乏态度对象的专业知识以及个体处于特殊的情绪状态（如亢奋或消极）时。在这些情况下，人们就会采用所谓的外围性说服路线。个体可能启动以下几种外围性的说服机制，来判断新的态度信息。

1. 启发模式

与中心路线的说服过程相比，人们对许多信息源、信息内容及其他线索的评价是受自己过去经验的启发。例如，根据个人以往经验中“专家的观点通常是正确的”的认知启发，人们能够接受专家信息源对态度对象的论点。

2. 情绪等刺激条件的作用

情绪等刺激条件在态度转变中的作用，一般被认为在以下条件中可能最为有效：当态度所指对象缺乏意义（如要改变对某个单词的看法）时，当人们缺乏态度对象的知识以及人们的态度信息加工能力较低时。然而，情绪的引动作用不只是在外围性的态度信息加工和态度详析可能性较低时才有作用，它在中心路线的说服中也是一个起潜在作用的变量。

3. 重复呈现

查荣克（Zajonc，1968）研究发现，当个体反复看到被呈现的态度对象时，这种纯粹的多次呈现也能使个体对该态度信息产生更积极的态度。重复呈现具有评价性和非评价性（如颜色）意义的对象增强了个体对它们的印象，导致个体对意义对象更强的态度判断。不过，重复呈现引起的态度接受与改变视具体情况而不同。当个体对态度对象比较陌生时，重复呈现能明显增强信息接收者对该信息的赞同性，所以，在以后遇到包含该态度对象的多种信息时，个体能识别并接受该态度对象。在这种情况下，重复呈现这种外围说服路线遵循这样的原理：重复产生熟悉→熟悉引起偏好→偏好导致赞同。当重复呈现的是如音调、无意义音节、新的照片和友善的语汇时，由于这些刺激经验性低和意义不充分，个体对它们的有意识加工程度极低甚至是不可能，这时，重复呈现对态度的影响尤为有效。

但是如果重复呈现的是更有意义的刺激信息，那么这种纯粹的暴露所带来的效果与前一种情况相比是很不一样的。有意义的信息刺激重复呈现会产生主导性的认知反应，这种认知反应对积极意义的信息（如反映“爱”的信息）和消极意义的信息（如反映“厌恶”的信息）所具有的态度效果是不一样的。消极意义的信息内容的重复暴露会导致对这一论点信息的更不赞同；反之，则是更加赞同，直到这种重复变得枯燥。

（二）态度转变的“协同学”模型

态度转变的“协同学”模型认为，从态度 1（原态度）到态度 2（目标态度）的转变实际上是概率性的，尤其是在态度转变的临界点上，某种刺激因素对态度的作用应该是服从统计学原理的。这一模型提出了影响态度转变概率分布的两个主要参数：偏好参数和服从参数。偏好参数表示对某一种意见存在倾向性偏好；服从参数表示群体意见对个体的压力。如果能确定好这两个参数的取值问题，那么态度转变的概率就可以确定了。态度转变的“协同学”模型对心理学的研究所具有的深刻意义主要在于它提供了一种思想，即在态度转变研究中引入随机因素，为我们实现从传统的一一对应的机械性因果关系向运用概率统计获得因果关系的转变提供了可能。

【课外阅读】

认知失调问题

你是否曾有过必须说或必须做与你意愿相反的事情的尴尬境遇？很有可能！几乎每个人都会碰到这种情况。当你不得不这么做时，你真正的态度或观点会发生什么变化？还是没有什么变化？研究告诉我们，当你的行为和态度发生矛盾时，你的态度将有所改变以与行为保持一致。例如，如果因实验要求而强迫一个人发表讲话并支持一种与他原来的观点相悖的意见，那么他的真实态度也将渐渐转向他在讲话中所支持的观点。

直到20世纪50年代，许多研究把这种观点的改变归结为心理复述和从相反立场寻找论据的结果。为了做进一步的推论，研究者对能对与自己相反的观点做出令人信服的讲演的被试给予了金钱奖励。人们预测被试所得到的奖励越多，他自己的观点将越容易改变。然而，这又一次证明常识不能很好地预测人类行为，这些研究发现事实与人们预期的相反，即给被试的奖励越多，他们的态度改变得越少。从当时盛行的学习理论（操作性条件反射、强化理论等）的角度看，研究者很难对上述发现做出合理的解释。

1957年，斯坦福大学的心理学家费斯廷格提出了颇具影响力且至今闻名于世的认知失调理论，用该理论便可解释上述看似矛盾的研究发现。“认知”一词指的是一种心理过程，如思想、观念、知识单元、态度或信念等；“失调”的意思就是不协调。费斯廷格主张，当你同时经历两种或多种彼此间不协调的心理过程时，这便是认知失调。一旦出现了这种情况，它将导致不同程度的不适感和紧张感，其程度取决于该认知失调对你的重要程度。进而，这种不适感会促使你做出某种改变以使它减弱。既然你不能改变你的行为（因为你已经这么做了，或是因为环境的压力太大），你只得改变你的态度。

费斯廷格创立这一理论的灵感来源于1934年印度发生的一场大地震，在这场地震后，可怕的谣言传遍了整个印度，谣传此次震区以外的地区将会有范围更广、震级更大的地震发生。这些谣传没有任何科学证据，但令费斯廷格不解的是：人们为什么会散布这种悲惨的、令人焦虑的谣言呢？不久，他恍然大悟：谣言不是用来增加焦虑的，而是用来为焦虑辩护的，也就是说，即使他们住在地震灾区外，这些人还是感到非常害怕。这就产生了认知失调，即虽然缺乏科学证据，但他们的这种害怕却无法调适。因此他们散布这种谣言以证明他们的害怕是事出有因的，进而也就降低了他们认知失调导致的心理压力。他们使自己对世界的看法与自身的感受和行动相一致。

费斯廷格的理论观点是通常情况下，个人所公开表达的看法与其私下的观点或信仰是相一致的。因此，如果你相信X，但你却公开主张非X，那么你将会体验到这种由认知失调引起的不适感。不过，如果你识别到自己之所以公开主张非X是由于某种不得已的原因，如压力、奖励或者惩罚，那么你的认知失调将大大降低或者消失。因此，你越是将不一致的行为归因于自己的选择，你的认知失调就会越严重。对你而言，降低这种令人不快的认知失调的方法之一是改变自己原有的观点，使之与自己的行为（即某种新主张）相一致。费斯廷格认为，当个体的认知失调很严重时，其态度和观点的改变幅度将会很大。现在，让我们来看看费斯廷格和他的助手卡尔史密斯（Festinger and Carlsmith，1959）是如何设计实验来验证自己的认知失调理论的。

假设你是一名大学生，正在修一门心理学导论课。该课程的要求之一是你必须在这一学期中以被试身份参加3个小时的心理学实验。你查看了布告栏，那里贴着许多心理学教授和研究生正在进行的心理学研究，随后你在一个耗时2个小时的名叫行为测量的研究上报了名。这一研究由费斯廷格和卡尔史密斯主持，像很多心理学实验一样，该研究的真正目的对被试保密，因为如果被试知道了研究的真正目的，其反应将会出现严重的偏差并进而促使研究结果失败。实际的被试由71名正在学习心理学的低年级男生组成。

你在规定的时间来到实验室（这里的实验室就是一间房间）。工作人员告诉你这个实验需要花费一个多小时的时间，因此必须做2个小时的打算。既然还有一些剩余时间，实验者便告诉你，一些心理系的人正在就作为被试的感受这一话题访谈做过被试的大学生，而且让你参加完这项实验后也去接受访谈。随后实验者便给你布置了第一项任务。你的面前放着一个装有12个线轴的托盘，主试要求你从托盘里拿出线轴放在桌上，然后再将线轴放回原处，并如此循环往复。你要用一只手以你自己的速度完成任务。与此同时，实验者拿着秒表在一旁观看并做记录。就这样，你必须反反复复做30分钟。然后，主试拿走托盘，又给了你一块钉有48个方栓的板，你的任务是按顺时针方向将每个方栓旋转90度，循环往复再做30分钟。如果你觉得这种活动太过枯燥，那这正是该研究所要达到的效果。按费斯廷格和卡尔史密斯的话说："该实验阶段的目的是要使所有被试产生一致的消极体验。"毫无疑问，你会承认这一目的已经达到了。完成了这些任务后，真正的实验才刚刚开始。

主试将被试随机分配到三种实验条件下。在控制条件下的被试完成上述任务后即被带进另一个房间，就自己对刚刚完成的实验任务的反应接受访谈。其余的被试接着进行下一步实验程序。完成了上述任务后，实验者和被试进行谈话，好像是要向他们解释该研究的目的。实验者对每位被试都说，你是A组的被试，你们这组在实验前没有得到与实验有关的任何信息。还有一个B组，对B组的被试，我们在实验前会向他们传达这样的信息：这些实验任务是非常有趣的。而这一信息是由一名伪装成大学生的已完成了实验任务的被试传递的。请记住，所有这一切都是刻意布置的，为的是确保随后实验的关键部分真实可信。

然后实验者离开房间几分钟。而当他返回时，表情略显迟缓和困惑并对被试说那名一直向B组被试传递信息的"大学生"打电话来说他病了，但现在还有一名B组被试在外面等待，而他们这儿又很难再找一个人填补这一空缺。然后，实验者很有礼貌地问被试是否愿意顶替这名"大学生"去向正在等待的B组被试传递信息。实验者给愿意提供这一帮助的一些被试每人1美元作为酬谢，而给另一些愿意提供这一帮助的被试每人20美元。被试同意参加下一步实验后，实验者便交给他一张纸，上面标有“B组”几个字，并写着这样一段话：“这项实验任务非常有趣，我从中获得了快乐，我很高兴，这是激动人心的，令人兴奋的。”然后实验者付给被试1美元或20美元，并将他带入一间房间和新来的“被试”在一起单独待上2分钟。2分钟后，实验者回到这间房间，对被试说了些表示感谢的话，然后把被试带入访谈室，让他们谈谈对实验任务的真正看法。这一访谈与先前对控制组进行的访谈完全一样。

整个实验程序是否略显复杂？其实一点也不。说得简洁明了一些就是，共有三组被试：一组被试因其实验任务向后来的“被试”撒谎而得到1美元奖励；另一组被试因其撒谎而得到20美元；控制组被试没有撒谎。每组各有20名被试。

研究结果以每名被试在最后访谈阶段所表达的对实验任务的真实感受作为测量指标。要求他们对该实验做如下评定：①这些实验任务是有趣且令人愉快的吗？以11点量表的形式进行评定，−5代表非常枯燥且使人厌烦，+5代表非常有趣且令人愉快，0代表这些任务是中性的，既不枯燥也不有趣。②你对自己完成这些实验任务的能力了解多少？以11点量表的形式进行评定，0代表毫无收获，10代表收获非常大。③你相信该实验及你所完成的实验任务是在测量某些重要的东西吗？以11点量表的形式进行评定，0代表没有什么科学价值，10代表科学价值非常大。④你是否还愿意参加另外一项与之类似的实验？以11点量表的形式进行评定，−5代表肯定不想参加，+5代表非常想参加，0代表中立的看法。表3.3中列出了所有被试对每个问题所做回答的平均值。问题1和问题4是用来说明费斯廷格的认知失调理论的，其结果表明组间差异非常显著。相比于那些得到20美元及没有撒谎的被试而言，得到1美元的被试更喜欢这些实验任务；这与此前该领域的一些研究结论相反，而且也和我们大多数人用常识对结果所进行的预料相反。这一研究发现既反映在问题1（直接问题）的回答上，也反映在获得1美元的被试表示更愿意参加另一项类似的实验上（即对问题4的回答）。

表3.3 不同实验条件下被试对访谈问题的平均评定值

问题	控制组	1美元组	20美元组
1. 任务是否有趣（−5到+5）	−0.045	+1.35	−0.05
2. 有多大收获（0到10）	3.08	2.80	3.15
3. 科学价值如何（0到10）	5.60	6.45	5.18
4. 是否愿意再参加类似的实验（−5到+5）	−0.062	+1.20	−0.025

用费斯廷格的话说，认知失调理论主张：①如果一个人被别人劝说做了某种和他原来的观点相反的事或说了某些与他的真实观点相反的话，他将会产生一种改变原有观点的倾向，以使其与刚刚做过的事或说过的话相一致。②引起撒谎行为的压力越大，则改变原有观点的倾向将越弱。费斯廷格和卡尔史密斯的研究发现显然支持了这一理论。费斯廷格对此的解释是：当人们从事某种与态度不符的行为（撒谎）时，如果他们有这样做的充分理由（20美元），他们将体验到较少的认知失调，因此他们改变观点的动机并不强烈。相反，如果他们的理由并不充分（1美元），他们的认知失调将比较严重。因此，

为了减少认知失调所引起的不适感，他们对原有的观点将做出较大的调整。

费斯廷格预料到，许多早期理论会受到这一新观点的威胁，它们的支持者会试图批评这一新的研究结论，并提出他们自己对这一项研究结果的解释。为了反击这些批评意见，该研究对实验组的被试撒谎的实验片段进行录音，并且由两个并不知情的评定者各自单独进行评定。统计结果显示两组被试（1 美元组和 20 美元组）在撒谎的内容或撒谎的说服力方面不存在显著差异。因此，唯一剩下的对该研究结果的明确解释便是费斯廷格的认知失调理论。费斯廷格的认知失调理论已经成为被人们广泛接受且经得起检验的心理学研究成果。大多数心理学家都认为有两个基本过程足以使我们改变自己原有的观点和态度：其一是劝说，即别人不遗余力地说服你改变自己的观点；其二就是认知失调。各种各样的论文不断地印证了费斯廷格的理论和研究结果。例如，一项研究用认知失调理论解释了为什么滥用药物者会在因违反规定而接受强制性的治疗之后，仍继续在药物的作用下驾车的原因（Albery et al.，2000）。该研究的结果之一是，那些不在药物作用下驾车的滥用药物者相信药物严重削弱了他们的驾驶能力，并提高了发生事故的危险性。在解释这一现象时，费斯廷格的理论发挥了核心作用，认为这是因为被试在忍受了一段长时间的治疗后，在药物作用下驾车时会产生令人不快的认知失调，这种认知失调只能通过彻底改变对药物的态度才能得到解决（在这种情况下称为“否认”）［Festinger（1957）］。

【课后案例】

某同学想进法学院读书，因为他相信自己能帮助贫穷的人，从而改善社会状况。但当他大学毕业实际工作时，他却发现自己做着不断重复的、枯燥的工作，而且多数是在与商业契约、税收获益打交道，和帮助穷人并没有多大的联系，甚至一直是在帮助富人谋取更多的利益。他过去的理想主义最终消亡了，慢慢地会为自己的行为找到恰当的解释，甚至让他喜欢上自己的工作。他进而相信，穷人没有什么可以帮助的，甚至认为他们不应该得到太多帮助。是什么使他的态度发生了如此大的变化呢?

【案例简析】

认知失调理论认为，该同学开始工作后，就会陷入态度与行为不一致的状态中，因为实际的工作就是这样的。为了获得报酬，他不得不长时间做着相对无趣的工作。但是，这样会导致认知失调：他的态度与行为是不一致的。因此，人们会逐渐调整自己的态度，以使自己的态度更符合行为。

【思考题】

1. 简述态度及其构成。
2. 分析态度转变的影响因素。
3. 简述认知失调理论。
4. 比较中心路线与外围路线的效用差异。

第四章

公共管理中的社会认同

【学习导读】

1. 掌握社会认同理论的主要理论内容。
2. 理解性别认同的相关理论分析。
3. 理解社会偏见与社会歧视的异同及其产生的原因。
4. 掌握消除社会歧视的对策。

【课前案例】

中华人民共和国成立后长期的城乡二元结构，使人口分为了城镇居民和农村居民，从 20 世纪 80 年代出现第一波“民工潮”到现在，数以亿计的农民离开世代依存的土地进入城市务工。可是，一些市民将农民工视作“外来人”，歧视农民工的行为经常发生。民工们在城市里从事着苦、累、脏、险、重等工作，从事着城市人所不愿从事的工作，收入低下、社会地位低下，却为城市的建设做出了重大的贡献，成为现代城市须臾不可离的群体。然而，个别城里人依旧以高傲、轻蔑和不信任的态度对待为他们生活带来便利的“外来人”；同样，“外来人”对他们所处的陌生大城市，在欣喜、好奇之余却并不认同，也找不到归属感，不仅第一代农民工，而且第二代农民工（成长在城市的农民工子女）也游离在城市的边缘，这种社会身份的不确定性，再加上法律知识的不足性，导致第二代农民工对社会秩序的自觉遵守明显低于社会期望。

第一节　社会认同理论

谢里夫（Sherif et al.，1961）提出现实冲突理论（realistic conflict theory），之后泰菲尔（Tajfel，1970）创造性地采用最小群体实验范式，发现个体通过知觉上的分类在主观上体验到与他人共属，从而产生一种认同感，这种认同感就是社会认同，是产生群体行为的最低条件，也是群体态度和行为的原动力。20 世纪 80 年代，泰菲尔和特纳（J. C. Turner）在此基础上又进行了许多相关研究，进而提出了社会认同理论（social identity theory）。

泰菲尔和特纳把人的认同分为两种类型，即个体认同与社会认同。个体认同是指个体对生理特征、以往经验、未来希望等能够说明自己具体特点的各个层面的自我描述，它是个人依据自我经历所形成的、作为反思性理解的自我感受，是个人特有的自我参照。而社会认同是在劳动中形成的、在特定的社会类别中对该社会类别的价值、文化和信念的共同性或者本质性的一种态度，即由一个社会类别中的全体成员得出的自我描述。Tajfel（1981）将社会认同定义为“个体对自己属于特定社会群体的一种认识，同时认识到作为该群体成员所具有的情感和价值意义”,即社会认同就是基于群体成员身份的自我概念。个体认同和社会认同处于一种持续不断且相互塑造的关系之中。个体认同促成了社会认同，没有个体认同，社会认同也就失去了存在的可能和基础；同样，社会认同提升了个体认同，引导着个体认同的最终发展方向。二者共同形成了个体完整的自我概念（Turner，1985）。

（一）社会认同的过程

社会认同关注的是我与他人（others）的关系问题，亦即探讨人的归属感问题。因此，社会认同的过程首先是个人通过范畴化将自己归属到一个特定的群体中，在获得群体成员身份的基础上形成一种认同。其间，人们会使用各种策略对其所归属的群体进行区分，特纳和泰菲尔认为有三组变量会影响群体间区分：①人们必须从主观上认同他们的内群体；②情景允许群体间进行评价性比较；③外群体必须是可以充分比较的。由此他们认为，社会认同是通过社会比较（social comparison）、社会分类（social categorization）和社会区分（social distinctiveness）三个过程建立的。

1. 社会比较

个体的社会认同是由个体对自身社会属性特征的分类建构而成的。但并非所有的社会属性特征在任何时刻都是重要的或是突显的，在特定的社会情境中，只有少数的社会属性特征被启动，以便形成个体的社会认同。其实，对社会属性特征的认识本身并不足以形成对这些特征的评价。一个人知道自己是一个中国人、一个大学生、一个儿子，这并不足以令这个人来评价这些类别的优劣，对类别的评价只有在社会比较的过程中才能进行。

任何维度的自我评价和群体评价都需要一种与他人或其他群体的社会比较。对自我的社会认同进行评价时，更需要与其他群体比较。任何特定的社会群体身份，只有通过和群体内成员与群体外成员的社会比较，才能显现出积极的社会认同。社会比较使社会分类过程的意义更明显，在进行群体比较时，人们倾向于在特定的维度上夸大群体间的差异，而对群体内成员给予更积极的评价。这样就导致了不同群体的成员其评价和行为偏向于自己所属的群体，即从认知、情感和行为上认同其所属的群体。

社会比较理论由费斯廷格（Festinger，1954）所提出，他认为人们进行社会比较是为了获得准确的自我评价。另外一些研究认为人们进行社会比较的目的大部分是自我增进（self-enhancement），即个体选择性地关注、强调与夸大自我积极的方面。在比较过程中，人们通常会遵循自我增进的策略，这是社会认同理论中社会比较的基石。

2. 社会分类

俗话说："人有三六九等"，这是社会类别存在的真实写照。有些社会类别较大，如阶级、民族、种族、宗教及性别等；有些较小，如兴趣群体、职业群体等。社会比较之后个体形成一个特殊的类别意识，开始有"我们是……"的归类动机，并将自己与类别联系起来，这就是社会分类。这时，"我是……"的意识降低到次要位置上，"我们"与"我"统一起来，"我"与"我们"的差异不是个体追求的目标，归属感给个体带来更大的满足。对于一个人来说，当他是某些群体的内成员时，同时就成了其他群体的外成员，大部分群体（不是全部）的划分代表着群体间彼此真实的状态或权利关系。

分类这个简单的事实却有着重要的认知结果，强化效应（accentuation effect）揭示：将对象分类以后，其对类别成员间相似性的知觉，会比其真正的相似性来得大；而对不同群体成员之间的差异的知觉，也会比其真正的差异来得大，即类别之间的差异性和同类之内的相似性都会被强化。

社会认同理论最基本的观点是：人们是以社会类别建构来知觉世界的，个体属于某些类别，而不属于其他类别。在泰菲尔的最小群体实验中，被试所能引用的类别是最小的，且是空泛而无意义的类别（实验任务是对一张卡片进行点估计并以此为理由将被试随机分成高估组与低估组），但是被试自己赋予这些类别以意义，从而帮助自己做出判断。并不是所有的分类都会产生强化效应，只有在分类是明显的，而且又有助于个体对当前情境做出判断时，强化效应才会出现；相对于其他类别，形成"我们"和"他们"的区分，就会自动地产生内群体偏好（in-group favoritism）——分配给内群体成员较多的资源、正向的评价，以及与之相对的外群体贬损（out-group derogation）——对外群体成员分配较少资源并给予负面评价。

3. 社会区分

现实生活中，在社会比较、社会分类之后，人们会通过社会区分来评价和比较各群体的优劣、社会地位和声誉，争取把自己纳入较优越的群体，并觉得自己拥有该群体一般成员所具有的良好特征，从而抬高自己的身价和自尊。

此外，个体会偏爱自己所属的群体，认为它比其他群体好，并且从寻求积极的社会认同和自尊中体会到群体间差异，这样容易产生群体间偏见、冲突和敌意。当人们认同的社会身份受到攻击或威胁时，人们就会在思想上更肯定该群体成员共有的特征和价值，或以具体行动反击。

（二）不同情境下的社会认同及行为

1. 社会认同受到威胁

当个体发现无法通过与其他群体的比较对自己所属的群体获得积极评价时，个体将采取什么策略或行为来消除这种威胁呢？社会认同理论认为这时个体在行为上有三大类策略：社会流动（social mobility）、社会创造（social creativity）和社会变革（social change）。

当个体相信社会群体的界限是开放的而不是封闭的，个体可以脱离某一群体而进入另一群体，无论出于什么原因，只要他对所属社会群体的成员身份所带来的生活状况不满意，他就可能尝试离开这个群体进入另一个更合适的群体，这种行为策略就称为社会流动。例如，人们以考大学、努力工作、婚姻等方式努力争取加入另一个地位较高的群体，从而获得更满意的社会认同。一般而言，社会地位高的群体会极力提倡这种行为策略，因为它并不试图改变群体之间的地位，而且可以降低弱势群体的凝聚力，避免其成员的集体对抗行为。但是，地位高的群体也会对社会流动的数量进行一定的限制，以免对自己的优势地位产生威胁，如美国对移民数量的控制。

而当个体认为群体间的界限是封闭的、固定的，或者自己没有脱离当前群体而进入另一群体的可能性时，就会采取社会创造和社会变革两种行为策略。如果群体间的优劣关系被认知为合理、公平、稳定时，个体就会采用选择其他的比较维度、降低原来比较维度的价值以及改变与之比较的群体等策略，来维持自己的社会认同和自我价值，这种行为策略被称为"社会创造"。如果群体间的优劣关系被认知为不合理、不公平、不稳定时，弱势群体的成员就可能与优势群体进行直接的对抗，如游行示威、政治游说，甚至革命和战争，这种行为策略被称为社会变革。当弱势群体采用社会变革的行为策略时，优势群体也会采用政治、军事或其他手段对弱势群体进行压制，以维护其优势地位，从而容易引发激烈的群体间冲突。2005 年发生在法国巴黎的骚乱印证了这一点。

【案例阅读】

2005 年 10 月 27 日晚，法国巴黎以北克利希苏布瓦市的 3 名男孩为逃避警察追捕，跑入变电站遭到电击，2 人丧命，1 人重伤。非洲移民上街焚烧汽车、公共设施来发泄愤懑，骚乱迅速传遍全国。人们对政府的不满慢慢牵涉出对机会不平等、社会不公正等一系列社会问题的不满。巴黎郊区的这次暴乱长达两个多星期，是法国自第二次世界大战结束后最严重的社会动乱。最后，法国政府采取宵禁政策，以强硬态度将这场社会群体性的骚乱平息了下去。

这场暴乱的主角是进入法国的移民，骚乱并非纯属偶然，而是法国移民政策的失败，是欧洲政治哲学危机与社会认同危机的真实写照。非洲移民长期处于"二等公民"的地位，成为社会的弱势群体，得不到社会认同，这样的忽视无疑造成了移民对社会的反抗（网易新闻，2005）。

2. 消极社会认同的接受

个体或群体也有可能接受消极的社会认同。20 世纪 40 年代克拉克兄弟（Clark K B and Clark M P，1947）的洋娃娃实验发现 3~7 岁的白人小孩几乎全部选择了白人洋娃娃，大部分黑人小孩也选择了白人洋娃娃，并认为黑人洋娃娃较差。克拉克兄弟的洋娃娃偏好实验曾数度在美国被重做，也在对新西兰的毛利人（Vaughan，1978）、在法国居住的加拿大人（Berry and Kalin，1995）的研究中重做过。在克拉克兄弟的研究中值得注意的是，黑人小孩都知道自己是黑人，他们表现出来的是社会认同的组内否定（derogation）。

这种社会认同的组内否定跟社会情境的变化有直接的关系，当社会群体的地位发生变化或弱势群体的地位有所改变时，这种组内否定的趋势可能会发生变化。一些证据指出，黑人从 20 世纪 60 年代起开始转变为社会认同的组内肯定，北美黑人的社会地位有所改善是导致这种变化的主要原因。社会认同的组内否定可能导致一种宿命论，使那些可以导致任何社会地位改变的社会行动受到抑制（Jost，1997）。

3. 积极社会认同的结果

积极社会认同所产生的后果也值得关注与研究。积极的社会认同一定是好的吗？积极的社会认同是否也会产生消极的效应呢？

可以先考察个体的层次——积极的自尊是否会产生消极的结果？许多研究指出：具有高的、积极的自尊对心理健康有益，且许多心理学工作者也致力于提升人们积极的自尊，但归因理论发现，拥有积极自尊的人们较易发生归因的谬误，常常将不属于自己的成功归功于自己，但却拒绝承担失败的责任。因此，拥有积极的自尊并不意味着凡事均为积极的。在群体的层次，人们总想获得与维护群体的积极认同，实现社会区分，但代价是什么呢？

代价可以分为两类：①个体的代价。积极社会认同的个体代价可能是对群体成员的要求增多，以维持群体的团结性和同质性，即强有力的群体认同可能使个体得到积极的社会认同，但往往伴随的是个体自主性的丧失。②社会的代价。因为积极的社会认同动机需经由积极的社会比较才能达成，所以一是对群体内成员进行正面评价以建立关于连带自我的积极印象；二是对群体外成员进行消极评价而产生强烈偏见甚至歧视，进而导致社会群体之间关系紧张、充满敌意。

泰菲尔和特纳的社会认同理论认为“社会”是在群体关系背景之下产生的，“认同”是在群体关系中产生的，把个体对群体的认同放在核心的位置，从而更深刻地揭示了群体心理的实质。社会认同理论首次把人际和群际行为进行了区分，并把认同在个体和群体上区分为“个人认同”和“社会认同”两种自我知觉水平，还对人际比较与群际比较、个体自尊和群体自尊进行了区分，对公共管理与社会心理的研究都产生了深远的影响。

也有一些学者对泰菲尔和特纳的理论提出了批评和质疑：有人认为泰菲尔等所采用的最小群体研究范式是一种“纯粹”的社会群体类型，内部成员缺乏互动，这与现实中的群体是有很大区别的。此外，在重复类似实验中改变一些影响决策的关键因素，则会出现较偏袒外群体的情况。相关领域的研究仍在进行，产生了多重群体资格理论、精细化的社会认同模型等新成果。

第二节 性别认同

一、性别认同的内涵

性别是现实中最基本的社会类别，因此性别认同也成为社会认同的普遍形式。众所周知，男性和女性之间差异的形成，既有特定的生物基础，又受到社会的文化塑造影响。

性学和内分泌学专家哈瑞·本杰明（Harry Benjamin，1885—1986）说：“我想提醒大家注意一个重要的基本事实——性和性别之间的差别。性是你所看到的，性别则是你所感觉到的。这两者之间的协调对人类的幸福是至关重要的。”

本杰明说的“性”（sex），是指解剖学上的性。人由于生理差异，如染色体、内分泌、生理结构的不同而被区分为不同的性别，这种差别是与生俱来的，不会因为外界的影响而发生改变，它成为识别男女的基础。而“性别”（gender）则是指心理上的性别或性别认同（gender identity），是个体对男性特质和女性特质认识的程度，包括每个人对自己性别的意识和接受的程度，是社会分工、角色、能力、性格及身份、地位等后天约定俗成的一整套男女规范方面的不同而形成的社会性别。与生物学意义上的性别不同，在社会建构下后天习得的性别认同具有很强的可塑性。

性别认同包括以下三个方面。

（1）完成个人生物性别的认知，即能够确切地区分出自己到底是男性还是女性。性别概念是儿童自我概念中的一个基本方面，儿童一般从出生后第 18 个月开始发育，到 2~3 周岁时可以朦胧地认识，随着年龄的增长，他们逐步从生物学视角开始到多维视角全方位审视男女之间的性别差异。

（2）获得男性或女性群体认同。个体在确定了自己的性别归属时，便产生了性别归属的群体认同，建立与同性群体的心理联系及与异性群体的比较。德奥克丝和拉夫瑞斯（Deaux and La France，1998）的研究发现，由于男权思想，一般的社会认同所导致的内群体偏好和外群体贬损仅存在于男性的性别认同中；而女性与其唯一的参照群体——男性，进行的是别无选择的“向上比较”，女性组内的性别认同，会因女性社会地位低下而产生消极的内心感受，产生“向往、高估而不是歧视男性的性别特征”，以及讨厌自身性别、歧视其他同性的情况。而男性的性别认同则借助于与女性进行社会比较之后产生的诸多积极心理感受。只有社会不断进步，为女性在政治、经济、科技等各个领域发挥潜能提供可能，女性逐渐取得可与男性媲美的成绩，两性的性别认同形成对称和平等的状态，才能真正实现男女平等。

（3）性别角色认同。性别角色（gender roles）是指在一个特定社会中，人们对男性和女性应该具有的理想行为、人格特征等方面的要求和期望，即从文化上形成的二元划分的男性特质（masculinity）和女性特质（femininity）。例如，东西方传统文化都认为阳刚阴柔、内外有别，男性特质是“积极、独立、有行动力和创造力的，以及强权、控制和专断的”；女性特质是“充满爱心、关怀并支持、鼓励他人，以及脆弱和感性的”。

当然，不同社会背景所提供的性别角色模式可能非常相似，也可能相差甚远。例如，美国著名的人类学家玛格丽特·米德（Margaret Mead，1901—1978）发现新几内亚岛上的三个土著民族在相似的居住环境下，却产生了三种各不相同的男女性别角色模式：在阿拉佩斯族，男孩从小就被鼓励不要过分好强，也不要欺负别人。成人后，不论男女，在家庭中做同样的事，男人也很会照顾孩子，男女两性都比较温和。而在孟都古莫族，男女两性都凶悍无比，是著名的食人族。但在查姆布里族，男女两性的角色虽不同，但与中国、美国模式的男强女弱的特征恰恰相反，一切社会与家庭的控制都由女性担负，女性头脑精明、忙于事务，而男性却非常爱美，平日喜欢梳妆打扮、唠唠叨叨或忙于其他无聊琐事。玛格丽特·米德的研究表明，组成所谓男性特质和女性特质的行为、情感和兴趣的总和是由文化决定的。每个孩子在成长的过程中直接或间接地接受着社会对他们的希望，慢慢地实践着社会期许的性别角色①。

研究发现，每一个人都是男性特质与女性特质以不同比例调和而成的统一体，正如无论男性还是女性，体内都同时蕴含雄性和雌性荷尔蒙，只不过比例不同。因此，儿童识别了自己的生理性别之后，对性别角色这一层面的认知构成性别认同的主要内容。

二、性别角色认同的理论

性别角色认同的形成是一个复杂的过程，不同理论流派对其形成机制进行了不同的诠释。

1. 精神分析理论

弗洛伊德的性心理学发展模式把性心理的发展分为五个阶段：口唇期、肛门期、生殖器期、潜伏期、生殖期。他认为，男孩和女孩的性别认同在前两个阶段是相同的，都认同其父母，到了生殖器期（4 岁左右），开始出现性别分化，男孩形成“恋母情结”，但在社会压力下逐渐放弃了“恋母”，转向认同并学习男性规范；女孩则形成“恋父情结”，随着青春期生理特征的显现逐渐对母亲认同。认同是孩子健康适应同性父母特质的开始，通过认同过程孩子表现出性别定型。

2. 社会学习理论

社会学习理论认为，性别认同是一种特殊的模仿。强化、模仿和观察学习是性别认同的重要途径。儿童通过对同性的父母、同伴、社会上的重要人物的模仿而获得许多信息，当表现出社会认可的性别行为时，会受到成人语言和行为上的正强化而不断再现，最终成为自我的一部分；相反，当儿童表现出社会不赞同的性别行为时，会受到惩罚而减弱、消除。这样，儿童通过观察学习有选择地存储与自身性别相关的知识，逐步实践应用，并得到社会的反馈，不断加深对性别的理解和认同。

3. 认知发展理论

科尔伯格（Lawrence Kohlberg，1927—1987）认为，性别认同是孩子性别学习的基本组织者和管理者。孩子从他们的所见所闻中形成了性别概念（gender concept），可分为三层次：①2~3 岁获得性别认知，即知道自身生理性别；②3~5 岁获得性别稳定性（gender stability），即知道自身性别不会改变；③6~7 岁获得性别恒常性（gender constancy）。一旦获得性别恒常性，儿童的性别信念就固定下来，就会对同性榜样进行模仿。他们积极地评价自己的性别认同，并且表现出行为与性别概念相一致。

---

① 必须牢记的是性别角色的图式定义是随着社会的发展而发展变化的，没有固定的“男性”与“女性”行为标准，是男人与女人一起在建构“男人”与“女人”。

4. 性别图式理论

性别图式理论不要求获得性别恒常性，仅要求掌握性别认同，即孩子标识男女性别的能力被看作性别图式开始发展的必要条件。性别图式作为一种预期结构，是信息的重要组织者，直接影响人们去注意、译码、表征和提取与图式一致的信息，而与图式不一致的信息则被忽视或转化。性别图式形成后，儿童就按照被期望的、与传统性别角色相一致的行为方式行事。

上述理论虽然存在很大差异，但关于性别是以生理性别为基础的社会建构这一点却达成共识。可见，性别认同形成过程中的两大影响因素就是生物因素和社会因素。正如法国著名女作家西蒙娜·德·波伏娃（Simone de Beauvoir，1908—1986）在《第二性》中提到的“女人并非生来就是女人，而是社会使她成为女人”一样，每个人的成长都是基因和环境共同作用的结果，人们在成长过程中逐步获得性别认同，经过社会建构后才成长为男人和女人。

三、性别认同障碍

性别认同障碍（gender identity disorders）是指一个生物学上的男性或女性个体，在心理上认为自己应作为异性来生活和被人们接受，通常伴有对自己生理解剖性别的不适感和不恰当感，并渴望改变自己的生物学性别，使自己的身体尽可能和其所偏爱的性别一致。1949 年考德威尔（D. Cauldwell，1897—1959）首先把这种现象称为易性症（transsexualism）①，国外相关统计其发病率为 1/（5 万~10 万），男女比例约为 3∶1。

最初医学上把易性症归为精神病，20 世纪 60 年代，约翰·霍普金斯大学（The Johns Hopkins University）首先设立了“性别认同诊所”；70 年代，“本杰明国际性别焦虑协会”（Harry Benjamin International Gender Dysphoria Association）成立，人们逐步加深了对易性症的理解。

（一）性别认同障碍的表现和诊断

性别认同障碍患者认为自己是异性的想法一般在幼儿期便萌生，到了青春期，这种想法越来越强烈。他们往往在衣着、爱好、言行举止等方面都认同异性。女性患者，行为举止男性化；男性患者，行为举止女性化。他们深信自己被生错了性别，常常想改变自己的生理性别。临床上对性别认同障碍的诊断是对照诊断标准进行仔细分析之后才做出的。

【阅读资料】

《中国精神障碍分类与诊断标准第三版》的诊断标准规定

对自身性别的认定与解剖生理上的性别特征呈逆反心理，持续存在厌恶和改变自身

① “transsexualism”最早由德国的医生与性学家 Magnus Hirschfeld (1868—1935)提出。

性别的解剖生理特征以实现转换性别的强烈愿望，并要求变换为异性的解剖生理特征（如使用手术或异性激素），其性爱倾向为纯粹同性恋。已排除其他精神病所致的类似表现，无生殖器解剖生理畸变与内分泌异常。

诊断标准：①期望成为异性并被别人接受，常希望通过外科手术或激素治疗而使自己的躯体尽可能与自己所偏爱的性别一致；②转换性别的认同至少已持续两年；③不是其他精神障碍（如精神分裂症）的症状或与染色体异常有关的症状。

在临床表现上，性别认同障碍与同性恋、异装癖在行为表现上有许多共同之处，它们同属性心理障碍，但又不同，必须把它们区分开来。

易性症患者对自我性别认同有障碍，认定自身为异性，所以，有的人成年后把自身作为异性来爱恋另一同性别的人，人们称之为同性异性恋，很多人成功变性后可以结婚组成幸福的家庭。从形式而言，同性异性恋与同性恋都是两个同性别的人在情感上互相爱恋，但是同性恋者认同自我性别，没有变性的要求。

易性症患者会穿着异性服饰，使其外表符合其自我认知性别，这样做仅仅是为了取得心理平衡，并非为了追求性兴奋。而异装癖作为恋物症的一种特殊形式，对异性衣着也会特别喜爱，但穿着目的主要是获得性兴奋，病人对自己的生物学性别持肯定态度，也没有变性要求，属性行为异常。

因此，是否要求变性，是易性症与同性恋和异装癖的根本区别。

（二）性别认同障碍的成因

性别认同障碍形成的病因尚未被完全揭示，生物因素和社会因素两个方面或许都是重要成因。

1. 生物因素

（1）遗传因素。性染色体决定人的生物学性别是男性（XY）还是女性（XX）。根据胚胎学的研究，所有胎儿的性腺结构在生成发育的初期是倾向于形成女性性器官卵巢的，心理学家约翰·曼内（Money and Tucker，1975）称之为“夏娃原理”。只是由于XY基因中存在Y染色体，因此不断产生男性性腺和雄激素。在雄激素的作用下，胎儿的女性生殖管道的前身——苗勒氏管退化，并促进男性化内生殖器形成，以及大脑的男性化。在XX基因中，没有胎儿雄激素的作用下，胎儿的女性化倾向就保留下来，形成女性化表型。如果脑中通过激素接受男性信息的部位发生障碍，不能接受这种信息，则在男性的躯体内保留女性化的成分。

（2）性激素。研究发现：雄激素和雌激素以不同比例同时存在于雌雄动物体内，未成年时，动物体内存在的雌雄激素处在一种动态的平衡状态，而性成熟时，雄性体内的雄性激素占比例高，雌性体内雌性激素占比例高。如果怀孕的雌性鼠被注射了睾丸素，生出来的雌性后代受其影响，在青春期以后则表现出雄性行为。可见，在胎儿期，激素构建了男性化和女性化的心理和生物倾向，到了青春期，激素分泌的增多激活了这种预先决定的倾向。男女体内的性激素水平也许是个重要的影响因素。

（3）脑。决定性别的中枢在下丘脑。到了青春期，下丘脑会发出指令，使人的第二性征发育成熟。女性的下丘脑控制着垂体周期性地释放激素，产生月经周期；男性的下丘脑则控制着相对稳定的垂体激素的分泌。而整个下丘脑的功能受制于染色体上的性基因，性基因的启动，才是性别表现的真正原因，而性基因的选择，在卵子受精的瞬间已经决定。胎儿发育过程中，男女脑组织出现分化，易性症患者可能是由于在分化过程中出现了问题才出现了这一症状。

2. 社会因素

精神分析学家斯托勒（Stoller，1968）对性别认同障碍患者的研究表明：一个男儿或女儿身的孩子，出生后即被当成与其生理性别相反的性别养育，久而久之其形成的性别认同是很难改变的。性学家约翰·莫尼（Money，1952）在对阴阳人（俗称"半男女"或"两性人"，系生殖器发育不完全引起）和由于事故而失去生殖器的患者进行治疗和研究中，也发现性别认同主要受社会因素的影响，是社会性别角色学习的结果。如果外界没有给予其正确的导向，如父母把幼小儿女按异性打扮或抚养，或让他们在异性人群中成长，缺乏可供其学习的同性榜样，孩子就有可能产生性别认同障碍。很多学者都认为，模仿混乱和童年异性角色行为的长期强化，是多数易性症患者发病的主要因素。但是并非所有的易性症患者都有这样的经历，也并非所有存在这样经历的人都会改变对自身的性别认同。

【案例阅读】

约翰·莫尼教授的治疗故事

一位美国妇女生下了一对男双胞胎，孩子 7 个月时，其中的弟弟因医疗事故失去了阴茎，经约翰·莫尼等专家与家属反复、审慎考虑后，决定把这个男孩改造为女孩，手术和治疗是成功的。之后，在专家指导下，父母对这个"女孩"进行了全面、细致的女性化家庭教育，使她逐渐成长为一个端庄秀丽的女孩子。约翰·莫尼提出"性角色是学习的结果"，依据便是这位改造成功的女性化的男童。

但是，几年后进入青春期的这位千金小姐又逐渐表现出男孩子的本性，行为粗野、追求女性，声称"我愿做个男子汉"。约翰·莫尼等最后承认本性确实难移，问题的关键在于大脑，进入青春期后，大脑中铭刻的性别"密码"便被激活，这个"女孩"再次通过手术恢复了原有性别，后来结婚并收养了三个孩子[①]。

此案例说明，先天的生物因素和后天的社会影响对性别认同的形成都会起作用，决定性别的先天因素可能起着主导作用，但社会因素影响力复杂。性别认同在人的一生中有重要的作用，如果出现不同程度的性别认同障碍，不仅影响身心健康，还可能限制个体的成功发展。

---

① 男女性别是如何形成的？[EB/OL]. http://baby.panjk.com/200709/2007091856171.shtml，2007-09-18.

第三节 社会歧视

一、社会歧视

歧视（discrimination）是指相同的人（事）被不平等地对待或者不同的人（事）受到了同等的对待。歧视就是不以个体的实际能力、贡献等为依据，而以身份、性别、年龄、种族或社会经济资源拥有状况等为依据，对社会成员进行“有所区别的对待”，以实现“不合理”的目的，其结果是剥夺了某些社会群体或某些社会成员拥有某些社会权利或社会资源的权利，造成一种不公正的社会现象。

社会歧视（social discrimination）是指社会生活领域内不同的群体或成员之间表示“区别对待”的一种不友好态度或行为方式，以及由此而产生的不公平、否定性和排斥性的社会行为或制度安排，包含两层意思：①以年龄、性别和其他主观的社会、文化、生理特征等为基础，在社会人群中制造各种令人反感的差别行为；②以这些差别行为为基础，有意或无意地用不平等或蔑视的方式待人。

社会歧视有两个特征：①排斥性，是指某社会群体依据不合理的理由、借助于不公正的手段或方式对其他社会群体在社会资源的分配和使用方面进行排斥或限制。歧视反映的是不公平的资源分配格局和基本特征，反映出“特权”和“剥夺”相互对立同时又相互依存的关系。②广泛性（社会性），是指一个或多个人群对另一个或多个人群的排斥，而不是仅限于少数人范围或个人之间。正因为广泛性，所以社会歧视往往是通过正式制度和非正式制度来实现的，即以制度安排和政策制定层面上的法律法规、条例政策的形式将歧视制度化，或以社会风气习惯、价值观念的方式对歧视予以规定，如印度的嫁妆习俗。

社会歧视损害了社会应有的平等、自由与公正，损害了被歧视者的基本尊严，使一部分社会成员通过不恰当的方式或手段获得了更多的社会资源，同时却剥夺了另一部分社会成员特别是弱势群体的同等机会，限制甚至阻碍了这些社会成员的发展；社会歧视损害了按贡献进行分配的规则，实际上是同工不同酬，即一部分人多劳少得而另一部分人却少劳多得；社会歧视忽视了社会合作、社会整合的极端重要性，使社会成员不能共享社会发展成果，产生了严重的社会负面效应。

1. 妨碍着正常的社会分化

随着现代化进程和市场经济进程的推进，社会分化程度也在加深：社会结构越来越复杂，社会的专业化分工越来越细致，社会的差异成分越来越多，社会群体（包括职业群体）越来越多样化；同时，社会各个环节、各个群体之间呈现出一种有机联系的状态。但是，社会歧视的存在，使社会群体之间人为地多了一种刚性化的隔离，即“不准进入”或“限制进入”的障碍，这就不同程度地阻塞了社会流动，进而妨碍正常的社会分化进程。

2. 削弱了社会的整合

社会歧视剥夺了一部分社会成员甚至其后代的发展机会，而且直接伤害了他们的尊严，所以被歧视者对社会容易形成隔膜感和不信任的社会态度，严重的甚至会形成一种对立的、反社会的情绪，降低了整个社会的整合程度。传统社会中，由于文化积聚与制度惯性的约束，社会歧视在一定范围内、一定程度上能够被大多数人所容忍和接受，但在个性意识、平等意识普遍增强的现代社会里，人们对社会歧视越来越难以容忍，越来越具有一种强烈抵触的行为取向。对某些社会群体的排斥与限制，必定会促成这些社会群体的反排斥与反限制动能的形成，使社会动荡因素增加。例如，在种族隔离时期的美国、南非等国家，黑人和白人的环境分隔，不能越雷池一步，他们只是通过各种传播媒介制造的刻板信息来了解彼此，而且一些受益者试图维持这些屏障，因此社会就变得更加分崩离析。又如，在一些被伊斯兰教控制的国家，男性与女性被分隔开，女性作为男性的附属品被紧紧地限制在家庭，她们受教育程度低、受尊重程度低，导致整个国家现代化进程缓慢、思想封闭，尽管部分国家依靠石油资源而非常富裕，但在精神与自由、平等、民主方面未能与世界发展同步。

3. 降低人力资源的开发度

为了促进社会发展，积极地、最大限度地开发人力资源是至关重要的。而对一部分人的社会歧视，意味着将一些适合承担某些职位的人予以排斥，而让一些不合适的人去承担这些职位，因此便会出现工作低效的状况，这是人力资源的一种浪费。社会歧视也必然会使被歧视者的劳动积极性严重受挫，相应的，其潜力必然会受到压抑。例如，传统社会中，职场对女性的歧视，使大量女性的智慧与能力未被充分运用，从人力资源的角度来看，这些社会歧视就是一种资源浪费。

4. 降低整个社会的发展质量

随着社会现代化的推进，社会发展的质量问题越来越受到社会成员的普遍重视。伴随着社会财富的大幅度增长，社会成员所共有的公共资源也越来越多，这些公共资源应当用来改善全体社会成员的生活水准，使全体社会成员能够共享社会发展的成果，从而提升整个社会的发展质量。但是，社会歧视使社会财富的分配趋于不合理，贫富差距不断扩大、阶层矛盾加剧、不稳定因素增加，使穷人因不公而仇富、富人因富裕而不安，降低了全社会的发展质量与幸福感。

二、社会歧视的成因

社会歧视之所以形成，其原因涉及社会、经济、政治、历史、文化等方方面面，而且这些原因往往又是相互联系的。

（一）社会偏见

偏见是指人们固有的否定性的看法和倾向，在人际距离上是排斥性的，是一种先入之见，缺乏现实根据，又执意坚持自己的看法，不易被说服。本质上，偏见是一种普遍性的、消极的态度。

偏见更多地源于认知偏差、刻板印象等，即对某一群体固定而概括的看法，以此来判断其中的个体，并在态度结构中形成消极的情感成分。在社会生活中，个体为了提升自己的自尊、社会认知安全感、满足归属感等方面的需要，总要将自己认同为某一群体的成员，一旦这个过程完成以后，个体就不可避免地要对其所属群体的成员产生群体内偏好，而对群体外的成员产生群体外贬损，这就是偏见的认知根源。

一旦偏见成为一种社会态度，据此所形成的社会行为，便会成为一种对于某个或某些社会群体成员而言不合理的、有区别的对待行为，然后形成歧视。例如，对某一地域的人产生厌恶，甚至以敌视的态度给予其不公正待遇，即“地域歧视”，就是基于地域偏见心理而产生的一种社会歧视。

【案例阅读】

2005 年 3 月 8 日，深圳市公安局龙新派出所在辖区怡丰路上悬挂出了“坚决打击河南籍敲诈勒索团伙”和“凡举报河南籍团伙敲诈勒索犯罪、破获案件的，奖励 500 元”的大横幅，被市民热议。4 月 15 日龙新派出所被郑州市民李东照、任诚宇告上法庭，要求其在国家级媒体上公开赔礼道歉，这是我国首例法院正式受理的地域歧视案件。

河南人被歧视的原因复杂，其中主要是自 20 世纪 90 年代末以来，在河南发生了一系列震惊全国的丑闻，如棉花掺假、毒大米、洛阳大火、输血感染艾滋病、克扣民工工资、拐卖妇女等，关于河南的丑陋一面在媒体上曝光的频率大大超出了其他省市。少数河南人的所作所为，使人们逐渐在头脑中形成了对河南人负面的刻板印象，抛开了个体差异始终大于整体差异的事实，对所有的河南人产生偏见，进而发展出或隐或显的歧视行为[①]。

偏见可分为个人偏见和社会偏见，前者是个人所具有的，后者则是某一群体或社会成员所普遍共有的，二者相互强化。社会歧视和社会偏见是有区别的，具体包括：①社会偏见只是一种主观的否定性社会态度，只存在于人的头脑中，而社会歧视则是一种实际存在的社会行为，甚至被固化为一种不公平的制度安排，如种族隔离制度；②社会偏见和社会歧视所针对的对象不一样，社会偏见可发生在任何地位的社会成员之间，可以是强势群体对弱势群体存有偏见，也可以是弱势群体对强势群体存有偏见，而歧视主要针对的是相对弱势的群体，如少数民族、女性、特殊疾病患者、边缘群体（如欧美的外来移民）等。

偏见是歧视现象的一个重要成因，但是有偏见未必能形成歧视。例如，不少农民、农民工、贫困者对城市居民、官员或是富人也有偏见，但是这种偏见很难形成歧视。歧视往往是居于某种强势位置和具有某种优越感的社会成员基于偏见而对弱者的一种态度和行为，甚至表现为社会强势群体为了维护自身利益而刻意制造的社会不平等与群体边界固化。

① 派出所挂“打击河南籍犯罪团伙”横幅引争议[EB/OL]. http://book.qq.com/a/20080129/000062.htm，2008-01-29.

（二）社会经济资源的稀缺及分配不均

经济利益是大部分社会成员行为的核心动机，歧视是“既得利益群体”对自身利益进行维护的一种方式，有时“既得利益群体”从认知的角度可能也会觉得某种歧视行为有失公平，但出于利益仍会坚持。经济利益的驱动，是社会正常运行和发展的基本动力，经济利益结构的复杂性决定了社会态度和社会行为的复杂性。在生产力比较落后、社会经济资源稀缺的情况下，社会公共资源比重很小，不能满足社会成员基本需求，再加上私有制的存在，必然会促成经济等级制的形成，以使不同的资源占有结构即社会等级制“常态化”并具有“合法性”，因此特权与歧视也就成为必然产物。在社会等级体系中，越往上特权就越多，越往下歧视就越多。

另外，在资源稀缺条件下，有时会短暂出现平均主义现象，以消除等级制；但平均主义会产生另一种歧视现象：平均主义的本质是“削高平低”，并没有考虑劳动过程或贡献而简单地追求所有社会成员在最终结果上的相似、一致，所以平均主义是多数人对少数能力强、贡献大的社会成员的一种歧视。“同工不同酬”是不公平的，但是不同工却同酬也不公平，当“少干多赚、多干少赚”的现象发生时，能人的贡献得不到应有的承认和回报，其合理的利益和权益得不到应有的保障，他们就会主动降低工作付出，导致整体效益和效率的丧失。因此，正确的公正原则包含两层意思：①相同的人和事应当得到相同的对待；②不同的人和事应当得到不同的对待。

（三）不平等意识

在传统社会中，歧视行为对社会影响很大，如封建专制制度下，大多数社会成员的尊严都受到了践踏，而少数人在制度的保护下拥有特权。优势群体对下俯视的歧视思想与弱势群体对自我的消极认同交织在一起，形成普遍的不平等意识，强化了不平等的制度安排，使不平等的歧视行为合法化、合理化，并得到巩固。例如，男权社会中，女性因必须附属于男性而自卑，被动地接受男性的歧视，甚至通过歧视其他更弱势的女性来满足暗淡的自尊心，如婆婆虐待儿媳、母亲歧视女儿、正妻歧视小妾等，却在不平等意识的控制下，不敢反抗男权的欺压。

随着社会现代化与文明程度的不断提高，人的尊严与平等意识也得到提升，既体现在每个社会成员之间的平等对待，也体现在形成新的制度、新的习俗来保护平等。受文化惯性的影响，强势群体对弱势群体的歧视，如男性对女性的歧视，虽然不可能马上消失，但已经难以成为一种普遍化、合法性的社会行为，并必将逐渐被根除。

（四）社会封闭

社会封闭有两层含义：一层含义是指该社会系统同其他社会系统的交流程度比较低；另一层含义是指在同一社会系统内分属不同社会群体的社会成员相互之间的流动程度过低。封闭的社会必定会产生歧视现象，这是因为以下几个原因。

1. 本社会系统或本社会群体利益的维护

在社会流动程度比较低的情况下，在同一社会系统内部或者同一社会群体内部，人的同质性很高，大家拥有同样的利益，为了维护现有利益，就会对其他社会系统或社会群体进行排斥，以达到拒绝他人"侵入"的目的。传统社会中，"本"群体对"他"群体进行排斥的基本路径是依据血缘亲族圈子及其衍生物来进行的。例如，按照血缘亲情分出远近亲疏的序列，如果是相近血缘，再按"辈分"或是"资历"进行排列，再据此确定有所差别的态度和行为。印度的种姓制、中国的宗族制以及英国传统的等级制是典型例子。

2. 各个社会群体生活方式之间的不适应

每一个社会群体都有自己特定的生活方式，这种生活方式因与外界相对隔绝而更加固定化，使社会群体更难以同其他社会群体沟通，难以认同或宽容其他社会群体同自己相异的生活方式，因此，一个封闭的社会群体对其他社会群体所具有的生活方式容易采取一种排斥的态度并形成一种歧视行为。

3. 低程度的社会流动

社会封闭意味着社会流动程度较低。当一个社会缺乏必要的流动渠道时，处在不满状态的社会成员就缺乏改善自身状况的可能性，其不满会不断积累，形成对优势群体的敌视；而优势群体则为了利益和安全，往往会采取明确的歧视手段以严格划分群体边界，可见，越是封闭，就越容易产生并加重歧视行为。

4. 民族中心主义和种族主义

民族意识由认知因素和一些非认知因素共同构成，两者相互制约、相互平衡，共同成为民族意识确立的心理基础。但在某种特定的条件下，民族意识中的非认知因素会摆脱认知因素的制约而产生膨胀，从而演化成一种盲目自大的民族中心主义，就会形成对其他民族的偏见和排斥，进而形成歧视的态度和行为。

种族主义的基础是种族，它和民族中心主义有些类似，也会导致歧视甚至是严重的歧视。种族主义与民族中心主义常常形成对特定种族/民族成员的偏见态度和歧视行为，拥有权力的种族/民族还会建立歧视性的法律与规章；民族歧视和种族歧视不仅同特定的经济利益相联系，还同特定的文化价值观念相扭结，因此更难消除。

三、解决社会歧视问题的对策分析

（一）有效地宣传、劝说从而消除社会偏见

宣传、劝说是心理学上关于改变态度的一个主要策略。社会偏见，本质上说是一种根据片面甚至错误的信息而形成的认知偏差与群体态度。而通过宣传、劝说，动之以情、晓之以理，可使偏见持有者增加对偏见对象的认识，有助于打破刻板印象，修正原有的态度。但是由谁去说、通过什么方式说、通过什么渠道说，对劝说效果都有很大影响。

例如，已有人建议：在一些偏见持有者群体内部选一些代表人物作为前期劝说对象，在这些人改变偏见的态度之后再让他们去劝说、影响他们周围的人，这些受影响后改变自己态度的人又去影响自己身边的人，然后逐渐扩散开来，最终能够达到偏见的整体消除，这种方法主要是想利用“人际信任”这一重要的社会资本实现群体观念的内化效果。

缺乏科学认知是造成社会歧视的重要因素，大众传媒要在消除歧视方面发挥积极作用。一个关于国内广告的研究发现，家居、厨房、洗衣、餐饮、儿童药品等广告普遍使用女性作为家务工作与照顾任务的承担者，豪车、办公设备、高科技产品多使用男性做主角，若有女性参与，她们担当的也是“花瓶”一类的陪衬性、装饰性角色。广告的巨大影响力，加剧了公众对男女社会、家庭劳动分工的刻板印象，不利于女性进行职业领域拓展以及男性主动参与家务的意识培养。所以，现代媒体不能停留在迎合受众的低水平上，而应引导公众关注各种歧视问题、了解相关知识、体会被歧视者的苦恼，帮助人们扭转偏见，形成更多为他人着想的精神品质，逐步消除社会歧视现象。

（二）加强群体之间的沟通和接触，以减少群体间的偏见

社会歧视往往是指由社会认知偏差造成消极的社会刻板印象而导致的不公平待遇或歧视性行为，而产生认知偏差的根源在于认知者群体与认知对象之间明显的差异性以及人的排他本能。“物以类聚，人以群分”，人总是倾向于和自己同质性高的人们交往，对自己所属的那个群体具有较高的认同感，对差异性较大的群体缺乏了解，往往出于本能而倾向于回避，所以，异质性较大的群体相互隔离和疏远，得不到彼此真实的信息，形成无知前提下的偏见。而一旦产生了偏见，人们又会更加回避与被偏见的一方交往。这样，从对差异的无知到排他与疏远心理，再到偏见，形成了一个恶性循环的怪圈，使偏见得以延续甚至加剧。

研究表明，使先前相互隔离的群体成员进行平等的交往和接触，或使先前沟通较少的两个群体增加沟通，是减少偏见、增加融合的好办法。例如，第二次世界大战后，有几项研究测试了美军中白人战士对黑人战士的态度，发现与黑人战士共同战斗过的白人战士对黑人的偏见要少得多。此外，还可通过设置共同的更高层级的目标来促进相互对立的群体成员间的合作而非竞争，在合作过程中消除彼此的偏见。

（三）被歧视者身心领域的自立自强与社会谈判的能力提升

从“社会偏见的形成”到“社会歧视的行为”的过程中，都涉及被歧视群体自身的一些弱点，他们或是客观上存在某种缺点，或是群体力量太小、声音太弱。因此，被歧视者要改变命运，必须从自身做起，一方面要客观承认所属群体或自己某些方面的缺陷，另一方面要努力改善消极的形象，以打破社会对其形成的刻板印象。

费斯廷格的认知失调理论指出：每一种态度的认知结构由诸多基本的认知元素构成，态度处于稳定时，其各大认知元素是平衡的、协调的，要改变这种态度只有打破这种均衡，当认知对象表现出与刻板印象相迥异的行为，就能够很好地产生态度转变效果。例如，当越来越多的女性通过自己的努力逐渐在经济、政治、文化等各个领域取得骄人的成就，就逐渐打破了男性群体原有的认为女性“能力低下”的认知均衡，为消除性别偏

见、转变男权态度打开了一扇窗。

此外，社会歧视被最终解决依靠的是反歧视群体，特别是被歧视群体自身力量的壮大、“谈判”能力的增强。

社会偏见作为一种社会态度容易改变，而社会歧视作为一种不公正的社会行为和制度安排较难改变，主要原因是既得利益者的竭力维护与被歧视群体的力量弱小。社会歧视一旦产生，就起着维护一部分人利益的作用，形成两个对立的利益集团——歧视者利益集团和被歧视者利益集团。即使社会偏见减少了甚至消除了，既已形成的利益格局也会使歧视状态得以继续维持。要想真正改变这种状况，只有被歧视者团结起来，并不断壮大群体力量，增加整个群体的“谈判”能力，进行不断的斗争，才能获得平等权利。南非和美国的反种族歧视运动过程及其结果就是很好的例证。

（四）废除歧视性制度，建立健全反歧视法规制度

机会平等和社会正义是人们的主要价值追求，但传统社会遗留的各种歧视并未绝迹。消除歧视，一方面应从深刻检视当前的法规制度，发现并逐步废除一些带有歧视性的法规条款和制度性规定入手，从制度层面消除歧视，如南非废除种族隔离制度。另一方面社会要主动维护被歧视群体的合法权益，进一步建立健全促进平等的法律法规，并在实际中大力实施。例如，我国打破城乡户籍壁垒后，还需进一步平等城乡居民在医疗、生活、教育、文化等方面的待遇，建立公平有效的社会救助保障机制与公共服务供给制度，通过政府政策的保护和国家财力的扶持，促进我国的每个公民与各个阶层协调发展，构建全面和谐的社会。

【课后案例】

性别歧视：职场女性永远的痛

许多用人单位在招聘时规定“男性优先”“仅限男性”，在男女同等条件甚至女性优于男性时，往往会选择招收男性。有的组织录用女职员时追加一定时期内“不得结婚”“不得怀孕”等附带条件，有的只招“已婚已育”女性。那些“幸运”地闯过了就业这一关的女性，也并不意味着她战胜了“性别歧视”，而只能说她赢得了第一回合，因为工作中，女性需要付出更多努力才能得到认可，而女性遇到的阻力也与职位等级成正比。就业阶段的性别歧视算是“显性歧视”，工作中的歧视多是“隐性歧视”。一项网络调查显示：女性在职场的成功，往往被归因为长相好、有后台，而不被认为是其能力与努力程度高；同等工作中，不少男性认为女性干得少、干得差，而女性普遍认为自己比男性干得更多、更累。

【案例简析】

职场女性遭遇性别歧视的主要原因有以下几个方面。

第一，目前全球大部分地区中女性的地位较低、社会权力较小，迫使很多女性在潜意识中把自己定位为“性别弱势群体”。一方面，她们渴望能够自强自立，得到社会的认

可；另一方面，她们又在潜意识中压制自己，主动降低自己的成就期待值，降低自己的发展目标，只求谋个稳定、轻松、舒适的职位即可，从而抑制了自身潜能的发挥。

第二，社会偏见使女性就业空间狭小。社会中对女性存在普遍的偏见和性别角色刻板印象，如“女性智力不如男性”“女性没有男性能干，意志不坚强，承受能力差”等，把女性可以从事的职业限制在幼儿教师、护士、办公室秘书等高服务型、低技术型的工作范围内，而竞争强、待遇优的领域，女性很难进入。

第三，男性背负的“社会期望”较高。社会给男性施加的压力大，导致男性把此标准内化，对自我的要求就较高，分配在工作上的时间和精力也就更多，客观上造成了很多领域男性的发展优于女性。而且社会对女性的家庭角色期待依旧大于社会角色期待，评价一个女人是否成功，首先考察她是否是一个称职的母亲、贤惠的妻子，其次考虑她是否拥有优秀的丈夫，而较少考虑她本人的职业成绩与社会贡献。

第四，对于已经进入职场的女性来说，社会一方面要求她们不断提高业务水平，与男性一样出色，甚至在晋升时还要比男性对手更加优异才行；另一方面又要求她们优先履行家庭义务，做能干的家庭主妇，工作和家庭的双重压力成为女性事业发展的重要羁绊。

【思考题】

1. 简述社会认同理论的主要内容。
2. 性别认同的内涵是什么？简要说明性别认同形成的影响因素。
3. 社会偏见与社会歧视的关系是什么？
4. 如何消除社会歧视以构建一个和谐的社会环境？
5. 试析课前案例所反映现象的成因，并给出合理化建议。

第五章

公共管理中的人际关系

【学习导读】

1. 掌握改善人际关系的技巧。
2. 理解人际吸引、人际影响和人际沟通的方式和影响因素。
3. 了解人际吸引理论和亲密关系的形成。

【课前体验活动】

请同学们每人拿出一张纸，在纸上一一写出自己在某一天中从早晨起床到晚上上床睡觉之间所做的事情。写完后，看一看哪些事情是在团体中完成的，哪些事情是在高度私密的空间里完成的。用心想一想这个活动给了你什么启示。

第一节　人际关系概述

人具有社会属性，无时无刻不处在各种各样的关系之中，没有谁能够独立于他人和社会而存在。人的心理活动、外在行为通过人与人之间的关系互相影响，个体在影响他人的同时也会受到他人的影响。尽管有些个体在与他人的关系中得到更多的快乐，有些个体得到更多的烦恼，但是人的一切体验，如快乐、激动、兴奋、愤怒、痛苦等都和人与人之间的关系密切相关。

一、人际关系的概念

人际关系是指人与人在相互交往过程中所形成的心理关系。首先，人际关系是在人与人的交往过程中建立和发展起来的。人与人之间的交往活动是联结社会网络系统中个体与个体、个体与群体以及群体与群体的桥梁，没有人际交往就没有人际关系。同时，人际关系的发展也离不开交往活动，人们需要通过交往巩固和发展人际关系。其次，人际关系的优劣主要取决于交往双方在心理关系上亲密性、融洽性和协调性的程度，因此人际关系的本质就是人与人之间的心理关系。最后，人际关系的建立和发展总是与心理活动相生相伴，它包括认知成分、情感成分、意志成分和行为成分。

二、人际关系的类型

人际关系交织于个体和个体群组之间，纵横交错、多种多样、千变万化，很难对它进行统一明确的归类。此处介绍三种分类方法，以启发读者对人际关系的理解。

（一）按照人际关系形成基础进行的分类

按照人际关系形成的基础，可以将其分为血缘人际关系、地缘人际关系和业缘人际关系三类。血缘人际关系以血缘联系和姻亲联系为基础、以家庭为中心，在家庭的形成和发展过程中，通过家庭及其相关成员之间的交往，构成血缘关系网络和由若干家庭交叉形成的亲缘关系网络，是人际关系中最直接、最普遍的关系。地缘人际关系以地域观念为基础，人们因居住在共同的区域而发生人际交往行为，形成人际关系，如邻里关系、同乡关系等。地缘人际关系常常以社会历史和文化为背景，带有地域文化传统和乡土色彩，对社会的作用和影响十分广泛。业缘人际关系以共同的兴趣、目标、职业为基础，是人们在发展自己的兴趣、追求人生目标、发展职业生涯过程中产生的人际关系，如同事关系、师徒（生）关系、经营关系等。业缘人际关系打破了血缘人际关系和地缘人际关系的界限，以事业和志趣为纽带，在人际关系中所占的比例最大，对社会影响最大。

（二）舒茨的人际关系分类

人际行为三维理论的主要代表舒茨（Schutz，1958）认为，人际关系的形成是由一定的需要引起的，每个人都有三种基本的人际需要：一是包容需要（inclusive need），即与人接触、交往、隶属于群体的需要；二是支配需要（dominant need），即控制别人或被人控制的需要；三是感情需要（affection need），即爱与被爱的需要。根据以上三种基本人际需要，以及人在交往过程中的主动性和被动性取向，可以得出六种基本的人际交往倾向，如表 5.1 所示。

表 5.1　六种基本的人际交往倾向

需要种类	主动性	被动性
包容需要	主动与他人交往	期待他人接纳自己
支配需要	支配他人	期待他人支配自己
感情需要	对他人表示亲近	期待他人对自己表示亲近

不同交往倾向的不同组合，导致不同的人际交往过程和不同的人际关系。舒茨认为，一个包容需要动机很强的人，如果同时又是主动的行动者，那他一定是一个性格外向的

人，喜欢与人交往，并积极参加各种社会活动。如果他又是一个感情要求动机很强的人，那么他不仅喜欢与人交往，而且还关心和同情别人，这样的人在人际交往中能够得到大家的欢迎和喜爱。如果一个人只有支配需要，没有包容需要和感情需要，那他必定是一个目中无人、争权夺利、令人厌恶和憎恨的人。

（三）雷维奇的人际关系分类

雷维奇（Lewicki，1983）利用“雷维奇人际关系测量游戏”，对 1 000 对夫妇进行了研究，根据研究结果把人际关系归纳为以下 8 种类型。

1. 主从型

在主从型人际关系中，一方处于支配地位，另一方处于被支配或服从的地位，这是最牢固的一种关系。以此种关系共同生活的夫妇，虽然一方会感到一定的压力，但他们不会轻易离婚。

2. 合作型

在合作型人际关系中，双方有共同的目标，为达到既定目的，能互相配合、协作。当双方发生分歧时，一般能够互相谦让。研究表明，合作型关系的双方更适合做好朋友，而不十分适合做夫妻。因为在这样的关系中，尽管夫妻双方能够和睦相处，但是他们可能会因为生活过于平静而感到单调乏味，容易产生厌倦情绪。

3. 竞争型

在竞争型人际关系中，双方常会竭尽全力超越对方，在竞争中取得胜利。这种关系有很强的生气和活力，但是如果竞争过久，易使人感到疲倦。因此这是一种既使人兴奋又使人精疲力竭的不安宁的关系。

4. 主从-竞争型

双方相互作用时，有时呈现为主从型的人际关系，有时呈现为竞争型的人际关系。不断的角色变化常常令双方处于自相矛盾之中，因此在人际关系中更多地包含了主从型和竞争型中的负面特点。这种关系中的双方可能会在忍无可忍时不得不中断关系。

5. 主从-合作型

双方能够和谐共处，即使偶尔有摩擦也不会对双方关系有大的伤害。如果合作因素大于主从因素，双方关系会变得更加融洽。这种互补对称的人际关系不失为一种理想的人际关系。

6. 竞争-合作型

双方时而呈现竞争关系，时而呈现合作关系，如此反复循环，也是一种自相矛盾的人际关系。这种关系中的双方更适合做朋友，而不太适合做夫妻。因为维持这种混合型人际关系需要一定的距离，以避免双方过于频繁的互动。

7. 主从-合作-竞争型

由于关系的复杂和多变，关系双方常常面临矛盾和冲突，若对其处理不当则易陷入困境。

8. 无规则型

关系双方毫无组织能力，连自己也弄不清自己在干什么，人际关系显得毫无规则。只要对他们施加一种外力，他们的关系就会转变成其他类型的人际关系。这种类型在 8 种人际关系中占的比例最小。

以上人际关系类型虽然来自于对夫妻关系的测评，但是具有一定的代表性和普遍性，对如何选择和处理好人际关系也有一定指导作用。

第二节　人际影响

人与人之间的心理和行为总是相互影响、相互制约的。由于人际影响的存在，个体在不同的情境中会有不同的心理活动和外在行为方式。人际影响有直接和间接、个别和群体、积极和消极、有意识和无意识之分，人们在这些潜移默化的人际影响中，产生心理和行为的互动。建立良好的人际关系就是要有效地增进积极的人际影响，控制与避免消极的人际影响。

一、遵从

遵从是指个体感受到群体的压力而改变自身信念或行为，使其符合群体要求的现象。小到每个团体，大到整个社会都有它的行为规范，有些是明文规定的，有些是约定俗成的。这些有形的或无形的规范约束着人们的行为，要求人们去遵从。遵纪守法是一种遵从，承担义务是一种遵从，按照所在团体的要求去做事也是一种遵从。遵从分为简单的服从和内心接受。简单的服从指个体保留其个人观念而仅仅改变其公开行为；内心接受指既在公开行为又在私下态度上与群体相一致。

（一）遵从产生的时机与原因

我们真的是从来不从众的人吗？我们所做的决定都基于我们自己的想法吗？我们是不是有时候会利用其他人的行为帮助自己做决定？群体常常通过信息性社会影响和规范性社会影响对个体施予压力并使其遵从。

1. 信息性社会影响

第一次和朋友去吃西餐，怎样用刀和叉呢？第一次参加卡拉 OK 大赛，怎么走台呢？驾车来到一个交通标志不明的路口，能不能转弯呢？在上述情况及其他许多情境中，我们常常无法确定该怎样行动。幸运的是，我们拥有一个强大且有用的知识资源——其他人的行为。询问其他人的想法或者观察他们的行为能帮助我们对情境有更清楚的认识。当我们依赖于其他人而获得社会信息时，他人就获得了影响我们的态度或行为的权利，从而对我们产生信息性压力。因为我们需要他们提供信息，所以我们遵从他们。那么，何时人们会遵从信息性社会影响呢？

（1）当情境模糊不清时。这是最关键的变量，决定着人们在多大程度上把别人作为信息的来源。当一个人不确定什么是正确的反应、适当的行为、正确的观点时，最容易受到他人的影响。越是不确定就越是依赖别人。

（2）当处于危机之中时。在危急时刻，我们通常没有时间去思考应该采取什么行动。当我们感到害怕、恐慌而不知所措时，自然会观察别人的反应，然后照着做。

（3）当任务的重要程度较高时。如果正确地完成任务对于个体而言非常重要时，个体会出于追求成功、避免出错而选择遵从别人。

（4）当别人是专家时。由于对专家的信服甚至是崇拜，在模糊的情境中专家提供的信息会对我们产生更大的影响，导致更多的遵从行为。

2. 规范性社会影响

为了获得他人的喜爱和接纳而遵从，这时他人的影响就被称为规范性社会影响。任何一个团体中的个体都希望得到他人的喜爱和接纳。每个团体都有它的行为规范，对成员应该如何行为有一定的期望。顺从规则的成员会受到团体的欢迎，而不顺从规则的成员则会受到嘲笑、冷落、惩罚、排斥等，因此个体会迫于团体的压力而遵从。例如，大多数人并不喜欢穿正装，但是仍然会在一些重要场合穿，目的就是希望给别人留下一个好印象，得到别人的喜欢和接纳。尽管从众是很普遍的，但是人们并不总是屈从于同伴压力。那么在什么情况下人们最可能顺从规范性压力呢？

（1）当团体很重要时。如果规范性压力来自我们所珍爱的朋友、家人、尊敬我们的人，这种压力会更大。因为对于我们而言，失去这些人的爱和尊重将是一大损失。因此，与那些对于我们而言无足轻重的团体相比，那些深深吸引并且被我们强烈认同的团体会对我们施加更大的规范性压力。由高度凝聚的团体进行决策可能是相当危险的，因为他们更多地关注彼此取悦并避免冲突，而不是做出最优、最具逻辑性和科学性的决策。

（2）当团体人数是 3 人或者更多时。阿希（Asch，1955）和其他研究者都发现，当团体的人数从 2 人开始增加时从众行为也会增加，在 4 人时达到最大，但是一旦团体人数超过 4 人，从众行为就不再随着人数的增加发生太大的变化。也就是说，并不是一个大规模的团体才能制造出规范性社会影响。

（3）当个体在团体中没有同盟时。当团体中的每一个人都在说同一件事、持相同的意见，持不同观点的个体因找不到同盟而面临孤立的处境时，规范性社会影响是最具威力的。

（4）当个体与团体在时空上很接近时。当个体在时空上与团体很接近时，个体会更多地感受到来自团体的规范性压力，从而出现更多的遵从行为。

（二）影响遵从的因素

1. 个体的特点

研究表明，具有以下特征的个体，表现出较强的遵从。

（1）认为自己不具备较高能力。

（2）被群体高度吸引，但在群体中地位较低。

（3）感到自己没有被群体完全接受。

（4）期望将来还能与群体打交道。

2. 群体的特点

（1）群体的凝聚力。群体的凝聚力越强，对成员的影响力就越大。因为群体成员希望在群体中找到归属感，害怕被其他群体成员拒绝。17 世纪英国哲学家洛克（Locke，1690）在他的《人类理解论》中提到群体凝聚力的影响："一万个人中也难找到一个人，他能在自己的群体里长期忍受厌恶和谴责，一直坚持己见，不改初衷。"

（2）群体的规模。阿希和其他研究者发现，三到五个人比只有一两个人能引发更多的从众行为。当人数增加到 5 个人以上时，从众行为的增加就不再明显。米尔格莱姆及其同事（Milgram et al.，1969）进行了一个现场实验，让由 1、2、3、5、10 或 15 个人组成的群体停留在纽约市繁忙的人行道上抬头仰望，发现抬头仰望的路人人数随着实验者人数的增加而增加。

（3）群体的一致性。在群体中，群体成员的态度、言行的一致性越高，个体就越容易出现遵从行为，因为在群体里成为少数派将会面临较大的群体压力。

3. 任务的特点

模糊的、困难的任务与较容易的、较清楚的任务相比，人们在完成前者时表现了较大的遵从。当任务是困难的或模糊的时候，个体倾向于把群体作为信息的来源，接受信息性社会影响。而当任务容易或较清楚时，规范性社会影响的作用就比较突出，因为此时个体不再需要答案是否正确的信息，更为关心的是自己能否被团体喜欢和接纳。

4. 文化背景

通过分析在 17 个国家和地区进行的 133 份阿希线段判断研究，研究者发现，文化价值观影响着规范性社会影响。这些国家和地区包括美国、荷兰、比利时、德国、葡萄牙、日本、斐济、津巴布韦、刚果、加纳、巴西、科威特、黎巴嫩、中国香港等。集体主义文化的参加者表现出了更高的从众性。因为集体主义文化更强调团体利益而非个人利益。在集体主义文化中，从众是一种受到尊重的特质，人们认为从众的人随和，从众行为是一种老练、明智的表现；而在个人主义文化中，从众是一种负面特征。

二、对权威的服从

服从是任何一个文化都崇尚的社会规范。我们从孩提时代起就开始接受社会化，开始服从一些我们认可的权威，渐渐地将服从这一社会规范内化，即使在权威根本不存在的情境中我们通常也会遵守规则与法律。例如，即使警察不在，人们也会在红灯的时候停下来。服从权威使社会变得规范有序，但是也可能导致极端的悲剧性后果。哲学家阿伦特通过对种族屠杀的研究发现，绝大多数种族屠杀的参与者并不是喜欢滥杀无辜的虐待狂或精神病患者，而是受到复杂而强大的社会压力的普通平民。

（一）米尔格莱姆实验

心理学家米尔格莱姆设计了一系列著名的实验，研究人们由于服从权威而“施暴”的现象。现在让我们来看一看实际的实验情景。

被试 A 一走进实验室，见到另一名被试已坐在那里，其实他是实验者的助手（被试 B），被试 A 才是真正的被试。实验者走进来，对两位被试说，本实验是有关惩罚对学习的影响的。由两位被试抽签决定谁是教师、谁是学习者。A 抽到了教师签。实验者说，教师将要问学习者一系列问题，学习者如果回答错一个问题就要受一次电击。之后，实验者把学习者领到隔壁房间，给他绑上电极。教师可通过玻璃观察到隔壁房间学习者的情况。实验者向教师介绍“惩罚仪器”，说它会产生电击。仪器上有一长排共 30 个开关，每个开关上标有电压强度，从 15 伏一直到 450 伏。每个开关的间隔电压为 15 伏。数字较低的范围有轻微电击字样，最高数字范围标有“危险：严重电击”字样。实验者告诉教师：你必须按照问题表上的顺序将问题读给学生，他回答错了就要给他电击。每错一次，就增加一级水平的电压电击。

教师开始阅读问题，学习者错了一个又一个，每次回答错了，教师就增加 15 伏电压电击，再接着读下面的问题。到 90 伏时，学习者痛苦地叫了出来。到 150 伏时，他尖叫着恳求停止实验。教师看了看实验者，他只是简单地回答：“继续下一个问题。”到了 180 伏时，学习者哭着说他再也忍受不了痛苦了，并用拳头打着房间的墙壁。教师看了看实验者要求停止实验。然而，实验者冷冷地说：“你没有其他选择，你必须继续实验。”到了 300 伏，学习者拒绝回答任何问题，乞求停止实验。实验者告诉教师继续进行。从这个电压点开始，学习者再也不做反应了。

处在这种情况下，你将会怎么办呢？你会继续进行电击一直至 450 伏高压吗？你认为进行这类实验的被试能继续做完直至 450 伏的百分比有多少？这就是米尔格莱姆想要了解的问题。他曾把实验情景描述给 14 名耶鲁大学心理系的高年级学生以及一群精神病科医生，要他们预计能做完实验直到 450 伏的被试的百分比，而他们预计只有 2%的被试会全部做完。实际情况是怎样的呢？

米尔格莱姆是在耶鲁大学做的实验，共 40 名被试，他们的年龄为 20~50 岁，其中 40%的人没有固定的职业，40%的人是白领销售人员，20%是自由职业者。结果发现，26 人即 65%的人竟做完了整个实验，几乎 2/3 的人直接把极大的痛苦加在无辜的受害者身上。当然，事实上，被试 B——实验者的助手，他是故意回答错并呈痛苦状的，根本就没受到电击，但是 A 相信 B 受到了电击且非常痛苦。

实验结果令米尔格莱姆非常惊讶，这不是在战争期间，而且这些人并未受到训练去杀伤对方。有人对实验提出质疑，说由于实验是在耶鲁大学做的，并且被试认为实验者不会真的让他们伤害另一个人，因此就显得具有高度的服从。米尔格莱姆把实验移到城中的一座失修的办公楼去，不让被试知道实验与耶鲁大学有关，这次实验的结果是有48%的人达到了最高的电击水平。

为什么那么多被试会服从实验者的意愿，把重大的痛苦施加到另一人身上呢？

（二）服从权威的原因

1. 规范性社会影响的作用

规范性压力使人们很难拒绝，只好继续实验。被试或许认为，假如他们拒绝继续实验，实验者将会很失望、受挫或者很生气，这种压力迫使他们继续实验。

从米尔格莱姆另一个稍有变化的实验中，我们可以清晰地看到规范性压力的存在。共有三名教师，两名是同谋，一名是真正的被试。一位同谋念测试题，另一个负责告诉“学生”答案是否正确。真正的被试负责实施电击。每多错一个题就增加一个级别的电击强度。当电击强度达到150伏时，也就是“学生”发出第一次强烈的反对声音时，第一位同谋拒绝继续实验，尽管实验者命令他继续；当电击强度达到210伏时，第二个同谋也拒绝实验。结果是只有10%的被试一直实施到最高水平的电击。

2. 信息性社会影响

尽管规范性社会影响在实验中发挥了重大作用，但这并不是人们顺从的唯一原因。实验者的确具有权威性且坚定不移，但他并没有用枪逼着实验者进行实验。参加者完全有放弃实验的自由，任何时候都可以选择离开，那为什么他们没有走，而要服从一个素未谋面而且可能以后再也不会见面的陌生人？

当环境模糊不清时，信息性社会影响的威力比较强大。当实验者向被试解释实验时，一切似乎是很明确的，但后来发生的事情令人困惑。“学生”已经痛得大喊大叫了，实验者却告诉被试虽然电击很痛，但不会造成永久的伤害。被试并不想伤害任何人，但是已经答应研究者参加研究并服从指示。面对这些矛盾与冲突，被试不知怎么办好，只好听从实验者的指挥。

3. 其他原因

以上两个原因解释了被试最初的顺从行为，但不足以解释被试的行为为什么如此缺乏人性——尽管他们听到了“学生”痛苦的叫声却仍然一次次实施电击。导致服从的还有以下几方面原因。

（1）遵守了错误的规范。在实验开始的时候，服从权威的规范是合理的，但是渐渐的，情况发生了变化，那个合乎情理的实验者让被试对“学生”施加极大的痛苦，这时原来的规范不适合了。天性本善的我们，应该遵循“不对其他人施加不必要的痛苦”的原则，但是实验情境使人们很难放弃错误的规范。实验进行的速度相当快，被试没有时间自省自己的行为。

（2）自我证明。当人们需要做出一个重要或困难的决定时，都会产生认知失调，并产生减少失调的动机。证明自己行为的正确是减轻失调的常用方法。当被试对“学生”

实施了轻微电击之后，他会产生认知失调。这种失调迫使他继续先前的行为，通过证明自己行为的正确性来减轻失调。每次成功的电击都为下一次电击奠定了基础。这就使人们为自己做过的决定一步步地错下去。实验者要求人们以一个较小的增量来提高电击的强度，这一点是很重要的。

三、感染、模仿和时尚

个体生活在人群中，总是自觉不自觉地影响他人，并受到他人的影响，再理智的人也会多多少少存在从众心理，自觉不自觉地表现出从众行为。感染、模仿和时尚是人际相互影响的有效方式。

（一）感染

感染是通过语言、表情、动作等引起他人相同的情绪和行动的过程。在个体想以某种方式行动，却因为感到内心有些束缚而阻止了自己行动的情况下，当看到群体中有人以他想要做的方式行动时，便有可能也以同样的方式行动，是榜样解除了阻止个体以某种方式行动的内心限制。感染发生的过程为：①观察者想以一定的方式行动；②观察者知道如何完成这种行为，但是没有完成它；③观察者看到一个榜样完成了这种行为；④观察者按照榜样的方式完成了这种行为。常见的行为有在公园里摘花、违反交通规则等。

（二）模仿

模仿是在没有外界控制的条件下，个体仿效他人的行为举止而引起与其类似的行为活动。模仿是一种普遍的社会现象，从个体对他人无意识的动作到衣、食、住、行，再到他人的风度、性格、行为方式、工作方法，乃至于整个社会生活的风俗、习惯、礼仪等，都存在着模仿。

模仿是人的一种心理倾向，是学习和习惯形成的方式之一，也是人际影响的重要方式之一。模仿者模仿他人的行为，总是他自己倾向的、希望达到的行为，最低限度是该行为对自己无害。模仿的动机一般有三种：一是满足自己的好奇心；二是消除焦虑，更好地适应环境；三是获得进步，取得成就。不同的动机驱使个体产生各种不同的模仿。

不仅儿童会模仿，成人中模仿行为也很普遍。著名的“野外实验”设置了两种情境：一种是一辆汽车旁站着一位女驾驶员，在等人来帮她；另一种是有两辆轮胎跑了气，相隔一定距离的汽车旁边各站着一位女驾驶员等待帮助，较近的这辆车正有一位男士帮助换轮胎。观察路过这里的 2 000 辆摩托驾驶员的反应。在第一种情境下，35 位驾驶员停车予以帮助；在第二种情境下，有 58 位驾驶员停下来予以帮助。模仿是帮助人数增加近一倍的主要原因。

（三）时尚

“时尚是在大众内部产生的一种非常正规的行为方式的流行现象。具体地说，时尚是指一个时期内相当多的人对特定的趣味、语言、思想和行为等各种模型或标本的随从和追求”。时尚现象表现为文化态度、装饰、风度礼仪、娱乐方式、生活习惯、流行语言等。时尚现象的特点包含以下几个方面。

（1）时尚涉及的领域非常广泛。从较高层次的理论、文学、艺术，到日常生活的衣食住行、社交与娱乐方式等，人们都在追求时尚。

（2）时尚表现的方式都很独特。人们往往认为与众不同、标新立异就是时尚。

（3）时尚的内容形式等变化速度很快。时尚总是随着时间的推移不断地变化。

（4）时尚发挥着象征作用。时尚常常代表着身份、地位、财富，能与时尚为伍，对某些人来说是一件值得炫耀的事情。

（5）时尚的层次高低错落。人们对时尚项目的选择是在文化所允许的范围内进行的，不同层次的人有着不同的时尚认同和追求。

四、社会对个人的影响

（一）社会舆论

社会舆论是指众人对其普遍关注的社会事件或社会问题公开表达的一致意见，是以赞同、指责、忠告、批评等方式表达的评价与态度。

从过程看，社会舆论的形成包括三个阶段：①问题的发生。舆论的发生总是起源于社会上发生的特殊事件或超越社会规范的特殊行为，这些特殊事件或行为成为人们普遍关注的社会问题。②引起议论。人们众说纷纭，伴随着各种情绪表现。③意见的归纳与综合。在形形色色的议论中，符合大多数人的意见逐渐形成主流，经过宣传推广，最终成为社会舆论。整个过程主要是通过人际互动的途径完成的，必然要对人际关系产生影响。

舆论是社会上大多数人所赞同，并从心理上产生共鸣的意见，它一经形成，就会成为一种固定化的心理制约力量。因此，社会舆论是社会对个体行为和社会组织活动施加精神影响的手段，是道德关系和人际关系的一种表现，对群体和个人起着调节、教育与管理的职能。没有它社会规范就不能维持，社会秩序就会发生混乱，人际关系就会全面崩溃。然而，某些不健康的社会舆论会产生负面的控制、指导和协调作用，应对其予以足够的认识。

（二）牢骚现象

牢骚是舆论的一种情绪表现形式。当个人意见得不到采纳，状况得不到改善时，舆论就会转化成牢骚。

与舆论相比，牢骚带有更强的情绪色彩，是一种不满情绪的发泄。牢骚常常是在与人比较时产生的，具有较强的主观性，有可能歪曲和夸大事实。它具有如下特点。

（1）现实针对性。有一定的事实根据，总是针对某个人或某件事发生，从某种意义上说是一种民意的反映。

（2）认识片面性。牢骚虽有一定的事实依据，但是缺乏深入的调查研究，对事情没有进行全面分析，有时甚至是道听途说。

（3）宣泄性和煽动性。牢骚是人们宣泄不满情绪的方式，容易产生从众效应。

牢骚是一种消极作用大于积极作用的宣泄方式，不但不能解决问题，还会使人意志消沉，影响人们的进取力和创造力。

（三）社会风气

社会风气是指社会在一定时间和一定范围内仿效和传播流行的观念、爱好、习惯与行为，以及传承传统的观念、爱好、习惯与行为。它是社会经济、政治、文化和道德等状况的综合反映，同时也表现出一个民族的价值观念、风俗习惯和精神面貌。从宏观角度看，它是推动或阻碍社会前进的巨大力量，直接关系到国家存亡与民族兴衰、社会安危及人民群众的身心健康。从微观角度看，它是群体中人际关系的一种氛围，是影响群体意识、群体凝聚力和群体工作效率的一个重要因素。

心理学家认为，促进和维持良好的社会风气须满足以下 6 个心理条件。

（1）敞开思想去接受别人的影响。

（2）对自己在群体中的作用有充分的信心。

（3）对任务和人际情境的客观性质抱现实主义态度。

（4）从地位观念中解脱出来。

（5）享有合理的权力和平等的机会。

（6）在对别人的态度和行为中抱有友善和良好的愿望。

（四）社会助长与社会惰化

1. 社会助长

社会助长是指个体因有他人在场或与他人一起活动而提高其行为效率的现象。

心理学家特里普利特（Triplett，1898）最早用科学的方法对社会助长现象进行了研究。在现场实验中发现，单骑的自行车选手平均时速为 38.4 千米，结伴的选手平均时速为 52.2 千米。结果表明，有他人在场或群体活动会明显提高个体的行为效率。

2. 社会惰化

社会惰化和社会助长一样，是一种普遍的社会现象。从理论上讲，参加群体活动人数的多少与活动效率应该成正比，但在实际中存在着个体在群体活动中做出的努力比单独行动时做出的努力少的现象，这就是社会惰化现象。所谓社会惰化，是指个人与群体其他成员一起完成某件事情，或个人活动有他人在场时，往往个人所付出的努力比单干时偏少，个人的活动积极性与效率下降的现象。俗语“一个和尚挑水吃，两个和尚抬水吃，三个和尚没水吃”正是这种社会心理现象的形象化。

法国人瑞琼曼（Ringelman，1913）所做的著名的“拔河实验”证实了社会惰化现象的存在。在该实验中，他要求被试分别在单独的与群体的情境下拔河，同时用仪器来测量他们的拉力。结果发现随着被试人数的增加，每个被试的平均出力逐渐减少。一个人拉时平均出力 63 千克力（1 千克力=9.8 牛顿）；三个人一起拉时，每人平均出力 53.5 千克力；八个人一起拉时每人平均出力 31 千克力。这种共同完成一项任务时，群体人数越多个人出力越少的现象，后来在其他人的实验中也得到了证实。因为在团体比赛中，团体中的任何个体都不必单独对比赛负责，所以任何成员都存在放松或懈怠的可能。

心理学家进一步的研究发现，并不是在任何情况下都会发生社会助长现象。在工作任务简单的情况下，他人在场会产生促进作用，而在工作任务较为复杂的情形下，则会造成社会惰化。如果无法对个体进行评价或者个体无须为某件事单独负责，便更可能发生社会惰化。群体对个人活动产生社会助长作用还是社会惰化作用，一般取决于活动内容的难易、动机水平的激发和外界刺激的干扰。当任务具有挑战性、吸引力、参与度高的特点时，群体成员的懈怠程度就会减弱（Karau and Williams，1993）。

第三节　人际吸引

人际吸引是指人与人之间的相互接纳与喜欢。个体在社会生活中与不同的交往对象会形成各种不同程度的亲疏关系，与有的人一见如故、相见恨晚；与有的人相识多年，却只能是泛泛之交；与有的人话不投机、心存芥蒂。这是为什么呢？哪些因素影响了人与人之间的相互吸引？

一、人际吸引的影响因素

（一）时空接近效应

时间和空间上的接近，使人们有更多机会相互接触、了解和熟悉，进而发展人际关系，因此个体大多把喜欢的情感投向自己熟悉的或与自己有直接交往的对象，并在其中选择进一步交往或合作的伙伴。现实生活中不乏这样的例子。例如，在学校里，比较亲密的伙伴往往是同桌或前后桌，或者同住在一个宿舍。许多有关研究证实了这一效应。

有研究者（Moreland and Beach，1992）通过在大学的教室里安插女性同谋者来验证时空接近效应。他们要求这些女性只是走进教室安静地坐在第一排，让教室里的每个学生都能看到她们，但不要和教授及学生们交流。每个女性同谋者出现在课堂上的次数有所不同，为 0~15 次。到学期结束的时候，研究者播放这些女性的幻灯片请实验班级的学生观看，要求学生们对这些女性的吸引力进行评分。结果表明，尽管在课堂上女性同谋者和学生们从未发生过互动，但是学生们更喜欢他们在课堂上看到次数最多的女性。

费斯廷格等也曾做过一个经典研究，调查了麻省理工学院在 Westgate West 公寓住宿的不同学生与夫妇间的交往和友谊形成情况。Westgate West 公寓共有 17 栋两层楼的建筑，每栋有 10 间公寓。这里的住户都是随机安排的，刚搬进来的时候彼此并不熟悉。一段时间后，研究者要求每个住户列出其在整个公寓中最好的三位朋友。结果发现，65%的朋友是住在同一栋楼里的，尽管其他的楼也并不是很远。41%的人和隔壁邻居成为亲密的朋友，22%的人和相隔两三家的人成为朋友。

（二）相似性

虽然时空接近效应影响人际关系的发展，但是个体并不能和所有与其在物理距离上接近的人成为好朋友。时空接近性为友谊的建立与发展提供了可能性，若要进一步发展友谊，还要看双方在态度、兴趣、人格、价值观、生活文化背景等方面的匹配性。已有的研究证据表明，是相似性而非互补性把人们结合到了一起（Berscheid and Reis，1998；McPherson et al.，2001）。

著名社会心理学家纽科姆（Newcomb，1978）在新学年开始的时候，以密歇根大学的男性大学新生为对象进行过一项实验。以免费提供普通学生公寓住房作为交换条件，要求作为被试的大学新生接受调查和参加研究工作必需的面谈。纽科姆把被试随机地分配到各个寝室，根据测验和问卷获取了被试在性格、兴趣、态度、价值观等方面的特征，此后，便不再干扰他们的正常生活。一段时间后，发现被试中那些有相似地域背景的人（如同样来自农村），以及有相似态度和价值观的人（如同样是工科学生，或都具有自由的政治态度）成了朋友。而那些特征相异的学生虽然同样朝夕相处，却难以相互喜欢并建立友谊。

伯恩（Byrne，1961）的研究吸引的范例发现，在人们不了解他人的情况下，观点是否一致从很大程度上决定着人们对他人的喜欢程度。伯恩先了解被试对一些事物的看法，几周后给被试看一些反映其他人观点的材料。在材料中有意将有些人的态度和观点描述得与被试非常相近，而将另一些描述得与被试相差很远。结果发现，态度和观点的相似性决定了被试对他人的喜欢程度和选择他人作为工作伙伴的倾向性。

为什么相似性在人际吸引中有如此重要的作用呢？至少有四种可能的原因：第一，我们倾向于认为，那些和我们相似的人将会喜欢我们，所以我们有可能主动与其建立人际关系（Berscheid，1985；Condon and Crano，1988；Worchel et al.，1991）。第二，那些和我们相似的人确证着我们的特点和信念，也就是说，他们带给我们一种我们是正确的感觉（Byrne and Clore，1967）。第三，对于在重要问题上和我们意见相左的人，我们会做出一些负性推论。我们可能猜测这个人的意见表明了他是那种我们认为不讨人喜欢的、不道德的、软弱的或轻率的类型。简而言之，在重要态度上的分歧导致关系破裂（Rosenbaum，1986）。第四，和与自己相似的人交往，会有更多的共同语言和活动内容，这些共同点能促进人际关系的发展。因此，被人喜爱的渴望、被人确证的需要、对人的性格所下的结论，以及共同的语言和活动，都在提升一对相似心灵之间的吸引力或降低一对相异头脑之间的吸引力上起了非常重要的作用。

（三）互惠式好感

每个人都有被别人认同和重视的需要。当个体得到自己被他人喜欢的信息时，就会在心理上产生愉悦感和满足感，使他愿意向对方报以好感，与对方交往，因此这是一个互惠互利的过程。在大多数情况下，对方是否喜欢我们，对于我们是否喜欢他们而言是一个重要的决定因素。对某人产生好感的关键在于我们认为的他或她喜欢我们的程度。

事实证明，人际的好感对人际交往有很强的促进作用，甚至可以弥补由缺乏相似性而引起的人际交往障碍。有研究者以大学生为被试进行了如下实验（Curtis and Miller，1986）：把互不相识的被试随机分成两人一组，从每个小组中随机选出一人接受研究者的特定信息。在被选出的被试中，让一部分人认为其同组被试对他们有好感，而让另一部分人认为其同组的学生并不喜欢他们。然后安排同组的学生见面并进行交谈。与那些认为对方不喜欢自己的学生相比，那些相信对方喜欢自己的学生和伙伴在一起时表现得更讨人喜欢。他们愿意更多地自我暴露，对讨论的问题持有更少异议，并且总体上表现出更热情、更令人愉悦的交际方式。同时，他们也容易被对方喜欢。

（四）外表吸引力

亚里士多德曾说过：“美丽是比任何介绍信更为巨大的推荐书。”在人际交往过程中，外表是个体暴露给对方的第一信息。人们往往会自觉或不自觉地以貌取人。那些外表具有吸引力的人拥有得天独厚的优势。有一个经典实验证明了这一点（Hatfield and Sprecher，1986）：实验者将明尼苏达大学的 752 名新生随机配对成为舞伴。在当天晚上的舞会上让舞伴们在一起跳舞和交谈。之后，请学生们对他们的约会进行评价，并报告他们对再次约会的渴望程度。在各种影响舞伴们是否会互相倾慕的可能因素，如外表吸引力、智力水平、独立性、敏感性、诚恳性等中，外表吸引力是一个有着压倒性优势的因素。

在许多文艺作品，如电影、电视、小说中，那些具有美好品质和特性的人大多被描写为外表具有吸引力的人，因此，在人们的心目中形成了对外表有吸引力的人的刻板印象，即看到一个人外表漂亮，就会下意识地赋予他一系列的优秀品质，同时比较容易忽视或宽容他的缺点或不足。他人对个体的评价和态度，影响个体的自我评价，以及对他人的态度和回应方式。有研究表明，外表具有吸引力的人在社会能力方面尤有天赋。与外表吸引力一般的人相比，高吸引力的人的确具有更好的社会交往技能，并有更好的社交经验（Feingold，1992；Langlois et al.，2000）。这是因为外表有吸引力的人从小就受到了更多的关注和正性评价，导致他们的自我概念更为积极，他人的高评价和高期待使他们在人际交往中更加主动和自信。在良性的人际互动中，他们的社会交往技能得到了更好的发展。

（五）个性特征

人际交往对象的个性特征是引起人际吸引的一个重要因素，主要表现在能力和性格上。

人们往往比较喜欢和能力强的人交往。这是因为人有趋利避害的本能，和能力强的人在一起，可以使自己少犯错误、少走弯路。同时，与能力强的人为伍可以间接地表明自己也有较强的能力，从而得到他人的尊重，满足自己的自尊需要。那么是不是一个人能力越强就越受欢迎呢？事实不是这样的。能力太强、完美无缺的人会令人敬而远之，因为他的才华让人觉得相形见绌，给人造成了心理上的压力。有研究者以大学生为被试进行了一个实验：让被试分别听四个不同的人在大学生才艺竞赛上的录音，然后为这四个人打分。有关这四个人的录音是这样的：第一个人能力很强，表现很出色，答对了 92% 的题，主持人介绍他当过学校年刊的编辑；第二个人在竞赛中成绩平平，只答对了 70%

的题，担任过学校年刊的校对；第三个人的竞赛成绩与第一个人一样出色，也担任过年刊的编辑，被试听到他撞倒椅子的声音，还听到他说：“不好意思，我把咖啡泼到身上了。”第四个人的竞赛成绩与第二个人的成绩一样，也撞倒了椅子，把咖啡泼到了身上。被试们的打分结果为，第三个人的得分最高，比第一个人高出 10 分。第四个人的得分最低，比第三个人还要低 10 分。

从这一结果可以看出，能力强的人受人喜欢，表现突出而又犯了一点小错误的人最受人喜欢，能力差还犯小错误的人最不受欢迎。

个体的性格影响着他与人交往的方式，同时也影响着别人对待他的方式。人们常说：“性格决定命运”，这与性格在人际吸引中的作用不无关系。什么样的性格特征受人喜爱呢?

在对待现实与处理社会关系的态度方面，热情友善、富有同情心、乐于助人、主动地与人交往、自信而不自大、自谦而不自卑、有进取精神、勤奋认真等性格特征是受人喜爱的。在理智特征方面，观察力强、善于记住所接触的人和事、有丰富的想象力、有较强的逻辑性、有创新意识和创造性等性格特征令人乐于接纳。在情绪特征方面，善于控制和支配自己的情绪、乐观开朗、豁达大度、情绪稳定平衡、有幽默感等性格特征给人轻松和愉快的感觉。在意志特征方面，自制力强、沉着稳重、坚忍不拔、积极主动、耐心细致等性格特征受人欢迎。

二、人际吸引理论

人际吸引是为了满足人的某些需要而发生的，可能是物质需要，也可能是精神需要，或是二者兼有。人际吸引还是一个交互的过程，它就像经济活动一样，需要付出，也要通过一定方式的回报得到补偿。以下几个理论分别从人际交往动机和人际交往过程中的心理平衡角度揭示了人际交往的特点，有助于更加深入地理解人际交往的实质，学会分析人际交往的心理过程，掌握人际交往的技巧和原则。

（一）自我呈现论

自我呈现论（theory of self-presentation）是美国社会学家戈夫曼（Goffman，1959）在自己和他人的研究成果的基础上提出的。他认为，人际交往是一种社会互动的过程。任何社会互动的关键都在于参加者借助自己的言行向他人呈现自我。在自我呈现过程中，个体趋向于表现自身众多属性中的某些有利于树立自我形象的属性，而隐瞒其他属性。交往者根据自己的需要、动机和目的采取行动，加深别人对自己的印象，进而影响别人，控制别人的行为，特别是控制别人对待他的方式。

这个理论强调交往者的主动性、目的性和计划性，要求交往者有明确的目的，制订周密的计划，把握自我呈现的深度和方式，达到影响、控制甚至操纵交往对象的目的。

（二）社会交换论

人们对人际关系的感受取决于他们对这段关系的收益与成本的知觉，对应得到何种关系的知觉，以及从其他人那里得到一段更好的关系的可能性的知觉。

社会交换论（social exchange theory）认为，人们所知觉到的一段关系的正性或负性程度取决于以下三个方面：一是自己在关系中所得到的收益，二是自己在关系中所花费的成本，三是对自己应得到什么样的关系和能够与他人建立一个更好的关系的可能程度的预期。人们在与他人进行交往时，常常会将自己在发展某一段人际关系过程中付出的代价（包括物质上的和精神上的）与其所得到的利益相比较。一般来说，如果一个人在交往中给予别人的多，他就要从别人那里多取得一些作为报酬。收益和成本之差就是个体在交往中得到的报酬。如果个体自我感觉同他人的交往能够给自己带来奖赏，那么当类似的情景出现时，便会再现这种交往活动。个体得到的奖赏越多，这种交往活动对他的价值越大，那么其被重复的可能性也越大。反之，交往关系会受到影响直至终止。对人际关系的预期，即人际交往的方向和目标。目标的实现使交往双方体验到交往的乐趣和益处。这些快乐的体验进一步强化双方的交往行为，使交往更顺畅、更深入。个体在日常生活中积累的人际交往经验，影响他对人际关系的期望水平。有的人对人际关系结果的期望值很高，希望以较小的成本赢得较大的收益；而有的人对人际关系结果的期望值相对较低，得到一些收益他们就觉得很快乐。

（三）公平理论

社会交换论强调，人们在进行人际交往时总在自觉或不自觉地比较个人投入和所得，当自我感知到的收益大于投入时，个体就会感觉比较满意。一些研究者批评社会交换论忽视了人际关系中的公正因素，即没有考虑交往双方在人际关系中的利益平衡问题。公平理论（equity theory）认为，当人际双方体验到的贡献成本和得到的收益基本相同时，人际关系是很愉快的。

公平理论的支持者强调，人们并非简单地以最小代价换取最大利益，他们还要考虑关系中的公平性，即与人际关系中的同伴相比，两者贡献的成本和得到的收益基本是相同的（Homans，1961；Walster et al.，1978）。他们认为，公平的关系是最快乐、最稳定的关系。而不公平的关系导致一方过度受益，或过度受损。过度受益者以极小的成本得到相当大的收益，过度受损者得到极少的收益却不得不付出较大的成本。在人际关系中，无论是过度受损者还是过度受益者都会感到不满或不安，从而产生调整人际关系，在关系中重建公平的动机。产生这种动机，对于过度受损的一方而言是合理的，也是易于理解的，那么为什么过度受益者，以极小的成本换取了较大收益的人也会感到不舒服呢？一些研究者认为，公平是一个固化在人脑中的强有力的社会标准，如果个体在人际关系中的所得大大超过他们认为自己应该得到的东西时，他们就会感到不安甚至内疚。

三、亲密关系

每个人都是社会人，都处在纷繁复杂的人际关系中并充当着不同的角色。我们上有父母、下有子女、在学校有同学、在单位有同事、打球有球友、上网有网友。我们有一般的朋友、有亲密的朋友，也有至亲的爱人。我们无论做什么事情都需要和他人打交道，形成形形色色的关系。在一个人的所有社会关系中，总可以从关系的亲密程度上分出亲疏远近来。本节着重探讨亲密关系。

（一）亲密关系的含义及特点

亲密关系是指人与人在交往中形成的互相关心、互相信赖、互相支持的关系。它既包括朋友关系，也包括爱情关系。亲密关系至少在四个方面与其他一般的人际关系有所不同，即了解、关心、信赖、互动，具有以下几个特点：一是乐于沟通，愿意和对方交流更多的个人信息；二是相互信赖，在思想、情感、行为上相互影响；三是来往频繁，喜欢待在一起，喜欢共同活动；四是形成了心理上的亲密感，能够相互理解、相互接纳、相互关心。

（二）亲密关系的形成

亲密关系是在一般的人际关系上发展起来的，让我们来看一看人际关系的发展过程。

奥尔特曼和泰勒（Altman and Taylor，1973）认为，人际关系的建立和发展一般要经过以下四个阶段。

一是定向阶段。我们在一生中接触的人很多，但并不能同所有的人成为朋友。人们总是选择一定的对象成为自己的朋友。只有那些我们感兴趣的、在我们的价值观念上具有一定意义的人，才能成为建立和发展人际关系的对象。

二是情感探索阶段。在这一阶段，交往双方试图寻找进一步交往的切入点，以建立真实的情感联系。随着沟通的逐渐深入，自我暴露的广度与深度逐渐增加。因为是探索阶段，所以交往双方仅仅是试探着将交往加深，人际关系并未发生质的飞跃。

三是感情交流阶段。在这一阶段，人际关系发生了质的变化。双方取得了对彼此的信任，交往中自我暴露程度增加，并投入较多的情感。如果关系在此时破裂，交往双方均会面临较大的心理压力。人际关系发展到这种程度，双方不再囿于正式的交往模式，而是彼此提供真实的评价性反馈信息，并可相互提供建议。

四是稳定交往阶段。在这一阶段，双方心理上的相容性进一步增强，自我暴露更为广泛深刻，共享的内容和空间逐渐扩大。个体允许对方进入自己的高度私密领域，分享生活空间和财产。在实际当中，很少有人达到这一阶段，而是大多停留在第三阶段。

纵观人际关系发展的四个阶段，可以看出，人际关系发展到第三阶段就基本具备了亲密关系的特点，再继续发展到第四阶段就会成为刎颈之交或爱侣。

（三）爱情

1. 爱情及爱情的特征

爱情是一种人与人之间强烈的吸引状态，包括亲密、激情和承诺三个基本成分，是一种特别的亲密关系，是亲密关系的最深层次。亲密指的是与伴侣亲近和相联系的感觉。激情指的是双方关系中令人“热血沸腾”的部分——指向伴侣的生理唤醒，包括性吸引力。承诺包含两个决策过程：一个是爱你的伴侣，另一个是保持这份爱并和伴侣持久相守。爱情一般具有如下七个特征。

（1）爱情是一种强烈的依恋状态，相爱双方一日不见如隔三秋。有的人因与恋人分离而寝食不安、坐卧不宁，甚至于抑郁成疾。

（2）在爱情关系中，人们表达着更多的关怀，恋人的一举一动、一颦一笑都会让对方千回百转。

（3）爱恋的双方不计较得失、不考虑公平，把满足对方的需要当成自己的义务，且不求回报。

（4）对爱恋对象极其信任，交往中几乎不设防，很少考虑后果。

（5）爱情让人更加宽容，即使对方有缺点或令自己反感的行为，也能宽厚地接纳。

（6）爱情具有强烈的排他性，不能容忍他人介入，也不能容忍对方移情别恋。

（7）随着爱情的加深，爱恋的双方会更多地袒露自己的思想、情感、学识、能力等。感情越深，自我暴露的深度和广度越大。

以上七项特征，提供了许多有关爱情的线索和启示，有助于个体更加准确地区分爱情和友情，从而更好地处理人际关系。

2. 爱情的种类

人本主义心理学家马斯洛认为，爱在本质上是一种健康的情感交流，是双方的互相理解和完全接纳。这是一种趋于完美的状态。在现实中，并不是所有的爱情都能够达到臻于完满的状态。斯腾伯格（Sternberg，1986）的爱情三元论认为，爱情的三种基本成分——亲密、激情、承诺的不同组合形成不同形式的爱情。爱情可以由任何一个单一的成分组成，也可以是不同程度的三种成分的任意组合。根据爱情三元论，可以把爱情分为七大类：喜欢式爱情、迷恋式爱情、空洞式爱情、浪漫式爱情、友谊式爱情、愚昧式爱情和完美式爱情，如图 5.1 所示。

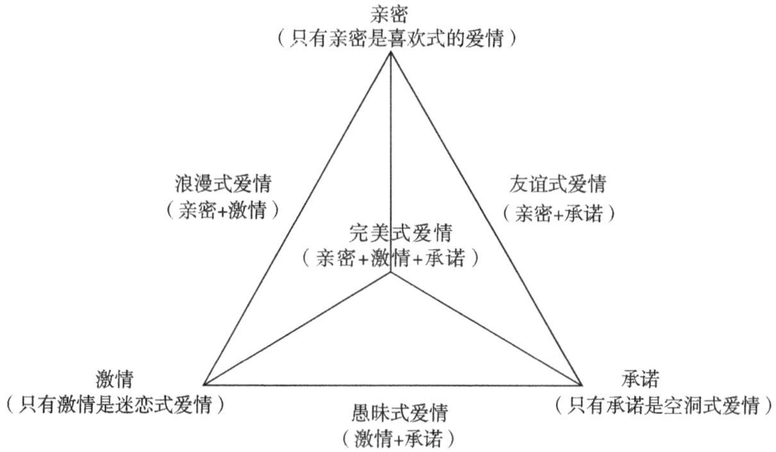

图 5.1　爱情三角形

（1）喜欢式爱情。当亲密程度高而激情和承诺非常低的时候，会产生喜爱。对他人的喜爱让个体产生与之亲近的意愿和行为，但不会引发激情，不会让人产生与对方共度余生的预期，自然也就不会产生对对方的承诺。

（2）迷恋式爱情。当激情程度高而亲密和承诺非常低的时候，会产生迷恋。迷恋的对象往往是不太熟悉的人，如单相思。斯腾伯格承认他自己曾经痛苦地一心一意地想着10年级生物课堂上的一名女生，但他却因为自己消瘦的体格从来没有勇气去认识她。他承认他对她的爱仅仅是激情，他是在迷恋着她。生活中有些年轻人狂热地追捧某个明星，也常常达到迷恋的程度。

（3）空洞式爱情。仅有承诺而没有亲密和激情的爱情为空洞式爱情。中国传统的包办婚姻就是典型的空洞式爱情。这种爱情也见于濒临死亡的婚姻关系中，夫妻双方既没有柔情也没有激情，只有对婚姻的承诺和责任感。夫妻双方体验到的是更多的负重感，一旦从婚姻中走出便觉得如释重负。

（4）浪漫式爱情。高度的亲密和激情成就浪漫式爱情。它是喜爱和迷恋的结合。处在浪漫爱情中的双方常常会向对方做出承诺，但是亲密和激情是主旋律，承诺是主旋律的衍生物。如果承诺不能占据更多的份额，它就会随着亲密和激情的消失而被当事人抛于脑后。

（5）友谊式爱情。高度的亲密和承诺达成友谊式爱情。亲近、交流和分享，以及为实现承诺所付出的感情和投资，使双方建立了深切而长久的友谊。这种爱集中体现在长久而幸福的婚姻之中。尽管激情已随着岁月的流逝而逐渐退去，但是彼此间深厚的友谊使爱情变得温馨持久。

（6）愚昧式爱情。缺乏亲密的激情和承诺会产生一种愚蠢的情感体验——愚昧式爱情。这种爱发生在旋风般的求爱中，在势不可挡的激情中迅速升级，当事人在感情上表现得激进、草率，头脑不够清醒和理智。由于双方并不了解，没有形成亲密关系，感情基础薄弱，因此感情不稳定，难以持久。

（7）完美式爱情。当亲密、激情和承诺同时以相当的程度存在时，人们体验到完美式爱情。这是人人想得到的一种理想的爱情模式。在爱情的三种成分中，激情是最容易发生变化，也是最不好控制的。当激情逐渐淡化和退去的时候，爱情的味道也就变了。斯腾伯格认为，完美式爱情在短时期内是可以存在的，但是很难长久坚持。

第四节 人际沟通

一、人际沟通的含义

人际沟通简称沟通，是指人与人之间传递信息、交流思想和情感的行为和过程，是人际交往的有机组成部分。人际交往从沟通开始，没有沟通就不会产生人际交往。沟通是人与人之间相互联系的最主要形式。人们面对面交谈、读书、看报、看电视、打电话、上网、书信来往等，都是在进行沟通。沟通的深度、广度和有效性，在很大程度上影响着人们的工作、学习效率和生活质量。沟通无处不在，个体几乎每做一件事都离不开沟通。例如，工作中需要和领导、同事沟通，家庭生活中需要和家人沟通，学习中需要和老师、同学沟通，等等。

二、人际沟通的结构

人际沟通由信息源、信息、通道、信息接受者、反馈、障碍和背景 7 个要素组成，如图 5.2 所示。

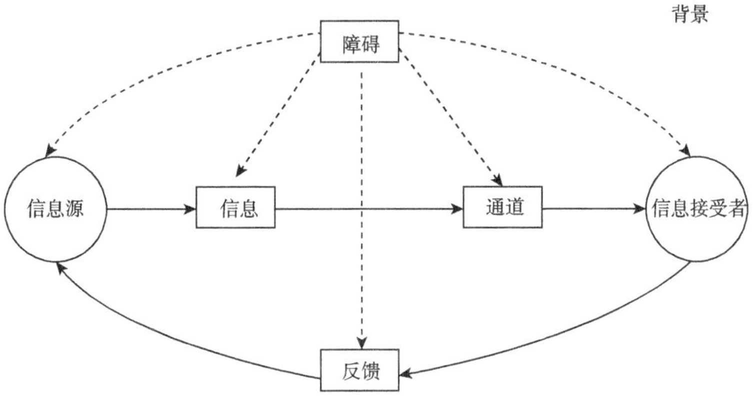

图 5.2　人际沟通的结构

1. 信息源

信息源即信息发出者，是将其本人所占有的信息，依据一定的沟通目的传递给沟通对象的个体。在实施沟通之前，作为信息源的个体需要根据沟通目的，有选择性地归纳和整理相关信息，把欲沟通的内容变为能够被沟通对象感知和理解的东西。

2. 信息

信息是指由信息源发出的，能够被沟通对象所察觉和接收的信号。从沟通意向的角度来看，信息是沟通者试图传达给他人的观念和情感。信息的形式可以是多种多样的，如口头表达、书面表达、身体语言等。在实际生活中，完全对应的沟通是很少见的，更多的沟通发生在大致对应的水平上，因为不同的知识和经验背景影响着个体对信息的理解和接受能力。

3. 通道

通道是指沟通信息所经由的途径。人的五种感觉器官都可以作为通道来接受信息。在个体所接受的信息中，大多数信息是通过视听途径获得的。随着信息时代的到来，人们获取信息的渠道越来越广泛，网络、电视、电话、广播、报纸、杂志、书籍等，为人们提供了大量的信息。心理学家认为，面对面的沟通是最为有效的沟通方式，因为在这种沟通中，沟通双方可以更好地利用各种通道捕捉和交换信息。

4. 信息接受者

信息接受者即接受来自信息源的信息的人。信息接受者在接受了携带信息的各种符号后，将根据自身已有的经验，将其转译为相应的知觉、观念或情感。这是一个复杂的过程，包括注意、知觉、转译和储存等一系列心理活动。

5. 反馈

反馈是指信息源和信息接受者在信息传递的基础上，针对沟通信息进行进一步交流的过程。反馈在沟通中是非常必要的，它可以使信息源和信息接受者及时了解信息传递和接收的状态，从而调节自身的沟通行为，使沟通更加准确、有效。反馈不仅来自于对方，也常常来自于沟通者自己。例如，当信息源认为自己传递的信息不能被对方很好地理解时，或信息接受者认为自己对对方传递的信息理解不够准确时，都会适时地进行调整。这种反馈称为自我反馈。

6. 障碍

障碍是指影响沟通顺畅进行的因素。障碍有的来自主观，有的来自客观。沟通中的任何一个环节出现问题都会造成沟通障碍。例如，信息源的信息不充分或不明确，其所传达的信息没有被很好地转换成信息接受者能够接收的信号，信息源和信息接受者之间的反馈渠道不畅通，等等。沟通中的障碍大多可以通过沟通双方的努力得以克服。事实上，整个沟通过程就是一个沟通双方不断克服障碍、交流信息的过程。

7. 背景

背景是指沟通发生的情境。所有的沟通都是在一定的背景中发生的，因此背景是影响沟通过程和结果的关键因素。同样的沟通信息在不同的背景中所蕴含的意义不同，同样的沟通方式在不同的背景中所起的作用也是不同的。例如，“你真行”这句话，如果用在沟通一方对另一方表达赞美的情境中，信息则是积极的，令对方愉悦的；如果用在一方对另一方不满的情境中，这句话便具有讽刺意味。

三、人际沟通的主要类型

1. 言语沟通与非言语沟通

根据人际沟通所凭借的媒介可将其划分为言语沟通和非言语沟通。言语沟通是以语言、文字为媒介而进行的沟通，可分为口头沟通与书面沟通。非言语沟通是借助于语言、文字之外的媒介，通过听觉、视觉、嗅觉、触觉等多种渠道传递信息，如着装、动作、姿势、表情、接触、非语词的声音和空间距离等进行的沟通。言语沟通可以穿越时空，是人类主要的也是最有效的沟通方式。通过言语，特别是文字，人们不但可以和同时代的人沟通，还可以了解过去的知识信息，以及把信息流传给后世；不仅可以面对面沟通，而且可以异地沟通，哪怕是相隔千山万水。非言语沟通虽然不像言语沟通那样有效，但是它在人际沟通中有着不可替代的作用。人的肢体语言、面部表情、说话的语气、身体的接触和距离等无不表达和传递着沟通的信息。

2. 主动沟通和被动沟通

按照个体在沟通中的主从地位可将人际沟通分为主动沟通和被动沟通。例如，法官在审问不愿交代罪行的犯人时，法官的沟通是主动沟通，犯人的沟通是被动沟通。主动沟通和被动沟通不是绝对的，也不是一成不变的，而是可以随着情境的发展和变化而互相转换。

3. 正式沟通与非正式沟通

按照社交情境的形式不同，将沟通分为正式沟通与非正式沟通。在正式社交情境中发生的沟通称为正式沟通，如参加学术会议、节日宴会等。在非正式社交情境中发生的沟通称为非正式沟通，如同学聚会、朋友聊天等。人们在正式沟通中，更加注重个人形象和言谈举止，期望在公众面前保持良好形象。而在非正式沟通中，个体更为放松，表现更为本色。

4. 有意沟通与无意沟通

有意沟通是指具有明确目的和意向的沟通。无意沟通是指沟通者没有意识到的沟通。有意沟通易于理解，而无意沟通不容易被人们认识。不管你是否意识到，出现在我们感觉范围中的任何一个人，都会与我们存在某种信息交流。例如，当一个人在大街上行走时，即使来往行人的密度比较大，他也很少与他人相撞。这是因为行人之间一直在进行着无意识交流，并根据交流的信息调整彼此的位置。又如，在火车站出站口，经常出现某个出口非常拥挤，而某个出口比较冷清的现象。这是因为拥挤的人流向旅客传递了此口可通行的信息，而冷清的出口传递的是此口可能不通的信息。无意沟通无处不在，它的广泛性和深刻性大大超出我们的想象。

5. 链形沟通、Y 形沟通、轮形沟通和圆形沟通

按照信息传递和相互作用走向，将正式团体内的沟通分为链形沟通、Y 形沟通、轮形沟通和圆形沟通。在链形沟通中，信息一个接着一个地传递（图 5.3）。在 Y 形沟通中，先进行链形沟通，再在某个节点分成两个链形分支（图 5.4）。在轮形沟通中，以一个成员为核心，向其四面八方传递信息（图 5.5）。在圆形沟通中，没有核心，每个人都可以与相邻的两个人交往，信息传递过程中团体成员处于平等地位（图 5.6）。每种沟通方式各有利弊，具体见表 5.2。

图 5.3　链形沟通

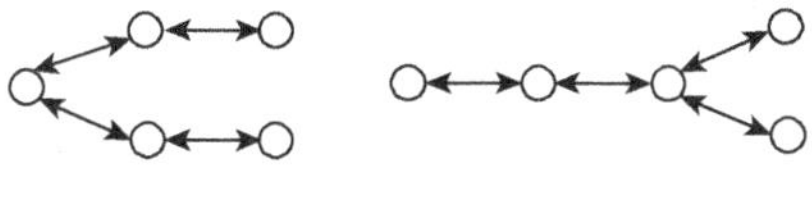

图 5.4　Y 形沟通

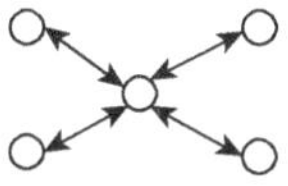

图 5.5　轮形沟通

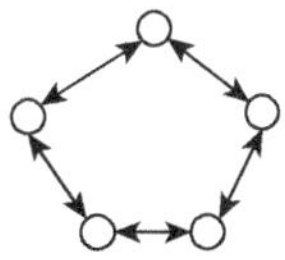

图 5.6　圆形沟通

表 5.2 各种沟通方式活动效率一览表

沟通方式	圆形	链形	Y 形	轮形
领导的明确性	低	中	高	高
成员的满意度	中	中	低	低
复杂任务工作质量	中	中	低	低
简单任务工作质量	中	中	高	高

四、人际关系的改善

人际关系是个体社会生活的有机组成部分。人际关系就像一个地磁场，不管个体主观上愿不愿意，它始终在潜移默化地影响着每一个人。和谐的人际关系对个体成长与发展的作用，就像水之于鱼，空气之于人。个体的生活质量、学习和工作效率都在很大程度上得益于或受制于人际关系。心理学家丁瓒曾说过："人类的心理适应，最主要是对人际关系的适应。所以人类的心理病态，主要是人际关系的失调造成的。"为了更好地发挥个人的潜能，充分利用一切可利用的资源，获得个人的最优成长与发展，我们必须重视人际关系，建立和发展良好的人际关系，为自己和他人创造良好的发展环境和空间。

（一）提高沟通能力

沟通是个体获得信息以及与人交流、建立感情的有效渠道。提高沟通能力对丰富个人生活、使个人适应社会、取得事业的成功具有重要意义。

在沟通过程中，个体既是信息传播者，又是信息接收者。因此改善沟通要从传播者和接收者两个层面去考虑，减少沟通障碍、提高沟通效率。传播者要注意选择适当的沟通方式，保证信息编码的准确性、信息传递渠道的畅通性，要有一定的反馈，使信息能够比较完整地被传递，达到预期的目的。另外，选择沟通的时机也很重要，有的信息具有很强的时效性，如果传递不及时就会失去意义，如新闻报道。有的信息传递过早，就会发散，减弱其应有的效力。例如，学生会要在元旦召开一个具有轰动效应的晚会，邀请了神秘嘉宾出席，如果嘉宾的名字过早地被传播出去，就会减弱其轰动效应。接收者普遍存在着忽视信息、拒绝接受信息和信息译码不准确等问题。现代人每天面临着铺天盖地的信息，出于对自我的保护，人的注意过滤机制总是会选择自身认为有用的信息，"删除"无用的信息。由于信息超载，一些有用的信息常常被忽视，这就造成信息接收的延时或失败。信息接收者要经常思考自己在一定时期内需要重点关注的事情，提高对相关信息的敏感性，积极地接收和理解信息，并及时给对方以反馈，对信息进行调整，使其更准确。有的信息不是自己喜欢的却是非常必要的，如善意的批评，这时就要摆脱情感的束缚，更多地获取对信息意义的理解。总之，沟通能力是在不断的沟通中逐渐提高的，只要做一个有心人，有意识地去改善它，就一定能够收到良好的效果。

（二）养成良好的个性品质

心理学家阿伦森（Aronson and Worchel，1966）调查发现，在人际交往中受人喜爱的人往往具有以下特征：信仰价值观与自己相同的人；有技术、有能力、有成就；具有令人愉快或崇拜的品质，如忠诚、理解、诚实、善良；喜欢自己。由此看来，良好的个性品质是建立积极的人际关系的重要主观因素，在人际交往中，个体对待别人的态度和方式决定着自己怎样被别人对待。

个性具有较强的可控性和可塑性。大学生已经是成年人，完全具备个性自塑的条件。要养成良好个性，一要认识自我，了解自己个性中的优势和劣势，愉快地接纳自己，让自己充满自信；二要加强自身修养，用知识武装头脑、增加内涵，使自己的言谈举止散发独特的、令人愉悦的个人魅力；三要养成良好的行为习惯，在日常生活和学习中塑造自己的个性；四要学会内省，经常自我反思，有意识地强化优良个性，弱化和纠正不良个性。

（三）学习人际交往技巧

人际交往技巧可以帮助个体建立良好的人际关系，以下是几种行之有效的方法。

（1）尽快记住交往对象的名字。让对方觉得你认为他是重要的，你真正对他感兴趣。

（2）真诚地赞美别人。用宽容、欣赏的眼光看待他人，善于发现他人的长处和优点，不失时机地由衷赞美别人。

（3）主动开放自我。适时向他人敞开心扉，暴露自己的内心世界，主动地给予对方信息，同时传达你的交往意愿。

（4）主动向人求助，热情地帮助别人。主动求助传达了你对他人的信任，而热情地助人表达了你对他人的尊重和支持。

（5）学会换位思考。站在对方的角度思考问题，以同理心理解他人。减少对他人的期待，不强求别人，尊重别人的选择。

如果你能努力做到以上几点，你就会发现，你的人际环境正在悄然改变：朋友之间的不快荡然无存，亲人之间的感情日渐深挚，能够畅言的知己越来越多，人际交往悄然成为一件自然与轻松的事，生活变得更加充实愉快。这一切让你对人生抱以乐观的态度，对明天充满美好的希望，你的生命价值将得到进一步提升。

【学习体验】

每人拿出一张正方形的纸，按照以下口令（口令由老师发出）撕纸：将纸对折，再对折。在左上角撕下一个边长为 1 厘米的正方形，再在右下角撕下一个半径为 1 厘米的扇形。再次对折后，在下部中间撕去一个半径为 1 厘米的半圆。注意：操作时只可按照口令做，不可向老师提问。请思考：为什么一样的指令却导致了不同的结果？在沟通中应怎样提高沟通效果？你在人际交往中有什么体会和技巧？请与大家分享。

【思考题】

1. 人际交往有什么意义？
2. 哪些因素影响人际吸引？请结合实例谈一谈你的个人体会。
3. 你认为人际关系与个人的发展有什么关系？

第六章

公共管理中的社会行为

【学习导读】

1. 了解从众概念和影响从众的因素。

2. 理解服从概念，掌握影响服从的因素。

3. 理解亲社会行为的概念、掌握亲社会行为的主要理论、懂得亲社会行为的培养方法。

4. 理解侵犯的概念，掌握关于侵犯的主要理论。

【课前案例】

据羊城晚报报道，2011 年 10 月 13 日下午 5 时 26 分，小悦悦在佛山南海黄岐广佛五金城内一条小巷玩耍，一个人走在路上。这时，前方一辆白色面包车缓缓驶来，像没有看到女童一样，开始加速，并将小悦悦卷到了右侧车轮下，从小悦悦的胯部碾过。面包车停了一下，又加大油门，后轮再次碾过小悦悦的身体。十几秒后，3 个路人经过此地，其中一男子从女童身边绕过，看也没看；另外两人看了女童一眼并绕过，没有放慢脚步。紧跟着，一辆小型货柜车开了过来，像没有看到一般，右侧前后轮两次碾过小悦悦的双腿。此后几分钟内，又有 4 辆电动车、三轮车和 3 位路人经过（其中一位女士领着一个五六岁的女孩），但都只是看了一下，没有伸出援手，也没有打电话求助。而路边的店铺也没有人走出来看一眼。

当天下午 5 时 33 分，一位捡垃圾的阿姨经过小悦悦身旁，试图扶起她，但小悦悦一下子就瘫倒在地。阿姨把小悦悦抱到了路边，似乎在向旁边的店铺喊话询问，但没有人出来。之后这位阿姨向巷子里走去，几秒钟后，一位年轻的女士出现，抱起了小悦悦，匆忙离去。记者了解到，这位女士是小悦悦的妈妈，她立马把女儿送往医院救治。

在现实生活中，个体与个体、群体与个体间发生相互作用，从而使个体表现出各种各样的社会行为：个体在群体压力下，在认知、态度、信仰及行为上与群体中多数人保持一致；大多数人受到少数人意见的影响而改变其原有的认知、态度、信仰，转而采取与少数人一致的行为；个人按照社会要求、群体规范或别人的愿望而被迫做出某种行为。我们在社会生活中还常常看到助人与利他的亲社会行为现象，如志愿者行动、义务献血、见义勇为等，同时也看到吵架、斗殴、凶杀等反社会行为现象。本章主要介绍从众、服从、亲社会行为和反社会行为这几方面的基本内容。

第一节　社会影响与社会行为：从众与服从

在班干部换届选举中，会出现这样两种情况：一是自己虽然不怎么同意某同学当班干部，但看到班里大多数同学都同意了，于是自己也举手表示同意。二是班里多数同学不同意某同学出任班干部，但该名同学是班主任极力推荐的人选，结果该同学就当选了。前者是从众现象，后者是服从现象。

一、从众

（一）什么是从众

从众是指个人的观念与行为由于群体的引导或压力，而向与多数人相一致的方向变化的现象。平常人们所讲的"随波逐流""人云亦云"指的就是从众现象。从众现象具有普遍性，并以不同的形式表现在人们的日常生活中，可以表现为在临时性的特定情景中对占优势的行为方式的采纳，如助人情景中跟随大家帮忙、暴乱情景中跟随大家一起破坏、旁观情景中跟随大家围观等。也可以表现为长期性的社会情境对占优势的观念与行为方式的接受。例如，顺应风俗、习惯、传统等，开会形成决议时因进行举手表决而导致少数派由于多数人举手的压力而赞同多数人意见，婚礼模式与礼节的习俗沿袭，等等。

（二）从众的实验研究

由于从众是一种常见的社会现象，因而社会心理学家对此进行了大量的实验研究，其中有两个经典的研究是谢里夫和阿希的实验。

1. 谢里夫的实验

谢里夫（Sherif，1936）利用"游动错觉"研究个人反应如何受其他多数人反应的影响。实验过程十分简单：单个的男大学生坐在一个黑暗的屋子里，观察一个单个的光点。每个学生都被告知这个光点会移动，而被试的任务就是推测光点移动的距离。大部分被试发现推测光点移动的距离是十分困难的，这是因为光点看起来会以不同的速度，向不同的方向移动。实际上，这个实验应用了"似动效应"这一感觉幻觉：黑暗中的一个单个光点看起来好像会移动，但实际上它是固定不动的。

在单独估计时，被试的个体差异很大，从几英寸（1 英寸=2.54 厘米）到数十英尺（1 英尺=0.304 8 米）。但是，如果将个人组成一个两人或三人的小组，让他们在同一房间里一起观察，但每个人还是报告自己的估计，他们会很快发生相互影响，并最终聚集至一个共同的平均距离。这表明个体的判断会受到群体的影响，如图 6.1 所示。

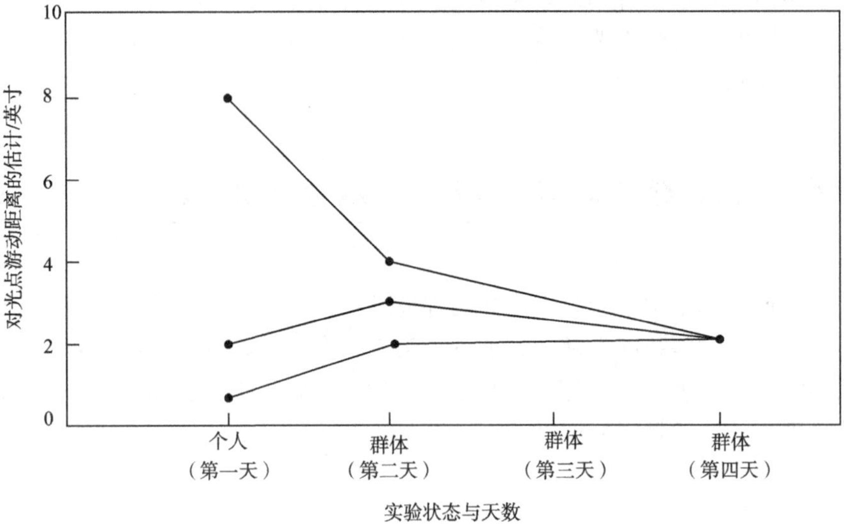

图 6.1 游动错觉判断实验

图 6.1 是一个三人小组 4 天中的单独估计与三人一起估计时的距离变化情况。从第二天开始，原有的个人差异逐渐缩小，并最终于第四天聚集至同一距离。

2. 阿希的实验

在谢里夫的实验中，被试对正确答案是十分不确信的。那么从众现象是否只是在这种模糊的环境下才发生呢？阿希对此产生了兴趣。如果刺激情境是清晰的，人们还会从众吗？阿希做了这样的预期：当人们面临一个非模糊的环境时，人们会理性客观地解决问题。当团体所言所行与一些显而易见的事实相违背时，人们会顶住社会压力而由自己决定该怎样做。为了验证自己的假设，阿希进行了以下实验。

阿希将被试组成 7 人小组，请他们参加所谓的知觉判断实验。实验的真正目的是考察群体压力对从众行为的影响。7 名被试中，只有编号为 7 的被试为真被试，其他均为实验助手。

被试与其他群体成员都围着桌子坐下后，实验者依次呈现 50 套两张一组的卡片。两张卡片中，一张画有一条标准直线，另一张画有三条直线，其中一条同标准直线一样长（图 6.2）。

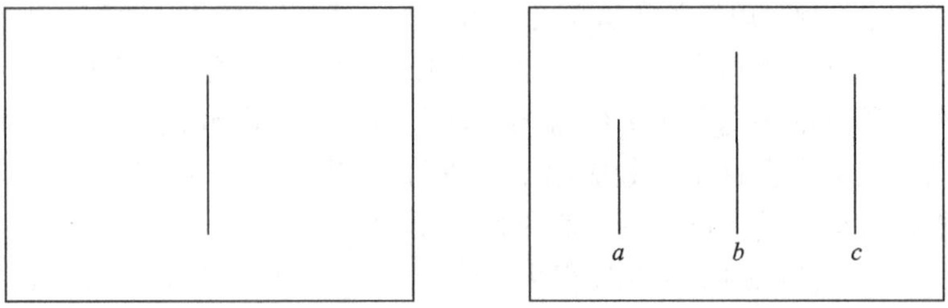

图 6.2 阿希从众实验使用的卡片

被试的任务是在每呈现一套卡片时，判断三条编号依次为 a、b、c 的比较线中哪一条与标准线一样长。

实验开始后，前面两次比较平静无事，群体的每一个成员都选择同一条比较线。作为 7 号（第 7 个进行判断）的真被试开始觉得自觉判断很容易、很快。在第三组比较时，实验助手们开始按实验安排故意做错误的判断。被试听着这些判断，困惑越来越大。因为他要等到第 7 个才说自己的看法，所以必须先听前 6 个人的判断。结果，他面临着一个是相信自己的判断，还是跟随大家一起做错误判断的两难问题。实验结果表明，数十名自己独自判断时正确率超过 99%的被试，跟随大家一起做出错误判断的总比率占全部反应的 37%。75%的被试至少有一次屈从了群体压力，做了从众的判断。

实验结束后，实验者询问被试发生错误选择的原因，从被试的回答中，可以将错误归纳为以下三种类型。

（1）知觉歪曲：被试确实把多数人的错误判断看成是正确的，以他人的反应作为自己判断的参照点。

（2）判断歪曲：被试虽然意识到自己看到的与别人判断的不一样，但却认为多数人总比个人要正确些，因而采取从众。

（3）行为歪曲：被试虽然确认自己是对的，错的是他人，但不愿被群体视为越轨者，所以在行为上顺从。

后来，许多学者在不同的国家和地区重复了阿希的实验，大都获得了类似的结果。国内学者也做过类似的实验，其结果与阿希的研究基本一致。这说明从众现象具有普遍性。

（三）影响从众的因素

人们在社会生活中为何会从众？其原因是人们在日常生活中往往是根据他人提供的信息来生活的，尤其是在一个令人困惑或者陌生的情景中，自己不知道应该怎样做的情况下，周围人的行为就成为我们如何反应的线索，于是我们决定以类似的方式行动。另外，每个人都希望与他人关系融洽，不愿意被别人当作越轨者或异常者，因为生活经验告诉人们，越轨者是不受欢迎的，也是不安全的。正是由于这些原因，人们产生了从众行为。

在社会生活中，一个人并不是在什么情况下都会从众，在同一情境下，也不是任何人都会从众的，从众是受情境、群体、个体及文化差异等因素制约的。

1. 情境因素

（1）刺激物的内容。如果刺激物的内容无关紧要，不涉及原则问题，人们较容易从众；而如果刺激物的内容涉及伦理、道德、经济、政治、国家安全等原则问题，人们就不太容易从众。

（2）刺激物的清晰性。刺激物越模糊不清，人们越可能表现出从众行为。在谢里夫的移动错觉实验中，由于刺激物是高度模糊的，被试只好以他人判断作为自己判断的参照系统。在阿希的实验中，如果 a、b、c 三条线段的长短相差无几，则被试的从众性增大。后来有人在重复阿希的实验时，先把线段给被试看几秒钟，然后拿开，再让被试判断，结果发现，单凭记忆被试更容易表现出从众行为，因为此时刺激物在他的头脑中已经比较模糊了。

（3）当情况处于危机时刻时。在危机时刻，人们通常需要立即采取行动，但由于没有时间可以停下来思考应该采取什么行动，加上危机给人们带来心理上的害怕、恐慌而使其不知所措，他们很自然地就会去观察别人的反应，然后照着去做。

2. 群体因素

（1）群体的一致性。如果群体中只有一个人持不同意见，则他要承受巨大的压力。而如果群体中另外还有人持反对意见，则会使前者的从众压力有所缓解，从众率明显降低。阿希在进一步的实验中，让一位假被试做出不同于其他多数人的反应，结果被试的从众行为减少了 3/4，因为被试有了一个“合作者”，并从中得到了巨大的支持力量。即使这个假被试并没有发表与被试相同的意见，但只要他与群体的意见相异，就会增强被试的信心，减少被试的从众行为。

（2）群体规模。当群体规模为多大时，人数对从众行为没有影响？阿希（Asch，1955）和其后的一些研究者发现，当群体的数量增加时从众行为也会增加，但一旦群体人数达到 4 人或 5 人，从众行为就不会再增加太多，如图 6.3 所示。

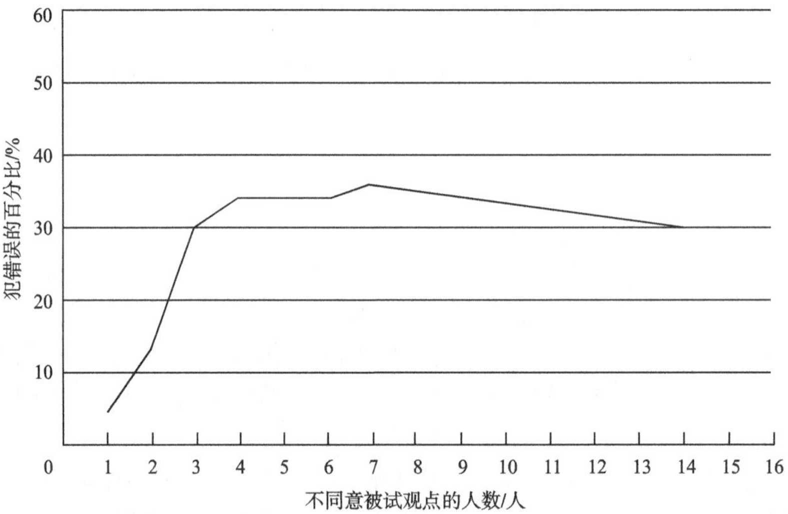

图 6.3 群体规模对从众行为的影响

（3）群体的凝聚力。群体的凝聚力越强，群体成员之间的依恋性及其对群体规范的从众倾向也越强，个体会为了群体的利益与群体意见保持一致。有研究发现，个体在有共同目标的群体中更容易从众。

（4）个体在群体中的地位。一般来说，地位高的成员经验丰富、能力较强、信息较多，他们的看法和意见能对群体产生较大的影响，并使地位低的成员屈从，而他们很难被地位低的成员影响。个体在群体中的地位越高，越具有权威性，就越不容易屈服于群体的压力。例如，校长在老师面前、老师在学生面前、长辈在晚辈面前都会较少从众，甚至特意通过“不从众”以显示自己的与众不同。

3. 个体因素

（1）知识经验。人们对刺激对象越了解，掌握的信息越多，就越不容易从众，反之则越容易从众。如果一名医生和一群教师讨论教育问题，他往往不会反对教师们的意见，因为他对此问题不甚了解；而如果讨论健康问题，他可能会反对教师们的一些意见，因为他在这方面知识经验丰富。

（2）个性特征。个人的能力、自信心、自尊心、社会赞誉需要等都与从众行为密切相关。能力强、自信心强的人，不容易发生从众。有较高社会赞誉需要的人，特别重视他人的评价，往往以他人的要求与期望作为自己的行为标准，所以他们从众的可能性更大。顺从型性格的人，也容易表现出从众行为。

（3）性别和年龄。人们通常认为，女性比男性更易从众。这种观点多年来或多或少地被人们作为一种生活中的事实而普遍接受。多数实验得到的结论也证实了这一点，一项元分析的结果表明（Cooper，1979），不同性别的从众性在各个国家略有不同，但基本一致，即女性比男性更容易从众。然而，20 世纪 70 年代的一个研究对这一结论提出了异议。研究者指出，过去的研究之所以得出女性比男性更容易从众的结论，是实验所选用的材料造成的。因为实验的材料大多是为男性所熟识而为女性所生疏的，后来，研究者选择了一些对男女均适用的材料进行实验，结果表明，女性和男性在各自不熟识的材料上，都表现出较高的从众倾向，而在那些熟识程度相仿的实验材料上，从众的性别差异很小。从年龄来说，儿童比成人更容易从众。

4. 文化差异

从众与文化背景有关。米尔格莱姆（Milgram，1963）对法国和挪威的大学生进行对比研究后发现挪威人比法国人更容易从众。他认为部分原因可能是法国文化鼓励独立与个性，而挪威文化则鼓励忠诚于集体、重视社会责任。邦德和史密斯（Bond and Smith，1996）用阿希的方法在 17 个国家做了 133 次实验，结果发现在集体主义社会（如中国、挪威、日本）里的人比在个人主义社会（如美国和法国）里的人更容易从众。可见，文化差异对从众行为确实存在影响。

（四）众从

1. 什么是众从

众从是指群体中由于多数人受到少数人意见的影响而改变其原来的态度、立场和信念，进而采取与少数人一致的行为。人们体会到，有时候大多数人的意见未必正确。在少数人意见保持一致，并坚持自己观点的情况下，多数人可能会怀疑自己的立场是否正确，并在思想上动摇不定，甚至一部分人会首先转变态度，倾向于支持少数人所持有的意见，从而使多数派群体内部思想瓦解，进而越来越多的人转变立场，开始听从少数派的意见。这样少数派在整个群体中就起到了举足轻重的作用。因此，少数人的立场和态度也不可被低估。

2. 众从行为产生的条件

众从行为产生既与少数派成员内部的因素有关，也与多数派成员内部的关系有关。

1）少数派成员内部的因素

（1）少数派成员团结一致。

有关实验表明，少数派群体成员的态度和行为只有保持团结一致才具有影响力，如果左右摇摆不定，就不会对多数派产生任何影响。这里的一致性，不但指少数派成员意见的一致，而且还包含少数派成员的行为在时间上的前后一致、始终不变。小群体的一致性能够体现出成员的坚定性和自信心，能产生足够的力量促使多数派转变态度并采取与少数派相同的行为。

（2）少数派成员行为的独立性。

少数派要对多数成员产生影响力，还必须具备行为上的独立性，表现出与众不同的行为，使多数派成员感到压力，促使多数派依从少数派，但这种独立性必须符合时代精神的发展。莫斯科维奇等（Moscovici et al.，1969）在一项实验中研究了男女平等问题。研究者让被试充当多数派，让他们了解少数派的立场是赞同时代精神（主张男女平等）还是反对时代精神（反对男女平等），观察被试反应如何。结果表明，在赞同时代精神的条件下，少数派影响力显著，从而使多数派的影响力随着多数派内部的意见分歧而变小了。

（3）少数派成员中有权威人物的参与。

当少数派由权威人物组成，或少数派成员中有权威人物参与时，其影响力便会大大增强。因为权威人物地位高、威望大，是整个群体中的核心人物。人们一般都乐意接受权威的指导，听从权威的命令。群体中的权威人物比其他人更具有力量，由于权威人物占据很大的地位优势，可以左右其他人的行为。因此，当权威人物站在少数派立场时，"权威效应"增加了少数派意见的可信度，对多数派产生了更大的心理压力，迫使多数派放弃原有的观点，表现出"众从"行为。

2）多数派成员内部的关系

（1）多数派内部缺乏群体凝聚力。

如果多数派内部缺乏群体凝聚力，就容易产生众从行为。因为缺乏凝聚力或凝聚力不强的群体，其人际关系不佳，群体成员各行其是。这意味着群体本来处于一种动荡的危机状态，一旦有外界压力，其成员受压力的影响，就会立即转向少数派一边。研究表明：松散型群体受外界压力的影响而发生态度转变、接受他人意见的可能性比凝聚型群体要大得多；而如果多数群体中存在一两个中坚分子（the hard core），情况就大为不同。

（2）多数派成员内部的意见分歧。

多数派成员内部矛盾重重、意见分歧很大、缺乏统一的指挥，则极易受少数派的影响，导致众从行为的发生。在少数派的行动压力下，多数派成员对事物的信念容易发生动摇，对自己所处立场的正确性产生怀疑。由于失去了行为的参照准则，多数派成员对自己应该如何行动举棋不定，于是不得不采取现实主义态度，转而倾向于少数派的立场。

（3）多数派成员对真实情况不明确。

在多数派成员对他们遭遇的问题的真实情况缺乏了解、把握不大的场合下，他们的态度常处于模棱两可的状态，众从行为亦时有发生。人们的思维都具有认同作用，在需要对一件不明确的事物表明态度的时候，常常会以其他人的意见作为自己观点的参照系统。如果群体中少数派的立场坚定，那么多数派成员就会认为少数派的观点肯定是正确的，然后在少数派的影响下，产生众从行为。

二、服从

（一）服从的定义

服从（obedience）是指由于外界压力，个体发生符合外界要求的行为。外界压力主要来自两个方面：一是他人，二是规范。人们除了服从他人（父母、老师和领导等）之外，还要服从规范（政策法规、组织纪律和约定俗成的惯例等）。人们在社会化过程中都有这样的经历：幼儿时期服从父母、上学时服从老师、工作时服从领导，因此对权威与规范的服从也是一个人对社会的适应是否良好的重要标志。

服从、从众和众从都是社会影响下的产物，都是因为压力而导致的行为，但它们之间既有共同点，又相互区别。它们都属于个人在群体中表现出来的行为，在群体行为中有时可能交织在一起，难以分开。它们之间的区别在于服从是被动的，如对行政命令、群体规范或权威意志的服从，是无条件的，不管是理解还是不理解，都得服从。从众或众从不是对群体规章的服从，而是对社会舆论或群体众人执行规范所形成的压力的服从。从众或众从也可能是一种违心的行为，但它不是为了执行群体的明文规定或权威人物的命令，而是为了消除群体压力，求得心理上的平衡。

（二）服从的类型

（1）根据服从行为发生时服从者内心是否发生冲突，可以把服从分为“口服心服”和“口服心不服”两种。这里所说的“服从”，不是单指口头上表示服从，更重要的是指行为上的服从。“口服心服”就是一种表达内心层次也高度认同的服从，它一方面可能是出于对发指令者的崇拜和佩服，另一方面也可能是认识到指令的高明正确，因而心悦诚服。“口服心不服”是一种仅达到外显行为层次的服从，它是由于发指令者有相当大的权威，能够在某些方面控制和威慑服从者，服从者无可奈何而暂时服从。“口服心不服”和“口服心服”两者之间可以转化。例如，在班干部改选时，班主任提名某个同学作为班干部候选人，该同学能力很强，但性格较内向，不太喜欢和同学交往，因此，部分同学不太赞同班主任的提名，但在班主任的极力鼓动下，这些同学虽然心里有些不服气，但也投了赞同票，使该同学顺利地当上了班干部。后来，在该同学带领下，班里的各项工作开展得有声有色，班级成绩突出，并被评为学校先进班集体，当初这些“口服心不服”的同学逐渐变为“口服心服”。

（2）根据服从对象，可将服从分为对人的服从和对规范的服从两种。小孩服从家长、学生服从老师、老师服从校长，都是对人的服从。一般来说，对人的服从都是下服从上、小服从大、弱服从强。而上课要依时、旷课要请假，都是对规范的服从。规范既可以是明文规定的，也可以是约定俗成的。在联欢晚会上击鼓传花，花落谁手谁就表演节目，这是大家约定的规矩，一般人都会自觉地按这个规矩办，这就是服从。因此，不论哪个人接到花后，都会按照事先的约定表演节目，如果不这样做，则被大家视为不正常。

（三）服从的实验研究

运用科学方法对服从现象进行的研究最有影响的是社会心理学家米尔格莱姆（Milgram，1963）在美国耶鲁大学进行的权威-服从实验。

米尔格莱姆以登广告的方式，公开招聘实验的被试，结果有 40 名市民应聘为被试，这些被试年龄均在 25~50 岁，他们从事不同的职业，每次实验的报酬是 4.5 美金。

通常情况下，美国社会心理学实验的研究对象都是大学生，但米尔格莱姆的权威-服从实验，却是通过广告的形式来选择社会中的普通人作为被试。这就使研究结果具有更广泛的意义。

在米尔格莱姆的实验之前，他请精神病专家、大学生和一般的白领阶层成人共 110 人来预测结果，认为被试对学习者施以最强的 450 伏电击的可能性只有 0.1%。

研究的实际结果与人们的预测大相径庭。虽然实验在电压加强到 300 伏时，特别设定了受电击挣扎、蹬踢墙壁的声音，但在 40 名被试中，只有 5 人在电压到 300 伏时就拒绝继续提高电压，有 4 名被试在电压到 315 伏时开始不服从实验者的指示，在电压为 330 伏时停下的有两人，在电压为 345、360、375 伏停下的各一人，即总共有 14 名被试最终拒绝了实验者继续增加电压的命令，占总数的 35%；但是更多的被试一直服从实验者的指示，将实验一直进行到最后电压达到最高的 450 伏，这类被试的人数达 26 人，占总数的 65%。实验结果详见图 6.4。

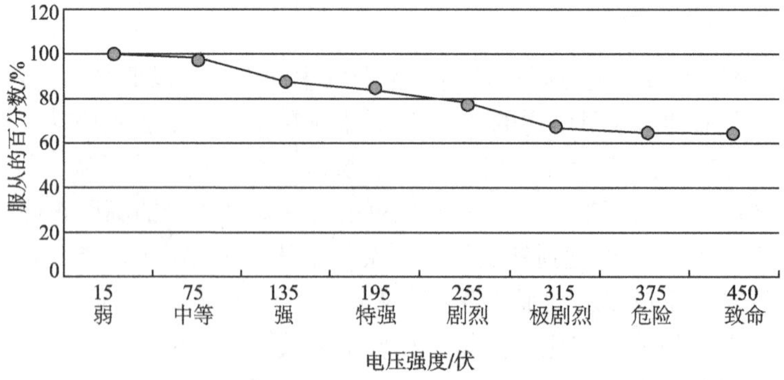

图 6.4 米尔格莱姆的服从实验

（四）影响服从的因素

人究竟会在什么情况下服从，什么情况下拒绝服从呢？哪些因素会对服从行为产生影响呢？心理学家们经过进一步的研究，发现下列因素与服从有关。

1. 命令者的权威性

命令者的权威性越大，越容易导致服从。职位高、权力大、知识丰富、年龄较大、能力突出等，都是构成权威影响服从的因素。另外，命令者手中如果掌握着奖惩的权力，也会使服从行为大大增加。在米尔格莱姆的实验中，负责发出命令的人是耶鲁大学一位很有名望的心理学家，并且他宣称该实验研究的是一个重要的科学问题，这种专家权威性增加了服从的可能性。如果主持实验的不是一位专家，那么服从率就有可能降低。

2. 情境压力

在米尔格莱姆的预测实验中，没有一个人预测被试会将电压升至 450 伏，但实际上有 65%的被试这样做了。除了其他的影响因素外，情境压力也是一个重要因素。旁观者无法体会当事者的心理感受，因为他没有身临其境。我们可以从两个方面来探讨情境压力对服从的作用。

（1）权威的靠近程度。米尔格莱姆在进一步的实验中，把主试和被试的关系分为三种：第一种，主试与被试面对面地在一起；第二种，主试向被试交代任务后离开现场，通过电话与被试联系；第三种，主试不在场，实验要求的指导语全部由录音机播放。结果表明，权威越靠近，完全服从的比例越高；反之，服从率越低。权威的压力由于距离的扩大而减小。在第二和第三种情况下，有的被试还会弄虚作假、欺骗主试。例如，他们发出的电击强度低于实验者的要求，而且事后不告诉实验者。

（2）受害者的靠近程度。在实验中，“学生”被绑在隔壁房间里，被试的服从率为 65%；如果被试与学生同处一室，则服从率降至 40%；如果被试必须把学生的手按在电极上才能实施电击，则服从率降至 30%。可见，一个人对他人造成的伤害越直接，他感受到的内心压力越大，服从率就越低；被试离被害者越远，越容易服从。所以，有的学者担心，如果战争发展到只需要在室内按电钮的阶段，那么人们就会更容易听从权威的命令，后果将是可怕的。

3. 服从者的道德发展水平和人格特征

在涉及道德、政治等问题时，人们是否服从权威，并不单独取决于服从心理，而与他的世界观、价值观密切相关。米尔格莱姆采用科尔伯格的道德判断问卷测验了被试，发现处于道德发展水平的第五和第六阶段上的被试，有 75%的人拒绝服从；处于道德发展水平第三和第四阶段的被试，只有 12.5%的人拒绝服从。可见，道德发展水平直接与人们的服从行为有关。

米尔格莱姆对参加实验的被试进行人格测验，发现服从的被试具有明显的权威社会主义人格特征，有这种权威人格特征或倾向的人，往往十分重视社会规范和社会价值，主张对违反社会规范的行为进行严厉惩罚。他们往往追求权力和使用强硬手段，毫不怀疑地接受权威人物的命令，表现出个人迷信和盲目崇拜；同时他们会压抑个人内在的情绪体验，不敢流露出真实的情绪感受。

第二节 亲社会行为：助人与利他

2014年3月1日晚9时20分，8名暴徒持刀在昆明火车站广场、售票大厅等处砍杀无辜群众，造成29人死亡，143人受伤。在这次事件中，有一群普通人用他们的行动拯救他人，他们是车站广场丁姓保安、宏盛招待所陈宇贵、牛肉面馆保安老刘、老板娘陈芳……他们面对凶徒暴行挺身而出，为拯救他人失去了自己的生命。这些人都是昆明3·1事件中值得被记住的人，他们的行为就是典型的亲社会行为。

一、什么是亲社会行为

首先，需要区别两个概念：利他和亲社会行为。利他（altruism）指的是自愿采取的帮助他人的行为，且预期不会得到任何形式的回报，除了觉得自己也许做了一件好事（Schroeder et al.，1995）。依据此定义，一种行为是否是利他的，依赖于助人者的意图。一个陌生人将一位意外事故的伤者送到附近的医院并帮其办好有关手续，然后不要伤者任何回报就离开了，既没有留下自己的姓名，事后也没有告诉任何其他人，这种行为就是利他行为。平常我们所讲的“毫不利己，专门利人”就属于这种行为。

亲社会行为（prosocial behavior）是一个更加广泛的概念，指一切有益于他人和社会的行为，如助人、分享、谦让、合作、自我牺牲等。它包括任何类型的帮助或想要帮助他人的行为，而不管助人者的动机是什么。一些亲社会行为是非利他的。例如，若一个大学生参加青年志愿者活动，其目的是给他的朋友们留下良好的印象或增加自己未来找工作时的砝码，那他就并不是在做一种利他的行为。亲社会行为是一个行为连续体，从最无私的利他行为，一直到完全被自己的利益驱动的助人行为都是亲社会行为。

二、关于亲社会行为的理论

自20世纪60年代起，亲社会行为就成为社会心理学的一个较吸引人的研究课题，许多社会心理学家所关注的焦点是人们为什么助人、什么时候会助人以及为什么一些人比其他人助人更多。通过大量的研究，他们提出了许多理论。在这里介绍影响较大的几种理论。

1. 进化心理学：本能与基因

进化心理学试图用根据自然选择法则长时间进化来的基因因素来解释亲社会行为。持这种观点的心理学家认为，人们帮助他人，有三个根植于我们基因中的因素：①亲属选择，自然选择偏好那些帮助亲属的行为；②互利规范，遵循互利规范有生存优势，期望帮助他人后，能够增加他们将来帮助我们的可能性；③学习社会规范，学习和遵守各种社会规范的能力有生存优势，包括利他行为。

国外的研究指出，人们在类似房子失火这种危急关头，会更可能帮助血亲而非无血缘关系的人。但是，如果在非生死攸关的情况下，人们帮助血亲的可能性并不比非血亲大，这些研究支持了人们更可能采取确保他们自己的基因生存的行为方式的观点，无论性别与国籍（Burnstein et al.，1994）。

进化心理学从本能与基因的角度出发来解释人们的亲社会行为，有助于加深我们对亲社会行为的基本动机的理解。但它很难解释没有共同基因的陌生人为什么有时候会互相帮助，而且这种帮助也不期望将来是否有回报，因而遭到一些人的批评。

2. 摩根和帕克的“助人的代价–报偿模式”

虽然一些社会心理学家反对亲社会行为的进化，但同意利他行为可能基于利己的观点。社会交换理论认为，我们所做的许多事源于最大化报酬和最小化成本的期望。摩根和帕克（Morgan and Peck，1978）认为，帮助别人时要付出的代价和可能得到的报偿之间的关系，是人们决定是否做出助人行为时所主要考虑的，因而提出“助人的代价–报偿模式”（cost–reward model of helping）。这一模式指出，当助人得到的报偿超过付出的代价时，助人行为最容易发生。这里所说的代价不限于钱财上的支出，而是包括所有助人行为带来的负面的结果，如钱财、时间和精力的损失和可能带来的麻烦或危险。同样，报偿也不仅指物质的报偿，还包括社会强化，特别是来自个人钦佩的人、自己喜欢的人或与自己相似的人的赞誉，同情也是一种报偿。助人这个行动本身，会使当事人感到自己做了一件有意义的事，提高了个人有效性的感觉，也可以提高自尊与自我价值感，也是一种重要的报偿。虽然代价与报偿之间的关系决定了助人行为发生的可能性，但由于个人的价值观不同，因此，在一个特定情境下每个人权衡的结果不同，是否做出助人行为的决策也会不同。所以，对于某个特定的人而言，随着助人代价的提高，助人行为的发生率降低；随着助人报偿的提高，助人行为的发生率提高。

拉塔涅和达利（Latané and Darley，1970）进行过一项非紧急状态下的助人行为的研究，这个研究在一定意义上，可以佐证这个模式。他们指导大学生到纽约街头向 1 520 名过路人请求帮助，内容分别是问时间、问路、换钱、问对方的名字和向对方要一角钱。提供帮助的情况是：告诉时间 85%；指路 84%；换钱 73%；告诉名字 39%；给钱 34%。显然，助人行为的发生率随代价的提高而降低了。换钱比告诉时间和指路麻烦一些，所以帮助的比率小一些。而告诉陌生人自己的名字是有些冒险的，无缘无故给陌生人钱也是“不值”的，所以对这些求助的反应就大大降低了。而当学生说由于自己的钱包被人偷走，要求对方给一角钱的时候，有 72%的人都做出了积极的反应。当学生将自己的名字先告知对方后，对方做出反应的也增至 59%。显然，这一变化可用报偿的增加来加以解释。对方被偷使给钱行动的意义大增，而对方将名字告诉自己会让自己有得到信任的感觉。

3. 拉塔涅和达利的干预模式

1964 年，纽约发生了一起“吉蒂被杀”事件，在这次事件持续 35 分钟的搏斗中，有 38 名目击者，却无一人做出有效的反应，包括报警，这一事件之所以使人特别激愤的一个原因是，一般的想法是在场的人越多，个人采取行动的可能性越大。但是实际情况并非如此，而往往是观望的人越多，行动的人越少，甚至无人相助。拉塔涅和达利的研究发现，其他人在场减少了人们干预的可能性，有他人在场的情境中会发生一个重要效应——责任分散。

所谓责任分散，是指在某种需要给予帮助的场合，帮助他人的责任扩散到每个人的身上，从而对利他行为产生干扰作用。当某个人遇到紧急情况时，如果只有他一个人在场并能提供帮助，他就会明显意识到这是自己的责任，如果见死不救，就会产生强烈的内疚感，需要付出很大的心理代价。如果有他人在场，那么每个在场的人都有责任，而每个人承担的责任就小了，其所付出的心理代价也相应减少。在场的人数越多，每个人的责任越小，利他行为也就越受控制。拉塔涅和达利（Latané and Darley，1970）的研究支持了这一观点。

拉塔涅和达利（Latané and Darley，1970；Latané，1981）关于在一系列紧急情况下他人在场对个人助人行为的影响的研究基础上提出干预模式（the intervention model），并提出旁观者决定是否助人的决策过程。

他们认为，个人决定在紧急情况下是否干预，需要经历五个认知阶段（图 6.5）：①注意（notice），旁观者个人必须“注意”到发生的事件。②解释（interpret），个人将事件“解释”为紧急事件，意识到他人需要帮助。③决定（decide），个人考虑要不要帮助困难中的他人，决定这是不是自己的责任，自己是否要采取行动。④选择（choose），选择助人的形式。⑤履行（implement），将这种帮助付诸行动。

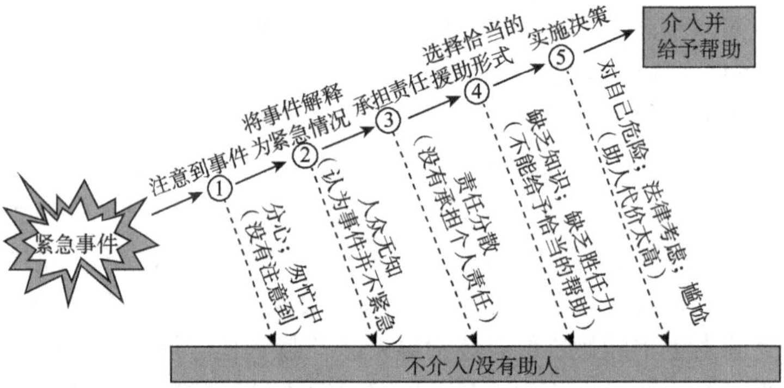

图 6.5　旁观者干预决策树：紧急情况下助人决策五阶段

拉塔涅和达利（Latané and Darley，1970）指出，人们在紧急情况下帮助他人之前，要经过五个决策步骤，如果旁观者没有达成这五步之中的任何一步，他们就不会助人。在这一模式中的每一个决策点上都有许多社会因素影响着旁观者的决策，如果在某一决策点上旁观者做出否定的回答，那么，这个过程便会中断，个人也就不会做出帮助的行为，而这一决策过程通常是当事人不自觉做出的。

4. 施托布的社会行为理论

施托布（Staub，1984）提出社会行为理论（theory of social behavior）来解释亲社会行为是怎样产生的。该理论把价值取向和其他因素结合起来，试图形成道德行为的综合理论。社会行为理论认为，人在发展中形成了各种动机，而人的行为多数是以目的性为特征的，所以应侧重于探讨追求期望目的的动机。目的是个人追求的最终状态，是由相互联系的认知网络组成的，其中包括与对结果的评价相关的信念、思想和意义。目的是潜在的，在一定条件下可以被激活。目的处于潜在状态时，依据其对个人的价值或重要性，按层次排列。环境（包括内在的环境）条件可以同时激活一个、两个或多个目的，并且激活的程度是不同的。如果被激活的目的不止一个，就会产生目的冲突并伴随解决冲突的动机。

我们可以把价值取向看作道德领域中的个人目的，亲社会价值取向则是利他和不伤害他人的个人目的。研究发现，人的亲社会行为价值取向越强，在特定情境中被激活的可能性就越大。

亲社会价值取向体现为两种动机源：一是利他的无私行为价值取向，其目的在于帮助他人，是以他人为中心的。二是以规则为中心（rule-centered）的价值取向，其目的在于坚持行为规则。两种取向目的不同，并会对行为产生不同影响。

社会行为理论认为，除了两个价值取向的动机源，移情（empathy）是第三个主要的动机因素。移情取决于三个条件：一是初级移情（primitive empathy），二是对他人的积极评价，三是自我概念。首先，初级移情是指儿童由于他人的不安所引起的最初的情绪反应，这是移情的最初形式（还不能称其为移情）。人们对他人做出移情反应，或者由初级移情发展到移情时，除了需要把别人都看成独立的、可区分的个体之外，还必须以对别人的积极评价作为先决条件。其次，对他人的积极评价是亲社会价值取向的一个成分，但两者不是同一的。亲社会行为价值取向是移情的动机因素。最后，自我概念影响移情。移情在某种程度上是从自我到他人的延伸，所以人们更有可能对与自己相似的人做出反应。缺乏精确的自我概念就难于以助人的方式扩展自我的界限。

在动机、移情之外，助人行为发生与否还受其他因素影响。例如，能力是其中最主要的决定因素。如果没有达到期望目的的可能性，目的就不可能处于激活状态。有三种能力是非常重要的：一是对有关事件和成功达到目的的能力的一般态度；二是在特定条件下，制订行动计划和产生行动指导能力；三是以某种方式行动的特殊能力（如游泳是抢救落水者的必要条件）。此外，如果机会被错过或者别人的需要不明显时，迅速决策的能力和知觉他人需要帮助的能力就是重要的。但是，这些都是服务于动机的。没有动机源，只有能力是不能产生利他行为的。

总之，社会行为理论提供了一个分析和预测亲社会行为的方法和思路。在特定情境下，通过综合考虑各种各样的动机因素，我们就有可能预测亲社会行为或对其做出较全面的理解或解释。

三、助人和利他行为的培养

助人和利他行为是一种后天习得的行为，因此，需要通过一定的方法对其进行促进和培养，其中特别要重视对儿童助人和利他行为的培养。可以通过如下方法促进助人和利他行为。

1. 培养移情能力

移情是指个体能设身处地地考虑别人的感情，并做出相应的情感反应。尽管移情是一种情感反应，但它包括认知和情感两方面，是建立在一定认知技能基础上的情感反应。移情中的主要认知成分被称为“角色采择”，即理解并推知他人情绪情感反应、思想、观点、动机和意图的能力。发展心理学家对儿童的角色采择能力进行了大量研究，其中许多研究证明儿童的角色采择能力与亲社会行为存在显著的正相关关系。

移情能力可以通过训练加以提高，对于儿童来说尤其如此。近些年来，涌现出了很多关于儿童移情训练与亲社会行为关系的研究，发现移情训练确实能促进儿童的亲社会行为。认知提示、情感换位、情绪追忆、情境表演、角色扮演等方法，都是行之有效的移情训练方法。

2. 提供榜样示范

大量研究表明，让儿童接触利他榜样可以增加利他行为。例如，罗施通（Rushton, 1976）在实验中，让 7~11 岁的儿童观看一个成人玩滚木球的游戏，这个成人把他赢得的部分奖品捐赠出来作为穷苦儿童的基金，然后让这些儿童单独玩这类游戏，结果发现，观看过榜样行为的儿童把奖品捐赠出来的数量远远超过没有观看榜样行为的控制组儿童。即使在实验结束两个月之后，这些实验组的儿童与不同的实验者在一起时仍然很慷慨，这说明榜样学习对助人行为具有长远影响。我国学者陈旭（1995）的实验研究也证实了这一点。在榜样学习过程中，要注意促使儿童把榜样所代表的道德原则和规范加以内化，而不局限于简单的模仿。榜样示范对成人同样有效，成人的利他行为同样具有可塑性。因此，社会要重视对榜样人物的宣传，加大对榜样行为的奖励，同时注意呈现榜样的具体事迹，让人们感到榜样值得效仿、能够效仿。

3. 强化利他行为

社会行为理论告诉我们，利他行为和其他行为一样，可以通过强化而得以保持和增加。例如，小孩做了好人好事后，家长给予及时的表扬和鼓励，小孩这一行为就会保持下去。当人们受到外在的表扬和奖励后，他们就会逐渐产生一种相应的内在自我奖励倾向，表现为内在的自我满足。这种由外在强化转化为内在强化的方法，更有利于利他行为的培养。

4. 学习助人技能

在现实生活中，许多人本来有助人的愿望，但由于缺乏有效的助人技能，而没有表现出实际的助人行为。例如，病人突然发病时旁观者却不知如何救治，有人失足落水时旁观者却不会游泳。因此，我们需要加强助人技能的教育，特别是在紧急情况下的助人技能。例如，现实生活中经常遇到的溺水、交通事故、拦路抢劫等，如果人们掌握了必要的助人技能，就会增加人们实际的助人行为。

5. 构建利他行为的社会机制

利他行为不仅仅是公共管理心理学家要关注的问题，也是整个社会和政府都应关注的问题。因此，要通过舆论和宣传营造出助人为乐的良好社会风气，树立正确的价值导向，形成和谐、相互信任的社会人际氛围，构建利他行为的社会机制，如建立社会诚信机制、设立见义勇为基金等，从根本上促进利他行为的产生。

第三节　反社会行为：攻击与侵犯

一、什么是侵犯行为

侵犯行为（aggressive action）也被称为攻击行为，是指以引起他人身体或心理痛苦为目的的故意行为。要理解这一定义，需要注意以下几点。

首先，侵犯是一种外显行为，而不是态度、情感、动机、意图的内在状态，尽管这种行为伴随着意图和动机。如果它仅仅停留在内心活动水平，而未表现在行动上，还不能称之为侵犯行为。

其次，侵犯行为具有有意性。判断一种行为是否为侵犯，必须考虑到行为者的动机，即行为的意图。意欲伤害别人的行为，尽管没有造成伤害，也属于侵犯行为；而有些对别人造成了伤害的行为，但行为者没有伤害他人的动机和意图，则不属于侵犯行为。例如，在驾驶员故意开车撞人的过程中，汽车突然熄火。虽然这一行为没有造成实际的伤害，但行为者的意图是要伤害别人，而且其行为本身的确可能造成伤害，因此属于侵犯行为。相反，如果驾驶员因车辆刹车失灵撞到人，也许造成了严重的伤害，但不应属于侵犯行为。

最后，侵犯行为具有伤害性。一方面，侵犯中的伤害可以是身体方面的，也可以是心理方面的。例如，造谣诽谤、谩骂诋毁，尽管对方身体无损，但也属于伤害。另一方面，侵犯中的伤害包括实际造成的伤害和可能造成的伤害。例如，开枪杀人，将人射中，无疑是伤害；但若没射中目标，仍然是伤害，因为这种行为具有造成伤害的可能性。

二、侵犯行为的种类

按照侵犯行为方式的不同，可以把侵犯行为分为言语侵犯与动作侵犯。言语侵犯就是指使用语言、表情对他人进行侵犯，如讽刺、诽谤、谩骂等，言语侵犯在公共场所，如车厢、商店、电影院、马路等地方是常见的；动作侵犯是指使用身体的一些部位，如手、脚，以及利用武器对他人的侵犯。

按照侵犯动机的不同，可以把侵犯行为分为报复性侵犯和工具性侵犯。报复性侵犯的目的在于复仇、教训对方、故意伤害他人、给他人造成痛苦和不快。例如，帮派间的纠纷发展为聚众斗殴、打群架等，多属于报复性侵犯。工具性侵犯不是为了使对方身心健康受损害，而是把侵犯行为作为达到其他目的的手段。例如，强盗拦路抢劫，为了抢钱而动刀，最终使对方身心健康受到损害。

根据侵犯行为的不同性质、行为结果和社会意义，可以把侵犯行为分为反社会侵犯行为、亲社会侵犯行为和被认可的侵犯行为。违反社会准则的侵犯行为属于反社会侵犯行为，如人身攻击、凶杀、打群架等故意伤害他人的犯罪活动。由于反社会侵犯行为对社会极其有害，所以任何国家和社会都设有法律条文限制它，并设有警察和监狱惩罚它。亲社会侵犯行为是为了达到群体的道德标准所能接受的目的，以一种社会认可的方式所采取的侵犯行为。例如，为了治安而执行法律的行动、抓强盗、惩贪污以及扫除社会上的一些丑恶现象等，这些行为都是符合社会准则的一种亲社会行为。被认可的侵犯行为是一种介于亲社会与反社会侵犯行为之间的一类侵犯行为。这类侵犯行为虽然不为社会所必需，但也并非为社会所不容。例如，在足球赛中，防守队员为了瓦解对方的进攻，故意把球踢到场外，误伤了观众，这是社会允许的。

三、关于侵犯的理论

（一）侵犯的生物观

1. 侵犯行为的生理基础

人们研究了激素、遗传基因、神经系统等因素对侵犯的作用，认为侵犯行为的产生有其生理基础。

激素与侵犯：人们发现，侵犯与雄性激素的分泌有关，雄性动物比雌性动物具有更强的攻击性，与人类关系最近的动物，如狒狒、猩猩等，都是如此。实验也证实，攻击性强的动物体内含有较多的雄性激素，雄性激素会刺激动物的侵犯行为。但是，从动物的行为推断人的行为应该慎重。人类的侵犯行为只是部分地受到激素水平的影响，这种影响究竟有多大，目前还难以断言。

遗传基因与侵犯：遗传基因也影响着侵犯行为。有研究者让侵犯性最强的异性动物相互配种，让攻击性最弱的异性动物相互配种，再由第一子代中攻击性最强的与最强的、最弱的与最弱的交配，经过如此连续几代选择交配，结果后代的攻击性强弱出现极端的趋势，这证明了动物侵犯行为有遗传的特征。后来，人们通过对染色体变化的观察和研究，发现了侵犯行为与染色体异常之间的相关性。1986 年，罗施通等对 296 对同卵双生子和 277 对异卵双生子进行了攻击行为的追踪研究，发现同卵双生子攻击行为的相关性（r=0.40）明显高于异卵双生子（r=0.04），这说明人类的攻击行为在某种程度上受遗传因素的影响。

神经系统与侵犯：张倩和郭念锋（1999）研究发现具有攻击性的儿童大脑半球均衡性发展与协调功能较正常儿童低，左半球抗干扰能力较差，右半球完形认识能力较弱，这个研究为攻击性行为的产生提供了一定的神经心理学依据。

2. 本能论

早期的心理动力学理论强调本能是决定攻击的主要因素。例如，弗洛伊德认为，人类的攻击是其死亡本能的产物。他之所以得出这一假设，与第一次世界大战导致的大屠杀有关，尤其是 1916 年发生的索姆河战役和凡尔登战役。在这两场战役中共有 100 多万名士兵战死。面对这场灾难，弗洛伊德断言，攻击是人类野性的产物，其中死亡本能可以指向外部，并将攻击作为转移自我、毁灭目标的一种方式。无论对这种攻击予以怎样的制约，都难以避免自我毁灭。这就是著名的攻击行为本能说。

攻击行为本能说后来成为抑郁动力学的基础，即认为抑郁是由于愤怒转向体内造成的。然而，在弗洛伊德看来，攻击本能可以因生活本能（爱的倾向）的介入而被中性化，或者在安全的条件下被置换（如在工作、运动、游戏中被置换）。生态学家康拉德·劳伦兹（Konrad Lorenz）和精神分析学家卡尔·门尼格（Karl Menniger）也主张这种观点，认为人类的攻击是由本能力量引起的。但是，当代研究攻击理论的许多学者，包括那些生态学家在内，则坚持认为攻击是一种后天习得的行为，而不是与生俱来的。

（二）侵犯的挫折观

尽管侵犯有其生物学的基础，也具有本能的成分，但侵犯并不完全是本能所致。特别是在人类身上，侵犯行为更多地受到后天环境因素的影响。例如，挫折就直接地与侵犯有关。为此，社会心理学家提出了挫折–侵犯理论。

1. 早期观点

1939 年，美国耶鲁大学的多拉德（J. Dollard）、杜波（L. Doob）、米勒（N. Miller）、西尔斯（R. Sears）、莫厄尔（O. Mowrer）等共同出版了《挫折与侵犯》一书，首次提出了“挫折–侵犯理论”。挫折在这里被理解为“阻碍目的行为的一切事物”。早期的挫折–侵犯理论认为，挫折和侵犯是互为因果的，侵犯永远是挫折的一种后果；侵犯行为的发生，总是以挫折的存在为条件的。

挫折–侵犯理论的早期观点主要包括以下几方面。

（1）侵犯的强度与个体目标受阻的强度成正比例关系。

（2）抑制侵犯的力量与该侵犯可能受到的预期惩罚的强度成反比例关系，即在挫折强度一定的情况下，预期惩罚越大，侵犯发生的可能性越小；如果预期惩罚一定，则挫折越大，侵犯越可能发生。

挫折–侵犯理论一经提出，人们就进行了相关的实验研究，证实了挫折与侵犯行为的高度相关性。

2. 理论的修正

早期的挫折–侵犯理论认为侵犯永远是挫折的一种后果，而所有挫折都可以引起侵犯，这一观点过于绝对和片面，也不太符合生活中的实际情况。许多人受到挫折后并不出现实际的侵犯行为，而有些侵犯也与挫折无关。米勒于 1941 年提出了修正的观点，认为挫折也可以产生侵犯之外的其他后果，如退缩、固执等，挫折并不必然带来侵犯。个体在受挫后是否表现侵犯与许多因素有关，包括受挫的强度、受挫者对情境的认知和理解、受挫者的个性特征等。例如，当受挫者认为受挫是一种迫不得已的意外事件，或是一种无意的伤害时，他就很少表现出侵犯行为。

对早期理论做出进一步修正的是著名心理学家伯克威茨（L. Berkowitz）。他认为，挫折导致的不是侵犯行为本身，而仅仅引起一种唤起状态，即侵犯的情绪准备状态，如愤怒。侵犯行为的强度取决于挫折引发的唤起程度。另外，侵犯行为的发生还受情境线索的影响，与侵犯有关的刺激倾向于使侵犯行为得到增强。可以说，侵犯与挫折具有非常密切的关系，挫折是引起人类侵犯行为的一个重要条件，但并不是唯一条件。

（三）侵犯的学习观

持这种观点的学者把侵犯看成一种习得性的行为，他们认为个体的侵犯行为既可以是后天习得的，也可以是通过新的学习过程予以改变或消除的。个体受到挫折后具体如何反应也取决于他以往的学习经历。侵犯行为的形成主要有两条途径：一是强化，二是观察与模仿。

1. 强化

当一个人的侵犯行为得到奖赏时，这一行为可以得到保持并在今后重复出现；当受到处罚时，这一行为就会受到抑制，这就是强化。强化可以使侵犯行为增加或减少，沃尔特斯（Walters and Parke，1967）的实验证实了这一点。实验者要求参加实验的儿童打一个玩具娃娃，娃娃肚子上写着“打我”，当儿童用拳头打它的时候，它的眼睛和插在纽扣上的一朵花会发光。被试儿童分为 4 组，第一组每次拳击娃娃都会得到奖励，第二组间断获得同样的奖励，第三组除了让娃娃发光外，没有外加奖励，第四组为无任何强化的控制组。两天后，用巧妙的方式引起被试儿童的挫折，然后安排他们与一个未参加实验的儿童玩游戏。结果发现，各个奖励组实施的侵犯明显多于控制组，而其中又以间断强化最高。可见，侵犯不仅与挫折有关，而且也与强化有关。

2. 观察与模仿

侵犯行为的获得是否都要以亲身获得奖励或惩罚为前提呢？社会学习理论的奠基者班杜拉（Bandura，1973）提出了不同的看法。他认为，人类的很多行为是通过观察模仿而习得的，如侵犯行为，这种学习称为观察学习，又叫社会学习。班杜拉设计了很多实验来验证自己的观点。这些实验大都证明，无论是成人还是儿童，都有从观察和模仿中习得侵犯行为的倾向，其中儿童的模仿倾向更为强烈。父母、老师、英雄、伟大人物以及与模仿者性别相同的人都容易受到模仿者的模仿。父母是儿童最初的模仿对象。不仅直接的观察学习可以使儿童学习到侵犯行为，通过大众传媒的间接学习，也可以使儿童受到同样的影响。

（四）侵犯的认知观

随着认知科学的发展，以认知过程为基础解释人类行为成为心理学研究的重要方向。20 世纪 80 年代以来，有研究者从认知和信息加工能力方面探讨了侵犯行为发生的原因，提出了侵犯行为的社会信息加工理论。其基本观点是，攻击性强的人之所以攻击他人或采用攻击的方式处理人际关系，是因为他们对环境信息的认知加工存在偏差，或由于社会认知能力和社会技能低下。社会信息加工理论主要以儿童和青少年为研究对象，其中最有代表性的理论模式是多吉等（Dodge，1993；Lochman and Dodge，1994）提出的。

多吉等将单一行为产生的认知加工过程分为六个阶段，依次是线索译码、线索解释和表征、澄清目标或选择目标、搜寻或建构新反应、评估与决定行为反应、启动效应。

第一阶段，线索译码。译码是感觉操作过程，个体选择性地输入情境中对他重要的特定信息，并储存在短时记忆中。多吉等对译码阶段的研究发现攻击性儿童大多输入很少的情境线索，他们较容易注意并回忆具有威胁性或敌意的信息。

第二阶段，线索解释和表征。个体对线索译码加以解释，经由心理表征储存在长时记忆里。个体对线索的解释和表征是一个有意义的认知解析过程，如果个体曲解环境线索，如个体对中性或模糊的信息做出敌意归因，就可能发生攻击行为。不少研究发现，具有攻击倾向的儿童倾向于将情境中不明确的信息当成具有挑衅意味的信息，甚至误解信息本身的意义，这称为敌意归因偏差。敌意归因偏差和攻击行为有非常显著的关系。

第三阶段，澄清目标或选择目标。个体澄清欲实现的目的，选出可能实施侵犯的目标。

第四阶段，搜寻或建构新反应。个体在长时记忆中搜寻过去曾经使用过、学习过的行为或建构新行为。倘若个体记忆库中充满轻易就可取得的攻击性行为，他就可能以攻击行为对环境成绩做出反应。研究发现，攻击性儿童比一般儿童缺乏甚至无法构想出可以解决问题的反应。多吉等发现，攻击性儿童大多以“具有敌意的内容”做出反应，反应方式也缺乏弹性。

第五阶段，评估与决定行为反应。个体权衡各种可选择反应的有利因素与不利因素后，会选择一种最适合当前情境的反应。攻击性儿童在考虑攻击行为可能导致的结果时，大多倾向于做出正向的评估。他们认为攻击行为会伴随很多积极结果，如获得同伴认同、提高自尊等，但往往忽视侵犯行为对他人所造成的伤害。

第六阶段，启动效应。前面五个阶段结束，侵犯者就会采取行动，用语言、动作、工具等手段实施对他人的侵犯。

我国杨治良和刘素珍（1996）对成年人攻击行为的社会认知特点进行了研究，发现攻击性行为在社会认知上存在着内隐和外显记忆间的任务分离的加工演变过程。教育使人们在意识形态中更多地同情被攻击者，而本能驱动和后天习得都会使人们无意识地保存攻击性。在适当的条件下，这种攻击性会被启动并产生相应的行为，即人们在面对攻击性行为时，由于攻击行为的内隐性认识特征的存在，更有可能选择保持中立或奋起反击。

尽管从认知角度来解释侵犯行为还有很多不完善的地方，但它为我们深入理解侵犯行为提供了一个新的角度，值得我们做进一步研究。

四、影响侵犯的因素

影响侵犯行为发生的因素有很多，除了本能论者主张的本能和挫折论者强调的挫折这两个因素以外，个人的情绪状态、人格特征、道德发展水平与自我控制，以及大众传媒的作用等都可以影响侵犯行为的发生。

1. 个人的情绪状态

个人的消极情绪状态会增加其侵犯性。例如，愤怒的唤起为个体纠正不平的事件提供了心理资源，使个体在克服实现个人幸福和志向的障碍中获得行为的能量，并在个体面临挫折或挑衅时促进坚毅和维护自尊。同时，愤怒可能干扰信息加工，对慎重思考产生负面影响，从而激发攻击。当然，愤怒只是攻击的重要激发因素，并不是攻击发生的必要条件，对于一个愤怒的人来说，愤怒并不意味着他或她一定要采取攻击行为；同样，当攻击行为发生时，也不意味着它一定是以愤怒为基础的。

2. 人格特征

具有反社会人格特征的人更容易表现出极端的反社会行为。心理学家在研究反社会人格的基本特征时，得出如下共识：①冒险意象大于恐惧意象；②对社会上不被准许的事情抱有尝试的企图；③用玩世不恭的态度对待充满善意的劝诫；④热衷于营造一些为社会所否定的行为，即便当他们理智上意识到该行为的结果时，仍如此做；⑤具有“皮质不成熟”迹象，但是大脑机能失调的现象并不明显；⑥倾向于选择那些具有感官刺激和激情的行为。人格上的缺陷造成这类人行为上的偏激。

3. 道德发展水平与自我控制

道德发展水平越高，个人也就越容易站在他人利益的立场感受和思考问题，行为也就越趋近与侵犯相反的亲社会方向。同样，自我控制也是直接与侵犯行为相联系的个人品质，当一个人遇到挫折而产生愤怒时，如果他具有较强的自我控制力，就会抑制侵犯行为的发生。

4. 大众传媒

电视等大众传媒给现代儿童提供了观察学习侵犯行为的重要来源。电视播放暴力节目具有潜在的危险，它会被人们尤其是儿童当作行为的一个榜样。国外研究表明，观看暴力节目与儿童某些侵犯性指标之间正相关（图 6.6）。打暴力电子游戏对儿童的影响和看暴力电视的影响一致。在一项研究中，暴力电子游戏与攻击行为和犯罪正相关，并且对于那些本来就具有攻击性的人来说，这个相关性更强（Anderson and Dill，2000）。

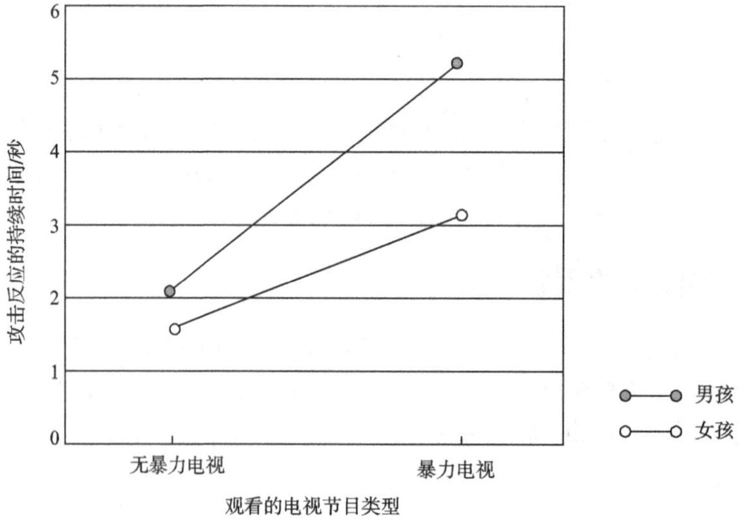

图 6.6 电视暴力与攻击行为

五、如何减少侵犯行为

1. 惩罚攻击行为

惩罚是抑制攻击行为的重要手段。任何国家都是通过制定法律依法惩治侵犯行为的。一般地说，对侵犯行为进行及时、有针对性的惩罚，能够减少它发生的频率。但从另一方面来讲，惩罚往往也是采用攻击的形式，那么惩罚者实际上是对他们想要压制攻击行为的人示范攻击行为，甚至可能引导别人模仿他们的行为。这个效应看起来对儿童尤其正确，在频繁使用惩罚、具有攻击性的父母教育下长大的孩子，也容易具有暴力倾向。因此，为了减少孩子的攻击行为，父母要改变“子不打、不成器”的教育观念。

2. 培养解决问题的技巧

在社会生活中，每个人总会遇到这样或那样的挫折、困扰、愤怒或者冲突。面对这些问题，缺乏适当社会技巧的人最容易诉诸暴力来解决人际问题。因此减少暴力的方法之一是教导人们如何以建设性的方式来表达愤怒与批评，如何在冲突时加以协调与妥协，从而采用非暴力的策略来解决冲突。国外的研究表明，那些接受了建设性行为训练的小孩和其他小孩相比，表现出更多建设性的活动以及更少的攻击行为（Davitz，1952）。所以，在中小学校中通过训练学生以非暴力的策略来解决冲突，是减少攻击的有效方法。

3. 控制媒体暴力

从社会方面来看，应加强对文化市场及互联网的管理，坚决取缔非法电子游戏室，尽量控制暴力电视和电影，给儿童营造一个健康的成长环境。从家庭方面来看，家长可以通过两种方法来避免暴力电视对儿童可能产生的不良影响：一种方法是家长限制儿童观看电视的时间和节目，在什么时间看什么节目，看多长时间，家长都要做出明确的规定，目的在于减少儿童观看暴力节目的机会；另一种方法是父母与儿童一起观看节目，目的是帮助儿童理解所看的内容，减少或避免电视中的不良内容可能对儿童产生的影响。同时还要引导儿童正确使用互联网，不要接触包含暴力内容的网络游戏。

4. 学会宣泄

当一个人产生侵犯冲动时，假如能够通过社会允许的方式加以宣泄，那么就能减少侵犯性冲动，达到减少侵犯行为的目的。宣泄的方式有多种，如默默哭泣、大声唱歌、喝酒、找友人倾诉，还可以通过观看或参加体育活动来消耗侵犯冲动。作为控制侵犯行为方法的宣泄，其核心是转移负性心理能量，方法必须使用恰当。

【课后案例】

在我们日常生活中，见死不救的事情时有发生。2013 年 1 月 4 日早晨，海南省海口市阴雨绵绵，68 岁的杨大爷骑自行车去白龙北路菜市场买菜，半路突然摔倒，老人在风雨中挣扎近 1 小时也没能起身。尽管有许多路人围观，但没有人伸手相助。待有人拨打 120，急救人员赶到现场救助时，老人已经没有了呼吸。

【案例简析】

在现实生活中，老人摔倒没有人伸手相助这种现象时而见报。为什么会有这种现象？按照拉塔涅和达利（Barley and Latane，1968）的干预模式，这主要是因为责任扩散。所谓责任扩散，是指在某种需要给予帮助的场合，帮助他人的责任扩散到每个人的身上，从而对利他行为产生干扰作用。当某个人遇到紧急情况时，如果只有他一个人在场并能提供帮助，他就会明显意识到这是自己的责任，如果见死不救，就会产生强烈的内疚感，需要付出很大的心理代价。如果有他人在场，那么每个在场的人都有责任，而每个人承担的责任就小了，所付出的心理代价也相应减少。在场的人数越多，每个人的责任越小，利他行为发生的可能性也就越低。

【思考题】

1. 举例说明从众的原因。哪些因素影响日常生活中的从众行为？

2. 什么是服从？结合米尔格莱姆的服从实验分析影响服从的因素。

3. 什么是亲社会行为？掌握西方社会心理学界关于亲社会行为的主要理论。如何培养亲社会行为？

4. 你怎样理解侵犯行为的普遍性和连续性？

5. 有人认为，没有一种侵犯理论能够解释所有侵犯行为。你怎样看待这个问题？试比较各种侵犯理论的异同。

6. 除了书中提到的途径外，你认为还有哪些其他途径可以减少侵犯行为？

第七章

公共管理中的群体心理

【学习导读】

1. 掌握群体及群体的本质特征。
2. 理解群体对个体心理、个体行为的影响。
3. 明确什么是群体凝聚力，了解群体凝聚力对群体及其成员的影响。
4. 理解群体凝聚力的影响因素。
5. 区分群体决策与个体决策。
6. 了解群体决策过程中的两种现象：群体极化与群体思维。
7. 了解群体的竞争与合作行为。
8. 了解群体中的交互记忆系统。

【课前案例】

李元富有体育天赋，尤其是篮球打得非常棒，他希望在学院组织的篮球比赛上有突出的表现。在平时的训练中，他投篮准确、跑位及时，还能拿到很多篮板球，同学们都对他寄予厚望，希望他能够代表本系取得好的成绩。但令人失望的是在真正的比赛场上，李元就像换了一个人，完全表现不出训练课上的技术。这是为什么呢？

第一节　群体心理概述

社会是人的社会，人是社会的人。一个现实的人，总要生活在一定的社会环境中，受到经济和政治地位、种族或民族、社区、年龄、性别、职业、血缘、兴趣、信仰等诸多因素的影响，总要与别的人形成一定的社会关系，参加一定的群体生活，通过群体与社会发生关系。并且，一个人通常不只属于一个群体，而是在不同的时间和场合属于不同的群体，如家庭的成员、学校某个班级的学生、单位的员工等。社会群体生活是人们的基本生活方式，这样，人们在社会生活中的群体心理，就成为社会心理学研究的主要组成部分。

一、群体及群体的基本特征

（一）群体的含义

群体，简单地说就是人群集合体。从人数上来说，一个人不可能成为群体，只有两个或两个以上的人的集合才有可能成为群体。我们在日常生活中会接触很多两人或两人以上的人群。但是，这些人群也不能被简单认定为群体。群体作为一个社会学或管理学概念，是指通过人们彼此间的相互作用、相互影响而形成的一种组织形态，其最重要的特点是在一个群体中，人们相互依赖，有相互交流的可能性。由此可见，个人的简单集合不等于群体，如在车站等车的乘客、球场上的球迷、商店里的顾客等。这些在共同时间与空间里，甚至有着共同目标偶然汇集起来的人群，看似有共同的特征，但他们在心理上没有什么相互影响、相互作用，因此不是群体。群体的核心特征是成员之间相互依赖，并产生相互影响。基于群体的定义，我们可以得出群体成员之间要么有面对面的交流，要么对彼此有心理影响。一所大学的所有学生不构成一个群体，因为并不是所有的人都认识对方，都能面对面地接触，也没有相互之间的直接影响。而某大学某学院的某一个班级就是一个群体，因为他们有日常的交流和对彼此的影响。

（二）群体的基本特征

1. 群体有共同的目标和规范

群体目标是群体进行活动的方向和目的。任何群体都有一定的目标，为了实现群体目标，群体有群体成员共同认同的规范和制度，要求每个成员必须遵守，否则，群体成员将会受到群体舆论的谴责，甚至被群体其他成员孤立或受到一定的惩罚。

2. 群体有一定的组织结构

群体不是个体无序的集合，而是按照一定的规范建立起来的有机的组织系统。群体中的每个成员都具有一定的地位、担任不同的角色、承担一定的任务、享受一定的权利。

3. 群体成员之间的心理相容程度比较高

群体内部成员之间在心理上互相意识到对方，能够相互帮助、密切协作；群体成员对群体有明确的归属感、认同感和责任感，有“我们同属一群”的感受；群体成员之间有信息、情感方面的交流。

二、群体的基本类型

群体是多种多样的。根据不同的标准，我们可以将群体分为以下几种类型。

（一）正式群体和非正式群体

根据群体构成原则和方式的不同，可以将群体分为正式群体和非正式群体。这种划分最早是由美国心理学家梅奥在霍桑实验中提出来的。

正式群体是指那些具有正式的组织结构，其成员有固定编制、明确的地位和社会角色、明确的权利和义务的群体，如学校中的班级、政府机关、企业、事业单位中的各部门，在管理学中，也被称为组织。

非正式群体是指那些自发产生的，没有正式规定的，其成员没有固定编制，成员的地位和社会角色、权利和义务都不明确的群体。群体成员之间往往以情感为纽带联结而成，带有明显的情绪色彩。非正式群体的形成通常有以下几方面的原因：第一，某种利益或观点的一致性；第二，有共同的价值观和共同的兴趣爱好；第三，有相似的经历或背景。例如，学校中几个喜欢摄影的同学由于共同的兴趣爱好而形成的群体，一个单位中的同乡组成的群体，等等。

梅奥的霍桑实验表明，在正式群体中总会存在非正式群体，非正式群体在一定程度上会影响正式群体。应正确看待、积极引导非正式群体，使其与正式群体的目标相一致，这样才会促进正式群体的发展。否则，二者会发生冲突，影响正式群体的存在和发展。

（二）假设群体和实在群体

根据群体是否真实存在，可将群体分为假设群体和实在群体。假设群体是指现实中并不存在的，只是为了研究和分析的需要，把具有某种特征的人组织在一起的群体，如农民工群体、教师群体等。

实在群体是指在一定空间和时间内实际存在的群体，成员之间有着实际的交往和联系，如书法协会、摄影协会、工会等。

（三）成员群体和参照群体

根据个体是否为群体成员，将群体分为成员群体和参照群体。成员群体是指个体为其正式成员的群体，如个人所在的学校、单位、协会、俱乐部等。

参照群体是指个体实际没有参加群体，却将群体的目标、规范、准则作为自己的行动指南的群体。参照群体一旦在个体内心得到确认，就会对个体的心理和行为产生明显的导向作用。以先进人物为参照群体的青少年，容易表现出积极向上的行为；而以犯罪团伙为参照群体的青少年，则容易表现出越轨或触犯法律的行为。现实生活中，个体所属的群体往往不一定是心目中的参照群体。因此，注重参照群体的研究，有助于把握成员的行为动向。

（四）松散群体、联合群体和集体

苏联心理学家彼得罗夫斯基（A. B. Petrovsky）根据群体发展的水平和群体成员之间联系的密切程度，将群体分为松散群体、联合群体和集体。松散群体是指人们仅在空间与时间上结成的群体，成员之间并没有共同活动的内容、目的和意义，如机场的乘客、商场中的消费者等。

松散群体进一步发展，很可能成为联合群体。与松散群体相比，联合群体的成员之间有共同活动的目的，但这种共同活动只有个人意义，如参加比赛的合唱团等。集体是群体发展的高级阶段，其成员之间的共同活动不仅具有个人意义，而且具有社会价值。

三、群体心理

（一）群体的心理功能

群体心理，是指相对于个体心理而言，人们在一定的群体中相互作用、相互影响而产生的共有的、有别于其他群体的心理现象和行为方式的总和，如群体需要、群体规范、群体价值、群体情感等。个体心理构成群体心理的基础，但群体心理不等于个体心理之和，而是群体成员之间相互作用的结果。个体作为群体的成员，其心理特征必然会受到群体心理的影响，如一个学生心情不愉快时，欢乐的群体心理气氛会使他受到感染，忘记烦恼。相反，如果群体中存在猜疑、嫉妒等不良的心理气氛，这种心理气氛也会投射到个人身上，从而影响个体的心理。群体对个体心理方面的作用主要体现在以下几方面。

1. 群体归属感

群体归属感是指个体自觉地归属于其所参加群体的一种情感。求得安全和归属是人的基本需要之一，个体参加并属于某一群体时，就会获得心理上的安全感和归属感。作为群体的一员，具有“我们”和“我们的”这种情感。有了这种情感，他们就会自觉地认同所参加的群体，以这个群体的规范为准则，进行自己的行动、认知和评价，并与群体内的其他成员在情感上发生共鸣，表现出相同的情感、一致的行为及所属群体的特点和准则，自觉地维护这个群体的利益。

2. 群体认同感

群体认同感是指群体中的成员在认知和评价上保持一致的情感。由于群体中各个成员有着共同的目的、兴趣和利益，他们会在一些重大事件和原则上，自觉地保持一致的看法和情感，从而使群体成员的意见统一起来。

3. 群体的力量感

群体可作为个人的后盾和一种可依靠的力量，个体在群体中遇到困难时能得到帮助，失败时能得到鼓励，从而不会感到孤单，增加力量感。

4. 群体的支持作用

群体的支持作用是指群体为实现其自身与成员发展的需要，按照群体目标的要求，对群体成员的个性心理进行积极而有效的影响。当个体表现出符合群体准则和群体期待的行为时，就会得到群体的赞许和支持，从而进一步强化他的行为。

（二）群体对个体行为的影响

1. 社会助长作用与致弱作用

所谓社会助长作用，是指有他人在场或与他人一起活动时，可以提高个体的活动效率。也就是说，在群体中，个人的工作有增质增量、被干得又快又好的倾向。相反，如果有他人在场或与他人一起活动，导致个体活动效率的下降，就是社会致弱作用或社会干扰作用。

科特雷尔（Cottrell，2012）做了一个实验，让被试在两种不同情况下进行活动，一种是单独的一个人，另一种是和群体中其他成员们一起，活动内容是学习单字配对表。配对的单字有两类：一类由同义的单字组成，学习起来很容易；另一类由无任何联系的单字组成，学习起来非常困难。让被试在上述两种情况下都学习这两类配对的单字。研究结果表明，被试在学习简单的单字配对时，有其他人在场比没有人在场的效果更好；在学习复杂的单字配对时，效果则相反，独自一个人学习的成绩更好。

群体对个体活动究竟是产生社会助长作用还是社会致弱作用？心理学的研究表明，这主要取决于活动或工作的性质是否复杂。如果个体从事的是简单的机械操作或手工活动，有他人在场会使活动者的工作效率提高，产生社会助长作用。其原因主要有以下三方面：①多数人一起活动，个人有被他人评价的意识，从而增强动机，提高了兴奋水平。②和他人一起工作可以互相模仿、改进方法。③和他人一起工作可以减少因单调、枯燥、孤独而造成的心理疲劳。这三方面因素的影响，会提高活动者的动机强度，从而对个体产生很大的推动力量。但是，当个体从事的活动难度很大或需要一系列复杂的判断推理等思维活动时，其他成员在场则会干扰个体思考，从而产生社会致弱作用。其原因有两方面：一是他人在场的外在刺激分散了个人的注意力，起到干扰的作用。二是个体被他人评价的意识过强，会产生焦虑，反而涣散了精神。

2. 社会惰化作用

社会惰化作用，是指个体与群体中其他成员一起完成某件事情时，往往个人所付出的努力比单独时偏少，出现个体不出全力的现象，也称社会逍遥、社会懈怠。俗语“一个和尚挑水吃，两个和尚抬水吃，三个和尚没水吃”正是这种社会心理现象的具体形象化。

法国人瑞琼曼（Ringelmann，1913）做了一个拔河比赛的实验，他要求被试分别在单独的与群体的情境下拔河，同时用仪器来测量他们的拉力。结果发现随着被试人数的增加，每个被试平均使出的力减少了。这种共同完成一项任务时，群体人数越多个人出力越少的现象，后来在其他人的实验中也得到证实。在现实社会生活中，社会惰化现象十分普遍。

关于社会惰化作用的产生原因，一个普遍被认同的观点就是当个体与群体一起从事某件事情时，个人的被评价焦虑减弱，使个人在群体中的行为责任意识下降，行为动力也相应降低。研究表明，当人们知道自己的工作质量和数量可能被明确测量时，这种现象就消失了。此外，在群体活动中，以整体成功为目标的奖励引导、提倡发扬团队精神，以及激发个体的责任感和成就感等，都有助于减少社会惰化作用。

3. 去个性化

去个性化是指个体在群体中可能失去自我认同感和责任感，失去自我控制，行为放肆，表现出独处时不会做出的行为。现实生活中，这一现象并不少见，聚众斗殴、起哄、球迷闹事，都存在这种去个性化现象。

心理学家津巴尔多（Zimbardo，1969）做了一个有趣的电击实验，召集一些女大学生作为被试，要求她们对隔壁一个女大学生（实验助手扮演）进行电击（假电击），她们不需要负任何道义上的责任，通过镜子被试们可以看到那个被自己电击的女大学生。被试分为两组，第一组被试都穿上带头套的白色大褂，每个人只露出两只眼睛。主持人请她们实施电击时也不叫她们的名字，整个实验在昏暗中进行。第二组被试穿着普通衣服，并且佩戴着写有姓名的身份牌。在实验时，主持人很有礼貌地叫着每个人的名字，房间里的照明很好。结果发现，第一组被试比第二组被试按电钮的次数多达将近两倍，并且每一次按下电钮的持续时间也较长。这说明群体成员在不易被识别的情况下，易发生无克制的攻击行为。

产生去个性化的原因主要有三方面：一是群体成员的匿名性。在群体行动时，由于个体淹没在群体之中，个体间辨认性低，遵从社会规范的压力会减少，从而导致群体成员做出违反社会准则的行为。二是责任的分散性。一个人单独行动时，往往能从伦理道德、法律规范等多方面去考虑行为的后果和意义，意识到自己的责任。但是，在群体中，其成员就会感到一些不良行为是以整体出现的，责任只能落实到群体身上，甚至错误地认为“法不责众”，致使个体责任感在某种程度上减弱或丧失。三是自觉性降低。个体自觉性水平的高低，是影响去个性化发生的另一个关键因素。当一个人自觉性很强，能清楚自觉地意识到自己的角色、责任时，即使外界去个性化诱因多么强烈，他也不会加入带有破坏性的去个性化行为的行列中。

4. 从众行为

由于第六章第一节对此问题已有阐述，因此，这里不再赘述。

第二节 群体凝聚力

一、群体凝聚力的内涵

从一般意义上讲，群体凝聚力（group cohesiveness），也叫群体内聚力、向心力，是指使群体成员固守在群体之内的吸引力，包括群体对其成员的吸引力和群体成员之间的相互吸引力。

国外不同学者从不同角度对凝聚力进行了定义：费斯廷格（Festinger，1950）把凝聚力定义为“作用于群体成员并使其留在群体内部的各种因素的合力”。这些“因素”被后来的研究者们不断拓展为群体所提供的，能够满足成员生理、心理和社会需要的各种因素，如使群体成员获得安全感、归属感、接纳、友谊、成就感等的因素。Cartwright 和 Zander（1953）认为凝聚力是指“群体成员渴望留在群体中的程度”。A. J. Lott 和 B. L. Lott（1965）认为“凝聚力可被描述为群体成员之间的积极态度在量和程度上的群体特点”。Zaccaro 和他的同事（Zaccaro and Lowe，1988；Zaccaro and McCoy，1988）从另外一个重要维度认识凝聚力，把凝聚力分为任务凝聚力和人际凝聚力。所谓任务凝聚力（task cohesion）是指由于成员对群体任务的喜好或责任感（Hackman and Oldham，1976），或由于群体能够帮助其成员实现其重要目标和满足其重要期望而产生的凝聚力（Tziner and Vardi，1982），任务凝聚力主要来源于群体的工作目标和群体所提供的工作激励；而所谓人际凝聚力（interpersonal cohesion）是指群体因人际关系良好而产生的对成员的吸引力（Lott A J and Lott B L，1965），人际凝聚力产生于群体成员的归属感和成员间的相互喜欢。

二、群体凝聚力的影响因素

影响群体凝聚力的因素是多方面的，这里我们主要从结构因素、人际因素和情境因素三个层面进行分析。

（一）结构因素

群体的结构特征，如领导、激励、群体规模、群体目标等因素对群体凝聚力的形成有重要的促进作用。

1. 群体目标

群体目标与个体目标的一致性，是形成群体凝聚力的前提条件。如果群体目标与个体目标相一致，那么个体就会被群体所吸引。对于群体而言，群体目标应该包括和满足个体的需要和愿望，使个体目标在群体内得以实现；对于群体成员而言，个体目标应该与群体目标协调一致。当群体目标与个体目标发生矛盾时，个体应以群体利益为重，调整个体目标，使其与群体目标相适应，努力完成群体目标。

2. 群体规模

群体规模与群体凝聚力大小成反比（Robbins，1997）。群体规模越大，群体成员间互动的机会就越少，从而难以形成凝聚力；反之，群体规模越小，群体成员间互动的机会就越多，群体成员就越容易融为一体，从而形成更强的凝聚力。

3. 群体领导者

领导者是群体目标的主要决策者和群体执行任务的主要动力。领导者的领导风格、领导方式及领导班子成员的整体素质等，对群体凝聚力的形成有重要影响。根据勒温 1939 年所做的经典实验，在“专制”、“民主”与“放任”三种领导方式中，“民主”的领导方式产生的凝聚力最强。在民主领导方式下，成员之间关系友好，参加群体活动程度高，活动的组织性强，群体活动效率也高；在“专制”或“放任”的领导方式下，以群体为中心的活动较少，有组织的行为也较少，成员的不满行为较多。此外，一支团结协作、以身作则的领导者队伍容易使群体成员对群体产生向心力。

4. 激励

群体是否能够持续为群体成员提供其所期望的激励，会对群体凝聚力产生重要影响。能够促进群体凝聚力的激励因素，主要是指能够强化归属感的各种情感因素。那么，满足群体成员的不同心理需求就成为激励的关键。根据麦克利兰的成就需要理论，有些人的成就需要比较强烈，有些人的归属需要较强，而有些人对权力的要求很高。因此，应该认真分析群体成员的不同心理需求并给予其满足，以增强群体的向心力。

（二）人际因素

1. 群体成员间的相似性

成员间的相似性是指群体成员在价值观、态度、兴趣、爱好、个性、年龄、职业等方面的相似。它对人们的交往、相互吸引有重要影响。群体成员在某方面的相似，容易使人感到彼此接近，从而产生好感，增强彼此间的吸引力，从而也就容易增强群体的凝聚力。伯恩（Dearborn，1906）的实验说明了这一点。实验内容为伯恩给被试看一份有关另一个人的描述性材料，其内容包括态度、观点和其他一些特点。有的描述和被试者十分接近，有的则相差很远。等被试看完材料后，试验者问他们对这个人的喜欢程度。结果表明，材料描述的人越像被试，被试就越喜欢。

2. 群体成员间的相互协作

群体成员之间相互尊重、相互交流，为完成群体目标而共同合作。合作活动使每个成员都意识到要实现自己的目标，必须得到别人的帮助，同时自己也要帮助别人，这有利于增强群体成员的团队意识，从而增强群体凝聚力。美国心理学家道奇（K. A. Dodge）做过一个实验，他让一个班级的同学讨论问题，并对其中的一半说，若每个学生与成员合作得越好，成绩就会越高；然后对另一半说，按每个学生竞争的能力分等级打分，越突出则分越高。结果表明，合作的一半学生比竞争的一半更好地解决了问题，群体更加协调一致，成员关系也更加融洽，群体凝聚力更高。相反，竞争的小组内很少有沟通，彼此间关系紧张，群体凝聚力遭到破坏。

（三）情境因素

当群体处于外界的压力下或遇到外来的威胁时，如群体间开展竞争等，各自的群体内部就会产生压力，促使群体成员自觉地减少内部分歧，并一致对外，以提高自己所属群体的竞争力。群体的凝聚力会因此而得到提高。军事心理学家斯凯雷克等（Schleicher et al.，2002）的研究证实了这一点，实验组织了几个三人一组的步枪射击组，并设置了不同情境，即让有些组进行彼此竞争，有些组不搞竞争。结果表明，开展组间竞争的小组比不搞竞争的小组团结得更紧密。

三、群体凝聚力的影响

（一）群体凝聚力对个体的影响

群体凝聚力的形成，会对群体成员的态度和行为产生直接或间接的影响。首先，一般来讲，凝聚力强的群体，其成员有较强的归属感、认同感，在对问题的认识和评价上自觉保持一致，相互协助，维护群体的利益。其次，凝聚力强的群体，其成员的责任心普遍较强，愿意更多地承担群体的责任和义务，关注群体的存在和发展。最后，凝聚力强的群体，其成员间的人际关系较好，成员之间的沟通和交流比较密切，彼此信赖、心理相容。

（二）群体凝聚力对群体绩效的影响

对于群体凝聚力与群体绩效的关系，一般而言，人们认为群体凝聚力越强，其成员越愿意为群体努力工作，群体的绩效水平也越高。但是，群体凝聚力与群体绩效的关系并非那么简单。群体绩效水平的高低受群体凝聚力类型及群体规范等中间变量的影响。

Zaccaro 和 Lowe（1988）通过研究发现任务凝聚力会促进群体绩效的提高，但是，人际凝聚力反而对群体绩效的提高起抑制作用。Zaccaro 和 McCoy（1988）发现任务和人际这两种凝聚力都很高的群体绩效水平最高，一种凝聚力高而另一种凝聚力很低的群体其绩效水平还不如两种凝聚力都低的群体绩效水平高。此外，群体凝聚力与群体绩效的关系在很大程度上取决于群体规范。心理学家沙赫特（Stanley Schachter）做了一个实验，他将实验组置于四种不同的情境下，即强凝聚力+积极诱导；强凝聚力+消极诱导；弱凝聚力+积极诱导；弱凝聚力+消极诱导。积极诱导要求增加生产，消极诱导要求减少生产。结果发现，两种诱导产生了明显不同的效应。无论凝聚力高低，积极诱导都提高了生产效率，而且高凝聚力组生产效率更高；消极诱导则明显降低了生产效率，而高凝聚力组的生产效率更低。这说明高凝聚力组比低凝聚力组更容易受诱导因素的影响，因为群体凝聚力越高，其成员就越遵循群体规范。因此，高凝聚力并不一定带来高效率，它要受到群体规范的影响。

第三节 群体决策

一、群体决策概述

依据决策主体人数的多少，可将决策分为群体决策与个体决策。群体决策是指由多个人一起做出的决策，而个体决策是指由单个人做出的决策。

与个体决策相比，群体决策主要有以下优点。

（1）提供更完整的信息。俗语说："三个臭皮匠，顶个诸葛亮。"群体可带来个体单独活动时所不具备的多种经验和不同观点。

（2）产生更多的备选方案。各个群体成员可以推出不同的多个方案。

（3）增强对决策方案的可接受性。让受到决策影响或执行决策的人们参与决策制定，可增强其对决策方案的认同感，有利于决策的执行。

（4）提高决策的合法性。群体决策制定过程与民主思想相一致，因此其制定出来的决策更容易被人们所接受。

群体决策的缺点有以下几个方面。

（1）消耗时间。组成决策群体需要花费时间；群体成员之间的信息交流及相互影响都将消耗大量时间。

（2）产生“从众现象”。群体中存在的社会压力迫使一些人放弃自己的观点而寻求与多数人一致的观点，削弱了群体中的批判精神，影响决策的质量。

（3）少数人统治。群体成员地位的不完全平等性，使某些成员在群体中居于主导地位，操纵着决策的方向。

（4）责任不清。决策方案由群体成员共同做出，很容易导致集体负责等于无人负责。

二、群体决策的方法

（一）头脑风暴法

头脑风暴法（brainstorming）是心理学家奥斯本（A. F. Osborne）提出的一种群体决策方法。该方法主要用于收集新设想、新观点，即群体领导者首先以明确的方式向所有参与者阐明问题，然后成员们在一定时间内提出尽可能多的方案，领导者当场记录下所有的方案，供以后继续讨论和分析。

这一方法的实施应遵循以下几项原则：①对别人的建议不允许做任何批评；②建议越多越好，参与者无须考虑建议的质量；③广开思路、自由思考；④可以补充和完善已有建议，使其更具说服力。

不过，头脑风暴法仅是一个产生思想的过程，要形成最后决策还需要有其他方法辅助。

（二）名义小组技术

名义小组技术（nominal group technique），顾名思义，小组讨论是名义上的，即小组成员只是出席会议，他们独立思考问题，并不相互讨论、协商。具体步骤如下：①成员集合成一个小组，管理者说明问题，成员独立写下自己对问题的看法。②成员将自己的想法提交给小组，然后一个一个地向大家陈述自己的方案和意见，并进行现场记录。③小组开始讨论，以便把每个想法都搞清楚，并做出评价。④每个成员独立地对各种想法进行排序，最后的决策方案是综合排序最高的想法。

这一方法的主要优点在于，使小组成员正式地开会但不限制每个人的独立思考，而传统会议方式往往做不到这一点。

（三）德尔菲法

德尔菲法（Delphi technique）是由 O. 赫尔姆和 N. 达尔克首创，经美国兰德公司在 20 世纪 50 年代初与道格拉斯公司协作推动后，提出的用于技术预测的一种方法。该方法的主要特点在于不需要群体成员出席会议，可降低组织会议的成本。但是其程序更复杂、更消耗时间。具体步骤如下：

（1）通过问卷等方式将所要解决的问题向有关领域专家传达。

（2）各个专家匿名地、独立地提出自己的意见和想法。

（3）管理者将各位专家的意见收集起来进行综合整理，并将综合后的意见反馈给各位专家。

（4）每个专家根据综合后的反馈意见，再次修正自己的想法。

（5）重复（3）、（4）步骤，直到取得大体上一致的意见。

（四）阶梯技术

阶梯技术（stepladder technique）是由心理学家科尔伯格（Kohlberg，1969）提出的改善群体决策质量的技术。该方法的主要特点在于群体成员是一个一个参与到决策中的，而并非所有成员一起讨论。具体步骤如下：

（1）由群体中的两个成员对所要解决的问题进行讨论，并达成一致意见。

（2）第三个成员加入其中，首先阐明自己的观点，然后听取前两个人已经达成的意见。

（3）三人一起讨论，直到达成共识。

（4）群体其他成员以同样方式依次加入讨论，直到整个团体达成一致方案。

Kohlberg 认为，与名义小组技术、德尔菲法等决策方法相比，阶梯技术在实际方案选择和心理感受上均优于前者。但是，该方法比较费时，适合重大问题的决策。

三、群体决策现象

在群体决策过程中，有两种比较复杂而有趣的现象，即群体极化和群体思维。

（一）群体极化

群体极化（group polarization）是指通过群体讨论使成员的决策倾向更趋极端的现象，它包括冒险性转移和谨慎性转移。冒险性转移即当群体成员最初的意见倾向于冒险时，群体讨论将使结果更加冒险；谨慎性转移即当个体最初的意见倾向于保守时，群体讨论将使结果更加保守，如图 7.1 所示。

美国心理学家斯托纳通过设计“选择困境问卷”，比较被试在群体条件下和单独条件下所提的建议。具体情境如下所述。

某位工程师，已婚，有一个孩子。五年前大学毕业后一直在一个大型公司任职，工作稳定、收入中等、退休有保障。现在有一家小型公司需要人，收入很高，但工作不稳定。这一小公司赚钱的概率有如下几种：1/10、3/10、5/10、7/10、9/10，请问被试：工程师在小公司赚钱的概率为多少时才会去任职？

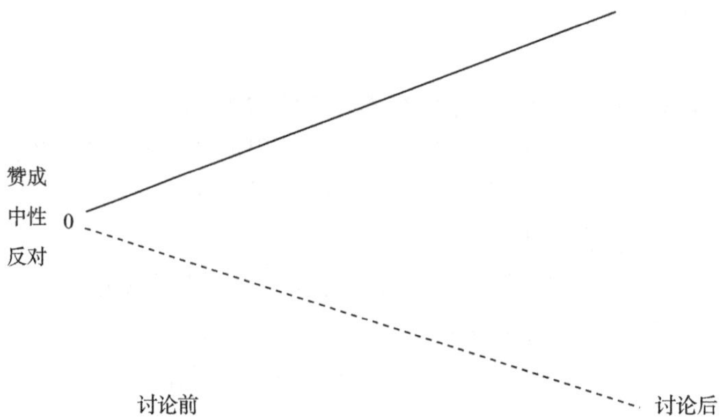

图 7.1 “群体极化”现象的作用方式

首先，研究者让被试在单独情况下提出建议，其次让其所属群体共同讨论如何选择。最后研究者将被试在两种情况下提出的建议进行比较，发现被试在群体讨论的情境下所提的建议更具有冒险性，也就是所谓的冒险性转移。

对于在群体决策条件下产生群体极化的原因，学者们通常认为有以下几点。

（1）责任分散。在群体决策条件下，大家对所做出的决定都有责任，这样每个成员的责任就相应减少，恐惧感降低，从而导致成员提出更冒险或更保守的建议。

（2）群体偏向。群体成员趋向于冒险还是趋向于保守，会受到群体偏向的影响。群体偏向可能是由于群体中大多数人的意见占主流而导致他人从众，也可能是来自群体中领导人的积极影响而从众。在群体协商中，如果大多数人或主要领导人偏向于冒险的决定，那么整个群体就会向冒险转移；反之，向保守转移。

（二）群体思维

1. 群体思维的内涵

群体思维（group think）也称小集团意识，是指在一个高凝聚力的群体内部，人们在决策及思考问题时由于过分追求群体的一致，而导致群体对问题的解决方案不能做出客观及实际的评价的一种思维模式，这种思维模式经常导致灾难性事件的发生。

美国心理学家詹尼斯（I. Janis）最早对这一现象进行研究。他运用群体思维概念解释了一些美国历史上失败的高层政治和军事决策事件，如 20 世纪 60 年代的越南战争、尼克松的“水门事件”以及侵略古巴的“猪湾事件”。另外，一些研究者还利用群体思维理论对很多失败的群体决策事件进行了解释。其中有 Esser 和 Lindoerfer（1989）、Moorhead（1991）对 1986 年美国“挑战者”号航天飞机失事的研究，以及 Smith（1985）对卡特总统解救德黑兰人质行动失败的研究。

2. 群体思维产生的条件

詹尼斯认为，群体思维产生的前提条件主要有以下几方面。

（1）群体凝聚力。在凝聚力强的群体中，为了维护群体的统一，在决策讨论时成员往往不会提出异议，而是自觉地与大家保持一致。群体凝聚力越强，产生群体思维的可能性越大。

（2）群体与外界的影响隔离。若群体处于封闭孤立状态，缺少与外界的沟通交流，获取外界各方面的信息较少，在进行决策时容易盲目自信，产生群体思维。

（3）领导者的领导方式。若群体的领导者是专制型、命令式的领导风格，不允许下属发表不同意见，群体思维就容易产生。相反，民主式的领导方式则可以减少这一现象的发生。

（4）群体的决策方法和程序。在进行群体决策时，若没有一个有效的程序来保证群体从正反两方面考虑所有选择方案，则容易导致群体思维。

（5）群体的外部压力。若外界压力很大，要找出一个比领导者所偏好的选择更好的解决方案的机会很小，则可能导致群体思维。

3. 群体思维的表现及影响

根据詹尼斯的研究，导致群体决策失误的群体思维主要有以下几种表现。

（1）无懈可击的错觉。群体对自身过于自信和盲目乐观，不认为自己存在潜在危险。

（2）行为的合理化。群体通过集体将已经做出的决策合理化，忽视外来的挑战。

（3）对群体的道德深信不疑。由于群体内肯定的倾向，会认为决策的制定具有道德优势。

（4）对群体外成员（对手）看法的刻板化。对任何反对他们的人或者群体都不屑与之争论或更加排斥。

（5）从众压力。群体不欣赏不同的意见和看法，多数成员选择与群体保持一致。

（6）自我压抑。为了保持与群体的统一，少数派成员会避免提出与群体不同的看法和意见。

（7）全体一致的错觉。这是从众压力和自我压抑的结果，使群体的意见看起来是一致的，并由此造成群体统一的错觉。

（8）思想警卫。群体某些成员会有意地扣留或者隐藏那些不利于群体决策的信息和资料，或者是限制成员提出不同的意见，以此来保护决策的合法性和影响力。

詹尼斯将群体思维对群体决策的不良影响归纳为以下几个方面：①不全面研究变通的方法；②不全面研究决策目标；③不考察既定选择的冒险性；④信息资料研究不充分；⑤处理既有资料时的选择性偏见；⑥不重新评价其他的选择；⑦不制订其他的备用方案。

4. 群体思维的防范

群体思维常常导致决策失误，给人们的生活带来重大影响，因此，在群体决策时，应尽量避免群体思维，以保证决策的合理化、客观化。詹尼斯认为，应该从以下几方面着手。

（1）领导者在讨论中应当保持公正，不要偏向任何立场。

（2）领导者鼓励每个成员踊跃发言，并对提出的意见进行质疑。

（3）指定一位或多位成员充当反对者的角色，专门提出反对意见。

（4）将群体分成小组，独立讨论，然后再全体聚会交流分歧。

（5）决议达成前，邀请群体之外的专家参会，并请他们对群体意见提出建议。

（6）如果问题涉及与对手群体的关系，则应花时间充分研究一切警告性信息，并确认对方会采取的各种可能行动。

四、群体决策中的非正式参与过程

群体决策不仅需要群体中正式的制度和流程保证，而且还需要群体成员之间非正式的参与过程，尤其是群体成员之间在非正式场合的相互协作，以便每名群体成员做出各自的贡献。这一过程的核心环节是注意力的相互聚焦（mutual focus of attention），即群体成员不仅需要将部分注意力集中在自己的任务上，还需要将部分注意力用于协助其他成员。而要想取得高水平的注意力相互聚焦，需要从以下三个方面入手（图 7.2）：第一，通过任务泡将局外人挡在外边，使群体成员建立针对问题的注意力相互聚焦；第二，有效使用任务相关道具，帮助群体成员建立共同理解，维持注意力的共同关注；第三，培养共享情感，使其不仅能够强化注意力的相互聚焦，而且能够维持个人长期从事群体互动的能力。

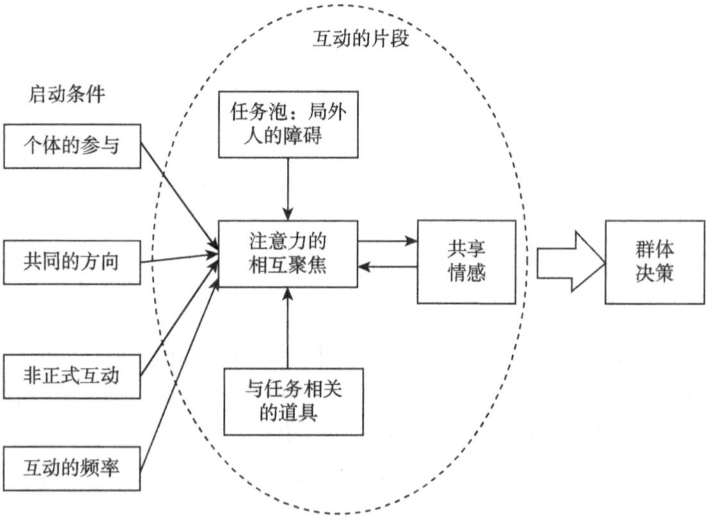

图 7.2　群体决策中的非正式参与过程

为了理解群体决策中的非正式参与过程，我们先看下面两个情景片段。

情景 1：两人参与群体决策

下午三点，Allan 和 Juan 边聊边走进计算机实验室。他们径直走向两台相邻的电脑。不时自己埋头在电脑上浏览并修改网页代码，不时又相互询问并回答对方的问题。大约 15 分钟后，Allan 想要搞清楚客户究竟会看到什么内容。

Allan 指着他的屏幕说："它看起来是这样吗？当客户们提交后，他们将看到这样一个页面，还是会看到这样一个弹窗？" Allan 抬起手，做出模仿矩形弹窗的手势。Juan 用手在屏幕上指着各种图标答道："就在这儿，在上边和这里，还有下边。我会把这些材料填进去，使它看起来就像这样。就是把这个去掉让它看起来像这个样子。"

他们俩都十分投入，Allan 凑到 Juan 的电脑旁边以便看得更清楚，他的鼻子都快碰到电脑上了。

然后 Allan 将他的代码发给了 Juan，Juan 指着屏幕仔细检查他的代码和 Allan 的代码有何不同并问他："这是你的内容，对吗？" Allan 又一次凑到 Juan 的电脑屏幕前，并且用手指着屏幕上的代码说："是的，这就是全部内容。"他们两人都紧盯着屏幕。Juan 又进行了一遍测试。与预想的一样，他们又一次得到了"无法创建许可"的信息。Juan 让 Allan 放心，告诉他："这很好，我们只需要指出最后一步就行了。"

此时，他们已经解决了问题，并且搞清楚了需要如何进行修正。Allan 长出了一口气，笑着说："我们会和其他人一起再重复一遍。"

从他们俩走进实验室一直到问题被解决，30 分钟过去了。在这期间，几个程序员相继走进和离开实验室。有些人看到了 Allan 和 Juan，但是没有打扰他们俩。Allan 和 Juan 也没有将视线从电脑屏幕或彼此之间移开，甚至完全没有注意到坐在他们旁边的其他人。

情景 2：多人参与群体决策

Shield 公司的两个程序员 Maria 和 Charlie 已经在 Maria 办公室的白板前讨论了一个小时，试图找出他们在子模块设计上的分歧点。当他们正在争论两种设计的优缺点时，助理项目经理 Antonio 走了进来。

由于 Maria 办公室的门是敞开的，并且 Charlie 调门很高，所以 Antonio 从走廊经过时听到了他们讨论的内容。Antonio 在门口停了下来，静静地倾听两位开发人员之间的争论，Maria 和 Charlie 似乎也没有意识到 Antonio 的存在。大约有两分钟，Antonio 的目光在 Maria 和 Charlie 之间来回移动，然后落在了白板上。

他静悄悄地走进了办公室，径直走向白板，然后在 Maria 的设计旁边画出他对子模块的理解。Antonio 说："如果你们改变标签，它会变成这个样子……"他指着白板上的图形说："这个标签实际上创造了整个模块。" Charlie 接着 Antonio 的想法说："……存储一般类型的标签。"

此时，另外一名开发人员 Nina 进了房间，她经常和 Maria 共进午餐。与 Antonio 一样，她进来之前也在门口听了一段时间。当发现三个人完全沉浸在工作氛围中时，她将两个三明治放在 Maria 的办公桌上，然后从中拿起一个，完全没有打扰他们的讨论就静悄悄地离开了。

Maria、Charlie 和 Antonio 不太可能没有注意到 Nina，但是他们和她没有任何交流，没有打任何手势，甚至没有任何眼神交流。Charlie 继续讲着他的想法，并且认为需要就此问题远程求助另一位开发人员。

（一）任务泡：给局外人设置的障碍

任务泡能把群体决策的参与者与局外人分隔开。与任务相关的人参与到互动中来，与任务无关的人会保持合理的距离。例如，在情境 2 中，Antonio 和 Nina 均进入了房间，在倾听和观察了一段时间后，两人各自做出了参与和离开的决定。Antonio 决定参与其中的原因是确信自己能为解决任务做出贡献。也就是说，决定是局内人还是局外人的依据是其能否为群体决策做出贡献。因此，任务泡的半通透性能够强化，或者至少有助于维持注意力的相互聚焦。然而，如果是正式互动，如群体中正式的会议，则任务泡的半通透性将不再存在。这是因为正式会议通常被用做信息散播，而且次数相对少，时间也短，文字材料和大段 PPT 展示也较少，非正式互动的频率较低。因此，任务泡的半通透作用仅在非正式互动中起作用。

此外，主动愿意进入任务泡参与讨论的人不仅是基于任务相关性，而且还包括身份属性，只有当员工具有较强的群体认同感，并且认为自己能被信任时，他们才会真正愿意参与到群体决策中来，并分享信息或帮助别人，否则他们并不会愿意相互接近。

（二）道具：吸引注意力的载体

在注意力相互聚焦的建立过程中，与任务相关道具（如情境 2 中的白板、显示器、程序代码、文档）的互动同样很重要，这是因为通过利用这些道具，人们能够更好地理解和聚焦任务。能够吸引人们注意力的道具比身体接近（电脑前胳膊肘的触碰、从其他人手中拿过笔在白板上画图、从别人手中拿过鼠标以增加一行新的命令）更重要，当然，身体上的接近能够强化这一过程。现代通信技术，如 QQ 或微信等在线聊天工具，放松了物理距离与注意力相互聚焦之间的关系，但仍需要道具来帮助维持彼此之间的互动。

（三）共享情感：结果与反作用

共享情感既是注意力相互聚焦的结果，又能够反过来强化注意力相互聚焦。结果表现在，参与群体决策的各方能够分享成功做出决策后的喜悦和满足，同时也使参与各方的精力、动机、自我效能得以提升。例如，情境 1 中通过决策最终解决问题后 Allan 和 Juan 都很高兴。反作用体现在，在群体决策的互动过程中，共享情感能够创造出情感纽带，以利于今后再次开展互动。

第四节　群体协调：合作与竞争

一、合作与竞争概述

合作（cooperation）与竞争（competition）是群体中两种主要的互动方式。合作是指两个或两个以上的人为了实现共同的目标而相互帮助、协同活动的行为或意向。例如，几个人一起划船、几个同学一起植树等。Deutsch 和 Lamberti（1986）指出，合作有三种心理上的意义：一是相互帮助，即参与合作的所有成员的行为是可以互相替代的。二是相互鼓励，成员们为实现共同目标而彼此发出积极奋发的情绪。三是相互支持，成员彼此之间抱着积极支持的态度。

竞争是指个体或群体对一个共同目标的争夺，促使某种只对自己有利的结果获得实现的行为或意向。例如，体育比赛、升学考试等都是竞争的表现。竞争作为一种外部刺激，会对个体产生一系列的心理效应，既有积极的影响，也有消极的影响。竞争既可以激发个体的动机，充分发挥人的潜力，又可以增强个体的自我意识。但是，不当的竞争会损害个体身心健康，并影响人际关系的发展。

合作与竞争就其性质而言是相互对立的，但是二者又是密切相关的。只有竞争，没有合作，竞争就缺乏潜力；只有合作，没有竞争，合作就缺乏活力。通常，合作行为中有竞争的成分，竞争行为中也有合作的成分。例如，在体育比赛中，运动员为了本队取得胜利而相互合作。但是，在战胜对手的过程中，每个成员的贡献大小是不同的，成员之间会相互比较，这就包含了竞争成分。同样，在数学竞赛中，个体之间的竞争十分激烈，但是，这是建立在每个成员遵守竞赛规则的基础上的，竞争中也包含了合作成分。

二、关于合作与竞争的实验研究

从 20 世纪 40 年代起，心理学家就对合作与竞争问题进行了大量研究，并得出了结论：与合作相比较，在没有特别引导的情况下，人们更倾向于选择竞争的行为方式。20 世纪五六十年代，Deutsch 和 Krauss（1960）进行了一系列的经典实验研究，证明了竞争心理优势的存在。

（一）多依奇的实验

多依奇（F. M. Deutsch）等在 1960 年进行了著名的卡车竞赛实验。在实验中，要求被试两人一组，分别充当甲、乙卡车运输公司的经理。两人的任务都是使自己的车辆以最快的速度从起点到达终点，速度越快，赚钱越多。每人都有两条路线可走：一条是个人专用的远道，另一条是两人都可行驶的近道，但近道路窄，一次只能通过一辆车（图 7.3）。显然，为了多赚钱，双方应该合作，轮流走近道。然而，实验结果表明，双方都力图抢先通过道路，两车常常僵持不下，谁也不肯让步。

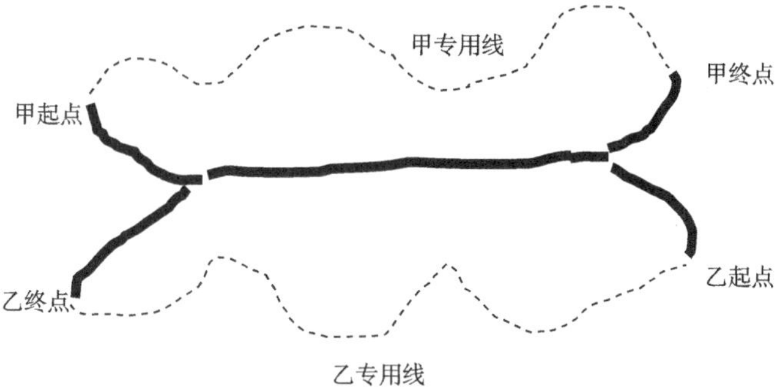

图 7.3　卡车竞赛实验

多依奇根据实验指出，合作的特点不仅在于有关各方对为实现共同目标而相互依赖、相互帮助有所认识，而且还在于每个人都对他人采取积极态度，具有喜欢对方的感情。而竞争的特点在于，一方面各方都清楚地知道自己要实现目标，另一方面每个人都对自己的竞争对手采取消极冷淡的态度，具有不喜欢对方的感情。

此外，Luce 和 Raiffa（1957）的“囚犯困境”实验同样表明，在既有竞争因素又有合作因素的互动关系中，人们还是倾向于选择竞争因素。

（二）明南斯的实验

心理学家明南斯（J. S. Minas）设计了一个为被试提供有利合作条件的实验，见表 7.1。

表 7.1　有利于合作的矩阵表

被试 B	被试 A	
	合作 X	竞争 Y
合作 X	+4 / +4	+3 / +1
竞争 Y	+1 / +3	0 / 0

在这一实验中，被试选择 X（即合作策略）得分的可能性为 4 或 1，而选择 Y（即竞争策略）得分的可能性是 3 或 0。如果双方都选择 X，则大家都能得最高分 4 分。显然，选择合作策略最为有利。然而，即使在这一情境下，大多数被试仍然选择竞争策略。其原因在于，这种选择虽然十分冒险，但可能比别人得分更高，更有可能战胜对方。

三、影响合作与竞争的因素

影响群体成员合作与竞争的因素有很多，一般认为有以下几点。

1. 信息沟通与信任程度

一般来说，交往双方彼此之间的沟通交流越多，越倾向于合作。因为双方的信息交流提供了相互了解对方行为意图的可能性，从而减少了对方的错误判断。另外，相互沟通还有助于增进彼此间的感情，增进相互信任，从而促进双方合作。多依奇等的卡车竞赛实验曾设计了三种不同的沟通情况：要求一组被试彼此沟通信息，另一组被试只有一些谈话的机会，第三组被试不被允许彼此沟通。结果发现，彼此沟通组产生了一些合作行为，而不被允许沟通组极少合作。

2. 动机

动机对合作或竞争倾向的影响很大。成就需要强、成就动机高的人，倾向于选择竞争。在有关合作与竞争的实验研究中，被试的动机一般分为两种：一是赢得金钱；二是战胜别人。当报酬减少，赢得金钱的动机退居次要地位时，人们的行为主要受战胜别人的动机引导，竞争倾向增强。

3. 个性特征

个体的个性特征在很大程度上影响一个人采取合作行为还是竞争行为。在个性特征中，性格和能力的影响作用更为明显。争强好胜的人在各种活动中往往倾向于竞争，而性格温和的人较易于同别人合作。另外，人与人之间能力的差异，是导致人们相互竞争的原因之一。研究表明，能力相仿者倾向于彼此竞争，而能力强弱有差异者倾向于彼此合作。

第五节　群体中的交互记忆系统

一、交互记忆系统的内涵

交互记忆系统（transactive memory system）是指群体成员之间形成的一种彼此依赖的，用于编码、储存和提取不同领域知识的合作分工系统。交互记忆的典型特征是，每个群体成员具备某些方面的专长，同时他们也知道群体中其他成员的专长领域，基于对彼此专长的了解，群体成员能有效地进行分工合作。这样，每个成员的认知负担减轻了，而他们也可获得远多于任何个人所能单独掌握的专业知识和信息。

二、交互记忆系统形成的关联阶段

交互记忆系统的三个关联阶段分别为：目录更新、信息分配和检索协调。

1. 目录更新

目录更新是指群体成员了解其他成员所专长的领域，在不断地请求他人知识与分享自身知识的过程中越来越清晰地了解到所在群体中“谁知道什么”。

2. 信息分配

信息分配是指群体成员将自己专长领域以外的新信息传递给该领域的专家，即群体内最适合储存该信息的成员的过程。为了减轻认知负担，成员必须尽快地将新信息传递给最合适的人，而不是将信息编码存入自己的记忆中，从而使群体成员之间能够快速有效地传递信息而又避免了存储与自身无关的知识。

3. 检索协调

检索协调是指当成员的个人知识有限而不能完成任务时，他会求助于群体中相关领域的专家，检索特定的知识。在复杂而多变的环境中，群体成员通常会遇到陌生的情形，这时，他会根据自身掌握的“目录”求助于群体中相关领域的专家。目录的作用类似于个人的认知地图，群体成员能根据直觉判断应该找谁获取信息或者直接将任务交由对方来处理。检索协调会简化信息搜索过程，最大化提高搜索的速度和准确性。

三、交互记忆系统的动态发展

群体交互记忆系统的动态发展可以归纳为独立运行而又相互影响的三个循环迭代过程，包括：前提条件，即群体成员感知到认知上的相互依赖；TEP（task-expertise-people）发展，即个体“任务—专长—人”认知的发展；共享心智模式（shared mental model）的形成，即群体成员间和谐一致的感知。交互记忆系统的循环迭代模型可以较好地反映知识群体中存在的连续变化和相互关联的情境特征（图 7.4）。

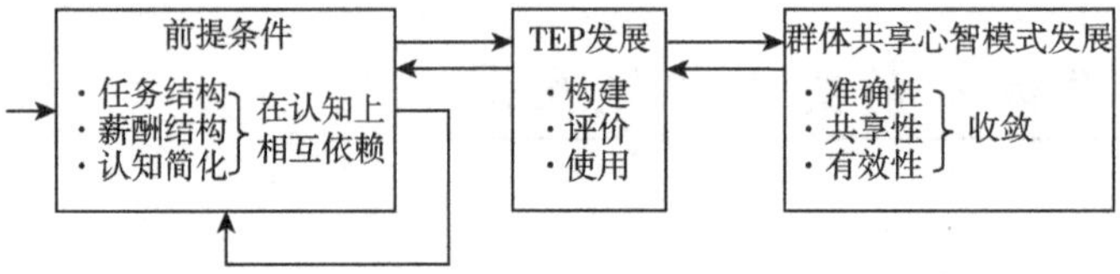

图 7.4 交互记忆系统的循环迭代模型

（一）交互记忆系统形成的前提条件：认知相互依赖

促进交互记忆系统发展的并不是群体成员关系本身，而是与群体成员关系相伴而行的成员间的相互依赖。在相互依赖的情境中，个体成员不能单方面保证良好的产出，每个成员的活动都可能对他人的产出产生影响，群体成果取决于所有成员的共同努力。成员感知到彼此间的相互依赖，即感知到需要彼此合作共同对信息的存储负责，是交互记忆系统形成和发展的必要前提。

（二）交互记忆系统的组成单元：TEP 单元

交互记忆系统的三种基本构成要素分别为：任务、专长和人，这三种要素共同构成了交互记忆系统的基本单元：TEP 单元。TEP 单元是指群体成员在感知到认知相互依赖的基础上将有关群体任务特征、专业知识类别和知识主体的信息进行关联所形成的交互记忆系统的基本组成单位。TEP 单元是一个由任务到专业领域再到人的合成概念，它提供了需要完成什么任务、完成任务需要哪些知识或技能，以及这些知识或技能由谁掌握等一系列问题的关联答案。

TEP 单元的发展分为构建、评价和使用三个环节或步骤：①构建。个体成员通过可获得的信息构建 TEP 单元。②评价。一旦完整的 TEP 单元或 TEP 片段被构建出来，主体便会在实践过程中对其可靠性进行评估，即检验已建立的 TEP 单元是否正确。③使用。为了完成任务，个体检索储存在 TEP 单元中的信息，进而向相应的成员索取相关知识。一个流程完成之后，使用结果又被反馈到构建和评价环节，促进 TEP 单元的进一步发展。

（三）交互记忆系统的作用结果：共享心智模式的形成与发展

个体对 TEP 单元认知的发展形成了交互记忆系统的个体心智模式，而群体交互记忆系统则是基于成员的共享心智模式逐步形成的。共享心智模式是指群体成员心智模式的重叠程度。对于群体成员来说，具有相似的 TEP 认知是可能的，但个体的心智模式和个体感知到的他人看待群体交互记忆系统的方式之间则可能存在差异。群体成员互动的目的就在于使成员拥有相同的心智模式，减少不同成员的 TEP 认知和使用差异。

在群体形成早期，交互记忆系统的发展可能沿着如图 7.4 所示的从左到右的方向线性展开。首先，群体成员间形成认知上的相互依赖；其次，成员根据各种信息进行知识领域分工，并结合任务特征、知识特征和人的特征形成关于 TEP 单元的关系匹配感知；最后，个体层面的独立认知上升为群体层面的共享认知，最终形成具有结构性和层次性的群体交互记忆系统。但随着系统的成形，图 7.4 后端模块中的信息可能对前端模块产生反馈影响，引起交互记忆系统的调整、修正甚至重构。例如，共享心智模式形成时产生的信息可能改变成员对相互依赖和TEP单元的感知，从而促使TEP重新进入发展循环，或者促使个体重新评价宏观层面的任务或知识概念。调整和修正行为不仅发生在三个模块的相互作用与反馈中，也发生在每个模块内部。

四、交互记忆系统的协调机制

群体设计和人力资源管理实践作为群体中的正式协调机制，其不仅能够对交互记忆系统起到直接的促进作用，而且还可以通过提升群体成员之间的关系互动来对群体交互记忆系统起到间接的协调作用，具体如图 7.5 所示。下面将以前川制作所（Mayekawa Manufacturing Ltd.）为例，详细分析群体设计、人力资源管理实践这两种正式机制与人际互动这种非正式机制在协调群体交互记忆系统方面所起到的作用。

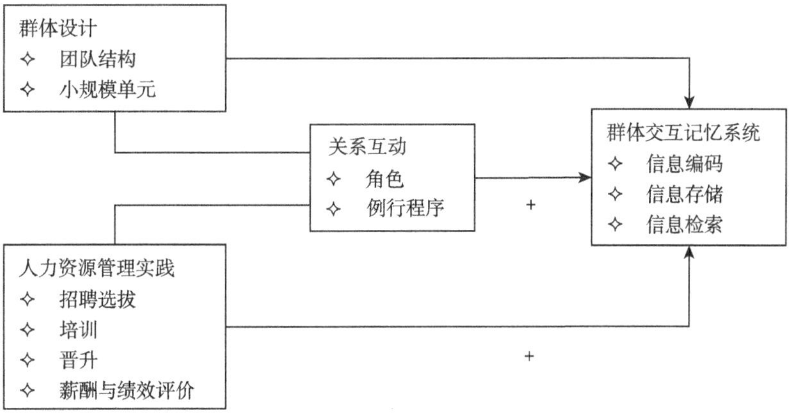

图 7.5　群体交互记忆系统的协调机制模型

【阅读资料】

前川制作所成立于 1924 年，总部位于日本东京，是一家以工业制冷设备、食品加工机器及低温环境系统为主导产品的公司。截止到 2006 年，前川制作所在全球 28 个国家设有分支机构，拥有 3 000 多名员工，其工业冷冻设备占到全球市场份额的 30%。前川制作所还发明了世界上首台氨冷冻剂半封闭螺杆压缩机，它与其他传统设备相比实现了20%的能源节约效率。

前川制作所是一家很典型的知识密集型公司，需要由一个个彼此之间相互依赖的团队共同合作来实现目标。这是因为其内部的各个群体单元以及项目中的任务相对比较复杂，员工需要充分利用并分享自己的专长（expertise），并且在此过程中还需要依赖其他人的专长。

前川制作所采取了团队制群体结构设计，其主要工作活动由内部 100 多家财务相对独立、名为“Doppo”的小公司来完成。每个 Doppo 隶属于前川制作所内部所对应的职能 block 或区域 block。每个 block 都拥有独立的研发单元，在 Doppo 之间扮演着桥梁角色，主要任务是辅助协调下属与 Doppo 之间的互动。

（一）群体设计发挥的作用

1. 团队制结构

以 Doppo 团队制结构为主的正式群体设计模式有助于促进前川制作所内部的互动，这不仅保障了群体各个层次任务的专业性和互赖性，而且还可以很好地提升群体的灵活性，从而为群体交互记忆系统的有效协调提供一定的基础。Doppo 结构主要依赖内部单元或成员之间的非正式互动来协调与运用每个成员的专长，其局限是当 Doppo 内部单元或成员之间具有较远的物理距离时，非正式互动的频率会下降，这将增加对所需任务专长的查找和检索，该局限随着 Doppo 规模的不断扩大将更加明显。

2. 控制规模

合理的 Doppo 规模应该控制在 10~20 名成员，这是因为规模较小的 Doppo 有助于激发内部成员发展专长、承担责任的积极动机，很好地发挥每名成员的独特专长，从而提升 Doppo 内部任务的协作性、互赖性与专业性。此外，由于内部资源的限制，具有较小规模的 Doppo 还需与其他 Doppo 进行协作，提高彼此之间的非正式互动频率，从而促进交互记忆系统的跨边界协调，减少不同 Doppo 之间的知识囤积、“搭便车”行为。

（二）人力资源管理实践发挥的作用

1. 招聘选拔

在招聘选拔环节，前川制作所非常强调招聘具有特定人格与社会技能但没有任何工作经验的员工，这极大提高了新入职员工的相似性，随后的培训与指导等人力资源管理实践将逐渐加深新员工对群体专长的认识。前川制作所只有在其非常迫切地需要群体内部成员目前所不具备的特定领域专长时，才会招聘具有丰富工作经验的员工。当招聘到具有丰富工作经验的员工时，前川制作所会采取多种实践来提高群体成员对该员工专长的认识。例如，block 领导会参与这些员工的招聘环节，而 Doppo 领导会参与做出招聘决策的会议，之后他们会向 Doppo 内部其他成员传播这些员工的专长。

2. 培训

对于之前没有任何工作经验的新员工而言，前川制作所将为他们指定一名年长员工作为其职业导师，对他们进行在职培训，这不仅能够让他们对公司的运作情况产生更为深入的了解，而且还会帮助他们建立较为丰富的社交网络。通过该环节，新员工逐渐发展了属于自己的专长，并通过在职培训和信息寻求对他人的专长有了清晰的认识。

3. 晋升

在前川制作所，员工识别、运用群体专长的能力是他们得以晋升的关键。Doppo 领导需要由项目发起人、非正式导师、专长协调者等来担任，而 block 领导则需由公司高管团队任命，任命依据是他们自身的专长水平、内外部关系网络以及特定的个人特征。

4. 薪酬与绩效评价

前川制作所统一的薪酬与绩效评价体系也能够很好地促进人员的内部流动，进而加深他们对群体内部其他成员专长的认识。

（三）关系互动发挥绩效的作用

1. 角色

在前川制作所，每个成员都希望扮演特定的角色。从员工角度而言，他们总是希望能够被他人当作特定领域的专家，因为这决定着他们在群体内部的流动性以及受到的认可度；Doppo 领导的角色则是充分利用自己的关系网络为项目找到所需的专长，从而高效地完成项目，实现利润最大化；block 领导主要负责批准人事流动，帮助 Doppo 领导为新项目找到具有合适专长的员工。

2. 例行程序

例行程序可以在非正式水平互动之外，为单元内部以及跨单元互动提供结构化的模式。例如，Doppo 领导经常在例会上为新项目推荐具有其所需专长的员工，并针对性地讨论相应的人事流动。这些例行程序能够提升前川制作所员工对群体专长的认识，确保新项目能够及时地找到具有其所需专长的员工。

综上，前川制作所群体交互记忆系统的协调主要通过其独特的群体设计模式、人力资源管理实践这两种正式机制，以及不同的群体单元或群体成员之间的关系互动这种非正式机制来共同实现。该案例的研究发现能够为公共群体构建并完善群体交互记忆系统、充分发挥正式和非正式协调机制提供参考依据。

【课后案例】

哄抢行为何时止?

2005 年 8 月 8 日，一辆满载 25 吨食用油的油罐车行驶至武汉市沌口东风大道时突然侧翻，10 余吨油外泄。路边居民见状，便拎着桶、盆等容器前来抢油。交警、城管队员、消防队员均出面制止却不起作用。其实根据专家介绍，这些油已经被污染，不能食用了。

2005 年 8 月 11 日上午，湖南岳阳一市民欲转存 10 万元银行存款，不料当街被抢。当劫匪携款一路狂奔时，一名治安巡逻队员将其拦住，两位市民也挺身而出，共同制服了犯罪嫌疑人。但令人意想不到的是，在 3 人与歹徒搏斗的过程中，现场竟有部分围观市民一哄而上，将散落在地的 10 万元现金抢了个精光。

2005 年 9 月 10 日清晨 7 时许，京珠高速公路湖南段 259 公里处因大雾引发了一起 8 车追尾事故，造成 10 多人受伤。事故中，一辆运载羊肉的货柜车冲到了路基下，司机被卡在驾驶室里；一辆运载鸡蛋的货车侧翻在高速公路上。当交警赶到现场时，发现附近不少村民已经赶到了现场，但是他们没有抢救伤员，而是在哄抢散落在路上和路基下的羊肉、鸡蛋等货物。面对失控的场面，交警对参与哄抢的 4 名村民采取了强制措施，但也没能制止其他村民的哄抢行为。

哄抢事件连续不断地发生，而哄抢行为明显属于暴力行为，是违法的，但人们为何明知故犯呢？

【案例简析】

我们要搞清楚一系列的哄抢行为背后的群体心理是什么，才能有针对性地采取政策来防范。国人常常说“法不治众”，这种群氓心理是一系列哄抢行为的内在动机起点。中国曾经历百年战乱，人们饱受物质匮乏的伤害，抢，就有可能生存下去；不抢，可能就是等着饿死，这种对物质的强烈占有心理被代代传承下来，在目前已经丰衣足食的时代，仍然不时地会冒出来。其中还有一些人可能是基于从众的心理，而跟着别人去抢夺物资。因此，要通过群体心理教育才能减少哄抢的发生。

【思考题】

1. 什么是群体？群体的基本特征有哪些？

2. 结合章前引入的小案例，运用群体心理相关理论分析李元为什么会在篮球比赛场表现不佳。

3. 什么是群体凝聚力？它对群体及其成员有什么样的影响？

4. 影响群体凝聚力的因素有哪些？

5. 如何理解群体决策中的群体极化现象？

6. 什么是群体思维？它对群体决策会产生什么影响？在群体决策中如何避免群体思维？

7. 影响群体成员合作与竞争的因素有哪些？

第八章

公共管理中的文化与民族心理

【学习导读】

1. 理解民族心理的含义以及公共管理中民族文化与民族心理的内涵。
2. 了解公共管理中民族文化与民族性格的关系。
3. 掌握公共管理中民族文化与民族性格的特点。

【课前案例】

有这样一则幽默故事：德国人、法国人、日本人、俄罗斯人和中国人分别以大象为论题做文章，德国人写的是“大象的思维”，法国人写的是“大象的情爱”，日本人写的是“大象的经济价值”，俄罗斯人写的是“俄罗斯的大象是世界上最伟大的大象”，中国人写的则是“大象的伦常”。尽管这只是个故事，但也多少勾勒出一些民族的特色，如德国人重哲理思辨、法国人重情爱、日本人的经济头脑、俄罗斯人的俄罗斯自豪感、中国人有伦理意识。

从这个幽默故事中，我们也不难看出，在长期的历史发展与演变历程中，每个民族都形成了带有自己民族特色的心理模式，它们通过各种方式，如遗传、环境、文化、教育等因素的作用而被固化于民族群体中，使每个民族都以自己所特有的心理方式或心理模式作用于外部世界。

第一节　民族心理概述

民族是人类社会最重要的人群共同体之一，在日常生活的实践中，我们常常发现同一民族的成员往往会有着相似的行为模式，或者更准确地说，同一民族的人们处在同一环境中，接受相同的刺激时，就会做出相似的反应，而不同民族的成员则会做出不同的反应。这些现象促使心理学家、人类学家着手研究在同一民族背景下社会成员的人格和人格的表现形式即社会行为，考察那些具有相同文化模式的个体的心理与行为表现。

直到 21 世纪，民族冲突与种族冲突的风潮仍然时时涌动，所以民族心理的研究成为心理学家给予了最多关注的群体心理的研究。在公共管理心理学中，民族心理研究着重于一个民族的社会文化因素对该民族成员的人格和社会行为的影响，它力图回答以下几个问题：生活于同一民族中的不同个体是否具有相同的人格特征及社会行为模式？同一文化背景下的民族群体之间的差异性与同质性的大小如何？现代国家治理应该如何促进民族团结与民族和谐？全球化时代不同文化的国家、民族、种族应该怎样相处？等等。

一、什么是民族

民族是由氏族发展而来的，在历史的发展过程中，氏族部落经过反复的繁衍、变迁、融合、分裂，最后才形成了现代意义上的民族。任何一个民族都具有多方面的特性，如集中居住在某一地域范围之内，具有共同或相近的语言，有共同的祖先或血缘关系以及在心理素质方面具有某些共同特性，等等。所以斯大林（Иосиф.В.Сталин，1879—1953）认为“民族是人们在历史上形成的一个具有共同语言、共同地域、共同经济生活以及表现在共同文化上的共同心理素质的稳定共同体。”从这个定义中我们看出，共同地域和共同的经济生活是形成共同文化及表现出共同心理素质的前提条件，但共同文化与共同心理素质一旦形成则会具有相对的独立性。也就是说，有些民族只具有共同的文化和共同的心理素质，甚至仅仅具有共同的心理素质，也仍然可维持某一民族共同体的存在。

二、民族心理的含义

民族具有共同语言、共同地域、共同经济生活以及表现在共同文化上的共同心理素质四个基本特征，因此，民族本身就包含着民族心理。从民族概念的分析中我们也不难发现，表现在共同文化上的共同心理素质是划分民族的重要标准，而且有时还是唯一的标准。中国古书《左传》中云：“非我族类，其心必异。”这从反面表明了同一个民族由于其民族文化的长期积淀，以及其在该民族成员心理上的投射，因此该民族成员通常有着共同的精神结构和行为方式，这就构成了民族心理。

“民族心理”一词，最早是在冯特的《民族心理学》中作为“民族心”使用的，冯特注重“心”（mind，即灵魂、心灵）对民族生活的精神作用，他认为“民族心”这种精神体并不存在于“个人心”之外，而都在“个人心”之内。二者的区别在于：“个人心”是和每个人的身躯共存亡的；“民族心”则和个体的存亡无关而会保持连续性，并随着时代的变化而变化，会从各个人的相互交涉中产生出新的精神作用。

尽管冯特提出的“民族心”概念注重心理活动与社会生活以及民族传统之间的联系，认识到了民族心理在心理领域的重要性，但是他却把“心”视为独立于个体的、不灭的精神，这与今天文化人类学和公共管理心理学意义上的民族心理已经相距甚远。

那么到底什么是民族心理呢？我们认为民族心理是在长期的自然环境与社会环境的制约下和历史文化的积淀过程中形成的，并通过一定的生产和生活方式以及各种文化产品得以表现，决定着该民族人们性格和行为模式的共同心理倾向和精神结构。

可以说民族心理既包括一个民族作为一个大群体所具有的典型心理特点，也包括该民族成员个体身上所体现的这些心理特点。这二者的关系是共性和个性的关系。同时民族心理也是一般心理的特殊表现形式，所不同的只是在强度、维持时间、表现形式上有所差异。例如，直爽豁达、对人热诚等性格特点，在所有民族中都能看到，但在有些民族中却表现得异常普遍和突出，如居住在中国呼伦贝尔草原上的牧民，几乎人人都具有大度、私有观念淡薄、能歌善舞、热情好客、粗犷勇猛、顽强等性格特点，如此普遍的强烈性格表现，并不是每个民族团体都能具有的，由此可见，民族心理受民族文化的影响。

三、民族文化与民族心理

民族与文化虽然是两个概念，但谈到某一民族心理时，就自然而然要涉及其文化特点和类型；而讲起某一文化时又不得不论及它的民族依托和属性。民族文化与民族心理，正是在这种交相辉映中展示其斑斓色彩和勃勃生机的。因此，不论研究哪一类民族心理，都必须以民族文化为背景来进行，这是国内外民族心理研究的共同准则。

首先，文化作为一种社会现象有其自身的特性，其中一个重要的方面是文化有着鲜明的民族特性。民族心理是受到文化的熏陶而形成的，文化以其特有的“认知结构”或“认知图式”，影响着该民族所独有的心理特质。所谓民族特质，就是在描述一组内部相关或有内在联系的行为时所使用的术语，是指在遗传和环境的影响下，该民族成员对刺激做出反应的一种内在行为倾向。

精神分析心理学家荣格（C. G. Jung）在人格结构中提出“集体无意识”概念，而这个概念在民族心理中则属于该民族独有的心理特质。按照荣格的理论，所谓集体无意识就是指一个民族的成员通过遗传从祖先那里继承的文化经验，这种经验世代相传、经久不变，它作为一种独特的心理特质扎根于每一个具有共同祖先的民族成员的心理结构之中，影响和支配他们的思想和行为。因为一个民族的每个成员都从自己的祖先那里继承了相同的经验，即具有共同的集体无意识，因此他们便有了共同的民族心理特质。如果一个民族的文化历史越悠久，其文化心理的格式就越复杂，独有特质就越稳定。

其次，民族文化依托于民族心理。民族心理特点不仅是民族文化的表现形式，而且还是民族文化历史积淀的显示器。例如，傣族个性以温文尔雅、重和睦、轻纷争、安于现状而著称。傣族的这种个性心理特征，是在其悠久的传统文化和独特的社会经济、生活方式、风俗习惯以及优越的地理环境的背景中形成的，其中上座部佛教渗透于傣族人生活深处，特别是对其个性的形成起着重要作用，民族个性心理的各方面均有其轨道和烙印。上座部佛教认为人生皆空，相信生死轮回之说，主张“积善行”以“修来世”，力求通过“自我解脱”达到“涅槃”。“自我解脱”意近独善其身，要求清心无为，这显然是一种出世的而不是入世的人生观、价值观。因此，遇到人间不平事，他们往往是采取消极遁世的态度而不是积极抗争。于是，上座部佛教这种出世的人生观、价值观就成为傣族人的民族个性特征得以形成的深刻社会文化原因，而傣族人的个性也因此成为傣族文化积淀的显示（熊锡元，1990）。

可以说，民族文化是民族心理的积淀。文化与人格学派的两位代表人物本尼迪克特（Ruth Benedict）和米德通过研究证实了不同文化背景下，各民族的民族心理是不同的。

本尼迪克特对北美印第安人诸部落的文化进行广泛的调查研究后，在1934年出版的《文化模式》一书中，以四种不同的文化为例，证明了文化与人格的相互关系。她认为，祖尼印第安人具有严谨自制、善于合作、沉稳祥和、不酗酒、不夸张的人格特征，即“太阳神型”人格；平原印第安人具有行为夸张、富于幻想、追求刺激的人格特征，即“酒神型”人格；夸库特尔印第安人具有粗暴狂野、骄傲自大、酗酒无度、崇尚暴力、藐视他人、自我折磨的人格特征，即“夸大狂型”人格；多布人在与人相处过程中具有相互猜疑、互不信任、内心压抑、怀有敌意的人格特征，即“妄想狂型”人格。

米德在《三个原始部落的性别与气质》一书中，发现新几内亚三个原始部落的性别和气质是不同的。在阿拉佩什人中，男女角色同美国人差不多，讲礼貌、很文雅、不轻易向人挑衅，男人希望妇女行为温和、对家庭负责任。在蒙杜古马人中，不论男女都非常粗暴，社会鼓励男人凶狠鲁莽、富于攻击性、多占有女性、不管小孩；女人也表现出粗鲁、嫉妒、自私、攻击性强、缺乏母性。在查姆布利人中，男女的气质刚好与一般社会相反，妇女性格开朗、做事精明、管理生产、操持家务；而男人则多愁善感、喜欢打扮、爱好艺术、不管生产。因此，米德认为人的性格与气质不是天生的，也不是由性别决定的，而是文化影响的结果。

文化又从不同程度上影响着民族的认知结构、民族的性格及民族的价值观念等。梁漱溟在谈论中国文化问题时，曾指出“文化不只是地理上某空间、历史上某时期的那一堆东西，其中必然还蕴含着一种意义或精神，这种无形的存在便是人类文化的精髓，是维系一个民族并使其成为统一而不破灭的群体所必需的内在纽带”，文化是最体现民族特点的东西。

从这些研究和论述中，我们可以看出，民族心理的研究和其民族文化是紧紧地联系在一起的，研究民族心理离不开对该民族文化的研究。例如，我们应思考这样的问题：文化遗产的申报专利对我们的民族心理有哪些影响？

四、民族心理的研究历史

人们对民族心理的研究最早可以追溯到古希腊的亚里士多德，他从气质和能力方面研究过民族差异。但对民族心理的大量研究还是在资本主义兴起之后的近代才开始的。1785年，康德在《实用人类学》课程教学中，以法兰西民族、英吉利民族、西班牙人、意大利人为例，比较研究他们之间在认识、情感和欲望方面的民族心理差异。冯特是民族心理学的创始人之一，他写的《民族心理学》、《民族心理学纲要》和《民族心理学诸问题》标志着民族心理学的诞生。之后，民族心理的研究逐渐受到心理学各个流派的重视，其中，精神分析学派的奠基人弗洛伊德先后于1913年发表《图腾与禁忌》、1939年发表《摩西与一神教》，这两本有关民族心理研究的巨著，轰动了当时的学术界。在《图腾与禁忌》一书中，弗洛伊德第一次集中地阐述了自己关于宗教和道德起源的思想。他认为，在大洋洲和非洲的一些原始部落中所发现的图腾崇拜是所有文化发展中的一种必经阶段，它构成了当时社会的基础，是人类宗教和道德的起源。他根据研究断定，图腾崇拜中的图腾动物乃是父亲的一种替代物；在宗教后来的发展中，所有的神都是依据父亲的形象构成的；在解释宗教的发展时，他提出了“群体心灵”的存在，人们把这种心理过程以潜意识的沉淀物一代代地传递下去。弗洛伊德的这些思想为民族心理的产生找到了历史渊源。《摩西与一神教》是弗洛伊德生前发表的最后一本著作。在此书中，弗洛伊德运用精神分析的方法研究人类个体心理，对古代的犹太民族领袖摩西和当时流行的一神教进行了研究，揭示了一神教的实质和起源，说明了导致犹太民族后来同信奉基督教的其他民族分离的原因，从而论证了宗教思想与民族心理的密切关系，丰富了民族心理研究的内容。新精神分析的代表人物弗罗姆（Erich Fromm，1900—1980）从政治、经济、文化、社会等方面来考察人格的形成和发展，在他的著作《逃避自由》中，他认为人的性格特点决定于人们所处的历史时代。例如，中世纪时代人的性格和今天垄断资本主义时代人的性格就不同，弗罗姆的观点深化了人们对民族性格的认识。

我国对民族心理的研究始于 20 世纪初。陈大齐在 1919 年写文章论述了民族心理学的意义，童润之在 1928 年发表了“论民族意识”，梁乙真于 1942 年刊文“从心理学的观点论民族气节”，吴江霖在 1947 年发表了“社会心理学上的文化观点”。20 世纪 80 年代中期以来，中国的心理学及民族学、人类学工作者也曾多次以各自的方法对中国各民族的心理特点进行了多种调查和研究，中国的民族心理研究出现了蓬勃的发展生机。

第二节　民族性格研究

【阅读资料】

研究发现，锡伯族和傣族分别居住在我国的北疆和南方，前者居住在新疆伊犁河南岸的察布查尔锡伯自治县，后者生活在我国南部的西双版纳。有趣的是，虽然相隔万里，但是两个民族的个性却遥遥相对，具有鲜明的相似性，即二者突出的性格特点都是温文尔雅、重和睦、轻纷争，他们解决矛盾的主要方式是“调解”和“责己”。为什么会出现这种现象呢？这就需要了解民族性格方面的知识。

民族性格是构成民族心理面貌最稳定的因素，它是在特殊的历史条件下形成的各种心理特点的总和，并赋予民族心理质的规定，由这种规定把一个民族与另一个民族区别开来。正如爱尔兰人与英格兰人在民族性格上有不同的特点，其表现是爱尔兰人轻浮、容易激动、热情奔放、宽宏大量、有自我牺牲精神；英格兰人沉静自制、头脑冷静、冷淡、自觉[①]。这种不同的民族性格既反映了本民族历史发展的特点，同时也影响到一个民族的生活方式和活动。当我们说某个民族情感外露、某个民族有幽默感、某个民族有求

① 中共中央马克思、恩格斯、列宁、斯大林著作编译局. 马克思恩格斯全集（第 2 卷）[M]. 北京：人民出版社，2002：409-420.

实精神时，并不是说其他民族就不具有这些心理特点，而是指他们的表现不那么显著，或者是以另外的形式表现出来。我们现在具体看一下民族性格方面的有关内容。

一、民族性格的含义

民族性格是相对于人格概念而言的。个性和人格在英语中都用“personality”来表示，人格是就个体而言的概念，是个体心理特质和性格特点的总和，由各种心理特质和性格特点配置而成。人格的形成是通过社会化，将文化模式内化为心理过程和心理尺度，最后培养成一个人固有的思考方式和行为方式。民族性格则是就民族全体而言的，是一个民族多数成员共有的、反复出现的心理特质和性格特点的总和，是人格的综合体。

对民族性格的定义，目前尚无统一的界定，不同学者对这个概念的论述各不相同，如有的使用“民族个性”、有的使用“众趋人格”、有的使用“社会性格”、有的使用“国民性”。按照英克尔斯（Alex Inkeles）的定义，民族性格就是指某一社会中成年成员中的典型性格与模式，而《心理学大词典》对民族性格的定义是表征一个民族同其他民族相区别的典型性格特征。可见，民族性格这一概念要揭示的内容，是一个民族通常的行为中所具有的某种相对稳定的、一致的东西。

本教材认为所谓的民族性格是指各个民族在其历史发展过程中逐渐形成的、由各民族所处的生活条件和历史环境所决定的一种带有民族特点的群体心理特征。它表现出共同民族文化特点的一种精神状态，是一个民族大多数成员共有的、稳定的心理倾向、心理特征以及与之相适应的行为方式。

这个概念包含了这样一层含义，即民族性格包含了“一个民族多数人行为方式的倾向性选择”。例如，说到海的深浅，要看其平均的深度，不能用最深的或最浅的地方来代表全部。所以说到一个民族的行为，自然也得看大多数人，不能用几个贤者或几个“害群之马”来加以概括。民族性格代表的是一种行为方式的倾向，其表现是在遇到同样的问题时，在一种文化背景下成长起来的人与在另一种文化背景下成长起来的人相比，可能更趋于采取这种行为而不是那种行为。当然，说一个民族的行为方式在整体上具有某种倾向性，只是说与其他民族成员相比，该民族成员具有此种倾向的可能性更大一些，在相同条件下该民族成员具有此种倾向的人要多一些，其中并不排除个体差异和阶层差异。民族性格中隐含着人的世界观、价值观、道德观等，将决定人的生活志趣、人生追求、人生理想。

二、文化积淀与民族性格

民族性格表现为在遇到同样的问题时，一个民族的人同另一个民族的人相比，可能更趋于采取这种行为而不是那种行为。也就是说与其他民族相比，该民族成员采取某种行为取向的可能性更大一些、更多一些。这是因为不同民族由于受到不同的历史、风俗、社会条件和文化传统的影响，形成了各自不同的民族性格。其中文化是影响民族性格形成的一个主要因素，一种文化通过生活在这一文化辐射范围内人们的处事原则、行为规范、思维方式、生活态度等具体行为表现出来，构成了创造和拥有这一文化的民族特有的民族性格，而文化对民族性格的影响又是通过文化积淀实现的。

文化积淀又被称为文化积累，是指文化在历史上积累和传播出去的总量。要理解文化积淀这个概念，需要从两方面入手：首先，文化积淀是量和质的统称。量是指被继承和保留的文化遗产总量，这体现的是文化存在的优势；质指的是文化素质的优劣，体现的是其生命的强与弱。其次，文化积淀是积累和传播两个支流形成的结果。积累与传播是相辅相成的，积累的量越多，其传播能力就越强。文化积累是文化传播的前提，文化传播是对文化积累的扩散，没有文化传播，文化就会遗失，就会失去和新的外来文化不断互补的机会，容易使文化狭隘而肤浅。

文化积淀同时也是一个文化继承和同化的过程，它体现的是人类或者一个民族的生活方式、传统、价值观等的传承。文化正是因为有了这种积淀、传承，才会在每个人的个性和每个民族的性格中打下烙印。一个民族是一个社会文化的共同体，因而在这个共同体中，民族成员共享其民族文化，共处于同一生态文化环境中，这种生态文化环境对民族成员的影响是群体性的。子女的教养方式也是文化塑造的。民族性格的相似性使个体稳稳地“嵌入”整个民族文化中，并使其获得满足与安全感。

文化积淀建构了民族性格形成的社会环境，既是物质的，也是精神的——物质环境是人们经过生产实践改造了的物质世界，它记录着人们的行为方式和思考方式，每时每刻都在影响人们的性格；精神环境分为心理环境和由大众传播形成的拟态环境，也叫复制环境，拟态环境是对现实环境的复制，通过大众传播媒介再现出来，这对人们的心理和人格有很大的作用力。它比现实环境有弹性，充满了感情色彩和引人入胜的心理诱惑力。文化渗透在人们的日常生活中，成为社会环境背后一种深层的力量，深刻地影响着该文化模式中的个人和群体。

文化积淀还对民族性格起社会尺度作用。对于一个社会中的个人或群体来说，其人格的表现形式——社会行为是由一定的规范来约束的，随心所欲地行事往往会被认为是“越轨行为”而受到人们的非难、谴责和抵制。那些约定俗成的规范往往通过社会过程内化为人们内在的心理准则，成为人们对自我、他人的一种衡量尺度，支配着人们在日常生活中的各种行为。

三、民族的刻板印象

由于同一民族成员生活于共同的地域，承接着大体一致的文化积淀，有着共同的语言、政治经济生活环境和历史渊源，因此他们遇事又总是要表现出某些共同的特点，这就是民族性格。所以说起英国人，我们马上想到“绅士风度”；说起法国人，我们马上联想到“浪漫的艺术气质”；说起韩国人，我们马上想到拼搏向上的精神；说起日本人，我们会马上想到一丝不苟的工作狂……此外，在我们的印象中，德国人是善“哲学”和“思辨”的，美国人的性格是开放的，犹太人是有野心、勤奋而又精明的。因此当我们初次遇见这些人时，对他们的行为都会有某种预想，即“我们不是先看见，然后确认；我们是先确认，然后才看见……我们认识的，都是从文化中的固有形态里提取的一些见解”，这就是民族的刻板印象。

也就是说，刻板印象是指把一类人的特征概括成一套对其或强或弱的固定看法。这种刻板印象有时与籍贯有关、有时与行业有关、有时与民族有关、有时又与国家有关。而民族的刻板印象则是把某种特征归为某个民族群体的每一个人，而不管民族成员中的个别差异。例如，谁说意大利人都爱好古典艺术？谁能保证每一个英国人都有绅士风度，每一个法国人都浪漫，每一个美国人都傲慢无比？

刻板印象的形成，从积极方面看，往往包含一些真实的成分，它或多或少地反映了认知对象的若干情况，有助于简化人们的认识过程，为人们迅速适应环境提供了一定的便利。从消极方面看，刻板印象一经形成，便具有较高的稳定性，往往使人们的认识僵化和停滞，这势必会阻碍人们对新事物的认识和接受，因为刻板印象作为认识外界事物的一条途径，往往以经验为基础，但若是根据片面的感想或道听途说而杜撰某种形象，不仅不能使人获得正确的理解，而且还会形成偏见。

民族偏见可能因成见而加强，成见是一种过于简单化、一般化的信念，抱有成见的人思想僵化而带有感情色彩。偏见则是一种特殊的预先判断，即用老框框或一般化的方法判断人、物或事，它是基于错误的信念或先入为主的看法对某个群体的执着态度，是对一群人根据成见而形成的过于简单化的判断，往往是夸大的、错误的看法，进而构成一种不公正、不合理的执着情感的心态从而导致偏见，偏见又逐渐促成了各种明显的行为表现，使我们对问题的判断失去了一定的正确性，如下面的例子。

“一衣带水”，中日文化有着很大的相似之处，但在西方人看来，它们却不大一样，虽然在街头相遇时，西方人很难分清中国人与日本人的区别，但在生活中，流行于西方人中的一种偏见是，与一个中国人、一个日本人在一起工作，表现优异的是中国人，因为中国人聪明。但是，如果与两个以上的中国人、两个以上的日本人在一起干活，效能高的可能是日本人，因为日本人能拧成一股，其狠劲可以和任何人相斗。

以上这种偏见不能以偏概全，形成刻板印象，认为所有的中国人和日本人都是如此，从而对外界事物的判断失去了一定的真实性。

四、民族性格的比较

民族刻板印象的存在，导致我们往往对某一民族性格产生一定的偏见，但如果历史地、辩证地看待民族性格，其是无所谓好坏的，民族性格的形成，是适应特定社会、特定的自然地理环境、特定的生产水平、特定的文化背景以及特定民族的产物，是人们适应自己所面对的客观环境的产物。

所以，我们对民族文化、民族性格、民族特征等，不能简单地以优劣高低来作为确定其是非对错的评定标准。因为任何民族性格的特点都有其长处和不足。但没有比较就没有鉴别，民族性格同样如此。一个民族之所以能够屹立在世界民族之林，定有其发展的优势。因此，我们在研究一个民族的性格、一种文化的模式时，将其他民族、其他文化作为参照是必不可少的。只有通过比较，我们才能弄清哪些特点是这个民族所独有的，哪些特征是其他民族特有或者整个人类所共有的；弄清哪些特点使这个民族在历史上和今天受益，哪些特点又使这个民族的发展受阻。这就如同一个人的性格没有绝对的好或绝对的坏一样，一个民族的性格也同时具有长处和短处。夸大自己民族的某些优点和其他民族的某些缺点当然是不可取的，另外，我们也大可不必为自己民族具有某些“比较弱点”而自卑，因为民族性格的缺点和优点总是像一枚硬币的两面一样是紧密地联系在一起的。所以，重要的是发扬我们的民族性格中优秀特质的结晶——民族精神。

民族精神是指在特定的社会条件下国家和民族生存和发展中的心理状态、思维方式及行为方式里具有普遍意义的基本特点，是一个民族在特定社会条件下和社会实践中体现出来的主要精神倾向，它是民族文化、民族智慧、民族心理和民族情感的集中表现，是一个民族长期积淀、世代相传、不断发展的一种精神支柱和价值追求，是引导一个民族执着前行的精神火炬和思想动力。

一种健康向上、不懈进取的民族精神，对任何国家、任何民族都会转化为巨大的行为动力。例如，日本继承中国儒家的“精诚效忠”精神，表现为企业员工忠诚集体、公司的敬业意识。再如，“大和”精神深深地渗透在日本的工商业文化中，成为一种经营理念和处世哲学。可以说，“忠”与“和”构成了日本能够在战后迅速崛起的动力源泉。

而我们中华民族，正是因为具有自强不息的刚健精神、崇尚气节的爱国精神、包容百川的吸纳精神、不畏强暴的抗争精神、经世致用的求实精神、勤奋努力的进取精神，才能在悠悠五千年的历史长河中，历经曲折磨难，转危为安，巍然屹立在世界民族之林。

第三节　中国本土的民族心理研究

研究民族心理，都必须在民族文化背景中进行，这是国内外民族心理研究的共同准则，研究我们中国人的心理也不例外，在传统文化的影响下，中国人有一套长期适应的心理与行为倾向，进而形成了中国人特有的民族性格特点，这就是中国本土民族心理研究的内容。

一、关于中国民族心理的几种研究

对中国民族心理的研究，始于 19 世纪末和 20 世纪初。其中包括外国人对中国民族心理的研究和中国人对自己民族心理的研究。

（一）外国人对中国民族心理的研究

对中国民族心理的研究，最早是由一些西方传教士、商人、旅行者、学者实地观察和研究中国人开始的。虽然他们写出的书中有不少歪曲中国人的地方，但他们在一定程度上还是努力地罗列并描述了中国人的民族性格特征，主要代表是史密斯（Arthur Henderson Smith，1845—1932，中文名明恩博）等。

史密斯于 1872 年来华，为天津宣教师，不久即到山东做传教与救灾等工作。1880 年后常住恩县庞家庄，从事于农村的布道、医药和教会教育。他根据自己的长期观察和体验，发表了许多以中国为对象的文章和著作，如《中国的格言与谚语》（1885）、《中国人的特性》(1892)、《中国的农村生活》(1899),其中《中国人的特性》一书影响极大,成为后来各国学者研究中国及中国人的样本,全书共27章,书中描述清朝时期中国人的特性包括如下几个方面。

1. 在生理与心理方面的品性有五种

"活易死难"、"麻木"、"忍耐"、"不求准确"和"不重光阴"。李景汉在为潘光旦《民族特性与民族卫生》一书所作的序言中说:"史密斯所提中国人的随遇而安,到处可以适应,确是极显著的品性;史密斯说中国人不讲卫生、寿命高、老人多,是错误的;说中国人镇静、不忙,有睡觉的本领、忍痛的本领,从某种意义上看,是中国民族的长处,至于耐性,中国人比起西洋人来是惊人的,这当然是我们民族的一大优点,但从另外一方面看,也是我们的一大弱点。"李景汉又说:"史密斯提到中国度量衡和各种单位的漫无边际,以及中国人生活中模模糊糊的习惯,不能不使受过科学训练的西洋人惊异;中国人的时间不经济,这也是与西洋人不同的。"

2. 在经济方面的品性有三种

"勤劳"、"撙节"和"知足常乐"。史密斯着重描写和赞扬了中国人夜以继日、孜孜不倦的精神、永远不慌不忙的工作态度以及知足常乐的精神。

3. 在社会方面的品性有七种

李景汉在为潘光旦《民族特性与民族卫生》一书所作的序言中说:"这一部分是史密斯描写得有声有色的一部分,也是容易使中国读者发生反感的部分。"他说,"私"是旧中国民族的致命伤,到处可见"各人自扫门前雪,休管他人瓦上霜"的现象。史密斯提到中国人对残疾人、心理上有缺陷的人、遇难的人、陌路人、妇孺以至于牲畜都缺乏同情心。李景汉说:"这是由于我国当时的社会团体和慈善事业大多只有几十年的历史,故史密斯容易看到我们缺乏同情心。"他认为史密斯提到中国人轻诺而不践约,认错的本领和揩油的本领都很大;彼此猜疑和倾轧,甚至"一人不进庙,二人不窥井""李下不正冠,瓜田不纳履"。史密斯在"爱面子"部分提到"中国人的问题不是一个事实问题,而是一个格式问题,不是事实的对不对,而是格式的合不合,中国的和事佬最大的任务便是研究出一个面子上均势的特殊局面";在"婉转"部分提到"天才的中国人有一种本领,他会使你挨了骂还不晓得,吃了亏还认为他正在恭维你。这是一种艺术,客气也是一种艺术,东方人大都擅长这种艺术,可以使人与人之间的冲突日益减少,和气日益增多。"

史密斯的书在中国读者中引起过很大反响。除史密斯外,美国汉学家亚瑟·莱特(Arthur F. Wright,1913—1976)也列举了中国人传统的性格特征:服从权威——父母或长辈、服从礼法、尊重过去和历史、好学(尤其好学正统的经典)、循例重俗、君子不器、主张逐渐的改革、崇尚中庸之道、与人无争、任重道远、自重与自尊、当仁不让、不妄自菲薄、待人接物中规中矩。

(二)中国人对自己民族心理的研究

20世纪初,随着当时中国政治、经济、军事、教育、思想、文化等各方面的缺陷和问题进一步明显和凸现，一大批中国学者，特别是游历过西方国家的学者和接受了西方各种思潮熏陶的学者认识到：改造中国，根本在于改造中国人的国民性。梁启超、孙中山、陈独秀、鲁迅、林语堂、梁漱溟等有识之士都非常热衷于探讨这一问题，这些学者早在20世纪初所提出的有关中国人民族性格的精辟见解和研究论述，至今仍然发人深省。

鲁迅对国民性格的消极面有着极为独到和深刻的认识与体验，他从中国近代黑暗、腐败的现象中追索民族精神、民族文化、民族心理。他的小说和杂文体现了他对中国人国民性的睿智思考，如阿Q、孔乙已、闰土、祥林嫂等人物形象都深刻地反映了当时社会条件下的一些民族心理特点；杂文“论‘他妈的’”、“论睁了眼看”、“‘个人的自大’和‘群体的自大’”、“略论中国人的脸”、“由中国女人的脚推定中国人之非中庸又由此推定孔夫子有胃病”、“关于中国的两三件事情”、“说面子”、“命运”等也深刻地勾勒出中国人当时的性格特点。

林语堂在《中国人的性格》中指出中国人具有的性格特点是老成温厚、遇事忍耐、消极避世、超脱圆滑、和平主义、知足常乐、幽默滑稽、因循守旧等。

辜鸿铭从中、美、英、德四国民族性格的比较出发，认为中国人的性格有三大特征：深沉、博大、淳朴。美国人博大淳朴，但不深沉；英国人深沉淳朴，但不博大；德国人深沉博大，但不淳朴。

张岱年在《中国文化概论》一书中也概括了中华民族的十大传统美德，这些传统美德实际上代表了中国人的某些民族性格特征，即仁爱孝悌、谦和好礼、诚信知报、精忠爱国、克己奉公、修己慎独、见利思义、勤俭廉正、笃实宽厚、勇毅力行。

二、中国人的民族性格特质

不论是外国学者对中国民族心理的研究，还是本国学者对中国民族心理的研究，都多采用了一种列举式方法，尽管列举得也比较具体、准确，但无法把握中国人民族性格的根本。就像在各种颜色中，最基础的仍是红、绿、蓝三种原色，三原色相互作用就出现万紫千红的彩色世界一样，在民族性格中也有一些最具决定性、最基本的东西，它们可以生成、决定和支配其他一些性格特征。民族性格中这些最具决定性、最基本的东西，就是中国人民族性格特质，即民族中独有的、稳定的、可辨的特征，就像三原色一样，使中国人身上折射出丰富多彩的性格特征，具体概括而言有如下几点。

（一）理智

理智是中国人民族性格中最主要的特质，所谓理智，是指人辨别是非、认清利害关系及控制自己行为的能力。说“理智”是中国人民族性格特质主要有以下几个方面的原因。

在思维方面，中国人的辩证思维源远流长，他们善于从整体上把握事物，善于从整体上考虑事物的利害得失。

在认识论方面，与其他民族相比，中国人对世界、对人生、对人与人之间的关系等问题理解得更为透彻。梁漱溟先生讲：“除非过去数千年中国人都白活了，如果他们还有其他的贡献，那就是认识了人类之所以为人。”英国著名哲学家、思想家伯兰特·罗素也说：“我们的（指西方）文明的显著长处在于科学的方法；中国文明的长处则在于对人生的合理理解。”中国人善于理解人生，也更擅长处理社会中各种各样的关系，可以说中国人几千年来的智慧几乎全都用在了协调人与人、人与社会的关系上面。

在社会关系方面，中国人处理个人与他人、与社会的关系时，更擅长克制、含蓄、忍耐、控制。林语堂先生曾指出：“与中国人的忍耐相比，基督教的所谓忍耐似乎是易怒。”

在行为控制方面，与其他民族相比，中国人的言行受本能或情绪影响的成分较小，较少做出一些情绪化的或过激的行为来。说理智作为一个民族性格的特质，与中国人性格中其他特质相互作用，形成了中国人其他一些更具体、更明显、更表面化的性格特征，如老成、勤俭、进取等。

（二）中庸

中西文化的一个重要差异，就是中国文化重和谐与统一，而西方文化重分离与对抗。中庸在传统上既是一种社会规范，又在长期实践中成为中国人的一种民族性格，同时也在潜移默化中影响着当代中国人的心理与行为。

四书经典《中庸》篇认为“中庸”是行为最高准则，它要求人们立定“中”道，在好坏两个极端之间进行折中，做到不偏不倚，既不过分也不欠缺；并要求人们安于自己的社会地位，不做越权非分的事，身居上位而不傲慢，身居下位而不背叛，着重检讨自己，不去苛求别人；不怨天，不尤人。

中庸要求喜怒哀乐发而皆中节，属于情之节制、情之正发，是平常而不乖戾的状态。在心理上它处于人之本性与人之社会性之间，起着调节、规定的作用，促使中国人“性情平和、含而不露、不偏不怪、温文尔雅”，正所谓“文质彬彬，然后君子”。

可以说“中庸”作为一个民族性格的特质，与其他民族性格特质相互作用，形成了中国人其他一些更具体、更明显、更表面化的性格特征，如宽厚、有礼、心平气和，以及克己、修己、忍耐等。例如，在待人上，中华民族一向以宽容厚道为美德，严于律己、宽以待人，“躬自厚而薄责于人”；在人与人的关系中，中国人以“将心比心”“以心换心”为原则，推己及人，设身处地为他人着想，在互动中达到人伦的和谐与人格的完善。

（三）孝悌

孝悌作为中国人的民族性格特质是最具特色的。孝悌的基本内容是父慈子孝、兄友弟恭，它在中国传统社会生活中具有崇高的地位，得到普遍的奉行，以至于不少人认为孝是中国文化的核心。

由孝悌而来，中国人形成了一种浓烈的家族亲情。在孝悌的基础上，中国人又形成了“四海之内皆兄弟”和“老吾老以及人之老，幼吾幼以及人之幼”的宽广情怀和安老怀少的社会风尚，形成了中华民族大家庭社会生活中浓烈的人情味和生活情趣，成为中华民族传统美德的集中体现。孝悌先是作为人际关系的道德准则被提了出来，并且在长期的历史演化中成为中国人的性格特征。

可以说孝悌的观念既对中国传统政治、文化等有深刻影响，又对中国人的生活方式、民俗、艺术等有着巨大的影响。孝悌作为一种民族性格特质，与中国人性格中其他特质相互作用，形成了中国人其他一些更具体，甚至更为明显的性格特征，如“仁”“礼”“忠”等。

三、中国人心理与行为的主要倾向性：中国人的社会取向

研究中国人的心理，不但要研究中国人的人格特质，还要研究中国人的心理与行为特点。杨国枢先生认为中国人的心理与行为特点主要表现在人与环境的基本互动方式上即中国人的社会取向上，也就是中国人在其生活圈中的运作或适应方式上。杨先生认为中国人的社会取向有四种主要类型和特征：家族取向、关系取向、权威取向和他人取向（杨国枢，2004）。

（一）家族取向

家族取向表现的是个体如何与团体融合。杨先生说，在传统中国社会里，社会的基本结构与功能单位是家族，而不是个人。家族是传统农业社会中经济生活与社会生活的核心，其维护、延续、和谐及团结极其重要，因而形成中国人几乎凡事均以家庭为重的家族主义。据杨国枢和叶明华（2004）分析，作为一套心理行为的内涵及倾向，中国人的家族主义在对家族的认知、感情及意愿方面皆有其特点。在对家族的认知方面，它主要强调五种互相关联的事项，即家族延续、和谐、团结、富足及家族荣誉；在对家族的感情方面，它主要有六种相互关联的感觉，即一体感、归属感、荣辱感、责任感、忠诚感及安全感；在对家族的意愿方面，它包括八种行为倾向，即繁衍子孙、崇拜祖先、相互依赖、忍耐抑制、谦让顺从、为家奋斗、长幼有序及内外有别。这三方面的特点所组成的是一种个人长期适应传统中国家族及其相关事物所形成的一套心理与行为倾向。

（二）关系取向

关系取向表现的是个体如何与其他个体融合，杨国枢认为关系取向是中国人在人际网络中的一种主要运作方式，其主要特征如下所述。

1. 关系形式化

传统中国人强调在人与人的社会关系中来界定自己的身份与角色。例如，“我是某某的儿子”、“我是某某的学生”或“我是某某的朋友”。形式化或角色化的种种关系，编织成一套坚实的社会网络或社会迷津，限定了个人社会生活的主要范畴与内涵。个人置身于这一由形式化的各种关系所构成的迷津中，只能努力包藏自我，依社会角色的规范行事。

2. 关系互依性

在传统中国社会中，社会关系的界定特别强调两对角色的对偶性与回报性。每一对角色的界定，都是与其对应角色密切关联的。例如，亲子以慈孝互惠、夫妻以和柔互惠、兄弟以友恭互惠、朋友以诚信互惠、君臣以仁忠互惠。

3. 关系和谐性

孙隆基（1985）与钱穆（1971）指出中国人重视“和合性”，强调人与天、人与人之间应维持自然而和谐的状态。杨国枢认为传统中国人追求人际和谐已经到了为和谐而和谐的地步，谁先破坏和谐，不管其有理无理，都是错误的，传统中国人恢复和谐的主要理由是“为了和谐”。

4. 关系宿命观

杨国枢认为传统中国人用“缘”的信念来强调各种现实人际关系的必然性或不可避免性。缘是指一种宿命的因素，强调远在关系发生之前，它即已前定了某种特定人际关系的必然出现，而且还决定了关系的形态、长久或短暂以及结局等。既然缘是命中注定的，那便只有逆来顺受，以认命的态度或勉强守在现有关系之中。

5. 关系决定论

杨国枢认为中国人的人际或社会关系，依其亲疏程度可以分为三大类，即家人关系、熟人关系及生人关系。家人关系是指个人与其家人（父母、子女、兄弟、姊妹及其他家人）之间的关系，熟人关系是指个人与其熟人（亲戚、朋友、邻居、师生、同事、同学及同乡等）之间的关系，生人关系是指个人与生人（与自己无任何直接或间接的持久性社会关系的人）之间的关系。

中国人特别强调自己人与外人之别。与熟人及生人相比，家人是自己人，熟人及生人是外人；与生人相比．家人及熟人是自己人，生人是外人。在中国人的日常生活里，与自己人的关系不大等同于与外人的关系。家人关系可依对象的不同进而分为亲疏不等的关系，熟人关系亦然。这种以自我（ego）为参考点，向外圈扩散（越向外关系越疏远）的类似于同心波纹的人际或社会关系网，称为“差序格局”（费孝通，1948）。上述各种不同关系类别的区隔化，有其重要的社会与心理意义——在不同类别的关系中，个人是依据不同的人际互动原则而运作的。

（三）权威取向

权威取向表现的是个体如何与权威（与团体有关的重要个体）融合，主要表现在以下三个方面上。

1. 权威敏感

杨国枢认为传统中国人对权威的存在非常敏感与警觉。他们到任何一个场合，总会细心观察或留意，看看有无权威在场，并要弄清楚谁是超过自己的权威。中国人自小学会两种对待别人的主要方式：一种是如何对上（对待权威），另一种是如何对下。他们最擅长对上与对下，也最习惯以上下关系与人相处；与别人平起平坐（没大没小），反而觉得不自在。

2. 权威崇拜

首先，中国人对权威的崇拜是无条件的，他们对权威怀有一种浑然的信任，遇到权威便习惯性地不予怀疑与批评。其次，中国人对权威的崇拜在范围上常常是没有限制的，仿佛一个人在某些方面（如辈分和地位）是权威，便在其他方面（如道德和学问）也变成了权威。最后，中国人对权威的崇拜，在时间上也有绝对化的现象，家长永远是“家长”、老师永远是“老师”、司令永远是“司令”、仿佛是“一日权威，一世权威”。

3. 权威依赖

中国人既然认为权威是可信的、全能的、永远的，当然在心理与行为上会对权威彻底依赖。这种依赖所呈现的第一种现象是：面对权威，人们会产生一种暂时性的心理无能症候，体验到不同程度的突发性心理迟滞与行为笨拙，如家里最能干的儿子在权威的父亲面前也会自觉无能。第二种现象是：面对权威，人们会无条件地服从。权威既然是全能的，自己又是无法与之匹敌的，无我地（甚至是投降式）顺从权威，而且是用恭顺的服从作为自我呈现的方式，是使权威对自己增加好感与赞赏的好办法。

（四）他人取向

他人取向表现的是个体如何与非特定他人的融合。而这里所说的“他人”泛指非特定对象的他人，如“无颜见江东父老”中的“父老”、“邻居都和我相处得很好”中的“邻居”、“朋友都喜欢我”中的“朋友”、“家人都不了解我”中的“家人”，这些人对于当事人而言，都是他人。他人取向是中国人在心理与行为上甚易受到他人影响的一种强烈趋向，即对他人的意见、标准、褒贬、批评特别敏感和重视，在心理上希望在他人心目中留下良好印象，在行为上则努力与别人相一致，故在心理与行为特点上表现出以下特征。

（1）顾虑人意，即对他人的意见非常敏感，往往要花很多时间来留心与打听别人的看法，特别是他人对自己的看法。

（2）顺从他人，即有很强的避异求同的心理，也就是有很强的社会顺从与从众心理的倾向。

（3）关注规范，即在传统的中国社会内，社会规范与标准极为重要，类似“他人”群体的共同意见，是大众言论及其行为的主要依据。

（4）重视名誉，对于传统中国人而言，“他人”或“别人”是无所不在的“听众”，也是无所不在的“观众”。中国人不但是敏锐的社会讯息搜集家，而且是灵巧的自我呈现家。根据从他人那里搜集而来的有关自己及其他事物的资讯，经由高度的自我检视（self-monitoring），不断调节个人自我呈现的内容与方式，借以整饰自己给予别人的印象，以便在他人心目中创造良好的名誉，可以说在传统中国社会里，中国人不但在各种特定的角色关系中努力做人，而且也在超越角色关系的他人面前努力做人。日常生活中，中国人的大部分时光都是用来做人，不是用来做事，而中国人之做事也是为了做人。

【课后案例】

中国人的面子

“好面子”是中国文化中一种突出的现象。由于建立和维持良好的人际关系对个体的生存和发展非常重要，因此我们在交往中会重视他人的看法和感受，通过各种印象管理策略来给他人留下好的印象，维护自己的“面子”。杨国枢和余安邦（1994）认为，中国人重视的他人是“重要的他人”，也就是和自己有密切关系和利益关系的人，如家人、朋友、邻居和同事等。而西方人重视的他人是“概括化的他人”，也就是一般的人都会对他们的人格形成和行为方式产生影响。因此中国人非常注意维护在重要的人物面前的形象，而对与自己关系不大的人，则不太在乎他们的看法和感受。

黄光国（2010）认为中国人是把面子和尊严联系在一起的。面子是从他人那里获得的尊严，一方面代表了自己的社会形象，另一方面也反映了个体的社会地位。所以，面子是越大越好。人们通过人情和各种社会交换手段来获取、维护和提高自己的面子，也通过权力来确认和巩固自己的面子。人情和面子是中国人核心的人际关系准则。

面子是个体社会化的产物，是人区别于动物的一个重要方面。无论是东方人还是西方人，给别人留下好的印象，在别人面前“有面子”，是一种普遍的、自然的心理需要。问题是不可太好面子，过度好面子会使自己的行为太依从别人，缺少自己的内在标准，最终不利于个体的成长。

【案例简析】

中国人好面子，从表面上来说，好面子是中国人的核心价值，但从本质上来讲，中国人好面子是其根深蒂固的文化积淀和民族心理的典型表现。

【思考题】

1. 什么是民族？什么是民族心理？
2. 什么是民族性格？如何理解民族刻板印象？
3. 如何看待中国人的心理个性特点？

第九章

社会变迁与公共管理心理

【学习导读】

1. 掌握社会文化变迁的理论。
2. 了解文化融合给公共管理领域带来的新的挑战。
3. 了解人们对文化融合的适应通常会采取的方式。
4. 了解现代人的特征。
5. 掌握中国现代化进程中公共管理心理的变化。

【课前案例】

世界变小了

在2000年的悉尼奥运会上，人们谈论最多的与体育无关的话题就是网络。运动员村网线密布，这使很多国家的运动员能很方便地上网浏览信息。一家媒体报道说，古巴的运动员以前没有一点上网经验，但他们在仅仅一周的时间里就访问了160多个主页。2008年的北京奥运会在这方面更进一步，实现了“宽带奥运”。全球40亿观众所看到的电视画面都是由中国的网络服务商传出的；开幕式上几乎所有的新闻图片和稿件，也都是通过网络传递到全世界的。此次奥运会还开创了网络视频直播的先河，仅中国国内就有超过3 200万网民在网上收看了开幕式，而8月8日当天，奥运官方网站互联网流量是平时的10倍以上。

如今，我们可以随时随地用手机接入互联网并知晓世界上任何一个角落正在发生的事情，而且我们已经开始尝试或者习惯了网络购物，甚至有些人可以足不出户在家里通过网络完成工作。

事实证明，技术的力量——网络——使世界变小了，而公共管理的领域变大了。

作为21世纪的公民，你是这个逐渐变小的世界的一名参与者。你能预见公共管理领域会出现哪些变化，心理学家们应该研究什么样的公共管理问题呢?

在人类社会的历史长河中，社会变迁是一种普遍的社会现象，它使一定时期的社会制度、社会结构、社会组织等出现不同程度的改变，并使意识形态发生明显的变化。然而，社会学研究者们在构建社会变迁的理论与实践模式时，常常过多地关注社会层面上的制度、结构、组织等诸多要素与社会现实之间的联系和关系，却忽略和淡化了社会大众的态度、价值观、思想和行为方式等公共心理层面的因素。在这一章里，我们将在了解社会文化变迁的本质、形式和影响因素的基础上，说明社会文化变迁对公共管理领域的影响及其与人们心理和行为变化的关系，并着重探讨它的一种重要形式，即文化融合的有关问题，以及现代化与中国人心理的演变等问题。

第一节　社会变迁与社会心理

一、社会文化变迁

（一）社会变迁及其内容

社会变迁是指一切社会现象发生变化的动态过程及其结果，是社会关系与社会结构基本形态的变化。通常情况下，社会变迁来自两股力量：一是执政党和政府实施某项制度或推行某些措施，是自上而下的一种力量；二是在某些外在的力量和周围环境的影响下，结合大众自己的认识体验，自发产生的内驱力，是一种自下而上的变革，它同样会引起重大的社会变迁，进而促使执政党和政府采取行动，引起全社会制度、结构、组织及各种意识形态的巨大变化。

社会变迁主要包括以下 7 个方面的内容：①自然环境引起的社会变迁；②人口的变迁；③经济的变迁；④社会结构的变迁；⑤社会价值观念和生活方式的变迁；⑥科学技术的变迁；⑦文化的变迁。

（二）社会文化变迁与人格

社会变迁与文化变迁是两个紧密联系的现象，学术界也常将二者统称为社会文化变迁。

美国哈佛大学社会关系学教授戴维·里斯曼等（Riesman et al.，1953）对不同的历史时期，社会用何种特殊的方式来维系社会成员对它的遵从进行了研究。他列出了下述三种主要的性格类型：①传统导向，具有这种性格的人，其行为处处受到外界的传统文化标准、亲属关系、宗教、礼仪等的控制，其突出的特征是与外界的行为标准以及社区的礼仪一致。②自我导向，具有这种性格的人不理会“严格的、不言而喻的传统”，他们追求的是“幼年时由长辈培植的、一般化但却是必然的目标”，追求财富、名誉和个人成就。③他人导向，具有这种性格的是典型的受同时代人影响的人，他们对别人的心绪和感觉十分敏感，并对外在的影响有相当强的适应力。

里斯曼认为，传统导向的人格是长期定居、变化缓慢的传统社会所特有的，传统社会中人口和土地的比率较为稳定、平衡，“这是因为出生率和死亡率两者都很高，同时又几乎相等”。此后，由于人口增多、死亡率下降，农业得以发展，产品也有了剩余，这就促使了社会流动迅速加快，资本快速积累与扩张，并导致了个人主义的萌生，在这个时期，自我导向的人脱颖而出。之后，死亡率下降，出生率也大大下降，农业的主导地位为工业所代替，而后工业的主导地位又部分被服务性行业所代替；人们工作的时间缩短了，但却获得了充裕的物质和安逸。在这个时代，人们发现，“是他人逐渐地成了问题，而不是物质环境”。例如，第二次世界大战后的美国，就是他人导向的人格类型占主导地位。

里斯曼的观点一经发表便引起了人们的普遍关注，但也受到了诸多批评。有人认为，里斯曼对美国人性格的分析，只涉及中产阶级而忽略了下层阶级，只处理了城市居民而忘了乡村居民；也有人怀疑他人导向性格的形成，是由高度发展的经济和人口的再度下降决定的。但无论如何，从文化和社会变迁的角度去研究人格的变化，以及这种人格的变化如何反过来进一步引起文化变迁，却是一个极有价值的研究课题。

二、社会文化变迁理论

关于社会文化变迁，不同领域的研究者从各自的研究角度出发，提出了若干解释社会文化变迁的理论，如表 9.1 所示。其中主要有进化论、循环论、冲突论等。

表 9.1　社会文化变迁的类型和理论解释

社会文化变迁的类型	社会文化变迁的理论	参考文献
进化、扩散、文化适应、革命、现代化、工业化、城市化、科层化	进化论、冲突论、结构功能主义、社会心理学理论	Vago（2005）
现代化、发展、转型、进化	现代化理论、发展理论、转型理论、进化理论	Schelkle 等（2000）
文化结构的变化	进化论、循环论、结构功能主义、冲突论	Popenoe（1999）
文化、社会结构、社会行为的变迁	进化论、循环论、结构功能主义、冲突论	Roberson（1991）
整体和局部、进化和革命、进步和倒退、自发的和有计划的变迁	马克思主义理论、历史循环论、社会进化论、结构功能主义、冲突论、吉登斯结构化理论	王思斌（1998）
整体和局部、进步和倒退、渐进和激进（革命）、自发的和有计划的变迁	进化论、循环论、均衡理论、冲突论、马克思主义理论	郑杭生和杨敏（2003）

资料来源：中国科学院 中国现代化研究中心 中国现代化战略研究课题组.中国现代化报告 2006[M]. 北京：北京大学出版社，2006

（一）进化理论

进化理论是一种十分普遍的变迁理论，它认为人类社会是一个不断发展的渐进过程，表现为由低级到高级、由简单到复杂、由此及彼地向前发展。法国社会学家孔德（Comte，1842）认为，社会是遵循固定的路线、沿着一定的历史阶段向前发展的，与理性发展的神学阶段、形而上学阶段和实证科学阶段相对应，人类社会的发展也经历了军事、过渡和工业三个阶段。英国社会学家斯宾塞（Spencer，1898）继承了孔德的观点，提出了

“社会有机论”，认为社会发展同生物有机体的进化相似，是一个内部“细胞”不断分化和结构不断复杂化的自我发展过程。早期的进化理论都属于单线式的进化，即认为世界上每个文化或社会都依照固定的发展阶段来进化，而现代进化理论则认为社会变迁是多向性的。首先，社会进步不是必然的，也有可能出现倒退；其次，进化是沿着许多方向发散进行的，没有固定的阶段、路线和方式；最后，进化的模式是多样的，不同水平、不同形态的社会具有不同的进化或发展形式。

（二）循环理论

与进化理论相反，循环理论不同意人类社会文化是朝着一个方向前进的观点，它认为社会文化变迁是周期性的重复。这个观点的思想渊源可以追溯到战国末期思想家邹衍提出的“五德终始说”，其认为社会变动与朝代的更替是金、木、水、火、土五德相继更替、周而复始的循环过程。在现代社会学中，最早运用循环论思想来说明社会文化变迁的是意大利社会学家帕累托（Pareto，1916），他认为社会系统中有一种恒定的因素，因而历史的变迁是不断重复的。德国历史学家斯本格勒（Spengler，1931）认为，社会的变迁类似于人的生命循环，每个时代都有其产生、成长、衰老和死亡的发展过程，社会历史终将返回到最初的起点。美国社会学家索罗金（Sorokin，1965）认为，社会变迁是遵循一种“历史循环模式”进行的，社会文化发展的灵性、感性和理性三个阶段循环出现。英国历史学家汤因比（Toynbee，1939）也认为社会是循环发展的，每一个循环都起始于“挑战”，即由自然或社会环境给予挑战，然后人类给予“响应”。如果响应成功，便过渡到下一个挑战；如果响应不成功，社会便走向崩溃。

（三）功能理论

功能理论常把社会看成与人体一样的生物有机体。人体各个器官之间相互联系，并起到维护有机体正常运转的功能，同样，社会系统的各个部分也会有机地联系在一起，并起到维护社会稳定的作用。英国社会人类学家马林诺夫斯基（Malinowski，1944）等功能论学者均强调人类学家要研究各种社会文化要素的功能，并找出它们之间的整合作用。美国社会学家帕森斯（Parsons，1951）将社会设想为一个各部分相互依赖的系统，其中每一个部分都会为该系统的平衡做出贡献。文化是一个社会中的共同信仰、规范与价值观，是连接社会的关键因素。它们最不易变化，具有一定的保守性，从而起到平衡社会各部分的作用。但是，社会的平衡与稳定是相对的，微小的社会变动是经常发生的，如果这种微小的社会变动积累到一定程度，该社会系统不能保持稳定，社会文化变迁就发生了。社会文化变迁往往是社会有机体中某种或某些部分、要素由于来自社会内外的干扰不能正常发挥其功能，从而导致社会紊乱，引发社会变革，使社会有机体重新整合，达到新的平衡。

（四）冲突理论

与功能理论强调社会系统的平衡不同，冲突理论强调社会系统内部或外部的冲突。冲突理论吸取了马克思主义的阶级斗争学说，并把阶级斗争的观点扩大到种族、国家、政党与宗教团体之间。冲突论的代表人物达伦道夫（Dahrendorf，1957）认为每个社会都会有种种冲突与不一致，因为每个社会都是以一些人对另一些人的压迫和强制为基础的。因此，社会中的每一个要素都会对社会的分解和变革发挥一定的作用，随时随地都可能使社会发生某种变化。

（五）传播理论

传播理论认为人类的全部文化开始于一个或多个特殊区域，然后向全世界传播，也就是说所有文化都有一个共同的起源。因此，传播是文化发展变化的主要因素，社会文化变迁主要是因为对外文化的采借，而不是发明和发现。不同文化之间的相同性是许多文化圈相交的结果，因此，文化彼此之间相同的方面越多，发生过历史关联的机会就愈多。传播学派的先驱——德国民族学家拉策尔认为人类不是静止不动的动物，他们总是尽力向不受自然约束的一切地方迁移和扩散。伴随着民族迁移，文化要素也发生扩散与迁移。所以，如果在相隔很远的两个地区中有一致或相似的文化要素，则两地文化必定存在着历史上的同根关系。弗罗贝纽斯（Frobenius，1933）把拉策尔的同根关系扩大为“文化圈”，认为传播不仅局限于个别文化要素，而且能运用到整个文化上，即包括物质的、社会的以及神话的各部分，也就是说整个“文化圈”都可以迁移和传播。

总体而言，上述有关社会文化变迁的理论各有各的合理因素，但是也存在各自的不足和局限。例如，功能理论强调了社会系统的平衡，但忽视了冲突；冲突理论则强调了社会系统的冲突，但忽视了平衡和稳定；传播理论肯定了传播的作用，但忽视了人类的发明与发现对社会文化变迁的意义。因此，我们在探讨社会文化变迁时，有必要批判地吸收各种理论的合理因素，对其进行创造性的综合，形成更为全面和合理的理论。

三、社会变迁时期的社会心态

社会心态是指在一定的社会发展时期内，弥散在整个社会或社会群体中的社会心境状态，是整个社会的感受、社会情绪基调、社会共识和社会价值观的总和。在社会主义市场经济转型过程中，社会心态会随着社会的变化而变化，了解社会心态对于了解社情民意、社会热点及公众情绪而言非常重要，同时对公共管理政策的制定和实施也具有指导意义。

我们以中国社会科学院杨宜音（2001）所做的一项全国社会状况综合调查中的部分社会心态为例，从公众对社会状况的感受、主要的社会关系、社会矛盾和冲突三个主要方面来了解我国当代民众的社会心态变化。此次调查从 2006 年 4 月起至 6 月止，在全国 28 个省（自治区、直辖市）随机抽取了 7 063 个家庭（户）。

（一）社会感受

1. 生活压力感——遇到最多、感觉最大的生活压力来自经济方面

近年来，教育、医疗、住房负担过高是民众反映比较突出的问题。调查显示，城乡居民对他们所遇到的压力评价由大到小的顺序是收入、医疗、住房、人情支出、教育、下岗失业、社会治安、社会风气、赡养老人、家庭矛盾和邻里矛盾，如图 9.1 所示。民

众感到生活压力大的依然是经济压力，其次是社会压力，人际压力较小。

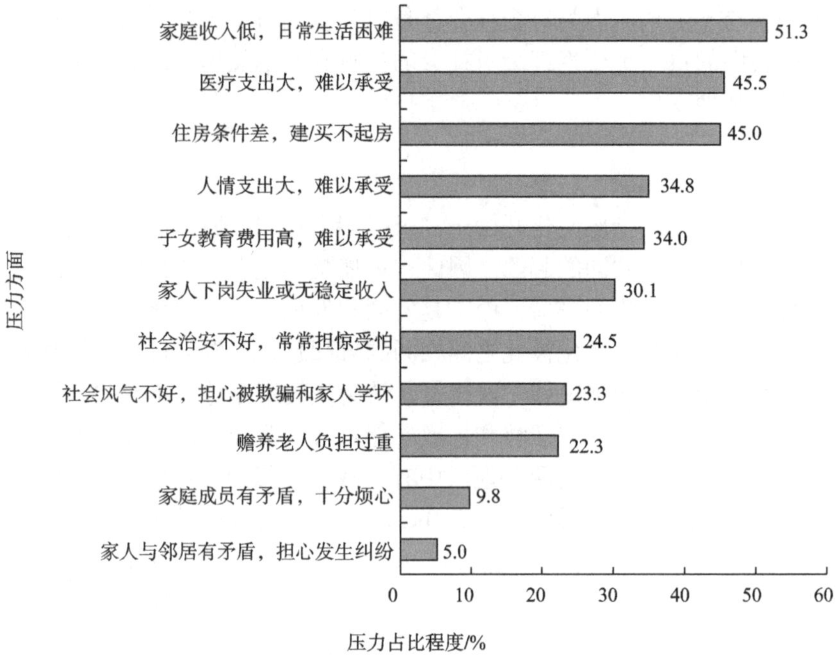

图 9.1　生活压力感指数

2. 社会安全感——食品安全感最低

安全感是人们对目前处境的一种主观判断，是一种对其所面临的风险大小的判断。调查发现，居民安全感最高的是个人信息、隐私安全，最低的是食品安全，其他各项由高到低分别是人身安全、劳动安全、财产安全、交通安全、医疗安全，如图 9.2 所示。

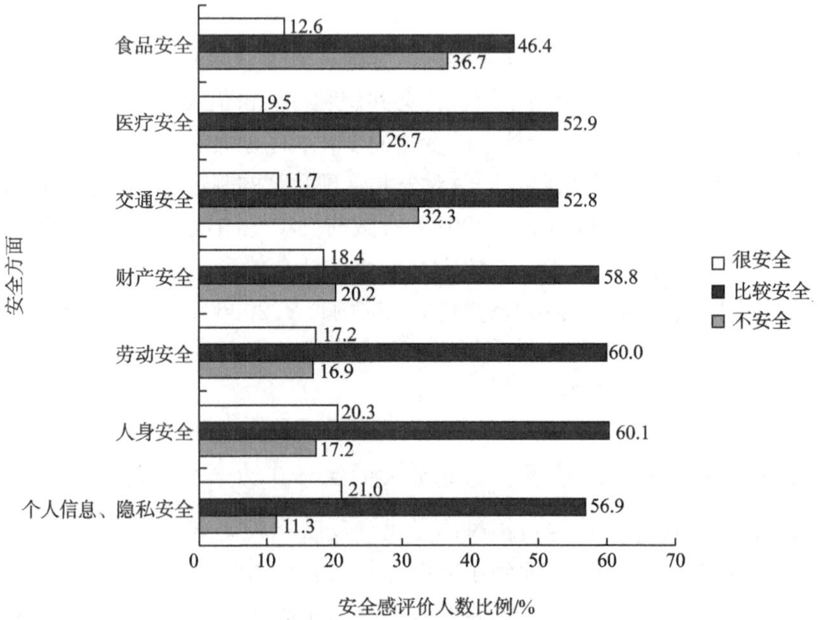

图 9.2　社会安全感指数

3. 社会支持感——家庭、亲友是最主要的社会支持来源

社会支持感是指人们遇到困难和自己无力解决的问题时可以获得建议、指导、鼓励、帮助的社会性资源。社会支持感可以帮助人们减轻社会压力、改善情绪和行为反应。

调查问卷中民众感受的社会支持来源主要有三个方面，分别是"家庭"、"家族、宗族"和"私人关系网（朋友、同乡、战友、生意伙伴等）"，"家庭"介于"帮助较大"和"帮助很大"之间的水平，"家族、宗族"和"私人关系网"介于"帮助较少"和"帮助较多"之间，属于有帮助水平。而其他机构和组织中"社区组织"、"工作单位"、"地方组织"和"党组织"得分稍高，但得分水平介于"没有帮助"和"帮助较少"之间。

这一调查结果说明，城乡居民的社会支持感较弱，原本较强的城市单位和农村集体组织的社会支持功能弱化，而民间团体和社会组织还没有发育起来，使家庭、亲友这些传统的社会资源仍为社会支持的主要力量。

4. 社会信任感——对中央政府信任程度高

信任是指人们对他人或组织未来表现的推测，它与个人的信心和预期有关，这里的社会信任感是指人们对所调查的社会组织、社会角色、信息来源是否可以信任的主观感受。

调查结果显示，民众对中央政府的信任程度最高，接近很信任水平，而对法官和警察、地方政府、信访机构的信任程度接近比较信任水平，对消费者协会等维权组织、社区组织、环保等公益组织的信任程度与地方政府接近，信任程度更低的是行业协会、宗教组织。在信息获取上，民众对政府新闻媒体、政府公布的统计数字的信任程度高于互联网信息和小道消息。

5. 社会公平感——制度公平高于机会公平

社会公平感在一定程度上反映出社会的公正性。

调查结果显示，城乡居民对总体上的社会公平状况的评价接近比较公平水平。公平程度最高的是高考制度，然后是义务教育和公民实际享有的政治权利；最不公平的是城乡之间的待遇，其次是干部提拔，以及不同地区、行业之间的待遇、社会保障和财富分配。综合起来看，民众对制度公平感评价较高，而对机会公平感评价较低。

6. 政府工作满意度——对社会保障最不满意

调查中为了了解民众对地方政府工作的满意程度，问卷设计了包括如下十个方面的问题：医疗卫生服务、社会保障和救助、义务教育工作、环境保护、科技发展与推广、树立良好社会风气、维护社会治安、依法办事、发展经济、实现社会公正。调查结果显示，居民对政府"义务教育工作"最满意，对"社会保障和救助"最不满意。

（二）群际关系

1. 干部与群众——干群之间被认为最容易出现矛盾和冲突

调查问卷通过把社会分为不同的群体类型，"穷人与富人"、"干部与群众"、"城里人

与乡下人”、“雇主与雇员”、“管理者与被管理者”、“高学历者与低学历者”和“体力劳动者与脑力劳动者”，了解城乡居民对不同群体之间发生矛盾和冲突可能性的判断，推断不同群体矛盾和冲突的存在程度。统计结果显示，民众认为最容易产生矛盾、冲突的是干部和群众，然后是穷人与富人，排在第三和第四位的是管理者和被管理者、雇主和雇员，其余的群体被选择的比例都很小。

调查还显示，公众认为穷人和富人、干部和群众之间的差距是最大的。50.7%的人认为穷人和富人之间差距最大，17.5%的人认为干部和群众差距最大，9.5%的人认为城里人与乡下人差距最大。

虽然被调查者中，认为穷人与富人差距最大的人最多，但在矛盾与冲突选项中，认为干部和群众之间最容易出现矛盾和冲突的人却最多。调查显示，有 71.4%的人认为近10 年来国家干部是获利最多的群体，另外还有 49%的人选择了国有企业、集体企业的经营管理者。按照民众一般的理解习惯，国有企业和集体企业的经营者也被视为“干部”，这一结果可以在一定程度上解释为什么公众认为干群之间最容易产生矛盾和冲突，因为公众认为干部更多地享受到了改革的成果，与群众之间的距离变大，再考虑到公众对部分干部腐败行为的痛恨，这一问题就不难理解了。

被调查者对不同层级的干部和群众之间的关系评价不同。最基层的村（居委会）干部和群众之间的关系总体表现比较融洽，“很融洽”与“比较融洽”两项合计为 72.5%；乡（镇、街道）干部和群众关系两项合计为 53.8%；县（市、旗、区）干部与群众两项合计为 40.4%。由于县（市、旗、区）干部与群众直接接触的机会比较少，更多的被调查者选择了“不好说”，而相应的选择“融洽”和“不融洽”的比例都低于村（居委会）、乡（镇、街道）干部和群众的关系。

2. 穷人与富人——致富归因影响贫富阶层关系

在一个三选题中有 10.87%的公众把“收入差距过大导致的贫富分化问题”列为最重要的社会问题，在重要社会问题中的排序中位列第三，综合三个选项，有 33.05%的人认为这是一个重要的社会问题。在调查中发现虽然更多的被调查者认为穷人和富人之间的差距最大，但穷人和富人之间出现矛盾和冲突可能的被选比例却排在干群关系之后。通过进一步的分析会发现这与人们如何看待富人致富的原因有关，与如何理解富人致富的合理性与合法性有关。

总的来说，人们对富人致富的归因中包含了积极的因素，如承认富人的努力和能力，以及教育程度，但也有相当多的人把富人致富的原因做负向归因、做外在归因，这就使人们在与富人进行社会比较时更容易产生不公平感和不公正感，怀疑富人致富的合法性和合理性，造成贫富阶层冲突和矛盾的隐患。

（三）社会问题、社会矛盾和冲突

1. 公众视野中的社会问题

要构建社会主义和谐社会就必须更加积极主动地正视矛盾、化解矛盾，最大限度地消除不和谐的社会因素。超过半数的受访者认为看病难、看病贵是重大社会问题，而对进城农民工受到不公平待遇、干群关系、司法不公、征地拆迁补偿不公、卖淫嫖娼和劳资矛盾等问题，只有 10%以下的人认为它们是重大社会问题，如图 9.3 所示。

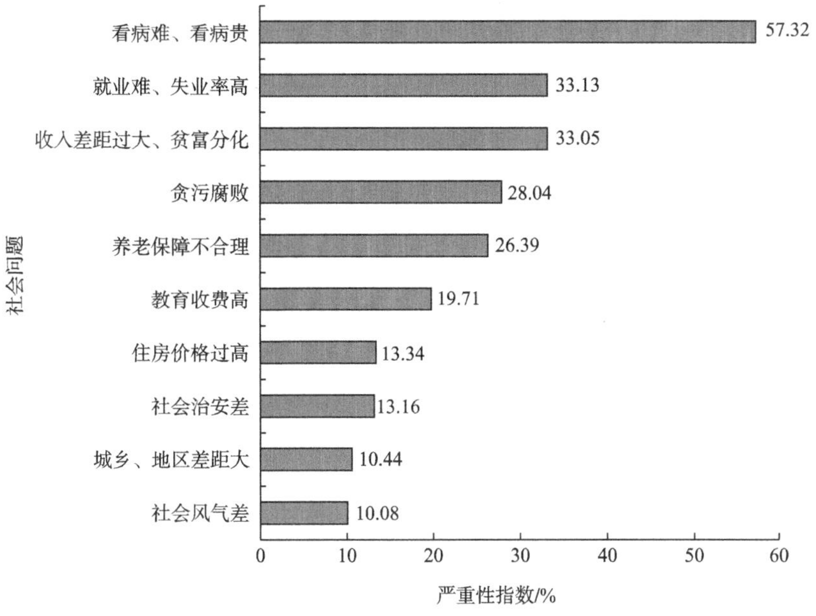

图 9.3　社会问题严重性指数

2. 矛盾、冲突化解策略

1）社会矛盾和冲突

调查中考查了公众对不同社会矛盾和冲突的应对方式，问卷中把社会矛盾和冲突分为四种类型。

（1）与政府公共权力相关的矛盾和冲突。

调查发现，被调查者对政府公共权力行使中的矛盾和冲突了解比较多的是“贪污腐败、侵占国家集体资产”，不了解的比例仅为 27.1%，但主要是间接了解，有亲身经历的只有 3.2%；另一个了解比较多的是“政府有关部门乱收费”，但直接了解的比例较高；被调查者对“社会保障纠纷”的了解最少，亲身经历也最少，只有 5.3%的人回答他们亲身经历过“司法不公、执法粗暴”，但是，考虑到我国现阶段亲自参与司法过程人数的比例并不高，所以，5.3%的比例还是偏高的。“贪污腐败、侵占国家集体资产”和“司法不公、执法粗暴”这些问题的了解渠道主要是新闻媒体。

（2）与政府或经济组织相关的矛盾和冲突。

“征地、拆迁、移民及补偿不合理”，“下岗失业没得到妥善安置”和“环境污染影响居民生活”这三项矛盾冲突既可能是政府行为也可能是经济组织甚至是个人引发的行为，在分析时要与经济组织中的典型矛盾和冲突放在一起讨论。在这些问题中，“环境污染影响居民生活”的影响最大，只有 32.3%的人回答不了解，而回答有亲身经历的人数最多，占 18.4%。

另一个了解比较多的是“拖欠/克扣工资/超时工作”；然后，对“下岗失业没得到妥善安置”了解的人数比较多，考虑到样本中大量农村样本的存在，因此，这一问题在城市社会中应该是一个非常突出的问题；而“征地、拆迁、移民及补偿不合理”一项，虽然有亲身经历的比例为 7.8%，低于前述几项，但考虑到这一问题本身涉及的社会面较为狭窄，但它所产生的影响却大于其他问题，因此，这样的问题也应该得到充分重视。

（3）教育、医疗行业中的矛盾和冲突。

调查中发现，教育和医疗行业中的问题存在不同的特点。被调查者对“学校乱收费”的了解程度较高，只有 31.4%的人回答不了解，但 19%的人有过亲身经历，是所调查各项社会矛盾和冲突中有亲身经历的人数最多的；而有“医患纠纷”经历的比例较低，为 3.4%，这一比例较低的原因可能是由于医疗问题并非是以纠纷的形式表现的，而教育的问题在教育费用上表现得较为突出。

（4）消费矛盾和冲突。

消费的问题与前几类问题相比，无论是直接了解还是间接了解，其程度都很低，这可能有两个原因：一是在包含大量农村样本的条件下，购房等城市生活中容易引起纠纷的大型消费并不普遍；二是消费矛盾在商品市场化已经比较完善的情况下不突出，或者已经有了市场化的解决方法。

2）化解策略

（1）无行动是最普遍的行动策略。各种类型的行动方式中人们采取最多的是“无可奈何，只好忍了”，然后是“没有采用任何办法”。在各种类型的矛盾和冲突中，采取这种消极忍耐方式最多的是“学校乱收费”，其次是“政府有关部门乱收费”，再次是“工作环境恶劣，老板/经理管理粗暴”，然后是“贪污腐败、侵占国家集体资产”“征地、拆迁、移民及补偿不合理”，采用最少的是“购房等大额消费中的纠纷”。

（2）诉求策略是面对与政府公共权力有关的矛盾和冲突的主要策略，然后是沟通策略。对“司法不公、执法粗暴”，有 11.58%的人选择了“上访/向政府有关部门反映”，对“政府有关部门乱收费”、“社会保障纠纷”、“贪污腐败、侵占国家集体资产”，分别有 8.14%、21.69%、15.74%的人做了同样的选择。对“社会保障纠纷”，有 16.67%的人选择“与对方当事人/单位协商”，其他几项都有 5%以上的人选择了这种沟通策略。

此外，对于“司法不公、执法粗暴”而言，另外的主要策略还有“打官司”，有 15.71%的人做了这种选择，“找关系疏通”也是一种行动策略。

（3）沟通策略和诉求策略是解决政府或经济组织相关的矛盾和冲突的主要策略。对“征地、拆迁、移民及补偿不合理”、“下岗失业没得到妥善安置”、“拖欠/克扣工资/超时工作”、“工作环境恶劣，老板/经理管理粗暴”和“环境污染影响居民生活”，分别有 11.09%、10.45%、18.47%、12.62%和 10.03%的人选择了“与对方当事人/单位协商”，而选择“上访/向政府有关部门反映”的比例分别是 18.99%、12.13%、8.38%、4.55%和 16.93%。

此外，在面对“征地、拆迁、移民及补偿不合理”时，有 6.08%的人选择了“打官司”，有 2.59%的人选择了“暴力反抗”。

（4）沟通是处理医患纠纷的主要策略，但面对教育乱收费“无奈采取无行动策略”的人显著增加。在遇到“医患纠纷”时，22.13%的人采取了“与对方当事人/单位协商”的行动方式，有 5.45%的人选择了“上访/向政府有关部门反映”；而遇到“学校乱收费”，无论是沟通策略还是诉求策略，虽然它们依然是被选择最多的策略，但都明显低于遇到其他问题时的选择比例，显然，这样的策略对问题的解决可能有作用，但采取这种行动方式后的不利影响或者对不利影响的顾忌使人们在面对这一问题时束手无策。

沟通还是解决消费纠纷的主要策略。有 22.13%的人选择“与对方当事人/单位协商”的办法来解决大额消费纠纷。“打官司”和“上访/向政府有关部门反映”的选择比例分别为 7.51%和 5.45%。

（5）法律策略没有成为解决矛盾和冲突的主要策略。除了在面对较为严重的“司法不公、执法粗暴”时，有 15.71%的人选择了“打官司”外，另外两个选择较多的问题分别是“医患纠纷”和“征地、拆迁、移民及补偿不合理”，所占比例分别为 7.51%和 6.08%，其他问题中选择“打官司”的比例均在 5%之下。一个原因可能是大众的法律观念不是很强，另一个原因可能是法律策略的成本较高。

（6）疏通策略很少被采用。研究者认为中国人的行为具有关系取向，但在遇到矛盾和冲突时，找关系疏通极少被采用。除了在遇到“司法不公、执法粗暴”时有 5.59%的人选择了疏通策略外，其他情况下该策略极少被采用。

（7）对抗策略虽然很少被使用，但在个人利益受到侵害而且侵害主题明确的情况下也有使用。

第二节 文化融合与公共管理心理

社会学家伊恩·罗伯逊（Robertson，1989）曾经提到：

> 美国人吃牡蛎但不吃蜗牛，法国人吃蜗牛却不吃蝗虫，祖鲁人（非洲的一个民族）吃蝗虫却不吃鱼，犹太人吃鱼却不吃猪肉，印度人吃猪肉却不吃牛肉，俄国人吃牛肉却不吃蛇肉。

文化的多样性一方面使我们这个世界丰富多彩，另一方面，随着时代的进步，不同文化之间的交流和融合也在不断深入。我们越来越像居住在一个地球村中，通过电子邮件、巨型飞机、国际贸易等方式与同伴取得联系。美国的“牛仔裤”其实是一个德国移民斯特劳斯（Levi Strauss）将热那亚水手的裤型和法国一个小镇的粗纹棉布相结合的产物。

中西文化融合的表现如图 9.4 所示。

（a）外国人的中式婚照　　（b）美国电影——功夫熊猫

图 9.4　中西文化融合

图 9.4（a）：“老外”也喜欢上了中式婚纱照，全球化正在把那些曾经相距遥远的文化聚集到一起。

图 9.4（b）：拥有众多中国元素的好莱坞大片《功夫熊猫》，在中国赚得过亿的票房，并后续推出了《功夫熊猫 2》、《功夫熊猫 3》，可以看出西方国家对中国文化的好奇和中西文化的快速交融。

近年来，文化在心理学研究中的地位和作用得到了越来越多的关注。随着世界经济全球化的发展，作为社会文化变迁的重要形式之一，文化融合成为公共管理学者视野中不可回避的变量。

一、文化融合的概念

文化融合（cultural integration，也称 acculturation，即文化适应）这一概念最早是由人类学家李德费尔德（Redfield，1953）提出的。它是指文化上有区别的群体之间持续和广泛的直接接触所导致的文化变迁。文化融合是文化变迁的一种形式。文化变迁可以因文化群体对某种环境变化的适应而产生，也可以因群体内部某些个体的发明创造或新的行为方式而引起，而其最常见的原因却是不同文化群体之间的直接接触和相互交往，这种接触和交往所导致的文化变迁，就是文化融合。

到了 20 世纪 60 年代，心理学家格雷伍斯（Graves，1967）提出了心理融合（mental fusion 或 psychological acculturation）的概念。它是指不同文化的个体之间直接接触所导致的个体心理和行为的变化。例如，中国的留学生旅居西方国家，在与当地人的接触和交往过程中，逐步适应了当地文化，同时自己的心理也发生了某些变化，如掌握了当地的语言，改变了饮食、服饰习惯，时间和金钱的价值观念发生了变化，等等。

文化融合和心理融合是同一个过程的两个方面，它们既相互区别，又相互联系。文化融合的着重点在于群体水平上的文化间相互作用的过程，而心理融合则强调个体水平上的文化间相互作用的过程。文化融合要以心理融合为前提，而心理融合又受文化融合的制约，因为任何文化群体都是由个体组成的，而个体总是被包容在某个文化群体之中。一个群体或民族的文化融合过程首先是从该群体或民族中的某些个体的心理融合开始的，随着群体或民族中与其他群体或民族接触交往而发生心理融合的人数日益增多，由量变到质变，整个群体或民族的文化得以融合。群体或民族文化融合又会反过来促进个体的心理融合。

二、文化融合过程及其制约因素

19 世纪英国作家吉卜林（Kipling，1923）曾写道："东方是东方，西方是西方，这二者永不相连（east is east，west is west，and never the twain shall meet）。"但是在今天，东方和西方、南方和北方几乎完全联系起来了。意大利有很多阿拉伯人、德国有很多土耳其人、英国有很多巴基斯坦人、澳大利亚有很多中国人，每六个加拿大人中就有一个人是移民，以中国广东为例，广州就有很多外国人，人口的流动促使现在的大多数国家越来越多地融合了各种外来文化。

文化融合是一个过程。在这个过程中，文化融合群体与主流群体接触，随着接触的增多，代表着他们各自文化的思想、感情和行为方式不断地相互交流和相互作用。他们之间在语言、价值观念、道德、宗教和哲学等文化和政治经济上的差异导致交流上的障碍、误解甚至矛盾与冲突，矛盾与冲突的增多无疑对双方都不利，因而要求双方各自做出适当的调整，通过改变自身以适应对方。由于双方实力不同，因此通常是文化融合群体做出较大的调整，导致其自身的心理和文化发生变化，即心理移入和文化融合。文化融合群体所做出的调整逐渐发挥作用，双方之间的矛盾和冲突也就慢慢减少，以至相互适应、和谐相处，文化融合过程完结。

文化融合的过程还必将导致一系列的变化，对于这些变化，我们可以从群体和个体两个水平上去分析。在群体水平上，文化融合的结果体现为文化的变化。在个体水平上，文化融合的结果体现为心理的变化。图 9.5 就描述了文化和心理的变化及其制约因素。

不同文化群体之间的文化融合过程所产生的文化变化包含以下几个方面：①生态的变化，如人口密度的增加或减少、气候的变迁、资源的减少和环境污染的增加等；②生理方面的变化，如产生新的流行疾病、不同民族通婚产生混血人口等；③生产和经济方面的变化，包括群体生产方式的改变，职业结构、分配形式和收入水平的变化，等等；④政治方面的变化，文化融合群体受到某种新的政治控制，丧失或得到某些自治权利，领导和组织形式发生某种变动等；⑤社会组织及其结构的变化，包括家庭、社区、学校和工作单位等各种社会组织及其内部关系发生某种变动等；⑥狭义的民族文化或意识形态发生变化，如民族的语言、文学艺术、教育、科技、宗教和思想意识形态等发生某些改变。

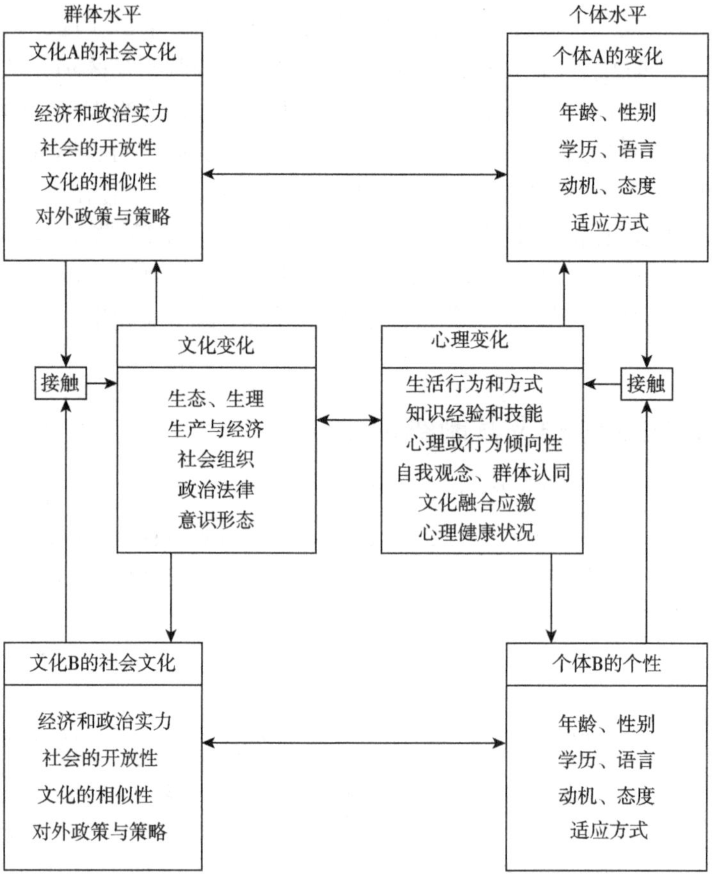

图 9.5 文化融合过程中文化和心理的变化及其制约因素

群体社会文化的整体特征制约着群体间的接触和文化融合过程，使群体文化发生不同的改变。群体文化的变化是文化融合的结果，但不是纯粹的结果，它本身又可以反馈于群体的社会文化，使其整体特征发生某种改变。

在个体水平上，群体间的文化融合即心理移入过程的结果体现为群体成员心理和行为的改变，简称为心理的变化。心理的变化可包括以下几个方面：①生活行为和生活方式的变化。例如，移居外地的人改变本群体的饮食习惯和服装等，在生活各方面与当地人趋于一致。②知识经验和技能的变化。例如，在汉族的帮助和影响下，我国一些少数民族掌握了新的生产知识和技能，大大提高了生产效率。③心理或行为倾向性的变化，包括兴趣、爱好、动机、态度、价值观、人生观和世界观等的变化。④自我观念和群体认同的改变。例如，某些移民在与当地民族的长期接触和交往中，逐步改变自我观念和民族认同，最终被当地民族所同化。⑤文化融合应激（acculturative stress），亦称文化震荡（culture shock）的产生和心理健康状况的变化。

制约心理变化的因素主要包括群体社会文化的某些整体特征和群体成员的某些个体特征两个方面。群体社会文化的整体特征不仅制约着群体文化的变化，而且制约着群体成员个体心理的变化。例如，民族经济和政治的实力影响民族成员心理变化的方向，民族社会的开放性和文化的相似性制约着心理融合过程的难易程度、心理变化的大小，民族对外策略影响不同民族成员间接触的机会，等等。而影响群体成员心理变化的个体特征包括年龄、学历、语言、心理倾向以及个体适应文化融合的方式等。

三、对文化融合的适应

文化融合的先决条件之一就是群体或个体的文化环境发生变化，也就是说该群体或个体的环境中有文化不同的群体或个体出现。由此，才会有不同文化的群体或个体之间的直接接触，进而该群体或个体逐步适应文化环境的变化，使自身的文化或心理发生改变，产生文化融合或心理融合。适应不仅直接导致群体文化和个体心理发生改变，而且它通过对文化融合群体或个体的社会接触和文化学习施加影响来间接作用于群体文化和个体心理的变化过程。

（一）对文化融合的适应方式与模式

适应（adaptation）不仅指人对环境变化的适应程度，而且指人应付环境变化的过程。在这一过程中，个体对环境的变化或应激事件做出认知评价，并根据这种评价为平衡自己的身心状态采取相应的措施和策略。这些措施和策略被称为应付方式（ways of coping）。贝瑞（Berry，1997，2005）针对文化融合提出了3种应付方式——顺应、抵制和退避。顺应是指人力求与环境中其他群体、个体及文化协调，以便减少冲突，一般说来，这种方式应付文化融合较为有效；抵制是指人通过对抗、攻击和报复的方式来应付文化融合，在多民族国家中，这种策略常被少数民族中的独立或分裂主义者所使用，在国家统一、政治稳定时期，抵制的策略往往是无效的；退避是指人通过避免与其他民族及其文化接触的方式来避免文化融合。例如，某些非洲土著人逃进原始丛林以躲避西方殖民者及其文化的侵扰，生活在北美唐人街的某些老华侨力图避免与当地主流民族及其文化接触，以保持本民族文化的认同性。

在文化融合过程中，每个群体或个体都必然会面对两个现实问题：第一，是否保持本民族的文化特色和民族认同性；第二，是否愿意与其他民族及其文化接触。根据人们对这两个问题的回答，贝瑞区别出四种适应文化融合的模式（图9.6），即整合、边缘、同化和分离。

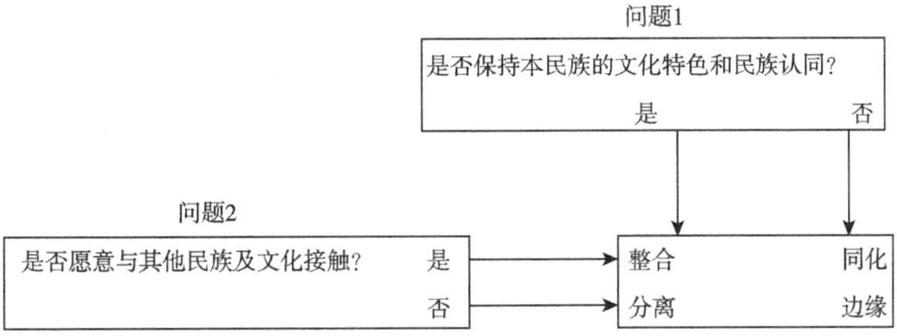

图9.6　四种适应文化融合的方式

当人们对这两个问题的回答都是“是”时，则确定了整合（integration）的适应方式。这种方式是指一个群体或个体在保持本民族文化特色和民族认同性的同时，又与其他民族接触以吸收其他文化的某些成分，从而更好地适应文化环境的变化。这种适应方式是最理想的，因为通过整合，可以促进本民族文化和民族心理的优化并使其达到更高的适应水平。

当人们对这两个问题的回答都是“否”时，则确定了边缘（marginalisation）这一适应方式。这种方式是指文化融合过程中，某群体或个体既不愿意保持本民族的文化特色和民族认同性，又不喜欢和其他民族及其文化接触，游离于两个民族和文化之间。采取这种适应方式的群体或个体有几个主要特征，即漂浮无定感、丧失民族认同性以及产生较多的心理应激。这种方式对群体或个体适应文化环境的变化是毫无帮助的，而且有害于自身的身心健康。

当人们对问题 1 回答“否”、对问题 2 回答“是”时，则确定了同化（assimilation）的适应方式，即文化融合群体或个体放弃本民族文化特色和民族认同性，接受其他民族的文化和民族认同。这种方式在西方文化传入中国的过程中表现为“西化”，而在汉族文化进入少数民族地区的过程中表现为“汉化”。全盘西化和全盘汉化都是不可取的，因为它意味着本民族文化的消亡。

当人们对问题 1 回答“是”、对问题 2 回答“否”时，则确定了分离（separation）的适应方式，即文化融合过程中的个体或群体不愿意和其他民族及其文化接触，只注重维护本民族的文化特色和民族认同。这种适应方式容易导致激烈的民族冲突，不利于民族文化的复兴和发展。

（二）文化融合应激

文化融合应激是指急速的社会文化变迁引起的一种特定的社会心理反应，它充分体现了变迁对人的社会心理和社会行为的影响。文化融合应激是一种特殊的应激，它的应激源产生于文化融合过程。其表现是有较差的心理健康状况，较多的焦虑、压抑和边缘感或认同混乱，以及明显的身心疾病症状等。文化融合应激的程度和适应水平成反比，一个人的文化融合应激程度高，说明他的适应水平低，反之，则适应水平高。

贝瑞（Berry，1997）提出的文化融合应激模式对文化融合经验、应激源、应激到适应过程，以及制约这一过程的有关因素等进行了描述（图 9.7）。

其实，在最短的时间里以压缩的方式体验现代社会的这种急速变迁的正是当代中国，对于自 1978 年以来，改革开放给中国社会带来的巨大变迁与前所未有的进步，以及这种变迁与进步对中国人民精神生活的冲击与挑战，周晓虹在 1988 年的描述就非常经典：“整整十亿人经过长期的封闭、停滞乃至倒退，又突然面临改革开放，面临如此现代化的一个外部世界，这种强烈的反差以及由此形成的心理体验是任何民族都不曾经历的。因此，从动乱走向开放，对于中华民族来说是一次名副其实的‘时间迁徙’，是一次十亿人从传统走向现代化的大迁徙。”

文化融合应激对人格及人的社会行为的影响是多重的。一般说来，受不同的社会文化因素和特定的心理因素的制约，不同的个体对变迁的心理与行为反应也不尽相同。在

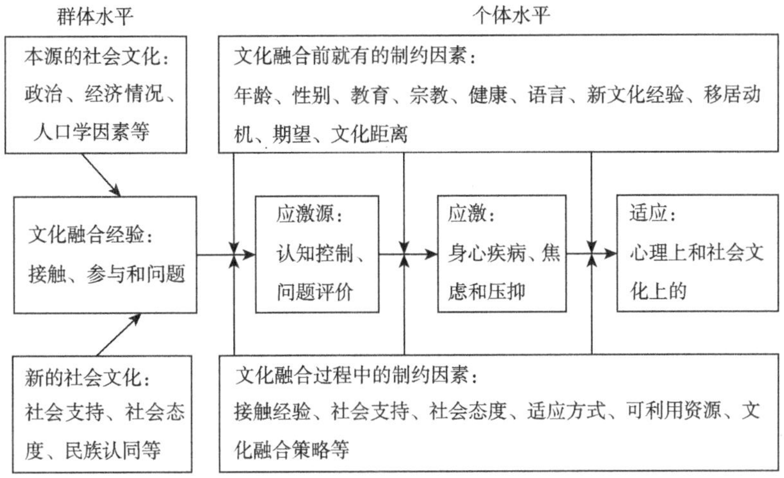

图 9.7　影响文化融合应激和适应的因素

社会文化变迁中最常见的三种人格取向是进取型、守旧型和反社会型。

第一，进取型。这类人虽然在原先的社会化过程中已经逐渐形成了自己的人格、价值观、行为规范，但他能随着外界事物的变化重新调整自己。这类人具有较强的再社会化能力，能较快地接受新思想、新事物，他们的生活态度积极并能随时迎接新的挑战。

第二，守旧型。这类人在完成社会化以后，便始终坚信已经形成的价值观和思维方式，不愿再改变，其表现形式是思想保守、具有怀旧心理、以不变应万变，乃至表现出偏执狂式的人格障碍。

第三，反社会型。这类人在发现自己原有的价值观和生活方式不起作用，而新的观念还没有形成或难以形成时，会产生一种对现有社会形态或文化类型的不满或无知，导致越轨或犯罪。

改革开放以来，随着社会发展和变化的速度日益加快，许多以往被人们奉若神明的东西，今天被翻了个个儿；而以往被人们视若洪水猛兽的东西，今天却可能成了人们追逐的对象。这些突如其来的变化所导致的新时代和旧时代的冲突、现代化和传统的冲突，使人们感到矛盾与困惑。这种变化既造就了一大批新时代的弄潮儿，也引起了许多怀旧者和保守者的不满与非议，同时还使越轨者和犯罪者的数量增加。

第三节　现代化进程与公共管理心理

在社会文化变迁和现代化的进程中，一代又一代人心理的嬗变和社会行为的更新一直是人类进化过程中的主旋律。社会现代化的成功常常基于塑造一代新型人格，并表现为公共管理心理的深刻变化，而一个国家现代化的落后往往源于人的落后，同时亦表现为公共管理心理水平的落后。

一、社会的现代化与人的现代化

现代化不仅包括社会文化的现代化，而且包括人的现代化。人的现代化的核心是观念和思想、心理与行为的转变。在现代化过程中，传统的民族心理必然会发生演变，以适应现代社会。现代社会并非是指现在的西方社会，现代化也不是全盘西化。因为现代化只是人类社会和文化发展的总趋势，并不存在一种固定不变的、为全人类所遵循的现代化模式，每个种族或民族都要在自己独特的文化传统和社会条件下实现现代化。

（一）社会的现代化演进

1. 社会现代化的内涵

现代化是指人类追求理想社会与幸福生活的一种全球运动。这一运动最早源于西欧的英国，早在17世纪即已开始。此后渐及其他西欧国家（如法国）以及北美和欧洲其他国家，最后才渐及亚洲国家。更系统地说，现代化运动的传播主要分为三波：第一波浪潮发生在西欧与北美的基督教文化圈；第二波浪潮发生在19世纪下半叶到20世纪初，也是以基督教文化圈为主（日本例外），包括南半球的澳大利亚、新西兰等国；第三波浪潮发生在20世纪下半叶，主要是在东南亚儒家文化圈（土耳其及拉丁美洲例外），新加坡、中国台湾和港澳地区跻身于现代化社会之林，而中国内地在改革开放之后也逐步向现代化迈进。

在世界现代化历程中，只有英国、法国及美国是原发内生型的现代化，欧洲其他国家（如德国、俄罗斯）、日本及其他亚非国家，其现代化都属于后发外生型。前一类现代化起步较早，其变迁来源是社会内部自身的政治、经济、文化特征及其自然变迁，其推动力量主要来自市民与资产阶级；后一类现代化起步较晚，其变迁来源是原发内生型现代化国家的示范、刺激、压力、挑战或侵略，其推动力量主要是知识分子、政府及国家。

2. 社会现代化的特征

社会现代化是社会变迁的跃进，是以经济发展为基础、以工业化为动力、以科学技术发展为纽带、以人的全面发展为主体，涉及政治制度、社会结构、组织管理、生活方式、人类活动空间等诸多领域的革命性、全球性、长期性和整体性发展过程。其主要特征包括以下几个方面。

（1）经济上的工业化。工业化是现代化最核心的特征和首要内容。

（2）政治上的民主化。主要体现为大众的一种普遍参与，不仅使人们的参政、议政热情空前高涨，而且也培育出了制度化的有效参与机制，政治的现代性日趋成熟和完善。

（3）社会上的城市化。城市化意味着社会结构的分化、社会交往的扩展、社会流动的加速、生活质量的提高等一系列整体性特征的出现，人们开始由过去的血缘、地缘关系转向正式的契约关系，而这些特征与前现代社会是具有本质区别的。

（4）文化上的世俗化。世俗化就是要从隔离的或神圣的社会文化中转变到容易相处的世俗社会中去，这一过程包括采用各种方法吸引社会成员的新思想、新事物。世俗化意味着一种态度的转变，使人们对自然、人事都持有一种“世俗”的态度，宗教、神灵和上帝的权威大大下降，宗教教义和神学丧失了对社会的主宰力。

（5）组织上的专门化。各种专门化的功能互补的社会组织迅速发展，更有效地满足了人们经济、政治、文化、情感的需要。

（6）观念上的理性化。人们的观念和行为是建立在理性的基础之上的，在思维方式上排除了信仰、情感、神灵及巫术的限制，相信任何先知的原则都可以在事实面前改变。

（二）人的现代化特征

社会文化的现代化离不开人的现代化，因为人是社会文化的主体和创造者，是现代化进程中最能动的因素。下面就国内外关于人的现代性的研究各举一例，并做比较。

1. 英克尔斯的现代人12个特征

20世纪70年代，美国哈佛大学社会心理学家、社会学家Inkeles和Holsinger（1974）对个人现代性，尤其是处在由传统社会向现代社会转型的发展中国家的个人变化——从传统人向现代人的转变——进行了开拓性的研究。

英克尔斯（Inkeles）等的研究目的是探讨现代化历程对个人所造成的影响，通过对阿根廷、智利、印度等6个发展中国家的大量研究资料进行分析后发现，尽管生活在不同的国家中，现代性强的人在生活态度、价值观和社会行为方式等方面都具有十分相似的特征，这些特征主要表现在以下12个方面：①乐于接受新的生活经验、思想观念和行为方式；②准备迎接社会的变革；③思路广阔、头脑开放，尊重并愿意考虑不同的意见和看法；④注重现在与未来，守时惜时；⑤有强烈的个人效能感，对个人和社会的能力充满信心，办事讲效率；⑥重视生活和工作的有计划性；⑦尊重事实和知识；⑧对人及社会具有可信赖性；⑨重视专门技术，有愿意根据技术水平高低来领取不同报酬的心理基础；⑩敢于挑战教育的内容和传统智慧，乐于让自己和其后代选择离开传统所尊敬的职业；⑪相互了解、尊重和自尊，主张非权势和平等相处，追求自由和民主；⑫了解生产及其过程。英克尔斯提出的这些特征，常常被用来评定人是否具有现代化。

2. 杨国枢的中国人传统性与现代性五因素

我国台湾的心理学家杨国枢从1965年起就开始关注国民性研究，继而对中国人的国民性与现代生活适应、现代化过程中中国人价值观和人格的改变、个人现代性的概念与测量、个人现代性对社会态度与行为的影响进行研究并从跨文化心理学、文化心理学和本土心理学角度对个人现代性进行比较研究。下面对其研究的核心内容——狭义的个人传统性和现代性予以介绍。

杨国枢等通过编制量表进行因素分析，得到中国人的个人传统性的五个因素：①遵从权威，强调在各种角色关系与社会情境中应遵守、顺从和信赖权威，包括各种传统规范和道德要求；②孝亲敬祖，强调对父母的尊重、孝顺、赡养、继承志业、侍奉在侧等；③安分守成，强调自守本分、与人无争、逆来顺受、不求进取、依赖亲友；④宿命自保，强调明哲保身、凡事利己而又靠运气；⑤男性优越，强调男女有别、女不如男。个人现代性的因素分析结果也是五个因素：①平权开放，强调平权思想，主张民可以批评官、学生可以与老师辩论等；②独立自顾，强调独立自主，也有只顾自己便可、不必多管他人的含义；③积极进取，强调乐观看待人类的进步，个人应积极努力获得更大的成功；④尊重情感，强调以真实的感情作为交往的依据，而不再看重外在的身份、年龄等；⑤男女平等，强调两性在受教育、就业领域的机会均等、社会经济地位等方面应平等，夫妻双方在人格上独立，等等。

3. 英克尔斯与杨国枢的研究比较

将英克尔斯 1960~1970 年的研究与杨国枢 1970~1980 年的研究进行比较，可以发现三个比较鲜明的差异。

1）研究所依托的学科领域不同

英克尔斯的研究基于社会学的心理学视角，更关注的是现代社会的一些社会因素。例如，教育水平、职业、社会流动、大众传播、工厂就业经历等对个人现代性所产生的影响。在其关注的社会因素背后，可以看到他的一个理论假设，即工业化将导致个人现代性的形成，不同程度的工业化可以导致不同程度的个人现代性。他还认为，个人现代性将影响不同社会文化中的人对异文化的开放态度，从而影响社会现代化的进程。英克尔斯更倾向于把个人现代性看作一组由工业化带来的、与现代化相匹配的价值选择、生活方式和行为类型，着重社会学的因素。

而杨国枢的研究属于人格的心理学视角，关注的是现代人的人格特质、价值观等心理因素。他更倾向于把个人现代性看作一组影响个体朝向个人现代性发展和演变的人格潜质，而不是当前的行为特征和生活方式，即更加具有从个体出发、应对社会变迁的思考角度，而不是研究个体的改变对社会的改变会形成怎样的影响。从这个基点看，杨国枢的研究尽管与社会文化紧密相关，但是仍然承袭了心理学的学术传统。

2）理论取向不同

英克尔斯采用的理论立场是跨文化心理学的立场，着重比较不同文化社会中个人现代化的程度。因此，这一立场背后的理论预设必然是将个人现代性视为泛文化的、可以进行比较，其结论是不同社会类型中的个人，其现代性是有强有弱的。除了对 6 个发展中国家个人现代性的研究，英克尔斯还详细分析了俄罗斯、德国和美国在态度、价值体系、心理状态和民族性格方面的差异，同时探讨了不同国家的“幸福感”体验，试图发现不同地域复杂的价值观系统。

杨国枢的研究采取了本土心理学的取向，重点在于从文化生态互动论的立场出发，建立中国本土的“个人传统性”和“个人现代性”的概念，编制测量工具以及探讨其心理机制，并提供进行预测的理论框架。他的研究背后的理论预设是不同的文化社会中人的变迁可能有不同的方向，传统性和现代性的各主要成分之间可能出现取代、并列、渐近等不同类别的关系。杨国枢希望回答的是：什么是现代的人格特质，什么是传统的人格特质，在现代化过程中前者是否可以替代后者，人格特质在社会变迁中依赖什么心理机制发生改变或不发生改变。

3）选择的研究方法与测量技术不同

英克尔斯比较偏向社会态度与社会行为的调查，他编制的量表更多地带有态度问卷的意味。此外，英克尔斯关于发展中国家的研究样本是从 6 个国家抽取的，并用做不同国家之间的群际比较。因此，不同的工业化水平是影响个人现代性改变的自变量。

杨国枢的研究侧重于对个人传统性和现代性包含的心理成分的探查，他不仅将传统性与现代性作为两个独立的变量群，而且用因素分析的方法获得重要的传统性与现代性因素，编制的量表更多地带有人格量表的意味。

二、我国现代化进程中的公共管理心理变迁

（一）现代化与中国人性格的变化

中国尤其是中国内地的现代化以改革开放以来最为明显也最为深刻。其间三个具有划时代意义的事件构成了中国内地现代化进程加速的三次强劲推动力：一是 20 世纪 70 年代末改革开放国策的实施，成为中国现代化全面展开的启动器；二是 20 世纪 90 年代社会主义市场经济体制目标的确立，使中国进一步踏上了“深度改革与追求崛起”的发展道路；三是在世纪之交加入世界贸易组织，中国顺应全球化进程，迈入了“深度开放与全球同步”的发展道路。这三个重要事件无疑成为促使中国社会心理发生进阶式深刻转型的现实力量，深刻影响了价值观和社会心态变迁的取向及其进程。

1. 价值观的变化

“人的价值观、行为规范和信仰在决定社会类型（传统社会和现代社会）方面起重要作用，价值观的转变是社会变革最重要的前提条件”（Webster，1990）。改革开放以来，随着中国现代化进程的加速，在不断涌现的新事态、新信息的冲击下，公共心理中不断出现一些新内容，如风险意识、环保意识、公共服务意识等，特别是更符合时代理性和更能表达价值关怀的人本化价值趋向，如责任心培养、诚信教育、同情心与爱心激发、重视健康观念和珍爱生命的意识、与自然和谐相处的意识等。公共心理变迁在价值观取向上的总体趋势和主要特征是从注重理想向强调实际趋近，从注重义务向强调权利演变，从注重集体向强调个体转化，从注重传统向强调创新改变。总之，这些变化呈现出的是一种价值观的人本化、现代化。

在人生价值观上，开始了从重点追求生存层面逐渐向重点追求发展层面的迁移。一些实证调查结果表明，在青年群体中，高层次心理需求成为择业的重要动因。“有兴趣”和“能够发挥才能”常常成为排在首位的标准，其位次往往高于“收入高”“工作稳定”等。

消费价值观是另一个重要表现方面。随着收入水平的提高，人们的生活质量逐渐提高，从而引起了消费观念的变化，消费方式由节俭型转向享受型。

价值观的人本化趋向在青年一代身上尤为明显。例如，20 世纪 80 年代出生的人，就是极富标志性意义的一代。他们出生在中国向现代社会转型伊始的 20 世纪 80 年代，成长在中国全面建立市场经济体系的 20 世纪 90 年代，成熟在中国加入世界贸易组织的

21世纪初期。因而，从纵向角度比较，他们是最具有改革开放特征的一代。由于置身在一种全新的时空中，这一代人在价值观、行为准则、生活方式、社会参与等方面都与此前数代人具有明显的区别。在他们身上，呈现出比较开放、透明的心态，具有较强的接受新事物的能力；强调个性、平等意识和权利观念；具有普遍主义精神，尊重事实、注重规则；热心公益事业，具有更自觉的环保意识；表现出积极的休闲态度并拥有着广泛的兴趣爱好；喜欢直率的情感表露，不愿扭曲个性，厌恶形式主义；等等。

2. 人格的变化

随着中国现代化的发展，中国人人格中的某些特征逐渐减弱，而另一些特征逐渐增强，虽然这种人格变化的模式和内容还并不完全确定，但是，我们可以较有把握地指出中国人人格变化发展的总体趋势，即向理性和个性化演进。

1）气质特征的演变：更趋理性和外向性

（1）焦虑降低，情绪稳定性增高。一项研究发现在437名中国大学生中，个人的现代化水平与其对生活压力的忍耐性正相关。这预示了中国人气质特征变化的一个方向，即随着文化融合与现代化的发展，中国人的焦虑会有所降低，情绪的稳定性会有所提高。

（2）自我克制和谨慎性减弱，冲动和自发性增强。几乎所有过去的研究都一致显示，中国人一般较为克制、谨慎、较少冲动和自发性。这些气质特征可能有遗传基础，但其社会文化的根源更为明显，因为它们符合中国传统文化和社会生活中的和谐性原则，能够使中国人更有效地适应中国传统的群体生活，但现在发生了变化。

（3）内向性减弱，外向性或社交性增强。过去的研究总的来说显示出传统中国人的外向性或社交性较弱，而内向性较强。这种气质特征适合于传统中国人的社会生活，因为传统的中国社会和文化要求人们在人际关系中保持一定的距离，以实现与他人的平衡和协调。当今中国社会的变化加快、人员流动加速，这就要求人们有较强的社交性，以便在新的地方和新的工作单位建立起良好的社会关系，适应新的生活。

2）自我心理空间扩大：个体化的样态

个体化是现代化的一种极其重要的文化动力，在一定意义上凸显了对个体存在与需要的承认、对个体潜能与价值的尊重，对个体努力与成就的肯定。从传统社会向现代社会的转型，必然在社会微观层面上表现为具有权利与义务的独立个体的行动。

改革开放以来，与社会发展进程相一致，社会成员的发展呈现出以下鲜明态势：随着人们自我意识的持续增强，利益意识的不断觉醒，张扬个性的需要也日益被激发，从而追求生活方式个性化、多样化成了一种必然选择。其突出的表现是人们对个体心理空间需求的增强——隐私观念的出现，它体现了社会的进步以及社会心理对个人空间需求的一种独特而敏锐的反映。

社会成员个体心理空间的扩大，在人际交往领域表现亦十分明显。改革开放以来，人际互动方面的变化呈现出两个基本特点：一是交往方式更加“间接化”，由过去更多的面对面互动，如登门拜访，变为现今更多的间接化交往或“媒介交往”，如电子邮件、手机短信、微博、微信等。二是交往模式更加“理智化”，过去因为情绪化而发生的各种利益纠纷越来越多地倾向于使用法律手段来解决，相处方式与动机更加务实，但也带来了交往的“功利性”与“淡漠性”问题。

3）成就动机的高涨：发展机会的表征

当中国进入向现代化转型的阶段，社会成员的成就动机必然呈现出高涨之势。一方面，源于社会结构的变迁，向现代化转型实质上是从一个发展机会匮乏的时代进入一个发展机会激增的时代，从而激发人们有所作为或成为有用之才的愿望；另一方面，则源于价值观的嬗变，从传统社会到现代社会的转型促使人们的价值观更趋向于个体、权利和现实方面，自我意识的觉醒导致人们对实现自身潜能和价值的关注增强。

据一项对北京青年的调查，就目前他们最想做的三件事而言，选择比例最高的是“追求事业成功”（51.7%）。可见，青年身上呈现出强烈的成就动机或成功需要。与成就动机增强相关联的是人们的信心、独立意识和个性增强，从而导致了成才自信度的提高。

现代社会区别于传统社会的重要之处就在于个人社会地位的获得方式由世袭（即父辈传承）变成自致（即自我成就），这种状况也从人们的成才观上反映出来。同一项调查表明，对于“什么是改变自己社会地位的有效途径”这一问题，73.5%的人选择了“才干”，比例远远高于“有靠山”（11.5%）和“请客送礼”（1.9%）。这种社会心理实质上是以对作为成才条件的社会现实状况的判断为基础的。对于“与改革开放前相比，当前社会给人提供的成功机会如何”这一问题，认为“更公正、平等”的比例最高（53.3%）。在现实中，通过接受越来越高层次的教育，社会成员能够获得更多向上层社会流动的机会，因此，一个充分强调个人成就的现代社会的来临，是当前人们形成能力本位观念的最深刻根源。

（二）开放——中国人社会心态的现代表征

在所有关于民族性格或变动中的社会心理的讨论中，“开放”都是一个社会、一个群体或单个个体的精神世界的积极呈现方式，或者说是一种现代性的表征。开放，最为生动也最为形象地表现了作为行动主体的民族、群体或个人对其他民族、其他群体或他人及其所拥有的观念、行为或事物所持有的积极接触、大胆交流和宽厚包容的社会心态。早在20世纪30年代，鲁迅先生就有感于近代中国的落伍保守，提倡以开放为特征的“拿来主义”。

英克尔斯提出的现代人的12个人格特征中，①~③都与“开放”这一社会心态有关。杨国枢也将“平权开放”视为一种积极的现代社会心态。《中华人民共和国国民经济和社会发展第十二个五年规划纲要》中也明确写道：要“培育奋发进取、理性平和、开放包容的社会心态”。“十三五”规划中再次指出：开放是国家繁荣发展的必由之路。

（1）中国人社会心态的开放特征，体现在他们比以往任何时代都乐于接受新生活和新经验。

传统中国人由于千百年来过着“脸朝黄土背朝天”的农耕生活，因而对了解新生活与新经验充满畏惧与不适。但是，今天的中国人，尤其是改革开放后成长起来的年轻一代，则比他们的前辈更乐于接受新生活和新经验。以四处打拼的温州人为例，早在20世纪70年代后期，迫于人均土地短缺的压力，他们就在当时的重重重压之下，以弹棉花、“鸡毛换糖”或修理皮鞋、裁剪衣服为业，开始了在全国各地的流动与谋生生涯。这也在一定程度上解释了为什么一进入改革开放时期，温州人很快转型为民营企业家或经商好手。其实，他们早年的流动与都市体验，已经为其人格和社会心态的现代性成长提供了无与伦比的良机，这也是在国门打开之后他们敢于走出国门勇闯天下的原因所在，与其类似的还有广东人。这场巨变涉及的并不仅仅是农民，也包括了长期以来因单位制的无所不包而养成惰性的城里人。1992 年之后，城市职工、政府公务员、教师等纷纷投身商海，感受市场经济的浪潮。。

（2）中国人社会心态的开放特征，还体现在他们比以往任何时代都渴望并愿意参与社会变革。

在 1978 年中央领导层立志改革后，首先源于对个体经济的观念转变，其次因为上千万知青返城带来的就业压力，中央决定鼓励和扶持个体经济适当发展。切合实际的“顶层设计”与民众的求变心态十分吻合，很快便获得了来自基层社会的响应：广州回城青年容志仁开起了小饭店；安徽芜湖人年广久创立了闻名遐迩的“傻子瓜子”；北京人刘桂仙更是大胆辞去了某研究所的“铁饭碗”，开起了北京第一家私营餐馆——宾悦饭店。

（3）中国人社会心态的开放特征，同样也体现在他们面对不同民族、不同群体、不同个体及其价值观、生活态度和行为方式时，比任何时代都具有宽容和赞赏之心。

三、中国的现代化与国民性格的重塑

尽管人的现代化是社会现代化的前提，一个国家的国民素质和社会心理直接决定了其实现现代化的可能性和实际状态，但在现实社会中，无论是实际工作部门还是理论研究机构，对人的现代化的关注程度都要远远低于对社会和经济现代化的关注程度。在西方学术界，英克尔斯曾以下述评判作为他致力于人的现代化研究的重要理由：“在制度层次上对经济和政治现代化的研究远远超过在个人层次上的研究，其比例可达到 20∶1，这还是一种保守的估计。”在中国，现代化的启蒙孕育在百年征战以争取民族独立的道路之中，间或有人一次又一次地提出要对人类自我的价值和变革进行反思和自省，如梁启超早在 20 世纪初便著述十余万言的《新民说》，鼓吹“新民之道”；20 世纪 20 年代，鲁迅也发出过振聋发聩的呐喊：“改造国民性。”但面对千疮百孔的中国社会和民不聊生的现实状况，大多数人首先想到的是实业救国、军事救国、科技救国，很少有人想到救国应该从改变“人的现代化”做起。

一直到 20 世纪 80 年代，“人的现代化”作为历史的回音，才终于强烈地震撼了中国这个古老的东方大地。在“四个现代化”的征途中艰难跋涉的中国人开始意识到，为了使“人的现代化”这“第五个现代化”不至于“流产”，或很快被改革者忽略，就必须吸取以往的教训，不再轻视理论和理性。当务之急是要使中国人达成一种共识：在中国走向现代化的过程中必须在改革传统文化的同时重新塑造中国人的国民性格，造就一代新人。而要达到这一点，在理论上必须首先解决这样两个重要问题：第一，我们应该确立什么样的重塑国民性格的原则标准和目标取向？第二，我们应该采取什么样的行之有效的手段和途径来重塑国民性格？

叶南客（1991）及其“现代化与社会主义新人”课题组成员对上述第一个问题曾撰

文做过探讨，提出了现代人格发展取向的三重选择标准：①要求其符合现代世界文化的主流——理性精神，这是传统人格趋向文明、走向现代化的必由之路；②要求其适应商品经济和改革开放的国情；③要求其有利于人类个性、才智和潜能的充分实现。显然，制定这样的标准的原则是，既考虑到中国的国情和中国人的社会心理现状，又不违背世界文明发展总的方向和人的个性发展的一般趋势。

相比之下，上述第二个问题，即“我们应该采取什么样的行之有效的手段和途径来重塑国民性格？”更是一个十分棘手的话题，这也是几代人曾为之困惑并呕心沥血的重大历史课题。现代社会心理学的研究表明，虽然国民性格绝非现实中个体人格的简单相加，但个体人格的转型是国民性格重塑的起点却是无疑的。而要切实实现个体人格的现代化，我们有必要根据我国经济建设的现代化发展分“三步走”的战略设计，也提出一个分“三步走”的有关人的现代化的总体战略构想。这三步就是：基础层次的素质立国战略；中间层次的提高生活质量战略；最高层次的社会化创新战略。

通过社会化创新重塑国民性格，意味着对现有的社会化模式要予以反思和改革。一方面必须抛弃传统、僵化、陈腐、不适应时代发展的旧模式，另一方面还要在发扬传统文化精华部分的同时，积极汲取、融入现代化的新观念、新要求、新模式。其根本目的在于消除旧时代遗留下的劣质国民性，推动人格尽快转型，造就出一代具有现代心理行为特征的，能够使我们这个古老的民族真正自立于世界民族之林的新型人格。

【课后案例】

农民工——中国现代化进程中最需要关注的群体

或许我们已经对“农民工”这个名词熟视无睹，但如果将20世纪80~90年代初次外出的农村流动人口算做“农民工”第一代，那么我们目前主要接触的2000年之后初次外出打工的农村流动人口则应该被视为“新生代”农民工，其中包括不少在城市出生的“农民工”第二代：他们年龄更小（16~18岁即外出打工）、教育程度相对较高（大部分具有初中或初中以上学历）、没有务农经验（在城市出生的更是如此），外出动机从经济型转向生活型或者两者并重。只有明白了这一点，才能理解新一代流动农民工群体作为一群依然处于社会底层而且前途渺茫的人，循规蹈矩的行为方式已经无法使他们在社会夹缝中获取流动机会，而勤奋努力地表现也无法消除他们所体验到的不公平与相对剥夺感。因此，他们只能通过打破常规的社会运行规则来获取行为意义的合理性或合法性基础。所形成的非正式规则不能为他们自己带来长久的利益与福祉，甚至在短期获益的背后隐藏着更为严重的后果与代价，是一把流动农民工在反抗社会不公正待遇的同时也伤害了自己的双刃剑。但这毕竟是在一个社会整体结构内部因为社会制度和社会资源安排的不公正所导致的亚群体利益长期被忽视的结果，反映出他们对社会现实的反抗和控诉，以及以即时享乐的理念在绝望的生活中获取生活的意义。

农民工频繁地辞工或者换工正是非正式规则的一个很好的例子。这一现象背后不再是简单直接的经济利益因素，而很可能具有发泄愤懑的非理性色彩。台湾某大学科班出身的徐某为了使企业的管理更趋现代化，要求每位工人在辞工时都要填写一份问卷，其中有一个问题就是“为什么要辞工”。出人意料的是，一位工人只用了两个字——“不爽”来回答这个问题。正是这两个字，使徐某试图了解工人内心想法的努力化为泡影，却也正是流动农民工的生存状况所导致的焦躁不安心态的真实写照，是他们对那个带来各种限制与制度壁垒的主流社会的“深度失望与不满”。雇主之所以能够约束员工，是因为他们手中掌握了工人希望通过遵循主流社会规则而获得的资源与机会，但当新一代流动农民工意识到自己能获得的雇主青睐、社会认可与资源机会极为有限时，他们便不再忌惮由于破坏主流社会规则所带来的惩戒，因为主流社会已经无法从他们那里再夺得更多的资源。这是何等的触目惊心。

更可怕的是，他们的生活似乎陷入了一种“恶性循环”：因为在社会结构中的无望，所以在地域上频繁地流动；但流动又带来更深层次的限制与绝望。新一代农民工似乎永远找不到出路与希望，他们是城市文化与农业社区双向的边缘人，是对于工厂区当地居民来说没有过去的异乡人，是就社会流动机会而言没有未来的陌生人。

——米格《把握转型中国的脉搏》，载《南方都市报》2008-09-14，B17 版，有删减

【案例简析】

中国社会科学院 2008 年 11 月 5 日发布的研究报告称，当前农民工心理健康状态不佳者达 40%以上。

农民工与市民虽然生存在同一空间，但在社会心理上，农民工却存在着高度疏离感。他们进入城市后，面对的不仅是一个完全陌生的环境，而且由于劳动时间长、工作条件差、工资低等诸多实际困难，心理困扰也随之而来。不少农民工不同程度地存在着自卑、失落、压抑和缺乏归属感等负面心理问题，由此也引发了一些社会问题。

造成农民工产生心理问题的根本原因其实是他们的生存问题。老一代的农民工背负的最大压力就是养家糊口，繁重而艰苦的劳作、缺少精神文化生活，以及迥然不同的生活方式，使农民工在心理上有受歧视感和地位低劣感，各种焦虑症也就随之而来。与老一代农民工相比，新生代农民工更容易理解和接受城市的行为规范以及价值观念，文化生活也更加丰富，但他们也有自己的焦虑：靠自己的打拼进入城市后，如何留下来成为一个新市民。

农民工进城不仅仅是简单的农村人口在空间上移居城市，更是一个现代化意义上的农民工城市化的转变过程。而这个过程必然涉及他们的生活方式、价值观念和社会心理等方面，因此农民工的心理健康与发展，不仅是农民工研究的一个核心问题，也是我国现代化进程中在公共管理领域中的一个重要问题。

【思考题】

1. 2011 年 1 月 25 日，中国社会科学院于建嵘教授在微博上发布的“随手拍照解救乞讨儿童”的帖子引起全国网友、各地公安部门的关注。他的微博开通才 5 天就已有 1 万余人关注，300 多条乞讨儿童信息发布其上。网友纷纷将乞讨儿童照片上传至微博，希望家中有孩子失踪的父母能借此信息找到自己被拐的孩子。试从公共管理角度解读这个事件，并提出几条有建设性的解决办法。

2. 国外研究者通过对 2021 年 8~12 月网络社交平台（twitter）中用户语言的数学分析，抽取出紧张、抑郁、愤怒、活力、疲劳及困扰 6 种情绪，组成了一个情绪剖面的描述方法，而如果将这个情绪剖面系统与美国股市震荡、国际原油价格、类似美国总统选举这样受媒体关注的主要事件以及感恩节这样的流行文化事件进行对比，就会发现社会、政治、文化和经济领域都高度强调不同的公共情绪的维度和组合，也就是说，公共情绪的变化也能成为某些社会和经济指标的有效预测平台。请查阅有关大数据的资料，思考大数据时代会给公共管理领域带来哪些变化。

第十章

公共管理心理学：公共行政领域

【学习导读】

1. 掌握公共行政心理学的研究内容。
2. 理解心理学在公共行政中的具体应用。

【课前案例】

基本医疗一般是指对改善全体社会公民健康、提高国民素质、推动社会发展贡献最大，最应该为全体公民所享受的医疗服务或医疗措施。

为能有效地比较武汉市城乡公共卫生和基本医疗的差距，我们特选取如表10.1所示的指标加以说明。

表10.1　武汉市城乡公共卫生和基本医疗比较表

区域	三级甲等医院总数/所	疾病控制中心卫生技术人员总数/人	妇幼保健医院卫生技术人员总数/人	采供血中心技术人员总数/人	专科医院总数/所	私立医院总数/所
城区	33	524	629	109	12	11
郊区	0	348	337	8	2	0

资料来源：根据湖北省卫生厅数据查询省内医疗机构相关数据整理而成

从表10.1中我们不难看出，武汉城乡公共卫生和基本医疗水平至少在三个方面存在较大的差距：一是城乡医疗水平存在差距。这个差距我们可以从三级甲等医院的数量对比，卫生技术人员的数量、学历以及职称的构成和医生在城乡的分布比较中得出。这些指标中，城区的技术水平指标都明显高于郊区，特别是三级甲等医院的分布指标中，城区明显占据绝对优势。二是从医疗质量来看，城区亦明显优于郊区。三级甲等医院的数量和专科医院的分布，城区的比值也明显高于郊区。三是在提供公共卫生和基本医疗的方式上，城区更善于利用社会资本。从表中的数据来看，城区很早就开始引进社会资本参与基本医疗和公共卫生，而且批准的数量不少，三级甲等医院数量高达33所，郊区则为 0。完全依赖财政力量，给本不充裕的地方财政增加了压力，抑制了公共卫生和基本医疗的充分发展（谢标，2009）。

从上述案例中，我们不难发现，武汉市城乡公共卫生之间有着较大的差距，同时，这也是我国其他地区城乡之间基本公共服务的典型写照。尽管我国在不断加大公共产品的投入力度，但是与中等收入国家相比尚有不小的差距，这种差距决定了现阶段我国政府的任务就是解决公共产品短缺的问题，为经济增长与市场经济建设提供充足的公共产品。而公共管理就是公共组织提供公共产品和服务的活动，对于公共组织而言，其主要社会角色之一就是公共产品的提供者。公共管理心理学的研究对象是社会与群体的心理，它主要从行政组织、制度规范、行政文化、人际等方面研究人的心理。将公共管理心理学的理论应用在公共管理中，有利于公共组织角色的扮演和职责的履行。

第一节　公共行政心理学的研究内容

公共行政是指国家行政机关依法对社会公共事务展开管理的活动。积极服务于社会，创造和维持和谐、稳定的社会环境是公共行政管理者的价值使命。正是为了公共行政管理者能更好地履行职责，心理学被引入公共行政领域，并成为公共管理心理学的重要分支。在公共行政心理学的形成与发展过程中，公共管理心理学与公共行政学形成了理论上的交叉与发展，这种交叉与发展使行政组织管理中的心理系统得以使用科学的方法被研究、分析，使行政行为的量化研究能够实现。因此，公共行政心理学是以心理学和行政学为基础，对行政组织管理过程中的心理现象进行定量和定性研究的科学，是从行为科学角度研究组织管理过程中的心理与行为特点和规律的学科。

一、公共行政心理学的研究意义

（一）有利于丰富公共行政理论

公共行政理论是公共行政实践的高度概括与总结，它实际上反映了人们对社会问题的认知状态。随着人类社会的不断发展与进步，社会问题逐渐复杂化、多元化，这就给公共行政提出了更高的要求。公共行政者一方面在探索不同阶级、阶层、社会组织和公民个人不断变化的心理需求，另一方面在找寻社会问题解决策略。伴随着心理需求得到满足和社会问题得到圆满解决，公共行政理论获得拓展。

面对瞬息万变的社会信息和日益复杂的社会局面，公共行政者不仅需要快速评估并及时处理既有社会问题，而且需要能够“以远见来治理国家，重视战略思考和长期规划，能够针对未来可能发生的问题，事先做出妥善的对策”（王定云和王世雄，2008），这就给公共行政者提出了更高的要求——公共决策应具有现实性和超前性。一般来讲，致力于解决既有社会问题的公共决策执行相对容易，致力于预防未来社会问题的公共决策执行相对困难，其必然会遭遇利益群体的围追堵截。这就对公共行政领导者素质、公共组织建设提出了更高的要求，从而必然带来公共行政体制改革，进而推动公共行政理论向前发展。

（二）有利于提升公共行政效率和行政效率

公共行政是国家的组织和管理活动，是一个多因素、多环节、多变化的复杂系统，人力资源、公共组织及领导者都对公共行政效率有着至关重要的影响。

公务员是公共决策的参与者和执行者，他们的执政能力、执政水平直接关系到公共决策质量，也就是说，能否挖掘公务员的潜力直接关系到公共行政效率的高低。心理学强调“激励公务员内在需求，满足公务员现实需要”，这对充分调动公务员的创造性、主动性有着积极作用，直接作用于公务员的潜力挖掘。

公共组织变革一直是我国改革开放以来公共行政变革的重大任务，高效运转有序的政府机关是顺利执行公共决策及提高行政效率的组织保障。公共行政心理学能揭示组织变革的心理机制，了解各种变革措施实施中的心理影响和效果，从而为改革方案的制订提供心理学依据，同时，能够寻求克服变革阻力、促成变革动力的心理策略，促使公共组织变革顺利进行。

公共领导者是公共行政的总指挥和公共决策的制定者，同时也承担着激励下属完成工作的任务，其素质和修养直接关系到公共决策质量和公共执行效果，直接影响公共目标。公共领导活动总是在一定的环境中进行的，公共领导者能否有效地驾驭环境，以及能否在正确认识环境的基础上充分利用环境，常常关系到领导活动能否正常展开。公共领导活动实际上就是组织、领导者和被领导者三者互动的结果。公共行政心理学揭示组织发展的心理原理、剖析被领导者的心理需要、透析领导者应对策略，从而实现公共领导系统顺畅运作，并提高公共行政效率。

二、公共行政心理学的研究内容

公共行政心理是人们全面建设小康社会的心理基础和社会进步与发展的精神动力。从对象范围上讲，公共行政心理包括行政活动实施主体的心理与行政活动所致对象的心理。行政主体通过行政执行作用于社会环境，并获得反馈信息，产生主观感受；行政客体则在参与行政活动的过程中，对行政活动和周围环境进行认识和评价，从而产生积极的或消极的情绪。从具体结构上讲，公共行政心理的内容主要根据公共行政组织和公共行政人员的不同被划分为四个方面，即公共行政个体心理、公共行政群体心理和公共行政组织心理、领导心理与行政（黄建钢，2008）。具体来讲，公共行政心理学的研究内容（刘宗粤，2002）有以下几方面。

（一）个体心理与行政

行政个体是指在行政体系内部具有生物、社会全部固有特点的某个具体的人，它既有生理的一面，又有心理的一面。个体心理包括个体在公务活动或行政组织活动中所表现出来的各种心理活动。行政个体心理研究的核心是激励问题，它涉及个体的需要、动机、态度和情感等，同时人性理论也是其中另一个非常重要的内容。

1. 激励理论

激励理论是关于如何满足人的各种需要、调动人的积极性的原则和方法的概括总结。激励的目的在于激发人的正确行为动机、调动人的积极性和创造性，以充分发挥人的智力效应，使人做出最大成绩。管理心理学把激励看成"持续激发动机的心理过程"。激励水平越高，完成目标的努力度和满意度也越强，工作效能就越高；反之，则缺乏完成组织目标的动机，工作效率也越低。

自 20 世纪二三十年代以来，国外许多管理学家、心理学家和社会学家结合现代管理的实践，提出了许多激励理论。这些理论大致可分为内容型、过程型、行为型和综合型激励理论四大类。

内容型激励理论是指针对激励的原因与起激励作用的因素的具体内容进行研究的理论，这种理论着眼于满足人们的需要，即人们需要什么就满足什么，从而激起人们的动机，代表性理论有马斯洛的"需要层次理论"、赫兹伯格（F. Herzberg）的"双因素理论"、麦克莱兰（D. McClelland）的"成就需要激励理论"和奥德弗（C. P. Alderfer）的"ERG（existence-relationship-growth，即存在—关系—成长）理论"等。过程型激励理论重点研究从动机的产生到采取行动的心理过程，主要包括弗鲁姆（V. H. Vroom）的"期望理论"、豪斯（R. J. House）的"激励力量理论"、洛克（E. A. Locke）的"目标激励理论"和亚当斯（J. S. Adams）的"公平理论"等。行为型激励理论是以行为后果为对象，研究如何对行为进行持续激励，包括强化理论和归因理论。综合型激励理论的代表人物是美国心理学家和管理学家波特（L. W. Porter）和劳勒（E. E. Lawler），他们于 1968 年提出了一个"综合激励模型"，该理论综合了需要理论、期望理论和公平理论的成果。

2. 人性理论

人性观点是对人性的看法，施恩（E. H. Schein）于 1965 年在《组织心理学》一书中系统提出了"经济人"假设、"社会人"假设、"自动人"假设和"复杂人"假设。麦格雷戈（D. MC Gregor）是"经济人"概念的最早提出者，并将以"经济人"假设为指导依据的管理理论概括为 X 理论。"社会人"假设理论源于"霍桑实验"及其人际关系学说，最早由梅奥提出。"自动人"假设即"自我实现人"假设，最早由马斯洛提出，后来麦格雷戈提出了以"自动人"假设为理论基础的 Y 理论。"复杂人"假设理论产生于 20 世纪 60 年代至 70 年代，其代表人物有施恩、摩尔斯（J. J. Morse）和洛斯奇（J. W. Lorsch 等。中国古代则从伦理学和社会学角度探讨了人的本性问题，孟子提出了"人性本善"，相反，荀子认为"人性本恶"，不同的人性假设导致不同的管理理念和管理方式。

（二）群体心理与行政

从广义上讲，群体是社会分工与协作的产物，是社会的最基本单位，群体是指按照一定的社会关系所结成的共同生活和活动的人群集合体。行政群体通常是指介于行政组织和行政个体之间的人群集合体，即在行政活动中，由若干行政个体组成的为实现共同的行政目标和利益而互相影响、互相作用的人群集合体。任何一个行政群体都具有以下共同特征：一是有共同的行政目标，这是维持行政群体的基本条件；二是有共同的联系，行政群体成员之间是互相依存、互相影响、互相作用的，正是在这种互相的作用过程中，行政群体成员彼此得到认同，并在心理上意识到对方的存在；三是有共同的行为规范和准则，行为规范和准则反映行政群体共同的价值取向，并对其成员的行为具有约束、引导、评价的功能，它可以是明文规定的，也可以是约定俗成的。

行政群体心理是行政群体成员共同的心理现象的总和，包括从众、暗示、模仿、舆论、感受、偏见、风气、风俗、谣言、认同感、归属感、依赖感等认识状态、情绪状态、意识状态及行政群体的“个性”。行政群体心理具有很多独特的特点，具体表现为以下三点：第一，整合性。行政群体心理不是某个行政个体的心理，也不是所有行政个体心理的简单相加，而是大多数行政个体通过心理整合而形成的整体心理意识和心理反应。第二，感染性。行政群体心理作为一种共同的心理意识，具有一定的感染力，可以影响所有行政个体的情绪状态。第三，不稳定性。行政群体心理在一定时期内能够保持一定的稳定性，但从总体上说，它是不稳定的、易变的，主要是随着外界环境的变化、行政群体的发展、行政个体的变化而变化（徐家良，1997）。行政群体心理主要研究群体规范、群体动力、群体压力、群体凝聚力的特征，以及行政活动中的心理效应，其中也包括群体在行政决策中的心理效应以及群体冲突与沟通的心理学问题。

社会学与心理学领域研究群体心理问题已有长久历史。勒朋在其著作《群众》中考察了群体行为问题，他认为群众是冲动的、无理性的、没有责任感的、愚蠢的，个体一旦参加到群众之中，由于匿名、感染、暗示等因素，会丧失理性和责任感，表现出冲动的、凶残的反社会行为；麦独孤（W. McDougall，1871—1938）的《社会心理学导论》中，认为人类具有“结群本能”，即一种寻找伙伴并与他人结群的先天倾向。在西方社会心理学的群体理论中，有较大影响的是 F. H. 奥尔波特提出的事象结构论，他认为人类的群体都是个体通过一系列的社会活动相互发生关系而形成的。另一种有较大影响的群体理论观点是勒温提出的团体动力学理论，他把格式塔心理学的原理搬用于群体行为上，认为群体不是人们的简单集合，而是一个动力整体，是一个系统，其中某一部分的变化也会导致其他部分的状态发生变化，并主张应当把群体看成一种动力整体，不能通过分析群体中的个体情况来实现对一个群体的分析（孙时进和王金丽，2012）。

（三）行政组织心理与行政

行政组织是指为实现政府的管理职能，执行社会公共事务，在共同认识和感情支配下，经由权责分配、劳动分工而建立起来的具有一定结构和功能的系统。从心理角度看，行政组织可以被看作行政人员在行政过程中形成的，包括对组织目标、组织结构、组织与环境的关系、行政程序、个人或他人所扮演的行政角色、同事或上下级之间思想感情的交流和工作信息交流等的理解和感受在内的心理系统。它的构成要素包括物质要素（包括人员要素）、管理要素（制度要素）和目的要素，其中人员要素是最根本的。行政组织除具备人类心理与行为的一般特征，如自发性、动因性、目的性、持久性和可变性之外，还具有个体性、互动性、主体性、整体性、稳定性等特点。

行政组织心理是研究在各种行政组织系统中，行政组织环境对人们完成行政组织目标所构成的心理和行为影响。它在提高行政组织管理水平、充分调动人的积极性、加强思想政治工作和适应改革开放新形势等方面具有积极作用。行政组织心理理论主要关注组织行为的心理效应、组织发展及变革。

“罗森塔尔效应”、“超限效应”、“3 对 1 规律”、“贝勃规律”、“皮狄马利翁效应”、“破窗效应”、“蝴蝶效应”、“青蛙效应”、“鲶鱼效应”、“晕轮效应”、“木桶效应”和“马太效应”等 12 个心理效应是与组织行为有关的心理效应。行政组织心理理论中关于组织变革和发展的理论主要有：勒温提出的组织变革三阶段模型理论、卡斯特（Fremont E. Kast）提出的组织变革六步骤理论、施恩提出的适应循环学说、利兰·布雷德福德（Leland P. Bradford）等提出的敏感性训练理论、工作生活质量学说，以及威廉·大内（William Ouchi）提出的 Z 理论等（于秀娥，2011）。

（四）领导心理与行政

关于领导的定义，虽然各国学者从不同的研究角度出发，做了不同的解释，但是多数人认为“领导是指引和影响个人或组织在一定条件下实现某种目标的行动过程”。所以领导在行政管理活动中处于极为重要的地位，是整个国家机器正常运行的核心部分。研究行政领导心理、掌握领导心理规律，对于指导领导者加强自我修养，提高心理素质，增加领导工作的适应性、科学性和有效性，提高领导效能而言，都具有非常积极的意义。领导者素质包括能力、影响力及领导风格等，是公共行政领导心理学研究的重要内容。

一般来讲，领导理论分为领导特质理论、领导行为理论和领导权变理论。领导特质理论着重研究领导者的人格特质，以便发现、培养和使用合格的领导者。传统领导特质理论认为，领导特质是天生的。例如，卡尔顿（Sir F. Galton）早在 1869 年就提出了这一看法。现代领导特质理论认为，领导者的特性和品质并非全是与生俱来的，而是可以在领导实践中形成，也可以通过训练和培养的方式造就。例如，鲍莫尔（William J. Baumol）提出了领导者应具备的十项条件。领导行为理论主要研究领导者在领导过程中的具体行为以及不同的领导行为对部署的影响，以寻求最佳的领导行为。例如，斯多基尔（Ralph Stogdill）等提出的四分图理论、布莱克和莫顿（Blake and Mouton，1970）提出的领导方格图理论、卡特赖特（D. Carturight）和詹德（A. Zander）提出的 PM（performance maintain，即绩效保持）型领导模式、里克特（R. Likert）提出的领导系统理论、勒温提出的领导作风理论等是领导行为理论的代表理论。费德勒（Fred Fiedler）提出的领导权变理论又称为领导情境理论，主要研究与领导行为有关的情境因素对领导效力的潜在影响。赫塞（Paul Hersey）和布兰查德（Ken Blanchard）的领导生命周期理论、弗鲁姆和耶顿（P. W. Yetton）的领导-参与理论、豪斯的通路-目标理论等是其代表理论。

第二节 心理学理论在公共行政中的应用

公共行政就是国家行政机构依法管理社会公共事务的有效活动，其产品产出为公共产品。心理学在公共行政中的应用主要体现在两个领域：一是公共产品供给如何确定对象，二是公共行政形成的心理影响。德鲁克（Petor F. Drcuker，1909—2005）认为公共部门要么没有做正确的事，要么没有正确做事。因此，如何促使公共部门做正确的事或正确做事，真正做到“权为民所用，情为民所系，利为民所谋，心为民所想”，就成为提高公共部门服务质量的关键。本节将利用心理学理论讨论这个问题。

一、心理学在公共行政方面的应用

（一）确定社会公共需要，架构适合我国国情的公共产品供给模式

公共管理是以公民为核心的管理，要对公民实施有效的管理，就必须从公民的需要出发。心理学研究表明，人的意志行动开始于需要以及由需要引起的动机，因此，确定社会公共需要，架构适合我国国情的公共产品供给模式，是制定公共管理目标的第一步。

社会公共需要是人类社会共同体在解决所面临的社会公共问题时的共同需要，它是指社会成员在社会生产、生活中的共同需要，是除政府以外的其他社会团体和市场不能满足、不能提供的需要，具有社会成员共享的互不排斥性与平等享用性。现代社会公共需要分为以下几个方面：维护社会公共秩序与安全秩序的公共需要；维护经济秩序和市场交易秩序的公共需要；为全体社会成员提供公共设施与公共事业的公共需要；建立社会保障与救济体系、扶助社会弱势群体的公共需要；公共资源与公共财产管理的公共需要；人们对人权、自由等公民权利的公共需要；等等。至于社会公共需要供给次序、供给类型及调整时机等都可依据需要和动机理论予以调整。

为满足社会公共需要，政府为公民供给无差别性的公共产品。由于公共产品不是公民个人需要的简单相加，其不能有效满足公民需求的情形时有发生。此时，公共行政组织就需要对如何确定社会公共需要做出修订，从心理学角度讲，这是一次需要理论和动机理论再次参与实践的过程。这一过程中，修正社会公共需要的方法有三种：一是寻找优势需要。社会公共需要是以满足群体利益为导向的，寻求目标群体是寻找优势需要的首要任务。公平是公共行政首先追求的原则，市场化过程中的利益受损群体应被优先考虑。通过多种方式征询到的目标群体需要就构成了社会公共需要中的优势需要。二是正确定位社会发展阶段，充分认知不同社会发展阶段的不同社会公共需要。在人均国民收入水平极低、经济处于极不发达状态时，人们的公共需求极少，此时人们的需要主要集中于个人的衣食住行等基本的生理与生存需要；当人均国民生产总值处于中等收入水平时，人们的基本生理与生存需要已经得到满足，开始追求享受与发展的需要，要求政府提供能够满足人民享受的公共需要，如城市自来水的供应、环境保护与绿化、城市交通

快速干道的建设、公共娱乐与教育场所的建设等；当人均国民收入处于发达水平时，人们就会追求自尊和自主的需要，要求政府放松各种经济性和社会性的管制，并要求政府发展高科技、提升国家核心竞争力。三是拓宽公民参政议政渠道，充分征求民意。认知社会公共需要应以充分了解民意为前提。发达的信息技术拓宽了公民参政议政的渠道，除传统渠道外，微博、微信、QQ 等自媒体以及电邮、网络问政等方式日益重要。公共行政公共组织应积极回应公民需求，充分考虑公民心理，并根据公民意见做出实事求是的修改，使目标趋于合理、科学，增强可操作性。

（二）配备合适的公共领导，满足公共管理需要

根据领导理论，有效领导工作的实施涉及多方面因素，下面就围绕此问题展开讨论。

1. 现代公共领导者应具备的素质

一般而言，公共领导者应该具备以下几个方面的素质。

（1）知识技能。包括以往学习的知识、积累的经验及学习和掌握的新知识。

（2）管理技能。公共领导者必须能担负起上级交给的职责，并对部属实行有效领导；善于协调各部门之间的关系，较多地运用人格魅力去影响或指导部属，根据外部环境变化调整自己的管理方式。

（3）人文理念。公共领导者必须具有“用人之长、容人之短”的宽容胸怀，了解部属的需要与感情，以尽力为他们提供帮助，并激发员工的士气和对组织的责任感。

2. 公共行政领导者的形象与修养

公共领导者取得成功并不完全取决于智力、知识这样的特质要素，还取决于不断提升自己的个人形象与修养。

1）公共领导者的形象

公共领导者的形象可以分为个人形象和组织形象。公共领导者的个人形象往往是领导者获取民主支持的一种重要力量，由于公共领导者必须拥有支持者和追随者，因此良好的公共领导形象就是其获得民众支持的坚实基础。公共领导者的组织形象是公共领导者组织风格的体现，国家领导人代表的是一个国家的形象，应该说他们的组织形象比个人形象更重要。

公共领导者如何塑造良好的领导形象？主要有两条渠道：一是言语，二是行动。所谓言语，就是指公共领导者要善于表达自己的思想、立场和观点。公共领导者的言语要符合两个标准：一是情感丰富，二是富有激励和鼓舞作用。首先，公共领导者的言语要富有情感，这是公共领导者增强形象感染力的重要途径。美国心理学家在比较情感和理智对选民态度的影响后得出结论——情感的号召力比理智的号召力大。其次，公共领导者通过言语来鼓舞和激励下属，这也是其展示领导形象的一种手段。行动是通过态势语言或身体语言表现出来的，即通过仪表、姿态、神情、动作把信息输送到信息接受者的视觉器官。身体语言或态势语言主要有以下几种：服饰语、面部语、目光语、身体语、手势语等。现代传媒时代，新闻媒体成为塑造领导形象的重要载体（孙多勇，2005）。

2）公共领导者的修养

修养是公共领导者能够释放一种独特气质的基础。要成为一个优秀的领导者，就必须在提升个人修养方面付出心血和代价，公共领导者要提升自己的修养，就要做到如下几个方面。

加强学习。古人说："天地万物之理，修己治人之方，皆所当学。"领导者只有广泛地学习，才能了解各种知识，掌握修身和管理的各种方法。

善于思考。一个领导干部要勤于思考，善于分析、理解、推理、联想，能透过现象抓住事物的本质，不被表面的现象所迷惑。孔子说："君子有九思：视思明，听思聪，色思温，貌思恭，言思忠，事思敬，疑思问，忿思难，见得思义。"这对提升领导者的修养具有启发意义。

注重修养。《周易》强调"崇德广业"；《大学》讲"修身、齐家、治国、平天下"，其中以修身作为根本；司马光说："德才兼备是圣人，德胜于才是君子，才胜于德是小人，无德无才是愚人。"领导者要特别注重道德修养，只有德才兼备，才能成就大业。

廉洁奉公。古人说："吏不畏吾严而畏吾廉，民不畏吾能而畏吾公。公则民不敢怠，廉则吏不敢欺。公生明，廉生威。"也就是说，只有办事公正、为人清廉，领导者才能树立起自己的威信。

3. 未来的公共领导者

随着信息社会和知识经济的来临，组织的形态发生了变革。同时，公共管理环境正在发生着前所未有的变革，而公共领导者也正面临着日益增多的挑战，如何领导推陈出新的组织形态，以及如何应对新世纪的挑战成为公共领导者谋求变革和发展的重要责任。

与集权式体制中"跟我走"的公共领导方式不同，新型组织中的分散式公共领导使领导存在于团队之中。在分散性组织中，依赖家长式领导方式展示自我意志的传统领导者逐渐被新型的团队领导所取代。在这种组织中，等级观念过时了、角色观念消失了、法定权力的重要性降低了、领导英雄主义的观念淡化了。

人们对公共领导本质的看法也会发生改变。知识的应用导致了对组织的本质和目标的重新定义，公共领导的责任开始加在处于第一线的员工身上。例如，在政界，公民正在寻找新的途径来更直接地行使自己的权力。另外，由于从基层提拔起来的领导越来越多，领先的将是那些最擅长使公共领导不依赖于职位等级和身份的公共组织。在新型的知识型公共组织中，使人们获得权利的三种要素将取代职位的争夺和占有，这三种要素是专门技术、特殊知识和技巧创新。在新的公共组织形态中，旧的等级假定将被抛弃，由于公共组织要适应一种新的环境，因此新的公共领导方式将以难以想象的方式发展壮大。

美国学者波特（Christopher O. L. H. Porter）提出了"三维领导"的概念。"三维领导"的发展框架认为，领导者需要有与以前大不相同的思维形式、知识和技巧，它要求领导者应该在业务能力、领导艺术和个人特质三个维度上保持应有的平衡。未来的领导艺术不是单一的技巧性的东西，而是领导能力和品质的混合物。

美国学者施恩提出未来领导者必须具备的品质有：①非凡的理解和洞察世界的能力以及他们自身的能力。②非凡的动力，这种动力使他们能够经受得住学习和改革所带来的不可避免的痛苦。③情绪上的力量，这种力量可以消除自己和他人的焦虑。④影响并引发他人参与的意愿和能力。⑤允许和鼓励领导在整个组织内的各个地方成长。

对未来领导者的探讨，尽管看上去有点扑朔迷离，特别是有关未来领导者的成熟论述还没有出现，但是其大概轮廓可概括为以下几个方面。

（1）未来的公共领导者作为有识之士、信息管理人员和行为的引导者，也是需要不断成长的，而这种成长建立在集体智慧增长的基础之上。

（2）未来的公共领导者必须形成自己独立的世界观并根据环境不断修正。

（3）未来的公共领导者更要使下属、服务对象产生归属感。

（4）未来的公共领导者的核心能力是沟通能力与治理能力。

（5）未来的公共领导者必须是一种学习型的领导者，他们不但不会拒绝变化，而且欢迎变化的到来。

（6）未来的公共领导者必须是出色的教练员、服务员、支持者和鼓励者，而不是评判员、批评家。

（7）未来的公共领导者应该是世界主义者，他们鼓励思想的开放，注重跨组织的合作，能跨越边界思考问题（孙多勇，2005）。

4. 公共领导者的领导方式

领导行为理论认为，领导者应该着重于“抓组织”和“关心人”。“抓组织”即设置组织机构、明确职责、确立工作目标、设立意见交流渠道和工作程序等。“关心人”即注重建立相互信任的气氛、尊重部属的意见、关心部署的需求等。对于公共领导者而言，为了能够适应新的公共管理环境，公共组织必将发生变革，新的公共组织形态必将建立，在新的组织形态面前，那些令传统领导者沾沾自喜的金字塔式的组织形态将可能被完全颠覆；令传统领导者引以为豪的特质可能会被注入新的内容；令传统领导者梦寐以求的职位可能会失去它原来的吸引力；令许多人确信的“领导者-被领导者”二元结构可能会被打破。随后，一种崭新的领导方式将会出现。这就要求公共领导者应该着重于“关心人”，要改变传统工业管理忽视对人的关注这一弊端；要实现以人为本和人文关怀互相渗透的领导方式转型；要关注公共组织中人的发展，让每个成员都有参与和管理的机会；要做到既追求公共组织的外在目标，又不忽视公共组织系统中存在的内在目标，即实现个人价值的需求。“抓组织”的最终目标也是为了更好地“关心人”。

（三）建构学习型公共组织，实现公共组织创新

公共组织主要是指以管理社会公共事务、协调社会公共利益为目的的组织，它既包括政府组织，也包括非政府组织。通过发挥心理效能，维持公众动态的心理结构、汇集公众的心理优势、实现组织中的效率循环是公共组织存在的基础。

但是，面对当前动荡不已的组织环境，公共组织存在着生存和发展问题。为了实现

自我发展，公共组织都在经历一个创新的过程。一般认为，学习是实现创新的关键手段，没有学习就不可能有创新，学习是创新的源泉和保障。因此，公共组织创新实际就是塑造公共组织学习能力的过程。

组织学习是一个充满曲折与困难，必须经过精心设计的激励机制或相应的制度安排以及组织文化的不断构建才能逐步克服各种学习障碍，最终趋近组织目标的过程。对于公共组织而言，其组织学习的障碍可能来自于组织系统层面中的任何一个层面：组织中的个体层面、群体或部门以及组织层面上。或者更有可能是这些不同层面上的问题交织纠缠在一起而形成错综复杂的组织障碍丛林：由公共官僚组织体制与组织结构中层级节制的权力关系导致的体制障碍；由生活于复杂权力网络与政治关系背景中的人们的情绪、情感及信任空间变形而形成的社会心理障碍；由组织精神、价值取向、行动理念、行为定位等反映出来的组织文化障碍（刘霞，2005）。

在组织体制层面的过度集权与过度分权两种状况下，组织体制都可以通过对组织精神模式、组织信息处理过程、知识创新能力、组织决策机制、组织结构、组织控制整合与沟通机制、组织责任机制、人力资源管理系统与绩效管理系统等许多方面形成的不利影响，进而成为公共组织学习的障碍。

在社会心理层面，公共组织学习的障碍包括：学习后果的不确定感，权力地位影响力匮乏感，对上级压力与报复的恐惧感，害怕由学习（特别是创新）所带来的、被所在群体规范约制或疏离的从众缺失感，不思进取和不用学习带来的安逸感与自在轻松感，对长时间学习导致的紧张与疲劳的畏惧感，层级节制的权力保护意识，部门利益的风险规避，公共官僚集体的文过饰非，等等。

在组织文化层面，公共组织学习的障碍有：组织的习惯性自我防御、组织对个人生活空间的压缩、组织领导专制作风所加重的下属机器情结、组织角色期待冲突中的价值取向、组织经验学习错觉和学习中的思维定式等。

公共组织面临的众多学习障碍极大地影响了其创新过程，清除公共组织学习障碍成了公共组织创新的关键。利用美国学者彼得·圣吉（Peter M. Senge）提出的“五项修炼”构建学习型公共组织是一条很好的解决之道。所谓学习型公共组织是指通过学习过程，能够积极主动地探知动荡环境中的压力形成的挑战，解析存在的问题与障碍并寻求克服问题与障碍的对策，不断调整其组织文化、组织体制与组织战略，使其逐步趋近理想的组织目标状态的公共组织。学习型公共组织构建成功以后，它将具有以下几个方面的特征。

（1）学习型公共组织文化得以确立。这种组织文化的特征表现为：组织精神（公共行政乐善好施的精神）、价值取向（公共利益高于一切的共同信念）、行动理念（公共服务顾客至上）、权威观念（平等但适度敬畏权力）、风险意识（敢冒风险、不刻意规避不确定性、崇尚创新）、行为定位（利他的、集体-个人取向结合的定位）、公务规范（以问题为中心）、人际氛围（合作的、双赢的、积极配合的、主动沟通的、公平竞争的）、批评立场（坦荡达观、自我检视、维护公正）、冲突态度（直面争议、坦诚对话、承认错误）。

（2）确立中心化的组织权力体制：扁平化、网络化、多中心化、分权化。突出学习型公共组织是高度灵活、极富弹性、形式多元的组织。

（3）丰富多种决策机制和决策方式：授权决策和分权决策、权变决策等，营建网状信息通路，扩展多环路学习机制，倡导相互学习、平等对话，能够综合权衡组织决策的长期后效与多方影响。突出学习型公共组织是民主政治环境的组织。

（4）重塑新型领导风格与领导模式：民主的、参与的、风险承诺的、试验性的、责任集中的、下级自我管理的。突出学习型公共组织是张扬人性的组织。

（5）强化软管理模式：借软性的组织远景规划的共识、共同价值观与信念体系、开放的心灵、自发的动机、团队精神来生成并维系学习系统。运用制导行动框架，重在价值引导。突出学习型公共组织是以价值观为基础、以共同愿景来带动的组织。

（6）探索多元化的组织治理结构：政府的治理结构尤其倡导多元治理模式。突出学习型公共组织是以多元政治关系为背景的、包容多元创新模式的组织。

（7）落实以人为本的公共资源管理战略：突出强调组织变革、组织成长、组织发展、以人为本。组织的一切管理，重在充分信任下属、放手下属，为下属提供成长与发展机会；强调整体事功，扩大良莠差距，加大奖惩力度，金钱奖励、跨部门的较大范围内人事升迁及精神奖励并重。突出学习型公共组织是以人力资源为管理核心的组织。

（8）突出创新知识管理：崇尚知识创新并设计相应的激励制度，组织内部制度性的信息分享，进行跨部门的功能性合作或成立项目小组，提供充分学习日常工作经验的机会，技术性、制度性地跟踪记载组织成员学习能力的变化。突出学习型公共组织是以知识创新为先导的知识型组织。

从以上学习型公共组织的特征可以发现，学习型公共组织不仅涉及组织文化建设，还涉及组织变革与发展，是一种与当今社会环境相适应的组织形态。具体到我国，这种组织也有着广阔的发展前景，因为其不仅与当今社会环境相适应，而且与我国的传统文化相吻合。详细来讲，我国传统文化与学习型组织都强调以人为本，注重主体意识；都强调自我修炼、自我管理；都注重团队精神、整体观念与系统思考；都强调“无为而治”。也正如圣吉在《第五项修炼》中写道的：“你们的传统文化中，仍然保留了那些以生命一体的观点来了解万事万物运行的法则，以及对奥妙的宇宙万有本源所体悟出的极高明、精微而深广的古老智慧结晶。在西方文化中，我们倾向于看见的则是由一件件事物所组成的世界，我们深信简单的因果关系，不停地寻找能够解释一切的答案”（刘霞，2005）。

二、公共行政中应用心理学应注意的问题

（一）不可忽视公平性原则，要重视社会公平机制的建立

我国目前正处在一个社会转型的关键时期，社会利益关系的整合、新旧观念的冲突、社会结构的重组、改革和发展的不平衡引发的各种社会矛盾十分尖锐。在众多的社会矛盾中，对我国公民社会心理影响最大的是社会分配的不公。我国很多公民感到

带来社会分配不公的主要原因是竞争机会不均等和竞争起点不同。具体来讲，主要表现在两个方面：第一，现有的结构使某些人垄断了并不充裕的国有资源，从而他们在致富竞争中捷足先登；第二，掌握某种稀有社会资源和从事重要职业的人，利用手中的权力，通过不正当手段获得各种利益。这些人在现实生活中不必冒险、不费吹灰之力便可大把挣钱，尽情享受。这种社会分配不公极大地影响公民心理，造成了极其强烈的社会不公平感。

从以上分析可以发现，我国公民的不公平感主要是通过社会比较而带来的。“不公平”可能包括两种情况：一是有利于自己的不公平，二是不利于自己的不公平。对有利于自己的不公平，一些积极的人可以采取补偿的心理机制，即主动增加投入或主动减少结果以消除内疚感，但研究表明，更多人基于自私心而采用“文饰”的心理机制，如自我排解、夸大自我的投入，或者改变比较的参考体，从而获得一种虚假的公平感，甚至沾沾自喜。这就是说，即使是有利于自己的不公平，一般也不能使个体获得相应激励。不利于自己的不公平则会使人产生明显的心理反应。一部分人为了改变不利于自己的不公平感所带来的困扰，可能采取“文饰”的心理机制，如“甜柠檬”和“酸葡萄”心理，或采取“升华”的心理机制，从更高的层次认识自我的价值及社会责任等，但更为直接和普遍的做法是要求增加结果或减少投入（包括减少投入的数量及降低投入的质量）。除此之外，还会有宣泄心理，如发牢骚、怨恨他人等，甚至表现为非理性的宣泄行为，如煽动不满情绪、故意损坏公物等；还会考虑改变其所处的状态，进行迁移，如要求改换工作或调动单位；还会考虑外部代偿，从其他方面（如第二职业）取得报酬；还会考虑仿效，如模仿比较对象的行为，包括采取一些不正当手段以增加结果。可见，公平的感知状况会导致个体的心理和行为发生变化。在社会系统中，个体行为总是相互刺激、循环反馈的，而当“不公平”现象成为人们的一种普遍认知对象时，这就必然会助长相关的消极的社会心理环境，并导致社会行为的重心偏移。因此，通过公共行政治理，建立符合社会发展规律、社会发展结构的社会公平机制是十分必要的。

既然构建系统的社会公平机制非常重要，如何构建就成为摆在我国公共行政组织面前的一个重要课题。根据我国国情，公共行政组织可通过制定必要的政策、法规等建立明确科学的社会价值对照系统，以利于竞争的公平性；还必须进行严格的绩效考评，并在绩效考评中注意分析客观条件的影响参数；等等。我国在构建系统的社会公平机制时，以下几个问题须引起特别注意。

（1）要坚持社会的公平与正义，对社会资源进行有效的整合，正确处理好效率与公平的关系，在坚持效率优先的前提下，注重维护社会公平，协调好人民内部不同利益之间的关系。

（2）要关注弱势群体，高度重视社会救助、帮困扶贫，特别是城市下岗失业人员、无业无产人员与农村农民的就业、转移等工作，构建切实有效的社会安全保障体系，以满足人们的安全心理需要。

（3）要加大惩治腐败的力度，从制度上保证公职人员不滥用公共权力，消除政府信用危机、净化社会风气、降低社会风险、避免或减少社会动荡，实现政通人和、社会稳定、经济发展、文化繁荣，为公民社会公平感的形成创设优质的社会环境，使社会的发展和人的发展相互促进。

只有采取以上措施，人们才可能确立实事求是的公平感并自觉地调节心理和行为，使其与社会发展的趋势相一致。

（二）要注意心理学运用的本土适宜性

心理学从其诞生之日起，在全球的发展便一直处于严重的不平衡状态。时至今日，西方特别是美国心理学依然占据着当代心理学的主流地位。由于现代心理学主要是在西方文化特别是美国文化背景下建立和发展起来的，它的很多理论、概念、研究方法只具有美国文化的适应性，当它凭借其主流地位而获得超文化的解释权时，必然会带来文化价值上的偏差，因为在任何一个时代，一个民族、一个阶级的人们都有自己的共有观念。实践经验表明，如果引进的国外思想和理论与民族、国家的已有观念不吻合，那么思想与理论的运用必将受到阻碍，因此，在把西方心理学理论应用于公共管理领域时必须注意其本土适宜性。

可以说，全球化的进程推动了西方主流思想对全球的影响，我们必须认识到，因为不同文化背景下人们的社会心理既具有差异性又具有全人类的共同性，所以在吸收国外先进理论的同时，也要考虑其理论与文化的特殊环境背景，既要保持对时代的积极响应与及时反映，也要高度重视中国自身的文化背景和中国人心理行为特点，注意心理学运用的本土适宜性与本土化发展在公共行政中的使用与发扬。

【课后案例】

知识经济时代的行政领导如何实现自我突破

一个老练而成功的行政领导者，面对信息时代，必须具备弹性的适应力。例如，面对各种变化，以伺机而动的心理，随时做弹性的变化，然后达到领先的目的。所谓的弹性应包括以下两方面：第一，摈弃陈旧的思想与观念；第二，组织的弹性化与动态化。

因此，缺乏弹性的行政领导者，无法适应这种激变的时代，他们是很快就会被淘汰的。

【案例简析】

本案例的分析应结合本章节关于未来知识经济时代公共领导者的特点、类型和素质的讨论，再进一步思考“摒弃”与“应变”需要哪些心理素质。做好一个具有弹性的领导者，这只是第一步，还需要适应多元化、多角色的要求，保持工作实力，等等。

【思考题】

1. 心理学中哪些理论可以应用于公共管理领域？

2. 在我国当前形势下，社会公共需要有哪些？
3. 公共领导者应该具备哪些素质？
4. 学习型公共组织的特点有哪些？
5. 在公共行政管理领域应用心理学理论应该注意哪些方面？

第十一章

公共管理心理学：司法实践领域

【学习导读】

1. 了解中外社会心理学者关于心理学在司法实践领域中应用的多项研究。
2. 了解司法领域中存在的各种社会心理现象如何影响司法公正。

【课前案例】

1994年6月，橄榄球明星、演员兼体育评论员辛普森被指控残忍地杀害了与他不和的前妻及一名男子。起诉者认为证据确凿，辛普森的行为属于长期虐待配偶和暴力恐吓。血液检验的结果证实他的血液出现在犯罪现场，而且受害者的血液出现在他的手套、汽车甚至卧室的袜子上。案发当晚，他开车离开以及被逮捕时的逃跑行为，都恰巧很符合罪犯的特征。在之后的审理中，由于检方证据全都是间接证据，辩方律师只好对这些“旁证”进行严格的鉴别和审核。令人失望的是，检方呈庭的证据破绽百出，难以自圆其说，使辩方能够以比较充足的证据向陪审团证明辛普森未必就是杀人凶手。该案件的特殊之处在于：第一，案件里没有目击者；第二，被告辛普森具有非常特殊的社会地位；第三，陪审团成员多为女性和黑人，他们的这些特征是否会影响其判断？

在心理学家们满怀热情地研究和分析各种各样复杂的社会热点问题的同时，他们也将目光投向了一个特殊领域，即司法领域。司法公正是司法领域理所应当遵循的原则，司法过程应该提供一个准确的、公平的秩序来保证对违背法律的行为做出客观的、无偏见的、一致的判决。然而，事实并非如人们所期望的那样。随着错判刑或误判刑案件不断浮出水面，人们不由得开始重新审视这个曾经被认为威严的、公正的司法领域中的法律与秩序问题。法庭可被看作一个微型社会，它由司法人员、被审人员、证人、陪审团成员及听众等构成，于是，存在于日常生活中的心理现象也不可避免地同样存在于司法领域，直接影响着包括拘留、审问、起诉、判决和假释在内的一系列决定。心理学家们在司法领域内的一系列研究极大地拓展了心理学的应用范围。

第一节 有关目击者证词的研究

目击者在法庭审判时是一个非常重要的人物，在没有更多证据存在的情况下，目击者的证词对案件的审理起着举足轻重的作用。一般而言，当事人生动的叙述和目击者的证词往往比强有力的、抽象的信息更具有说服力，它影响人们的社会判断。然而事实上，证词是否真实可靠呢？心理学的一系列相关研究结果令人担忧。

【案例阅读】

目击者证词

1984 年，我是一个学业优秀，有着光明前途的 22 岁大学生。在一个漆黑的夜晚，有人破门而入，把刀架在我的脖子上，强奸了我。

在这段痛苦的时间里，我下定决心，必须活下去。借上帝的慈悲，我相信强奸犯一定会被抓住，并受到惩罚。我的思想迅速摆脱肉体的不适，开始牢记攻击者的每一个细节。我仔细审视他的脸庞，注意他的头发、额头、下颌，我仔细听他的嗓音、话语。我寻找他身上的伤痕、刺青和任何有助于辨认他的东西。在时间看来无穷无尽之际，强奸犯短暂地放松了警惕，我飞快地披了一条毯子，在清晨逃出了寓所，我逃脱了。

以后的日子里，我开始了努力把攻击者绳之以法的痛苦过程。一连几个小时，我和警察画师坐在一起，竭力查看画满无数鼻子、眼睛、眉毛、发际、鼻孔和嘴唇的像册。我一次一次地回忆那次攻击，用一个一个的细节拼成他的面部轮廓。次日，强奸犯的肖像出现在报纸的头版。苍天有眼，案件很快有了第一个嫌疑犯。几天后，我坐在一系列照片面前，指认那个攻击者。我找到他了！我知道就是这个人。我很肯定。我确信。

6 个月以后，案子进入了审判期。我作为证人出场，把手放在《圣经》上，发出誓言“我说的都是事实，除了真相别无其他”。根据我的目击证词，罗纳德·科顿被判终身监禁。罗纳德·科顿不能重见天日了。他再也不能伤害其他妇女了。

1987 年的再审中，被告方提到另一个同狱犯人，博比·普尔，他曾吹牛说强奸了我，在法庭上他又矢口否认。当警察问我是否以前见过他时，我断然回答说，以前从来没有见过他。另一个受害者也是这样回答的。罗纳德·科顿被判两次终身监禁，不得假释。

1995 年，在我第一次指认罗纳德·科顿是强奸我的罪犯后的第 11 年，我被询问是否可以留个血液样本，这样 DNA 检测结果就可作为强奸的证据。我同意了，因为我知道罗纳德·科顿强奸了我，DNA 检测会确认这一点。检测将会确认任何将来对罗纳德·科顿的上诉。

我绝不会忘记 DNA 检测结果出来的那一天，我站在厨房里，侦探和地方检察官告诉我：“罗纳德·科顿没有强奸你，真正强奸你的人是博比·普尔。”他们的话像晴天霹雳。那个我坚信一生中从来没有见过的男人，就是那个拿刀架在我脖子上，打我、强奸我，粉碎我的精神世界、撕碎我的灵魂的男人。而那个我认为他犯了罪的人，他的脸常常在深夜浮现在我眼前的男人，竟然是无辜的。

服刑 11 年后，罗纳德·科顿从狱中释放，这是北卡罗来纳州通过 DNA 检测第一个无罪释放的重案犯。博比·普尔被判终身监禁，死于癌症，他承认了强奸，并无一丝悔改之意。由于这一使我们彼此对立数年的残忍罪行，我和罗纳德·科顿现在还共同承担着重荷——我们都是受害者。对于他的判刑，我深感有罪和悔恨。我们年龄相同，所以我知道，在监狱的 11 年里他失去了什么。我有机会搬家，开始治愈伤口，大学毕业后找到了信任、婚姻和爱情，也在工作中找回了自信。在我漂亮的孩子身上，我看到了光明灿烂的未来。相反，罗纳德·科顿在铁窗下度日如年，要保护自己免受暴力的侵害，而暴力是监狱生活的标记。

罗纳德·科顿被释放后，我通过我们的律师要求会见他，这样我可以说，我很对不起他，请求他的宽恕。结果，罗纳德和我通过宽恕，终于找回了彻底的自由。我会永远记得这几乎不大可能建立起来的友谊，庆幸在错误指认罗纳德·科顿的案子中，我没有一直错到底。

詹妮弗·汤普逊

美国北卡罗来纳州

一、目击者证词的说服力研究

伊丽莎白·洛夫特斯（Loftus，1979）发现，人们非常相信那些信誓旦旦地进行承诺的人，即便他们的证词对审判并没有多大的意义。为了验证这一点，她精心设计了相关实验。实验中，她先让学生们观看一段有关抢劫-谋杀案件的录像，然后让学生给出是否定罪的判决。对于第一组学生而言，当他们仅有情境证据而没有目击者证词时，只有 18%的人认为应该定罪；若同时还有一个目击者作证指认嫌疑犯，则第二组中有 72%的学生认为应该定罪；第三组学生则听到法官对目击者的证词进行了驳斥，因为这个人高度近视，现场又没有戴眼镜，尽管如此，依然有 68%的学生认为应该定罪。

由此可见，目击者证词比其他证据更有说服力。整个司法体系对犯罪进行有效的追诉和审判，预防无辜者被错误地逮捕和定罪，在很大程度上依赖于完整、准确的证词和被害人陈述。因此不难解释为什么很多人不惜代价地在法庭作假证。而如果能对目击者证词的可靠性提出质疑，也许能够在一定程度上减少同意给犯罪嫌疑人定罪的人数（Whitley，1987），但前提是该目击者的证词与另一个目击者的证词是彼此矛盾的（Leippe，1985）。

二、目击者证词的准确性研究

关于目击者证词准确性的实证研究始于 1901 年的德国，多个研究中最经典的研究是一百年之后在柏林法律学校的一个班级中进行的一个实验研究（Gawande，2001）：在课堂中，一个学生打断教授的讲演，对正在谈论的话题提出异议。另一个学生对这个学生的行为非常气愤，然后他们互相攻击，互相威胁着对方，其中一个人掏出一支枪。教授急忙跑到学生中间进行劝阻，就在两个学生搏斗的过程中突然一声枪响，接下来教室里的一切恢复平静，班上被惊呆了的同学眼睁睁地看着那两个学生各自回到他们的座位上。这时教授也回到讲台，告诉学生们这一切是事先安排好的。接下来，所有的学生被要求准确地描述刚刚发生的一幕。对一部分学生立即进行笔录，而另一部分学生的笔录则被推迟到一天或一周后，最后一部分学生则接受他们对目击事件的交互讯问。

研究发现，即使描述最准确的目击者在描述主要细节上也有26%的错误，其他人则高达80%。有人更是无中生有，将根本没有发生的事情也写了出来，但却遗忘了那些确实发生的事情。

可见，目击者证词在一定情况下与实际情况有一定的出入。关注目击者可能会犯的错误是必要的，这有助于提醒审判人员和普通大众警惕这些错误的发生。但如果过于强调目击者证词的不可靠性，则容易让我们对目击者产生不信任感而致使真相被掩盖。

三、目击者证词错误的影响因素

在很多冤假错案中，能够呈现在法庭上的唯一重要的因素就是不准确的目击者证词。如果目击者不是故意地歪曲事实，那么这些不准确的证词又是如何出现的呢？

（一）引导性提问对目击者证词的影响

所谓引导性提问就是指无论提问的形式和内容如何，提问者倾向于通过问题对目击者进行某种暗示，以便他或她选择可行的或符合要求的答案。洛夫特斯曾以交通事故为例设计了两项研究（Loftus and Palmer，1974；Loftus，1979），试图探讨引导性提问对目击者的影响。

在第一项研究中，洛夫特斯采用随机取样的方式抽取了45名大学生作为被试，将他们分成5组，每组9人。实验期间这些学生共观看了7部涉及交通事故的电影，每部电影的片长从5秒到30秒不等。每看完一部电影，被试要填写一份问卷，描述他所看到的交通事故的情况，并且就事故的一些具体问题做出回答。实验的关键问题是有关交通事故发生时的车速。对第一组的提问是："当两车接触（contacted）时，它们各自的速度如何？"，对第二组的提问是："当两车碰擦（hit）时，它们各自的速度如何？"，其余的三组则分别使用了"猛撞（smashed）""冲撞（collided）""碰撞（bumped）"来替代"碰擦""接触"。整个实验持续了1.5小时。研究发现，问题措辞的不同可以导致被试对速度的估计出现很大差异。这种原因可能在于：①不同的速度估计可能来自于被试反应的偏见。人们对具体的车速是很难把握的，但对不同动词的理解，则会引发被试对车速的高估或低估，如"冲撞"一词的出现，可以引导他们的回答倾向于高估。②问题的形式在被试的记忆中产生了变化。"猛撞""冲撞"等词汇可能会改变被试对交通事故的实际记忆，促使他们把事故看成比实际发生的更为严重。

洛夫特斯在随后的第二个实验中抽取了150名大学生作为被试，将他们分成三个小组。这些被试先观看一部描绘多辆汽车相撞的影片，然后被要求用自己的语言描述事故发生的整个过程，并且回答一些有关事故的问题。关键问题仍涉及现场的车速。对第一组被试的提问是"当这些车辆彼此相撞时，它们各自的速度大概是多少？"，对第二组被试的提问是“当这些车辆彼此碰擦时，它们各自的速度大概是多少？”，第三组被试作为控制组，不被要求对车速做出估计，而是被要求对交通事故的严重程度做出判断。

一个星期之后，被试再次被要求回答 10 个与他们上次看过的影片有关的问题。例如，“你有没有见到碎玻璃？”，被试需在“是”或“否”上打钩以示回答。事实上，影片中根本没有出现碎玻璃。但由于玻璃片经常与交通事故联系在一起，因此可以预期第一组被试对此问题更可能在“是”上打钩。

结果发现，被问过“冲撞”问题的被试，他们估计的平均速度为每小时 10.46 英里，而被问过“碰擦”的被试，他们估计的平均速度为每小时 8 英里。

对“你有没有见到过碎玻璃”的问题，“冲撞组”有 16 名被试做出“是”的回答，而“碰撞组”只有 7 名被试做出“是”的回答。

实验表明，在交通事故中，对目击者证词产生重要影响的是取证者的措辞而不是实际的车速。

（二）暗示效应对目击者证词的影响

暗示效应是指他人向目击者暗示他没有注意到的细节，促使目击者“想起”了这些细节，并能具体地加以描述的现象。对此现象的代表性研究当属斯蒂芬·林德赛（Lindsay，1993）。他认为，暗示效应对目击者的影响大大超出了引导性提问的作用。

在林德赛的研究中，被试先观看一部有关车祸的影片，内容涉及两辆汽车在交叉路口相撞。在事后提问时给有些被试误导性暗示。例如，被试在影片中明明看到交叉路口设立的交通标志是一个“停车标志”，但提问时却故意暗示有些被试那是“通行标志”。这样，被试在接受记忆测验时便面临一种强迫性的“二择一”情境：究竟是选择自己看到的影片中的交通标志，还是选择被提问时问到的交通标志？交通标志的不同会导致当事人承担不同的责任后果，由于这种记忆测验是由事件细节加上暗示细节组成的，因此那些接受误导性事后信息的被试就会比那些没有接受此类信息的被试更易出现证词失真。

（三）目击信息的重述对目击者证词的影响

记忆心理学的研究表明，信息在个体头脑中进行存储时会发生质的变化。这种变化可简单描述为比原来的内容更加简略、概括，或比原来的内容更加详细、更加完整。随着时间间隔的延续，当目击者不断努力提取关于现场的信息时，这些存在于头脑中的记忆表象已不知不觉地改头换面了。而且，无论其正确与否，重述事件使人们更容易相信回忆起来的东西。一个准确的重述会使人们此后能更好地抵制误导的信息（Bregman and McAllister，1987）。而在其他情况下，重述的次数越多，人们越容易相信谬误是真实的。

韦尔斯等（Wells et al.，1981）证实了这一点。他们让一个模拟偷窃案的目击者在出庭作证前重述他们对问题的回答，这样做增强了他们对自己错误证词的自信心，而恰恰是这种自信的目击者才使陪审员们觉得他所提供的证词是真实可靠的，而更可能给那个无辜的人判罪。

（四）反馈信息对目击者证词的影响

韦尔斯和布拉德菲尔德（Wells and Bradfield，1998）的研究结果表明，如果一个目击者知道另一个目击者和他一样同时指认了同一个嫌疑犯，那么，当他再次被提问到相同的问题时，这个目击者的信心就增加了。在列队指认时，讯问者的反馈不仅影响了目击者的信心，而且也影响了他们对最初信息的回忆。

为什么会是这样？韦尔斯和布拉德菲尔德做了两个实验，352 个爱荷华州立大学的学生们参与了实验，他们通过微型摄像头观看一个男人走入商店的录像。之后，在摄像范围之外，这个男人谋杀了一个保安。主试给学生们看一张从实际的犯罪照片里剪出来的罪犯照片，然后让学生去指认罪犯。352 个学生都做出了错误的指认。指认过程中，主试给予学生肯定的反馈、否定的反馈或者没有反馈。最后，主试询问所有的被试："当你指认照片上的那个人时，你有多大把握肯定他就是那个你在录像里看到的人？"（7 点量表，1 表示一点也不确定，7 表示完全肯定）

实验结果非常令人震惊。主试给予反馈的效应是巨大的。在肯定反馈条件下，58%的目击者评价他们做最初的判断时确定程度为 6 或 7，是那些在没有反馈条件下确定程度相同人数（5%）的 11 倍左右，由此反映出目击者的信心是被肯定的反馈加强的。

有趣的是，当被试被问及他们的回答是否受主试反馈的影响时，58%的被试都否认了。事实上，那些自认为没有受到影响的人，其所受到的影响并不比那些承认自己受影响的人少。

随着我国心理学的发展，目前我国也已经有了由专业的心理学者和实际的法律工作者相结合的研究和应用心理学的队伍。

在《证人心理学》一书中，乐国安等（1987）较系统地论述了证人的证词、知觉、记忆、动机等问题。而乐国安也采用问卷调查法调查了不同职业被试对证人证词可靠性有关的问题的看法，发现在心理学者组中，80%以上的被调查者认为证人在目睹犯罪时会因情绪紧张而降低其证词的准确性，证人记忆内容的丧失符合遗忘曲线规律，讯问证人时的提问用词会影响证词内容，证人的态度和期望会影响其对事件的观察和记忆；本组还有 70%以上的被试认为，证人从嫌疑犯中辨认罪犯时会因特征相近的人数增多而精确度降低，证人倾向于高估犯罪事件持续的时间。在警察组中，对上述问题持与心理学者组中大多数人同样看法的被调查者的比例分别是 44%、46%、60%、40%、52%和 34%。工人组、机关干部及中小学教师组中的比例则更低，可见心理学者与其他职业之间存在显著的差异。

第二节　有关警察讯问程序的研究

一、警察讯问方式的研究

一个犯罪嫌疑人被抓获并不意味着他就是罪犯，但审讯时试图证明犯罪嫌疑人有罪是警察通常的审讯方式。它对审讯结果的正确性会造成什么样的影响呢？

一项名为苏格兰场的研究被用来测定英国警察在现实中是如何进行审讯的（Williamson，1993），警察和犯罪嫌疑人之间又是如何互动影响的。结果发现，尽管在训练中强调要依靠事实发现、收集证据，但还是有许多警察存有让犯罪嫌疑人认罪的倾向。警察在审讯目标和风格上存在着很大差异。在寻找证据和寻求认罪方面，警察各占50%，但有70%的警察采用了合作而不是对抗的方式。然而，一些观察者认为大多数警察实际上想让犯罪嫌疑人认罪，但他们已经学会了如何限制这类提问的次数，以致他们的行为不被发现或记录下来（Moston and Stephenson，1993）。

除了审讯风格，大多数审讯是在一种恐吓的气氛下进行的。人们发现，当自己在警察局被讯问时，很明显是警察控制了整个审讯过程。这实际上就是一种利用社会与环境的影响而获取顺从甚至服从的情境。

特定因素的影响会导致人们容易产生顺从和服从的反应，因此，犯罪嫌疑人和目击者通常会有以下表现：①对“正确”回答不太肯定；②对警察的审讯问题产生一定程度的信任；③出现觉得他或她应该知道答案的预期。所有这些倾向都使他们很难说出“我不知道”或“我记不起来了”。所以，大多数人倾向于提供一些答案，即使这样的答案带有“也许”或“我认为”这样的性质，或仅仅只是给予回答。被讯问者也相信自己所说的肯定是正确的，特别是当审讯人用点头、微笑或说“好的”来给予强化的时候。这样，当讲一个有条理的故事的自然倾向与社会影响方式结合在一起时，犯罪嫌疑人就会出现错误的认罪回忆。

Kassin 和 Kiechel（1996）在实验背景下，从大学生中获得了这种错误的认罪现象。在实验中，将一个男性被试与一个女大学生编为一组，这个女大学生实际上是实验助手。实验要求他们相互配合，输入规定的字母表中的字母。助手读字母表中的字母，被试则敲击键盘。主试警告他们不要敲击 Alt 键，否则会引起程序运行出错，导致数据丢失。整个实验中被试在敲击键盘时并没有敲击 Alt 键，但计算机突然停止运行。主试假装很生气地指责被试。每一个被试都被问及“你按了 Alt 键吗？”那位无辜的学生会：①顺从，即举手示意错误的招供；②内化错误的招供，私下里告诉另一个学生，他按了 Alt 键；③谈论，即后来“回忆”起他“犯罪”的错误细节。在实验中，通过控制两种条件的变化来测定其对错误认罪的影响。第一种条件是读速，实验助手要么快速，要么慢速阅读。可以假定被试在快速阅读的条件下，对他所做的行为更加不能准确记忆。第二种条件是助手的陈述，实验助手要么说她没有注意发生了什么事情，要么说她看到那个被试敲击了 Alt 键——这样就提供了不利于他的错误证据。

总之，虽然所有的被试都是无辜的，但仍有 69%的学生错误招供，28%的学生内化了他们的罪行，9%的学生谈论和“记住”了错误的细节。在阅读速度快且助手说她看见被试敲击了 Alt 键的条件下，更有可能导致被试的错误招供。在最易受攻击的条件——快速阅读和错误目击下，每个被试都会认错，大多数被试都会内化他们的罪行，多于 1/3 的被试记起了他们从未犯过的“罪”的细节。

错误的认罪现象也与时间的流逝有关。通常，随着时间的推移，记忆的准确性会不断下降。那么，在案发之后的若干天，犯罪嫌疑人和目击者还能记住多少信息呢？一个研究描述了大学生对某凶杀审判新闻细节的记忆变化。研究中把该事件发生后三天内他们收集到的信息与15个月和32个月后他们所记忆的内容进行比较。15个月后，有一半的信息被记得很准确，虽然也有11%的信息出现较大错误或歪曲。32个月后，只有29%的信息被记得很准确，有40%的信息有较大的歪曲。虚假的记忆也会构建出各种经验，如看照片、听到其他人的说话，甚至做白日梦。这样的经验在人的头脑里组合成相关联的故事，结果就会导致其错误地认为没有发生的事情实际上发生了。

二、如何减少讯问错误

在对经过 DNA 分析证明为错判的多起案件的经验总结和几十年心理学相关研究的基础上，美国司法部集合了一群研究者、律师和法律执行部门的官员，最终制定了一本法律执行指导手册，其中包括训练警察讯问者和减少错误的列队指认。

（一）训练警察讯问者

罗纳德·费希尔和他的合作者（Fisher et al.，1987b）调查了有经验的佛罗里达警察对目击者的讯问录音记录。他们发现了一种典型的讯问模式，即警察通常会以一个开放性的问题，如“告诉我你记得什么？”作为讯问的开头，之后警察会不时地以提问方式打断对方的叙述，包括提问一些答案很简单的问题，如“他有多高？”费希尔等认为，讯问一开始不应做太多的提问，而应该允许目击者进行未经提示的回忆。

如果讯问者一开始引导目击者慢慢回忆并重建当时的情景，那么回忆将是最完整的。请他们回想当时看到了什么、在想什么、感觉怎样，甚至显现出当时的情景等都可以提高回忆的准确率。在给目击者充足的、不受打断的时间，让他们报告出脑子里出现的一切后，询问者再用启发性问题（如“声音没有什么特别之处吗？那个人的长相或服饰有什么不寻常的吗？”）引导目击者回忆会提高讯问的准确性。费希尔和他的同事训练警察以这种方式问话，这时他们从目击者那里得到的信息增加了50%，而回忆错误率却没有增加。后来对42个研究的统计结果证实，这种讯问程序增加了回忆的细节数量，并且无损于正确率。值得注意的是，讯问者必须小心地使他们的问题不包含事先假定。

（二）减少错误的列队指认

Wells 在他的《目击者》指导手册中认为，能够减少错误辨认的方法就是提醒目击者他们看到的那个犯罪嫌疑人可能在、也可能不在这个队列里。在美国多伦多郊外某一商店发生的抢劫案中，当时的商店收银员只能回忆起罪犯没带领带，长相英俊且穿着考究，当警察把英俊的沙特福德和10个相貌平平的人放在一起，并且让这10人都打上领带后，沙特福德很快被指认为罪犯。可是在其服刑15个月后，真正的罪犯浮出水面，沙特福德被无罪释放，这样的错误指认在我国也不鲜见。

事实上，当警察使用无靶排列控制时，准确性就会得到提高。所谓无靶排列控制是指一种增加了让证人在一个不含犯罪嫌疑人的队伍里进行观察的程序（Wells，1984）。如果一个目击者没有确认出一个嫌疑人，这将有助于更好地确定他或她证词的可靠性；

如果证人确认出一个无辜者，他或她将被告之这是个错误，且被警告要更加谨慎。无论哪种情况，证词的准确性都能得到提高。

提高准确性的其他一些做法还包括在指认前给目击者看犯罪现场的照片（Cutler et al.，1987a）、目击者每次只能看见队列中的一个人而不是一群人（Leary，1988）、鼓励目击者说出第一印象（Dunning and Stern，1994）等。这类设计不应该给目击者反馈信息，因为这样的强化会增强目击者对他或她判断的自信心，即使这种判断实际上是错误的。

在欧洲、北美、澳大利亚和南非的数十个研究显示，当要求目击者对一组人逐个地做出简单的"是"或"否"的判断时，错误率下降了。但若是一组人同时出现在目击者面前，则会诱使目击者在这些人中选出更像罪犯的那个人。

（三）双盲法

双盲法即设置一个控制组，由不含犯罪嫌疑人的队列与含犯罪嫌疑人的队列共同组成，目击者仅仅根据一般的描述试着猜测哪个是犯人的队列；同时主试也是一个不知道谁是犯罪嫌疑人的官员，他对实验假设一无所知，讯问问题是预先安排的，不偏不倚，不会引起特定的反应偏差，同时讯问程序也不会暗示目击者罪犯在哪个队列中。在目击者列队指认之后也不给予其信息反馈，这样就避免了目击者的信心膨胀。以上的做法大大降低了证实偏见，即有一个观点之后，寻求能够证实该观点的证据。

目前，双盲监测程序在心理科学研究中的应用已习以为常，但在罪行审判中却应用较少，应通过推广提高罪犯鉴别。

除上述三个方法，林赛及其同事们还提出了新的程序（Lindsay et al.，2004）。他们请学生辨认曾访问过教室的一个人，这种辨认是根据多种队列进行的，即分开呈现的面孔、身体和声音样本的队列。他们发现，能一致辨认一个嫌疑犯的目击者，几乎都是十分精确的目击者。

如此看来，目击者的证词不但受到询问用语的影响，而且受到如列队指认指导语、态度和期望等因素的影响（表 11.1）。

表 11.1 影响目击者证词的因素

排序	现象	目击者专家的一致同意率*/%
1	询问用语：目击者关于事件的证词会受提问用语的影响	98
2	列队指认指导语：警察的指导语会影响目击者进行指认的意愿	98
3	信心可展性：目击者的信心受到与辨认的准确性无关的因素的影响	95
4	嫌犯照片诱导偏见：看见嫌犯的照片，增加了目击者后来从列队中指认该嫌犯的概率	95
5	事后信息：目击者证词不仅反映了他们真实看到的信息，而且反映了他们后来获得的信息	94
6	态度和期望：目击者对事件的直觉和记忆可能会被他（她）的态度和预期所影响	92
7	种族偏见：目击者辨认本种族的人要比辨认其他种族的人更为准确	90
8	准确性和信心：目击者的信心并不能很好地预测他（她）辨认的准确性	87

*表示这些现象足够可靠，可以让心理学家在法庭作证时呈现

资料来源：Kassin 等（2001）

第三节 关于陪审团的研究

国外法庭审判中，审判的结果不仅根据证据和逻辑推理而获得，同时也和其他人物存在着关联，其中陪审团成员就是对审判结果有重要影响的人。

一、陪审团成员的个性特征效应

陪审团（jury）是指向法官宣誓并且对给定的案子做出裁决的一组人员，尤其是指被法律召集听取案情，并且在法庭上做出案子最终裁决的一组人员。目前司法制度中采用陪审团制度的国家和地区有美国、英国和中国香港等。

陪审团可分为大陪审团和小陪审团。大陪审团只适用于刑事案件，由 23 人组成，其主要职责是决定是否起诉，可以在任期内（一般 4 周）审理若干起案子；而小陪审团则参加审判，决定被告人是否有罪，而在民事诉讼中则是决定被告人是否要赔偿。小陪审团一般由 6~12 人组成，一案一组。

陪审团成员的个性特征及其价值信仰，对法庭审判存在一定影响。例如，在强奸案中，与男性相比，女陪审员不大可能推论受害者从事的是两厢情愿的性行为；在强奸和虐待儿童案件中，与男性相比，女性更有可能赞成判刑。

每个陪审团成员对信息的加工方式是不同的，这些差异会导致法律上无效的判决。例如，挑选出来作为陪审员的人中有三分之一的人在公开辩论之前，对审判就已经有了决定。随着审判的进行，75%~85%的陪审员开始支持一方，反对另一方，这一倾向会影响对后继证据的加工。一旦陪审员的倾向形成，有罪或无罪的图式也就形成了，接下来的所有证据和证明，要么得到解释以适合图式，要么被忽视，如果它完全不适合图式的话。

二、陪审团对错误证词的觉察力研究

韦尔斯与林赛及其同事（Wells et al., 1979）导演了艾伯塔大学计算器商店的数百个有目击者的偷窃事件。他们让每一个目击者从一系列的照片中辨认出嫌疑人，然后让模拟陪审团观察正在被讯问的目击者并做出评价。与相信不正确的目击者相比，人们更容易相信那些正确的目击者吗？研究发现，被试相信正确的和不正确的目击者的比例都是 80%。由此，研究者认为，“观察者完全没有能力分辨出那些将无辜的人错认为罪犯的目击者”。

韦尔斯发现，陪审员对那些细节记忆能力很差的目击者更为怀疑——尽管这些人往往是最准确的目击者。陪审员认为，一个能够记住屋内悬挂着三张画的目击者“确实在注意”。而事实上，那些注意细节的人更不容易注意到嫌疑人的面部特征（Wells and Olson, 2003）。

陪审团能够理性地评价目击者的证词吗？他们了解列队指认的环境影响证词的可靠

性吗？他们知不知道如何被早先的误导性问题、事件发生时的紧张情绪、事件发生和提问之间的时间间隔、与嫌疑人是否属于相同种族以及对其他细节的回忆是否模糊等所影响呢？加拿大、英国和美国的研究显示，陪审员不能完全理解上述大部分因素，而所有这些因素都会影响目击者的证词（Cutler et al.，1976）。

为了提高陪审团的辨别能力，专家们不断地对陪审团进行培训，帮助他们评价原告和被告目击者双方的证词，教给他们在何种条件下目击者的叙述是可以相信的，使他们变得更具有辨别力。

三、影响陪审团判断的因素

在采用陪审团的审判制度里，由普通民众所组成的陪审团通常用来认定客观事实。陪审团所认定的结果在英美法上被称为 verdict，仅仅具有事实认定之效果而非正式判决，法官据以参酌法律判断做出判决。然而，陪审团所认定的事实未必具有完全的可靠性，其认定结果往往会受到一些外在因素的影响，如被告的特征、法官的指示及其他因素等。

（一）被告的特征

陪审员在第一次接触被告时就会自动地对被告进行评价。心理学家研究发现许多因素都会影响到陪审员的评价，特别重要的因素是非言语沟通、归因、印象形成与印象管理、偏见和人际吸引等。固然，第一印象、刻板印象、人际吸引这样的事本该与法庭无关，但事实上它们的确影响了现实的和模拟的审判结果。

在著名的审判律师克拉伦·达罗的眼中，陪审团很少会给他们有好感的人判刑，或者宣告他们不喜欢的人无罪。他认为，审判律师的主要任务是组成一个对被告有好感的陪审团。事实上，达罗有些言过其实了，通过对 3 500 多个刑事案件和 4 000 多个民事案件的调查发现，在五分之四的案件里法官同意了陪审团的决定（Kalven and Zeisel，1966）。尽管可能两者都犯了错误，但是有足够的证据表明陪审团能够撇开他们的偏见，以事实为根据，达成一致的判决。

但是偏见的确存在，这主要受到被告的外表吸引力和被告与陪审团的相似性影响。首先，吸引力具有惊人的影响力，如果犯罪嫌疑人的外表吸引人，其是女性并有很高的经济地位，就不大可能被认为有罪。在真实和模拟审判中，与没有吸引力的被试相比，有吸引力的被试在以下几个方面具有优势：宣告无罪、受到轻的处罚和博得陪审团的同情。甚至有研究发现，微笑的被告比不微笑的被告更可能被认为是仁爱的。有着娃娃脸长相的成人看起来似乎更加天真无辜，并且通常更容易被判为过失犯罪。反之，外表不具有吸引力的人会使人们感到更危险，特别是关于性侵犯的案件（Esses and Webster，1988）。

与此同时，被告与陪审员的相似性也会显著影响陪审团的判断。众所周知，相似会导致好感，当人们模拟陪审员时，他们对于与自己有着相同观点、性别、种族的被告更加有同情心。正因为如此，在辛普森案件中，对辛普森是否有罪的判断在种族内部存在分歧，那些关注性别特征的白人妇女，特别可能认为辛普森有罪；以种族为核心特征的非洲裔美国人，特别可能认为辛普森无罪（Fairchild and Cowan，1997）。克雷克·黑尼

（Haney，1991）研究发现，在很多重大案件中，黑人被告通常被过分处罚。在具有同样犯罪严重性和犯案历史时，美国联邦法官（95%是白人）对黑人判的刑期要比白人长10%，同样，谋杀白人的黑人被判死刑的概率要大于谋杀黑人的白人。

（二）法官的指示

在很多法庭剧中，我们常能看到如下镜头——辩方律师大声说“法官大人，我反对”，于是法官认为其反对有效，并命令陪审团忽略对方律师带有暗示性的提问。可见，法官的指示对于陪审团的判断也有一定影响。这种影响可以是正向的，也可以是反向的，换言之，法官的提示有时确实能使陪审团忽略一些与当前案件无关的报道或证词，但也可能适得其反，助长这些报道和证词的影响力，甚至造成陪审员对不被允许的证词变得更加敏感。事实上，法官可以轻易地把不被允许的证词从法庭记录中抹掉，却无法轻易将它们从陪审员的思想里抹掉。审讯前的公开报道以及被告的犯罪历史都很难被陪审团忽略，从而使法官对陪审团的指示流于形式。为此，有必要在审讯前对陪审团成员进行一定的开庭训练，对其进行法律程序和辩护标准的指导。法官可在事前对陪审团进行一定的提示，告诉其某些特定类型的证据与案件无关，如强奸案受害者之前的性经历。当然，法官也可在陪审团成员听到不被允许的证词前将其切断，如将未经允许的证词从录影带中删除。

（三）其他因素

受害者的特征和被告受处罚的严重程度等因素也会影响陪审团的判断。1984 年，在纽约某地铁站，四个具有犯罪前科的青年走近伯纳德·戈茨并向其索要 5 美元，受到惊吓的戈茨拔出装有子弹的手枪朝对方射击，造成其中三人死亡，一人局部瘫痪。戈茨被指蓄意谋杀，但却受到公众的普遍反对和抗议，公众的判断在一定程度上受到被害者特征的影响，这四名死伤的年轻人均存在犯罪记录，且随身携带了尖利螺丝刀。这些反对声使戈茨最终避免了蓄意谋杀罪，只获刑为非法拥有武器罪。当然，被告受处罚的严重程度也会影响陪审团的判断，通常非常严厉的惩罚（如死刑）会使陪审团变得更加慎重，不愿轻易做出判断。

第四节　关于审判人员心理的研究

审判人员是指法院依据法定程序对案件进行审理并做出判决的人员，俗称“法官”。在我国，审判人员包括院长、副院长、庭长、副庭长和审判员、助理审判员、人民陪审员。

审判心理是指参加审判活动的诉讼参与人在诉讼过程中产生和出现的不同心理活动。诉讼参与人包括主持审判的审判员、陪审员和参加审判活动的原告人、被告人、公诉人、辩护人、证人及其他有关的人。广义的审判心理包括一切与司法审判有关的心理活动；狭义的审判心理只限于与刑事诉讼有关的心理活动，所以国外学者又称审判心理为刑事诉讼心理。

审判人员应当坚持“以事实为根据，以法律为准绳”的原则。虽然事实和法律都是客观存在的，但对证据的判断和对犯罪事实的认定以及如何运用法律做出判决，却属于审判人员的主观心理活动。在司法实践中，往往出现由不同审判人员审理同一案件而做出不同的判断、给予不同刑罚的情况，所以，量刑宽严与审判员个人的判断关系密切。国外许多学者认为，审判是审判官的气质、人格、性格倾向、受教育程度、受环境影响程度等特点的反映。合议庭的评议活动，是合议庭成员共同知觉、共同思考并产生心理相互作用借以寻求共同见解的过程。

一、影响证据判断的心理因素

影响证据判断的心理因素有：①性格。优柔寡断的性格往往导致迟疑不决、当断不断。过于自信的性格则易于草率从事，凭直觉判断。②经验。经验丰富的审判员，基于过去的实践经验和熟知的案例，常形成一种证据判断的习惯定势。缺少经验的审判员，虽常感到难于判断，但不易受某种习惯和判例的影响。③偏见。对案件已有固定看法的审判员，常采用符合己见的证据，舍弃不符合己见的证据。④轻信。缺乏主见的审判员常轻信检察员或鉴定人的判断，对于疑点不愿多加思考。

这些影响因素验证了美国学者 Vernon（1933）对优秀法官特点的概括——“年长、经验、精英”。年长有利于权威的树立；经验可以对复杂的社会问题做出相对客观的分析，进而对当事人的是非责任明确判断；精英则是法官这一崇高而智慧的职业对从业者的基本道德要求。

二、犯罪事实的认定

对犯罪事实的认定始于假定，继而依证据进行推理，终于确信。虽然犯罪事实必须依证据认定，但证据是否真实、证据判断是否恰当，还将对事实认定产生影响。造成事实误认的主要原因包括：①采证失当。例如，对重要证据不予采用却采用缺失证据力的证据；证据量不足，以不充分的证据认定被告人犯罪；对反证据不重视。②推理不当。不采用直接证据而采用间接证据，或对有矛盾的证据不予舍弃，反而用来推定主要犯罪事实。③假定欠妥。被告人本未犯罪，但因其素来品行不良，因而假定他犯罪，并据此假定，大量搜集情况证据认定被告人犯罪。④偏见。在进行证据调查前，就按起诉书的指控形成固定见解，或者依被告人给审判人员的印象好坏，无意中影响对事实的认定。

三、量刑和判决

虽然量刑和判决同刑法对各种犯罪所规定的刑罚有关，但各个罪名的刑罚均有一定幅度，全在于审判人员的掌握和运用。因此，实际产生影响的还有法律以外的各种社会因素与审判员个人的心理因素。社会因素包括：①各种法律学说和见解，虽然没有直接的约束力，但一经提出，必然会对审判人员产生影响；②各有关方的意见；③公众情绪、社会舆论对案件的反应；等等。个人心理因素包括：①性格，严厉或宽容；②情绪，对所审案件是否动感情；③成见，某些成见同审判员的个人经历有关，如在工作中受过排挤的审判员，对于因受迫害产生报复行为的案件处刑较宽，而对利用职权迫害他人的案件处刑较重，对于凌辱妇女的案件，女审判员常处以重刑，等等，成见往往在无意识中产生作用。

第五节　关于传媒影响民众对法制环境判断的研究

盖洛普民意测验报告显示，美国人认为他们最关心的就是犯罪。犯罪是每一个人都不想经历的事情，但一般认为犯罪到处都有，而且具有威胁性。调查显示，美国公民相信，犯罪活动已经到了流行的地步，并越来越糟。实际上，美国联邦调查局的统计显示，自 1992 年以来，犯罪的数量在稳步下降。但为什么人们的信念与事实有如此大的差距呢?

一种似乎合理的解释就是可利用性启发。媒体报道的新闻都是人们非常感兴趣的负面事情——谋杀、强暴、强奸、抢劫、纵火等，这主要是因为公众对这类故事比对好人好事更感兴趣，结果导致人们高估了犯罪频率，而低估了亲社会行为发生的频率。另一种解释则是负面信息比正面信息有更大的影响力。

媒体对犯罪的报道很明显影响了人们对犯罪嫌疑人的总感知，更严重的是媒体全程报道犯罪嫌疑人的方式会给人们形成引导性判断。在这样的报道中，只要有嫌疑人被逮捕，我们就会知道有关这个人的很多信息，看到他戴手铐和被执法人员围着的照片和录像。如果嫌疑人被逮捕，社会大众就认为一定有可靠的证据证明他有罪。因为公众没有得到证据显示嫌疑人是无辜的，所以存在一种基于首因效应形成消极印象的倾向。

媒体中还有另外一些因素。人们倾向于相信媒体的说法——“不是真的，他们不会在电视上说的”。另外，被新闻报道的犯罪案件通常是恐怖犯罪，大众急切想找出罪犯并将其绳之以法。总之，在法庭出示有罪或无罪的证据之时，人们已经倾向于假定有罪。

这样的危害是，来自公众的陪审团的观点已经受传媒影响了。正如 Cutler 已经证明的，因为充当陪审团的人在庭审前已经形成了看法，并对陪审团最后的裁决产生了潜在影响。实际上，案件越公开，陪审团越倾向于判决犯罪嫌疑人有罪。

【课后案例】

云南高院：不能以公众狂欢方式判李昌奎死刑

云南男子李昌奎因为强奸杀人罪行，一审获死刑，二审改判获死缓。昨日，云南高院副院长田成有称社会需要更理智一些，绝不能以一种公众狂欢式的方法来判处一个人死刑，这是对法律的玷污。他表示，这个案子 10 年后将会是一个标杆。

云南“李昌奎”案死者家属未放弃上诉

云南男子李昌奎强奸同村少女，并将受害人及其3岁弟弟杀死。该案一审李昌奎获死刑，二审因自首情节改判为死缓。云南高院称不能以公众狂欢的方式杀人，该案将成为一个标杆等言论更是引起广泛议论。记者获悉，受害者的家人表示仍没放弃上诉，要让凶手被改判死刑并立即执行。

【案例简析】

《中华人民共和国刑法》第六十七条规定："犯罪以后自动投案，如实供述自己的罪行的，是自首，对于自首的犯罪分子，可以从轻或者减轻处罚。其中，犯罪较轻的，可以免除处罚。"相关司法解释也将各种情况进行了界定。民众对强奸、杀人这类严重危害公共安全的犯罪非常敏感，"杀人偿命"的传统思想也对大众心理有很深的影响。

【思考题】

1. 目击者证词是否真实可靠？其真实性和准确性受哪些因素的影响？
2. 思考警察讯问程序对目击者证词会产生什么影响，如何减少讯问错误？
3. 影响陪审团判断的因素有哪些？
4. 举例说明被告的哪些特点可能影响司法审判的结果。
5. 如果选中你作为法庭中的陪审员，你是否认为自己会更客观理性地判断？你如何让自己可以做到客观理性地判断？
6. 我国行政诉讼中：出庭作证的证人不得旁听案件的审理；法庭询问证人时，其他证人不得在场，但组织证人对质的除外。请结合本章内容对以上要求进行解释。

第十二章

公共管理心理学：公共卫生与医疗领域

【学习导读】

1. 了解不同组织对公共卫生概念的不同定义。
2. 掌握心理健康是公共卫生问题的观点，以及心理疾病等心理学基本概念。
3. 掌握常见心理问题和心理疾病的判断标准及其预防与心理卫生服务工作等。
4. 了解社区、家庭、学校在心理治疗和心理健康教育方面应该承担的责任、开展的工作内容及政府应采取的态度、措施。

【课前案例】

2009 年 9 月初，杭州师范大学钱江学院出现甲型 H1N1 流感聚集性疫情。甲型 H1N1 流感具有极强传播性，而军训期间 1 800 名学生有过密切接触，根据卫生行政部门要求，按不同接触类别对学生进行隔离观察。一时间，隔离和非隔离学生出现了明显的恐慌情绪，主要表现在生理、情绪、认知和行为上。其中情绪异常最为突出，如恐惧、焦虑、疑虑、不信任、沮丧、忧郁、悲伤、易怒、绝望、无助、麻木、否认、孤独、紧张、不安、愤怒、烦躁、自责、过分敏感或警觉、无法放松、持续担忧、担心家人健康、害怕传染、害怕死去等。认知方面出现注意力不集中、缺乏自信、无法做决定、健忘、效能降低等。行为方面表现为反复洗手、社交退缩、逃避与疏离、不敢出门、害怕见人、暴饮暴食、容易自责或怪罪他人、不易信任他人等。生理方面出现各种不适，如失眠、头痛、低热等。随即，该校采取了全面系统的心理诊断及治疗干预。具体措施是以学校心理辅导基地的专业人员为骨干，联合学校心理学教授、各学院心理辅导老师和学生党团干部组成的小分队，经过全面启动心理健康教育、对全体辅导员老师进行培训、开通 24 小时心理援助热线、对发病学生和隔离学生进行面对面的心理抚慰、对未被隔离的在校学生进行团体心理辅导等有效行动，该校心理危机干预工作有条不紊地开展。另外，该校心理辅导基地定时向学校领导汇报心理危机干预工作状况，必要时，及时向杭州市心理危机干预专家咨询，并得到有关专家的指导。最终，该校各项工作，尤其是心理健康工作在这次突发公共卫生事件中经受了考验，获取了一次宝贵经验。

第一节　公共卫生与医疗

随着社会经济的发展，公共卫生正逐步成为世界各国共同关注的热点问题。特别是近年来，全球发生了一系列重大突发公共卫生事件，如英国的疯牛病、美国“9・11”事件后的炭疽生物恐怖事件、传染性非典型肺炎（Severe Acute Respiratory Syndrome，SARS）暴发及禽流感疫情等，人们越来越意识到公共卫生事件对经济、社会乃至国家或地区安全都具有极其重要的意义。然而，在这些突发性公共卫生事件爆发后，除了身体伤害，更难以平复的是心灵的创伤，如 2011 年“阴性艾滋病”的报道，使数千人患上“艾滋病恐惧症”。

一、公共卫生的定义

（一）国际上对公共卫生的定义

1. 温斯洛的定义

根据耶鲁大学温斯洛（C. E. A. Winslow）教授在 1920 年的经典定义：“公共卫生是防治疾病、延长寿命、改善身体健康和机能的科学和实践。公共卫生通过有组织的社会努力改善环境卫生、控制地区性的疾病、教育人们关于个人卫生的知识、组织医护力量对疾病做出早期诊断和预防治疗，并建立一套社会体制，保障社会中的每一个成员都能够享有可以维持身体健康的生活水准”（Winslow，1920）。

2. 世界卫生组织的定义

公共卫生是一门通过有组织的社会活动来预防疾病、延长寿命和促进心理和身体健康，并能使人发挥更大潜能的科学和艺术，其范围包括环境卫生、控制传染病、进行个体健康教育、组织医护人员对疾病进行早期诊断和治疗、发展社会体制，保证每个人都享有足以维持健康的生活水平（WHO，1972）。

3. 1995 年美国医学会的定义

公共卫生是指政府履行社会责任，确保增进与维护居民健康的公共服务，这些服务包括：建设良好的生产生活环境、宣传健康的生活态度与理念、塑造健康的生活行为与生活方式、提供良好的医疗卫生服务。

（二）国内对公共卫生的定义

1. 1998 年《现代预防医学辞典》的定义

公共卫生是指以社会为对象，以行政管理、法规监督、宣传教育为手段，通过宏观调控协调社会力量，改善社会卫生状况，提高全民健康水平的一种社会管理职能。它是在现代社会发展、人民的健康日益成为社会问题的情况下，在预防医学领域和社会治理领域中最能体现医学进步与社会发展的密切结合的职能。

2. 2009 年中华医学会首届全国公共卫生学术会议的定义

公共卫生是指以保障和促进公众健康为宗旨的公共事业，通过国家与社会共同努力，防控疾病与伤残，改善与健康相关的自然和社会环境，提供基本医疗卫生服务，培养公众健康素养，实现全社会的健康发展，创建人人享有健康的社会。在这次会议上，中华医学界提出了“中国版本”的公共卫生定义，突出政府责任、强调公民权利。

可以看出，卫生是个人、集体的生活卫生和生产卫生的总称，公共即共同，公共卫生就是“社会共同的卫生”，一般是指为增进人体健康、预防疾病、改善和创造合乎生理要求的生产环境、生活条件所采取的个人和生活的措施，包括以除害灭病、讲卫生为中心的爱国卫生运动。因此，公共卫生就是指以生物心理社会医学模式为指导，面向社会与群体，综合运用法律、行政、预防医学技术、宣传教育等手段，调动社会共同消除和控制威胁人类生存环境质量和生命质量的有害因素，改善卫生状况，提高全民健康水平的社会卫生活动。它具有社会性、系统性、政策法制性、多学科性和随机性等特征。其核心是公众的健康。同时，公共卫生也是社会问题，它不仅超越了医学科学范畴，而且具有极为重要的社会学意义，是社会发展的一个重要方面。

二、医疗机构的公共卫生职能

医疗机构具有多样性，其公共卫生职能的界定也不尽统一。我国医疗机构主要包括从事疾病诊断、治疗活动的综合性医院、卫生院、门诊部、诊所、卫生所、专科医院、急救中心（站）、个体医院、中外合资医院等。医疗机构的公共卫生职能主要包括以下几方面。

（一）保障基本医疗服务

我国是一个发展中的人口大国，社会的主要矛盾是人民日益增长的物质文化需要同落后的社会生产之间的矛盾，具体体现在医疗卫生领域里就表现为人民群众日益增长的医疗卫生服务需求与医疗卫生资源有限性之间的矛盾。医疗机构的基本职能就是为全社会每个个体提供基本医疗服务。对防止和减缓疾病，医疗机构要做到“三早预防”（早发现、早诊断、早治疗）和“三级预防治疗”（临床预防、对症治疗、康复治疗），提高全体社会成员的生存质量。因此，医疗机构提供基本的医疗服务应该也必须是医疗机构公共卫生职能的重要组成部分，而且是其最具特色的部分。

（二）突发公共卫生事件救治

突发性公共卫生事件常具有群体性、突发性，不仅会对罹患者身心健康造成损害，也会对社会政治稳定和经济发展构成威胁，医疗机构及时、有效的救治是克服这些负面影响的重要途径。《突发公共卫生事件应急条例》第 39 条规定，医疗卫生机构应当对因突发事件致病的人员提供医疗救护和现场救援，对就诊病人必须接诊治疗。

（三）传染病防治

根据《中华人民共和国传染病防治法》、《消毒管理办法》、《医疗机构管理条例》、《医疗废物管理条例》、《突发公共卫生事件应急条例》及《传染性非典型肺炎防治管理办法》等法律法规对医疗机构传染病防治职能的明确规定，医疗机构传染病防治应做好疫情报告、院内感染的控制、医院消毒隔离制度的严格制定、医疗废弃物处理、传染病治疗等方面的工作。

（四）疾病筛查

目前我国医疗机构中的各类体检即属于疾病筛查，如职工健康体检、女工体检、学生入学或就业体检、食品等行业从业人员体检、驾驶员体检、出国人员体检、孕产妇及婴幼儿健康体检等。疾病筛查可以及早地将人群中临床前期无症状的病人识别出来，并给予确诊和治疗，属早期预防范畴。

（五）健康教育

健康教育是指预防疾病、促进健康、使大众自觉提高健康保护意识的重要手段，通过信息传播和行为干预，帮助个人和群体掌握卫生保健知识、树立健康观念、自愿采纳有利于健康行为和生活方式的教育活动与过程。随着社会经济发展及公众需求多样化，医疗机构的健康教育拓展为两大类别、八大形式的教育机制，包含门诊教育（候诊教育、随诊教育、门诊咨询、门诊讲座及培训等）和住院教育（入院教育、病房教育、出院教育、随访教育等），未来可能还将拓展到家庭教育、网络教育等范畴。

总之，作为准公共产品的公共卫生，是政府必须承担的管理职能，而医疗机构也要通过有效的医疗体制改革履行社会服务职能，从而共同实现在医疗卫生领域兼顾公平和效率的目标。

三、心理健康是公共卫生问题

（一）转型期社会的心理健康水平显著下降

健康是指一个人在身体、精神和社会等方面都处于良好的状态。传统的健康观是“无病即健康”，现代人的健康观是整体健康，世界卫生组织提出“健康不仅是躯体没有疾病，还要心理健康、社会适应良好和具有道德”。因此，现代人的健康内容包括躯体健康、心理健康、道德健康、社会适应良好等。健康是人的基本权利，是人生最宝贵的财富之一。

现代社会竞争激烈，压力增加。生活压力事件与心理应激刺激常有发生，心理障碍人群正在增加。抑郁、焦虑、失眠、健忘、自闭、神经衰弱、网络成瘾、手机依赖、自杀……种种迹象表明，现代人正在被各种各样的心理疾病和心理亚健康状态所困扰。根据世界卫生组织的估计，全球约有 4.5 亿人患有精神疾病，每年有 100 万人死于自杀，自杀未遂的达 1 000 万人以上。2009 年初中国疾病预防控制中心精神卫生中心公布的数据显示，中国各类精神疾病患者人数在 1 亿以上，但公众对精神疾病的知晓率不足 5 成，就诊率更低。另有研究数据显示，中国重性精神病患者人数已超过 1 600 万。由此可见，中国精神疾病和精神障碍的发病率有逐年上升的趋势，虽然没有大范围流行，但近年来精神病患者恶性肇事事件频频发生，精神疾病问题逐步引起社会关注，成为中国公共卫生领域不可忽视的社会问题。

此外，职业人群心理健康也不容忽视，据 2009 年中国健康教育中心对中国 6 省市 13 177 名职业人群心理健康状况的调查结果显示，中国职业人群的焦虑和抑郁状况较为严重，分别有 25.60%、23.52%和 1.58%的人处于轻度、中度和重度抑郁状态。由此可见，心理健康问题已成为中国一个严重的公共卫生和社会问题。

（二）重大突发公共卫生事件引发群体性心理危机

1. 公共卫生事件下的心理过程分析

1）认识过程

认识过程又称认知过程，指的是个体认识客观事物的过程。例如，公众对甲型 H1N1 流感相关信息的加工处理过程。良好的认知过程应该是对信息正确的、客观的、理性的认识，进而表现为心态的平稳与理智。不良的认知过程对个体心理或社会心理的影响非常大。贝克（Beck，1991）曾把认知过程中常见的认知歪曲归纳为五种形式：①任意推断，即在证据不充分或缺乏时草率下结论；②过渡引申，从一个具体事件中引申出一般规律性的结论；③选择性概括，即只根据个别细节而忽略其他因素便对整个事件做出结论；④绝对化思维，即看待任何事物都绝对化，要么全对，要么全错，不能一分为二地辩证分析；⑤夸大或缩小，对客观事件不能做出正确评价。这些认知方面的偏差，导致不良行为和情绪的发生，引发身心疾病，如偏头痛、抑郁症等。

思维过程中一些错误观念一旦被个体或公众加以注意并记忆，形成固定的思维习惯而被保存下来，就会使他们对这些错误的认知观念不能加以反省和批判，这就要求公共卫生职能部门对个体或公众加以正确引导和进行必要的健康教育，帮助其分辨并改正错误的、习惯化的认知过程，形成正确的认知过程，如公众对艾滋病的正确认知有利于预防和控制艾滋病的传播。

2）情绪情感过程

情绪情感过程是人的心理活动的一个重要方面，它是伴随着认识过程而产生的。人在加工外界输入的信息时，不仅能认识事物的属性、特性及其关系，还会产生对事物的态度，引起满意、不满意、喜爱、厌恶、憎恨等主观体验，这就是情绪或情感。人们在面对不同的事物时会有不同的情绪情感，有积极的，也有消极的。个体良好的情绪情感过程是虽有起伏但能被调整平稳的，是趋向于理性的。而不良的情绪情感则表现为大起大落和持续的起伏状态。公共卫生事件暴发后，公众常见的不良情绪反应主要有以下几个方面。

疑病：过分关注自身身体状况，主动地、不断地与某症状进行类比。

焦虑：表现为内心的不安、神情的紧张，对公共卫生事件可能发展的趋向过分担忧。

惊恐：正常人面临危险处境也会出现这一情绪反应，并伴有自主神经功能紊乱的症状，这是可以理解的。但某些人对特定的事物或场景表现得过分紧张，行为上出现回避和退让，离开该场景则会恢复，这就属于疾病性的恐惧。例如，看到人多的地方就害怕，进而不敢去食堂、操场等场所。

抑郁：表现为情感低落、愉悦感缺失，对周围一切失去兴趣，感觉做任何事都没有意义。他们认为生命脆弱，无力抵抗某公共卫生事件的冲击，于是放弃学习、放弃参加活动，话语和行为明显减少，但却沉溺于胡思乱想中。

3）意志行为过程

意志过程一般是指为了达到预定的目标，调节、支配行为的心理过程。换言之，意志过程通过行为来体现，行为表现反映出意志过程。同时行为也是个体整个心理过程的表达。公众在公共卫生事件暴发背景下的行为问题可能表现在以下几个方面。

强迫行为：个体受不良认知的影响，导致其重复做同样的事情，如反复地洗手，明知道这样的行为不可取，但却不能控制自己。

回避行为：个体可能不愿意去人多的地方，一旦进入人多的场所，会不自觉地出现焦虑、紧张，并伴有自主神经紊乱的症状，如胸闷、出汗等。

攻击行为：个体在受挫或者内心压抑的情形下更容易产生攻击行为。因此，处于突发公共卫生事件背景下的个体或群体，由于压力、紧张的作用更容易采取极端的攻击行为，并以此作为宣泄的方式。

造谣行为：突发事件发生之后，环境的变动一旦具有危机性，就会引起社会成员的危机感。认知的局限与误差、对突发事态模糊前景的主观臆断与揣测，以及对事件梦幻般的联想及捏造一旦符合人们的臆测，谣言便会产生。谣言传播具有心理原因，一方面是为了缓解压力，把谣言传播作为心理宣泄的方式；另一方面是为了实现自我价值，把谣言传播作为提高被关注度和认同度的途径。

上述三个过程既互相区别又互相联系。发生在实际生活中的同一心理活动，通常既是认识的，又是情感的，也是意志的，即构成统一的心理过程。所以在突发公共卫生事件发生后，公众的心理活动也随之产生，常常会引发出新的群体心理危机，甚至会因心理问题引发生理问题，如群体性心因反应。

2. 群体性心因反应事件

所谓群体性心因反应是指一种与刺激、功能丧失或改变有关的精神性反应，没有相应的器官结构或功能的变化，疾病症状和体征可在聚集的人群中迅速扩散。一种“危险因素”（如某化工厂的有害气体、有毒食品等）的出现激发起群体的极度焦虑，并引起对其他化学毒物或致病微生物的恐惧，从而出现一系列临床症状，也可称为“流行性癔症”、“群体精神性疾病”（mass psychogenic illness，MPI）、“群体性癔症”或“群体社会性疾病”（mass social illness，MSI）。这种反应事件，因表现为群体发生、聚集倾向、爆发流行，已成为严重影响公众健康的公共卫生事件之一，主要症状是头晕，严重的甚至会出现四肢麻木抽搐、口吐白沫乃至昏迷，多发生在6~15岁的少年儿童和女性当中。学生饮用牛奶、豆浆、纯净水或者是进餐后引起的食物中毒样群体心因性反应事件最为多见，疫苗接种、药物服用后的群体心因反应事件也较常见，成人在聚餐后出现的食物中毒样群体心因性反应事件也时有报道，如2005年安徽泗县300名学童疫苗中毒事件就是此类事件，而群体心理治疗是应对群体心因性反应的主要方法。

四、预防工作与心理卫生服务

（一）精神疾病是可以预防和治疗的

精神疾病的防治分为三级。一级预防的目的是减少精神疾病的发生；二级防治的目的是降低精神疾病的危害；三级防治的目的是减少精神疾病所致的残疾和社会功能损害。

一级预防主要是增强精神疾病的保护因素，减少危险因素。可采取的措施包括改善营养状况、改善住房条件、增加受教育的机会、减少经济上的不安全感、培养稳定良好的家庭氛围、加强社区支持网络、减少成瘾物质的危害、防止暴力、进行灾难后心理干预、开展健康教育、发展个人技能等。

二级防治是通过早发现、早诊断、早治疗，控制疾病、降低危害。为此，需要建立以精神卫生专业机构（精神专科医院、综合医院精神科或心理科）为骨干、综合医院为辅助、基层医疗卫生机构（社区卫生服务中心、社区卫生服务站和乡镇卫生院、村卫生室）和精神疾病社区康复机构为依托的精神卫生防治服务网络。

三级防治是对精神疾病患者进行生活自理能力、社会适应能力和职业技能等方面的训练，以减少残疾和社会功能损害、促进康复、防止疾病复发。为此，需要开展“社会化、综合性、开放式、系统化”的精神疾病康复工作。

（二）心理卫生服务

心理卫生又称精神卫生，是指维护和促进心理健康，预防心理障碍和精神疾病，更好地适应社会的知识系统与实践活动。心理卫生服务的着眼点是健康人群的心理保健，追求的是全社会人口的心理健康。

心理卫生服务建立在社会对人的要求之上，由于人们所处的自然环境，尤其是社会环境总是在不断地变化、发展，因而个体对环境的适应总是暂时的、相对的。因此，各种困扰和挫折导致的心理失衡与适应不良在所难免。从幼儿园与中小学就介入的心理卫生服务，有助于支持个体主动、积极地调节自己的心理状态，改进自己适应客观环境的能力，从小培养健全的心理与完善的人格，成为适应现代文明社会的成员和促进社会进步的建设者。同时，面对成人社会的心理卫生服务，有助于社会群体乃至整个社会努力消除某些社会消极心理或阴暗心理，净化社会风气，为改善个体的生存环境创造最佳的社会条件，从而共同达到预防各种心理障碍和精神疾病的目的，提高人们的心理素质，促进社会精神文明建设与发展。

基于预防的心理卫生服务工作要以广义的精神卫生为主，使我国精神卫生事业蓬勃发展。目前国家和政府越来越重视心理卫生问题，在全社会共同合作与参与心理健康教育、心理咨询服务、心理健康热线电话的同时，还应加强以下几方面工作。

首先是体制建设。心理卫生事业需要公众的广泛参与，在政府日益重视心理卫生服务的同时，各类社会组织，如社工服务机构、社会志愿者服务机构等都应与政府共同合作和参与公共卫生服务，这种合作需要体制建设来支撑，同时将心理卫生服务植入公共部门、事业单位，加强公务员和大中小学生的心理服务是重中之重。

其次是立法工作。目前我们已设立世界卫生日、世界精神卫生日，一些地方出台了地方性条例，如上海市发布了《上海市精神卫生条例》，以此保护精神疾病患者的合法权益，但是尚未建立全国性的法规。应该通过相关立法与心理卫生宣传，推动全社会关注心理卫生问题，让民众获知如何保护自己的心理健康，纠正社会对精神疾病患者存在的偏见，以保证精神疾病患者得到及时的治疗与人性化的看护，使因精神障碍而导致的劳动力丧失人群和残疾人的基本生活得到保障，减轻社会和家庭的精神与经济负担，使心理卫生工作法制化。

最后是教育与宣传工作。心理健康教育作为公共卫生服务项目之一，在提高居民健康素养、倡导健康的生活方式、预防和控制传染病和慢性病等方面起着重要的作用。政府应建立健全心理健康教育服务网络，提高心理健康教育人员专业技术服务水平，普及有益于城乡居民身心健康的基本知识和技能，多渠道、多形式、多内容，广泛地开展普及性与重点性的心理健康教育，以提高全体居民健康水平。

第二节　心理治疗与身心疾病

一、全面认识心理治疗

我们知道，广义的心理治疗包括对患者所处环境的改善、生活方式的改变、周围人（包括医生）语言和行为（如安慰、鼓励、暗示、示范等）的影响、特殊的环境布置等一切有助于疾病治愈的方法；狭义的心理治疗是指由心理医师专门实施的、采用临床心理学理论和方法对人格障碍、心理疾患的治疗，如认知疗法、暗示、催眠术、精神分析、行为矫正、家庭治疗、团体治疗、生物反馈、气功、瑜伽、体育运动、音乐、绘画、心理剧等。但随着公共管理理论的不断发展，越来越多的学者认为，心理健康及心理治疗，已不仅关乎个人的幸福感，也不仅局限在医疗卫生范畴。在当下经济高度发展的同时，社会面临人与自然、人与人、人与自我关系的紧张，大量心理压力的积聚、精神病患的出现，给社会增加了更多的不稳定因素。因此，如何从社会发展的角度看待心理健康问题，如何从公共政策的层面协助专业的心理治疗，成为我们构建和谐社会必须理性思考的内容。因此，心理治疗这项工作的开展需要以各级政府为主导，以多部门合作来实现，还需要社会各界的广泛参与，充分利用社会资源，建立组织管理网络，逐步完善技术指导网络和康复治疗体系，将预防、治疗、康复工作结合在一起，促进心理疾病患者的康复。

二、心理治疗对各种身心疾病的辅助治疗方法与作用

（一）心理与身心疾病的关系

1. 身心疾病的范畴

身心疾病是指社会心理因素在发病、发展、预防中起重要作用的躯体疾病和躯体功能障碍，临床上把久治不愈、长期影响人们身心健康的疾病都归于身心疾病的范畴，如高血压、冠心病、心肌梗塞、糖尿病、甲亢、哮喘、癌症等。

2. 心理与身心疾病发生的关系

“悲哀忧愁则心动，心动则五脏六腑皆摇。”心理因素尤其是情绪与人的健康和疾病关系密切，现就几种常见的身心疾病介绍如下。

（1）癌症：目前认为，心理紧张产生的不良情绪对机体免疫机能具有抑制作用，从而影响免疫系统识别、消灭癌细胞的“免疫监视”作用，导致癌细胞的增殖扩散；通过动物实验证明，心理紧张确实可促使肿瘤的发展。

（2）原发性高血压：社会生活事件等对心理造成的不良刺激，引起长时间强烈和反复的精神紧张、焦虑，使大脑皮层兴奋和抑制过程紊乱，不能对皮层下中枢进行正常的控制，当皮层下缩血管中枢形成优势灶时，就会引起全身小动脉痉挛。

（3）溃疡病：溃疡病的病因较为复杂，一般认为它是多种因素相互作用的结果，而情绪与该病的发生发展有密切的关系。例如，当人有愤怒、仇恨等情绪时，胃黏膜充血、胃酸分泌量增多，若胃酸持续增高则会发生消化性溃疡。

3. 身心疾病对人类的危害

通过许多专家与学者近 50 年来的临床观察与研究发现，身心疾病已成为严重危害人类健康和导致人类死亡的重要原因。据卫生部统计，我国慢性病（即身心疾病）死亡人数占全部死亡人数的 70%以上，全国每天死于身心疾病的约 1.3 万人。

（二）心理咨询对各种身心疾病的作用及方法

心理疏导是指运用心理学的理论与方法，对阻碍个体发展的心理问题进行疏通和引导，帮助和激励人自我领悟，促进自身对心理问题积极转化，从而达到感性与理性的平衡，使个体身心得到健康和谐发展。身心疾病除了药物治疗以外，积极的心理治疗对其康复也是非常重要的，常用的身心疾病心理咨询方法有以下几个方面。

1. 现实疗法

“现实疗法”由格拉泽（William Glasser）创立于 20 世纪 60 年代（Glasser，1965），其要点如下所述。

（1）人都有爱与被爱两种基本需求。如果它们不能得到满足，人就会产生焦虑、怨恨、自暴自弃等消极情绪反应，并可能产生逃避现实、不负责任的欲望。因此，心理咨询的目的在于减少来询者不负责任与自我毁灭的意向。此外，人都具有自主自立能力，

也具有成长动力。因此心理咨询的作用在于使来询者在生活中区分“成功的认同”与“失败的认同”，增加对前者的体验，减少对后者的体验，这样才能充分满足个人爱与被爱的需求，感受到个人的价值。

（2）“现实疗法”重视现在超过重视过去。它强调过去的事实无可改变，因而应将眼光放在现在与将来的发展之上。它主张咨询者在协助来询者面对个人的痛苦、失败经历时，要帮助他看到个人的潜能及以往的成功经历，从而使其认识到生活中还有许多美好的东西，并可供自己选择和享用。

（3）“现实疗法”十分注重承担责任对个人成长的重要性，并将其当作心理咨询的核心，强调人只有积极面对现实，才能承担责任，获得“成功的认同”。在操作方法上，“现实疗法”十分强调面质（confrontation）、制订具体计划、不接纳借口、不用惩罚等技巧。

2. 格式塔疗法

“格式塔疗法”由佩尔斯（Friedrich Salomon Perls，即 Fritz Perls）的心理咨询室创立于 20 世纪 50~60 年代（Perls et al.，1973），其要点如下所述。

（1）人都有能力处理好自己的事情，心理咨询的中心任务是帮助来询者充分认识到自我在现实中的存在和感受。由此，心理咨询不求为来询者的困难做解释与指导，而是鼓励来询者主动承担责任，主持自我的治疗与改善。

（2）人应该将精神集中在现在的生活与感受当中，而不要对过去的事情念念不忘。人的许多焦虑都产生于不能正确对待以往生活向当前生活的过渡，以逃避现实的做法来处理个人生活中的种种挑战和压力，这严重阻碍了一个人的健康成长。

（3）使人积极面对现实、健康成长的一个重要手段，就是帮助他完成内心中那些“未完成情结”（unfinished business），这通常是指个人因以往生活中的某些心灵创伤和刺激经历所留下的不良情绪体验（如懊恼、悔恨、内疚、愤怒等）。它们犹如一个个“心结”，系住了人在现实生活中的自由活动，而要使人全心全意地投入现实生活，就必须排除这些“心结”的干扰。

（4）在咨询手法上，“格式塔疗法”强调帮助来询者由“环境支持”转向“自我支持”，使他们从一开始就不依赖他人，并尽量发掘其自身的潜能。

3. 艺术治疗

艺术治疗的内容涵括了绘画、舞蹈、音乐、文学等方面，均可当作治疗媒介；可以单独进行，也可以以团体形式进行。想想自己有多久没有拿起笔随性涂鸦一番，或者随着音乐的旋律舞动自己的身体？在创作的气氛下，环境安全、无威胁感与压力感，每个人都可以穿越时空的限制，进行自我的对话，对卸下自我防御机制的“我”有一个更深层的认识与了解。

许多精神疾病的患者除了具有如幻听与妄想等症状导致的害怕、恐惧等不稳定情绪，以及注意力无法集中，也有许多慢性患者已丧失对自我的自信与自尊，在社交上表现出退缩与畏惧，而艺术如绘画等活动除了可以增进大脑审美认知与手部精细动作等，更有助于患者表达情绪与面对问题、建立自我的价值观，进而发展出健康的社会行为与社会角色。

另外，音乐作为艺术形式的一种，除了能够鼓舞和教育人们外，还有其特殊的作用——“音乐疗法”。音乐疗法是指以心理治疗的理论和方法为基础，运用音乐特有的生理、心理效应，使求治者在音乐治疗师的帮助下，通过各种专门设计的音乐行为，经历音乐体验，达到消除心理障碍、恢复或增进身心健康的目的。以音乐作为防治疾病的手段，在国外已十分普遍。英国剑桥大学口腔科，现已利用音乐方法代替麻醉施行拔牙手术。日本也把录制有催眠曲的音乐放入枕套中治疗失眠，并在东京成立了音乐疗法研究会，专门探讨音乐疗法治病的规律与经验。

我国在利用音乐治病方面也取得了较明显的成果。例如，有这样一种音乐电疗法，治疗时，患者一边用耳机欣赏音乐，一边接受经过滤波放大的音乐电信号的治疗，在消炎镇痛、改变局部血液循环、增进内分泌和调整神经等方面都具有良好的功效，还可用于治疗精神抑郁、神经衰弱、高血压、腰腿痛、四肢关节挫伤等病症。目前，一些医院、疗养院、精神病院不仅采用音乐治疗法来医治多种神经疾病还用它来医治高血压、冠心病、心血管栓塞后遗症等身心疾病。例如，对失眠的患者可选用《二泉映月》《平湖秋月》《烛影摇江》《军港之夜》《出水莲》《银河会》《春思》《仲夏夜之梦》等；欲解除忧郁症，可选用《喜洋洋》《啊，莫愁》《春天来了》《悲痛圆舞曲》；能起镇静作用的乐曲有《塞上曲》《小桃红》《平沙落雁》《仙女牧羊》；消除疲劳的乐曲，可选用《锦上花》《水上音乐》《矫健的步伐》《假日的海滩》；能振奋精神的音乐，有《狂欢》《步步高》《娱乐升平》《金蛇狂舞》等；能舒畅心情、增进食欲的音乐，有《江南好》《春风得意》《花好月圆》《欢乐舞曲》等。

第三节　民众的生活质量与心理治疗体系

一、提升民众的生活质量

生活质量作为人们对自身水平和健康状况的评价指标，在疾病治疗和康复中也越来越受重视。“WHO 生存质量-100”量表是 WHO（World Health Organization，即世界卫生组织）二十余个国家和地区共同研制的跨国家、跨文化并适用于一般人群的量表，对“生活质量”定义为不同文化和价值体系中的个体对他们的目标、期望、标准以及所关心的事情和有关的生存状况的体验，其内容包括身体机能、心理状况、独立能力、社会关系、生活环境、宗教信仰与精神寄托。

通常来说，疾病患者的生活质量比正常人偏低。以神经症患者为例，于建新等（2008）的研究显示：除物质生活维度外，与健康对照组比较，神经症患者的生活质量综合问卷总分和各维度得分都明显下降（$P<0.001$）。神经症患者的经济收入、社会支持量表总分与生活质量问卷总分呈显著正相关（$P<0.001$）；病程、共病、睡眠质量指数及躯体化、强迫症状、抑郁、焦虑、恐惧因子总分与生活质量问卷总分呈显著负相关（$P<0.001$）。

上述几方面构成影响疾病患者生活质量的十大核心因素。

二、社区医疗中的心理救助系统建设

（一）社区防治康复的原则

1. 平等性原则

对待心理疾病患者，要以体现社会公正的原则，消除偏见、反对歧视，要团结他们、保证他们做人的尊严。

2. 接纳性原则

无论心理疾病的轻重，以及患者的年龄大小、地位高低，社区心理治疗中心都应该对他们一视同仁、诚心接待、耐心倾听。当然，社区对重度精神疾病患者施行分期管理、定期访视，发现疾病期和波动期的患者要及时转诊或积极给予治疗，避免出现关锁与禁锢现象，使他们在尽可能不脱离社区家庭环境的情况下，得到有效的康复治疗。

3. 支持性原则

社区心理治疗中心通过心理疏导、文体娱乐治疗、日常生活能力训练、社会适应能力训练、工疗、农疗、职业技能训练、社会服务等，为患者回归社会生活创造有利的条件。

（二）社区防治工作的内容

（1）分期管理：在辖区开展心理疾病筛查，开展心理卫生咨询，为已确诊的心理疾病患者建立档案，对建档患者施行分期（稳定期、波动期、疾病期、慢性衰退期）管理。

（2）定期门诊：对于轻微的心理疾病患者，社区应帮助病人走出心理阴影，建立良好的社会关系，鼓励其开始新生活。对于严重的精神病患者，社区应督促病人定期去精神科门诊复查，坚持服药治疗，防止病情复发。

（3）家庭访视：按要求对建档病人定期访视，做好随访记录，有条件的可开设家庭病床。

（4）开展健康教育：定期举办讲座或其他形式的心理健康训练，帮助社区的每个人形成良好的公共心理卫生，并增加预防和控制心理疾病方面的知识。

（5）参与监护：加强对有肇事、肇祸倾向病人的管理，建立监护小组。

（6）信息管理：掌握建档病人的基本信息，对新发现、新发病、迁入、迁出、人户分离、死亡、走失、当年住院病人、免费用药病人等情况要如实登记，并按规定填写和上报各种报表，如季度报表、年度报表及重点病人管理报表等。

（三）家庭心理治疗

家庭是社会成员基本活动单位。良好的家庭环境对心理疾病患者康复是非常有利的。因此必须做到以下几方面工作。

掌握患者的基本情况，了解患者的病史、病前个性特征、目前的精神状况、基本心理需求、睡眠进食情况、躯体状况、既往治疗情况等。从患者的日常言行中，捕捉精神症状的蛛丝马迹。坚持药物治疗，督促患者坚持服用医生所开的药物，观察有无严重的不良反应。培养并经常强化患者的就医意识和维持治疗的意识，督促患者家属定期带患者去医院门诊复查，与医院保持定期的接触。关心患者的工作、学习情况。

鼓励患者定期进行户外活动。对孤僻、懒散者，应鼓励他们坚持户外活动，如散步、逛商场、游园、听讲座等，增加与外界的实际接触。培养兴趣爱好，如阅读书报、练字、养花、唱歌等，使患者感到生活充实。

生活技能训练要注意循序渐进，需从简单的劳动开始，在制订计划时，有些内容需要得到患者的认可，应本着适度、适合、渐进的原则设计内容。有能力工作者应鼓励其参加工作，工作要量力而行，争取让患者行动起来，看到自己的价值和康复的希望。经常对患者的微小进步给予鼓励，社区医师和家属也应注意及时鼓励患者，激发其自觉性和参与的积极性。

（四）政府介入心理治疗及健康教育中的措施

1. 各个层级明确分工，落实配套资金

各级政府在公共卫生工作中集中指导、分级管理。中央政府主要承担制定公共卫生任务和健康目标的职责；省级政府负责协调中央政府与地方政府的关系，发现省内的主要卫生问题，为中央制定政策提供依据，同时指导地方政府的具体工作；地方政府负责具体实施公共卫生任务，提供卫生保健服务，满足区域内居民的卫生保健需要。

公共卫生资金也应实行分级筹措。公共卫生资金来源主要有三个方面，即中央政府、省级政府和地方政府。中央政府承担对全国居民健康危害较大的公共卫生问题的防治经费，以及对一些特定卫生问题、特定地区和特定人群的公共卫生费用；省级政府依据经济发展水平的不同承担不同比例的公共卫生费用；地方政府则负担部分城市与全部农村公共卫生人员的工资和维持经费等。

2. 政府可以直接提供心理卫生服务

直接提供心理卫生服务是指由政府机构直接管理和经营的，主要针对城乡居民、具有公共产品性质的服务。例如，开展有益身心健康的知识性宣传展览，利用社会传媒播放真善美节目、发布信息等，其目的是提高公众意识和减少信息不对称带来的损失。

这类纯公共产品由于其具有非排他性或非竞争性，因此必须由政府部门通过预算程序直接管理和经营，而且为提高心理健康的水准，政府还应该拨款建立精神病医院和心理诊所、建立社区信息服务与专业治疗网络。在澳大利亚，心理问题已成为卫生政策的重中之重，一个名为“超越抑郁”的工程在 2000 年 10 月已开始启动，这个为期 5 年的工程预算是 3.5 亿澳元，通过社区强化对民众的心理服务、培养公众意识、提高医生对抑郁症治疗的介入深度，并成立一个以学校为基地的国家教育计划。2002 年 5 月份，澳大利亚政府又宣布启动一个 12 亿澳元的项目，使民众心理卫生水准 4 年后能上一个大台阶。2007 年，全澳所有社区均建立心理咨询提供服务，用“社区服务站”将个体与政府

或私人的心理服务机构无缝连接起来。

3. 政府也可以间接提供心理卫生服务

间接提供心理卫生服务是指对具有正外部效应的服务，可以由私人部门来提供，政府给予一定的资助，资助的方式包括补贴、贴息贷款、减免税收等。所以，虽然私立精神病院、心理学基础理论研究机构、心理咨询师热线电话等属于私人产品属性，但由于其具有较强的正外部效应，政府也应该根据其正外部效应的程度来资助，如通过税收、补贴等优惠政策资助私立精神病院，对心理咨询电话减免话费，等等。20 世纪 50 年代，美国政府用于支持民众治疗心理疾病的花费约为 11.4 亿美元，其中 16%投在了私人心理诊所和私立精神病院。

4. 政府应管控规范心理卫生服务市场

心理卫生市场只有在政府法律法规的调控下，才能确保其稳定有序的发展。政府通过健全的法律体系，促进心理服务行业建立完善的行业体系，进而帮助老百姓建立科学的心理卫生防御系统，包括心理咨询和医疗干预、自杀干预、心理疾病预防和人群监控等。

目前世界上已经有 50 多个国家和地区制定了有关心理卫生方面的法律，在这些国家，从精神科医生到专职的心理治疗师再到社区工作者、从社区到学校、从政府心理危机干预机构到民间心理咨询热线，整个社会建立了一个庞大而完善的社会心理支持系统。例如，美国在 20 世纪 50 年代就通过了一个心理卫生法，国会投入大量资金，培训心理咨询专业人员，为社区居民做服务工作，并进行追踪调查，这些心理卫生工作人员在维持美国社会安定、化解矛盾方面发挥了非常大的作用。

5. 调节收入分配，缩小贫富差距

为了有效预防心理问题，政府还必须理顺收入关系、消除社会不满情绪、疏导社会心理。市场经济要健康有序地发展，必须予以人们机会均等的公平竞争作为实现前提。但单单提供公平竞争的机会是不够的，人们必须有能力进行竞争。心理问题所造成的劳动力之间的差别是难以克服的，政府必须正确地引入再分配机制，补偿人们由于疾病等原因造成的人力资源水平上的差别。特别是数量庞大的低收入者，他们的收入一般只能满足生活的基本需要，在心理卫生方面，显然要依靠政府为他们提供最为基本的保障。而且低收入人群承担的社会风险更高，更容易成为风险危及人群，身心健康更难保证，政府应增加对他们的社会医疗保险支出、社会救济支出和社会福利支出等，提高低收入者获取心理卫生服务的可能性。

【课后案例】

在 2010 年中国十大健康事件中，食品事件或食品相关事件就占了半数，“难觅放心奶粉”高居排名表的第一位。详细分析几个食品事件就会发现，问题并不相同，不能“眉毛胡子一把抓”。一种情况是真正有问题，如三鹿奶粉事件中的三聚氰胺问题，确实给婴幼儿的健康带来了很大的伤害，应该引起各方面人士的关注。另一种情况是，本来不是问题，由于传播的信息不科学、不准确而成了问题。例如，圣元“激素奶粉”、强化食品和转基因食品等，这些食品本来没有任何安全问题，却被某些媒体误导为有害食品。还有就是某些食品药品的制造商、批发商、零售商为了利益，结成链条，长期坑蒙消费者，如传说中的珍稀补品血燕窝竟是由白燕窝染色成的亚硝酸盐超标毒品，以及儿童免疫注射疫苗、××针剂的质量问题等。在民众医疗保健意识日益增强的当下，食品、药品的质量却日益糟糕，即使是经过国家食品药品监督管理局、国家质量监督检验检疫总局审验的合格品，民众也持怀疑态度。

每天坐在餐桌前，看着满桌色香味美的“毒物”，人们在犹豫是不吃等着饿死，还是吃等着毒死。药品要么价格很贵，要么质量很差，人们不禁提问：“我们还能相信什么？”可见，消极的公共卫生事件令民众的生活质量急剧下降，使民众心理受到很大影响，如何实施补救措施值得我们深思。

【案例简析】

公共卫生与医疗服务是公共管理的重要领域，与民众生活、健康、幸福密切相关，是生活质量的重要方面，一是政府要履行市场监管的责任，以法约束企业与商家，为民众提供放心的食品、药品；二是要针对目前“做什么的不吃什么，卖什么的不买什么”的行业现象，引导各行各业民众自觉维护公共卫生与健康，对自己负责，也对他人负责；三是提高对民众的公共卫生与医疗心理的引导，形成正确科学的卫生习惯与保健方法，引导有关机构提供正规、优质、低价的服务，只有做到以上几方面，才能逐渐改变国内现状。

【思考题】

1. 怎样理解公共卫生的含义？你认为政府在公共卫生管理中起着什么作用？
2. 心理治疗对身心疾病的作用有哪些？其具体的心理辅助治疗方法有哪些？
3. 社区医疗中的心理救助系统建设还存在哪些具体问题，如何具体实施？

第十三章

公共管理心理学：城市管理领域

【学习导读】

1. 了解城市和城市管理的概念、特征和原则。
2. 了解西方和我国城市管理中存在的突出难点问题。
3. 掌握城市规划与设计中心理学的运用。
4. 掌握心理学在资源和环境保护方面的应用。

【课前案例】

随着城市居民社会生活越来越丰富，在中国城市举办的大型集体活动越来越多。但如何举办好这类活动，应成为城市管理者慎重对待的问题。

2014 年 12 月 31 日跨年夜，很多上海游客和市民去到外滩，希望能观看跨年灯光秀，而当年上海对此并未规划。当晚，外滩人流量巨大，且没有有效疏导，致使拥挤踩踏事件发生，最终导致 36 人死亡、49 人受伤，暴露出城市管理者对市民心理把握严重不足的情况。

1. 未预计到市民跨年活动的心理惯性

自 2012 年元旦以来，外滩灯光秀一直是上海跨年的一个招牌活动。2014 年 11 月，鉴于安全等方面的隐患，有关部门暂停在外滩举行新年倒计时活动，改为在外滩源举行，活动现场观众控制在 3 000 人左右。然而，有关部门未预测到市民观看灯光秀的惯性心理，未做针对性的宣传和安排。直至 12 月 30 日，才对外正式发布了新年倒计时活动调整信息，所以大量游客和市民还是按照惯性蜂拥去外滩观看。

2.“外滩”改为“外滩源”，未考虑到市民的认知误区。

虽然地址变更了，但“外滩”和“外滩源”地名十分接近，多数民众对两地的区别不甚了解。有关部门没有考虑到市民对地名可能的认知误区，所以也没有特别提醒和广泛宣传，导致外滩人流量并没有因活动的取消而减少。

而由于外滩灯光秀的取消，有关部门仅对外滩源新年倒计时活动进行了安全评估，未对外滩风景区安全风险进行专门评估，也没有采取较高级别的人流量控制手段。而在人员流量不断增加时，也未及时研判、预警、发布提示或采取其他有效措施。事件的调查报告认定，这是一起由于对群众性活动预防准备不足、现场管理不力、应对处置不当而引发的拥挤踩踏并造成重大伤亡和严重后果的公共安全责任事件。

第一节 城市和城市管理概述

一、城市的含义和特点

（一）城市的含义

在我国古代，城与市是分离的，属于两个不同的概念。“城”是指四周有城墙围护的，具有防守保护的区域。《说文解字》讲：“城，以盛民也。”《墨子・七患》曰：“城者，在以自守也。”可见，防御功能是城的首要作用。“市”是指集中起来进行产品交换、物资交流的场所。《说文解字》讲：“市，买卖所也。”《易・系辞下》曰：“日中为市，致天下之民，聚天下之货，交易而退，各得其所。”这表明了市具有交易集散性和流动性的特点。

随着人类社会经济的发展，“城”成为一个地方的政治经济中心，“城”和“市”逐渐融为一体，演变为当今所谓的城市。如今，城市更多体现了人口和商业汇集的特点（王佃利，2005）。目前世界上大多数国家和地区以人口作为确定城市和划分城市的标准，如1993年中国规定，设立县级市的最低标准是非农业人口不低于6万人，俄罗斯、芬兰、澳大利亚规定为2万人，日本规定为3万人，联合国建议对集中居住的人口达2万人以上的地方都以城市对待（叶孝理，1990）。英国学者巴顿（K. J. Button）认为城市是各种经济因素在地理上大规模集中的结果，是一个坐落在有限空间地区内的各种经济市场——住房、劳动力、土地、运输等相互交织在一起并与域外相互联系的网状系统。美国学者沃纳・赫希（Warner Hirsh）在其所著的《城市经济学》中把城市定义为具有相当面积、经济活动和住房集中，以及在私人企业和公共部门产生规模经济的连片地理区域。

综上所述，本教材把城市定义为一定地域的政治、经济、文化中心，是一个非农业人口占绝对多数的行政区域。

（二）城市特征①

1. 聚集性

马克思（Karl H. Marx）和恩格斯（Friedrich V. Engels）指出“城市本身表明了人口、生产工具、资本、享乐和需求的集中，而在乡村里所看到的却是完全相反的情况：孤立和分散”。人是社会动物，聚集是他们的生物本性和行为方式的重要特征之一。因此，不论呈现哪种形式，都表现为一定的聚集性，但城市区别于乡村的根本在于它的高度聚集性。

① 孙亚忠. 市政学[M]. 北京：高等教育出版社，2010.

在有限的地域内，城市聚集了大量的人口、活动、设施、财力、物力、智力、信息等，成为人流、物流、信息流的高度聚集地，城市的这种特征，也被称为城市的“空间聚集性”。可以说，聚集是城市最本源、最主要的特征，其他各种特征都是由聚集衍生出来的。

2. 社会性

城市中聚集的人们，与传统农村中的人们由血统与宗族所形成的关系纽带而连接不同，其是由生产、交易、消费、服务、工作、学习等活动中形成的关系纽带而连接的，是更为复杂的社会关系网络，所以劳动分工和社会协作的发展导致了城市的高度社会性，这个深层特征既是生产力高度发展的表现，也是生产力高度发展的客观要求。

3. 经济性

城市能够产生整体性的经济高效益。聚集性与社会性，意味着社会经济活动的细分专业化和广泛的协作，有利于改进技术、提高劳动生产率和工作效率，有利于提高产品和服务的质量、减少活劳动和物化劳动的投入，而取得更多物质产品和精神产品的产出。而且城市是非农产业的聚集地，是土地衍生为资本的形式之一，较少受自然、气候等因素的影响，以第二、第三产业为主，较之农业能获得更高的社会经济效益。

4. 系统性

城市是一个密集的空间地域社会经济系统，其内部各要素相互制约、相互交织，构成了城市复杂性与整体性并存的机能运动体系。城市作为一个多维度、多变量、多层次、多因素的动态大系统，既是自然与人工相结合并以人工为主的复杂系统，又是以人类社会为主体、以地域空间和各种设施为环境的生态系统，具有复杂的社会结构、资源结构和环境结构，现代城市的发展只有努力实现这个大系统内部关系的协调和结构优化，才能实现城市整体功能的优化。从城市物质构造来看，城市是由给排水设施、道路交通设施、能源设施、通信设施、教育文化设施、安全设施等各种功能设施组成的一个复杂的设施体系，一切都是为生存于其间的人的活动而服务。从城市产业结构来看，城市是第二产业和第三产业等多种产业构成的综合体，专业化分工和高水平协作，是城市运行的保障。城市居民的工作、生活必须与为其服务的城市设施保持均衡发展，并实现良性促进。

5. 开放性

城市是商品经济发展的产物，是先进生产力的象征。由于现代社会分工越来越严密细致、社会联系日益广泛、城市与外界互动越来越强，因此，开放性已成为城市的一个重要特点。现代城市是一个巨大的开放系统，需要每时每刻大量地与外界进行能量、物质、信息等方面的输入输出，城市只有在这种输入与输出中，才能吐故纳新、趋利避害。开放性是城市具有生命力、吸引力的源泉，也是城市富有生机和活力的体现。

6. 复杂性

城市的复杂性首先源于城市构成上的异质性。城市是由多种多样的众多个体构成的，与农村相比，其种族或民族构成、生产和生活方式、风俗与心理、语言与交往方式、宗教信仰、道德观念和政治意识等，都具有很强的异质性。这些具有很强异质性的个体之间的相互作用，产生了城市社会关系和经济活动的多样性，导致了城市的复杂性。此外，现代城市是一个多要素、多层次、多功能、多目标、多过程的纷繁系统，各子系统之间和各子系统内部的各种关系纵横交错、极其复杂。

二、城市管理的概念和原则

（一）城市管理的概念

我国从 20 世纪 80 年代改革开放以来，就处于一个快速城市化的过程。农村人口大量涌入城市，城市建设规模加大、速度加快、日趋繁荣，日益成为财富的创造地。但城市大规模的发展带来了一系列严重的社会问题：城市贫富分化日益严重、交通堵塞、能源资源不足、污染严重、群体事件增多及住房等生活成本增大，这些都对城市管理提出了严峻的挑战。

联合国人类居住中心《关于健全的城市管理规范：建设“包容性城市”的宣言草案》对城市管理的定义是“城市管理是个人和公私机构用以规划和管理城市公共事务的众多方法的总和。它是一个解决各种冲突或不同利益以及采取合作行动的持续过程，包括正式的制度，也包括非正式的安排和公民社会资本。”它与 20 世纪 90 年代以来国际社会倡导的公共治理模式相一致，是公共治理理念在城市管理领域的具体体现。

城市管理是指以城市为对象，对城市的运转和发展的全部活动所进行的协调控制行为。城市管理有狭义和广义之分，狭义的城市管理是指对市政和社会活动进行管理，如城市的公共事务、公用服务设施的建设以及环保、治安、公益事业管理等。广义的城市管理是指对城市一切活动，包括社会、经济和市政等进行管理，实质是城市的综合系统管理。本章重点从狭义的城市管理角度谈心理学的应用。

（二）城市管理的原则

现代城市管理，必须尊重城市发展的客观规律，尊重管理科学本身的规律和要求，尊重科学的价值取向与民主精神。城市管理者必须遵守一定的行为规范与准则，尊重每一位生活在城市中的人。每个城市的条件与目标并不完全一致，但是，总体上应当遵守以下一些城市管理的基本原则。

1. 以人为本的原则

城市的主体是人，城市现代化的核心是人的现代化。城市的建设与管理要依靠人、围绕人、为了人。两千多年前，我国思想家、政治家管仲就指出：“凡治国之道，必先富民。”这是世界上最早的管理思想，对当今的城市管理仍有启迪。现代城市应当把“富民”放在重要地位，应当在经济发展的条件下，最大限度地满足人的需求，创造舒适、合理的人居环境和工作环境。在空间布局上满足人的活动要求，在生态环境上保证人的生理健康，在人际关系上适应人的交往需要，在文化氛围上陶冶人的道德情操，在日常生活及出行上符合人的方便要求。一切从人的需要出发，以人为本。

2. 统一规划与统一管理的原则

传统管理的最大弊病就是城乡分割，违背城市本质的社会化、开放性需要，阻碍城市化和城市现代化发展。现代城市管理是个完整的复合系统的组合，必须从过去的分割局面转到统一规划和统一管理的轨道上来。一是城市基础设施的统一规划设计，将物质设施与资源利用按照科学的方式进行组合；二是城市管理的统一规划设计，要求公共管理机构，特别是政府实现职能上的大部制管理、空间上的合作性管理，而不能搞碎片化管理，人为地割裂城市。

3. 效率与公平的原则

效率是衡量城市管理水平的标志之一，效率的提高不仅能够加快物流、能量流、信息流、资金流、人流的有序运动，而且可以从根本上促进城市经济增长方式的转变，提高经济效益和社会效益。公平是判断城市管理社会效果的衡量指标，主要是指同一管理措施对同类管理对象的公平性，以及管理者与被管理者之间的平等性。现代城市管理一方面要讲求效率；另一方面要强调在城市管理面前人人平等，不搞特权、不搞例外，只有具备公平性，才能形成权威性，而且效率与公平是相辅相成、互相促进的。

4. 合理利用资源与保持生态平衡的原则

各国城市现代化进程中面临的共同问题是对从生态平衡角度发展经济，进行城市建设和管理重视不够，造成城市水源干涸、能源短缺、交通拥挤、失业率高、环境污染等严重的自然和社会问题。因此，重视城市生态经济平衡，合理利用资源将成为城市管理重要的价值取向和原则。现代城市管理必须保护国土资源，节能、节水、改善生态环境、加强污染防治、调整物质循环、控制人口规模、美化人居环境。

5. 法制化的原则

城市管理法制化是指城市政府及其各职能部门一切重大的、原则性的管理活动，都要有相应管理法规的授权，按相应的法规执行，并受法规的约束和监督。城市管理需要以科学的、人本的法律制定为先导，以法文普及、政务公开为过程，以提高执法效率、赢得民心为目标，以透明化、民主化的依法管理为现代城市建设服务。

三、当代城市管理的难点问题

（一）西方国家城市管理中的难点问题

传统城市管理在当代面临着越来越多的挑战，即使是城市化程度非常高的西方国家，其城市管理也面临诸多难点，如交通拥挤、贫困、失业、公共安全、城市环境和废弃物等问题，这些问题统称为“城市病”。

1. 交通拥挤问题

交通拥挤堵塞，是当代大型城市的一种“常见病”，在全世界广泛流行，中国的北上广等巨型城市的堵车问题时常成为新闻话题，只是在西方发达国家表现更明显些，即使在一个规模适中的西方城市，交通拥挤堵塞现象也十分严重，以至于从早到晚都是交通高峰时间。道路设施和交通运行系统在高峰时间承受的压力达到它们所能容纳的最大限度。人们在赞誉汽车带来便利的同时，又在抱怨堵车造成的不方便。拥挤不堪不仅突出表现在城市交通上，城市生活的其他各个方面都表现出人满为患，如住房、购物、就医等，世界上许多大城市都是如此。

2. 失业问题

失业是西方国家普遍存在的城市问题。就业是关系着国计民生的重大问题，它是劳动者享有多项权益的基础和赖以生存的根本条件，是衡量一个国家经济繁荣和社会稳定的重要因素。就业和失业是劳动力市场的共生现象。在市场经济条件下，劳动力资源是通过市场来配置的。劳动者进入劳动力市场寻找职业，雇主则通过劳动力市场选择劳动力，在这种以双向自由选择为特征的劳动力市场上，就必然会有些劳动力得不到雇佣而暂时失业。而激烈的市场竞争，又加快了劳动力在就业和失业之间的流动。因此在市场经济条件下，失业是不可避免的。

3. 贫困问题

即使是发达的西方国家，“贫困线”以下的城市居民比例也很大。以美国为例，美国人口普查局 2016 年 9 月公布的统计报告显示，2015 年美国的贫困率为 13.5%，贫困人口为 4 310 万人，而其中大部分在城市。由华盛顿智库城市研究所发布的报告得知，由于贫困，相当数量的美国青少年正遭受着饥饿折磨，不少女孩为此走上歧途，而男孩则为获取食物而盗窃、贩毒，甚至涉足犯罪帮派。

而在其他欠发达国家，贫民问题更是城市发展的一个瓶颈。巴西电影《上帝之城》就鲜明地展现了 2016 年夏季奥运会举办地——里约热内卢的城市贫民窟问题，而印度首都新德里、墨西哥首都墨西哥城等城市被公认为贫富差距极大的城市，西方记者称其为“富人的天堂、穷人的炼狱”。

4. 公共安全问题

随着社会的发展，城市的公共安全问题也越来越突出，尤其是城市暴力恐怖活动也愈发突出，如“9·11”事件的出现，引起了人们对城市公共安全的高度重视。城市，尤其是大城市由于建筑密度大、人口集中且流动性大、人与人之间的空间距离近，而各种设施系统又密切连接，因此非常容易受到城市公共安全问题的集中影响。在突如其来的灾害面前，城市管理的应急反应机制并没有迅速跟上，暴露了城市管理系统的不健全。而十多年来，这一状况并未有效改善，以欧洲为例，最近几年已连续发生很多起恶性事件。例如，2015 年 11 月 13 日晚在法国巴黎市区、郊区发生的连环恐怖袭击，导致 132 人遇难、300 多人受伤，震惊世界；2016 年 7 月 14 日，在法国国庆日当晚，尼斯发生卡车袭击事件，80 多人死亡、50 多人受伤，再次震惊世界。

5. 城市环境和废弃物问题

城市居民在利用和消耗大量自然资源和能源的同时，产生了大量的污染物和废弃物。当这些污染物和废弃能量超过城市环境的自身净化能力时，城市的环境就受到污染和破坏，对城市居民的健康和城市景观带来负面影响。目前的城市噪音污染、生活垃圾污染、光污染、空气污染等问题是城市环境维护的重大问题。

（二）当代中国城市管理中的难点问题

随着中国城市化过程进入快速发展轨道，截止到"十二五"末期，中国城镇化率超过百分之五十，曾经困扰西方发达国家的城市病也随之在中国蔓延，如城市空间无序开发、"城中村"大量存在、垃圾处理困难、交通拥堵、住房拥挤、房价高昂、上学难、看病贵、食品安全、公共安全、生态安全、环境安全等问题日益突出。其中，突出的问题和难点主要有以下几个方面（朱颖慧，2010）。

1. 城市人口快速增长造成交通拥堵和房价高涨

作为一个系统的整体，受城市承载力和城市功能的限制，城市对人口总量和人口结构都有一定的限制。合理的人口数量和人口结构是推动城市发展的第一动力。目前，伴随着中国快速的城市化，中国城市人口正在以每年 1 800 万的速度增长，预计到 2030 年，将增加到 9.1 亿。以北京为例，2015 年末，北京全市实际常住人口为 2 170.5 万，流动人口超过千万，这意味着 2020 年北京常住人口总量控制在 1 800 万的目标提前被大大突破。北京市每增加 1 个人，每日交通出行量就增加 2.64 次，新增交通供给能力将很快被人口增量所抵消，六环路以内地区日行总量已达 4 445 万人次。一方面是城市人口的迅速增长以及近年来中国的汽车保有量快速增长，但另一方面是同期的城市道路总面积的增长跟不上人流与交通增长的需求，城市交通拥挤堵塞的问题便日益突出。据统计，至 2015 年底，中国汽车保有量已达 1.72 亿辆。其中，私家车保有量达到 1.24 亿辆，与 2014 年相比增加 1 877 万辆，增长 17.77%。这就给城市交通、能源需求、环境保护带来了巨大的压力。大量人口向东部地区的大中城市集中，城镇住房需求持续增加，房价问题日益突出，一些大中城市房价日益高涨，北京、上海、深圳、广州等一线城市和南京、合肥、苏州、杭州等二线城市表现得更为明显。央行公布调查显示超 70%的居民认为房价过高，高房价将降低城镇居民生活幸福感，弱化城市生活功能，为城市经济持续发展埋下潜在危机，抑制社会中间阶层扩大，加剧城市社会矛盾。

2. 能源、资源供应紧张

能源紧缺已成为中国城镇化进程中的硬约束条件。中国的石油、天然气等重要资源人均储量分别为世界人均水平的 11%和 45%。特别是进入新世纪以来，由于经济的快速发展，一些地区、城市的高耗能行业盲目发展、低水平扩张，能源紧缺状况进一步加剧。同时，城镇居民日益升级的消费方式，如城市建筑耗能、家用汽车普及和家用电器多样化等，也对能源消耗提出了更多要求。拉闸限电成为很多城市无奈的选择。从城市水资源看，中国大多数城市均存在不同程度的供水紧张状况，如 2014 年 5 月举行的第二届中国水安全会议指出：中国有40%以上的人口生活在缺水地区，有400多座城市缺水，其中108座严重缺水，1.6亿多城市居民受缺水影响。

3. 城市生态环境恶化

中国城市在开发建设过程中片面追求城市规模和经济发展速度，环境保护的意识和执法力度不强，尤其是在城市的环境规划和城市建设安排上，考虑城市生态环境保护的需要不足，导致城市生态环境问题不断积累。城市环境治理速度跟不上污染的增长速度，城市空气污染严重、垃圾日益增加、垃圾无害化处理率低、人均绿地面积少、城市空间与环境质量日益下降。近十年来，中国城市污水排放量以每年5%的速度递增，生活垃圾产生量以5%~8%的速度增加，但与此对应的城市污水和城市垃圾处理能力却很低。本来就缺水的城市，还面临着严重的水资源污染问题。根据近几年的中国环境公报统计，中国50%以上的城市河段水质达不到生活饮用水标准，近1/3的水源已不能被城市利用。目前，中国城市在生态环境方面呈现以下几个特点：一是主要污染物排放总量仍处于较高水平，远超出城市环境承载能力；二是主要流域和水系污染严重，城市河段污染突出，淡水湖泊富营养化，经济发达地区的不少城市已经面临严重的水质型缺水；三是城市空气质量处于较重的污染水平；四是城市固体废物排放量大，符合环保要求的城市生活垃圾无害化处理率较低，二次污染严重；五是有毒有害的有机物污染、电磁辐射污染、危险废物污染等问题日渐突出，各类污染已经由城市蔓延至小城镇和乡村。

4. 城中村和城市流动摊贩问题积重难返①

城中村问题和流动摊贩管理是中国特色的城市管理难题。城中村是城市规划区内未完全向城市转型的原农村社区，由于城乡间体制、制度的长期壁垒和政策上的缺陷，以及农民自身的思想观念、文化素质和劳动技能等方面的不适应，大量失地农民难以真正融入城市社会，而生活在城市的边缘。“城中村”土地大多是原农村宅基地，村民们拥有对宅基地的处置权。村民们为了追逐最大的土地收益，兴建了大量的楼房用于出租，这些出租屋布局零乱、建筑密集、采光通风极差，形成大量的“一线天”“握手楼”，村内道路狭窄，救护车、消防车无法进入。供水、供电、排水、垃圾处理等基础设施不配套，缺乏公共绿地、体育休闲等设施。违法建筑、违章搭建、乱倒垃圾等现象十分突出。制假售假、偷税漏税、无证经营在“城中村”较为突出，对正常的市场生产经营秩序冲击严重。而暂住人口的登记与管理的缺失，更使其成为城市管理的死角。“城中村”出租屋中聚居了大量缺乏有效管理的外来人口，成为城市治安隐患的温床。

流动摊贩主要有两个来源：一个是来自进城务工的农民，他们因为年龄、学历等原因，无法在企业等较固定的组织就业而散落流动于城市的各个角落。另一个是城市下岗失业人员，改革开放后，随着产业结构加快调整、企业改革加大力度，企业富余人员的隐性失业状态逐渐显性化，全国城镇失业登记人数从1991年的352.2万增加到2015年的超过900万，大量的下岗失业人员不得不自谋出路，主要从事摆流动地摊（卖便宜货、

① 温立洲. 城市管理视角下的城市化问题及其解决途径[J]. 城市研究，2010，（4）：32-34.

卖水果等）、经营流动食品车（摊煎饼、烤红薯等）、收废品等，也有受雇从事非法职业，如卖盗版光盘、非法张贴小广告等，从行为目的上讲是为了维持生存，但却在很大程度上影响了市容市貌、污染了城市环境、扰乱了城市秩序，由于流动摊贩的流动性和弱势性，城管对流动摊贩的管理成了城市管理的难点和社会冲突的激化点、舆论的焦点。

5. 安全形势严峻

“十三五”以来，随着中国工业化、信息化、城镇化、市场化、国际化深入发展，中国的城乡结构、就业结构、社会阶层结构和社会组织形态发生了许多新变化，各种影响城市和谐的不稳定、不安全、高风险因素的新矛盾、新问题不断涌现，城市可以预见和难以预见的风险，以及多种安全威胁增多，特别是有五种不稳定因素正在演变为城市管理的重要风险：一是贫富差距进一步扩大，并出现了稳定化和代际化趋向，即贫者愈贫、富者恒富，社会阶层流动通道被严重堵塞；二是社会深层次矛盾日益凸现，并有激化趋势，民众缺乏健康积极的精神需求，机会公平等方面出现问题；三是社会治安形势严峻，各类刑事犯罪危害公共安全、破坏社会秩序；四是政府与民众之间的信任需要加强，各地频发因拆迁而引发的城市管理冲突，比较容易引发全面的消极舆论；五是非传统危机和人为制造的危机正成为城市安全的主要危险。

我国城市化过程中存在的问题和难点，给城市管理工作提出了挑战，单纯依靠传统的行政、司法和经济管理的方法就远远不够了，运用现代心理学方法在应对城市管理难点方面可以发挥独特的作用。

第二节　城市规划与设计中心理学的运用

一、城市中影响人们心理的因素①

城市环境对人的心理与行为的影响作用，在20世纪中叶就已引起人们的关注。精神病医生已发现医院墙壁的色彩、家具摆设和病人的个体空间状况等都会明显地影响治疗效果。随着城市的现代化和工业化在全球的展开，人类居住环境发生了剧烈的变化，对人类的心理产生了越来越深刻的影响，主要包括以下几方面。

1. 空气污染

空气污染使我们居住的城市变成了有害于身心健康的场所。目前，工厂和车辆排放的大量废气使空气质量急剧变坏，空气中含有大量粉尘、一氧化碳、二氧化碳、二氧化氮、二氧化硫、硫化氢和氨等，被污染的空气直接影响人的眼睛和呼吸系统，引发各种眼病和呼吸道疾病，严重的会发展为肺癌，而老年人特别容易受到伤害，其发病率和死亡率与日俱增。此外，天空景色变得灰暗模糊，使人心情压抑或对空气质量感到忧虑，

① 朱宝荣，周楚. 现代心理学原理与应用[M]. 上海：上海人民出版社，2006.

某些空气被严重污染的国家或地区经常发布“空气污染警报”，建议老年人和患有呼吸系统疾病的病人留在家里，不要外出运动和散步，这更加使人心情变坏，或感到倦怠和精神不振。我国北方不少城市都深受有毒雾霾的困扰，民众的城市生活质量显著降低。

2. 噪音污染

传统的噪音环境主要指工厂的车间，然而随着现代城市的发展，整个城市的中心区域已成了噪音的污染源。环境心理学做了不少研究，并取得了许多研究成果。声音的响度对人的身心有明显影响，当周围的声音强度在30~40分贝时，人感到安静、舒服、思维敏捷；当声音强度超过90分贝时，人就会感到烦躁；达到130分贝时，人耳鼓膜因受剧烈振动而感到疼痛；达160分贝时，鼓膜将穿孔；声音强度如达到170分贝，会出现“强音致死”现象。强烈的音量会引起有害的身心反应，而持久的嘈杂声源更容易引起有害的身心变化。据研究，长期处在强噪音中会大大减弱人的听觉辨别能力。游戏房的工作人员和整天在马达轰鸣的厂房里工作的工人，其听觉辨别力明显弱于一般人。强噪音也能影响人的意识状态，使注意力难以集中，这在一定程度上以情绪变化为中介。在嘈杂的环境中，人容易烦恼、急躁、不耐心，致使学生无法静心阅读，导致工人因注意力分散而工作效率降低、产品质量出差错或造成工伤事故。强噪音还能强烈地影响人的精神状态，形成各种精神病。

3. 拥挤

拥挤是指身体空间感觉形成的心理状态，即由于没有充足的身心空间而感觉受到束缚所产生的消极情绪。以白鼠为对象的动物实验表明，在过分拥挤的环境中生长的白鼠死亡率很高、攻击行为加剧、性行为异常、生育率明显降低。人在短时拥挤实验条件下显示以下特征：①对陌生人会持敌视态度；②表现出更多的攻击性迹象（适用男性）；③在模拟审讯中发出苛刻言辞（适用男性）；④几乎不与他人发生相互作用；⑤表现出焦虑度升高的迹象。实验证明过度拥挤确实会对人的身心产生深远影响，导致心理紧张、应激和青少年犯罪行为，也会导致高生育率和高死亡率。

有人对美国某些高密度人口城市的观察表明，大城市中有不少人相当粗野，缺乏体谅与教养；不少人比较孤僻与沉默寡言，缺乏乡村人那种乐意向陌生人微笑的姿态；在他人偶遇危难事件时，路人或邻居不会帮助遇害者；城市中的犯罪率居高不下，还经常发生故意破坏文化艺术品的行为；城市中心的疾病发生率比郊外高得多。诸如此类现象的存在尽管不能完全归因于拥挤，但也不能否认与拥挤有关。

4. 个人空间

美国心理学家罗伯特·索默（Robert Sommer）认为，人都需要一个把自己圈住的心理上的空间，该空间就像一个无形的“气泡”，随着身体的移动而移动，为个人所占有。这种由个人占有的、无形的、心理上的“气泡”即为“个人空间”，也叫“身体缓冲区”。生活中，人从环境中割据一定空间占为己有的现象是常见的。如果有人太靠近我们，特别是陌生人，我们就会感到不愉快，并避而远之。例如，一条长凳的一端已坐着一个陌生人在看书，你往往会选择在长凳的另一端坐下，与陌生人保持一定距离。如果你靠近陌生人坐下，也许陌生人会主动挪一下身子，与你保持一定的空间距离。如果陌生人是异性，二人相隔的空间距离会更大。人际间这种细微的行为反应说明，人确实有一种试图维护自己应有空间的需要。因此，在人际交往中，要依据交往双方的关系、地位差异、性格特征、情绪状态、所处环境等实际情况，有分寸地控制好彼此间的空间距离，使双方交往卓有成效。

二、心理学在城市环境规划设计中的应用

正因为环境对人的心理有重要影响，在环境设计中就要充分考虑种种因素，尽量满足人心理上的各种需要。现代社会所涉及的环境包括不同的范围与层次，大到整个城市的规划，小到居室的合理布置。因此环境心理学在环境设计、规划方面的内容极为丰富（朱宝荣和周楚，2006）。

1. 心理学在城市基础设施和社区建设中的应用

现代城市的许多高楼大厦使用了对光具有强反射性的玻璃墙面，由于玻璃墙面折射出来的强光会对人的视觉系统构成伤害，因此此类现象被称为“光污染”，高楼集中的地区光污染较为严重。因而在当今城市规划、设计时，“光污染”已被作为一个重要因素加以考虑。

现代城市中，随着城市化进程加快，城市高楼林立，其中有许多是高层公寓。高层公寓在改善人们居住条件的同时却引发了居民的孤独感。居民除了在走道相遇时彼此点头之外，几乎没有其他来往。心理学家马斯洛按照由低到高的顺序把人类的需求分为五级：生理、安全、社交、尊重和自我实现，当代市民的生理和安全上的需求基本得到了满足，但在迅速城市化过程中失去了传统社会亲密的人际关系，邻里之间“碰门之声相闻，老死不相往来”，如 2016 年 9 月北京市五棵松地区某社区一位 80 岁导弹专家猝死家中数日，竟无人知道，这在以往的农村家族社会和计划经济时期的单位家属院里都是不可想象的。激烈残酷的市场竞争和冷漠的人际关系，给城市居民带来了巨大的心理压力和无助感，亚健康状态成为普遍现象。这就要求城市管理者加强城市社区的建设，发挥社区居民的自我管理能力，把社区建成具有地域性的利益共同体和最有活力的城市细胞，形成一个互相关心、互相帮助、人际关系亲密、老有所养、少有所教、拥有丰富业余活动的大家庭，满足市民的各种身心健康需要。

此外，手机的普及导致人们沟通的频繁，但也有疏离人际关系的表现特征，如一家人聚在一起，却都在看手机。理论上，现代社会应是高技术与高情感平衡发展，社会生活中运用的高技术越多，人们越愿意往一块儿聚集，越希望与他人在一起，以减少人际疏离感，上电影院、去健身房、到餐厅用餐、参加音乐会、上街购物等都在一定程度上反映了高情感已成为现代人的一种需要。社区治理中重视文化娱乐和休闲购物中心的建设应是一个重要的方面。文化娱乐休闲设施的建造在形式上是满足了人们的文化需要，实质上是满足了人们的心理需要。在影剧院、餐厅、咖啡厅、音乐会、健身房中，人们一起聊天、一起运动、一起唱、一起笑，满足的是相聚的需要、情感发泄的需要。

现代城市的又一特征是老年人越来越多，随着医学科学的发展，许多城市已进入了老年社会，老人占城市居民人数的比例越来越高。由于年轻人工作繁忙，无法照顾老人，老人普遍有孤独感，因而现代城市社区发展应高度重视老年人的娱乐与交往。专供老人使用的健身房、养老院、托老所等社会设施的不断建设，为其营造了一个适于延年益寿的城市环境。

2. 心理学在生活环境设计中的应用

人有各种不同的心理需求，于是现代生活环境设计正朝着满足人的各种心理需求的方向发展，生活环境设计也就成了现代心理学的重要应用领域。

“私密性”是一种重要的心理需要，它的作用在于使人具有个人空间感。为了满足私密心理的需要，城市住宅设计上最为突出，城里住宅的布局一般都有相对较宽的楼距间隔，其间以绿地树木形成分割，郊外住宅的房子一般都远离街道，并通过灌木丛加以屏蔽，这样能提供较多的个人独处感。许多住宅的整体设计中，包括一条“私密门槛线”，它是当陌生人接近住宅时，引起居住者焦虑的位置与界限。依据文化背景或民族差异，“私密门槛线”的具体形式是多种多样的，可以是大门，也可以是“高墙”“矮篱”等。私密性还体现在起居室、卧室的分隔和安全设施方面，如居室独门独户、卧室远离客厅、宅内加锁房间、隔离室等就是为了使人能相互分开，减少或不进行碰触性交往，减少环境刺激，确保个人私密性的空间环境。

与个人私密相反的心理需要是“公开交往”，“交往”也是人的一种基本需要，出于交往的需要，房子的相对位置很重要，因为它可能决定人际交往的次数与频度。根据人际交往的相近原则，通常人们与相近邻居的友谊要比住得较远的其他人更为亲密，而人的室内交往活动则完全受空间环境所制约。为了适应人的各种交往需要，现代居室的设计更为注重公用空间环境的构思。现代居室中都有较大的公共部位，特别是宽大、多功能的客厅与餐厅，有利于一家人的互动体现了多功能的设计思想，而社区中，公共绿地、散步慢跑道、小型广场区、公共休息室、健身房等能让居民聚集在一起，相互交谈、共同活动。以交往需要为目的的设计理念已越来越主导着现代城市生活环境设计的发展方向，这正体现了心理学的应用价值。

“安全”是人更基本的需要之一。大数据显示，现在越建越高的城市住宅存在诸多不安全因素，高层公寓的犯罪率比花园公寓或私人住宅高得多，而且楼层越高，犯罪率越高。这是因为：其一，高层公寓居住的人比花园公寓或私人住宅多得多，人数的增多意味着相互了解和认识的居民越来越少，要认出陌生人（不是本公寓的人）越来越困难，这就使犯罪分子有了可乘之机；其二，高层公寓设计上本身就存在许多容易遭受攻击而无法防御的地方，如电梯、洗衣间、楼梯、走廊等都可能给犯罪分子作案提供条件，而太平梯与后门则为犯罪分子作案后迅速逃跑提供了路径。为此，现在部分高层公寓在结构上已有所改变，将容易给犯罪分子提供作案便利的场所改造得更为公开与明显。例如，通过公寓窗户对入口处的俯瞰，可以增强对入口与门厅的视觉监视，使陌生人在进入之前就被注意；又如，公寓长廊过长，犯罪发生率较高，为此，现在的公寓长廊已大大缩短，公寓结构上的此类改变在一定程度上满足了居民的安全需要。

3. 心理学在工作环境设计中的应用

工作场所是一个人一天中停留时间较长的环境，如办公室、学校、医院等都对人影响较大，它们会直接影响人的情绪状态和工作效率，因而如何设计工作环境，引起了环境心理学家的注意。

1）办公环境

环境心理学家从人的心理需要出发，对现代办公环境做了大量探索，从办公座椅到办公室的大小、布置，均做了细致考虑与精心设计。在办公座椅方面，研究人员在测量了成千上万人的基础上，确定了一个平均的身体尺寸。然后，依据这个尺寸，提出椅子设计的各种指标，如椅子离地面的高度、座位的深度、靠背的高度及扶手的尺寸和方位等，使办公座椅达到最佳设计。具有人本意识的企业在办公设备的生产中，加大了对科学研究成果的采纳，从而通过桌椅等系列设备帮助使用者提高工作效率、纠正不良姿势、增进身体健康。

办公室的大小千差万别，容纳的人员数也相差悬殊。典型的办公室有三大类，即单间式、牛栏式和风景式：①传统的办公室是单间式，面积小、人员少，少则 1 人，多则 2~3 人。小的办公环境能使同室的办公人员之间有较高的亲密度与凝聚力，受干扰因素少，工作效率相对较高，但与本室之外的人员接触较少，不利于沟通和交往。②“牛栏”式办公环境适于政府和大企业的办事人员采用，整个办公面积可容纳几十至上百人，最大的如同一个足球场这么大。在该类办公环境中，办公桌以队列形式排列，每行以狭小的走道隔开。这种办公环境的优点在于，能使办公人员进行充分的沟通和交往，便于处理各种疑难问题。其缺点在于，环境较为复杂，不利于集中注意力，因而工作效率有所降低。③风景式是现代较为流行的办公环境，尤其在欧美更为普遍。风景式办公环境一般是一个大型整间的办公厅，能容纳十几人、几十人甚至上百人办公，每个办公人员占有一小块空间，彼此没有隔墙，完全敞开，但用书架、屏风、植物等低于四英尺的陈设将整个办公环境隔成一个一个小的办公单元，形式上使大小办公室混为一体。风景式办公室除了具有造价便宜、维修方便、便于搬迁等特点外，其主要优点在于能强化人际沟通，有助于组成一个凝聚力较强的团体，消除了隔墙造成的物理与心理上的障碍。当然，其也有不足之处，敞开式的办公环境几乎没有个人独处的空间，噪音大、干扰大、注意力不易集中，因而工作效率受到影响。所以，作为现代办公环境的风景式办公室确实应被辩证地加以评价。

2）教学环境

教室是主要的教学环境，传统的教室是方形或长方形房间，其一端是讲台，供教师讲课之用，在与讲台间隔一定距离处，成行地排列学生的桌椅，这种设计模式有利于学生单向接受知识，但由于教师与学生间隔一定距离，客观上抑制了学生参与教学的积极性；此外，教室后排的学生可能很难看清教师板书，听觉不良的学生可能听不清教师的话语。为了克服传统教室的弊端，有两种形式的教室已越来越受到师生的青睐：一种是用大桌取代成排的个人用桌椅，大桌由小桌拼合而成，位于教室中央，学生围大桌四周而坐。这种教学环境有助于使学生积极参与研讨，在教学中发挥主动性。另一种是大型的电化教室，内部设有几百个舒适的软座椅，每个座椅都配有翻板，便于学生做笔记，教室还有多媒体投影仪及其辅助设施和齐全的扩音系统、现代化的照明系统。这种教室的造价虽然昂贵，但在这种教室中听课会使学生感到十分舒服，听觉与视觉效果也十分理想，是一种良好的教学环境。

3）医疗环境

医院以治疗疾病、恢复病人的健康为宗旨，因而医疗环境的设计应有利于医生对病人进行监诊和护理，以及满足病人的种种需要。目前，在环境心理学家的参与下，现代医疗环境的设计提出了许多新思路，主要体现在病房大小、布局和满足病人的需要等方面。

病房既是病人的生活环境，也是对病人进行监护和治疗的环境。传统病房有大有小、五花八门。小的病房仅有一个床位，大的病房能容纳下十几个床位。病房究竟以多大为好，不同的人对此有不同看法。心理学家认为，小的病房居住的病人少，有利于保持环境安静，便于病人静养、睡觉，与医生或家属进行亲切谈话，也有利于病人在生活上保持相对独处与对空间需要的满足。但过小的病房往往使病人表现出被动和孤独，甚至产生恐惧与焦虑，尤其是单人病房。反之，大的病房因居住的病人较多，有利于病人之间的交往。交往活动既有利于病人之间形成友谊，也有利于消除孤独，转移病人对自身病痛的关注，促进对疾病的抗争，培育良好的情绪状态。但是，过大的病房因病人、家属频繁进出和谈话，使病房难以保持寂静，会影响病人的休息、睡眠和治疗。因此心理学家认为病房不宜过小或过大，适中的病房以居住 2~4 人为宜，这种思路已体现在病房设计之中。

目前，在病房布局的构思中，也受到了环境心理学家的启发。传统的病房是较长的走廊结构设计，病房一间挨着一间，护士值班室位于走廊结构的中部或末端，护士监护病人需在走廊中来回走动。远离值班室的病房的病人如要招呼护士，就需等候较长时间，致使病人和家属感到担心，唯恐病情突变时，无法得到及时抢救。为此，许多医院的病房布局已有了新的构思，以环形结构替代矩形长廊结构。环形结构以医生值班室为中心，病房的分布呈辐射状，类似车轮的轮辐，使所有病房与护士值班室的距离相等，便于护士对病人进行监护。这样，既减少了护士对所有病房进行监护所消耗的时间，提高了工作效率，又消除了病人的担心，使他们觉得护士就在身边，有利于他们安心养病。

住院的病人在病状上是有区别的，有的严重、有的稍轻、有的已接近康复。这些病状不同的病人活动能力相差很大，对交往与娱乐的需求也各不相同。因此，为了满足不同病人的需要，医疗环境的设计并不能仅包括病房、治疗室、值班室和卫生间，还应包括娱乐室、读书室、健身房等，在这些场所，病人可以在一起聊天、读书、看报、看电视，促进同种疾病的患者交流康复经验，相互鼓励、调整心态，有利于病人的全面康复。

第三节　心理学在城市资源和环境保护方面的应用

面对我国城市环境污染和资源能源短缺的问题，作为城市管理者，找到解决它们的办法是十分重要的，目前我国城市政府主要采用行政、司法、经济制裁等硬性方法实施管理。虽然有一定成效，但没有从根本上解决问题，环境和资源保护的根本问题是人们如何看待、使用环境和自然资源。这是个典型的公共管理心理学问题，因为其中牵涉到我们如何改变人们对待公共设施与公共资源的态度和行为的问题（Aronson et al.，2005）。

一、社会性两难问题

环境和资源问题是典型的社会性两难问题。所谓社会性两难问题，即当多数人为争取个人最大利益而采取了一些行为，结果却使每个人都遭殃，在公共管理中以“公地悲剧”描述这种与环境、资源特别相关的社会性两难问题[①]。一项公共资源如果使用适当，该资源就会自行补充。但如果使用过度，该资源就会消失殆尽。水或能源等有限资源的使用就是很好的例子。对于个人来说，如果这些资源使用得越多，他获得的利益也就越大，但是如果人人都这样做，这些资源最终会严重短缺。我们应如何解决社会性两难问题，让人们放弃个人私利，而为大家的利益着想呢?

【实验案例】

当你到达实验地点进行实验时，发现与你一起参加实验的其他6个被试都是你从未见过的。研究者会给每个被试6美元，并且声明每个人都可以将钱留下来；同时，还有另外一个选择，那就是每个人愿意将自己得到的钱平均分给其他6个人，研究者将会给双倍的钱。也就是说，如果你愿意将钱捐献出来，你将有12美元分给其他人，每人将会分到2美元；其他人如果也愿意将钱捐献出来，那钱也会翻倍，你也会得到分配。这时就会有两难情境：只要每个人（包括你自己）采取合作，将钱捐献出来，你将会得到12美元，即翻了一倍。然而，捐钱是有风险的，因为如果只有你一人捐出钱来，那你得到的将会是零，而使其他的每个人获利。很明显，最自私但是也是最安全的做法就是将钱留下来，并希望其他人将钱捐出来，那样的话，你最终将获得18美元，即你自己已有的6美元再加上其他人捐出的钱。当然，如果其他人也拥有和你一样的想法，你就只能拥有6美元，因为没人愿意把钱捐出来，毕竟，保留开始得到的那6美元永远要比将钱捐出去安全得多。这种策略的唯一问题是，因为多数人都采取这种做法，大家的利益都会受损。所以，当遇到社会性两难问题时，如果大多数人还是先想到自己，结果是大家都倒霉。

如何说服人们去相信同组的伙伴，采取互惠的合作呢？这是解决社会性两难问题中最困难的部分，就像劝说人们自愿回收使用过的水以及循环利用废弃物的问题。

---

① 1968年英国加勒特·哈丁教授（Garrett Hardin）在“The tragedy of the commons”一文中首先提出“公地悲剧”理论模型。公地作为一项资源或财产有许多拥有者，他们中的每一个都有使用权，但没有权利阻止其他人使用，而每一个人都倾向于过度使用，从而造成资源的枯竭。过度砍伐的森林、过度捕捞的渔业资源、过度放牧的草原及污染严重的河流和空气，都是“公地悲剧”的典型例子。

二、解决社会性两难问题的心理学方法

1. 在小群体里通过沟通交流，让大家采取合作的态度，从而有机会说服他人为共同利益采取活动

在上述实验中，让被试互相交谈 10 分钟后，人们捐出钱的比例竟然戏剧性地从原来的 38%增加到 79%。捐钱者的增加使可用来平分的钱大幅度增加，由原来的 32 美元增加到 66 美元。由此可见，沟通是有效果的。

这种方式可能只对那些面对面沟通的小团体有效。当整个社会都陷入社会性两难时，会发生什么事情呢？我们不可能把整个城市的所有居民都聚集起来讨论环境管理方式的问题，所以在面对规模大的群体时，就必须采用变通的方式。

2. 让个人监督自己的行为变得更为简单

在一些环境中，社会性两难存在的一个问题是人们不容易了解他们使用了多少资源，如水或者电。要求人们节约用水，就要监督他们自己一个月用了多少立方米的水。美国的心理学研究者在 1995 年夏天发生严重的旱灾时，对英格兰汉普郡的两个社区进行了比较，在其中一个社区里装有水表，这可以使居民监督自己用了多少水。另一个社区却没有安装水表，就像预期的那样，当人们感到水资源缺乏问题十分严重时，那些装有水表的社区用水量要低于没有安装水表的社区。此外，还有证据表明人们这么做并不仅仅考虑到了个人利益（用水量少可以省钱），也考虑到了集体利益。因此解决社会性两难问题的一种简单方法就是让人们更容易监督自己的消费量，这使他们更容易表现出顾全大局的意图。

3. 使人们的行为尽量公开化

假如人们采取自私行为，但没有被同伴发现，他就会经常去这么做。但是如果他们的行为公开化了，就会受到社会规范压力的影响。举例来说，一些企业如果认为别人不会发现他们排放污水，他们就会这么做，但如果他们认为自己的行为会被社会监督，就会很可能避免这么做。

采用这种防范措施改变了人们对自己以及自己的社会行为的知觉方式，那么，类似的方法是否能够用来劝说人们采取更多有利于环境的行为方式呢？例如，不仅节约自家资源，而且节约公共资源。

【案例阅读】

数年前，当加利福尼亚州遭受严重的水资源短缺时，加利福尼亚大学某一校区的行政主管发现，在健身房浴室里，学生浪费了大量的水。因此，主管们在健身房的淋浴室贴上标签，告诫学生尽量缩短洗澡时间，以提高洗澡的效率、节约用水。这些标签的目的是想要唤起学生的良知，催促他们提高洗澡速度、缩短洗澡时间，并且在抹肥皂时关闭水龙头。这些管理者相信贴这些标签会有作用，因为这个校区的绝大多数学生都有环保意识，并且有生态观念。然而，根据系统的统计显示，遵照张贴的标签

中所倡导的节约用水的学生低于15%。这使管理者十分困惑，是大多数学生并没有注意到标签内容吗？毕竟，贴在墙壁上的标签很容易被人忽视。因此，管理者将每一个标签弄得更明显，然后贴在浴室入口处的三脚架上，学生进入浴室都必须经过三脚架，这样就一定能看得到标签。虽然这样做使遵守的比例稍稍增加（19%的学生在抹肥皂时关掉了水龙头），但这也同时激怒了大多数学生，因为这些标签牌经常被撞倒或被踢倒，而且有很多学生故意将洗澡时间延长，这显然是一种反抗行为，这些标签带来了更坏的后果，让管理者更加迷惑不解。这时心理学家阿伦森和他的学生们决定使用心理学技巧来应对这项新的状况，程序是先向那些从游泳池到浴室去洗澡的女学生做些宣传，然后让一位女研究助理不经意地跟随她们进入浴室，对她们的洗澡时间偷偷进行计时。对实验宣传的技巧，情境一是要求参加实验的被试写一份针对她们用水量的问卷，这是让学生知道她们有时候洗澡会浪费水的设计。情境二是要求参加实验的被试做一个公开承诺，督促其他同学也要节约用水。特别是这些被试被要求在写有"请缩短洗澡时间，并在抹肥皂时关闭水龙头。如果我能做得到，那你一定也能做得到"的海报上签名。这种"伪善"的方式使被试不仅注意到自己会浪费水，并且使自己成为众人皆知的正在推行节约用水的人，那些自觉"伪善"的人会改变自己的行为，从而能使自己的心里好过一些，因此她们会缩短自己的洗澡时间，这个方法十分有效，使学生洗澡的平均时间减少到了3.5分钟。

4. 用数据和事实说话，劝服人们改变传统的认识和行为方式，从而保护环境和资源

【案例阅读】

阿伦森和他的同事与加利福尼亚州一些能源审计员一同工作，去民众家宣传怎样才能节省能源。为了提高人们的配合度，阿伦森的研究队伍对这些审计员进行培训，让他们能向屋主更生动地阐述研究发现。以挡风雨条为例，多数人认为门底下的一些小洞并不会浪费多少能源，如果审计员直接告诉他们应该安装一些挡风雨条时，他们会说这是小题大做。阿伦森和他的同事告诉审计员应该让他的陈述更为生动："假如你将你家所有门下的空隙都加起来的话，那就会有一个足球那么大，如果你的起居室有这么大的一个洞，那么你可以想象到会有多少热能流失，这正是我建议你要安装挡风雨条的原因。"类似的技巧也运用到其他问题上而使问题更加引人注目。例如，没有安装绝缘物的阁楼被描述为"裸体的阁楼"，就像是在冬天不只没有外套而且根本没有衣服可穿的人一样。研究结果十分惊人，采用他们建议的人增加到了61%。

这项研究表明虽然人们自愿遵循符合自我经济利益与国家利益的原则，但一旦牵涉到个人旧有习惯时，就必须加强沟通方式，使其足以打破那些固有的习惯。

5. 让能源节约竞争化

通过人在竞争中渴望取得优胜的心理，来激励人们在工作和生活中有效节约能源。一些心理学研究者示范了一套简单但是能够有效鼓励员工在工作中节约能源的方法。

【案例阅读】

荷兰某工厂某一单位，在企业内刊中提醒员工天冷要关窗、离开房间时要关灯等，员工每周还会得到他们的行为反馈图，表明他们在节约能源行为上的进行情况，如关灯的频率。这套介入措施取得了一些成效，当研究结束时，员工忘记关灯的比例减少了27%。该工厂的另一个单位也参与了同样的计划，但是与前一单位有所不同，除了得到本单位每周行为的反馈外，员工还会得知另一个单位的表现状况。这种比较方式会激励员工做得比另一个单位更好，研究结束后，员工忘记关灯的比例减少了61%。

可见，激发人们的环保竞争意识可以对他们的行为产生很大的影响，且效果更加持久。

6. 运用强制性规范和描述性规范减少乱丢垃圾行为

虽然路旁有许多提示牌提醒我们要维护环境的美丽，但大多数人似乎都不把路旁的这些提示牌当一回事，而随意乱丢废弃物。对于我们每一个个体的人来讲，有时候找一个垃圾桶是很痛苦的事情，丢一个纸杯在路上也没什么大不了的。就像所有的社会性两难困境一样，只要大家都这么想，那所有人都会受苦。当人们手中拿着空纸杯时，怎样才能使人们的行为比较不自私呢？答案是提醒人们想到社会规范而不去乱丢垃圾。心理学家罗伯特·恰尔迪尼等（Cialdini et al.，1990）指出其中有两种重要的社会规范能够对人们是否乱丢垃圾产生影响：第一个是强制性规范，也就是社会通过制度所认可的行为，即人们具有什么样的行为会被他人所认可的认知。规定了人们必须采用的行为；第二个是描述性规范，即人们对他人在特定环境中的实际行为的认知，不管这种行为是否被他人认可。

【案例阅读】

雷诺和他的同事的现场实验

安排研究助理在大街上捡起一个丢弃在地上的速食包装袋，然后将其丢进垃圾桶，从而传达反对乱丢垃圾的社会规范。研究者们假设那些看见研究助理捡起废弃速食包装袋的人会被提醒强制性规范，即乱丢垃圾的行为是不好的行为，是其他人所反对的行为，从而降低了人们乱丢垃圾的倾向。为了证明这个假设，研究者们同时将一大沓传单放在停在街边的汽车前挡风玻璃的擦拭器处，然后观察人们是否会将这些传单丢弃在地上或者拿着它们（假设当他们回到家中时再将其丢弃），就像预测的那样，看见研究助理捡起速食包装袋的人中仅有 7%的人会将传单乱丢在地上，比较起来，没有看到研究助理捡起速食包装袋的车主，有37%的人将传单丢弃在地上。

而什么是向大众宣传描述性规范以减少乱丢垃圾行为的最好方式呢？最直接且能清除环境中所有垃圾的方式，可能就是直接展示“此地无人丢垃圾”的现状，通常我们会看到，环境中的垃圾越少，乱丢垃圾的人就会越少。但罗伯特·恰尔迪尼和他的同事在1990年的实验发现，一个只被一张纸屑破坏了干净状态的环境，更能提醒人们注意到描述性规范：非常干净的环境中，就只有一张纸屑像特异分子一样被丢在地上，它能引起人们的注意，会让人们想到，除了没大脑的人之外，不会有人在此乱丢垃圾。相比之下，在完全干净的环境里，乱丢垃圾的概率还会比较高。为了验证这一假设，研究人员进行了一次实验。

【案例阅读】

研究人员在学生的邮箱里堆满宣传单，然后从隐秘的地方观察有多少学生会把它们丢到地上。在该实验中，第一种状况是事先将信箱所在的房间地面清除到完全干净；第二种状况是地面上只有一个显眼的垃圾——一块西瓜皮；第三种状况是除了西瓜皮之外，地上还有一堆已经被丢弃的宣传单。就如预料的一样，乱丢垃圾率最低的是第二种状况的学生，也就是说只有一件违反描述性规范的事件存在时，会提高人们的注意，使学生在心态上不会去乱丢垃圾。而乱丢垃圾率最高的，是第三种状况的学生，因为他们认为大家都在丢垃圾，所以他们也可以丢。

因此，提高人们对这两种规范的注意，就会减少乱丢垃圾的行为。在这两种规范当中，罗伯特·恰尔迪尼和其同事建议使用强制性规范，因为其效果较好。描述性规范只有在大家都愿意合作去维护环境清洁时才有用，所以这样的方法并不完美，因为一旦垃圾变多，就会令人产生“反正已经有很多人都丢过了，多我一个没关系”的想法而使乱丢的垃圾增加，也就是心理学中的“破窗效应”。相对之下，雷诺和他的同事发现，不论环境干净程度如何，提醒人们注意强制性规范均可以成功地运用在许多情景上。一旦人们被提醒“不应该乱丢垃圾”，在心态上倾向于不会乱丢垃圾。

7. 运用改变人们的态度和去除障碍的方法鼓励大家进行废品分类和回收

假如我们成功地说服大家停止乱丢垃圾，那当然是一件好事，市容将会改观很多，也不需要花费巨额资金来处理垃圾。但是如何有效处理我们每日产生的正常的生活垃圾却是一个问题，为了减少垃圾掩埋量，有效回收一些可以再利用的材料，可以鼓励居民将废品按照“可回收”和“不可回收”以及其他分类方式进行分类，并将可回收废品堆放至收废品人员的到来。但这也是一个社会性两难困境：对整个社会而言，废品回收虽然有利，但是对于个人来说，却是吃力不讨好或者说收益很小的事情。

针对此种情况，有两个解决的方法：第一个方法是改变人们的态度和价值观，让他们更有环保意识，人们的行为会随之改变。心理研究发现，在许多情况下，态度是行为的良好预测指标，具体的几项研究证实，人们对废品回收的态度实际上能够有效地预测他们的废品回收行为。所以，通过各种传播通道进行广泛宣传，增强人们对环保的积极态度，或许是一种有效的方式。第二个方法是强化态度与行为的一致，通过提高自我对参与环保行为意图的评价，通过角色扮演，外部示范与行为激励等方法将行为意图与行为之间的链接强化。

然而，虽然人们心存善意，但是我们的行为很可能无法和我们的态度一致。例如，我们可能因为没有地方存储分类废品或者找不到时间将垃圾分类，即使我们知道自己应该那样做。心理学家勒温说过“排除环境中的小障碍有时候就能造成大的社会改变”，以废品回收为例，排除相关的小障碍，如路边增设废品回收站，要比试图改变人们对待环境的态度容易得多。一些相关研究证实，无论是在社区增设废品回收站，还是在路边增设废品回收箱，或者允许居民将垃圾分类放置而不是混合放置，都可以提高居民的废品回收行为。

美国心理学家格雷格里（G. A. Gregory）、斯特恩（P. C. Stern）和迪茨（T. Dietz）于 1995 年在弗吉尼亚州费尔法克斯县做了一项自然实验，当时该县正在推广废品回收，大约 114 人领到了可分类放回收物的垃圾桶，而其他人则需要找其他容器来放玻璃瓶和铝罐，结果发现领到垃圾回收桶的人更愿意进行垃圾回收利用。研究者还测量了居民对待废品回收的态度，以了解有正面态度的人是否比没有正面态度的人更愿意废物回收，发现只有对于那些没有废品回收桶的人而言，态度才能有效地预测行为。如果存在障碍（很难找到垃圾桶），只有那些具有正向态度的人才会努力克服障碍；如果没有存在障碍（有政府提供的垃圾桶），态度并不重要，一个没有强烈环保意识的人也会主动配合环保要求。

可见，要想使人们按照环保的要求行动，一是要改变人们的态度，让他们更具有环保意识，这种做法可以鼓励人们从事有利于环保的行为，即使存在障碍，他们也愿意去做（如要自己去找箱子放垃圾，还要把箱子搬到指定的地点）。二是要去除障碍（如在路边设置或增设废品回收桶，或直接给居民提供回收箱及回收服务），使环保行为执行起来更方便，就更容易取得效果。

【课后案例】

心理学的研究上有个现象叫作“破窗效应”，就是说，一个房子如果窗户破了，没有人去修补，过不久，其他的窗户也会莫名其妙地被人打破；一面墙如果出现一些涂鸦没有被清洗掉，很快的，墙上就布满了乱七八糟、不堪入目的东西。一个很干净的地方，人会不好意思丢垃圾，但是一旦地上有垃圾出现之后，人就会毫不犹豫地乱抛垃圾，丝毫不觉得羞愧。如果你是一个市政管理人员，面对城市广场市民随地乱丢垃圾的现象，将采取什么措施呢？

【案例简析】

“破窗效应”的道理是一个小的错误如果得不到制止和纠正，就会被认为是理所当然的，别人可以做我也可以做，从而鼓励其他人犯同样的错误，甚至更多的人去犯更大的错误，以致达到不可收拾的地步。所以作为市政管理者，首先一定要坚决纠正和制止第一个乱丢垃圾的人并予以惩罚，从而使市民明白禁止在广场乱丢垃圾是强制性规则，违反者会受到惩罚。其次，要派人经常打扫广场的卫生，保持广场的干净，使市民懂得保持城市广场的干净是基本描述性规范，从而自觉配合而不乱丢垃圾。

【思考题】

1. 假设你是一名大学后勤管理人员，你会怎样设计学生宿舍，来处理拥挤和噪声的压力影响呢？

2. 根据你对社会性两难问题的了解，应该怎么做才能让社会成员节省能源呢？

3. 假设你担任我国一个中等城市的市长，城市垃圾几乎无地堆放，而建立垃圾焚烧厂又遭到市民的反对，你准备怎么做来让市民制造较少的垃圾而且加强垃圾的循环利用呢？

第十四章

公共管理心理学：应急管理领域

【学习导读】

1. 理解心理救援在应急管理中的作用。
2. 了解突发事件中常见的心理行为。
3. 掌握心理危机干预的步骤和策略。
4. 掌握危机干预中的倾听技术。

【课前案例】

据国际华人医学家、心理学家、联合会理事长邓明昱的统计，整个汶川地震灾区患有创伤后应激障碍（post traumatic stress disorder，PTSD）的人的比例为3%~5%，人数为36万~60万。而在PTSD患者群中，具有自杀倾向的人的比例近10%。

中国红十字会“心灵阳光”项目在2008年5月20日、21日派出了由专家组成的两支救援队，邓亚萍、高敏、杨扬等六位世界冠军作为这个项目的志愿者随行，他们主要通过走访灾民和集中培训的方式，对灾民进行心理辅导工作。据不完全统计，两周之内，心理专家为720名儿童、220多名中小学老师、1 000多名普通受灾群众等提供了心理援助服务，对700名心理援助工作者和志愿者进行了灾后心理危机干预培训。

第一节　应急管理概述

一、什么是应急管理

2003年“非典”暴发以后，应急管理的理论和实践在我国开始受到重视，并成为现阶段我国政府治理与建设和谐社会的一个重大领域。在汉语中，与“突发公共事件”相近的概念有“紧急事件”、“紧急情况”、“危机事件”和“非常状态”等，因此，应急管理有时也被称为“危机管理”“突发公共事件应急管理”等，英语术语普遍使用emergency management。一般认为，应急管理是政府为了应对突发公共事件而进行的一系列有计划、有组织的管理过程。中国科学院学者将应急管理定义为：为了降低突发灾难性事件的危害，基于对造成突发事件的原因、突发事件发生和发展过程以及其所产生的负面影响的科学分析，有效集成社会各方面的资源，运用现代技术手段和现代管理方法，对突发事件进行有效的监测应对、控制和处理（陈安等，2009）。我国《国家突发公共事件总体应急预案》中，根据突发公共事件的发生过程、性质和机理，将其分为以下四类。

（1）自然灾害，主要包括水旱灾害、气象灾害、地震灾害、地质灾害、海洋灾害、生物灾害和森林草原火灾等。

（2）事故灾难，主要包括工矿商贸等企业的各类安全事故、交通运输事故、公共设施和设备事故、环境污染和生态破坏事件等。

（3）公共卫生事件，主要包括传染病疫情、群体性不明原因疾病、食品安全和职业危害、动物疫情，以及其他严重影响公众健康和生命安全的事件。

（4）社会安全事件，主要包括恐怖袭击事件、经济安全事件和涉外突发事件等。由于突发事件具有突发性、紧迫性、不确定性、高危害性等特点，因此当突发公共事件发生时，需要打破常规的管理程序。

现代危机管理理论主张对突发事件实施综合性应急管理。在其阶段的划分上，比较著名的说法是用“4R”来表示应急管理的四个阶段，即减轻（reduction）→就绪（readiness）→响应（response）→恢复（recovery）（陈安等，2009）。

（1）减轻阶段：在这一阶段，应当及时汇总分析本地区可能发生的突发事件隐患和预警信息，必要时组织相关部门、专业技术人员及专家学者进行会商，对突发事件的可能性及其可能造成的影响进行评估，并向相关机构通报。此外，还应建立健全突发事件监测与预警制度，包括完善监测网络、划分监测区域、确定监测点等，以尽量减轻灾害发生后的负面影响。

（2）就绪阶段：事先做出计划、筹备，以确保在突发事件出现时有效地应对，包括建立健全应急管理信息系统、应急预案体系、应急管理机制、应急通信系统、应急培训和演练、应急管理的资源准备和储备等。这一阶段准备得越充分，应对突发事件就会越有成效。

（3）响应阶段：突发事件发生以后，针对事件的性质、特点和危害程度，政府和社会对其做出反应，即所进行的各种应急处置和救援工作。主要包括进行预警提示、启动应急预案、组织紧急救援、实施控制隔离、抢修损坏设施、紧急疏散居民、保障生活供给、评估灾难程度等。响应是应对突发事件的关键阶段，需要快速的反应能力。反应速度越快，越能减少损害。

（4）恢复阶段：在突发事件得到有效控制之后，政府为了恢复正常的状态和社会秩序进行各种善后工作，即事后恢复与重建，主要包括善后处置、调查评估和恢复重建三个方面。

二、心理救援与应急管理

公共突发事件在给人们带来危害的同时也带来了巨大的恐慌。因此，突发事件对社会的影响是双重的，一方面表现为可以计算或估计的人员的伤亡、财产的损失、环境的破坏等显性问题；另一方面表现为当事人所遭受的心理冲击和心理失衡等隐性问题，有时被称为灾后心理危机。

美国心理学家卡普兰（Caplan，1964）认为，心理危机是指个体面临突然或重大应激时，无法用通常解决问题的方法来解决所出现的心理失衡状态。确定是否引发危机须符合三项标准：一是存在重大心理影响事件，如地震、雪灾等自然灾害，交通事故、矿难、火灾等事故灾难；二是事件引起了当事人的急性情绪扰乱或认知、行为等方面的改变；三是个体在短时间内不能自行恢复。根据世界卫生组织的调查，自然灾害或重大突发事件之后，30%~50%的人会出现中度至重度的心理失调，及时的心理干预和事后支持会帮助症状得到缓解。而在灾害后一年之内，20%的人可能出现严重心理疾病，他们则需要长期的心理干预。西方国家早在 20 世纪 70 年代，就将心理救助工作纳入危机救助体系，在日常心理教育、灾难心理干预、灾后心理辅导和治疗方面积累了一定的经验，并形成了一套完善的体系。我国在这方面起步较晚，由于当事人在心理治疗方面认知或经验的欠缺，因此即便在危机事件发生后，心理失衡并难以调整时，一般也不会积极寻求他人或政府的帮助。这时，心理危机对当事人的影响较大，是应急管理中不容忽视的问题。

《国家突发公共事件总体应急预案》指出，政府除了要对伤亡人员、应急处置工作人员按照规定给予抚恤、补助或补偿之外，还要提供心理方面的援助。从应急管理的阶段来看，心理危机可能发生在各个阶段，但化解心理危机、进行心理恢复主要在恢复阶段，即善后处置和重建阶段。因此，在自然灾害、事故灾难等突发事件发生后实施恢复重建的工作中，除恢复生产、生活、工作和社会秩序之外，心理恢复或心理重建也应是突发事件恢复阶段的重要内容。例如，2003 年的 SARS、2004 年的“云娜”台风、2008 年的汶川地震、2010 年的玉树地震等事件的发生使心理救助和心理干预在应对突发公共危机事件中的作用逐渐引起社会的共识并初见成效。

在应急管理的过程中，心理救援的主体是指组织实施心理治疗者和心理救援者，包括政府组织、其他公益性或行业性社会组织、心理救助专业人员，媒体在应急管理中通过报道新闻、发布信息、舆论监督等方式，承担一部分心理救援的功能。心理救援的客体指接收心理救援的人，包括心理失衡者个人或群体、心理失衡者的亲属、危机事件的经历者，一些学者将应急管理的参与者和心理救援者本人也纳入心理救援的客体当中，原因是他们在参与应急事件应对时，精神高度紧张、心理压力较大，也是心理危机高发的群体。

第二节 突发事件中常见的心理和行为

突发公共危机事件，特别是自然灾害和事故灾难这类始料不及的事件会对事发当地社会公众的心理造成不良影响，产生一系列反应。根据心理反应的不同阶段，可分为急性应激反应和慢性应激反应；从反应的程度上看，可分为轻微的心理反应、严重的心理反应和危机后心理创伤；从反应的对象上看，可分为个体心理应激和群体心理应激，这些反应有程度的不同。现根据反应对象的不同，对突发事件中常见的心理反应及行为特征做出讨论。

一、个体心理应激

从历次自然灾害和事故灾难对当事人个体的心理影响的研究来看，对相同的灾害刺激，当事人表现出不同程度的心理应激反应。心理应激是指有机体在某种环境刺激作用下由于客观要求和应付能力不平衡所产生的一种适应环境的反应状态。由于突发事件的偶发性和紧急性，个体面对危险信息产生一系列心理和生理的变化，身心处于紧张失衡状态，产生心理应激。急性应激反应也称急性应激障碍，在突发事件发生后数分钟或数小时内出现，持续时间较短。慢性应激反应在突发事件发生两天后出现，持续时间较长。应激反应主要有两种类型：一是积极的心理反应，表现为注意力集中、思维异常清晰等；二是消极的心理反应，表现为焦虑、紧张、激动、恐惧、叫喊、抑郁、冲动、认知能力降低、自我概念不清等。据统计，“5・12”地震发生后，有惊恐、焦虑等心理问题的人约占 47%，患急性应激障碍的达 20%。消极的心理反应会妨碍个体正确地评价现实情境、选择应对策略和正常应对能力的发挥，成为应急管理关注的焦点。

公共突发事件后的个体心理应激一般为消极的心理反应，主要包括以下几个方面。

（一）紧张恐惧心理

当个体预感到可能发生危险的情况但又无法应对时，出现极度的紧张和恐惧心理，并会持续到危机事件发生后的一段时间。危机事件发生对个体带来的危害性使个体产生紧张恐惧的内心体验，表现出惊慌、焦虑、急躁、高度警觉等情绪。

（二）无助失望心理

当危机事件发生后，由于个体受到不同程度的伤害或其他损失但又对危机事件无能为力，而在救援队伍还没有到来的情况下，无助和失望的心理随之而来。例如，地震等自然灾害发生后，受害个体会觉得脆弱无力，不知将来该怎么办，甚至会觉得前途渺茫、悲观失望，表现出情绪低落、对外界无兴趣和认知能力下降等。

（三）悲伤抑郁心理

突发危机事件特别是灾难性事故，当事人为亲人的严重受伤或死亡而难过、悲伤，由于个体的心理应激机制，往往出现抑郁心理，不愿与外界沟通，持续地表现出悲观、无助和绝望心理，行动迟缓、语言失序、注意力难以集中等。

（四）强迫性重复回忆

经历过灾难性事故的个体，强迫性重复回忆灾难的经历、逝去的亲人是较为常见的心理反应，睡梦中的重复、视觉化的想象、反复的语言表达等情况，个体往往无法自我抑制。

（五）过度反应和灾难联想

当事人个体对与灾难性事件有关的声音、图像、信息、气味等反应过度，并引发对事件的回忆或联想，表现出焦虑、失眠、易怒、易惊等。

研究表明，大规模的自然灾害或灾难性事故几乎会使百分之百的受难者产生不同程度的消极心理应激或心理问题，由于个体不同的心理状态和认知特征，他们在突发危机事件发生后表现出不同的心理反应和行为特征。在应急管理中，要有针对性地采取恰当的方法进行心理救助、化解心理危机，使个体尽快恢复正常生活，从而减少由个体心理问题所带来的其他社会问题。

二、群体心理反应

突发公共危机事件除了会对当事人个体产生不同程度和不同类型的心理影响，而且还会对社会公众产生心理或精神上的影响，此外，处置事件的程度和效果也直接影响到群体心理和群体行为。研究表明，由于受感染、暗示、群体压力等各种因素的影响，在危机事件发生时或发生后，个体往往不能冷静地应对危机，在群体中容易丧失理性而表现出一系列的反常行为，丧失正常的判断能力和认知能力，影响他人乃至相互影响，进而形成区别于个体的群体心理和群体行为，甚至有可能衍生出其他群体性事件。

公共危机事件中所表现出的社会群体心理反应主要有以下几个方面。

（一）群体认知失调

认知失调又称为认知不和谐，是指一个人的行为与自己先前一贯的对自我的认知产生分歧，从一个认知推断出另一个对立的认知时产生的不舒适感、不愉快的情绪。通常情况下，在同一时间有着两种相互矛盾的想法或者态度与行为不一致时，会引起心理紧张。公共危机事件中，由于个体所面对的事件与通常情况的不一致，如在矿难、火灾、群体事件等紧急情况中，容易产生内心的紧张，个体间相互干扰和影响，造成群体认知失调。正确地改变态度、增加认知、改变行为可以有效消除心理紧张状态，反之则可以成为群体认知失调的原因。

（二）群体焦虑

群体焦虑常常由个体焦虑发展而来，是特殊群体内心过于担忧的情绪体验。在社会心理学层面上，突发事件容易引起社会群体焦虑，与恐慌、流言、谣言等相伴而生。而群体焦虑又是引发群体事件的源头，导致群体的非理性行为。例如，2011 年 3 月，日本发生海底地震引发海啸，受日本核危机和我国国内谣言的影响，引起广东、浙江、江苏、福建、上海等地居民的抢盐风波，究其原因在于群体焦虑。

（三）从众心理

从众是与独立相对立的意志品质，表现为没有主见、易受暗示、不加分析地接受别人的观点。在公共危机事件中，由于受群体压力、恐慌、信息掌握不全等因素的干扰，个体常常放弃自己的意见而倾向于大多数人的态度和行为，以寻求安全感。群体规模大、凝聚力强、群体意见一致、信息的模糊、权威人士的影响以及个体的人格特征、性别差异和文化差异等都易产生从众心理和行为。从众心理和从众行为最初表现为模仿、跟从、无目的和无组织等特性，其后期的发展则表现为有目的、有组织、有秩序的活动，进而可能衍生出群体性突发事件。

三、抢险救援人员的心理反应

历次突发公共事件中所有参与救灾、抢险的工作人员，包括警察、消防队员、医护人员、志愿者、救护车司机、心理辅导人员等，他们的工作突发性较强、强度大、要求高，再加上工作中各种悲惨的见闻、重复的场面和相似的体验，给这些专业救援人员带来巨大的精神压力，使他们产生一系列情绪、认知、行为等应激反应，如恐惧、焦虑、无助、挫败感、麻木、自责、过分敏感等，严重影响了救援者的身心健康。这些心理影响有的短期存在，有的则长时间存在。例如，在应对 SARS 期间，由于治疗方法不明确、病情变化快等不确定因素，许多医务人员产生焦虑、悲观、挫败感等情绪。在汶川地震救援期间，诸多悲惨的场景致使救灾人员的心理受到冲击和伤害，从而诱发救援人员不同程度的异常心理应激反应，如情绪低落、神经紧张、悲观失望、抑郁、愤怒等。公共应急管理中，对抢险救援人员心理的关注，也是心理危机干预的重要方面。

四、影响突发事件心理反应的因素

影响突发事件心理反应的因素，主要有以下几种。

（一）事件本身对社会公众的心理影响

现代社会，突发公共事件种类繁多、暴发频繁，对社会公众的心理影响很大。突发事件后社会公众的心理反应取决于突发危机事件本身的特质，如危机事件的种类、灾难程度、影响程度、伤亡状况、事件发生的时间地点、持续时间的长短等，如地震、泥石流等自然灾害对社会公众的影响涉及受害者个人、受害者家属、救援者以及全国的每个人等，但不同的个体对事件的心理反应程度和行为表现特征不同。突发公共事件越严重、对社会的影响越大，人们的心理反应就越强烈。

（二）个体特征对心理反应的影响

个体特征包括性别、年龄、知识、经历、所处环境等，突发公共危机事件时的心理反应受个体特征的影响。

（1）性别因素。一般来讲，面对突发公共危机事件，男性比较冷静，具有自制力，会尽快想办法化解危机、摆脱困境；女性则容易出现紧张、慌乱、恐惧、暴躁、头脑不清晰等情况，容易感情用事、不计后果。

（2）年龄因素。一般而言，年龄越大，应对公共事件的能力越强，因此受到的消极心理影响越小，反之则越大。

（3）知识经历因素。危机事件发生时和发生后，个体对与事件有关的知识了解程度和社会经历会影响心理反应和应对危机事件的策略，如公共卫生事件。人们对疾病的传播和治疗等知识了解得越多、经历越丰富，应对事件的能力就相对越强，对心理的影响和压力就相对越弱。

（4）环境因素。个体所处的社会环境和生活环境是影响个体心理反应的重要因素。例如，地震后，建筑物遭到破坏，避险和疏散的困难、化工厂震后管道破裂和毒气溢出等都会加剧人们的恐惧心理，现场悲惨、救援缓慢、余震不确定等会导致人们的焦虑心理，丧亲、残疾、困难会导致人们的悲伤、无助、绝望等心理，信息不确切、他人的影响会导致群体性恐慌等。

（三）个性心理特征对心理反应的影响

个性心理特征，是指个体在其心理活动中经常地、稳定地表现出来的特征，主要是人的能力、气质和性格。这些特征影响着个人的言行举止，在处理各种事件过程中表现出不同的个性，反映出不同的精神面貌。例如，在面临危险时，有的人坦然处之，有的人则惊慌失措；乐观的性格有助于人们在应急情景中减轻心理压力，积极寻找解决问题的方案；抑郁的性格加剧消极的心理反应，使人易于在地震等灾难性事件中产生悲观情绪。

（四）个性心理倾向对心理反应的影响

个性心理倾向包括需要、动机、兴趣、理想、信念、世界观等，是人们行为的潜在动力，决定着一个人的态度、行为的积极性与选择性。正如具有不同心理特征的人对事件的心理反应和行为选择不同一样，具有不同心理倾向的人面对相同的事件表现出的解决问题的态度和行为也有较大的差异。世界观在个性倾向中居于最高层次，决定着人们的总意识倾向。例如，面对已经发生的灾难性事件，具有不同的世界观或信仰的人，有的人理性应对、积极避险，有的人则认为是命中注定，表现出悲观失望的心理，对事件听天由命，这不利于问题的解决。

（五）灾后的恢复和重建对心理的影响

突发公共危机事件对人们的生命财产造成严重损害，事后的恢复和重建能够减少或增加个体的心理反应，这是影响民众心理是否健康的重要因素。例如，在危机事件中因受伤而导致残疾或失业的人，心理上会产生消极的慢性心理应激。基本生活条件，如衣、食、住、行、卫生等方面的恢复或改善、工作的获得或支持、人际关系的恢复或建立等可以减缓灾后消极的心理反应，同时，也有助于化解心理危机，促使心理健康。

第三节　心理危机干预与心理重建

心理危机干预是指一个短期的心理帮助过程，是对处于困境或遭遇挫折的个体或群体，运用个人、社会和环境资源予以关怀、帮助和支持，使其恢复心理平衡。对于突发危机事件特别是灾难性事故而言，不论是直接受害者、间接受害者还是救援者，适当地对其进行心理危机干预可以减轻消极的心理应激程度，预防心理危机的进一步发展，促使心理平衡的恢复。

一、心理危机干预的模式和步骤

常见的心理危机干预模式是贝尔金（Belkin，1984）提出的平衡模式、认知模式和心理转换模式。

平衡模式（equilibrium model），其实应称为平衡/失衡模式。危机中的人通常处于一种心理或情绪的失衡状态，在这种状态下，原有的应付机制和解决问题的方法不能满足他们的需要。平衡模式的目的在于帮助人们重新获得危机前的平衡状态。在应急管理中，突发公共危机事件发生后，当事人个体通常都处于心理失衡状态，原有的危机应对机制出现错乱。因此，平衡模式最适合危机的早期干预，其重点应集中于稳定当事人心理和情绪方面，以帮助他们重新获得危机前的心理平衡状态。

认知模式（cognitive model）认为，危机植根于当事人对事件和围绕事件当前境遇的错误思维与认知，而不是与事件和境遇有关的事实。该模式的基本原则是，通过改变思维方式，尤其是通过认识其认知中的非理性和自我否定部分，通过获得理性和强化思维中的理性和自强成分，人们能够获得对自己生活中危机的控制。这种模式最适合于危机稳定下来并回到了接近危机前心理平衡状态的受助者。

心理社会转换模式（psychosocial transition model）认为，一个具体的人是基于遗传天赋和特定社会环境共同塑造的产物。社会环境和社会影响总是在不断地变化，人也在不断地变化、发展和成长，危机困难可能与内部（心理的）和外部（社会的或环境的）因素有关。危机干预的目的在于与求助者合作，以测定与危机有关的内部或外部困难，把求助者的内部资源与社会支持、环境资源充分调动和集合起来，帮助他们选择替代现有的行为、态度及使用环境资源的方法。结合适当的内部应付方式、社会支持和环境资源以帮助他们获得对自己生活（非危机的）的自主控制。这种模式要求涉及个人以外的环境，考虑需要改变的系统成分。同伴、家庭、职业、宗教和社区是影响心理适应的几个外部维度。与认知模式相类似，这种模式最适合已经稳定下来的求助者。

这三种模式为心理危机干预策略和方法提供了基础，在应急管理中，心理重建的危机干预应综合以上理论和模式，根据危机事件发展的不同阶段和不同的个体选择不同的心理危机干预模式。

1997 年吉利兰德（B. E. Gilliland）和詹姆斯（R. K. James）提出了危机干预的六个

步骤，分别如下所述。

第一步：确定问题，即从救助者的角度，确定和理解求助者本人所认识的问题。在整个危机干预过程中，工作人员应该围绕所确定的问题来把握、倾听和应用有关的技术。为确定危机问题，干预者可以使用核心倾听技术（core listening skill），即同情、理解、真诚、接纳和尊重。

第二步：保证求助者安全，即使自我和他人的生理和心理危险性降低到最小，在整个干预过程中应将这一点作为首要的考虑。在工作人员的检查评估、倾听和制定行动策略的过程中，安全问题都必须予以同等的、足够的关注。

第三步：给予支持，即强调与求助者沟通与交流，使求助者知道工作人员是能够给予自己关心和帮助的人，让求助者相信“这里有一个人确实很关心你”。

第四步：提出并验证可变通的应对方式。多数情况下，求助者处于思维不灵活状态，不能恰当地判断什么是最佳的选择，干预者应帮助求助者认识到，有许多可变通的应对方式可供选择。干预者应从不同途径思考变通方式：①环境支持，这是提供帮助的最佳资源，求助者知道有哪些人现在或过去能关心自己；②应对机制，即求助者可以用来战胜目前危机的行动、行为或环境资源；③积极的、建设性的思维方式，可以用来改变自己对问题的看法并降低应激与焦虑水平。

第五步：制订计划，即干预工作者与求助者共同制定行动步骤来矫正其情绪的失衡状态。计划应该包括以下两点：①确定有另外的个人、组织团体和有关机构能够提供及时的支持；②提供应对机制，增强求助者现在能够采用的、积极的应付能力，确定求助者能够理解和把握的行动步骤。根据求助者现有的应对能力，计划应切实可行和能够系统地帮助求助者解决问题。

第六步：得到承诺。干预者应从求助者那里得到诚实、直接和适当的承诺与保证，即求救者会去积极应对问题或根据计划实施行动。干预者在检查核实求助者的过程中要用理解、同情和支持的方式来进行询问。在这一步中，干预者要明确在实施计划时求助者与支持者是否达成同意合作的协议。

二、应急管理中的心理危机评估

心理危机评估是指心理工作者利用相关的理论和技术对心理危机的类型和严重程度进行鉴别、判断的过程。吉利兰德和詹姆斯指出，危机干预工作者应将检查评估贯穿于整个六步法的干预过程中，主要包括以下工作。

（1）对危机的阶段、程度的评估。首先要从阶段上了解心理危机是急性的还是慢性的，从程度上了解心理危机是轻微的还是严重的。对于急性的、轻微的心理危机而言，通过直接干预，求助者一般能够较快恢复到危机前的平衡状态，应用正常的应对机制和现有资源；对于慢性的、严重的心理危机而言，则需要建立相应的干预对策，进行长期的干预或治疗。

（2）对当事人的功能水平进行评估。主要是从认知、情绪和行为三个方面进行评估：①认知评估。包括当事者个体的注意力是否过分集中于灾难或悲伤事件而致使记忆和识别能力下降，是否有自责、夸大、无用等自我否定成分，对危机认识的真实性和一致性如何，等等。②情绪评估。当事人个体在危机状态中是否表现出过度紧张、焦虑、恐惧、愤怒、抑郁、敏感等情绪类型。③行为评估。当事人个体是否有言语表达障碍、悲观失望、拒绝他人关心、冷漠自闭和其他极端行为（如暴力、自杀等）。危机干预前对求助者现有功能水平的评估和掌握决定干预者对干预策略、方法和干预程度的选择，干预过程中的评估有利于检验干预的效果，也可以作为决定是否再次干预和调整干预策略的依据。

（3）评估替代解决方法、应对机制与支持系统。危机干预者要搜集各种对求助者有益的资源，并评价这些资源的意义。在评估有关求助者可应用的替代解决方法时，工作人员必须考虑求助者本人的观点和能动性，以及应用这些方法的能力。

三、危机干预中的倾听技术

在应急管理中，由于时间的紧迫性和需要采取有效的策略，因此需要危机干预工作者更加主动、积极和自信。吉利兰德和詹姆斯认为，良好的倾听技术是危机干预所必需的，这也是六步法中的一个主要内容。有效的倾听技术是以人为中心的咨询（person-centered counseling），这里简要介绍几种。

（一）封闭式提问

封闭式提问用于向求助者了解特别的或具体的资料，用来确认某些特别行为资料，以“是”或“否”来回答。封闭式提问的常用词有“是否”“能否”“有没有”“会不会”“曾经”等，常常在危机干预的初级阶段使用，以帮助危机干预者快速判断正在发生什么。否定式提问可用于封闭式提问，常用来作为听者与讲话者趋于认同的一种微妙方式。“不是”“不可能”“不会”等都是表明或暗示同意，如“你认为这不是真的吗？”实际上是一种暗示“我认为那是真的。”

（二）开放式提问

危机干预工作者常常对求助者缺乏反应和热情感到束手无策，为了得到更多的资料和有意义的反应，干预者需要改变封闭式的提问方式，进行开放式提问。开放式提问一般以“什么”或“如何”来进行，或者是要求深入和详细的表达。开放式提问鼓励求助者完整地叙述经过并深入地表达其内涵，并常用来引出有关求助者感情、思维和行为方面的内容。例如，可以用“请告诉我……”“请跟我谈谈……”“在什么情况下……？”等提问使求助者叙述自己的问题，用“你打算……？”“你将如何使它发生？”等提问使求助者自己构思计划。开放式提问一般不提倡问“为什么”这样的问题，因为它一般不利于收集到更多的资料。

（三）自己的感受

危机干预工作者在与求助者交谈的过程中，谈一些自己的感受、想法和行为很重要，可用第一人称来表达。一些做法如下所述。

（1）表明自己不理解或糊涂。不懂装懂式的陈述，只能让听者双倍地糊涂。承认自己糊涂并进行澄清，能使信任强化。

（2）表达自己的理解。处于危机的求助者会感到无人理解他们的处境，“我理解”的表达能够明确地告诉求助者你理解正在发生什么。

（3）价值判断。实话实说，判断并告诉求助者关于环境和其自身的有关行为。

（4）正强化。危机干预工作中，干预者要及时讲出自己的感受，当求助者做得好或某件事值得做，就要讲出来。

（5）个人的完善。当求助者出现咒骂、冲动或其他行为，干预者尽量不要流露出自己的愤怒、失望或感伤。

（6）决定性说明。给予求助者一些直接的、明确的决定和指导，旨在明确地要求求助者做某件事。

（四）移情式交谈与沟通

营造移情式氛围是指危机干预工作者准确地感受求助者的内心体验与想法，并直接告诉对方他可以感受与理解对方的一切，并且将自身的心境设置为与求助者相同的心境，可通过以下四种重要技术来实现。

（1）参与。倾听的第一步不需要说什么，更多的是看着对方，倾身、专心地听对方的叙述。干预者要注意对方的面部表情和身体姿势的变化，通过点头、保持眼神接触、微笑、给予适当的言语反馈、宽松、开放和与求助者保持较近的距离，向对方传达出关心、参与和信任的态度。有效的参与是自愿、自然和不做作，这是有效倾听的必备条件。

（2）言语沟通性的移情理解。如果能够准确地倾听并理解求助者内心的真实感受和情绪体验，并且能够准确地领会和关心求助者，那么这就是在有效地倾听。倾听（理解）的水平越深，越能够有效地帮助求助者，在交谈中对求助者所讲的内容适当做出反馈对求助者是有帮助的。对于求助者而言，有效的移情理解性沟通意味着侧重其表达的情感和认知内容，干预者要针对求助者的话题，而不是转移话题，或谈一些无关的人和事。

（3）非言语沟通性的移情理解。包括准确地感受和反馈求助者未言明的有关暗示、内容和行为。非言语的内容可以用多种方式来表达，身体的姿势、语调、眼神变化、四肢的动作、面部的表情等，求助者可能会通过不同的身体动作来表达自己的情绪，如愤怒、恐惧、犹豫、怀疑、绝望等，危机干预者应注意这些非言语的内容是否与求助者的言语表达一致，并要发现不一致的信息。求助者的非言语表达同样也适合于干预者，干预者的非言语表达必须与言语表达相协调。

（4）沉默。沉默是金，危机干预者连珠炮式的提问和夸夸其谈无助于解决危机，反而会对求助者产生不利的影响，因为要给求助者和干预者思考的时间。同样，干预工作者自己也需要有思考的时间，保持沉默但更关心求助者，可以加深理解和达到移情，它会使求助者得到这样的信息：“我知道你现在很难用言语表达你的痛苦，我理解你的痛苦，不过我相信你会战胜它的。我随时可以帮助你，如果你需要的话。”

（五）真诚地沟通

危机干预工作者要保持自己的本来面目，诚实地与求助者相互交谈和建立关系。不能简单地老生常谈，而是要言行一致。危机干预工作者要意识到在危机干预期间，自己的情感和体验必须无条件地与求助者保持一致。真诚的基本特征是自然、没有防御、言行一致、分享自我。

（六）接纳性沟通

危机干预工作除了无条件地尊重求助者外，还要完全接纳求助者的个人品质、观念、问题、境遇。即使求助者所做的事、所讲的话及所遭受的境遇与危机干预工作者的就职观念背道而驰，危机干预工作者也要能够将自己的需要、价值观和愿望搁置一旁，同时不要求求助者对无条件的接纳做出特殊的回报。干预工作者要能够做到关心和表扬求助者，而不计较其地位和遭遇，这样的话，求助者则会更容易接受和尊重自我。

（七）倾听

倾听是危机干预中必不可少的。为了做到很好地倾听，干预工作者必须全神贯注于求助者。首先，全部精力集中于求助者；其次，领会求助者言语和非言语的交流内容（有时求助者未讲的东西比讲出来的更重要）；再次，捕捉到求助者准备与别人，特别是工作者进行情感接触的状态；最后，通过言语和非言语的行为表现方式，建立信任关系，使求助者相信危机干预的过程。

倾听的第一个重要方面是在开始时向对方真实地说明自己将要做什么。倾听的第二个重要方面是以某种方式回答，让求助者知道，危机干预工作者正在准确地领会其所描述的事实和情绪体验，干预者可以通过复述和反馈来澄清问题和理解情绪体验。倾听的第三个重要方面是回答的技巧性，帮助求助者进一步明确了解自己的情感、内心动机和选择。技巧性的回答能使求助者感到有希望、信心和动力解决问题，并力图脱离危机的中心，使求助者能够开始用更加现实、合理的观念来看待危机，并迅速地建立自信和自控能力。倾听的第四个重要方面是帮助求助者了解危机境遇的影响因素，这样做可使求助者更加客观，以危机局外人和合理的方式来面对危机困境，而不是仍局限于自己内心的框框和感情用事。

四、危机干预工作者的行动策略

应用前面提到的危机干预六步法，再结合以下行动策略和建议可以帮助危机干预者更加有效地处理危机。

1. 认识个体差异

危机干预工作者要认识到每个求助者、每个危机境遇都是独特的，不能轻率地将问题归类并要求求助者更多地参与群体咨询活动，干预的方法如果不能做到对症下药，而采取刻板、先入为主和想一次解决全部问题的方式，都是错误的。

2. 评价你自己

任何时候危机干预工作者都必须全面、实际地认识自己，如自己的价值理念、能力水平、身体状况与情绪状态，客观、理性地面对求助者以及处理求助者的心理危机。例如，工作者需要不断地检查和弄清来访者的症状是否已超出自己的工作能力，如果发现自己难以胜任，就需考虑予以转诊，而不是大包大揽。

3. 保证求助者的安全

干预者所采取的方式、做出的选择和应用的策略必须时时都考虑到求助者和相关的其他人的身心安全，也包括干预者自己。

4. 给求助者提供帮助

在求助者危机阶段，干预者应该作为一个支持者直至危机被解决，对非常孤独和缺乏支持的危机者应采取关怀、体贴、同情和树立信心的策略。例如，可以提供自己的电话，让求助者在需要帮助时随时给自己打电话。

5. 明确问题

要从解决问题的角度出发，明确界定每一个问题。应向求助者指出其自身问题与事件环境的关系，并围绕危机者的核心问题，将各方面的问题澄清，明确迫切需要解决的首要问题是什么。

6. 考虑可替代的应付策略

可替代的应付方法是多样的，可采取开放式提问，启发求助者自己找到合适的多种选择。注意不要将自己认为合适的方法强加给求助者，而是向求助者解释在目前处境下什么方式最妥当。

7. 制定行动步骤

干预者协助求助者制订短期计划以帮助其克服目前的危机，再设计可以适用于长期的应付方法。计划应包括求助者自身的应付机制和周围环境能够提供帮助的资源，根据求助者目前的情绪状态和环境支持制订切实可行的计划。

8. 发挥求助者应付优势

危机干预中不要忽视求助者自身的长处和应对机制。危机事件常常使求助者暂时丧失通常的应对机制和能力，如果能够重新确定、解释和找出这些机制，可有助于恢复求助者的心理平衡。

9. 关注求助者的迫切需要

应该让求助者知道，对他们的迫切需要，危机干预工作者能够理解和提供帮助。

10. 转诊

对于超出干预者工作能力或者其他情况的求助者而言，需要尽早转诊，以使求助者及时获得帮助，如请求经济援助、社会福利、法律支持等，以便针对性地解决当事人的实际问题，将其转到更高级别的心理咨询机构或辅导者处以获得较长期的心理治疗、家庭治疗等。

11. 建立和使用工作关系网

与各种不同的机构建立个人联系，直接影响到能否有效地为求助者服务。律师、法官、政府机构人员、学校咨询人员、民政、地方有关的服务人员、商业部门的负责人、医务人员等都是工作关系网中的重要人选。

12. 得到承诺和保证

得到求助者的承诺和保证去应对困境或根据计划实施行动，是危机干预的一个重要方面。这样做有助于危机干预工作者了解求助者本人对关于自己的康复计划的详细认识和自主保证，并且可以澄清一些误解，为今后的随访做准备。

五、危机干预与心理重建的一些措施和注意事项

公共危机事件，特别是灾难性事件中，物质方面的恢复和灾区救援是第一时间必须要做的事，而危机干预和心理救助则是事后社会重建的第一步。研究表明，灾害发生之后的三个月为“灾后冲击早期”，如不及时采取合理的心理干预，可能出现一个幸存者自杀的高峰期。物质方面的恢复可以帮助危机当事人解决暂时的生活困难，而心理救援和心理重建才能抚平心灵的创伤。历次突发公共危机事件，特别是灾难性事件后的救援表明，心理重建在社会重建中具有重要的现实意义。

（一）对受害者或经历者心理干预的措施

1. 建立家庭和社会支持系统

面对突发公共危机事件，受害者如果得不到足够的社会支持，就会增加消极心理应激产生的可能性。个体对社会支持（如亲友的关心与支持、社会各界的援助，政府在生活、交通、医疗、教育等方面的重建措施）的满意度越高，消极应激反应的发生率就越低。因此，建立完善的家庭和社会支持系统，解决及时的需要和忧虑、提供心理支持和安慰，可极大地缓解危机当事人的心理压力，有助于其心理的恢复。

2. 提供准确信息，避免或减少压力源

政府部门要尽快发布准确的权威信息，充分发挥媒体的信息传播功能，正确引导社会公众，缓解不良情绪，防止群体恐慌和骚乱。

3. 鼓励受伤者倾诉

受伤者（包括受伤者本人和受伤者的亲属）在危机事件后初期往往处于麻木状态，对发生的突发事件存在否定倾向。为了使受伤者及其家属，包括居丧者接受事实，鼓励他们对事实进行回忆、表达内心的感受、哭泣、诉说，这有助于减轻他们内心的痛苦和

缓解心理压力，尽快摆脱事故灾难所造成的强烈恐惧和心理创伤，恢复心理平衡。学会倾诉是心理自我调适的最好办法，倾听者要与倾诉者分享感觉或分担悲伤。

4. 转诊——寻求心理治疗

危机事件中，一些危机当事人心理应激程度较高，心理反应、混乱情绪长时间不能恢复正常，并伴有严重的生理反应如失眠、噩梦、乏力、迟钝、没有食欲、身体不适和行为癖好（如抽烟、喝酒等），这时候要鼓励并帮助危机当事人寻求咨询辅导或临床心理、精神医疗等专业机构和专业人员的帮助。

（二）对救援人员心理干预的措施

救援人员参与到公共危机事件的应对与救援中，工作强度大、精神紧张，容易出现一系列的心理应激状态，如恐惧、焦虑、无助、挫败感等，同时，灾难性事件对救援者的心理影响在事件结束后的很长一段时间内可能依然存在，因此，进行适时的心理危机干预是必要的。对救援人员的危机干预阶段，一般分为应急期、亚应急期和中远期。

应急期一般在危机事件发生后的 20 小时以内，这时应对救援人员的初级认知评价给予干预。例如，使救援人员对危机事件的程度和危害的情况做出估计和评价，明确任务、制订计划，以减轻焦虑、激动等消极心理应激。

亚应急期干预可以通过团队的力量，相互鼓励和协作、适当休息、行为引导、转移注意力、与家人和工作人员适时交流等，帮助救援者树立信心、调节情绪。

中远期的心理干预可以鼓励救援人员进行自我情绪调整、树立坚强意志、适当掌握心理调适技巧。同时进行模拟训练，学会尽快适应环境，掌握一定的应对措施，尽量减少心理应急障碍的发生。在救援结束后，救援者尽量不要过多回忆悲惨的场面，放松心情、调整心态，预防创伤后应激障碍的发生。

（三）灾后心理援助中的常用话语

早期初次接触常用的十句话：

（1）您好，我是×××（机构名称）心理救援医疗队的某某大夫，您怎么称呼？

（2）您是从哪里过来的？

（3）您哪里受了伤？

（4）您是怎么受的伤？

（5）来医院后如何处理您的伤？

（6）您家里的情况怎么样？

（7）您与家人现在有联系吗？

（8）您心情怎么样？

（9）您睡眠怎么样？

（10）您将来有什么打算？

心理救援最常用的十句话：

（1）你是最坚强、最棒的。

（2）困难是暂时的。
（3）你现在非常安全。
（4）你的病痛肯定会得到解决。
（5）你的感受很正常，许多人都会这样。
（6）一切都会慢慢地好起来。
（7）政府正在积极地解决这些问题。
（8）想哭就哭，哭出来会好受些。
（9）灾难难以避免，我们要学会接受。
（10）对你的经历我们也很难过（曹连元等，2008）。

（四）违反心理救援原则的常用话语

（1）我知道你的感觉是什么。
（2）你能活下来就是幸运的了。
（3）你能抢出些东西算是幸运的了。
（4）你是幸运的，你还有别的孩子、亲属，等等。
（5）你爱的人在死去的时候并没有受太多痛苦。
（6）他（她）现在去了一个更好的地方，更快乐了。
（7）在悲剧之外会有好事发生的。
（8）你会走出来的。
（9）不会有事的，所有的事都不会有问题的。
（10）你不应该有这种感觉。
（11）你的生活要继续过下去。
（12）时间会治疗一切的创伤。
（13）你应该回到你的生活，继续过下去。

【课后案例】

《铭记》之心理救助

郑毅：以前的救助我们都知道，包括唐山大地震，其实救助最多的都是躯体的、疾病的、防疫的，这次能够把心理的问题提到日程上，能够派专业的队伍去上前线、去做心理救助，我觉得这对我们国家医学发展也好、对管理学也好、对人文关怀也好，都是一个进步、一个突破。

郑毅：当时一报道汶川地震这样的一个严重震级，再一报道这样短的时间内，数万人失踪、死亡，所以我觉得这是一个非常大的事件，所以当时我的会没开完我就要求回来，因为我知道这方面我是受过培训的，我又是主管这个工作的，我肯定要义不容辞去把这件事情做好。

2008 年 5 月 17 日上午，由北京市卫生局组建的第一支专业心理救助队伍，共 50 名来自专门针对老人、青少年、家庭、社会团体等不同领域的心理专家前往灾区。有媒体评论说，这是新中国成立以来，派出的最大规模的专业心理救助队伍。

郑毅：这一路上确实让我感触非常深，我们刚到机场，听说我们是救援的、是上灾区心理救援的，机场的安检也好、柜台也好、托运也好，全部都是帮助你绿灯，而且组织了机场服务人员帮我们推行李，因为我们带了好几吨药物、好几吨物品。我们上了飞机以后，机长、乘务长都跟我说，十几架在跑道上已排好队的飞机，为我们让路，让我们这架飞机先走，所以我们真的是觉得大家真是众志成城，全民都在抗震。

5 月 17 日中午，心理救助队到达成都。郑毅将 50 名心理干预治疗人员分成三组。第一组人员在各个收治伤员的医院，负责肢体受到严重创伤的灾民的心理救助。第二组进入受灾群众安置点，帮助受到不同程度心理影响的群众进行有效的情绪宣泄、心理安抚和沟通。第三组队员被郑毅带领前往都江堰、彭州、绵阳、北川等重灾区。

郑毅：我亲自到了都江堰跟汶川接壤的通道上，就奔着映秀去的紫坪铺那个通道上，那个地方就有救助站，我们亲自见到很多人被背下来，包括八十几岁的老人，身体非常虚弱，情绪非常激动，急需给予心理的安抚和支持，甚至心理的调节。

有研究表明，重大灾害发生后，心理障碍的发生率为 10%~20%，而根据成都第四人民医院心理危机干预中心的统计发现，在地震后心理出现异常的主要是孩子。

郑毅：其实我们最早的儿童救助，我强调这么几点：第一，一定要有一个以保护儿童为先的原则。第二，要进行合理的疏导。第三，要给他一个充分、稳定的支持。

5 月 20 日，郑毅来到成都第九人民医院，院方立即把他请到了一个目光呆滞、不吃不喝的 13 岁小男孩的病床边。

郑毅：他是来陪他奶奶的，他们家人有几个人被砸死了，奶奶被砸伤了。这个孩子哪儿也没有伤，但是不吃东西、不说话，当时我们问他的时候，他说我没事儿，我不害怕，我们说你不吃东西是不是因为有些害怕、担心，他说我不害怕，我当时还救别人呢……实际上地震的那种灾害的场面在他脑海里头是不断出现的，他只是没有发泄，没有表达出来。所以压抑以后出现了很多躯体化的不舒服，胃肠道的不舒服，还有其他的头疼、失眠等情况，所以这时候我们用放松的疗法，再用一些我们叫复境情绪打包技术和脱敏加工技术的方法合理地让他去宣泄。通过我们的治疗，大概十点半到十一点半，正好赶上快吃中午饭了，这孩子第一次主动要吃的吃，他觉得做完治疗以后，好像从心理上搬掉了一块大石头一样，我们在救助过程中发现他流泪了，发现他说出了心里真实的感受，在这种放松发泄以后，他的心情就缓和了很多，就会主动要吃的。

与此同时，一则关于某专家要求一儿童回忆创伤经历遭到拒绝的案例，正在网络上流传，引起了广泛的讨论。

郑毅：不是每个人都是按一个心理模式去调整自己的，不能专家认为这一个模式成功了，就把这个模式推广到所有人都应该按照这个模式去走，我是强调个体化的专业化、个体化的系统化、个体化的长期化的救助模式，所以说有些人愿意疏导、引导他，其实孩子最需要的是一个稳定的支持，有些孩子最后是主动跟我们说，当朋友一样说，而不是逼着他说，你不能一下来就触动伤疤最痛苦的地方，你一定要给他心理的准备时间，帮他疏导，讲起来。

与以往重大灾难不同的是，“5 · 12”汶川地震发生后，心理救灾受到了前所未有的关注。民政部、教育部、卫生部、团中央、妇联、演艺界及各类民间组织都以各自的方式展开对灾区的心理救助行动。截止到 5 月 24 日，短短的 12 天时间里，在灾区的各类心理工作者已达一千多名。

值得关注的是，心理危机干预工作者应由经过专门训练的心理学家、社会工作者和精神科医生等组成。而汶川地震后聚集在灾区的心理救援队伍，有的是专业人员，有的是靠热情和激情参与心理救助行动的人员。

郑毅：很多人后来对心理救援有一定的看法，甚至有人说把心理救援当成一种新灾难，当成一种恐怖的事儿，很多人就在医院里说，我就怕见着什么心理救援人员，因为他不知道哪些是合适的心理救援人员，很多人到这儿来就是问了一句两句，刺激一下就走了，因为他不是专业人员，解决不了，所以甚至我们去了一些医院，有的小孩甚至可能已经被六拨人员来问了一遍，这六拨人员都说他们是心理救援人员，结果谁也没解决问题。

针对灾区前期心理救助方法上出现的“撕伤口”的处理，郑毅要求心理干预一定要坚持专业化、系统化、长期化三个原则。

在郑毅和一些专家的倡议下，卫生部先后印发《心理自救互救宣传手册》、《心理危机干预方案》、《紧急心理危机干预指导原则》、《灾后不同人群心理卫生服务的技术指导原则》。

与此同时，在四川省科技厅的牵头下，四川抗震救灾“安置安心”心理救援行动专家组正式成立，旨在负责统管和协调从全国各地赶来四川的心理专家、志愿者、心理救援工作者，为他们提供业务指导和技术支持。

从 5 月 17 日到 6 月 3 日，郑毅率领的 50 名心理干预治疗人员，分成十几个小组，在成都、都江堰、绵阳、崇州、彭州等地，给受灾群众和抢险救灾的战士进行心理干预治疗，18 天的时间里，他们共进行群体筛查七千多人次，个别心理干预治疗 1 600 多人，还对当地多家医院的医护人员进行心理干预的技术培训。

郑毅：在救助过程中，我们一个最大的体会就是我们的工作专业人员紧缺，虽然有大量的心理救援人员，但是专业的人员、系统规范的人员太少了，后来我说，那我们抓紧写一本书，通过科学的案例指导、引导、帮助这些所谓不太专业的人员。5 月 22 日，郑毅带领的心理救助队完成了《灾难心理救助实用手册》的编写工作。4 天后，高等教育出版社将此书出版发行。

5 月 28 日，也就是地震发生后的第 16 天，一万册《灾难心理救助实用手册》运抵灾区并免费发放。

现在，郑毅正在编写一本《案例集》，该书汇集了郑毅和他的同事们在此次地震中亲自经历的心理救助案例。

——央视《新闻会客厅》7 月 26 日播出的《铭记》之心理救助，节目实录

【案例简析】

心理救援在公共危机事件处理中占据重要的角色与地位，但重要的是要提供应急事件中有关人员需要的、科学的心理援助服务，而不是一窝蜂地上、一窝蜂地撤，给危机

事件的有关人员留下更大、更多的心理伤痛，甚至产生消极的心理影响。我国需要尽快建立规范、机动、专业的心理援助队伍，培养相关人才，为应急管理的管理质量提升与效率提升服务。

【思考题】

1. 心理危机干预在应急管理中有什么作用?
2. 根据案例所提供的信息，危机干预在我国的发展状况如何?
3. 在心理救援和危机干预的管理方面，有哪些改进措施?

第十五章

公共管理心理学：新闻传播领域

【学习导读】

1. 了解新闻心理学的研究对象。
2. 理解新闻敏感性对新闻传播者的重要性。
3. 理解和掌握受众的心理规律。

【课前案例】

2010年，美国尼尔森发布了一份亚太各国网民的用户习惯报告，称在整个亚太地区，中国网民最喜欢发布负面评论，也只有中国网民发表负面评论的意愿超过正面评论，约有62%的中国网民表示，他们更愿意分享负面评论，而全球网民的这一比例则为41%。针对尼尔森的调查报告，中国青年报社会调查中心进行了相关调查，对于尼尔森这一调查结果，41.3%的中国网民明确“认同”，41.9%的网民认为批评性言论更有价值，35.6%的网民认为负面评论多表明中国网民维权意识增强。

——《中国青年报》2010年8月3日

报纸、新闻上的“坏消息”实例不胜枚举，我们不禁要思考——为什么在新闻报纸上“坏消息”如此之多呢？在新闻传播极大发展的当今时代，怎样才能根据受众内心活动的规律对受众进行正确引导？这个问题仍然困扰着人们。因此，在本章，让我们一起对新闻传播领域中的传者和受众的心理进行探索。

第一节　新闻心理

一、新闻心理

新闻心理是内隐的，难以直接观察到的，它是新闻心理学的一个重要研究对象。新闻心理与人的心理一样，也具有三个层次，即意识（心理的高级形式）、一般心理和深层心理（潜意识）。新闻传播者的采制编播活动，是意识驱动下的行动，属于心理的高级形式，在这些活动中会充分反映出他们的智慧、才华和职业创造性；新闻传播者的一般心理主要表现在他们的感知、记忆、思维、言语等认识活动中，如对新闻事件的敏感性、舆情判断与写作视角选择等；而潜意识则在新闻传播者的灵感、文风、情结等中显现出来[①]。

二、新闻主体的心理互动

（一）新闻信息流和新闻主体的心理流

新闻传播的过程也是新闻主体心理互动的过程。有研究者认为在网络新闻传播中主要有两种类型的内容在进行传播，一种是信息流，一种是意见流。在这里，信息流是指那些由各种组织或个人发布的纯新闻或信息；意见流则是指由信息所直接激发的主观认识与观点，类似美国传播学家罗杰斯（2002）所说的"影响流"。从新闻心理学角度看，所谓意见流（或影响流），就是指新闻主体的心理流。虽然传统媒体中的意见流不似网络新闻那么明显、那样频繁，但同样也大量存在。

"新闻信息流"与"新闻主体心理流"之间虽然有极大的相关性，但是它们分属两种传播结构。新闻信息流是刺激物，而心理流则是刺激的结果。新闻信息流和新闻主体心理流，有时是同步进行的，有时却不一定总是"结伴而行"。前者，伴随着电视、广播、网络等媒体的新闻播报的进行而进行，如现在很多新闻信息播报方式已经采取全天候连续传播，信息流也就呈现 24 小时的连续流动；而后者，则如某观众对某个新闻报道产生逆反心理时，或对新闻信息流的连续"轰炸"而厌倦，就可能会关机，拒绝继续收看，虽然这时新闻的信息流仍在"流动"，但对于这位观众而言，他接受这条新闻信息的心理流被阻断了。

（二）新闻主体心理互动模式

新闻主体心理互动模式如图 15.1 所示。

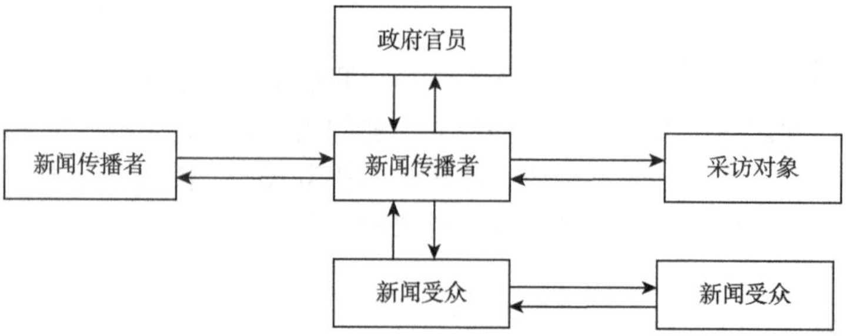

图 15.1 新闻主体心理互动模式

① 刘培林认为在新闻心理学的研究内容上，新闻行为应当是新闻心理学的一个重要的研究对象，其理由是新闻心理学作为心理学的分支学科，研究对象理应以心理学研究对象的演变过程为依据，而心理学科学的研究对象，特别看重了解人的行为，因此提出将新闻行为也纳入新闻心理学的研究范围。

关于新闻主体心理互动模式具体说明如下。

（1）在新闻传播活动中，存在着多种多样的人与人之间的心理互动：如政府官员与记者之间（例如，政府召开新闻发布会）；记者与采访对象之间（例如，应邀接受采访或者被动接受采访）；新闻工作者与新闻受众之间（例如，民众拨打热线电话爆料）；受众与受众之间（例如，民间意见领袖与其他受众之间的二级传播）；新闻工作者之间的心理互动（例如，同一媒体中从事不同工作的人之间或不同媒体间新闻工作者的合作与竞争）。

（2）在新闻传播活动中，各类人的心理互动主要表现在不同的社会角色之间的互动，如记者的职业角色与受众或政府官员之间的非职业角色（相对于新闻工作者而言）之间进行的互动。在某种情况下，职业与非职业角色之间可以出现暂时的角色互换，如受众去演播室暂时充当传播者的角色；又如记者招待会上，政府官员在回答记者提问时，又兼有采访对象的角色。

（3）新闻主体之间的心理互动既有良性的又有非良性的。例如，知名记者对媒体组织中的其他成员会产生自觉或不自觉的影响力，其职业魅力成为职业刺激，带动一些人，让缺乏清晰认知的成员自主行动起来；又或者记者通过与民众的采访互动，将民间声音呈现在报端或者电视、网络媒体上，引发积极的信息流与心理流，这都属于新闻主体间的良性互动。而新闻工作者与被采访对象之间的冲突，如发生于 2003 年 8 月 1 日江苏省南京市的记者被打事件，则反映出“掌握新闻资源的政府部门”与“掌握话语权的新闻媒体”之间的恶性心理（行为）互动，类似的还有污染环境的企业对于记者采访的排斥与抵触。

（三）新闻主体的心理机制

新闻主体的心理机制是探索其行为背后的心理依据，从而起到知其然（行为）又知其所以然（心理原因）的作用。

“泛化统合”机制在新闻主体的心理发展中发挥着重要作用，特别是在受众层面，“泛化统合”是指将相互间不存在必然关联和显著影响的不同事物，通过更改它们之间的关系而使其成为相互联系和影响制约的同类事物或同一事物的不同方面，进一步再将这些事物相提并论，即整合在一起。这种形式的“泛化统合”机制，通常是将事物之间的相关联性的相互影响泛化为事物之间的因果联系和充分条件性的相互影响，从而使不同事物在心理层面上似是而非地统合为同一事物或同类事物的不同方面。例如，人们对个人收入的较慢增长与腐败官员的大额贪污之间、社会的开放繁荣与社会的问题频发等现象之间的认知判断、分析解说和相应的系列行为，反映和体现了这一机制在人们心理调适和行为应变过程中所产生的影响。例如，有研究者认为，媒体有关严惩贪官的报道，令受众（民众）大快人心，特别是那些因个人收入微薄、处于社会底层的民众，尤其对腐败分子非常痛恨，一些人进而泛化到对党、对政府有不满情绪，惩治腐败的新闻会在一定程度上促使其实现心理宣泄。其实，对绝大多数老百姓来说，他们个人的生活状况与某个党内腐败分子的作恶和倒台并无直接的因果联系。但由于“泛化统合”机制的作用，他们常常会在潜意识里将这二者统合在一起，形成一种似是而非的因果关系：好像严惩贪官会影响自己生活水平的变化。受众的这种认知偏差，客观上可能会起到稳定社会的作用。反过来，媒体对于个别富人奢靡生活方式的渲染报道，则会显著地降低大众的生活幸福感体验，进而泛化为普遍的仇富情绪。

具体对于新闻记者而言，个人职业素养、职业能力与心理倾向具有很大的个体性差异，以采访质量为例，新闻成果的质量只是一个外显值，其内在心理机制包含了新闻工作者的职业知觉（新闻嗅觉）、采访应变、素材组织与写作创新等变量，核心是个人的创造性思维水平的高低。创造性思维优异者，新闻嗅觉灵敏、应变能力较强、素材加工独特、写作质量很高。而创造性思维具有的三个特征：思维的流畅性、思维的灵活性、思维的独创性，在新闻工作者的职业成功中具有关键性的心理机制意义。

第二节 传播者心理

“人的全部心理活动可以一分为二，有些归于智力，有些归于非智力因素，第三者是没有的”（燕国材，1993）。智力即智慧、智能，指人们一般的、综合的认知能力。智力活动又称认知活动，新闻工作者的智力因素包括观察力、记忆力、想象力、思维、文字与口头表达能力等。非智力因素是指人们进行各种活动时的智力因素以外的全部因素的总称，它是由动机、信念、兴趣、情感、意志、气质、性格等心理要素组成的。智力因素和非智力因素在人们的实践活动中是同生共长、相互作用、相互制约的。离开了智力活动人们就无法认识客观事物，但离开了非智力因素，智力活动就失去了方向、动力。新闻工作者的心理因素对其行为起着导向、调节和选择的作用，而其中“新闻敏感”是传播者最主要的心理素质和专业能力。

新闻敏感，是指新闻工作者发现和判断有价值新闻的能力，是一种职业敏感。新闻敏感是记者的政治敏感和业务水平的集中表现，其强弱直接影响记者采写新闻的数量和质量，甚至决定记者的职业命运。

一、新闻敏感与社会认知

（一）新闻敏感与社会知觉

从心理学方面看，与新闻敏感联系最直接的心理现象就是社会认知。记者采访属于社会活动，在采访中出现的心理现象自然也就属于社会心理，而社会心理的内在过程是从社会认知开始的。社会认知的最初阶段是社会知觉，在此基础上形成社会印象和社会判断。新闻记者面对纷纭复杂的社会现实，迅速、准确地选择出具有新闻价值的事实，进而判断、预见自己所选择的新闻事实的社会反响，这一系列的心理过程，既是其认知过程，也是其新闻敏感产生的过程。

新闻敏感的第一步就是新闻记者须从无数事实中优先、准确、迅速地选择出具有新闻价值的事实来，这正是社会知觉选择性的一种表现。

不同的新闻工作者把自己的新闻敏感点落在不同的事实上，或落在同一事实的不同角度上，造成这种差异主要在于内因，即个人的心理背景。心理背景是由新闻工作者本人已有的知识经验、动机、需要等心理要素转化来的，决定了新闻工作者对哪些事实最敏感、哪些事实最易被其社会知觉所选择。

（二）新闻敏感与社会印象

社会印象是在社会知觉的基础上形成的，是存留在新闻工作者记忆中的认识客体的形象，即外界事物的表象。当新闻工作者通过本人的社会知觉选择了某一事实作为报道对象时，这仅仅是新闻敏感的开端，还须将该事物与自己头脑中积累的知识经验和各种印象进行比较、分析，进一步证实所选择的事实的准确性，预测其新闻价值的大小，判断该新闻与受众心理中的社会印象之间的匹配性。

（三）新闻敏感与社会判断

一位新闻工作者的新闻敏感性是强还是弱，不仅仅看他选择了什么、分析比较了什么，更重要的是看他对所选择的事实加以分析、比较后得出的社会判断是否正确。社会判断是在社会知觉和社会印象的基础上形成的对认知客体的评价和推论。社会判断是新闻工作者下决心将所选择的事实转化为新闻报道的前提。当这种社会判断是准确的，如发现新闻与受众的社会心理印象差异极大，或者匹配性极高，这样的新闻报道更容易被受众承认，并且产生较强烈的社会反响，这时受众就会肯定该新闻工作者具有较高的新闻敏感。

二、新闻敏感与人格特质

人格是对于新闻工作者而言，它不仅直接影响新闻敏感程度的强弱，而且对其综合性的新闻素质有决定性作用。纵观中外记者，数以千万计，每个人都会有不同程度的新闻敏感，但往往具有高度新闻敏感的新闻工作者才有可能成为知名的新闻人。他们所选择的新闻事实、所写出的报道常常产生振聋发聩的社会效果，对于社会大众的心理、社会制度的变迁等都可以产生深远的影响，原因何在？

美国心理学家 H. H. 凯利认为每个人头脑中都构成了一定的心理组织结构，如同一个“有色镜头”，人所看到的一切事物都要经过这个“有色镜头”的过滤。知名新闻工作者与一般新闻工作者的差异正是在于他们各自的“有色镜头”不同。组成这个“有色镜头”的因素非常复杂，它包括了个人的知识经验、生活方式、文化背景、情感意志、兴趣爱好、认识方式、个性特征等，人格特质在其中具有决定性的作用，制约着反映客观现实的那个“有色镜头”组成，而该“镜头”又制约着新闻敏感的强弱等。

第三节 受众心理

我国“受众”一词是从英语 audience 翻译过来的。如果仅就广播、电视的接受对象而言，常译作听众、观众；如果就大众传播的接受对象而言，则译作“受众”，也译作“受传者”、“传播对象”、“阅听人”或“传媒大众”。大众传播是以传播者搜集、制作、传递信息而开始，以受众接触、接受信息并对信息做出反馈而结束，所以受众是大众传播的信宿，即“目的地”。因此，自从人类出现大众传播现象以后，也就有了受众的存在。大众传播的传播者总是把自己的传播意图直接或间接地指向受众，并有意无意地把受众接受传播的状况作为自己传播是否成功的一个参照。

一、受众的特点

（一）受众不是一个有组织的群体

由读者、观众、听众组成的受众群体是无组织的、极松散的。受众缺乏参加群体的明确意识，受众之间只是基于媒体作为链接，具备了一定程度上的心理联系，相互之间并无直接的接触、交流和协作。因而受众是无组织群体，不同于有组织、有结构的群体，如政府、学校、企业、社团等。有组织的群体为了维系成员之间的关系，增强群体内部的团结和凝聚力，对于各成员往往就要有比较明确的角色期待，甚至制定相应的角色规范，建立一定的群体结构。

（二）受众与传播者并无直接的联系

在社会活动中，任何角色都存在着相对应的角色，相互组成角色伴侣。角色伴侣之间一般都有直接的联系或交往，如学生与教师、医生与病人、店员与顾客等都是如此。受众与传播者是对应的角色关系，但与一般的角色伴侣不同，他们之间很少直接地联系，甚至从未谋面，而且受众是匿名的，人数众多，传播者可能根本不知道他们的姓名，但受众又是传播者服务的对象，因此，受众可以对传播者有很高的角色期待，而传播者对受众的角色期待就很宽松，甚至欠缺。

（三）受众的受传行为通常是个人行为

受众不是一种社会职务分工，作为社会角色，其角色行为主要是主动或被动地接受大众传媒的信息传播，通过视听活动，或者二次传播活动参与新闻互动。受众可以根据个人心理偏好、信息传播途径的可得性、受传成本等变量自由地选择传媒，与新闻之间的互动交流完全是个人的行为，因此他们对传媒、对传播者并不承担社会责任，但如果受众进行了二次传播，已经转换角色，就要对传播信息的真伪与否、社会影响等负责。

二、作为社会角色的受众心理特征

大众传播活动是现代化社会中一项十分重要的活动，微博、微信等微媒的诞生与发展更加促使很多人都在大众传播活动中占据了一定的位置，承担着某种任务。

仅从社会角色考察，其中最重要的是两种角色：传播者角色和受众角色。在角色期待上，受众虽然在接触大众传媒、享用大众传播的内容时，通常也要付出一定的经济成本，但除此之外，对于受众来说，几乎不存在什么明确的角色期待，即使有，也是极其宽松的，没有很高的期待水平，更无相关的角色规范和相应的奖惩制度。角色期待的这种宽松性，就使受众的角色表现不可避免地带有很大的随意性。例如，对于大众传媒所传播的内容，看不看、听不听，可以完全自主决定，不受任何约束。看什么、听什么，也可以由自己选择。怎么看、怎么听，如是认真看（听），还是随便看（听）；是坐着看（听），还是躺着看（听）；是去卧室看（听），还是去厕所看（听），也完全看自己的兴致，至于看了听了之后，是否记住、是否理解、是否接受，也是自己的事。

由于对受众的角色期待的宽松性和由此而来的角色表现的随意性，受众在角色心理上就具有以下特征。

（一）受众是难以对付的

受众一方面可以对传播者、传播媒介提出许多要求，另一方面自己的受传行为却比较随意，从这一点看，传播者与受众是不平等的。传播者、传播媒介要想获得比较满意的传播效果，不可能对受众提出很多要求，而主要只能依靠自身的努力。在这里，任何对受众的抱怨、责难都是不切实际和不明智的，因而也是无效的。在大众传播领域里，再也没有比对受众发指示、下命令更可笑了，因此，习惯于长官意志的人到大众传播领域工作，必须要经历一个心理调适过程。

（二）受众是轻松的

受众的受传行为是自由自在的，很少受约束的，因而作为一种角色，受众是很轻松的，当他需要看、需要听，就可以去看、去听，所以许多人在工作之余，都会把看报、看杂志、看电视、听广播、上网当作休闲享受，以消除疲劳。所以，在内容选择上，会特别注重能够让其感到快乐、感到享受的方面，排斥让其感到压力与不适的方面，“轻松”是受众一个重要的心理追求。

（三）受众的自主性

受众的自主性是指受众在视听传播的过程中，对自身的心理、行为的主动控制的心理特性，是受众自我意识的重要表现。传播媒介、传播者可能很强大、很权威，但是面对受众时都可能显得脆弱无力。因为传播的单方面不如沟通的双方面更能让信息直接地注入受众的心田。任何有效的传播都依赖于受众与传播媒介、传播者的互动，所以传播其实也应该是双向的，没有受众的参与、协同，传播媒介和传播者的传播行为都会因无所归宿而变得毫无意义。

受众自主性的增强已构成当代我国大众传播中的一个重要特点，而受众受传过程中的自主性是通过多种心理活动来实现的，主要有选择、审辨、加工、投射、探究等。

1. 选择

受众在视听传播过程中，并不是一视同仁地对待所有传播，而总是选择一定的传播媒介、传播内容作为自己受传的对象，对其他传播媒介、传播内容则予以排斥或淡化。正是这种选择心理的作用，使受众可以用较少的时间和精力去满足自身的受传需要，避免在受传中因无目的的视听而在精力和时间上付出不必要的代价，使受传行为更富有成效。

关于受众的选择心理，美国传播学者约瑟夫·克拉帕（Klapper，1960）曾进行过研究。他指出：受众由于受原有的态度倾向、观点和兴趣的影响，视听传播是一个选择过程。这种选择包括选择性接触（注意）、选择性理解、选择性记忆三个方面，这一研究成果具体揭示了受众选择心理的内涵，使受众的自主性得到了更清晰的说明。

"选择性接触"是指受众接触传播并非是来者不拒的，而是只将一定的传播媒介、传播内容作为自己的注意对象。就受众的受传过程而言，受众注意的只是符合自己需要、自己感兴趣的传播媒介和传播内容。人们在日常生活中就不难看到此种情景：一个读者看的只是众多媒介中的几种或一种，所看的也只是一种媒介或几种媒介中的部分内容。

"选择性理解"是指受众在注意到部分传播内容之后，还会根据自己的认识对内容进行解释。由于没有完全相同的经验，每一个人的领会也就有所不同，每个人按照自己的方式去理解它，并且掺入了自己的感情。

"选择性记忆"，由于现代社会大众传播内容的数量过于巨大，人们往往只能记住其中的某些内容，而对其余的传播内容的记忆却模模糊糊，甚至完全忘却。其中被记忆的可能有两类：一是使人不愉快的、痛苦的事，由于刺激的强烈，往往不容易忘却，但人们并不喜欢回忆它，记住它也往往是无意识的；二是使人感到重要的，与个人的兴趣、需要相符合的，人们即使不一定有意要记住它，但会常常情不自禁地回忆它，因而就容易铭记在心，而不易忘却。

选择性接触、选择性理解、选择性记忆都受同一心理机制的制约，即要求大众传媒所传播的信息与自己原有的心理结构相一致、相协调，这实际上是一种心理防御机制：维护主体的独立性和自主性，避免外界不相关信息的干扰。

需要指出的是，克拉帕所说的选择性接触、选择性理解、选择性记忆，主要是对受众受传过程中的认识活动来说的，而受众在受传过程中除了有认识活动之外，还有情感活动和意志活动的参与，这些活动也是具有选择性的。例如，受众在受传过程中随着传播者的表述，会被传播中的人物、事件激起情感上的波澜，或喜或悲，或爱或恨，对于事件的传播过程和情境也常常会产生身临其境的参与感，这些情感活动也会因人而异，为受众选择心理所制约。受众在受传过程中，有时还会遇到一些比较专业的、深奥的传播内容，还需要自己克服困难，努力去读它、看它、弄懂它，这就需要意志的参与，而意志的参与也是有选择性的。受众只会对他自己十分需要的内容才愿意付出意志上的努力。

从上述分析中可以看出，受众对大众传播的选择，总是受着双重因素的引导，一是客体的特性，如传播内容、传播方式的特性等；二是主体的需要和素养。受众的每一种选择，不仅意味着客体的被取或被舍，而且也意味着主体能动地选择客体是否烙下印记，通常具有开放性人格特质的受众更容易接受新鲜事物及其影响。

2. 审辨

审辨是受众视听传播过程中的一种重要心理活动。通过审辨，受众对视听到的传播要做出鉴别与评价，对自己肯定的传播予以接纳，而对自己否定的传播则予以排除或批评。审辨思维充分表现了受众在受传过程中的自主性。

受众对传播的审辨主要包括两方面：一是对传播本身的审辨；二是对传播所涉及的客体的审辨。

对传播本身的审辨，主要包括以下几个方面。

对传播者的审辨——传播者是否权威、可信，传播动机是否正确，传播态度是否公正，等等。

对信息来源的审辨——信息来源是否可靠。

对传播内容的审辨——内容是否真实、准确、新鲜，观点是否正确等。

对传播价值的审辨——传播的事实是否具有意义、是否有趣等。

而对传播所涉及的客体的审辨，主要包括对传播所涉及的人物、事件、现象的是非、曲直、美丑、善恶等的判断和评价，此种判断和评价反映出受众对社会、对生存环境的关注。

现代社会中传媒所传播的信息是受众分析了解社会和生存环境的重要渠道，人们对传媒所传播的人物、事件、现象等进行评价，是参与社会的重要心理形式，也是舆论形成的重要源头。受众对传播的审辨，可能是以公认的社会标准作为审辨的尺度，也可能是以个人所认定的标准或者个人的喜好作为审辨的依据。因此，受众的审辨与传播者、传播媒介对传播内容的审辨就可能一致，也可能不一致，甚至相悖。在我国，传播者、传播媒介通常是以公认的社会标准作为自己审辨事物的依据，如果受众采取的是个人审辨标准，受众的审辨与传播者、传播媒介的审辨就可能很不相同，而受众之间审辨的差异也会很大。

3. 加工

受众阅读报纸、收听广播、收看电视的过程，并非是简单地、机械地接受传播，而是一个主动的信息加工过程。这种加工，是以受众自身原有的知识经验为基础，以满足自身的需要为目的，所以具有很强的自主性。受众对传播的加工是从知觉开始的。受众视听传播过程，思维并不是死板的、凝固的，而是活跃的。思维加工就是思维活跃的一个重要表现。

传播媒介所传播的内容，是传播者根据自身的经验和认识对客观世界所发生的事件经采集、加工而成的，带有个人认识的特点。这种特点并不一定符合受众需要并适应受众的认知结构，因而对于受众来说，大众传媒所传播的内容是“异己”的，需要通过自己的思维加工才能使之转化为自己所需要并适合自己的认知结构的东西。

受众对传播内容的思维加工表现于整个思维过程之中，主要思维加工形式有扩展与简化、具象与抽象、分解与合成等。

1）扩展与简化

受众在视听传播过程中，往往会用自己的经验来对传播内容进行补充和延伸。例如，他会根据自己看到或听到过的类似事情来对传播内容进行类比、解释、想象，可以在内心将一个简讯由此扩展为一个富有情节的故事。在日常生活中常见到此种现象：当一个人将所看到或听到的信息再转告他人时，就会添枝加叶，使信息大大扩展起来。其实，这种扩展在他接受视听传播时已经在内心发生，只是此时在与别人交谈中有机会表现出来罢了。有时一个信息之所以会在传播过程中变形、失真，并非是人们有意要改变事实，而是受众在头脑中对信息加工时进行了扩展，又在传播中将原来的信息与自己的加工混杂在一起了。

扩展虽然是以传播内容为依据和出发点的，但此种扩展具有很大的自由空间。因为受众既可以用自己的经验来补充它，也可以用自己的想象来扩展它。浮想联翩是受众在接受传播过程中常有的心理现象。这不仅是受众受传的自主性的具体表现，也是受众受传的一种乐趣所在。当然，如果传播者对事物的表现过简，甚至缺少必要的成分，受众的扩展就会因失去依据而远离真实，从而影响传播效果，对于新闻报道来说更应该注意这一点。

与扩展相对应的是简化。简化是受众加工信息的另一种重要方式。面对比较丰富、复杂的传播内容，受众会自觉或不自觉地在头脑中将它简化。一则很长的通讯和评论，受众接受的、识记的，可能只是一两个事件、一两个观点，甚至一两个警句。简化是一种重要的心理机制，它使受众消耗较少的身心成本，却能有效地处理和接受繁杂的信息。大众传媒的编辑为了帮助受众做好信息简化，往往先以简短的标题、提要等方式，再配以详细的图文内容提供信息，受众简短扫描标题，就可以决定是否详细阅读聆听等，所以目前网媒中出现了一种 “标题党”现象，一些小编用低俗的标题吸引受众，甚至文不对题，将原本健康积极的传媒简化意图糟蹋掉了。

2）具象与抽象

电视和报纸上的图片都是以图像来表现事物的，受众从中获得的形象通常与传播的图像不会相去甚远，只是在选择心理的作用下，对图像的知觉和理解的重点可能不同。而报纸的文字、广播的语言是抽象的符号，受众从语言文字中获取的形象则是以自身的表象或想象演绎语言文字符号而形成的，而一个人的表象和想象是与经验、知识、个性相联系的。因此，同一语言文字符号对事物的描述，由不同的受众视听，在头脑中可以演绎出完全不同的形象。

与具象相对应的是抽象。受众在理解传播内容时，往往会伴随抽象的思维过程。受众在视听、理解传播内容时，会对其中丰富的感性材料进行由表及里、由此及彼的加工改造，从而获得一定的抽象认识。这种抽象的正确与否、深刻与否，完全决定于受众的需要和思维能力。大众传媒的新闻报道主要是客观报道事实，新闻报道中的事实虽然为受众的抽象提供了依据，但是由于主观的需求以及条件的不同，受众的抽象过程和结果就不尽相同。例如，有的是从全局的联系中来进行抽象，而有的是就某一局部事实进行抽象；有的是进行深层次的抽象，而有的则是进行浅层次的抽象；等等。正因为如此，大众传媒往往对重要的新闻报道配以评论，对新闻事实进行升华，抽象出最重要的认识，以期对受众的抽象进行引导。

3）分解与合成

报纸、广播、电视都是集合传播。广播、电视具有时间的连续性，而报纸不仅具有时间上的连续性，而且具有空间上的广延性，现在手机作为移动通信设备，更是快速普及，微博、微信等各类手机 APP 的使用，促使微媒的传播效率显著提高，将传统的“广播+电视+报纸”的形态进行了拓展，也具有了时间上的连续性与空间上的广延性。

面对传媒的集合传播，受众不可能对它们进行笼统的视听，而是有一个组织过程。分解与合成就是受众心理的组织作用的具体表现。格式塔心理学证明，人的心理并非只是被动地接受外界的刺激，而是具有组织作用，即将感受到的刺激组织成“完形”，从而能感受到事物的整体性。格式塔心理学认为，心理的组织作用包含两种矛盾而又统一的作用，一种是结合作用，即把几个相关联的成分结合成一个整体；一种是分离作用，把一个部分从与其相关联的整体中分离出来。我们在受众的视听过程中所看到的合成与分解正是它的一种具体表现。

一项传播内容可以采取连续的形式或广延的形式，这是由传播者根据内容和需要来确定的。但是，受众在接受传播内容的过程中，往往会在自己头脑中将其进行分解与合成。这种分解与合成可能与传播者采用的形式相一致，但也可能完全不同。受众完全可以根据自己的需要与兴趣，将传播者所规定的视听单元，如一篇报道、一个专栏、一个专版分解成若干部分，只将其中某一部分作为自己视听和理解的对象。在分解的同时，受众还可以将这些已分解的部分重新合成，使其成为自己确定的视听单元，并在此基础上对它们重新加以理解。

4. 投射

投射是指个体在接受外在刺激时，把自身的经验、情感投射到对象上去的一种心理现象。

受众在视听新闻报道特别是现场的实况转播时，随着新闻人物的兴衰际遇、事态的跌宕起伏、景象的转换更迭、受众也会随之思绪飞扬、心情激荡，似乎自己不是在视听传播，而是身处新闻现场，与新闻人物经历着同一事件、同一命运，因此有时不禁会为之呼喊、惊叹，甚至做出相应的动作来。

投射虽是传播刺激所诱发的，但与受众的心理需求、心理状态有关，具有很强的自主性。同样是下雨的报道，在干旱地区的受众眼中，雨是欢快的、可爱的；而在原已受涝的地区的受众眼中，则可能是哭泣的、讨厌的。

投射具有双重性，既可以帮助受众去体会、理解传播内容，使受传成为一种再创造的过程；也可以使传播内容经过受众主观因素的折射而产生畸变，从而使传播者的传播意图无法实现。就传播效果而言，前者是积极的，后者是消极的。为防止产生后者的消极效果，需要受众在受传过程中淡化自己的主观投射，使自己能比较客观地来接受传播的内容，即在感受和理解外界事物时保持一种平静、超然的心态，减少、淡化自己的主观心理影响和干扰。

5. 探究

人都有一种探究心理，亦即好奇心理。探究、好奇是人的先天本能，经过后天学习不断发展，成为人学习的重要驱力。

受众在接触传媒时，往往在探究心理的驱使下，对传播内容产生探究、好奇的心理与行为。传媒所传播的新闻都是新近发生的事件，本身具有新颖、新奇的特点，因此特别容易激发人的探究兴趣。探究需要具有一定的智力水平，因此，此种探究兴趣在具有较高智慧水平的受众身上表现最为明显。如果说投射主要诉之于情感，探究则主要诉之于理智。受众通过探究而与传播者产生深层的心理互动，使传播内容获得新的诠释。

受众的探究通常是向两个方面展开：一是围绕事物本身进行，如探究传播所反映的人物、事件、现象的意义、特点、性质及其发生发展；二是围绕事物的关系来进行，如将传播所反映的人物、事件、现象与其他人物、事件、现象进行比较，探索其间的关联、分析相互间可能产生的影响等。

受众的探究有几个特点：一是选择性，传播内容新颖、重要而富有内涵的总是比老套、次要而浅薄的更容易引起受众的探究。二是主动性，受众的探究并非是外界所规定的，而是出于自身的需要和兴趣，因而完全是一种主动行为。三是短暂性，受众每天接触传媒的各种信息，在通常情况下，即使对某一传播内容进行某种探究，也是即时的、短时的，不会做长时期的专门研究，因此也不可能很深入。但是即使如此，受众对传播内容的短暂探究，也加强了传播内容对受众的影响，深化扩展了传播效果。

综上所述，受众在受传过程中所产生的选择、加工、审辨、投射、探究等心理活动，使其得以在受传过程中保持自主、摆脱盲从传播的“容器人”的被动状态。也正是依赖于这些心理活动，受众才能真正消化传播内容，使之从传播者所有的东西转化为受众所有的东西。同时选择、加工、审辨、投射和探究这几种心理活动并不是截然分开的，而是相互联系、交融的。例如，在选择心理活动中有审辨的过程，在加工心理活动中常伴随有投射和探究。但是每一种心理活动的特点不同，所以才分别加以讨论。

三、传媒的可控性与受众的自主性关系

可控性与自主性既有联系又有区别。自主性是指受众对自身受传心理和行为的自我把握，可控性是指传媒给予受众控制传媒的一种可能性。各种传媒对于受众来说都是具有某种基于选择性的可控性。例如，报纸有多个版面，这就赋予了读者选择的可能性；电视有多种频道，这也就使观众有了可选择的空间。随着时代的发展、社会的进步，传媒给予受众的可控性是越来越大的。例如，报纸版面和电视频道的增多，都使受众对传媒的可控性增强了，如电视遥控器的使用以及报纸“导读”的出现等业务和技术上的改进，都使受众从传媒那里获得了更多的可控性。一般来说，传媒给予受众的可控性越大，则受众获得自主性的条件越充分。在当今的传媒中，可控性最大的无疑是网络，网络不仅具有海量信息，而且一改由传统传媒“推”（pushing）出信息为由受众“拉”（pulling）出信息。对于受众，“拉”要比“推”具有更大的可控性。所以麻省理工学院教授尼葛洛庞帝（Negroponte，1995）在其著作《数字化生存》（Being Digital）中认为数字化会改变大众传播媒介的本质，“推”送比特给人们的过程将变为允许大家（或他们的电脑）“拉”出想要的比特的过程，这是一个剧烈的变化。其实，任何传媒的传播都存在一个“推”与“拉”的过程。网络如果不“推”出各种信息，网民是无论如何也“拉”不出信息的。传统传媒的传播也有“拉”的过程，只是与网络的方式不同。但是，从传统传媒中“拉”

出信息，要比从网络中“拉”出信息受到更多、更严的时间、程序、成本等限制，因而可控性要小得多，这也意味着较小的自主性空间。而当网民进入网络传播的视听过程后，其心理活动的自主性与视听传统传媒的自主性相比，就具有了很大的差异。

【课后案例】

2018年10月28日，重庆市万州区长江二桥上发生一起严重交通事故，一辆公交车撞向一台轿车后冲破护栏坠入江中。事故发生时原因尚不明确，事件一经曝光，有媒体率先发文称：“女司机的逆行导致公共汽车掉入河中，轿车司机已受到控制”，一时间“轿车司机逆行”“女司机”等信息遍布网络。经过查证，公交车在行驶过程中突然越过中心线，撞上了正常行驶的轿车后，冲破护栏之后掉入江中，事故原因并非网传的“女司机逆行”。

从“重庆公交坠江”事件的媒体报道可以看出，国内媒体通过第一时间抛出议题抢占舆论先机；将复杂事件标签化、符号化；引入意见领袖，推进议题的讨论，引导公众舆论。媒体以这种方式影响舆论的原因在于，一方面是为了使话题持续保持热度，所以采用选择性、模糊化、不准确的报道方式。另一方面是“信息茧房”现象：网络资讯看似海量繁杂，但因为兴趣、关注的话题不同，公众实际接受的信息范围狭窄，这些原因导致舆论反转现象不断发生。专业性和真实性仍然警醒着媒体的报道方式，媒体应该通过事实和权威引导的方式设置公众议题，合理把握舆论引导。

资料来源：贺姜蓉. 从“重庆公交坠江”事件看媒体议题影响舆论. http://media.people.com.cn/n1/2019/1125/c430788-31473197.html.2019-11-25.

【案例简析】

报纸、新闻上的“坏消息”的迅速、广泛传播是传播者和受众心理共同推动的结果。从媒体的角度看，媒体喜欢报道和追捧危机事件、恐慌事件、暴力事件以迎合受众猎奇和不甘于平淡、寻求刺激的心理需求，而坏消息更容易凸显媒体“在揭露社会丑恶”的正面形象，坏消息可以提升媒体的重要性，能使公众更依赖媒体。许多坏消息是先发生然后媒体去报道的，而也有不少坏消息则是媒体为了自身利益而夸大其词和耸人听闻。

公共管理者面对互联网迅速发展且报纸、电视上的“坏消息”越来越多的局面应做好以下工作。

首先，加强舆情监测的力度。当前，我国有两大块舆论场：第一块是官方主流媒体舆论场，包括各级党政报刊、国家与地方的广播、电视台等；第二块是民间舆论场，如口头舆论、网络社区等。加强舆情监测的本质，就是把握第二块舆论场的脉搏，与第二块舆论场中的“意见领袖”对话，建构体制内和体制外的桥梁。

其次，完善网络法制建设。网络是一把“双刃剑”，在一些网络推手恶意推动下，形成“网络暴力”，容易造成较大的社会危害，所以，完善相关的法制建设刻不容缓。

再次，媒体和专业人士要加强职业自律，坚守职业道德，严格执行国家的相关政策，实事求是地去报道、反映社会事实。

最后，增加政府运作的透明度，积极建设法治政府、责任政府、回应性政府，在新闻传播中把握方向、掌握主动。

【思考题】

1. 为什么有的新闻能引起受众的注意？
2. 为什么对于同一个新闻报道，不同的人会有不同的理解？
3. 富有人情味的报道往往容易被人接受，为什么？

第十六章

公共管理心理学：劳动安全管理领域

【学习导读】

1. 了解心理学在劳动安全领域的国内外研究现状。
2. 掌握心理学运用于劳动安全管理的具体途径和方法。

【课前案例】

2015年8月12日23：30左右，位于天津市滨海新区天津港的瑞海公司危险品仓库发生火灾爆炸事故，造成165人遇难（其中参与救援处置的公安现役消防人员24人、天津港消防人员75人、公安民警11人，事故企业、周边企业员工和居民55人）、8人失踪（其中天津消防人员5人，周边企业员工、天津港消防人员家属3人），798人受伤（伤情重及较重的伤员58人、轻伤员740人），304幢建筑物、12 428辆商品汽车、7 533个集装箱受损。截至2015年12月10日，依据《企业职工伤亡事故经济损失统计标准》等标准和规定统计，已核定的直接经济损失68.66亿元。经国务院调查组认定，天津港“8·12”瑞海公司危险品仓库火灾爆炸事故是一起特别重大的生产安全责任事故。

事后经调查得知，此次事故的直接原因是瑞海公司对危险品存储不当，因为该公司无视安全生产主体责任，严重违反天津市城市总体规划和滨海新区控制性详细规划，违法建设危险货物堆场，违法经营、违规储存危险货物，安全管理极其混乱，安全隐患长期存在；而间接原因是有关地方党委、政府和部门存在有法不依、执法不严、监管不力、履职不到位等问题；核心原因是从企业到监管部门在生产与劳动安全管理上均存在的侥幸心理与疏忽心理。

第一节 心理学在劳动安全领域的研究与作用

一、劳动安全与从业人员心理因素的关系研究

（一）国外相关研究

1. 事故致因理论

事故致因理论认为安全工作应以预防为主。因为除了自然灾害以外，凡是由人类自身的活动而造成的危害，总有其产生的因果关系，探索事故的原因，采取有效的对策，原则上就能预防事故的发生。

汉斯瑞驰（Meier，2010）等认为，造成人的不安全行为和物的不安全状态的主要原因可归结为四个方面：①技术原因，包括作业环境（温度、湿度、通风、噪声、振动等）不良，作业空间狭小，设备、工具有缺陷并缺乏保养等；②教育原因，包括员工缺乏安全生产的知识和经验、作业技术，技能不熟练等；③身体和心理原因，包括员工生理状态或健康状态不佳，如听力、视力不良等生理不适，怠慢、反抗、不满等情绪，消极或亢奋的工作态度等；④管理原因，包括企业领导不重视、人事不完善、安全规程缺乏或执行不力等。

1919 年，心理学家格林伍德（Major Greenwood，1880—1949）等提出了“事故倾向性格理论”（accident proneness theory），后又由纽伯尔德（M. Newboid）在 1926 年和法默（J. Farmer）在 1936 年分别对其进行了补充。该理论认为从事同样的工作和在同样的工作环境下，某些人比其他人更易发生事故，这些人是事故倾向者，他们的存在会使生产中的事故增多，如果通过人的性格特点区分出这部分人而不予雇佣，则可以减少工业生产事故。

1936 年美国人海因里希（W. H. Heinrich）提出了事故因果连锁理论，威格里斯沃思（C. Wigglesworth）在 1972 年提出人的失误是构成所有类型事故的基础。1969 年瑟利（J. Surry）把事故的发生过程分为危险出现和危险释放两个阶段，这两个阶段各自包括一组类似的人的信息处理过程，即知觉、认识和行为响应过程。雷柏（R. Laban）与劳伦斯（C. Lawrence）在威格里斯沃思和瑟利等的研究基础上，通过对南非金矿发生的事故的研究，于 1974 年提出了针对金矿企业以人的失误为主因的事故模型，该模型对一般矿山企业和其他企业中比较复杂的事故情况也普遍适用。劳伦斯认为，在生产中发出了初期警告的情况下，行为人在接受、识别警告或对警告做出反应等方面的失误都可能导致事故。当行为人发生对危险估计不足的失误时，如果他采取了相应的防范行动，则仍然有可能避免事故；反之，如果他麻痹大意，既对危险估计不足，又不采取适当行动，则会导致事故的发生。

2. 动态变化理论

扰动起源事故理论（P 理论——perturbation occurs theory）的创立者本尼尔（Benner,

1975）在 1975 年提出“多重线性事件过程图解法”（multilinear events sequencing charting methods），认为事故过程包含着一组相继发生的事件，在生产活动中，如果行为者的行为得当，则可维持事件过程稳定地进行，否则可能中断生产，甚至造成事故伤害。员工的生理或心理上的变化往往不易掌握，因素也较复杂，需要认真观察和分析，如在采用新工艺、新技术或开始新工程时发生的变化，人们可能由于不熟悉而发生事故。当劳动组织出现混乱，工作不衔接或配合不默契时，都会导致操作失误和不安全行为的发生。

约翰逊等（Johnson et al.，2013）提出的“变化–失误理论”认为事故的发生是由于管理者或操作者没有适应生产过程中人或物的因素的变化，产生了计划错误或人为失误，从而导致不安全行为或不安全状态，破坏了对能量的屏蔽或控制，从而引发了事故。约翰逊认为，事故的人为失误有企业领导的失误、计划人员的失误、监督者的失误及操作者的失误等。

（二）国内研究状况

1. 心理学在劳动领域的研究

20 世纪 50 年代，根据国家推进工业化的要求，我国劳动心理学家先后进行了总结先进的生产经验、操作合理化、炼钢工火焰判断、纺织工培训和技术发明中的创造性思维活动规律等方面的研究。60 年代，劳动心理学家与其他心理学工作者就各种信息的接收规律进行了研究。

80 年代后，为适应国家现代化的需要，不少学者先后进行了提高毛纺产品质量、降低心理负荷、操作能力测验、飞行员选拔的研究，还对自动化、半自动化系统生产线的操作员进行了技术培训的心理模拟教学研究，以探讨培养现代技工技术能力的新途径。

2. 心理学在工程领域的研究

20 世纪 50 年代，知名专家学者如陈立等进行了纺织工训练等研究，李家治、徐联仓等开展了事故防制、操作合理化、群众发明创造等研究。60 年代，曹日昌、荆其诚等进行了电站中央控制室设计的心理学研究；曹传辞、朱祖祥等进行了航空工程心理学研究。70 年代，在中国科学院心理研究所等单位建立了设备较先进的工业心理学实验室，开展了机舱照明及与颜色视觉有关的工程心理学研究，并结合标准化工作建立了多项人类工效学标准。80 年代以来，我国的心理学研究得到了稳定、迅速的发展，已形成了一支有一定规模的研究队伍和研究机构，在中国科学院心理研究所之外，建立了十几个研究机构和 40 多个心理学系，均设在高等院校，其中大部分设在师范院校。心理学在我国安全生产领域的研究获得了较大的发展，相关研究的内容涉及企业管理、人才测评、运动员培训、心因性疾病、工作倦怠及应激行为的研究等。例如，徐联仓、卢盛忠等结合工业企业管理开展了领导行为评价、工作激励等方面的工作；朱祖祥、王重鸣等进行了有关屏幕显示与人机界面的工程心理学研究。已有的研究成果已经被广泛地应用在当今的工作、劳动和生活设计之中。

二、心理学运用于劳动安全管理的必然性

（一）心理学的研究和运用是劳动安全管理的客观要求

近年来，虽然我国从法制、体制和投入等方面采取了一系列措施使劳动的安全工作不断加强，但是一些伤亡总量大的重特大事故依然频繁发生，大量事故隐患尚没有得到整改，劳动安全管理形势依然严峻，部分行业和领域、部分地区的事故总数、特大事故数量呈上升趋势。

人们在从事生产活动时，离不开心理调节。人不可能随时都保持正常的心理状态，有时也会出现"侥幸麻痹"、"心不在焉"、"忘乎所以"及"晕头昏脑"等心理状态，造成不顾安危而后悔莫及的行为结果。一般来说，企业生产过程中发生事故的原因可归为内因与外因两大类。内因是指劳动者的技术、心理活动等方面出现了与企业要求不协调的情况；外因是指设备状况、预防措施、防护用品以及劳动环境的条件不符合安全生产的要求。据2004~2005年发生的河南大平矿难、陕西陈家山矿难、辽宁孙家湾矿难及黑龙江七台河矿难等8起死亡30人以上的特别重大煤矿事故调查分析以及国内外重大的事故统计表明，在企业内所发生的事故中，70%~75%是由劳动者的操作行为发生错误或违章作业所引起的。而心理学研究告诉我们，人的行为是由心理状态支配的。因此，安全管理人员在分析和研究事故发生的内因条件时，必须调查事故发生时人们的心理活动，亦即借助于心理学的理论和研究成果来指导安全管理工作。

（二）心理学的研究和运用是实现有效的劳动安全管理的前提保证

人是安全生产运行中的核心因素。劳动安全管理和保障就是要着重研究和控制在生产活动中自由度极大的人，这是实现安全生产的前提、基础和保证。

一个企业中由于人员分工的不同，有领导人员、管理人员、技术人员等，他们所从事的劳动对象、劳动环境、劳动条件等也不一样，加之个体心理的差异，所以他们在安全管理过程中的心理活动必然是复杂且不同的。对企业组织中的人和人之间的相互关系以及与此相联系的安全行为现象，个体安全行为、群体安全行为等方面的研究，可以为企业提供重要服务。因此，在分析人的个体差异和各种职务差异的基础上，了解和掌握人的个体安全心理活动，分析和研究个体安全心理规律，对于了解、控制和调整、管理安全行为是很重要的，这是安全管理最基础的工作之一。对于一个企业来说，各类群体构成了企业的基本单位。群体的主要特征首先是各成员相互依赖，在心理上彼此意识到对方；其次是各成员在行为上相互作用，彼此影响；最后是成员都有"我们同属于一个群体"的感受，也就是彼此间有共同的目标，这一联合体的作用是将个体的力量组合成新的力量，以满足群体成员的心理需求，其中最重要的是使成员获得安全感。人们的安全心理虽然具有不同的个性倾向，但也会有一定的共同性。分析、研究和掌握组织中各类群体的安全心理活动状况，是做好安全管理的重要条件。

三、劳动安全事故人为因素的分析

从心理学的范畴来说，人的心理活动对其在生产工作中的影响是极大的，最容易发生事故的心理状态有以下几种。

（1）疲劳：它包括体力疲劳、心理疲劳、病态疲劳。人在疲劳时，感觉机能弱化，听觉和视觉敏锐度变低，眼睛运动的正常状态被破坏。随着疲劳的进一步发展，引起心理活动上的变化，人的“注意”变得不稳定，注意的范围变小，注意的转移和分配发生困难。在疲劳过程中，记忆力降低，创造性和思维能力也明显降低，人们思维和判断的错误增多，因而对潜在的事故的可能性和应对的方法就考虑不周，甚至出现错误，结果导致事故发生。

（2）下意识动作：长期的工作行为、工作动作的习惯，可能导致在特殊情况下发生危险动作。

（3）侥幸心理：虽然知道自己的行为可能造成危险，但出于对自己和环境的盲目自信，仍然做出违反安全规范的举动。侥幸心理是造成事故的重要心理因素之一，忽视危险，仅仅想依靠运气等规避危险的发生，往往导致严重事故。

（4）省能心理：花最少的力气、时间，做最多的事、获取最大的回报，也是惰性心理的表现。它形成的直接结果是忽视必要的安全工作，不按照安全规程操作，不注重安全防护，因而也容易造成安全事故的发生。

（5）敷衍心理：发生在需要配合的连续工序或者工作环节中，不与其他人好好配合，以为随随便便就可以了；工作态度不端正，以为差不多就可以了，结果可能差之毫厘，失之千里。

（6）逞能心理：有些人自以为水平高，爱表现自己，喜欢用老办法、老方法处理问题，以为自己不会出错，结果反而造成事故。

（7）注意力问题：注意力不集中于当前工作或过分集中于当前工作而忽视其他环境变量都有可能导致不安全因素的产生。

（8）逆反心理：由于上级的批评、教育、处罚方式不当或粗暴，而在工作中产生对抗心理，这是一种与正常行为相反的叛逆心理。

（9）无关心理：尽管组织强调要把安全落实到个人的责任上，个别人员仍不以为然，觉得安全与自己无关，在劳动时发现有人违章也保持沉默，不及时对当事人指出问题，也不报告上级。

第二节　劳动安全管理的心理学影响因素分析

一、心理过程与劳动安全

一个人的行为与他的心理活动是分不开的。安全管理首先是对人的管理。要管理人，首先要了解人，要了解人的心理特点和心理活动规律。总之，要做好人的管理，有效地调动人的安全生产积极性，必须从人的心理规律及其在各种因素影响下所形成的心理特点出发。

（一）认知心理与劳动安全

认知过程是人们心理活动的初级阶段。通过这一活动，人们能认识事物的个体和整体，掌握解决问题的方法，预测事物的发展趋势以及需要采取的行动。

1. 感知觉与劳动安全

在应对事故防范的情境中，人的有效活动的心理准备与他的个性特征、训练水平正相关，在事故发生时，情报从眼耳到大脑再到手脚的传递速度决定了消除事故的基本处置时间和可能程度。对事故的情境分析已经发现，导致错误行动造成事故的往往是反映于大脑的情报不充足，而弥补这种不足就要有事先的高质量的心理准备，有迅速根据以往经验从一种思维定式转向另一种思维定式的能力，当风险来袭时快速予以防范和处置；也可以运用条件反射，以“声、光、形、动”的各种安全信号，在关键部位或时刻唤起人们的注意，引起思维警觉；熟悉操作技能，对防患措施了如指掌，也能提高反应和处置能力，减少突发性事故的发生。

2. 记忆与劳动安全

记忆是人脑的一种机能，是过去的经验在人脑中的反映。具体来说，记忆是人脑对感知过的事物、思考过的问题或理论、体验过的情绪、做过动作的反映，一般包括识记、保持、再认（或回忆）三个基本环节。记忆既是人们积累经验的基础，能够帮助员工学习并熟记安全知识，接受以往生产的经验及教训；又是思维的前提，帮助人们在复杂多变的生产活动中求得生存和发展，所以记忆与每一个人、每一种工作都紧密相关。

3. 思维与劳动安全

用积累的经验来判断客观存在的危险事实，这是劳动者的本能。但由于生产环境异常特殊，它和生活的自然环境不同，劳动者的经验有时用不上，这就会引起人的思维错误。要避免生产上的不安全行为，首先是要排除思维上的失误。

影响人们正常思维，导致不安全行为乃至事故发生的一个重要心理因素就是习惯定向。所谓习惯定向是指在一个人的经验中，如果多次运用同样的方法去解决某类问题而奏效时，那么就会使人拘泥于以往的经验，不去寻求新的、安全的、更佳的方法，甚至形成机械、盲目的习惯反应的倾向。事实上，现场事故统计表明，“总这么干，习以为常，从没感到有什么危险，生产任务照样顺利完成”或“至今为止并没有出过事故，不要紧，我有经验”等习惯定向心理状态所造成的事故的比例占20%~25%。

（二）情绪和情感心理与劳动安全

情绪和情感对现场作业者的观察、分析、判断和操作有着极大的影响，与企业的安全生产有着密切的关系，尤其是它们表现出的两极性，对人的思维活动和分析判断能力有着不同的作用。当人在高兴、满意、愉快时，会感到舒适、畅快，这将会使人的观察敏锐、反应迅速、动作灵活、操作准确，事故也随之减少消除。这类对安全生产极为有利的情感称为增力情感。相反，若作业者带着悲哀、忧虑、愤怒、恐惧等情绪或情感进行作业，就会感到压抑、痛苦及忐忑不安，使正常的心理活动受到干扰。这类情绪或情感使作业者的反应变慢、行动迟缓、操作错误增多，事故频率也随之增大，心理学称之为减力情绪或情感。因此，在安全管理过程中，管理人员应积极引导操作人员具有增力情绪或情感，并给予保护，以增加其活动能力，提高判断的准确性。同时，要极力避免操作人员带着减力情感进行作业，以减少事故的发生。

1. 心境与劳动安全

心境和激情是情感的两种形态。人的心境是一种微弱的、比较持久的情感状态，如精神舒畅或闷闷不乐。心境不是关于某一事物的特定体验，它具有弥散性的特点。当人产生某种心境后，就会影响全部生活和工作，它使人的言语、行动、思想和所接触的一切事物都染上了相同的情感。心境既可以激发人的积极性，也可以压抑人的积极性，前者起增力情感的作用，降低事故的发生率；后者起减力情感的作用，增加事故的发生率。因此，每一个工作者，都应当成为心境的主人，应当自觉地掌握和控制自己的心境。

2. 激情与劳动安全

激情是一种强烈、短暂、爆发式的情感状态。激情是由外界事物和人的需要之间所发生的突然而重大的变化引起的。狂欢、激昂、热情、奔放或恐惧、愤怒等都属于激情。处在激情状态下的人，其认识活动的范围往往会缩小，理智分析能力受到抑制，对自己的控制减弱，不能约束自己的行为，不能正确评价自己的行为及其后果。作业现场常常会出现因操作人员有特别高兴或忧虑、生气的事情而发生的事故。例如，因作业人员与同事或家属发生争执，大吵大闹，或遇到特别高兴的事，感情冲动，思想不集中，忘记了按照操作规程进行作业，结果导致事故的发生。

3. 应激与劳动安全

应激是指当遇到出乎意料的紧张情况时所产生的情绪状态。每当系统偏离最佳状态而操作者又无法或不能轻易地校正这种偏离时，操作者呈现为应激状态。在应激状态下，人可能有两种反应：一种是目瞪口呆，手足无措，丧失判断力和决策力；另一种是急中生智，头脑冷静，动作精确，行动有力，能及时摆脱困境。后者是一种增力性的应激状态，在这种状态下，可以发挥最大的潜能，做出平常情况下无法做出的事情。在应激状态下，究竟是产生增力效应还是减力效应，与个体差异和具体情景有着很大关系。总的来说，它和一个人原先的心理准备状态、平时的训练和经验有密切关系。如果平时注意提高警惕，注意增强意志锻炼，到了紧急时刻就能做到遇事不慌、处变不惊，降低事故的发生率。

（三）意志与劳动安全

意志是人在实践中的意识能动作用的表现，是人们自觉地确定目标，并以目标作为方向，调节自己的行为，去克服各种困难，达到行为目的的心理过程。具有良好的意志品质是现场作业人员避免事故发生的一个有利因素。一种情感究竟对人的安全生产起增力作用还是减力作用，不可绝对而言，还需要看其意志品质如何，有的人即使遇到了忧愁的事，但能以大局为重，克制自己的情感，冲破心理故障，调节自己的行为，使减力情感起到增力的作用。因此，一个作业人员不仅要有精湛的操作技能，还必须有良好的意志品质，胜不骄、败不馁，在最顺心的时候，要乐而自持；在遇到不顺心的事时，要不为逆境所困，这样才能做到操作准确无误，保证安全生产。

二、个性心理与劳动安全

个性是影响作业者安全行为的重要因素。个性是指个人稳定的心理特征和品质的总和，即在个体身上经常、稳定地表现出来的心理特点的总和。人的个性主要分为个性心理特征与个性心理倾向，前者主要包含能力、性格与气质等方面，后者主要包括需要、动机、兴趣、理想、信念等。人的个性心理特征是有差异的。因此，在安全管理过程中，必须重视这种差异，有的放矢，区别对待。

（一）能力与劳动安全

能力是保证人顺利完成某种活动所必需的心理特征，如企业领导的管理能力、工人的劳动能力，劳动安全领域关注的是与不安全因素做斗争、及时地采取安全措施的能力。能力总是存在于人的具体活动之中，并直接影响着活动的效率。能力的个别差异表现在注意力、想象力、观察力、记忆力、思维力等方面，安全教育和训练及特殊工种培训就是要在工人已有能力的基础上，通过教育进一步提高这些能力，以实现安全生产的目的。

（二）性格与劳动安全

性格对于人的动机、行为的影响是很深刻的，因为人的性格和他的思想观点、理想、信念、世界观有着密切的关系。思想观点制约着人的性格，影响着一个人的行为举止、习惯和意向。因此，人的性格与人的安全生产行为有着极为密切的关系。安全管理与事故统计表明，无论技术怎样好的操作人员，如果性格不好，马马虎虎，也常常会发生事故。事实上，有的企业工人，进厂30余年，连皮都没擦伤过，而有的人进厂几年就多次发生工伤事故。这虽然与操作者的年龄、操作技术、工种等因素有关，但性格因素在其中起了很大的作用。具有良好性格的操作人员，头脑清醒，善于思考，判断准确，动作敏捷，工作起来精力充沛，操纵机器不莽撞、不蛮干。因此，他们很少发生事故。而那些具有鲁莽、高傲、懒惰等不良性格的作业者，往往促成不安全动作而导致伤亡事故。

（三）兴趣与劳动安全

俗话说“乐而不疲”，对工作发生了兴趣，便会把工作视为一种乐趣。防止工伤事故发生的第一个原则就是建立和维持人们对安全工作的兴趣。美国有人提出安全工作三项原则之一就是建立和维持兴趣。因此，在安全管理中，一方面必须有意识地培养操作人员对本职工作的兴趣，对注意安全的兴趣。在可能的条件下，应尽量根据劳动者的特长、兴趣去安排工作。另一方面要善于诱导，如运用兴趣迁移规律，发挥“兴趣效能”，通过多种形式把劳动者的兴趣爱好引导到正确的轨道上来。

（四）需要与劳动安全

需要是人的一切行为的原动力之一，与人在生产生活中的安全问题密切相关。首先是安全的需要。在企业生产中建立严格的安全生产保障十分有必要。安全的生产条件可以让人产生心理上的安全感和信赖感。反之，这种不安全的客观情况会影响人们的工作情绪，有可能导致事故。其次是安全以外的其他需要，如生活的其他需要（工资、福利、住房）、高层次的需要（名誉、地位、自尊、自我实现等）。这些需要的满足程度因人而异，很难有一个标准，这就容易让人产生压力感、挫折感和心理不平衡。如果将这样的心理状态带入工作中，将会带来很大的安全隐患。

（五）动机与劳动安全

人的各种行为都是由动机直接引发的。为了克服生产中的不安全行为，人们应自觉地把安全问题放在首位，建立起关注安全生产、避免因事故发生而给个人和集体的生命财产带来损害的良好动机。但是在实际中，也有少数人出于个人私利或侥幸心理违章操作，这种错误的动机往往可能导致严重后果。建立安全生产的良好动机是十分必要的，但同时也要注意，如果动机过于强烈，反而会造成心理过分紧张甚至恐惧，操作时容易混乱、动作不协调，更容易发生事故。

（六）工作态度与劳动安全

态度是指个体对他人和事务所持的评价和行为倾向，是一种对待特定的人、团体、思想、问题或事务的相对持续时间较长的情感、信念和倾向。态度与行为有着密切关系。一般来说，积极上进的工作态度可以激发人的工作热情和兴趣，促使自己不断提高工作能力，注意力更加集中于工作，这是安全生产的重要防线。相反，如果态度不端正，工作马虎、敷衍了事，注意力必然难以集中、责任心必然难以落实，迟早会酿成安全事故。

（七）价值观与劳动安全

价值观是人们以自身的需要为尺度对事物重要性的认识的观念系统。价值观对人的思想和行为具有一定的导向或调节作用，使其指向一定的目标或带有一定的倾向性。价值观比需要和动机更能指导人的各个方面的行为并渗透于整个个性之中。价值观对人的行为的影响总体可以归纳为三个核心问题：“人的行动为了什么？”、“怎样行动？”以及“选择怎样的行动手段？”因此，当个人面临可能发生的安全问题时，它会直接影响个人所选择的决策和解决问题的方法。

第三节 心理学在劳动安全管理领域的具体运用

在安全生产管理中，应由传统的事后追查为主逐渐转变为事前预防为主，按照人的心理规律和客观规律制定安全预防措施，引入和运用心理科学，更好地为企业的劳动安全管理服务，在此基础上建立起一个全新的安全管理体系。具体来说，企业的劳动安全生产运行过程就是指“人—环境—安全行为—安全状态—人”的反复循环。劳动安全就是要求以人为本的管理思想在安全管理实践中得以充分运用。这种事前控制型的安全管理要求各单位做好员工的岗前培训、心理训练，并建立一个安全工作模式并采用有效激励手段，达到提高安全的目的。

一、建立促进劳动安全的心智模式

心智模式是指对周边世界如何运行的印象和认知，决定了一个个体的行为模式。采取有针对性的有效措施改变一个人的心智模式，则可有效地改善行为模式，改变和提高员工对安全生产的认知，以一个良好的心智模式建立一个安全健康的心理，从而不断增强个人做好安全生产的意识和自觉性。

建立稳定的安全健康心理模式，形成一个正确的、稳定的心理活动，养成一个稳定的规范行为的好习惯和良好的心智模式，是提高个人作业效率并确保生产现场安全和企业整体安全的有效软性措施。因此，组织应不断加强人的安全心理的自我完善，建立人的安全心理档案，及时分析提高并建立个人健康的安全心理，从人的心理方面消除事故隐患，确保安全生产的持续稳定。

二、进行员工心理适应的选拔应用

每一个工作岗位都对工作人员具有特殊的心理素质要求，利用心理学理论与技术来甄选人员，尤其是负责安全管理的人员、特种危险工种的作业人员等，建立员工基本心理素质档案，及时检查补充完善，以便根据安全需要，做好人事选择，使每一个员工真正胜任本职岗位，并完成好安全管理工作。

根据人的个性心理，合理选择人力资源的甄选方法，目前在国外已得到了普遍的应用，在我国却应用相对较少，虽已有尝试，如对专业司机进行心理选拔实践方面获得了成功，特别是公共交通的司机人员要求具备耐心、细致与应变灵活等心理特质。正确的做法是，企业在选拔合适人才时，先要做好岗位任务分析，在岗位分析的基础上确定员工的资质要求，然后对应聘者做好身体、心理、气质、性格等各项测试，工种越特殊、工艺越复杂，就对人的身心素质要求越高，最后有选择地甄选应聘者上岗、定岗。例如，心理素质差、容易走神或紧张的人不适合高压力岗位，患有恐高症的人不适合涉及登高的工作，责任心不强的人就不适合独自负责重要工作。

三、强化劳动安全教育的心理训练

在构建企业安全文化时，运用心理学理论对员工进行安全技术教育，培养员工良好的心理素质非常重要。首先要重视上岗前的培训，把增强人的感知能力、思维方式、心理调适能力、注意力、耐受力等心理素质的培训作为培养员工安全心理的切入点。特别要通过情感教育，激发员工做好安全生产工作的心理欲望、积极性和安全“兴趣”，让员工在情感上接受安全生产，在思想上从“要我安全”转变成“我要安全”，把安全生产上升到员工的自觉行动。这是治标也是治本的措施。其次要因人而异地采取安全教育形式。对员工的安全心理培养，要与其生产岗位、工作性质、性格特点甚至家庭情况紧密结合起来，通过采用安全心理学讲座、观看安全教育录像片、事故后调查报告集中分析、安全板报等有效新颖的形式，提高员工的安全心理素质。训练情境应与实际工作条件有较高的一致性和真实性，并给员工设置安全目标、提供反馈建议并加以总结分析，为后续培训提供资料。最后是重点对象要重点疏导。对一些经常出现不安全行为的员工，要从知觉、意志、感情、行为等方面，采用适当的方式重点给予积极的心理疏导，根据他们自身的特点逐步引导他们改变对安全不利的心理素质。

四、强化劳动安全知识的宣传教育

安全宣传就是采取各种大众传播的手段，以调节宣传对象的心理，让其形成对安全问题的正确认知和态度，从而预防事故发生进而形成社会群体的安全行为定势。安全宣传能否很好地被其对象接受，在很大程度上取决于宣传内容、形式与接受者个人意向的匹配程度。安全宣传工作的重点在于善于利用人们趋利避害的本性，从实际出发，激发人们的安全需要和积极性，增强其安全动机和自觉性，进而帮助其树立正确的安全观，打造企业安全文化，要利用特殊心理，在宣传活动的最初阶段运用情感因素，用富于感情色彩、打动人心的真实案例引发人们的情感共鸣以及进一步探究原因的兴趣，将新信息和结论灌输给宣传对象，达到情与理的最佳结合，使宣传深入人心，取得最佳效果。

【课后案例】

2001 年 6 月 5 日，江西广播电视发展中心艺术幼儿园因点蚊香引起火灾，过火面积 43.2 平方米，直接财产损失 13 463 元，造成 13 名儿童（7 名男孩，6 名女孩）死亡、1 名儿童受轻伤。

一、起火单位基本情况

江西广播电视发展中心（简称广电中心）艺术幼儿园隶属于江西省广播电视发展中心。该幼儿园位于南昌市洪都中大道 207 号省广播电视局生活区东北角，东面是围墙，南临生活区道路和室外幼儿活动场所，北临广电中心道路，西面为幼儿园主入口。幼儿园为单体多层“回”字形通廊式建筑，该建筑地上三层，框架结构，楼面现浇，耐火等级为二级。建筑高度 11.6 米，总建筑面积 6 863.07 平方米，其中底层 3 037.19 平方米，第二层 2 303.99 平方米，第三层 1 521.89 平方米。

该幼儿园于 1998 年 7 月动工兴建，1999 年 9 月竣工并投入使用，总投资 836 万元。

幼儿园共17个班，其中大班（5~6岁）4个，中班（4~5岁）5个，小班（3~4岁）6个，托儿班（3岁以下）2个。全园教职员工82人，幼儿总数540人，其中在幼儿园寄宿的有362人，火灾发生当晚住宿人数为319人。

该幼儿园消防安全管理制度不健全，没有按照《中华人民共和国消防法》第14条的规定制订灭火应急预案，无教职员工培训制度，没有确定各部门的消防安全责任人。部分教师和保育员上岗前未经培训，缺乏相应的消防安全知识和灭火自救技能。

二、火灾经过及火灾原因

2001年6月4日21时许，小六班幼儿就寝。21时10分许，小六班班主任杨慧珍（女，26岁）点燃三盘蚊香，分别放置在床铺之间南北向的三条走道地板上。22时10分许，杨慧珍上三层教师寝室睡觉。临走时，告诉当晚值班的保育员吴枝英（女，25岁）："点了蚊香，注意一下。"23时10分许，幼儿园保教主任倪惠琛（女，53岁，当晚值班领导）和值班保健医生厥韵韵（女，56岁）巡查到小六班时，发现该班点了蚊香。当时倪惠琛问厥韵韵："点蚊香对幼儿有何影响？"厥回答说："对幼儿呼吸道有影响。"倪便要吴枝英将寝室窗户打开，保持空气流通。吴枝英回答："窗户已经打开了。"随后倪、厥二人离去。23时30分许，小六班保育员吴枝英离开小六班寝室到卫生间洗澡、洗衣服等，而后在学习活动室给幼儿的毛巾编号，约有45分钟未进寝室巡查。5日零时15分左右，吴枝英在活动室听到寝室有"噼叭"响，随即进入幼儿寝室，发现16号床龚骏杰的棉被和14号床罗文康床上枕头起火，吴枝英随即将龚骏杰抱出寝室，并到小六班外呼救，然后又从小六班寝室内救出3名学生。此时，寝室内烟火已经很大。

经调查，火灾原因是16号床边过道上点燃的蚊香引燃搭落在床架上的棉被所致。

三、火灾责任事故处理

广电中心艺术幼儿园自开业以来园领导消防安全意识淡薄，消防管理不严，未制定消防安全制度，未确定防火安全责任人，未针对本单位特点对职工进行有效的消防安全教育，安排未经培训的保育员上岗，违反了《中华人民共和国消防法》第14条、《幼儿园工作规程》第38条和《幼儿园管理条例》第9条的规定，对火灾负有直接责任。依据《江西省消防条例》有关规定，对广电中心艺术幼儿园处以5万元罚款，同时责成教育部门对该幼儿园违反《幼儿园工作规程》和《幼儿园管理条例》的行为给予相应的处理。

【案例简析】

这起火灾暴露出该幼儿园及其主管部门在消防安全管理、消防宣传教育等方面的问题，是一起典型的责任事故，教训极为深刻，并提醒大众即使并非高危行业也需要注意生产劳动安全。

这起火灾暴露出的该幼儿园及其主管部门的问题如下所述。

（1）领导的消防安全意识淡薄。广电中心艺术幼儿园没有将消防工作摆到应有的位置，消防安全工作没有纳入日常教学、培训和行政管理中；发展中心主任兼幼儿园园长刘越南对涉及安全管理制度、岗位消防责任人和员工的消防安全教育、培训等没有履行法定代表人的职责，如对消防工作布置少、检查少，将未经培训的保育员吴枝英等安排上岗。

（2）消防安全制度不健全。没有建立行之有效的消防安全管理制度，尤其是对用火、用电等没有做出明确的规定，致使班主任杨慧珍擅自在幼儿寝室点燃蚊香，保教主任倪愿琛在巡查过程中发现小六班寝室内有蚊香后，既未制止，又未采取任何防范措施。

（3）消防安全责任制不落实。没有按照《中华人民共和国消防法》的规定建立健全逐级消防安全责任制，从发展中心到幼儿园及每个岗位消防安全职责不清，消防安全管理不落实，岗位防火责任意识淡薄。保育员吴枝英明知幼儿寝室内有火源，却长达 45 分钟时间未履行巡查、监护职责。

（4）消防安全宣传教育培训不到位。教职员工作为消防安全的责任人，缺乏消防安全意识，缺少消防安全常识，缺乏处置突发事故的能力。

【思考题】

1. 研究劳动安全与从业人员心理因素的理论有哪些？重要观点是什么？
2. 劳动安全事故的人为因素有哪些？
3. 心理过程与劳动安全有关的方面是哪些？
4. 个性心理对劳动安全会产生怎样的影响？
5. 怎样运用心理学知识与技术提升劳动安全管理的质量与效率？

第十七章

公共管理心理学：社会工作领域

【学习导读】

1. 掌握公共管理心理学与社会工作两者间的关系。
2. 掌握现代公共管理心理学如何看待社会工作的服务对象。
3. 了解心理学的发展对社会工作理念与方法的影响。
4. 了解现代公共管理心理学如何应用于社会工作实践。

【课前案例】

小明今年20岁，父母均为退休职工。小明读中学时学校离家很远，中午无法回家。高中的某一天，妈妈偶然发现小明在网吧打游戏，当即把他赶出来。妈妈怀疑他初中时就已迷上电脑，家里在他高考后才买了电脑。小明现已考上一所大专，一回家便径直进入自己房间关起门来玩电脑，哪里也不去。妈妈若是干涉，他就大声顶撞，之后依旧我行我素；父亲则放手不管，理由是以前曾经干涉过，但孩子不听。小明以前还会和几个同学玩，而现在几乎不再和任何朋友交往。他更不愿随父母外出，父母不在时连快餐也懒得叫，宁愿饿肚子也要玩电脑。有一次好不容易说动他去外地亲戚家玩，他也只是一个人在角落里玩手机。现在，小明的母亲很着急，怕儿子脱离现实社会，甚至毕业时连工作也找不到，最后她找到社会工作者求助。

第一节　公共管理心理学与社会工作的关系

公共管理心理学是一门综合性很强的学科，其宽广的理论知识基础使之具有宽广的适用范围。

社会工作（social work）是利他主义价值观指导下运用科学方法来助人的专业化实

践活动。它起源于19世纪的西方，近年来成为我国应用社会学中发展较快的一个领域，对我国社会主义和谐社会的建设具有重要意义。

社会工作直接切入现代社会的管理，作为公共治理中的社会“润滑剂”而发挥积极作用，与公共管理之间形成了密切的联系。社会工作的主旨是助人服务，协助解决各类特殊的人的问题，这就离不开对人的生理、心理和社会三大因素及其相互作用的探索。一方面，生理问题或社会问题都会作用于人的心理，最终导致人们的心理问题；另一方面，心理因素又能激发人们的生理潜能和动用人们的社会资源去解决问题。因而心理学是社会工作者（简称社工）看待服务对象问题时所必须依赖的重要视角之一，社会工作的方法技术也在随着心理学研究新成果的不断应用而日臻完善。社会工作的主要任务是解决现代化进程中的社会问题，与公共治理形成良好协同，共同发挥作用，所以，社工必须学习公共管理心理学的知识，把握个体心理与群体心理的变迁特征，并将其很好地运用于工作实际中。

激励、领导、士气、满意等公共管理心理学中最常用到的概念也是社会工作实务中的常用词。因为社会工作专业发展与职业成长也会面临两个问题：一是社工组织的正能量管理。社工需要通过心理技能不断输出正能量，提高身处的非政府组织或非营利组织的工作效率，去修复所服务的社区、组织、团体的正面功能，还要协助政府部门有效地实施社会政策。二是社工心理素质的培养。社会工作的成功有赖于正确地评估服务对象的心理状态及活动规律，根据其心理特点才能相应制订出有效的工作方案，而且作为持续的心灵能量输出者，社工也需按照科学的方法，增强自身的心理素质，预防工作倦怠与心理枯竭。这两大问题都需要公共管理心理学知识的指导。

第二节　以心理学视角认知社会工作服务对象

公共管理心理学的诸多理论都对社会工作服务产生了重要影响，如精神分析理论、社会学习理论、需要层次理论、群体动力学理论等，它们的影响体现在多个方面。

一、对服务对象的认识不断深入

早期社工对其服务对象的认识相对比较简单，当时的服务工作较单纯地以社会学知识为理论依托，因为忽视服务对象（即案主，client）内在积极性的调动和配合，工作效果必然大打折扣，解决许多受助者的问题的关键还在于其认知、心态的改变和健全人格的形成。例如，在第一次世界大战时期，欧美国家的一些战争受害者就不习惯或不愿意接受社工的帮助。20世纪二三十年代，弗洛伊德的精神分析学说被引入了社会工作界，案主的人格结构、无意识、童年经历等进入了社工的视野，并成为评估和分析案主问题的利器。精神分析法在个案社会工作中得到了广泛运用，并带领社会工作进入了一个所谓的“心理学时期”。心理学时期到来的意义在于服务对象自己对问题的感受和看法开始受到社工的关注，社工与服务对象之间的互动关系得到重视，尊重服务对象的期望和自决权的工作原则也得到了确立。弗洛伊德精神分析法的影响一直延续到了20世纪60年代，随后埃里克森的心理社会发展八阶段论又使对案主的认识更进一步，社工们懂得了要特别关注案主所在年龄段的特殊社会任务、心理危机及相应人格品质，再次改进了个案社会工作的方法。而认知学派的引入，又使社工们开始关注案主的认知对其情绪和行为的影响，认为案主的偏差行为源自其错误的认知。自20世纪60年代末实验社会心理学出现危机以来，社会工作实务等现实条件下的心理学应用研究更加速推进。人本主义心理学的兴起，让社工们摆脱了本能决定论和环境决定论的片面视角，有心理行为障碍的案主不再和医院里的精神病人或实验室里的动物联系起来，而是具有尊严、情感、勇气、责任、权利和自由的人，社工眼中的案主形象变得更积极和更健康。20世纪80年代，借助于心理学“增能”（empowerment）新概念，社会工作又迈进了新的“增能时代”，社工更积极地认识到每一位服务对象都充满潜能，他们需要的是意识的觉醒和障碍的消除。

心理学每一次新发展都带来了对服务对象的新认识，管理心理学对人性假设的演变在不断推动社会工作理念的创新。可以说，心理学发展的历程就是社工对服务对象认识不断深入的过程，同时也是社会工作方法不断改进和模式不断丰富的过程。

二、对服务对象的干预不断扩展

社工深入认识服务对象是为了更好地实施引导和干预，帮助对象解决问题。初期的社工对案主的认识很有限，手头只有一些欠个性化的社会学工作手段，难以触及案主的内心深处；在弗洛伊德理论的影响下，社工开始干预案主的精神世界，不过还局限在对无意识时期和童年期的关注；新弗洛伊德主义又将关注范围扩展至案主终身的心理社会成长；学习主义使社工的介入范围转向案主周围的社会环境；人本主义思潮袭来时，社工干预的着力点已不拘泥于对象个人的某一动机、某一本能或某一环境因素了，而逐渐显出整体介入的态势；现代心理学注重从社会与个体相互作用的角度来看待特定社会环境中的个体心理活动。与之相对应，当今社工的三大干预途径分别是个体内在心理因素、个体所处社会环境、个体与社会的相互关系。换句话说，案主的问题起因于个人与环境之间关系的失衡，社工干预的途径有三个：要么纠正个人认知和行为，要么革除社会环境中的障碍，要么改善个人与环境的互动模式，或者多管齐下综合调整，最终达到个人与环境间的适应性平衡。公共管理心理学对个人与环境之间的互动有着系统而细致的认识。例如，社会环境是分层的，从微观的家庭关系一直到宏观的国际社会，分别对应着人际过程、群体过程和群际过程等不同层次对个体的心理影响；相互关系又具体分为两方面：一是他人和团体等社会环境对个体心理活动的影响；二是个体心理活动对周边社会环境的反作用，一般来说环境对个人的影响比个人对环境的反作用要大些。

可以说，公共管理心理学的发展和生态系统论的引入共同促进了社工对服务对象干预范围的扩展，干预模式也从“医患式”逐步演变为当前占主流的“伙伴式”。

另外，社会工作的尊重本土、保护隐私等专业伦理守则都包含着以社会心理学和公共管理心理学为背景的人本关怀。

第三节　公共管理心理学在社会工作实践中的应用

上一节阐述了公共管理心理学分析社会工作的视角，接下来分析其在社会工作实践中该如何具体运用。社会工作专业的三大基本方法分别是个案社会工作、团体社会工作和社区社会工作，分别属于公共管理心理学在个体心理、群体心理和组织心理上的应用。以下就按照该分类框架进行逐一介绍，其中特别引用了我国本土的灾后社会工作案例。

一、个案社会工作

个案社会工作是社工通过专业工作，帮助困境中的个人或家庭发掘和利用自身及其周边的资源，以改善个人与社会环境间的适应状况，实现人格的成长和对人的尊重。它以个人为着手点，主要考察的是个体内部的心理过程，兼顾人际心理过程。

公共管理心理学为个案社会工作提供了不少独到的理解和有效的方法。社工可以开发、利用案主的潜能，增强其适应能力；可以发挥案主的积极心理，催生正面情绪，激发行动能量，恢复和强化自我功能；也可以调整案主的人格结构，促进其人格的成长。

社工在个案工作中经常使用强调案主力量的语句。例如，面向案主行为时社工会说：

"根据我们的要求，你做得非常好。让咱们来看一看你的具体成绩。"

"你总觉得自己的生活一团糟，却忽视了自己的努力和成绩。在你丈夫离开你之后，你通过自己的努力维持了家庭的基本生活；你保证了孩子的吃穿住用，还有上学的学费；而且你还参加了自学考试。我觉得你能做到这些已经非常了不起了。"

面向案主个性方面的语句则有——

"你活泼、开朗，容易打交道。"

"你是一个富有合作精神的人，跟你一起工作是挺开心的事。"

"你的个性很讨人喜欢，我相信你在小组里一定能发挥重要作用。"

"你今天看起来很不错。"

……

个案工作中的案主通常受到巨大的压力困扰，以至于脑子里除了问题之外就想不到其他东西，思维因此陷入了又窄又黑的死胡同。社工可以通过以上话语对案主起到三个作用：引导对方跳出思维局限，看到解决问题的希望；确认自身价值，强化自尊心；去发现并依靠自己的力量，最终解决问题。以上语言技巧根植于后现代主义心理学中的"增能"概念和"优势"视角，尊重案主的主体地位，开发案主的潜能优势。下面来看一个灾后个案辅导的例子。

"5·12"汶川大地震中的个案社会工作举例

映秀镇渔子溪村马××家是典型的丧亲家庭，因两个正在映秀小学读书的孩子不幸遇难，两夫妇悲痛欲绝，尤其是年轻的男主人在震后一个多月仍陷在巨大的哀伤中不能自拔，不停地夸赞孩子和重复回忆，愤怒、伤痛、无助、怀疑、负罪、幻想等情绪交相出现，甚至萌发出反社会的想法。广州社工站有针对性地上门对该家庭进行了哀伤辅导。一开始，社工长时间静静地陪在男主人身边，耐心地倾听案主的诉说，用目光和表情表示同感和支持，并配合拍肩膀、拉手等动作，不干扰流泪等激动情绪。然后社工又多次重访，逐步开始用语言与案主交流并进行引导。经过几次的努力，案主与校方老师之间的紧张关系得到一定的缓和，反社会行为倾向也得到一定的抑制。社工们还发现，女主人之所以情绪平复较快是因为她主动地采取了一些解压措施，如和邻居聊天、串门走亲戚、去救助站帮忙等。

——广州社工驻映秀工作站成员的日志

在该例中，社工考虑到了案主的特殊情境，自始至终怀着真诚和理解的心态，注重通过认真倾听、适当的目光接触和适时的肢体语言与案主交流，向案主传达了社工的同感，使案主能在社工营造的宽松、安全的氛围中尽情宣泄情感，也感受到社工的接纳与关心。不过，如果没有从政府政策到邻居关系等社会环境的改善，辅导工作的效果就不会太理想。女主人通过有意识地寻找社会网络支持，就较快地转移了自己的焦虑点。此外，本例还涉及满足社会性需求以克服恐惧心理、个人空间的心理机制等其他社会心理学和管理心理学问题。

各种个案工作模式以各自的心理学理论范式为依据，如认知行为治疗模式以三种行为主义理论为指导，理性情绪治疗模式以埃利斯（Albert Ellis）的 ABC 理论为指导，人本治疗模式以罗杰斯的人本主义心理学为指导，等等，可参看相关的专著。

二、团体社会工作

团体社会工作常以小组社会工作的形式出现，是指社工通过专业工作，有目的地组织小组（两人或多人组成），通过小组组员之间的互动来相互影响，以帮助组员应付和解决个人问题，促进个人发生转变并获得成长。广义的团体社会工作还包括“团体康复”活动。这属于典型的人际心理过程，但最终促使的是个体自身心理过程的积极转变。

从手段上看，团体工作中的小组活动在影响每一位参与者，通过共享经验可以增强作为参与者的案主的自信和能力；从目标上看，又和参与者的需要、兴趣、经验、能力、开放态度、相互信任等个人心理状态紧密相连。本质上，团体工作就是要借助团体中人际间的人格互动达到促进案主个人人格成长的目的。

现以灾区社会工作中的两个小组为例。

“5·12”汶川大地震中的团体社会工作举例之一

七月的映秀，幸存的孩子们太缺乏快乐了。大人们还沉浸在丧亲的悲痛和失业的迷茫中，无暇顾及他们爱玩求乐的天性；孩子们也太需要坚强了，他们的人生之路才刚开始，以后还有很长的路要走，不能让地震的阴影完全占据了他们幼小的心灵。当看到张家坪的男孩子珍藏在帐篷里的“飞机”（用废墟上捡来的发泡胶做成）时，听到渔子溪的女孩子大方地唱出当地的民歌时，同时又见到大多数小朋友还没能走出震后阴影且终日无所事事时，我们知道，为映秀小朋友们举办一个以“快乐·坚强”为主题的夏令营活动十分必要。

这类小组社会工作是我们社工的重要工作方法之一，为此，我们的领队李××女士早有安排，她一早就邀请了团康活动的高手刘××来川。有了刘××的出色主持和精心编排，有了全体社工工作站成员的热情参与和密切合作，再加上深圳特警的大力支持，70多名灾区儿童在为期五天（7月8日至7月12日）的夏令营活动中过得很快乐、很充实。对于我们广州社工来说，这五天也是意义非凡、令人难忘的五天。为了这五天，我们登门拜访合作单位拉赞助；入户拜访受灾群众安置区做动员；夜深了还凑在板房里开会策划；天刚亮时就往营地抬送物资设备；我们和映秀小朋友们一起唱歌、跳舞、画画、游戏，找回他们的快乐，激发他们的坚强，宣泄他们的情感，重燃他们的希望。

是啊，孩子就是希望。看看始终守候在夏令营旁的家长们吧，他们的眼神里闪耀着欣慰的泪花；看看被吸引到营地旁的各路救援人员吧，他们的眼神里闪现着赞许的光芒；看看小营员们贴在教室墙壁上自己画的图画吧，他们在感恩有情的社会，在憧憬美好的未来；看看闭营礼上的小营员们吧，他们自发地、忘情地扑向了夏令营老师们的怀抱；再回头看看广州社工的战友们吧，大家的脸上露出了会心的微笑。

——广州社工驻映秀工作站成员的日志

“快乐·坚强”夏令营的直接目的是让孩子们重拾快乐，间接目的是感染家长，让大人们看到希望。该活动不仅让每一名营员都受到了积极影响，从中获得有益的团体体验，让营员之间进行人格互动，消除了压抑孩子人格成长的障碍，而且还为更大的社区重建提供了信心支持。所以，它不仅是一个成功的青少年团体社会工作案例，也是更大的社区社会工作的一部分。

“5·12”汶川大地震中的团体社会工作举例之二

当我们走访映秀的各家各户时，看到了无数双哀伤、绝望的眼神，尤其是在地震中失去孩子的母亲，那双眼神让我们永远铭记、无法释怀。广州社工，我们该做点什么？带着专业使命感，我们努力寻找着她们身上的潜能以及专业方法，最终我们从她们身上找到了希望。我们发现她们中的很多人会刺绣，她们刺绣时是那么美丽、专注，母亲和手中的绣片构成了一道美丽的风景线。7月9日我们组建了“映秀母亲刺绣小组”，在她们自觉自愿的原则下开展自助互助发展项目：在社工的引导下，充分发挥母亲的创造力，相互帮助，用自己的双手绘出对孩子的思念、对现实的感悟和对新生活的向往。

该小组现有成员11位，并且还在不断扩大，组员们已经表现出明显的自助互助精神与能力，她们会自觉地集合在一起刺绣，并相互学习，脸上露出了久违的笑容。母亲A对我们说：“地震让我失去了一切，看不到未来的希望在哪里，吃不香、睡不着，好像天空都是黑的。自从参加了刺绣小组，我好像看到了生活的希望，也感受到了姐妹们的支持力量，吃得香睡得好了！”现在她们已经完成了十多张绣片。

该项目的发展计划：截至2008年9月15日完成1张组员共同合作的大绣片、10张儿童画小绣片（将已故或幸存儿童的绘画作品让母亲用刺绣的方式绣出来）、100张自由创作绣片，由成都基督教青年会用较高的价格收购；广州社工站再将这些作品制作成艺术品，于当年11月在广州开办公平贸易展销会，融教育、宣传、拍卖于一体，筹集映秀发展资金；广州社工站负责将这笔资金用于发展映秀慈善事业，支持更多的人，促进更多的人发展和受益。

——《广州社工支援四川抗震救灾工作站（映秀）情况通报》（第2期）（2008年8月7日）

"映秀母亲刺绣小组"以解决生计和排遣哀伤为动因，充分运用了优势视角和小组工作方法，是一个成功的妇女小组社会工作案例。

两段引文都已经道出了两个团体（小组）是在何种背景下如何组织起来的，又收到了何种工作效果。可见，团体工作是根据组员的需要，围绕特定的目标展开的团体活动，涉及心理学中的需要层次（从生物性需要到社会性需要）和目标层次（从治疗到发展），更关联到群体动力等公共管理心理学的知识。

三、社区社会工作

社区社会工作是社工从社区层面入手了解社会的问题或需要，通过动员社区内外资源，尤其是组织社区成员参与集体行动，以解决社区问题、满足社区需要、促进社区福利的过程。这主要牵涉到群体心理过程及群际心理过程，当然也离不开落实在每个社区居民上的个体心理过程。

社区工作的起点是社区居民诉求的表达和共同需要的形成，工作的关键是社区意识的觉醒和社区凝聚力的形成。否则，就无法计划社区发展和开展社区行动，也不可能获得扎根于本社区土壤的持续发展动力。

拯救社区：任务小组在行动

钟鼓楼区以其保存完好的大片古建筑而闻名，每年都吸引了成千上万的游客前来观光。可是，市场经济的发展正在侵蚀着这个美丽的社区：许多古建筑被改造成了商业场所；路旁的古树名木被无情地砍伐，为的是给日渐增多的汽车让路；五颜六色的招牌和广告把秦砖汉瓦遮了个严严实实。许多市民和游客对此大为不满。

在有关部门组织下，一批社区专家聚在一起讨论钟鼓楼区的发展建设问题。热情的社工运用头脑风暴、形式小组等专业方法，协助专家从众多的意见中确定出了三大主要问题。随后，社工又把专家分成三个小组，每个小组负责研究一个问题。第一个小组重点研究如何保护古建筑；第二个小组重点研究如何美化社区；第三个小组重点研究商业发展。社工分别帮助三个小组进行调查和研讨，并定期把三个小组的专家集中在一起核对工作的进展和制订下一步的工作计划。

最后，他们起草了一份《钟鼓楼区古建筑保护条例》，紧接着他们开始游说该市人民代表大会的代表与城市建设委员会的委员，有组织地与他们见面或给他们写信，希望他们接受条例，还通过广播、电视和报刊来宣传他们的主张。在他们的努力下，该市人民代表大会和城市建设委员会排除了来自商界的压力，通过了该条例，并成立了一个专门负责的委员会来负责监督该条例的执行。

该例中，问题的产生起因于对社区居民心理感受的漠视。实际上，团体工作总是以社区居民的群体意识为中心，以心理层面的深入工作为基础。社工对有关各方保持热情的工作态度、利用头脑风暴法和媒体宣传也已蕴含有公共管理心理学的应用。

“5·12”汶川大地震中的社区社会工作举例

广州社工的一举一动感染着当地政府，政府对我们的态度变化是排斥—接受—认可—感谢—委托。澳门红十字会经过考察后有意愿提供资金为渔子溪村建设永久性住房，请当地政府提供一份可行性报告和建设方案，当地政府便委托广州社工完成这一重要任务。然后我们马上行动，采用村民参与式的方式进行渔子溪村永久性社区规划及房屋设计，我们的理念是村民自己设计、规划和居住，尊重村民的权利。我们拿着几张白纸，深入渔子溪村，在社工的发动下，组成男子组和女子组，每组都有十多人参加，在没有任何预先商量的情况下，我们发现了一个奇妙的分工：男子侧重于社区规划，女子侧重于房屋内部的结构设计。在他们的设计中，我们看到了他们的智慧、希望和快乐。在此基础上我们进行了补充、说明和完善，只用了不到两天的时间就完成了政府交给我们的任务，并得到了政府的充分肯定。某副镇长说：“你们完成的比我预期的还要好、还要快，广州社工太棒了！”

——《广州社工支援四川抗震救灾工作站（映秀）情况通报》（第2期）（2008年8月7日）

社区社会工作的关键在于社区意识是否觉醒，社区凝聚力是否形成。只有社区意识和凝聚力的建立和强化，才会有后续的社区发展计划和自发的社区发展动力。社区成员需求的充分表达、社区成员的广泛互动和有针对性的社区教育，都是为了形成立足本社区的发展计划，这种以社区居民为主体的计划才真正具有生命力。所以，该例的重点在于当今社会工作所崇尚的价值观——尊重本土和公众参与。显然，社区意识和凝聚力的形成是一个复杂的社会心理过程，关乎社区的公共事务和整体功能，属于公共管理心理学的研究范畴。

组织社会工作往往与社区社会工作并提，它们均为较宏观的社会工作，都牵涉到士气激励、工作满意度、社团归属感等问题，需要做出相应的心理分析和建立良性的心理机制，所以都要运用到公共管理心理学知识，尤其是其中的组织心理分析。

除了上述三大直接工作方法之外，间接的社会工作方法——社会工作行政同样要运用到公共管理心理学的知识。社会工作行政通过制定、执行、实施社会政策来提高服务机构的工作效率及服务品质，是典型的公共事业管理问题。公共管理心理学有关领导心理和组织心理的知识高度契合社工行政的实践需要，对顺利地协调社会工作宏观系统中的“人-人”关系很有助益。

对于偏向宏观且常以国家行政为主导的公共管理来说，偏向微观且擅长心理学技法的社会工作是一个必要和有益的补充。

【课后案例】

某家刚从福利院主动领养了一名9岁的男童——小刚。负责收养事务的社工上门家访，想和小刚的养父母谈一谈，看看他们与小孩相处得怎样，是否需要什么帮助。养父母原本已有两个子女，且都在大学里读研。寒暄之后，单独在家的养母就说道："小刚明显不像我们家的人那样喜欢读书，教他学习的时间稍微长一点就开始不耐烦，东张西望地想要出去玩。我们不知道如何是好。"社工听后说道："这些天来您真是为小刚费心了。看来他比您想象的要难带一些，对吗？"对方答道："的确如此。"社工紧接着又笑着说："看来你们遇到的是未曾料到的新问题，让我们再谈谈这个问题，好吗？"……

【案例简析】

案例中的社工具有较高的心理素养，能清晰地表达对小刚养母的理解，使自己与她的情感协调一致，有利于与案主建立起良好的专业关系。他一开始不用急于解决问题，让案主知道社工理解她的感受可能更要紧。社工的心理素质对其本人高效开展工作非常重要。

【思考题】

1. 请谈谈公共管理心理学理论对社会工作服务产生了哪些影响。
2. 个案社会工作与团体社会工作中的心理理论运用有差异吗？

第十八章

公共管理心理学：教育管理领域

【学习导读】

1. 了解教育管理心理的基本概念和重要理论。
2. 掌握教师效能感、教师心理契约与组织承诺。
3. 掌握学校群体类型、学校学习型组织的构建。

【课前案例】

2013 年 4 月，复旦大学发生了震惊全国的高校学生投毒案件。凶手林森浩和受害人黄洋均为复旦大学上海医学院 2010 级硕士研究生，虽然学习不同的医学专业，但两人同住该校某宿舍楼的一间寝室。同一屋檐下的学习和生活，致使二人产生了一些龃龉。这些本来都是鸡毛蒜皮的小事，然而林森浩却对黄洋怀恨在心，伺机报复。愚人节到来的前几天，林森浩便联想到用投毒整人的事情。在一次本专业医学实验之后，林森浩拿到了实验所用的剧毒化合物 N-二甲基亚硝胺，并将其注入宿舍的饮水机槽。第二天，黄洋起床后通过饮水机接水喝，很快就因身体不适入院，最终，黄洋在医院因抢救无效身亡。经过上海警方对案件的侦破，林森浩也很快落网。林森浩在一审之后提起了上诉，2015 年 1 月 8 日上午，上海市高级人民法院对被告人林森浩故意杀人上诉一案进行公开宣判，林森浩投毒案终审维持原判：因故意杀人罪被判死刑。

事实上高校学生应激事件近年来时有发生，社会影响比较突出的有 2004 年的马加爵宿舍杀人案、2010 年的药家鑫车祸灭口案……

第一节 教育管理个体心理

一、教师自我效能感

“自我效能”①的概念是由美国著名心理学家班杜拉于1977年提出的。他在总结前人的研究时发现，过去的理论和研究把主要注意力集中于人们的知识获取或行为的反应类型方面，而支配这些知识和行为之间相互作用的过程却被忽视了。知识、转换性操作及其所组成的技能是完成行为绩效的必要条件，但并不是充分条件，经常会有这样的情况—— 一些人虽然很清楚应该做什么，但在行为表现上却并不理想，这是因为内部的自我参照因素调节着知识与行为之间的关系。其中，人们如何判断其能力以及这种判断如何影响其动机和行为便是最为关键的因素。人们对其能力的判断在其自我调节系统中起主要作用，自我效能这一概念便是基于此提出的。自我效能是指相信自己具有组织和执行行动以达到特定成就的能力的信念（Bandura，1973）。

班杜拉的社会认知理论认为，人的认知因素、行为、环境三者之间的关系是交互的，人是社会环境的产物，影响并形成自身的环境。其中，特别强调人是行动的动因（agent），人具有动因作用（agency），即人的能动性。自我效能感就是人对自己作为动因的能力的信念，它控制着人们的思想和行动，人由此控制自身所处的环境条件。

从自我效能感的定义看，它具有如下内涵：首先，它是一种信念，这种信念可能比能力本身对实现目标的作用更大；其次，它是一种对能力的信念，不是对性格、气质等方面的信念，而且它是对特定领域行为目标所需能力的信念，具有领域特殊性。

教师自我效能感是指教师所持的对自己能够在多大程度上改变学生行为的能力的信念，对它所包含的内容主要有两种看法。

第一种看法，根据班杜拉的理论，吉布森（Eleanor Jack Gibson）等于1984年提出了教师自我效能感包括一般教育效能感和个人教学效能感。

所谓一般教育效能感是指教师对教育学关系、对教育在学生发展中的作用等问题的一般看法和判断；所谓个人教学效能感是指教师对自己能够给予学生积极改变的能力的判断，即相信自己具有教好学生的技能技巧的信念。

第二种看法，莫兰整合以前的理论和研究，指出由于教师自我效能感以具体教学背景为前提，教师为了做出自我效能感判断，就需要分析具体的教学任务及背景，并针对任务的要求评价自己的教学能力，这两个成分的相互作用导致了教师对预期教学任务的自我效能感判断。

---

① 此处的效能（efficacy）与我们通常所指的效能（effectiveness）不同，前者即为效能感，它是一种信念和主观感受，后者是一种客观指标，是指组织达成目标的程度。另外，在班杜拉的相关研究中，自我效能、自我效能感、自我效能信念、自我效能预期交替使用。

（一）教师自我效能感的影响作用

1. 教师自我效能感影响工作行为和绩效

能否创设有利于认知能力发展的学习环境，在很大程度上有赖于教师的才智和自我效能感。教师对自己个人教学的效能感，部分决定了他们如何组织班级学生活动。自我效能感高的教师在课堂教学过程中表现出更高的教学水平，对学生宽容接纳、公平民主，表现出很强的管理能力和更积极的教学革新意愿。

2. 教师自我效能感影响动机过程

班杜拉通过比较自我效能感、归因、期望、目标对激发动机的作用，指出大多数人类动机的产生是认知性的。自我效能感在动机的认知调节中起着核心作用。归因可以影响成就和努力，但几乎全部是以自我效能感的变化为中介的，而且归因理论只关注知觉到的行为和成败的原因，自我效能理论则除了动作来源外，还包括效能信息的示范和说服以及情感来源。期望所激发的潜力，在一定程度上受个人能力和信念控制，但许多活动只要好好干就可以保证有价值的结果，如果人们对自己从事某种工作能否成功表示怀疑也就不会从事这种工作。自我效能感影响目标设定水平、承诺力度、所用策略和集结的努力。例如，自我效能感高的教师倾向于认为困难学生是可以影响、可以教化的，他们的学习问题是可以通过教师的智慧影响和自身多一些努力而克服的；自我效能感低的教师倾向于把学生能力低视为学生不可教的理由。

3. 教师自我效能感影响心理状态

自我效能感高的教师面对职业压力更可能采取较为积极和理智的应对策略（积极评价、计划解决、寻求支持等）；相反，教师自我效能感越低，则越可能在应对压力时采取被动应对的方式（回避、忍耐、忽视等）。例如，在面对教师职业倦怠这一普遍存在于教师职业内部的现象时，自我效能感高的教师应对压力会倾向于解决问题，从而减少自己情感衰竭和去个性化的程度；而自我效能感低的教师应对压力会倾向于逃避问题，从而加重自己的情感衰竭、去个性化和低个人成就感。

【阅读材料】

美国教育心理学家吉诺特（Ginott，1993）说："作为一位教师，他要么是在帮人，要么就是害人。"在每个人的成长过程中，教师对他们的影响是不言而喻的，教师心理健康如果出了问题，给学生带来的伤害是巨大的。因此，教师心理健康水平比他的专业知识和教学技能更具重要性。国内近年来的研究显示，教师的身心健康状况低于普通人的水平。这让我们为教师的身心健康状况担心，也为中小学生的健康成长担忧。教师的职业特征要求教师要有极强的自我调节情绪的能力，并重视自身的心理健康，运用科学知识调整自己的心态，使自己始终处于一种积极、乐观向上的祥和、稳定、健康的状态，以旺盛的精力、丰富的情感、健康的情绪投入教育教学工作中，真正成为"人类灵魂的工程师"。教师心理健康的标准包括五方面：一是对教师角色的认同，教师只有对教育工作有热情，才能更加地投入工作并获得成就感和满足感；二是教师要了解实时的教育政策，适应不断变化的教育环境；三是能在教育界建立和拥有和谐的人际关系；四是具有稳定而积极的心境；五是能够进行创造性教育教学活动。作为教师要懂得如何调整自己，学会如何去面对自己的工作，如何使自己身心健康。

（二）教师效能感的影响因素

1. 教师个人因素

1）获得性经验

获得性经验是亲身获得的行为成就，它以真实经验为基础。它是最具影响力的效能信息，可以为一个人能够调动成功所需的一切积极因素提供最可靠的证明。成功的经验可以提高自我效能感，多次的失败会降低人们对自己能力的自信程度。在个体较为熟悉的领域，新的成败经验对自我效能感的影响，往往取决于先前已经形成的自我效能感的性质和强度。

教师在评判自己是否具有积极影响学生的能力时，首先会从以往的成功经验中搜集支持性的证据，由此说服自己具有从事某活动的能力。而且教师职业的实践性很强，需要具备一定能力，可以反复在实践中寻找最可靠的信息，个人教学效能感更易因实际教学经验的更新和教学实践的锻炼而改变。

对于个体而言，成功与自我效能感的增强之间并非简单的对应关系。因为行为表现虽然具有强劲的说服力，但不一定能提高效能信念，它有赖于教师对教学表现的解释，有赖于教师对自己成功给予特别的关注和记忆。

2）替代性经验

获得性经验并不是人们能力信息的唯一来源，以榜样成就为中介的替代性经验，也对效能评价有一定程度的影响。替代性经验是指通过能力传递及与他人成就比较而改变效能信念的经验，所以示范是促进个人效能感的另一个有效手段。示范对自我效能感形成的影响，大致通过两种信息加工过程实现：一是有意识的社会比较过程，当人们没有什么先前经验作为自身能力评价基础时，主要依靠于与能力相当的人进行比较，估计自己做某件事情的效能，对示范者的能力判断以及与自我能力的比较是一个重要的心理过程。另一种是通过示范提供信息的过程，学习者可以从示范者那里学到有效的解决问题的策略，洞悉解决问题的能力需求，这对自我效能感的形成会产生一定的影响。

对于准教师，示范主要通过第一种途径影响效能信念，而通常准教师接触的都是优秀教师，以至于很多研究都表明，在真正面对学生的时候，成为新教师的他们自我效能感往往直线下降。对于已入职的教师，教学是他们一直从事的职业，教师培训中各种形式的示范就可以主要通过第二种途径来发挥替代性经验的作用。

3）生理和情绪状态

首先，消极的生理和情绪状态很容易被认为是应对能力的缺乏。心情好时，人们自我效能感高；心情差时，自我效能感低。其次，受情绪左右的回忆同样影响人们对其个人效能的判断。既往成败与相应的情感一起被储存在记忆中，成为判断的资料基础。再次，中等程度的唤起能提高注意力并促进技能的有效运用，而高度唤起则可能具有破坏活动的性质。不过具体的最佳激活水平有赖于活动的复杂性。简单的活动中的行为表现不易受到干扰，需要精致组织和精确执行的复杂活动中的行为表现，比较容易被高度情绪激活所干扰。最后，教师在教学过程中经历的生理唤起和情绪状态情况，相对于动作性掌握经验较弥散、短暂、不那么可靠，它对教师自我效能感的影响也就没有动作性掌握经验强烈。

4）从教原因、自我概念、教师价值观

从教原因能在一定程度上反映教师对教师职业的热情，它是影响教师效能感的因素之一。由于热爱教育教学而选择从教，与仅仅认为教学工作安稳而从教，两者的效能感会存在较大差异。

自我概念虽然与教师效能感的概念和范围不同，但两者是相互促进、共同发展的。一个自我知觉高、自我概念完善的教师，其效能感也高；而自我知觉低、自我概念不足或偏差的教师，往往效能感也低。

价值观是指一个人对客观事物的重要性和生活意义的评价，教师在教学中必须对各种内在、外在因素的意义进行解释，这就形成了个人价值观，它会影响教师的自我效能感。价值观是评价各种因素时的参照标准，对私人生活价值评价较高的教师的自我效能感低于对社会承认价值评价较高的教师。

2. 外部影响因素

1）社会劝说

社会劝说作为一种手段和途径，可以增强人们对完成某一任务、实现自己心愿的信念，它包括说服性的建议、劝告、解释及自我规劝。言语是否可靠和有效，必须根据被劝说者是谁、他们的信誉以及他们对活动性质的了解情况来权衡。另外，社会劝说还包括生活中的榜样，他们也可以灌输影响人们生活方向的潜能和力量信念。很多时候，身教重于言传，教学导师的信念和行为方式会极大地影响准教师的效能感，所以新教师上岗，应由有经验的老教师辅导带领，这是一个重要的环节，不能被略去或忽视。

2）社会支持

社会支持是指个体因在社会中受尊重、被理解而产生的情感体验和满意程度。黄喜珊和王永红（2005）指出自我效能感的提高需要社会支持，特别是新教师的自我效能感与体验到的社会支持显著相关：来自家庭、朋友、同事的积极支持和热情鼓励，都会大大提升新教师的自我效能感。

3）学校环境因素

学校环境因素会影响教师效能感的高低，如学校制度的完整性、工作提供的发展条件、学校风气、学校的支持系统、教师关系、工作压力和学校教师集体效能感等。研究表明，学校提供的条件、学校风气显著影响教师一般教育效能感，而工作提供的发展空间、学校人际关系则显著影响教师个人教学效能感。通过学校工作压力，特别是通过人际关系压力、考试与升学压力、职业发展与晋升压力能有效预测个人教学效能感。

4）积极的后果期待

前三个因素影响自我效能感发展和改变，“后果期待”这一因素影响自我效能感功能的发挥。后果期待是对这些行为将产生什么样的后果的判断。班杜拉用表格说明效能信念与后果期待的关系（表 18.1）。

表 18.1 不同模式的效能信念和行动后果期待对行为和情绪状态的作用

项目	后果期待（－）	后果期待（＋）
效能信念（＋）	抗议、不满、社会行动主义、环境改变	有效的活动、抱负、个人满意
效能信念（－）	放弃、冷漠	自我贬低、失望

（三）教师效能感的培养

教师效能感的提高不仅有利于教育质量的提高，而且更能促使教师自觉、主动地去完善自身的素质，促进自身的成长。所以培养教师效能感，无论对学生发展，还是对教师自身成长都是非常必要的。如前所述，教师效能感受到诸多因素的影响，它的提高需要从教师教育、学校管理、教师个人多方面进行。

1. 教师教育方面

教师效能感是教师专业素质的一个重要方面，教师效能感的提高应该贯彻在教师专业素质的培养中。教师教育不仅致力于提高教师的专业知识和教学技能，还须关注教师的效能感和专业情意水平。教师的知识（普通文化知识、学科知识、教育科学知识）、教学能力、教师效能感以及专业情意相互影响、相互促进、共同发展。

2. 学校管理方面

教师自我效能感与工作环境密切相关。学校应大力提倡积极向上的校园文化，创造良好的工作条件和工作发展的空间，保障物质资源的可利用性，培养共识性的教育目标和愿景，培养重视学生综合素质与学业发展的文化氛围。

如今在选拔教师的过程中通常只关注学生的考试成绩、教师的论文发表和课题申报等方面，却忽视了教师本体性知识在提高教师素质及教师效能感方面的重要性。另外，对教师专业情意关注甚少，而很多定量和定性的研究都表明，专家型的教师都有一个共同特点：对教育事业的热爱和追求。在学校选拔教师的过程中应该注意这一点。

3. 教师个人方面

教师除了被动地接受教育和管理之外，也要不断自主尝试新的教学方法、教学策略，不一定真是创造性的新方法，只要对于教师自身而言是新的，就足以促进教师进步。通过不断尝试新的教学方法、教学技术，积极进行教学改革，教师可以认识到什么样的教学方法更有效、更符合教学实际，从而增进教师效能感。教师在自主创新的过程中也要注意反思。前面提到获得性经验具有效能价值，还在于对成败的记忆和提取以及从成败中获得了教学所需要的子技能。所以反思不仅仅是为了发现自己的长处和不足，从反思中获取各种情景下适宜的策略和方法是关键。

教师对成败、示范、鼓励、情绪解释的偏向性，影响着教师的效能感。例如，将教师教学工作的成功归因于自己的能力、努力和有效的策略，而把失败归因于努力不足，就会保持努力工作的动机，并产生较高的教学效能感。所以恰当的归因，也是教师个人培养效能感的有效路径。

二、教师心理契约与组织承诺

（一）教师心理契约

心理契约是指组织和组织成员双方对彼此应该付出什么和应该得到什么的一种主观心理阅读，即对双方责任和义务的认知（朱新秤，2008）。

1. 职业生涯不同阶段的教师心理契约特点

教师的职业生涯可以分为四个阶段，即探索阶段、确立阶段、维持阶段和下降阶段。

1）探索阶段心理契约的管理：着眼于关系契约与交易契约改善并举的稳定与指导

基于探索阶段教师与学校组织间呈过渡型心理契约，即关系型心理契约与交易型心理契约双弱的特点，针对该时期心理契约违背的关键因素在于有些教师可能因无法适应教师角色或因学校无法满足其薪酬要求从而产生离职倾向与消极怠工的现象，学校组织应在加强对探索阶段教师进行指导的基础上，稳定教师职业心态，并尽力提高教师福利待遇，同时改善探索期教师与学校间的关系型心理契约和交易型心理契约，引导教师的心理契约从过渡型向相对稳定的交易型心理契约转变。具体而言，首先开展入职教师岗前培训；其次安排有较高工作绩效、德高望重的教师作为新教师的指导教师，从教学、科研、生活等各方面给新教师以引导，指导新教师制订授课计划，定期和新教师交流教学心得，使其尽快实现角色转换，在工作中感受到快乐，感受到学校组织的重视，强化组织认同情绪，从而稳定教师职业心态；再次，由于教学与科研相辅相成、相互支撑、相互促进，因此，学校组织在帮助探索期中的教师掌握教学技能的同时，需积极引导新教师探索科研方向，尽快融入科研团队，在科研团队中快速成长；最后，探索阶段的教师面临着家庭组建、孩子降生等人生重大事件，因此物质需要也是这一阶段的强势需要，而探索阶段也正是教师职业生涯中物质报酬最低的时候，有些教师可能会因学校无法满足其薪酬要求而寻找物质报酬更高的职业。因此，学校组织应通过为青年教师提供学术奖金等方式，奖励在教学、科研方面有成就的教师，或者创造条件为青年教师提供福利待遇，减轻他们的经济负担，减少他们的后顾之忧。

2）确立阶段心理契约的管理：注重关系契约改善的公平与发展

基于确立阶段教师与学校组织间呈交易型心理契约，即交易型心理契约强而关系型心理契约弱的特点，针对该时期心理契约违背的关键因素在于绩效考评或晋升机制等公平性缺失时有发生的状况，学校组织既要在注重公平上做好工作，又要注重改善关系型心理契约，如关心教师的成长、鼓励教师参与学校管理等，促进确定期中的教师迅速发展，引导教师的心理契约从交易型向较为稳定的平衡型心理契约转变。具体而言，首先，建立科学合理的绩效考评体系，努力营造科学、民主、公平、竞争的学术环境，建立包括专家教授、同行、教师本人和学生在内的多元评价主体，细化教师的绩效考评指标，把绩效考核指标与教师的专业特色、学术能力密切结合起来，建立符合教师成长需求的绩效考核评价体系，使评价过程民主、评价结果客观，以考核结果作为教师职称晋升和薪资分配的依据，使教师感受到付出与收益的对等性，感受到组织公平感。其次，创造机会让教师参与学校的管理，增加教师的主人公精神，重视教师对学校的发展建议，并及时答复和改进，通过与教师的沟通与交流，及时消除学校和教师之间的认知偏差，将心理契约明晰化，增强教师的归属感和责任感。最后，结合职业探索阶段的表现以及教师个体发展需求，为青年教师设置合理畅通的职业发展通道，教师既可以参评教师系列职称，也可以参评研究员、实验员、会计师等其他系列职称，还可以走行政管理发展路线。学校组织帮助青年教师选择适合自身发展的职业道路，使教师感受到虽然职业通道不同，但待遇相同、机会相等（既有助于教师个体发展与组织发展真正结合在一起，也有利于教师组织公平感的巩固，由公平衍生信任、由信任产生认同、由认同提升双方关系型心理契约的水平）。

3）维持阶段心理契约的管理：着眼于关系契约与交易契约平衡维护的提升与重视

基于维持阶段教师与学校组织间呈平衡型心理契约，即交易型心理契约和关系型心理契约双强的特点，针对该时期心理契约违背的关键因素在于因教师发展中呈现出的高原现象而导致其出现隐性和显性流失状况，学校组织应通过培训、交流、行政晋升等多种形式帮助教师克服高原现象，激励维持期中的教师进一步提升。具体而言，首先，要加强培训。维持阶段的教师往往有较为丰富的教学经验和科研经验，难免产生教育中的经验主义倾向，制约其进一步发展，学校组织应及时给教师提供相应培训，帮助教师提高理论修养，学习各种前沿理论知识和科研成果，这不仅有助于巩固现有的成果，而且有利于摆脱高原现象，形成与学校组织良好的关系型心理契约。其次，根据工作需要，帮助教师实现角色转变。维持期的教师大多拥有高级职称，教师个体学术上的成功往往意味着角色转变，从专业活动的具体实践者晋升为管理者、指导者。一方面，学校组织需注重行政职务晋升的公平公正；另一方面，学校组织可通过吸引此类教师参与学校重大决策的制定、为领导者决策提供专业咨询等，使维持阶段教师感到从组织边缘进入了组织核心，具有更强的责任感与主人翁精神，进一步提高组织满意度与忠诚度。最后，应搭建广阔的平台，加强学科建设与学术交流。由于维持阶段教师大多是学科发展的带头人或骨干力量，学校必须遵循学科发展规律，注重学科带头人建设，配套相应的科研资源，构造合理的学科布局，促成各学科间的交流与合作，使不同学科背景的研究者利用学术的边缘效应、协和作用探求新知，使该阶段的教师产生更多更高层次的学术成果，促进教师与学科共同成长、与学校组织共同发展，实现教师的心理契约从平衡型向更为稳定的关系型心理契约转变。

4）下降阶段心理契约的管理：注重关系契约巩固的认可与关怀

基于下降阶段教师与学校组织间呈关系型心理契约，即关系型心理契约强而交易型心理契约弱的特点，针对该时期心理契约违背的关键因素在于教师得不到应有的尊重与认可而对学校组织产生不满从而影响其他教师心理契约建立与维系的现象，学校组织应给予该阶段教师充分的认可、尊重与关怀，进一步巩固教师与学校组织之间良好的关系契约，帮助其度过幸福的晚年。首先，认可老教师长期为学校所做的奉献，在荣誉奖励、福利待遇等方面给予倾斜。其次，尊重知识，尊重经验。老教师从教几十年，积累了丰富的教育教学经验，学校组织应充分挖掘这一宝贵资源，组织有意愿的老教师对青年教师开展“传帮带”工作，组织老教师成为学校的教学督导或参谋顾问，使老教师在支持青年教师成长、参与学校发展中巩固良好的关系型契约。最后，有针对性地为老教师提供包括退休政策和方法、健康保健知识、退休福利、医疗保障等内容在内的退休前培训，减少老教师的焦虑与不安，在学校组织中形成尊重关心老教师的组织文化氛围，使以人为本的管理理念真正得以体现，进而稳定学校组织中的中青年教师的心理契约，促进他们的心理契约向长期忠诚与信任方向发展。

总之，教师的职业发展是有阶段性的，不同阶段有着不同的特点和需求，表现为不同的心理契约类型，高等教育管理应掌握教师职业生涯发展不同阶段心理契约的特点及其规律，采取有针对性的动态的管理措施，引导教师向可持续的方向发展（金艾裙，2012）。

2. 教师心理契约的测量

当前，国内关于教师心理契约的测量大多是从员工心理契约的研究方法借鉴而来的（黄映瑜，2005），如表 18.2 和表 18.3 所示。

表 18.2 教师心理契约量表（组织责任）

据您所知，您现在所在学校的领导曾在多大程度上答应过要为您做下述事情，不管是以明确的方式还是默许的方式。请您根据 1~4 标度的意义在相应选项上画“√”。没答应过=1；不太明确=2；比较明确=3；非常明确=4	
1.提高相应的福利待遇（如医疗、养老保险等）	1 2 3 4
2.提供良好的学术工作环境	1 2 3 4
3.提供客观公正的绩效考评	1 2 3 4
4.提供晋升调资的机会	1 2 3 4
5.提供培训进修的机会	1 2 3 4
6.提供长期稳定的工作机会	1 2 3 4
7.及时沟通交流信息	1 2 3 4
8.听取教师的意见和建议	1 2 3 4

表 18.3 教师心理契约量表（教师责任）

据您所知，您曾在多大程度上答应过要为您所在的学校做下述事情，不管是以明确的方式还是默许的方式。请您根据 1~4 标度的意义在相应选项上画“√”。没答应过=1；不太明确=2；比较明确=3；非常明确=4	
1.充分完成自己的本职工作	1 2 3 4
2.遵守学校一切规章制度和工作规程	1 2 3 4
3.与单位同事、领导和他人处好关系	1 2 3 4
4.树立维护学校形象（如着装、言谈等）	1 2 3 4
5.不断提高自己的教学水平、科研能力	1 2 3 4
6.忠诚于学校，对单位忠心耿耿	1 2 3 4
7.给学校或院系提合理化建议	1 2 3 4
8.接受学校安排，转到其他岗位上去工作	1 2 3 4

（二）教师组织承诺

1. 组织承诺与教师组织承诺

根据加拿大学者梅耶和艾伦（Meyer and Allen，1997）的定义，组织承诺就是指“一种束缚力”（bonding force），它把个体约束到与保持组织成员身份相关的行动上。

里叶斯（Reyes，1990）在《教师及其工作场所：承诺、绩效与生产力》一书中，将教师组织承诺定义为“教师对学校目标、价值的心理认同，希望继续留在学校中奉献心力”。教师组织承诺可以分为情感承诺、持续承诺和规范承诺。教师因情感承诺而心甘情愿为学校努力工作，并以作为学校的一员而深感自豪；因持续承诺而留在学校，是出于已为学校做出贡献并享有较好的待遇，换一个单位得不偿失或没有其他更好的单位可选择；因规范承诺而留在学校，是教师感到有义务服务于学校或社会规范要求其为学校服务。

2. 教师组织承诺的影响因素

世界各国和地区对于教师组织承诺的研究主要集中在教师组织承诺的影响因素上。因此，以下将按照教师组织承诺的不同影响因素进行分类介绍。

1）教师人口变量

在教师人口变量方面，学者们分别从性别、年龄、教龄、职称、教育程度、内外控信念来探讨其与组织承诺的关系，除了在内外控信念与教师组织承诺相关这一点上，学者们能够得出较为一致的结论外，对其他几项的研究所得出的结论都互相矛盾，有些学者认为它们与教师组织承诺无关，有些学者得出的结果是正相关，有些学者得出的结果是负相关。

我国学者罗润生和申继亮（2001）对 137 名教师的调查表明：在情感承诺方面，不同职称的教师之间具有显著差异，职称越高，情感承诺越高；在规范承诺方面，不同职称和年级的教师存在显著差异，高级教师高于初级和中级教师，高中教师高于初中教师；在持续承诺方面，不同学历和职称的教师具有显著差异，且学历与职称变量对持续承诺产生交互作用。对大专教师来说，不同职称教师具有显著差异，高级教师高于初级教师；对本科教师来说，不同职称教师之间不存在显著差异。

2）领导行为

J. E. 托马森和 H. O. 托马森（Thompson J E and Thompson H O，1989）在研究领导行为与教师组织承诺之间的关系时得出：校长的关怀行为和倡导行为与教师组织承诺有显著的正相关关系。关怀型领导更注重维持与下属间的以相互信任、相互尊重、关心下属感受为特征的工作关系，高关怀型领导善于倾听员工的意见并较有亲和力。倡导型领导更注重工作组织、工作关系及工作目标，高倡导型的领导强调工作进度及任务具体性，注重建立交流的渠道确保下属能够尽最大努力工作。

3）组织文化

关于组织文化的研究，研究者得到了较为一致的结论，即学校组织文化对教师组织承诺有明显的正向预测力。国外较早、较完整地探讨学校组织文化的学者是安德曼（E. M.

Anderman）与梅尔（M. L. Maehr），他提出了学校文化影响教师组织承诺形成的过程模式图，如图 18.1 所示。

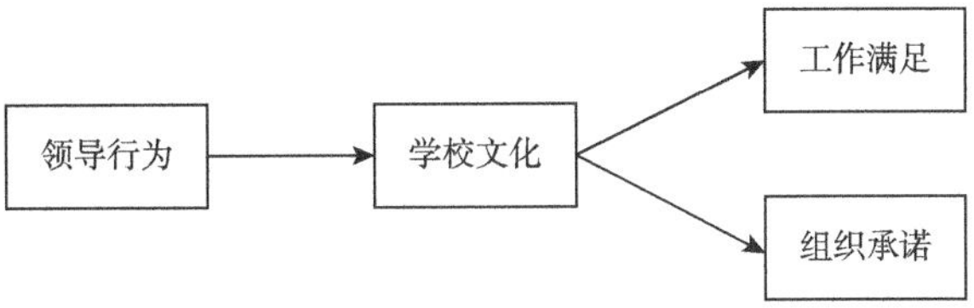

图 18.1　学校文化影响教师组织承诺形成的过程模式图

安德曼与梅尔（Anderman and Maehr，1994）认为学校文化包含强调成就（accomplishment）与认可（recognition），强调关系或同事情谊（affiliation）与权力（power），他认为领导行为可以影响学校教师的工作动机与整个学校的文化氛围，进而影响到工作满足与组织承诺。

4）管理因素

一般认为，从个人在工作中所具有的特质以及任务设计与管理的环境这两方面来看，承诺与后者的关系更大。虽然很多研究都表明了教师组织承诺与学校效能呈正相关，然而很少有研究来探讨承诺是否会被学校规划和管理所改变。艾德姆（Adam，2010）对以色列实行校本管理的学校的教师组织承诺进行研究，探讨了校本管理与教师组织承诺的关系，结果表明教师组织承诺提升的动力是对学校目标的归属感和未来的利益吸引力。并且很明显的是，如果在保持教师专业自主性不变的情况下，实行校本管理的学校打破了通过增加对教师的要求以使其增大对学校的贡献这个平衡，那么教师的组织承诺会下降。因此，实行校本管理的学校需要对教师提供更多的激励、足够的利益以及自主性和专业成长的机会，才能促使他们的专业成长并提升教师的组织承诺。

3. 充分发挥心理契约和组织承诺的管理作用

（1）强化学校凝聚力，提高教师忠诚度。伴随着各级教育系统内部的分层与定位，同级同类学校之间，为获得发展所需的资源而存在着很大程度的竞争。在如此残酷的背景下，学校管理者只有紧紧团结全体教职员工，齐心协力提高学校效能，才能赢得更加广阔的发展空间。良好心理契约的构建和组织承诺的提高将更大程度地增强教师的主人翁责任感，强化学校的凝聚力，提高教师忠诚度。

（2）增强教师责任心，提升教师归属感。学校管理者重视教师心理契约和组织承诺，教师才会找到其工作的社会意义，工作责任心才能得到增强，教师才能更好地克服工作马虎、心不在焉、缺乏热情等问题。良好心理契约的构建和组织承诺的提升将使教师感知到自己在学校里拥有一定的地位，受到应有的尊重，自然乐意做好学校安排的工作。

（3）促进教师专业发展，成就教师职业理想。教师专业发展与学校管理制度之间在许多方面存在矛盾，组织结构上的科层制、人事制度上的聘任制、教师评价上的量化倾向都可能在不同程度上制约教师的专业发展。除了完善相关制度以及对教师进行培训等措施之外，学校领导者还要从教师心理和行为入手，只有使教师的心理契约和组织承诺达到更高的水平，才能从根本上推动教师专业发展，成就教师职业理想。

（4）增进教师工作满意感，提高学校组织效能。教师工作满意感是指教师对其工作或职务的积极或消极情感的程度，它受到工作条件和人员特征的影响。工作具有挑战性、多样化、高薪酬等特征会使教师产生积极的工作态度，同时，教师的自信自尊、同事的密切合作等也会增强教师的工作满意感。良好的心理契约和较高的组织承诺对教师工作满意感将会产生长期的维系作用。教师满意感提高，自然就更加努力工作，教育教学成效显著，学校效能也就随之得到持续提高。

第二节 教育管理群体心理

群体是指两个或者两个以上相互依赖和相互作用的个体，为了某个共同的活动目标而结合在一起的彼此之间具有情感联系的人群。群体构成的特征包括共同的目标、特定的结构和规范、归属感和交互作用。群体不是个体的简单相加，而是有组织、有领导、有规则、有共同目标，相互影响、紧密联系的人群集合体。教育群体管理旨在调动每位教职工的积极性和创造性，满足群体成员的心理需要，有效地发挥学校组织的力量，提高学校的教育质量，促进学生和学校的发展。

一、学校群体的分类

（一）教职工群体与学生群体

以学校成员扮演的角色为依据，可以将学校的群体分为教职工群体与学生群体。教职工群体由教师、管理人员与职工构成，肩负培养学生的任务。教职工群体是一个外延很广的概念，如果细分，可以分出诸多细分群体。学生群体由在校受教育的青少年组成，其责任主要是发展自己，使自己成为社会所需要的人才。和教职工群体一样，学生群体既可泛指一个社区、一个学校的学生组成的群体，也可指一个班级的学生组成的群体。

（二）正式群体与非正式群体

根据构成群体的原则、方式与结构，可以把群体分为正式群体和非正式群体。正式群体是由官方设立并有明文规定的一种有固定编制、明确的职责权限、完备的规章制度和确定的上下级关系的群体。学校的班级、教研室以及党团组织、行政组织等都是正式群体。非正式群体是组织中没有正式规定的群体，其成员之间的相互关系带有明显的情绪色彩，他们可能是因为住得近、有共同的兴趣、能互相满足需要而结成伙伴。例如，学校里的球队、棋队的形成就是因为这些人有共同的活动兴趣。有些人吃饭时经常凑在一起谈谈轶闻、发发牢骚，这些人也形成了群体。总之，学校里面在正式群体以外，还有各种各样的非正式群体。

（三）实属群体和参照群体

以个体的归属为根据，可将群体分为实属群体和参照群体。实属群体是指个体实际归属的群体，如对学生而言他所在的班级就是实属群体。参照群体又称标准群体或榜样群体，是指个体实际上没有参加但接受其规范的群体。参照群体不是个体实际归属的群体，它甚至可以是想象中的群体。参照群体主要有比较和规范两种功能。

（四）工作群体和工作团队

美国学者斯蒂芬·P. 罗宾斯（Robbins，1997）将群体分为工作群体（work group）和工作团队（work team）。工作群体是指通过成员的相互作用来共享信息并做出决策，帮助每个成员更好地承担自己的责任，其绩效仅是每个成员个人贡献的总和，如学校田径队就是这样的群体。工作团队是通过其成员的共同努力能够产生积极的协调作用，其团队成员共同努力的结果是团队绩效水平大于个体成员单个绩效的总和，如学校里一支训练有素的足球队。

（五）开放群体和封闭群体

根据群体的开放程度的原则，可以把群体划分为开放群体和封闭群体。开放群体经常更换成员，成员来去自由，封闭群体的成员比较稳定。另外，封闭群体的成员等级森严，而开放群体中成员的地位和权力不稳定。开放群体由于人员不稳定，所以不适合长期的任务，但也有其好处。例如，因经常输入新鲜血液而可以吸收新思想和人才，他们对周围环境的适应性也比较强。这两种类型的群体适合于不同类型的活动。例如，对于长期规划，封闭群体更有效，如学校里的班级、科室等；对于发展新思想和新产品，开放群体更有效，如学校里的各种兴趣小组。

二、学校非正式群体

（一）学校非正式群体形成的基础

影响学校非正式群体形成的因素是多方面的，既有组织内在因素，也有文化价值因素与个人心理因素。

1. 组织内在因素

几乎所有的现代组织，包括学校在内，都具有科层制的特点：劳动分工与专业化、非人格化取向、权威等级、规章制度、职业取向等，这些特点也是正式组织内在的组成因素。科层制的这些特点在提高效率和促进组织目标实现的同时，也会形成一些功能障碍。在某些情况下，正式组织的一些因素本身就是造成非正式群体形成的原因。人们的感情需要和其他需要在受到组织内在因素约束的时候，就会转向非正式群体寻求满足。

2. 文化价值因素

在学校里，那些具有相同的文化价值观念的人容易结合在一起，如具有共同的信仰、共同的习惯、共同的语言、共同的道德观念的人，会在不知不觉中建立深厚的感情。因此，文化同质性强的人常常经由认同作用形成非正式群体。另外，在人际相互作用的过程中，学校内具有同一关系的成员互动次数较多、相互作用较深、相互关系更为亲密，自然就容易形成一个非正式组织。这种同一关系影响非正式群体的因素很多，如同学、同乡、同事、同宗、同一社会阶层、同等社会地位、同等学历水平等都可能导致形成非正式群体。

3. 个人心理因素

美国心理学家塞利士（Leonard R. Sayles）和施特劳斯（George Strauss）认为非正式群体形成的原因，是成员希望获得友谊，使工作产生情趣，并与其他人产生同属感，以得到心理上的认同，以便于了解别人，也便于被别人了解；同时成员希望获得积极创造与发展进取的机会，以消除内心焦虑与不安的情绪。

综上，学校非正式群体形成的因素是多方面的，既包括组织的、社会的、文化的，以及个人的因素，还包括像地理、利益关系、行为差异、过去经验、未来目标等方面的因素。非正式群体的形成有的是出于单一因素，有的是出于多重因素，以致非正式群体成员资格可能互相重叠。

（二）学校非正式群体的积极作用

（1）非正式群体增强了正式组织的有效性。学校的正式组织无法解决内部师生的所有问题，也无法满足所有师生的需要，组织活动也具有动态性。相对于正式组织来说，非正式群体是灵活的，一些正式组织无法解决的问题可以通过非正式组织得以解决。非正式群体还可以让成员获得满足感。

（2）非正式群体有利于成员的沟通。非正式群体是在人们的交往中自发形成的，因此是靠人们的沟通来维系的。在非正式群体中，人们可以传递信息，了解周围发生的一些事情，倾诉生活和感情经历。

（3）非正式群体对增强组织成员的工作满足感和稳定性起到了积极作用。比起学校的正式组织，非正式群体更能让成员产生归属感和安全感，因为人们在非正式群体中既可以交流与工作相关的内容，也可以交流生活或情感方面的内容。因此，成员可以在非正式群体中得到心理需要的满足感，非正式群体能够创造更为和谐、融洽的人际关系，也能够提高成员之间的合作精神。

（4）非正式群体能够帮助成员释放压力。人们在工作或生活中会有很多的压力，这些压力如果得不到释放就容易产生心理问题。在非正式群体中，成员之间可以自由、开放、友好地讨论工作和生活中遇到的各种问题，这为成员释放压力提供了有效的途径。

（5）非正式群体促使管理者做决策时更加谨慎。很多学校管理者都认识到，非正式群体在学校起着不可估量的作用。非正式群体可能起促进作用，也可能起阻碍作用。因此，学校的管理者意识到了非正式群体的作用之后，就应该充分考虑非正式群体对学校的每项决策和行动会做出怎样的反应。

（三）学校非正式群体的消极作用

（1）非正式群体抵制一些变化。他们过分保护成员现有的工作和生活方式，并拒绝一切可能破坏目前平静、和睦状态的力量。例如，在一个学校中，大多成员都出于怠惰而不追求变化，但是学校的奖励机制是奖勤罚惰、促进改变的，制度就可能会改变一部分人的想法，使他们积极地追求工作效率以求更多回报，但原本群体的平静和谐就会发生变化。因此，群体成员就会抵制这种改变。

（2）非正式群体具有社会控制功能，会导致成员的从众行为。由于非正式群体已经成为员工生活中必不可少的一部分，因此在日常生活中，员工会不由自主地做出与这个组织中大多数人一致的行为。这种从众行为主要是由群体规范和群体压力造成的，如果群体成员不遵守群体规范，就会受到孤立、嘲笑或者工作受到干扰等各种各样的惩罚。

（3）非正式群体还容易使成员产生角色冲突。因为一个员工既要满足组织领导的要求，又要满足非正式群体的要求，虽然大部分角色冲突都可以通过非正式群体的精心协调来避免，但冲突总是存在的。

（4）由于非正式群体是独立于正式组织而存在的，因此正式组织的权力有时无法有效地控制非正式群体。特别是对于紧密度高的非正式群体，当它的利益与正式组织的管理目标矛盾时，就会降低正式组织管理的有效性，甚至出现障碍，从而无法完成组织的工作目标。

（5）非正式群体成员间交往非常频繁，信息传递快捷，容易导致小团体主义，而且非正式组织的沟通功能往往会造成谣言和小道消息的流传。这对组织内的信息传递、人际交往、功能运作等往往会产生阻碍甚至扭曲的反作用。

（四）学校非正式群体的管理

松下幸之助（まつした こうのすけ，1894—1989）曾经对非正式群体有着这样的看法："经常有人提到消除派系的问题，然而仔细思考一下，我以为有人的地方就有派系。制造派系是人类的本能，我认为应该谈的是这派系是好还是坏……既然如此，倒不如肯定派系的存在，然后再考虑如何活用派系。换句话说，与其各个分散，倒不如分成几个派系，办事也会较有效率……派系是没有办法消除的，而且有派系也许比没有派系更好。关于如何活用派系，只有靠每个人正确的知识了。"

学校的管理者既不能创建非正式群体，也不能废除它们。但管理者可以学会与之共处并对其施加影响，在学校的实践工作中要充分利用非正式群体的优点，对其缺点加以抑制，可以从以下几个具体方面对非正式群体进行管理。

1. 正式组织的团结

正式组织要表现出很强的凝聚力，采取内部公关，多与员工进行沟通，形成集体的凝聚力。管理者应关注员工生活、工作的各个方面，及早地发现不正常现象。当问题产生的时候，管理者可以利用公共场合进行坦诚的交流，赢得广大员工的信任，对非正式群体成员的共同意见进行有计划、有目的的引导，循序渐进地使非正式群体成员的意见与组织目标相一致。

2. 减少对非正式群体的刺激

不要企图消灭所有的非正式群体，这是不可能做到的，反而容易激起群众的不满。在采取某些行动之前，要事先考虑到可能对非正式群体的影响，尤其是对那些紧密度较强的危险的非正式群体的影响，不要给它们造成不必要的刺激。

3. 对非正式群体领导人的管理

要注意观察非正式群体领导人的言行，与其进行必要的沟通。非正式群体领导人是非正式群体的精神代表，是其利益的体现者。对有能力的领导人，可以将其适当地安排到管理层，使其为正式组织带来效益。不适合发展为正式组织管理者的，则要多加关注，合理沟通，提早发现问题所在，尤其是对于危险系数比较高的非正式群体领导者。

面对不断发展变化的环境，学校的管理者应该因势利导，力求控制和引导非正式群体的群体心理和群体行为，使其和学校总体管理目标相一致。

三、学校学习型组织的建设

（一）学习型组织的背景和意义

学习型组织这一概念来自于《第五项修炼》(*The Fifth Discipline*)一书。作者彼得·圣吉于1947年出生在美国芝加哥。当时，第二次世界大战结束不久，西方普遍沿用了一百多年以泰勒科学管理为基础，以亚当·斯密的分工理论为主导的传统的管理理论，强调职能分工、条块分割、“铁路警察各管一段”的管理方式，强调“金字塔”式的等级权力控制型的组织结构。虽然在工业经济前期曾起过巨大的作用，但随着由工业经济时代进入知识经济时代，这种传统的管理模式越来越不适应瞬息万变的市场经济条件下激烈竞争取胜的需要，越来越不能适应生产力发展的需要。经济学家、管理学家、企业家都在孜孜不倦地研究、探索，以寻找一种能适应时代发展要求的新的管理理论和管理模式。正是在这样的时代背景下，当今最前沿的管理理论之一——学习型组织管理理论应运而生。它的示意图如图18.2所示。

彼得·圣吉（Senge，1994）在《第五项修炼》中写道学习型组织是一个“不断创新，不断进步的组织，在其中，大家得以不断突破自己的能力上限，创造真心向往的结果，培养全新、前瞻而开阔的思考方式，全力实现共同的抱负，以及不断学习如何共同学习”。

真正的学习，涉及“人之所以为人”这一意义的核心。通过学习，人们重新创造自我。通过学习，人们能够做到从未能做到的事情，重新认识这个世界及自我与它的关系，以及扩展创造未来的能量。事实上所有人心底都深深地渴望这种真正的学习，这就是学习型组织的真谛，学校以及教育机构更要自主、积极地建设这种组织存在的意义。

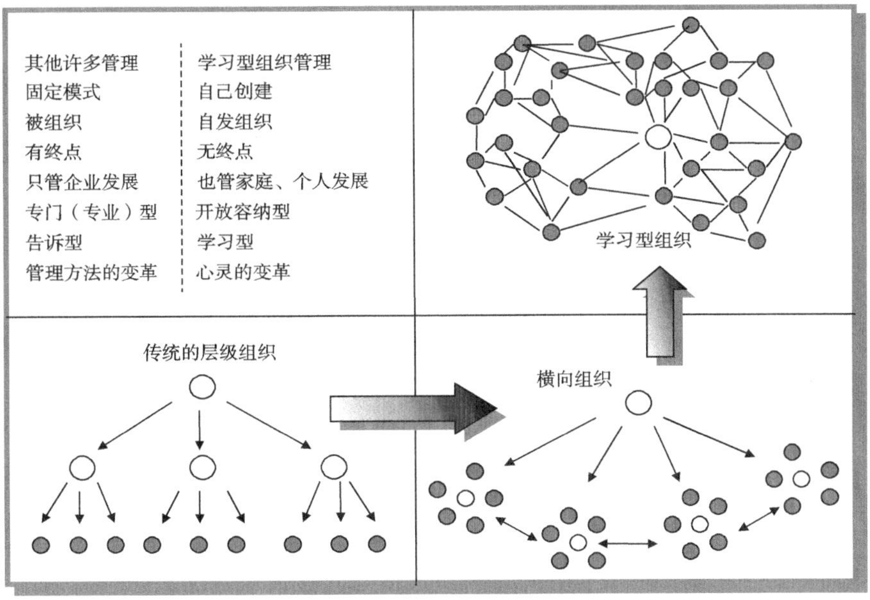

图 18.2 学习型组织示意图

（二）学习型组织的结构

1. 自我超越——实现心灵深处的渴望

自我超越的修炼是学习型组织的精神基础，它是指突破现有极限的自我实现或技巧的娴熟。

自我超越首先是不断理清并加深个人真正的愿望，集中精力，培养耐心；其次是在不断学习中，客观地观察现实，了解目前的真实情况。一个组织整体对学习的愿望与能力，植根于全体成员对于学习的意愿和能力。

对于学习型组织来讲，要设计出鼓励组织内的成员不断成长的个人职业生涯；对于个人来讲，要以自我真心向往的事情为起点，为自己的最高愿望而工作、生活。

2. 改善心智模式——用新眼睛看新世界

心智模式即存在于人们大脑的许多设想、信念或图像、印象。这种心智模式通俗地讲，就是心理素质和思维方式。心智模式根深蒂固于人们的心中，它源于对过去事物的认识过程，但又参与对现实事物的认识。人的心智模式影响着其看待世界、对待事物的态度，有时可能直接决定人的成功与否。

怎样才能改善心智模式呢？第一，把镜子转向自己，是心智模式修炼的起步，学习发掘内心世界的图像，使这些图像浮上表面，并严加审视；第二，通过自我审视，发现旧思维，予以抛弃，并有效地表达自己的新想法；第三，以开放的心灵容纳别人的新想法。

3. 建立共同的愿景——打造生命共同体

共同愿景是指组织中人们共同愿望的景象。它要求组织的全体成员拥有一个衷心的共同目标、价值观与使命感，把大家凝聚在一起，为了实现大家衷心渴望实现的目标，而主动地认真努力学习、追求卓越。

共同愿景为学习提供了焦点与能量，它有三个层次，即个人愿景、团队愿景和组织愿景。建立共同愿景的领导艺术是学校管理层的主要修炼方面，在学校领导的带领下，整个组织从建立个人愿景出发而确立团队和组织的共同愿景。

4. 团队学习——激发群体智慧

团队学习是指发展团体成员整体搭配能力和提高实现共同目标能力的过程。当团体真正在学习的时候，不仅整体产生出色的成果，成员成长的速度也比其他的学习方式更快。在团体中进行的讨论和深度会谈，可以让每个成员的想法开展自由交流，以发现远比个人深入的见解，从而克服有碍学习的自我防卫机制与旧思维模式。

在现代组织中，学习的基本单位是团队而不是个人，因而，团队的学习就显得尤为重要。

5. 系统思考——见树又见林

系统思考要求人们运用系统的观点看待组织的发展，它引导人们从局部到纵观整体，从看事物的表面到洞察其背后的结构，以及从静态的分析到认识各种因素的相互影响，进而寻找一种动态的平衡。

在《第五项修炼》中，圣吉刻意将第五项修炼系统思考放在其他四项修炼之上，这是因为系统思考是整合其他各项修炼成一体的理论与实务。系统思考强化其他每一项修炼，并不断地提醒我们：融合的整体能得到大于各部分总和的效力。

系统思考需要由建立共同的愿景、改善心智模式、团体学习与自我超越四项修炼来发挥它的潜力。建立共同的愿景培养成员对团体的长期承诺。改善心智模式专注于开放的方式，反思我们认知方面的缺点和失误。团体学习是发挥团体力量，使团体力量超乎个人力量的总和的技术。自我超越则是不断反照个人对周围影响的一面镜子；缺少自我超越的修炼，人们将陷入“压力-反应”式被动困境。

（三）学校建设学习型组织的路径

学校在建设学习型组织时一定要结合实际、循序渐进、先行试点、逐步推开、务求实效，确保建设成效和达到学校的管理目标。

1. 转变学习观念：提高对学习型组织的理解和认识

转变学习观念，重新界定学习的概念，明确学习的定位，真正将学习融入工作实际。在学习型组织里，“学习”的特定含义为：一是学习与工作不可分离，既要把工作的过程看成是学习的过程，在工作的全过程中不断总结、反思、学习、提高，把工作学习化；又要把学习看作与工作一样，提出要求，进行规划、检查、考核，将学习工作化。二是习大于学。只有通过一定的方式、方法不断地进行演练，才能将各种原理、知识、教育价值观、行为规范、岗位要求转变为共同愿景、岗位能力和自觉行动。三是在强调个人学习的基础上，更强调团体的学习、组织的学习和所有层次上的学习。通过学习使彼此连接，实现信息反馈、交流与共享，为组织、个人带来新的创造能力。因此，学习型组织的学习，不仅是知识的学习和传递，还承担着学校组织的改革与创新任务，是创新知识和能力的学习。在学习型组织建设中，要使员工树立“终身学习”“工作学习化、学习工作化”“团队学习”“创新性学习”的理念。

2. 加强宣传工作：树立全新的学习型组织形象

充分利用现有的宣传方式，采取有效的强有力的宣传手段，在学校范围内进行宣传发动、舆论造势，向所有员工及新员工宣传学习型组织建设工作的开展以及学习对组织和个人发展的重要性，一方面使“建设学习型组织”的观念深入人心，另一方面使大家提高认识、自觉配合、主动学习，积极参加到学习型组织的建设中。专门开辟一个题为“学习园地”的宣传栏，用于前期宣传发动、后续的宣传教育、学习成果展示等，同时介绍学习型组织的相关理论知识和成功案例。

做好宣传工作是打造学习型组织的前提，也是最关键的要素，应当贯穿于学习型组织建设的始终。前期宣传发动作为学习型组织建设的第一阶段，是营造整个组织的学习氛围的首要环节，做好前期的宣传发动工作，后续一系列工作才能顺利地开展。后续的宣传教育也不能放松，其是学习型组织的建设工作取得实质性成效的重要保证。后续宣传的内容主要定位在学习活动安排、学习心得和经验交流、学习和创新成果展示等。

同时，做好对外的宣传工作。积极并有针对性地开展通信报道，对外宣传学习型组织建设，树立学习型组织形象。积极参加社会上、教育系统的有关建设学习型组织的经验交流活动，学习别人的长处，改进建设工作。选择合适有效、易于接受的宣传方式，对师生进行宣传，树立全新的学习型组织形象，全方位提升学校的教育管理质量。

3. 抓好建设活动：将学习型组织与教育活动融合

结合学校实际情况，探索学习型组织的建设方式。可以结合组织文化建设活动的开展，组织多种多样的学习活动，制订学习活动的计划，按时间段一一开展。进行宣传教育和开展学习活动，不能只在表面上做文章，还要注重实效，实质性的目的就是增加员工对学习的兴趣，提高学习的主动性和积极性，提高学习力和知识的转化应用能力，达到塑造全新价值观的目的。

建设学习型组织的一个重要实现方式就是互动管理，体现了现代组织管理模式以人为本的思想。这就要求我们在实际的工作中，不断完善管理体系，使各种管理方式更贴近员工，加强上下沟通，在保证整个组织发展的同时，也促进员工个人的全面发展。

学习型组织的学习可以通过布置三个层面的学习来实现，即组织高层领导的学习、一般管理人员的学习和普通员工的学习。高层领导每个月学习一次，学习主题和学习内容由“建设学习型组织办公室”安排，提前一个星期通知到个人，参加学习的干部提前做好下一次学习内容的自学，形成心得并在学习会上交流。其他员工的学习以部门为单位，每月学习一次，学习的主题和内容由各部门负责人安排，事先布置，员工可以通过图书查阅、互联网检索等方式学习相关知识，并形成心得，各部门负责收集，并报给“建设学习型组织办公室”。“建设学习型组织办公室”挑选其中优秀的张贴到“学习园地”

中展示，对学习活动的布置和落实要切实抓好，且要持之以恒、常抓不懈、注重实效。

【课后案例】

大学辅导员要掌握心理学知识吗?

宿舍是大学生学习、生活和人际交往的重要场所。随着高校办学规模的不断扩大，学分制、弹性学制的实施和宿舍硬件条件的改善，宿舍逐渐成为学生在校生活的中心场所之一。然而，部分大学生因家庭背景、成长环境、性格爱好、语言、生活习惯等方面的差异而无法融入宿舍集体环境，常常因为一些鸡毛蒜皮的小事而引发宿舍矛盾，人际关系恶化，进而激发心理危机。所谓心理危机就是指人们面临突然的、重大的生活事件或变化时所出现的心理失衡状态。学者史拉桥指出，这种心理失衡容易导致个体情感、认知、行为及人际关系方面的功能失调以及对身体的伤害，甚至选择对生命的放弃。心理危机干预是指对处于困境或遭受挫折的人予以心理关怀和短程帮助的一种方式。可见，由宿舍矛盾引发的心理危机如果得不到及时干预，必将影响大学生的健康发展。因此，从个案到一般，积极探究大学生心理危机的根源和干预方法显得非常有必要。大学辅导员在这方面应该发挥什么作用呢?

一、案例概况

小曾，女，某职业学院计算机专业二年级学生，与同班小林同住一个宿舍。小曾虽然来自城市，但家里比较贫困，是当地的低保户。父亲属于截肢残疾人，已丧失劳动能力多年，家里靠母亲一个人做手工维持生计。进入大学后，小曾立志刻苦学习，顺利完成学业，以找到一份理想的工作回报父母。大一期间，小曾全面发展，不但学习成绩好，课外活动也非常积极，宿舍里同学关系也非常融洽。可惜，好景不长，在大一即将结束时，宿舍矛盾出现了。临近期末，小林经常邀请隔壁宿舍的小朱过来一起玩耍，有时到深夜不休，严重影响其他同学学习和休息。起初，小曾出于保持同学关系融洽的考虑，不敢当面提出意见，偶尔在背后抱怨。随着期末考试的逼近，小曾加紧了复习的进度，有时回到宿舍也不放松，而小林和小朱在宿舍的闲谈和玩耍使她没办法安心学习，特别是当她想到自己家里经济困难、要好好复习争取拿奖学金时更是焦急和恼怒。终于有一次，没等小朱踏入宿舍，小曾起身对小朱大声呵斥：“你不要再来打扰我们宿舍了!”为此，小曾和小林的宿舍矛盾公开激化：小林认为小曾不近人情、不尊重别人的朋友；小曾抱怨小林自私、不考虑他人感受。自此以后，小曾陷入宿舍矛盾中。大二第一学期开学后，小曾得知自己期末考试成绩在班里排第十，情绪非常低落，慢慢变得沉默寡言。国庆前，小曾出现抑郁症状：每天都不想回宿舍，不想跟同学交流；上课没精打采，经常因为一道程序调试不好而怀疑自己的能力，觉得自己不如别人；总是担心学计算机专业没什么用，怕以后找不到工作，感觉生活一下子失去目标；有自闭倾向，每次面对心理咨询师，都不愿意开口，最后留下一张纸条，上面写着“我觉得活着没意思，想自杀，但又没有足够勇气”。一时间，周围的老师和同学都束手无策，非常焦急。

二、心理分析

俗话说：冰冻三尺，非一日之寒。小曾突发心理危机并有轻生念头的直接应激源是与小林发生争吵后，宿舍人际关系出现裂缝；而深层次的诱发因素则是其家庭环境、性格和所处年龄阶段以及她对学业与就业关系的认识。

1. 人际关系

我国大量心理健康方面的调查研究和个案研究发现：人际关系不良或恶化是导致心理问题的主要原因之一。对于刚踏入大学的小曾来说，她性格开朗、外向、好强，为人也积极乐观，而且担任舍长，在维持宿舍同学关系和谐方面很有信心；但与室友小林发生争吵，强烈打击了她的信心，使小曾有人际关系危机感，开始怀疑自己的人际交往能力，并慢慢走向自闭；同时，人际关系的障碍影响了小曾的学习，导致其期末考试成绩没有达到预期目标，开始怀疑自己的学习能力和大学学习的意义。

2. 家庭环境

家庭经济状况、父母的教育与期望、个人的成长经历与肩负的责任等均是影响心理健康的重要因素。小曾在一个家庭经济困难的环境中长大，父母从小教育她性格上要坚强乐观和积极上进、生活上要省吃俭用、学习上要认真刻苦，父母对小曾有较高的期望值，希望她通过读书出人头地；对于小曾来说，她深知父亲丧失劳动能力给家庭经济带来的巨大压力，而自己作为独生女，是家里唯一的支柱和希望，她肩负赡养父母和改变家庭命运的重任。这些家庭环境因素导致小曾对学业成绩看得很重，希望通过获取奖学金来减轻家庭经济负担。所以，成绩一旦不理想，小曾便觉得奖学金无望，因希望落空带来厌倦情绪，并怀疑自己的能力。

3. 所处年龄阶段和个人性格

从发展心理学的角度看，大学生的心理发展处于个体心理发展的青年晚期到成年早期。这一时期是心理逐步走向成熟但还没有真正成熟的时期，小曾出现心理危机也是心理没有真正成熟的表现，自我意识存在矛盾冲突。一方面，性格外向、坚强、乐观、自信，能很好适应大学生活、应付各种困难和挑战，好强的性格驱使她有较强的欲望去控制和影响他人；另一方面，其自我认识容易受情绪的影响，自我评价存在片面性，因为小小的人际障碍和学业成绩不理想而对自己失去信心。这些因素导致小曾无法自我控制情绪和合理宣泄压力，对生活和前途失去了信心。

4. 对学业、专业、就业三者关系的认识

学业、专业和就业是大学生平时最为关注的话题。在小曾眼里，学习成绩是评价一个大学生的主要指标，而且直接影响就业；同时，小曾对专业看得很重，觉得专业与就业的联系非常紧密。所以，一旦成绩不理想，小曾便开始否定自我，担忧自己的就业前景和发展前途。以上种种因素导致小曾在人际关系、学业、经济、生活等方面的压力越来越大。压力是不良情绪的集中表现，适当的压力可以转化为动力，但压力过大会影响身体健康，造成心理危机。小曾就是在诸多压力下，爆发心理危机，产生了轻生念头。

三、辅导员的干预措施与效果

1. 广泛调研，全面掌握情况

首先，辅导员听取学校心理健康咨询中心给出的测量汇报，了解小曾的心理健康状况、咨询历史以及近期咨询的表现，从而断定她目前有自闭倾向和轻生念头。其次，向小曾室友、好朋友及班干部了解情况，并召开座谈会，挖掘小曾心理危机产生的根源，得知事件的直接诱因是宿舍矛盾，间接的深层次影响因素是个人成长环境和家庭经济状况。再次，与小曾家长沟通，进一步了解其个性、成长环境、近期与家人通话情况等，印证小曾心理危机出现的家庭因素。最后，与小曾所在社团负责人取得联系，得知小曾在大一期间表现优秀，做事认真负责、待人热情，在美术方面有一定的天赋和特长。

2. 找准切入点，精心设计谈话方案

首先，考虑以什么理由找小曾谈话，综合考虑多种因素后，我们决定以邀请小曾帮学院设计宣传栏标题的契机与她交谈。其次，根据已经掌握的情况，精心设计谈话方案，对谈话的时间、场地、方式、参与人员、内容等做了周密部署：谈话时间定在小曾不用上晚课的一个傍晚，地点在学生工作办公室，这个时间办公室其他老师已经下班，可以排除谈话中途其他学生的干扰；谈话方式力争做到“顺藤摸瓜”，一边设计宣传栏标题一边谈心，避免老师与学生面对面谈话的说教形式，也能使小曾放松警惕、敞开心扉；谈话参与人员除了笔者和小曾外，还邀请了平时与小曾比较要好的同社团朋友小赖，三个人一起交谈可以营造平等的氛围，避免陷入谈话过程中两人无话可说的僵局；谈话内容以大学的意义、专业与就业的关系、人际关系处理、压力的调适等为核心主题，谈话内容在实施前与小赖做了充分的交流，以达到理想的谈话效果。

3. 矫正认知，潜移默化地施展思想教育

认知理论认为，人的认知与信念是引起心理问题的根源。贝克认知疗法指出，心理困难和障碍的根源来自于异常或歪曲的思维方式，通过发现、挖掘这些思维方式，加以分析、批判，再代之以合理的、现实的思维方式，就可以解除患者的痛苦，使其更好地适应环境。

从上述心理分析可知，小曾的心理危机主要是由她对大学学习、生活、人际交往等方面的不当认知造成的。因此，谈话的主要目标是要从根源上矫正小曾的不当认知。首先，肯定小曾的优点和能力，高度赞赏她在美工方面的天赋，这增强了她的自信。其次，以小曾课余时间为学院设计宣传栏标题为切入点，阐明读大学的意义：读大学真正的意义不在于学了多少专业知识和成绩的好坏，而在于大学毕业若干年后、忘记所有书本知识后大脑里所留下来的为人处世的方法，培养高尚情操和学习为人处世的方法是读大学的真正意义所在。这提醒小曾：读大学，成绩并不代表大学生的所有，综合素质高低才是评价大学生好坏的根本标准，即使想获得奖学金也不能完全依靠成绩。再次，用身边的例子告诉小曾：专业与就业的关系并非她想象的那么密切，虽然她学的是计算机专业，但就业方向是非常广泛的，前途也是光明的。最后，探讨宿舍人际关系的处理：人与人之间个性的差异带来思维的碰撞和相互的进步，世界上没有两片完全相同的树叶，更没有两个完全相同的人，要学会承认差异、悦纳他人、求同存异，这样才能拥有和谐的人际关系，为学习和生活提供根本保障。

4. 注重后期跟踪，运用多种措施彻底化解心理危机

考虑到心理干预的长期性和复杂性，谈话后的跟踪工作必须到位。首先，建立跟踪小组，及时向老师汇报情况；以班级心理委员、室友、班干部等为核心骨干，细心观察小曾的日常行为和思想动态，耐心引导她参与集体活动、敢于倾诉。其次，定期与小曾家长联系，汇报情况，争取家长的配合，帮助小曾尽快走出心理阴影。同时，平时利用面谈、电话、QQ、短信、E-mail、书信等多种方式与小曾沟通，给予其关心和鼓励，不断消除其思想上的消极情绪和不稳定因素，及时化解其心理问题；并利用主题班会开展生命教育，使小曾认识生命、珍爱生命、超越生命。另外，还通过调换宿舍给小曾营造全新的生活环境，并为她争取了国家助学金名额，使其得到极大鼓励，解决了生活后顾之忧。两个月后，小曾课堂表现日趋好转，学业进步很大，同时也不断活跃在校园第二课堂中，整个人如获新生。她在微博中写道：在过去的日子里，人际关系处理不当和压力宣泄不畅让我走了很多弯路；经历了这些事情，我学会了如何调整心态和处理人际关系，恢复了从前乐观自信的自己，对生活充满了憧憬和希望，我会选择坚强地活着；感谢所有关心和帮助我走出心理阴影的老师和同学！可见，小曾的心理危机被成功干预。

【案例简析】

高校辅导员作为第一线的学生工作者，被大学生视为良师益友，对学生的思想状况有较为全面的了解，最能把握学生的心理状态；同时，学生也愿意与辅导员接触，愿意接受辅导员的建议。良好而深厚的人际关系，是大学生事业成功与生活幸福的前提。大学生的心理发展处于逐步走向成熟的阶段，他们的情绪体验丰富但波动较大，交往欲望强烈而心理闭锁，容易因人际交往的障碍而引发心理危机。

因此，高校辅导员在心理危机干预工作中具有一定优势，应该扮演好“事件发现者”和“处理过程参与者”的角色，把握合适的时机，找准切入点，用科学的方法对学生突发的心理危机进行干预。一方面，辅导员要深入学生一线，全面掌握学生的思想动态，关注学生的心理健康，建立心理危机干预机制和应急处理预案，做到早发现、早请示、早处理。另一方面，辅导员要不断健全教育学、心理学、管理学等方面的综合知识，充分掌握心理危机判断和干预的系统方法，用责任心、细心、耐心化解学生的心理障碍。同时，辅导员在积累工作经验的基础上，要转变思维方式，不断创新工作方法，避免单一的说教和空洞的理论，用良好的工作艺术深入学生、调查研究、联系实际、解决问题，努力成为大学生的人生导师和健康成长的知心朋友（林红，2012）。

【思考题】

1. 教师自我效能感有哪些作用？
2. 试从教师的心理契约角度分析我国民办教师的高离职率现象。
3. 非正式群体形成的基础有哪些？学校中可能形成哪些非正式群体？

第十九章

公共管理心理学：社会保障领域

【学习导读】

1. 掌握马斯洛需求层次理论及其与社会保障体系的对应关系。
2. 了解社会救济体系中心理学的运用。
3. 理解社会安全网中心理学的运用。
4. 掌握社会融入政策体系中心理学的运用。
5. 掌握积极社会保障政策体系中心理学的运用。

【课前案例】

新华网“每日调查”显示：多数网友认为提升幸福感要有完备的社会保障

在对幸福的感受中，人们最看重哪个指标？近日一项调查给出了答案。在新华网与《半月谈》杂志社联合推出的十八大“每日调查”之“怎么提高我们的幸福感”中，截至2012年11月10日12时，超过三分之一的网友投票选择“有比较完备的社会保障”，这一选项位居各选项票数之首。

为什么认为“有比较完备的社会保障”对提高幸福感最重要？在合肥市打工的网友“李雪”在新华网留言称，涨工资固然能提升她的幸福感，但这种幸福感是一时的，如何留住并让幸福感持续提升呢？这是她更关心的问题。“在社会闯荡这么多年，随着年纪增大，我对社会保障看得越来越重，期待未来我们国家的社会保障更加完善，让我没了后顾之忧，这样才会有持续提升的幸福感。”

有专家分析认为，社会保障之所以受到关注，很大一部分原因是基于对公平、普惠的诉求。十年来，中国经济高速发展，跃居世界第二大经济体。经济社会的快速发展使社会保障能力随之提升，今天的社会保障已不再满足于“雪中送炭”，而是走向了全面解除人们后顾之忧并确保相应生活质量，进而成为调节社会财富分配格局日益重要的机制，其公平价值取向已经不可逆转。

按照马斯洛需求层次理论，人的需求从低到高分为五个层次，即生存、安全、社交、尊重和自我实现，当人的低层次需求得到满足后，就会产生更高层次的需求。在新华网的调查中，“有份薪酬、待遇好的工作”、“在工作所在单位和城市活得有尊严”以及“能在社会上实现自我价值”获得的网友关注度分列二至四位。

一位网友在新华网社区互动调查中留言表示，当我们越过解决温饱的层次，并了却社会保障的后顾之忧后，我们就期盼真正体现出活着的意义、活得更有尊严，在为社会做出贡献的同时，通过实现自身价值来提升幸福感。

近些年，老百姓对幸福感的追求获得越来越多的积极回应。中央顺应民意，大力推动科学发展，提高发展的全面性、协调性、可持续性，使发展的成果为人民共享；大力保障和发展民生，解决好人民群众最关心、最直接、最现实的利益问题，让人民群众生活得幸福、安全，更有尊严。“建设幸福城市”成为许多地方政府的施政导向。据不完全统计，全国至少有18个省（自治区、直辖市）明确提出“幸福”概念，100多个城市将“幸福城市”列入施政目标。

十八大报告提出，提高人民物质文化生活水平，是改革开放和社会主义现代化建设的根本目的。要多谋民生之利，多解民生之忧，解决好人民最关心、最直接、最现实的利益问题，在学有所教、劳有所得、病有所医、老有所养、住有所居上持续取得新进展，努力让人民过上更好生活。

“幸福感来自于对现实生活的自信，更来自于对美好生活的期望。这本身就是一种推动前行的力量。”湖北襄阳的网友“花开不败”说，“过去十年的发展成就让我们有理由对更加幸福、更有尊严的未来充满期待”（姜春媛和韩元俊，2012）。

在现实中，社会保障是由于特定的社会问题的客观存在及社会成员或者社会发展的需求而产生的。从具体的社会保障措施可以看出社会保障的制度来源于社会需求，如济贫制度的确立与发展，是以部分社会成员因贫困而导致生存危机为条件的；社会保险制度的建立与发展，是以职工有很多后顾之忧而且可能引发严重社会问题为出发点的；救灾措施的出现，是以灾害尤其是大的自然灾害造成社会成员生存危机，进而可能引发严重的社会危机为前提的。因此，心理学在社会保障领域中的运用最重要的就是满足社会成员的需求。在经济发展的基础上，注重保障和改善民生，不断提高人民的生活质量和健康水平，充分保障人民享有经济、政治、文化、社会等各方面权益，让社会发展成果惠及广大人民群众，切实满足人民需要，以促进人的全面发展。

第一节 马斯洛需求层次理论和社会保障概述

一、马斯洛需求层次理论

马斯洛需求层次理论（Maslow’s hierarchy of needs），也被称作“需求层次理论”，是由马斯洛于1943年在《人类动机理论》一书中提出来的。该理论最初将人类的需求分为五种，如同阶梯一样由低至高，逐层递升，这五种需求分别为生存需求、安全需求、社交需求、尊重需求及自我实现需求（图 19.1）。

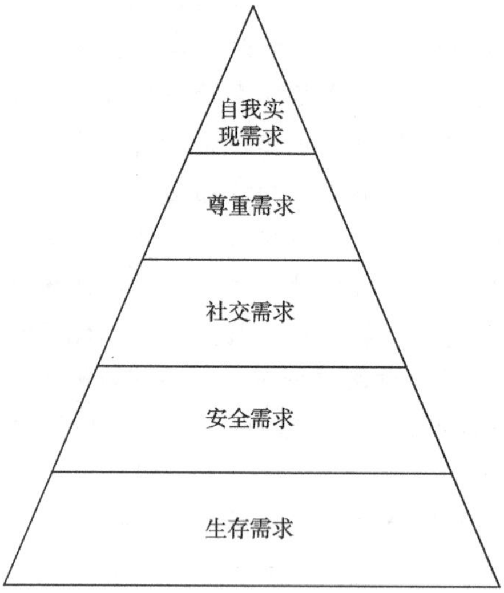

图 19.1　马斯洛需求层次理论

具体来说，这五种需求像阶梯一样从低到高，按层次逐级递升，但这样的次序并不是完全固定的，可以变化，也有例外情况。该理论认为，人人都有需求，在一定时间里某一层次的需求处于主导地位，该需求被称为优势需求，只有这一层次的需求获得满足后，更高层次的需求才会出现，才会显现出其激励作用；任何一种需求都不会由于更高层次需求的发展而消失，各个层次的需求相互依赖和重叠，高层次的需求发展后，低层次的需求仍然存在，只是对行为影响的程度大大减弱，而且并非所有的需求都能够轻易地得到满足，越高层次的需求能够得到满足的概率越小。据马斯洛统计，在现代文明社会中，由低到高五种需求的满足率依次为 85%、70%、50%、40%、10%。人的需求还具有动态发展的性质，一般受年龄的增长和社会地位的变化影响。例如，幼儿时期，生存需求是占主导地位的优势需求，随着年龄的增长、社会地位的提高、经济收入的增加，更高层次的需求逐渐体现出其重要性。马斯洛认为人的需求是与生俱来的，是先天的，但是它的满足程度主要取决于后天环境，如在经济不发达的社会，生存及安全需求占主要地位，人们更多关注的是衣食住行的生存安全问题；在发达社会，人们往往更多关注的是生存和安全需求满足之后的更高层次需求的追求。

其中，生存需求是人类维持生存生活的最基本要求，主要包括呼吸、水、食物、睡眠、分泌、性欲等，是最强烈的、最底层的需求，也是推动人类行动最强大的动力；安全需求包括劳动安全、职业安全、人身生命安全、生活家庭稳定、希望免于灾难、希望未来有保障等；社交需求主要包括情感和归属需求，具体是指人渴望得到家庭、团体、朋友、同事的关怀和爱护以及理解，是对友情、信任、温暖的需要；尊重需求可分为自尊、他尊和权力欲三方面，具体包括自我尊重和尊重他人；自我实现需求是最高层次的需求，这种需求是指能最充分地发挥自己的潜在能力和价值，成为所期望的人物的愿望需求，具体包括创造力、自觉性、问题解决能力等（孔新双，2013）。

二、满足人的需求是社会保障制度产生和发展的根本动机①

从世界各国社会保障产生的历史可以看出其起源于社会现实的需要。社会保障萌芽阶段，在英国，主要源于农村的圈地运动导致农民土地被剥夺，城市产业革命使机器生产代替了手工业，导致大量工人失业，面临生存危机，因此出台了1601年的《济贫法》和1834年的新《济贫法》，认为保障公民的生存是国家的义务。在美国，20世纪30年代为了化解全球性经济危机带来的一系列国内社会问题与社会矛盾，如工人运动的大规模爆发，社会保障制度作为罗斯福新政的重要内容被确立起来，极大地推动了美国经济持续多年的高速发展。

从需求层次角度来看，人的各个层次需求并不是孤立存在的，而是相互交叉、相互影响、螺旋上升的，不同个体、不同群体对各个层次的需求都有所侧重，低层次的需求有优先被满足的权利，而具有低层次需求的个体或群体也具有优先获取资源和保障的权利。从个体角度来讲，生存、安全、社交、尊重和自我实现的需求层次在一定程度上可以跨越，但一般遵循由低到高的规律；群体需求却并不完全遵循需求发展由低到高的规律，而是与群体成员特点紧密相关，每个群体都有自己的特殊需求；而人作为整体的需求，几乎是严格按照由低到高的需求层次向上发展的，从基本的生存需求、安全需求，到社交需求和尊重需求，最后到人的自我实现需求，也就是实现人类全面自由的发展。

（1）个体需求。从需求层次的上升属性可以看出，个体在不同阶段会有不同的需求。首先是低层次的需求，满足后又会产生更高的需求，而且各个层次的需求都包含着物质和精神的需求，只是不同层次需求中个人对物质需求和精神需求程度不同。从需求的满足条件可以看出，个体生存和安全层次的需求基本是相同的，以个人或家庭之力便可满足。而尊重和自我实现的需求却需要集社会之力，以制度来保障。在一定程度上，低层次需求的满足程度与丰裕的物质条件具有密不可分的关系，而对于处于自我实现层次需求的个体，在生存需求层次上可能仅仅基本满足即可。但个体需求的差异在某些层次上又不必然与物质条件相关，如个体有可能会冒着危险和危机选择自我实现的艰难道路，而有所归属的个体则可能沉湎于社会尊重而忽略了自我实现的价值。

（2）群体需求。在人的需求层次中，不同社会群体的关键需求会有比较大的差异。对于社会中的弱势群体，其需求主要集中于较低层次；而社会中的强势群体则更多地追求社会尊重与自我实现。处于同样弱势地位的群体，其需求亦有差异，在社会保障制度的制定与执行中，要结合群体需求的差异性，不能只局限于满足群体的低级需求，倘若忽略了需求的层次性与上升性，有可能会损害群体的高级需求，如社会救助制度，若只强调救助的初级目标——帮助被救助者摆脱生活困难，却忽略了被救助者的尊重需求，就会伤害被救助者的尊严。

（3）整体需求。虽然不同个体、群体在不同阶段的需求会有差异，但从人类整体出发，五个层次的需求都是必需的，而且呈上升态势，这就决定了以满足人的需求为目标

① 黄桂霞. 建立以人为本的社会保障制度——从需求层次论看社会保障[J]. 南都学坛（人文社会科学学报），2010,（7）：101-106.

的社会保障的刚性特征。需求的最高层次是人的自我实现需求，人在群体或社会中得到认同和尊重后，还要有很强的自我认知能力和自由发展的社会环境，求得自我成长和发展。

从社会保障制度来看，在一定社会发展时期，任何一个国家或任何一种社会保障制度模式，都必然同时包含基于满足人们生存需求的社会救助和基本保障与提升人们发展能力的社会福利制度。但在不同国家、社会保障发展的不同阶段，发挥主要作用的保障层次会有所不同，体现于个体时，甚至出现阶段的跨越，但从需求层次或者群体需求的保障角度来看，社会保障层次是逐级逐步发展的。而在面对人的不变需求、阶段变化需求及持续变化需求方面，社会保障制度内容也要做到因时、因群体而相应变化。

从社会保障活动和措施的出现，到社会保障制度的产生、发展及变革，都充分体现了满足人的需求这个基本发展思路。而满足人的需求也正是人文主义、以人为本的主要表现，因此社会保障制度的发展必定与以人为本的理念相契合，以人为本的最高境界是实现人的全面自由的发展，以满足人的需求为目标的社会保障制度也必然走向以满足人的自我实现需求为终极目标（黄桂霞，2010）。因此，我们下面将依照这五个方面来分别阐述心理需求在社会保障中的体现。

第二节　满足基本生存需求的社会救助制度

一、基本生存需求构成

在人的各个层次需求中，由于身体的存活和个人自主是任何文化、任何个人行为的前提条件，所以它们构成了最基本的人类需求，这些需求必须在一定程度上得到满足，行为者才能有效地参与他们的生活方式，以实现所有有价值的目标。而且为了使一般的行为成为可能，生存需求必须得到满足，但是未来行为的成功也依赖于行为者在行动时所拥有的生存机会和自主程度，所以，生存需求成为人类不变的且最基本的需求。因此，社会必须生产足够的食物、住所和其他产品以确保人们的生存需求，并且食物品种、住所条件等需要不断发展（黄桂霞，2010）。如果这个需求得不到满足，就会导致一系列的社会问题。在现实生活中，生存需求的匮乏通常体现为经济上的困境，这部分人的经济收入通常低于社会人均收入。另外，收入分配制度的问题，导致了贫富分化差距的扩大，低收入群体生存环境恶化，低收入群体的心理问题面临严峻考验。

1. 低收入群体心理问题的表现[①]

一方面是不良心理状况凸显。由于现阶段我国社会贫富分化差距加大，低保人员生活状况不佳，心理问题突出。周长明（2005）对石家庄的低收入群体进行了心理状况的问卷调查。调查结果显示，70%以上的受访者表示对自己目前的生活状态不满意，其中

① 曹瑞东. 呼和浩特市低保人员心理健康状况及社区心理卫生对策研究[D]. 内蒙古农业大学硕士学位论文，2012.

5%的人认为极不满意。有 76%的人认为自身利益受到损害，有强烈的被剥夺感，并且存在不同程度的精神忧郁和焦虑，接近 80%的人认为自己社会地位低下。研究表明，低收入人员主要有以下三种心理状态：一是无奈心理。他们经济非常困难，无其他社会资源能够获得更多的帮助，不能保障最基本的生活。二是攀比心理。他们有一定的收入，可以维系基本的生活，但是看低收入的人被纳入了低保体系，自己也想进低保体系，甚至存在互相攀比，认为低保金不拿白不拿。三是懒惰心理，这些人是有劳动能力的，但由于受教育程度有限，个人技能缺失，所以懒得去工作。

另一方面是恶性事件频发。有关学者的研究表明，一些精神疾病患者的经济状况与社会地位关系密切。其中，女性精神疾病人员在焦虑及抑郁方面发病率比较高，男性精神疾病人员在物品滥用和人格障碍方面发病率比较高。心理问题要及时地进行疏导与调试，一旦负面的情绪积累到一定程度时，很有可能会采取极端的方式爆发。心理学研究表明，挫折与攻击行为呈现一定的正相关性。近年来，低收入群体自残、自杀、报复社会等行为的发生频率越来越高。富士康员工集体跳楼事件、福建郑民生在校园行凶造成小学生 8 死 5 伤的惨剧，以及近年来全国多地出现的摊贩与当地城市管理执法人员的对抗导致人员伤亡的案件，此类事件接连不断地发生，震惊全国。

2. 低收入群体心理问题产生的原因

低收入群体心理问题的产生有其深刻的社会背景。我国社会性低收入群体主要由社会结构的调整所产生。低收入群体生存环境的恶化和对社会的日益不满，使其心理问题日益严重。低收入群体心理问题严重的原因主要有以下几点：首先是经济状况贫困。在社会转型与改革过程中，造成了如企业下岗职工、失业者低收入群体的出现，一部分低收入群体自身又没有劳动就业能力，导致没有稳定的收入来源，或者仅靠微薄的政府救济金生活，基本生活的需要就得不到满足，生活状况不良，缺乏社会安全感，这种物质生活缺乏，甚至不能维持基本生活的状态容易使人产生焦虑、抑郁的情绪，是低收入群体产生心理问题的根本原因。

其次是政策制度不公。改革是一个利益格局的重新调整和分配过程。在社会转型的过程中，旧的利益分配格局被打破，新的利益分配格局正在建立，但尚不完善，出现了一夜暴富、富者愈富的群体，改革发展成果在各阶层之间分配严重不均，甚至一些人在政策和法律的漏洞之下达到了迅速积累财富的目的，如果将这些群体选择为参照物，那么低收入群体的相对剥夺感便愈发强烈。当前，我国社会处于转型期，社会保障制度的不完善，低收入群体对社会资源的占有率低，在社会生活当中，往往是社会不公的主要承载者，这成为低收入群体心理失衡的重要原因。由于经济权利和政治权利的双重贫困，低收入群体在社会资源分配的过程中得到的资源越来越少，而其他阶层尤其是强势阶层得到的资源却越来越多，低收入群体的不公平感增强，增加了对社会的怨恨。

再次是社会地位低下。在某种程度上，社会发展现实中存在着其他阶层尤其是强势阶层对低收入群体的排斥，公权力对低收入群体生存权的侵害等现象。低收入群体得不到社会认同和支持，受到社会的排斥，自尊心受到伤害，悲观、失望、无助的情绪会加重。

最后是自身心理因素。一部分低收入群体自身心理承受能力差，又没有合理的认知方式，较容易产生认知上的偏差。研究表明，低收入群体自身具有较强的依赖性，与非依赖性人群相比，依赖性人群具有较高的人际敏感性，容易被外在一些微妙的言辞所影响。这也是低收入群体产生心理问题的原因之一。例如，部分低收入群体心理失衡是源于对过去生活状态的比较。从中华人民共和国成立到改革开放前这段时间，我国实行的是计划经济体制，虽然城乡居民整体上较为贫穷，但是收入分配较为公平，人与人之间的收入差距较为均衡。改革开放之后，由于经济体制的转变，一部分之前社会地位较高人群的经济收入、社会地位相对来说逐渐下滑，尤其是国企下岗职工。

综上所述，低保人群作为低收入群体的一部分，不仅承受着经济困难的沉重负担，而且来自社会的歧视以及社会支持资源的匮乏，都可能使他们面临较多的心理健康问题。李华萍等（2005）研究表明南昌市低保人群普遍存在显著心理障碍，躯体化、焦虑、抑郁及敌对、人际关系敏感等方面明显高于普通人，其主要原因是经济压力大、疾病发生率高、发生重大生活事件、社会支持缺乏、应对方式不足，其中最主要的原因是经济压力、重大疾病与重大生活事件。覃朝晖等（2010）研究表明，低保人员心理健康状况较差，大部分的人存在心理异常。低保人员中无业者较多，教育水平程度低、经济收入低、健康状况不佳、慢性病和残疾的发病率高。家庭和社会支持较少、健康状况不佳、缺乏社会保障的低保人员更容易出现心理异常。张训保等（2006）研究已表明，低保人员在躯体化、强迫症状、人际关系敏感、忧郁、焦虑、敌对、恐怖、偏执和其他方面评分均显著高于非低保人员。可见，由于低收入群体在社会竞争中处于不利地位，因此迫切需要社会给予关爱和帮助。

二、满足基本生存需求的社会救助制度

社会保障制度由社会福利、社会保险、社会救助和社会优抚四个基本项目构成，城市低保制度属于社会救助范畴，以此为例进行说明。社会救助起源于人类恻隐之心或宗教信仰而对贫困者施以援助的慈善事业，是世界上最古老的社会保障制度。19世纪工业革命引发的剧烈社会变迁，促使欧洲国家通过立法规范了这一制度，《济贫法》的出现使援助性再分配最早变成政府职责。目前，绝大多数市场经济国家都实行以保障全体公民生存和基本生活权利为目标的社会救助制度，著名的救助法有英国的《济贫法》、法国的《家庭及社会救助法典》和德国的《联邦社会救助法》等。社会救助立法统一的国家有专门的社会救助部门，立法层次和法律效力都比较健全，法律实体规范比较合理科学、程序规范详细、具体可操作性强。

城市低保对象知识技能、生存条件、经济地位、社会地位、人格尊严、心理感受等诸多方面比非低保对象差得多，也与不断提高的社会消费要求形成强烈反差（王春华，2005）。低保对象呈现“三低三高”的特征：收入低、文化程度低、社会保障低与待业失业率高、高危家庭比例高、慢性病患病率高，因而社会竞争力弱，无法保证工作的稳定性，失业后更难就业，而且不同程度地削弱了低保对象的自信和社会归属感，增强了低保对象的自卑感和排他情绪。因此，他们不愿主动与他人交流沟通，也无意积极利用社

会大众支持网络去争取难得的机遇，更无力开拓视野去谋求合适的工作、增加收入、改善家庭经济状况、提高家庭生活水平和个人生命质量。生活中的挫折容易发生在低保对象身上，而且这些生活事件对他们的打击更大，影响到了睡眠和心理的各个方面，有些人甚至从此一蹶不振。这就使有些低保对象原已脆弱的家庭关系雪上加霜，最终失去家庭支持这一重要生存动力，进而陷入更被动的局面。因此，许多低保对象一旦进入低保就陷入恶性循环、再也无力解脱的局面（高文敏，2005）。因此，应关注并解决低保对象的心理问题，给予他们更多的支持和关爱，帮助低保对象勇敢面对现实，有勇气接受挑战，通过使低保对象立志、立业，回到经济建设的主战场，进而更好地实现社会公平，建设和谐的社会主义社会（苗春霞等，2007）。

低保制度的特点如下：①低保制度是保障城市居民基本生活权利的制度，与以往基于人道主义的社会救济相比，低保制度强调居民拥有满足其基本生活需要的权利。②低保制度是以家庭调查为前提的选择性救助制度。低保制度是针对极端贫困的城市居民的，要求按照一定的程序识别贫困居民。③低保制度是一种低水平的收入补差制度，主要是一种现金救助制度。现金救助的数量主要参照两个标准：一是各地制定的居民最低生活保障标准；二是申请者家庭的人均收入水平。④低保制度是由地方人民政府负责的制度，也就是由地方政府出钱的制度。⑤低保制度是实行动态管理的制度。⑥低保制度要求合乎条件的低保对象履行一定的社会义务。⑦低保制度实际上是最后的安全网（张训保，2006）。

韩克庆和刘喜堂（2011）指出，享受低保者的尊严需要保证。现行的最低生活保障制度已上升到法律规范层面，接受救助是社会成员在遭遇生活困境时应当享受的法定权利。因而，最低生活保障制度的一个重要基本原则就是维护受助者的尊严。现行的低保制度在提高贫困者的生活境遇、缓解家庭成员的生存危机方面成效显著，可还是难以维护其尊严。例如，有的低保户逢年过节不串亲戚，不敢邀请别人来自己家里做客；有的低保户享受低保后就好像中了“紧箍咒”，感觉随时都被别人监控，等等。城市最低生活保障制度的保障标准是城市居民的最低生活水平，依据国际通行的说法，这一标准应该是最低限度的不失尊严的生活，而不应仅仅是延续生命的最低需求。我国现行的低保制度距离这个标准还有一定差距。韩克庆和刘喜堂（2011）指出应该完善以社会救助体系为目标的配套制度，这需要制度之间的配合。

第三节 满足安全需求的社会安全网

一、安全需求构成

一旦生存需求得到了保障，人们就需要远离痛苦和恐惧以及避免危险，生活需要有保险和规律性，如对稳定工作的需要、对不受犯罪危害的需要、对一定的积蓄和社会的稳定的需要等。马斯洛指出安全需求包括要求劳动安全、职业安全、生活稳定、希望免于灾难、希望未来有保障等，因此安全需求可以被概括为以下几个方面：①工作安全需求是指人们希望通过稳定的就业以及在寻求工作期间能够维持生活的需求。②工作环境安全需求是指人们对工作环境和工作场所安全性的要求，以及因工作内容而威胁人身安全健康的补偿要求。③健康安全需求是指人们对自我身体生理健康的关注，以及在生病时能够及时看得上病、看得起病的需求。④养老安全需求是指人们对未来年老不能继续劳动并获取劳动收入时的生活可以得到保障的需求。⑤生育安全需求是指女性在怀孕、分娩、育后期间不能继续参加劳动获得劳动收入时的生活得到保障的需求。为了保障人们的安全需求，需要运用政府的力量对社会经济生活进行干预。通过社会保障措施，对社会成员的收入进行必要的再分配调节，将高收入者的一部分收入适当转移给另一部分缺少收入的社会成员，从而在一定程度上缩小社会成员之间的贫富差距，弥补市场经济的缺陷，缓和社会矛盾，以促进社会公平目标的实现。

二、满足安全需求的社会保障安全网

"安全网"顾名思义就是解除居民生活不确定性的基本社会保障体系。它主要指的是养老保障、医疗保障、失业保险及教育等（盛硕，2010）。在此以养老保险为例讲解养老保障体系的构建如何满足人们的安全需求。

我国养老的思想可以追溯到《礼记》大同篇："大道之行也，天下为公，选贤与能，讲信修睦，故人不独亲其亲，不独子其子，使老有所终，壮有所用，鳏、寡、孤、独、废疾者，皆有所养。"尊老、养老是人类文明、进步的重要标志，也是中华民族的优良传统。王志芬（2003）认为我国尊老养老体制的形成是一个漫长的过程，原始的尊老养老美德随着父系氏族公社的确立而被"父权家长制"所强化，并随着儒家思想在中国封建社会的传扬而成为中国核心伦理的重要组成部分，形成一套以家庭养老为主线，家庭孝亲、社会尊长、国家尊养这三种形式并行的尊老养老体制。从养老待遇上看，古代政府向官吏提供水平较高的养老待遇：一般官吏退休后，养老金可达原有俸禄的30%~50%，最高可达 100%；得到最高统治者赐予的大量钱物；可以使子孙继承自己的官职或者低级别官职。而对一般平民的养老保障，除对高龄者给予一次性的钱物优待或者以免除家庭成员的税收和徭役负担作为养老的优惠外，则主要采取立法和道德约束的方式，推行家庭养老（王文素，2009）。但当家庭养老出现困难时，历朝历代政府也会出面给予经济上的援助或提供社会服务，如集中收养孤寡老人、赐予粮食和衣服等。历代皇朝将尊老、敬老列入其仁政之列，兴建了许多养老机构。唐朝以前曾建立过"六疾馆""孤独园""悲田养病坊"等养老慈善机构。宋朝年间设立"福田院"供老年人养老之用，元朝设"养济院"专门收养鳏寡孤独、老弱残疾、贫穷而无法生存的老年人（郭亚雄，2005）。明清以后，为弱者提供集中救济的养老机构较为普遍，如明朝朱元璋于洪武三年（1370 年）命令全国州县普设"惠民药局"，此外还设置"栖流所""养济院"等（刘燕生，2001）。

然而真正意义上的养老保障制度是中华人民共和国成立以后逐步建立起来的。可以大致把我国养老保险制度的发展分为三个阶段：20 世纪 50~80 年代中期的"国家-单位保障"阶段、80 年代中期至 90 年代中期的"社会统筹"阶段、90 年代中期至今的"统账结合”阶段。

中华人民共和国成立初期，国家就开始着手建立养老保险制度，在当时的社会经济政治背景下，这一制度主要是针对城镇劳动者建立的。1951 年 2 月政务院颁布实施了《中华人民共和国劳动保险条例》，1953 年通过了《关于中华人民共和国劳动保险条例若干修正的决定》，使国营企业职工的养老保险制度得以确立。1955 年 12 月国务院颁布了《国家机关工作人员退休处理暂行办法》《国家机关工作人员退职处理暂行办法》《关于处理国家机关工作人员退职、退休时计算工作年限的暂行规定》等法规，标志着国家机关和事业单位工作人员退休制度的建立，它是有别于企业职工退休养老制度的专项制度。1957 年国务院发布了《关于工人、职员退休处理的暂行规定》，统一了企业职工与机关、事业单位工作人员的养老保险制度。“文化大革命”期间，我国的养老保险制度遭到严重的破坏，养老保险工作处于失控瘫痪状态。1969 年 2 月，财政部颁发了《关于国营企业财务工作中几项制度的改革意见（草案）》，规定“国营企业一律停止提取劳动保险金”“企业的退休职工、长期病号工资和其他劳保开支，该在营业外列支”，实际上将“社会保险”改为了“企业保险”，这一制度对我国社会保障事业的发展、企业竞争力的提高以及经济的快速发展产生了深远的影响。“文化大革命”结束后，为了修复被破坏的原有退休养老制度，1978 年国务院颁布了《关于安置老弱病残干部的暂行办法》、2001 年发布了《关于工人退休、退职的暂行办法》。郑功成（2008）将这一时期的退休养老制度归纳为“面向城镇劳动者设立的，具有显著的国家包办、单位负责、现收现付、单一层次、封闭运行、分立并行等特征的国家–单位保障型退休制度”。

20 世纪 80 年代中期，随着经济体制改革的不断深化，大量的非国有经济体的出现以及劳动用工等制度的改革，以单位保障为基础的养老保险格局越来越不适应企业和经济发展的需要。1984 年，国家开始在江苏省泰州市、广东省东莞市、湖北省江门市、辽宁省黑山县等地进行养老保险费用社会统筹的试点工作，揭开了养老保险改革的序幕。1986 年 4 月，第六届全国人民代表大会第四次会议通过《中华人民共和国国民经济和社会发展第七个五年计划》，明确提出要逐步建立健全适应新形势需要的社会保障制度，并首次提出以社会化管理为主。同年 7 月，国务院发布了《国营企业实行劳动合同制暂行规定》，对国有企业新招收的职工实行劳动合同制，原有的职工继续保持固定职工身份。对合同工的退休养老实行社会统筹，资金来源为单位和劳动合同制工人共同缴纳，工人按本人标准工资的 3%缴费，企业按照工人工资的 15%缴费。1991 年 6 月，国务院颁布了《关于企业职工养老保险制度改革的决定》，提出建立多层次的养老保险体系，即社会基本养老保险、企业补充养老保险和个人储蓄性养老保险；养老保险费实行国家、企业、个人三方负担；并提出积极创造条件推进社会养老保险由市县统筹逐步过渡到省级统筹。总的来看，这一时期实际上是由单位保障走向社会统筹的阶段，也是中国养老保险发展历程中的重要的方向选择阶段。

鉴于传统退休养老制度的单位化特色和国家对现收现付模式无法适应人口老龄化的评论，以及基金制养老保险制度在一些国家的兴起，中国在继续推进养老保险社会统筹改革的同时，也在思考着如何吸收国外经验，实现制度创新（郑功成，2002）。1993 年

11 月，中共十四届三中全会出台了《关于建立社会主义市场经济体制若干问题的决定》，首次提出了社会保障要实行社会统筹和个人账户相结合的原则。1995 年 3 月，国务院下发的《关于深化企业职工养老保险制度改革的通知》及两个具体的实施方案，标志着开始在全国范围内推动社会统筹和个人账户相结合的养老保险制度。鉴于我国国情的特殊性与养老保险建立和完善方面的分步实施，国务院于 1997 年 7 月出台了《关于建立统一的企业职工基本养老保险制度的决定》，提出要在全国实行统一的养老保险制度。全国统一按职工工资的 11%建立个人账户，个人缴费比例从 1997 年的 4%，每年提高一个百分点，逐步提高到 8%，企业缴费率不超过企业职工工资总额的 20%；养老金由基础养老金和个人账户养老金组成，基础养老金标准为当地上年度职工月平均工资的 20%，个人账户养老金月标准为本人个人账户积累额除以 120。2000 年 12 月，国务院颁布了《关于完善城镇社会保障体系的试点方案》，提出"统账分开、做实个人账户"，2001 年辽宁开始进行试点工作，2004 年试点范围又扩大到黑龙江和吉林两省。在试点经验的基础上，2005 年 12 月，国务院出台了《关于完善企业职工基本养老保险制度的决定》，提出在全国范围内逐步做实个人账户，完善统账结合的部分积累制。2006 年，经国务院批准，天津、上海、山西、山东、河南、湖北、湖南和新疆八个省市区被列为扩大做实养老保险个人账户试点的新地区。2007 年 2 月，劳动和社会保障部、财政部联合发出《关于进一步扩大做实企业职工基本养老保险个人账户试点工作有关问题的通知》，确定江苏、浙江、广东等经济发达省（自治区、直辖市）可根据本地的实际情况，依靠自身能力开展做实个人账户试点。2008 年，原人事部、劳动和社会保障部合并组建人力资源和社会保障部，随之社会保障工作也上了一个新的台阶。

2009 年开始了新型农村养老保险制度的试点工作，2009 年 12 月国务院办公厅颁布了《关于转发人力资源社会保障部、财政部城镇企业职工基本养老保险关系转移接续暂行办法的通知》，对养老保险的转移进行了规定，该政策的适用对象为参加城镇企业职工基本养老保险的所有人员，包括农民工。与原来仅能转个人账户累计额相比，该暂行办法进一步打破了地区分割、城乡分割的壁垒，突破了户籍限制，降低了劳动力的流动成本，在一定程度上能促进劳动力跨区域流动，促进劳动力资源的优化配置。2010 年 10 月 28 日第十一届全国人民代表大会常务委员会第十七次会议通过《中华人民共和国社会保险法》。郑功成指出："该法律是中国社会保障体系里最重要的法律，中国社会法部门最重要的支架性法律。它不仅事关全体劳动者的切身利益，而且对国家与社会能否持续、健康、文明发展直接产生着重大而深刻的影响。"（魏杰，2010）。在养老保险层面，该法律明确基本养老保险覆盖所有劳动者，其覆盖范围包括职工、个体工商户、其他灵活就业人员、公务员和参照公务员法管理的工作人员等，其中公务员和参照公务员法管理的工作人员的养老保险制度改革正在研究中，具体将由国务院规定；确立了基本养老保险的制度模式和基金筹资方式，即坚持社会统筹和个人账户相结合的部分积累制，基本养老保险基金出现支付不足时，由政府承担兜底责任；明确了基本养老保险的待遇支付条件，确定最低缴费年限为十五年，对缴费不满十五年的个人提供多项制度选择，可以缴满十五年或者是转入新型农村社会养老保险或城镇居民社会养老保险；个人跨统筹地区就业的，基本养老保险可转移接续，缴费年限累计计算，退休时养老金分段计算、统一支付，逐步实现基本养老保险的全国统筹，这就意味着劳动者可以在全国范围内自由流动、自主择业，并且不会因流动而导致养老保险权益受到损害；另外，该法律还明确国家将进一步建立和完善新型农村社会养老保险制度和城镇居民社会养老保险制度，逐步实现基本养老保险制度的全覆盖，加快建立覆盖城乡居民的社会保障体系。

总的来说，20 世纪 90 年代初确立的统账结合养老保险制度是基于我国基本国情，在借鉴国外养老保险的实践经验基础上的制度创新，将现收现付制和基金积累制结合起来，既考虑了社会保障本身的风险分担和收入再分配功能，又兼顾了对参保人员的激励和制度的可持续性发展，可以说是基于我国现实情况做出的正确决策。

第四节　满足社交需求的社会融入政策

一、社交需求构成

当人们的需要摆脱了生存和安全的局限，就会开始需要公平的环境，需要社会关系群体以及在群体中处于恰当位置，需要在社会中被同等对待，需要在体面的工作和生活中获得尊重、实现自我。社交需求主要包括情感和归属两方面需求：一方面是希望与同事、邻里等社会人群交往融洽的需求；另一方面是归属于一个群体，希望成为其中一员的需求。Walker 和 Ashworth（1994）指出，当贫困长期发生时……穷人实际上根本没机会摆脱贫困，因此，穷人对更广泛的社区的认同也就越小……当一个社会中某些人或地区遇到如失业、技能缺乏、收入低下、住房困难、罪案高发环境、丧失健康以及家庭破裂等交织在一起的综合性问题时就有可能出现社会排斥（阿特金森，2005）。社会排斥的产生不是个人原因、个人现象，而是一个社会问题，不仅需要对被排斥者给予帮助，使其重新进入社会，更需要国家进行反排斥，预防社会排斥的产生，这样国家才能实现公平、促进融合，在社会稳定与协调发展下保障人民的发展权利。

二、满足社交需求的社会融入政策

在此以残疾人融合政策为例进行讲解说明。保护残疾人群体的权利，特别是劳动就业权利一直是国际社会关注的焦点。在国际人权运动的推动下，对残疾人权利保护的要求逐步提高，如何在保障他们基本生活的前提下促进其更好地融入社会成为各国残疾人雇佣政策的更高追求。残疾人保障有两个目标，即收入保障（income security）和社会融入（social integration），后者较前者是更为高级的目标。社会融入通常以收入保障为筹码，对残疾人员的生活产生更大的风险，但是收入保障目标通常阻碍残疾人进入劳动力市场。因此，残疾人雇佣政策制定的挑战在于既要保障残疾人员的基本生活，也要提供充足的措施以支持他们融入社会和工作，为此许多国家进行了长期的探索。以社会融入为目标的政策可以分为需求政策、供给政策和特殊政策三大类，如图 19.2 所示。

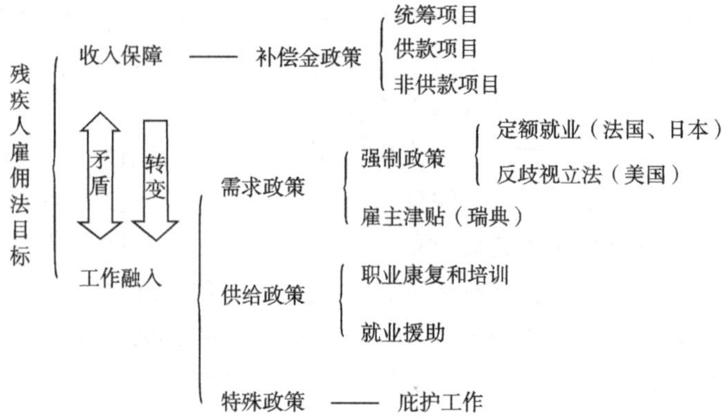

图 19.2 以目标为导向的残疾人雇佣保护法体系

资料来源：作者根据 OECD（2003）内容整理

在需求政策领域，主要包括强制性政策和雇主津贴两大类。强制性政策主要包括定额就业和反歧视立法。定额就业（quotas-employment system）规定雇主必须雇佣一定数量的残疾人员，旨在直接改变企业对残疾人员的需求，促进残疾人员就业。规定的额度通常会依据企业的规模或者产业类型进行调整。定额就业政策的变体是限额收费制度（quota-levy system），它允许雇主可以不雇佣残疾人员，改为上缴相应数量的资金。另一个强制性就业政策是反歧视立法，该政策给残疾人员提供了法律途径来捍卫自己的权利，它规定根据一个人是否残疾来雇佣的行为为非法行为，并要求雇主进行合理的无障碍设施改造。美国最先开始实施这类法律，随后加拿大、英国和澳大利亚也开始实行。反歧视立法中一个重要的部分便是要求雇主实施无障碍设施改造。除了建立合适的工作场所之外，无障碍设施改造还包括重新设计工作内容以适应残疾人员，如更加弹性的工作时间和更专属的工作内容等。除了以上两项强制性措施，对劳动力需求方产生影响的还有雇主津贴政策，这项政策旨在通过补偿企业雇佣残疾人员的直接成本来促进雇主对残疾人员的需求。津贴额度在国家之间差异很大，如挪威和奥地利提供全额工资津贴。另一种抵消雇主雇佣残疾人员成本的做法是提供税收激励，如在美国，雇佣了残疾人员的雇主可以要求税收减免，用于抵消无障碍设施建设的费用（General Accounting Office，2002）。

供给政策主要包括职业康复和培训项目以及就业援助。职业康复和培训项目试图保留并开发残疾人员的就业能力，提高其生产率，其中包含工作能力的测评、长短期培训、工作配置服务及职业咨询。在一些国家，职业康复项目是一种权利，所有的残疾人员，不论他们是否有资格参与补偿金项目，都能够享受康复服务，如法国、德国和波兰。而其他一些国家，参与职业康复项目有资格要求，如美国的职业康复项目主要定位于残疾程度较严重且没有工作经验的群体。许多国家的职业康复是强制的，规定残疾人员在享有补偿金之前必须接受职业康复以确定其最终是否有资格参与补偿金项目（Thornton and Lunt，1997）。就业援助项目是帮助残疾人员直接融入工作场所，为他们提供持续的支持服务，促进残疾人员学习并掌握其工作。通常服务是有时限的，但是有些国家为重度残疾人员提供长时间的就业援助。工作导师（job coaches）是就业援助项目的重要组成部分，他们针对残疾人员的个体特征设置合适的学习节奏，提供现场培训，不仅包括工作技能，还有对工作环境的适应，目的在于促使残疾人员改进其生产率，达到真正融合的目标。

特殊政策主要是指“庇护工作（sheltered work）岗位”制度，这是隔离性质的岗位，通常存在于一个隔离的企业中，或者是一个企业的隔离部门中。大多数残疾人员并不满意这种做法，因为这类岗位隔离更多地被视为身份低下的象征，而且这类岗位阻碍了残疾人员真正融入工作场所和经济社会生活。正是由于这些原因，庇护工作岗位不甚普及（OECD，2003）。

第五节　满足尊重和自我实现需求的积极社会保障政策

一、尊重和自我实现需求构成

马斯洛认为尊重需求主要是指人对尊严的需求，包括自我尊重与他人对其的尊重和认可。结合人们生存情况，尊重需求可以细分为自我尊重需求和社会认同需求。而自我实现是指实现个人理想、抱负，个人的能力发挥到最大程度，属于最高层次的需求。对于人们而言，实现自我在很大程度上就是“能够干出一番事业，实现理想和抱负”，他们注重前途、发展空间等。只有当人的潜力充分发挥并表现出来时，人们才会感到最大的满足。

人的全面自由发展是社会保障制度发展的最终目标。生产力发展到一定程度，人们对社会保障的需求就从提高生活质量转向追求自身的能力增长和全面自由发展。而人们对社会保障的需求也不再是传统意义上的需求，而是个人能力的增长，包括健康和自主能力的提升，保障的内容也从制度化的群体或整体需求转向满足个体多样化、个性化的特殊需求的态势。阿玛蒂亚·森（Amartya Sen）曾提出，个人有实质性的自由去选择他认为有价值的生活的能力是很重要的，政治自由和公民自由本身就具有直接的重要性，而不需要通过它们在经济方面的作用来间接地证明。因为即使有时不享有政治自由和公民权利，人们仍然能享有充分的经济保障，但是他们还是被剥夺了他们生活中的重要的自由，即被剥夺了参与做出有关公共事务的关键决策的机会。

社会保障的最终目标是人人享有社会保障，实现人们全面自由的发展。因此，社会保障需要打破制度的民族性、阶级性和地域等界限，帮助任何地方所有需要帮助的人，赋予人们发展的基本权利，满足人们追求权利正义性的需求，实现权利的全面性、普遍性与个体性。马克思在他的社会发展理论中提出，人是社会发展的主体，人类社会发展的最终目标是实现人的全面自由的发展，就是要尊重人的发展，尊重和保障人权，提高人们的思想道德素质、科学文化素质，创造人们平等发展、充分发展的社会环境，满足人的需求、实现人的全面自由的发展是社会保障的终极目标（黄桂霞，2010）。

二、满足尊重和自我实现需求的积极社会保障政策

中国的社会保障政策发展缺乏总体规划和宏观战略，消极的、应急性的特征比较明显（沈君彬，2011）。长期以来，社会保障被看成是社会减压阀，被视为维持社会稳定的政策工具。孙立平（2011）提出了积极的社会管理理念："相对于以被动防范为手段，以维护现状为目标的消极的社会管理，积极的社会管理则以主动的建设和变革为手段，以改善社会的状况、建设一个更好的社会为目标。虽然在积极的社会管理中也要努力应对和化解现实中某些消极因素，但它的目标更具有进取性。从长远来说，积极的社会管理无疑有着更为根本性的意义，也是我们应当着力倡导的。"积极的社会保障政策主要是通过增强就业能力，促进劳动者就业的方式来保障其基本生活。以韩国积极的社会保障政策为例，其社会保障政策可以分为供给政策、需求政策与匹配政策三大领域。

积极供给政策的核心是教育培训，让人们不因为技能生疏而失业。随着技术发展，企业劳动力需求发生变革，就业形式变得更加多样化，对职业培训提出了新要求。由于原有政府主导的培训系统参与率低，培训与实际需求的差距加大，因此韩国政府建立了"职业能力开发账户系统"（vocational skills development account system）。在该系统下，求职者需要到职业中心接受咨询，若咨询结果认定求职者需要参加培训，便可直接获得培训赞助费，上限是 200 万韩元，然后求职者可以基于个人的需求，从政府提供的多种培训项目中选择最适合自己的培训课程。在培训结束之后，培训费会通过金融机构自动划账给提供培训的机构。由于职业能力开发账户系统的针对性，培训期限从 6~12 个月降低为 4.5 个月，减免了求职者不必要的项目参与时间，提高了培训效率（Park and Chung，2013）。2012 年，政府进一步规范职业培训系统，其筛选过程更严格，并强调参与培训人员的责任：在培训账户生效前，求职者应积极找寻工作；在接受培训前进行过培训咨询；不遵守规定的培训者，包括放弃培训机会的人或者是培训中期辍学的人，将回收其培训津贴，而且在申请下一次培训时将处于劣势。

与供给政策对应，积极需求政策从企业方着手，强调与稳定岗位和创造岗位相关的一系列支持政策。当经济衰退或其他恶劣状况发生时，企业若实施岗位保留计划，如临时停工、雇员培训或休假等，政府便为企业提供就业保持补助金（雇员工资的 2/3~3/4），以免裁减熟练工人（Ministry of Labor，2009）。此外，在"就业创造"支持政策方面，韩国政府启动了一系列就业增长和经济增长协同进行的可持续发展策略，如绿色岗位（green jobs）和第三部门（third sector）。

通过绿色产业新增绿色岗位。2010 年韩国政府出台《低碳绿色增长行动框架》（*The Framework Act on Low Carbon Green Growth*），奠定了绿色技术和产业发展、绿色岗位创造的法律基础。从 2009 年到 2012 年，共计 50 万亿韩元投入绿色产业的岗位创造中，其中包含清洁能源（热能、风能）、废弃资源再利用等，并建立了绿色发展总统委员会、地方绿色发展委员会和绿色发展工作组（ILO，2012）。在这种政策导向下，雇佣劳动部实施了绿色岗位创造项目，目的是增强绿色产业增长和就业创造的联系，扩展培育绿色产业工人的职业发展能力，提供工作环境和产业结构改善的援助。首先，雇佣劳动部和环境部达成备忘录，同意为促进和支持绿色社会企业的发展而合作。

通过发展第三部门来促进就业创造，如社会企业和合作企业。2007 年，韩国政府颁布《社会企业促进法》（*Social Enterprise Promotion Act*），希望构建系统化的社会企业发展体系。通过相关部门的合作，韩国政府确定了可以发展社会企业的领域，如环境、农业和地区产业（Ministry of Government Legislation，2009）。2011 年，韩国社会企业促进机构（Korea Social Enterprise Promotion Agency）成立，通过各种项目发展社会企业，包括宣传成功模式、提供定制化咨询服务、帮助社会企业获取认证资格等①。另外，在 2012 年，作为促进第三部门发展的另一条途径，韩国政府颁布《合作企业基本法》（*Framework Law on Cooperatives*），旨在促进非营利社会合作组织的发展，这些组织开展一些关于改善地区公民权利和福利的项目，提供社会服务或者工作给贫困阶层。韩国政府不仅促进新合作企业的成立，还将现有的合作企业作为实施政府政策的补充机构（Ministry of Strategy and Finance，2012）。

韩国积极的匹配政策强调公共就业服务的提供和在线就业匹配网络的建设。一直以来，韩国政府将就业服务工作作为国家基础建设的核心组成部分，不断努力创新和改进。

一是不断完善公共就业服务机构。1998 年在亚洲金融危机爆发后不久，作为就业稳定基础设施的“职业中心”（job centers）在韩国全国范围内迅速建立，并提供就业援助（岗位轮换、职业咨询）、就业保险管理（管理就业保险持有者、发放失业津贴等）和职业培训。2005 年之后，韩国政府扩展了公共就业服务机构，为求职者提供“定制化的就业服务”，根据职业咨询评估个人能力，并据此制订“个人行动计划”，这类服务增强了对就业弱势群体的帮助。2009 年政府实施针对低收入求职者的“就业成功一揽子计划”，2012 年实施针对青年的“青年成功就业项目”（youth employment success，YES），还有针对中老年求职者的“寻找新工作项目”（finding new job programme）。2011 年雇佣劳动部设立“现场工作+小组”（on-site job+ team），提供现场就业支持服务。各个地区的雇佣劳动办公室也成立了现场工作支持小组，由职业中心和劳动监察部门的工作人员组成，提供现场就业支持（Kang，2014）。2013 年，“就业成功一揽子计划”雇佣 400 名咨询师，增强定制化的服务和管理。同年 10 月开始，韩国各地区职业中心陆续合并为 82 个大规模的综合福利中心，如 2014 年 1 月成立的南阳州就业福利综合中心（Namyangju Employment and General Welfare Center），为地方提供综合就业福利服务（GSBC，2014）。

二是增强“工作网”（work-net）等的在线就业匹配服务职能。一方面为公司提供求职者的信息，另一方面提供充足准确的招聘信息给求职者，其中特别强调中小企业的招聘信息。2005 年韩国政府建立劳动力市场信息分析系统（labour market information analysis system，LMIAS），从三个主要的招聘信息网络——工作网、职业培训信息网和就业保障信息网——向求职者提供信息（Kim，2014）。2009 年采用了更准确的匹配技术，定位百分百匹配的岗位信息，包括工资条件、工作地点和工作环境等。在线就业服务系统为求职者和招聘企业提供直接的在线虚拟会场。由于中小企业在招聘方面存在困难，因此从 2009 年开始韩国政府在工作网上增强了专门针对中小企业岗位空缺信息发布的

---

① Korea Social Enterprise Promotion Agency. Introduction of KoSEA[EB/OL]. http://socialenterprise.or.kr/eng/intro/intro.do.

职能，发布职位空缺信息的中小企业是优先援助的对象。2013 年工作网持续改进，使用了用户导向的服务模式（改善了智能手机用户职能），还开发了基于职业能力的工作搜寻机制，并提供根据求职者情况定制的就业信息分类服务。

从韩国积极的社会保障政策体系可以看到，社会保障不仅仅是保障人们的最低生活，而是可以通过创造就业、提升人们就业技能的角度来促进人们共享社会成果，保证较高水平的生活。而且可以看到，韩国积极的社会保障政策是一个有机的整体，各政策之间紧密连接，动态发展注重中央政府和地方政府的分工协作，平衡企业方和劳动者的利益，考虑劳动力市场、教育系统和资本市场的联动作用，致力于形成经济增长—就业—福利的良性循环圈。

【课后案例】

根据调查，农民工在城市主要从事一些非正式的边缘性职业，他们的工作状况很不稳定，工作的技术含量非常低，报酬也比较低，这些都直接阻碍了农民工融入城市。

农民工融入城市另一个主要障碍是社会保障的缺乏，没有完善的社会保障，他们在城市就是浮萍，永远无法扎根；另外，一是提高他们的工资待遇，二是在企业里成立工会，让工会来维护他们的权益，三是由政府来监督对农民工薪酬发放的情况。

解决农民工就医问题也是当务之急，现在很多农民工在农村参加新型农村合作医疗，怎样让新型农村合作医疗跟城市职工医保结合起来，农民工家乡有医保，怎么能转移到工作地来，等等，只有把这些与他们息息相关的问题解决之后，他们才能感觉到城市的温暖。

新生代农民工跟随父母从农村进入城市，但在心理上不适应，也有一些害怕和自卑，我们整个社会有责任为他们提供一个健康的人文环境（郑小燕，2011）。

【思考题】

1. 结合本章内容，论述如何促进消极社会保障制度向积极社会保障制度的转变，各个阶段社会保障制度的设计如何去满足民众的需求。

2. 我国农民工群体的基本社会保障需求体现在哪些方面？请运用本章内容构建一个满足农民工需求的社会保障体系。

3. 我国社会保障体系包含哪几个部分？互相之间如何关联？现有社会保障体系的设计是否能够体现马斯洛的需求层次理论？如果能，请进行论述；如果不能，请给出改进建议。

第二十章

公共管理心理学：人格教育领域

【学习导读】

1. 了解人格概念与特征。
2. 掌握健全人格理论。
3. 掌握如何培育健全人格。

【课前案例】

富士康科技集团创立于20世纪70年代，是专业从事计算机、通信、数位内容、消费电子、汽车零组件、通路等产业的高新科技企业。富士康员工待遇优厚，每年吸引大批新人加入，同时也具有较高的离职率。自从2010年1月23日一名富士康员工从高楼跳下自杀身亡后，一年内富士康发生了14起员工跳楼事件，被民间戏称为“富士康连环跳”。这引起了社会各界乃至世界的广泛关注和探讨。富士康企业负责人把此事作为“危机事件”进行应对，聘请了宗教人士和大批心理咨询师入住富士康，进行公关危机应对。然而，“富士康连环跳”已不仅仅是企业内部管理和员工心理问题，它已对公众心理造成了影响，引发了人们对自杀原因的探索，以及经济高速发展中人的精神家园的归宿问题的思考。自杀的行为受社会大环境、工作环境，还有自身人格等诸多因素的影响。面对“富士康连环跳”，企业和政府、媒体等社会各界应用积极的心态、持有建设性的意见，做些切实可行的工作去应对。

人格是人类心理行为的基础，是个体综合素质的具体体现，也是一个人心理面貌的集中反映。一个人的人格发展是否健全不仅直接影响个体的幸福感和职业发展，也间接地影响着人类社会的精神状况。当一个人近距离面对极端精神事件，如自杀和精神病人时，都会对当事人产生很强的负面心理刺激。因此，创造良好的社会心理环境，帮助人们认识自己的人格，积极培育个体的健全人格，是社会、政府、学校、家庭、公民都应关注的社会问题。

第一节 人格概述

一、人格的概念

人格一词源于拉丁语 persona，其原意是指古罗马时代戏剧演员在舞台上戴的面具。相传在公元前 100 多年，因古罗马一名戏剧演员为了遮掩他的斜眼而戴上面具，而出现了“人格”一词。后来，“人格”成为代表剧中人物的角色、身份和性格特点的名词。

随着社会的发展，“人格”的概念内涵被宗教、哲学、法学、社会学、伦理学、心理学等领域的学者通过自己的理解进行了改变和扩充。

在中世纪，西方社会中基督教会居于统治地位。一些神职人员用“人格”来表示上帝三位一体的神性，相信神存在于圣父、圣子和圣灵三位之中，而每一位都具有相同的本质。神父们的这一扩充促进了“人格”这个词的统一性，强调了人格的内部和真实性，把人格概念与真实的本质联系起来，从而削弱了该概念原来的含义，即外表的、不真实的假面具的意义。

哲学家大都把人的理性和自我意识作为人存在的核心和人格的根本属性。例如，克里斯欣·沃尔夫（Christian Wolff）强调自我意识和记忆是人格的重要标准。而戈特弗里德·威廉·莱布尼茨（Gottfried Wilhelm Leibniz）把人格定义为“赋有理解的实体”。洛克更加强调自我意识的属性，他说：“人格是一个会思考的聪明的存在物，有推理和反省能力并能考虑自我本身。”

一些伦理学家把人的崇高价值当作人格的核心。歌德（Johann Goethe）把人格当作“最高的价值”，道夫·赫尔曼·陆宰（Rudolf Herman Lotze）把人格看成是“完善的理想”，开创人格主义的康德认为“人格把我们本性的崇高性清楚地显示在我们的眼前”“人格是每一个人的那种品质，这种品质使人具有价值”。在日常生活中，人们常说某某人格高尚令人钦佩，这就是伦理学上的人格。

法学家从法学的角度对人格的内涵进行了概括。在古代查士丁尼法典即罗马民法法典中规定，奴隶不是人，他们只是会说话的工具，因而他们不具有人格。按照这个法典，只有那些自由的罗马公民才是人，才具有人格，可以要求法律上规定的权力和保护。因此，所谓人格是指享有法律地位的任何人。后来法学家不仅保留人格这一法学的含义，而且进一步把人格引申为一个活的人类生物，包括他的一切；甚至不仅包括一个自然人的权力与义务和他的一切，而且包括一群人或法人的权力与义务。

社会学家从社会的角度分析人格的内涵，他们认为人格是“人类团体最终的颗粒”“文化的主观方面”，社会传统、风俗文化在个人生活中的主观化就是人格。社会学家伯吉斯（Ernest Watson Burgess）给人格下了一个较全面的定义：“人格是决定人在社会中的角色和地位的一切特性的综合，所以人格可定义为社会的有效性。”

心理学家认为人格的内涵是极其丰富的，但是基本包含两层意思：一方面是指个体在人生舞台上所表现出的种种言行，是可以被观察到的外显的行为和人格品质；另一方面是内隐的成分，即面具后面的真实自我，是人格的内在特征。具体解释如下所述。

（1）人格是构成一个人的思想、情感及行为的特有的统合模式，这个模式包含了一个人区别于他人的稳定而统一的思想品质。

（2）人格是指稳定的行为方式和源于个体内部的人际过程。

（3）查尔德认为人格是使个体的行为保持时间的一致性，并且区别于相似情境下的其他个体行为的比较稳定的内部因素。

（4）人格是“稳定的”、“内部的”、“一致的”和“区别于他人的”心理品质。

二、人格的特征

（一）独特性

个体的人格是在遗传、教育、环境等先天和后天环境交互作用下形成的。不同的遗传、生存、教育、社会环境，形成了各自相应的独特心理特点，俗语“人心不同，各如其面”指的就是这个意思。世间众生态，有的人顽固保守，有的人开放自然；有的人沉默寡言，有的人活泼健谈；有的人谨慎，有的人豪爽；等等。环境会使某一人格品质在不同人身上表现出不同的含义。例如，独立性这一人格特质，在缺乏父母爱护的家庭中成长的孩子，独立带有靠自己努力的含义；而在一个民主型家庭中成长的孩子，独立则表示自主、有主见的性格特征，是健全人格培养的重要部分。

（二）稳定性

人格的稳定性是指那些经常表现出来的特点，是一贯的行为方式的总和。人们常说：“江山易改，本性难移。”人的某种人格特质一旦稳定下来，要改变是较为困难的事，经常表现为人格特征在不同时空下的一致性。例如，一个性格外向的大学生，他不仅仅在家庭中非常活跃，而且在学校学习中也表现出积极主动的一面；在熟人面前如此，在生人面前也如此；不仅小时候如此，长大以后也如此，这个特质很难改变。

（三）统合性

人格的组合千变万化。各种人格结构的组合千变万化，因而使人格表现得色彩纷呈。在每个人的人格世界里，各种特征并非简单地堆积，而是如同宇宙世界一样，依据一定的内容、秩序与规则有机组合起来的动力系统。人格的有机结构具有内在一致性，受自我意识的调控。当一个人的人格结构的各方面彼此和谐一致时，人们就会呈现出健康的人格特征，否则就会出现各种心理冲突，甚至导致“人格分裂”。

（四）发展性

与稳定性相对，人格随着年龄的增长有一定的发展变化，而且是有变化规律可循的。对于人格的发展性的看法，不同的人格理论家有不同的看法。艾里克森（Erik Erikson）认为人格在一生中始终变化着，在人生的每一个发展时期都有其特殊的心理危机。但是弗洛伊德认为人的早期经验对人格的发展起着根本的作用，一个人的基本人格结构在婴幼儿阶段就基本定型了，他认定人成年后表面行为可能发生变化，但内在的人格结构是不会变的。

（五）功能性

人格是一个人生活成败、喜怒哀乐的根源。正如人们常说的“性格决定命运”。人格决定了一个人的生活方式，甚至有时会决定一个人的命运。人们常常使用人格特征解释某人的言行及事件的原因。面对挫折与失败，有志者认真总结经验教训，在失败的废墟上重建人生的辉煌；而怯懦者一蹶不振，失去了奋斗的目标。当人格功能发挥正常时，表现为健康而有力，支配着人的生活与成败；当人格功能失调时，就会表现为懦弱、无力、失控甚至变态。

第二节 健全人格理论

一、经典健全人格理论

正如卡普兰（Louis Kaplan）所说：“许多人都试图定义心理健康，但是这是一个混合的领域，难以给予精确的定义，它不仅包含知识体系，也包含生活方式、价值观念以及人际关系的质量。”尽管如此，西方一些学者包括一些著名心理学家，如弗洛伊德、马斯洛等都对此进行过阐述，我国学者也进行过论述。

（一）精神分析学派的健康人格模式

精神分析学派的创始人弗洛伊德以病态人为研究对象，提出了本我、自我、超我三合一的人格结构。本我追求快乐，超我追求完美，而自我追求现实。他认为心理变态的原因是由于本我、自我和超我三者的冲突所造成的，健康人格的核心就是要达到自我不再受本我的冲击和超我的压抑，而成为一种协调的综合力量。因此，其心理健康的模式是从心理失调者身上反推出来的，克服病人的心理障碍是获得健康人格的途径。

弗洛姆（E. Fromm）作为新精神分析学派的代表人物，他认为人是社会文化的产物，人的任何行为都是特定历史文化的结果，注重对现存社会的变革。他把性格的倾向分为两大类，即生产性倾向和非生产性倾向。其中非生产性倾向包括接纳性倾向、剥削性倾向、贮藏性倾向、市场性倾向、恋生性倾向与恋师性倾向等都是不健康的、病态的人格特征。生产性倾向也称创造性倾向，是健康的。所以他便把心理健康的研究重点放在对“创造性倾向的人”的心理特征的探究上。他认为“创造者”有四个特征：①拥有创造性爱情；②具有创造性思维；③有真正的幸福感；④以良心为其定向系统。

在弗洛伊德的理论中，他以本能的发展解释人格的发展，把复杂的性格形成和改变归因于本能的心理性欲的变化。他认为人格发展只是本能的展开，环境和社会因素处于次要地位。弗洛伊德忽视社会文化因素在健康人格形成中的作用是错误的，而新精神学派的代表人物弗洛姆认为人格发展的决定因素在于社会的各种客观条件，他强调了社会生产和分配方式等客观条件对人的影响，因而其观点接近马克思的历史唯物主义，但他只是部分吸收了马克思的观点，不是真正的马克思主义者。

（二）人格特质论的健康人格模式

G. 奥尔波特的人格特质理论是面向健康人的，很少涉及精神病人。他主张从人的行为内部动力组织来研究人格特征。G. 奥尔波特认为，健康人是在理性和意识水平上活动的，他们的视线指向当前和未来，激励他们活动的力量是能够意识到的，是可以控制的。这表明，"成熟的人"能够把握自己的生活，并且对现在和未来充满理想，生活有目的性。他提出心理健康的六条标准：①力争自我的成长；②能客观地看待自己；③人生观的统一；④有与别人建立亲睦关系的能力；⑤具有现实性的知觉；⑥具有同情心和对一切生命的爱。

G. 奥尔波特直接从个体行为特点出发探讨人格问题，开始量化对健康人格的研究。他的一些测试至今仍被广泛使用。但从总体上来说特质理论未能对健康人格做出动态的解释，而只是对人格的结构进行了详细描述。

（三）人本主义心理学的健康人格模式

人本主义心理学是在批判行为主义和精神分析理论的基础上建立起来的，他们的基本观点是真正的心理健康者，应该是内心世界极其丰富、精神生活无比充实、潜能得以充分发挥、人生价值能够完全体现的人。

1. 马斯洛的"自我实现的人"模式

马斯洛是人本主义心理学最杰出的代表人物，他把以自我实现为奋斗目标的人称为心理健康者，而只有心理健康的人才能充分开拓并运用自己的天赋、能力和潜力。他相信所有的人都具备达到心理健康的先天素质，人本主义心理学的任务就是帮助人们使这些潜能得以实现。1956 年，马斯洛提出"自我实现者"的 14 个标准：①接受自己、别人和自然的能力；②全面和准确地知道现实；③坦率而自发的行为与真实；④常见常新的鉴赏力；⑤独立于文化和环境之外的自主性；⑥创造性；⑦民主的性格结构；⑧高峰体验；⑨区分手段与目的；⑩帮助人类的使命；⑪深厚的人际关系与友谊；⑫伴有同情心的幽默感；⑬强烈的伦理意识；⑭独处的需要。

2. 罗杰斯的"机能完善的人"和"未来新人类"模式

罗杰斯认为，人人都有自我实现的成长倾向和需要，它是生命的驱动力量，它使人更加复杂化、更具有自主性和社会责任感，从而使人成为心理健康的人或"机能完善的人"。1951 年，他提出"机能完善的人"的 5 个特征：①经验开放；②时刻保持生活充实；③对自我的高度信任；④有较强的自由感；⑤有高度的创造性。并进一步提出了"未来新人类"的特征：①开明开放的人生态度；②渴求真实；③对科技抱有理性的态度；

④渴望成为整合的人；⑤渴望亲密关系；⑥重视过程；⑦关爱自己与他人；⑧与自然和谐相处；⑨反对墨守成规的制度；⑩个体内在的权利；⑪不看重物质享受；⑫自我超越。

3. 弗兰克的“超越自我的人”模式

弗兰克（Wiktor E. Frankl）认为，人在任何情境下，对自己的行为都是自觉选择的，对人生意义、理想或目的的自觉探求，是心理健康者的基本特征。他指出，“超越自我的人”具有这样的特点：①能够有意识地选择和驾驭个人的生活；②对自己的生活负责；③不怨天尤人；④不把自己的不幸归于父母或社会；⑤定向于未来；⑥献身于工作；⑦具有给予爱和接受爱的能力。

几乎每一位人本主义心理学家都看重人性中的积极面，大都同意柏拉图和卢梭的人性本善的理想主义观点，注重使人类获得他们充分发挥潜力的条件；认为人的人格具有无限发展的可能性，人有实现自己潜能、不断超越自我的能力，这些理论受到普遍欢迎。但批评者常常认为这些理论缺乏经验主义的支持，还有人指责马斯洛有关自我实现的结论是以很少的样本为依据的，方法论上存在问题。

（四）中国传统文化中的健全人格思想

中国古代没有明确的关于心理健康的具体标准，但涉及心理健康及其相关问题的论证内容却十分丰富，其中以儒、道、医为主。牟宗三先生认为，在中国文化大动脉中终极关心的问题就是“教人如何真正成为一个人，如何成就一个完美的人格”。孔子曰：“仁者人也，亲亲为大。义者宜也，尊贤为大。亲亲之杀，尊贤之等，礼所生也。”这表明，符合社会行为的标准、保持良好的人际关系的人，在儒家看来是健全人格的人，即仁义之人。道家思想不同于儒家，它崇尚超脱社会伦常，把复归自然当作寄托身心的最高境界，超脱于人际的协调，直接指向天人合一。《道德经》曰：“孔德之容，惟道是从。”道家认为清静无为、恬淡去欲、复归自然才是健全人格。而中医养生文化结合儒、道及其他各派哲学思想的精髓，形成了一套内容丰富的心理健康原则和保健方法，如提倡形神并养，以养神为主，以静制躁、节欲适度、动静结合、阴阳平衡、顺时调神等。聂世茂在研究《黄帝内经》后总结出九条标准：①经常保持乐观心境，“心恬愉为务”“和喜怒而安居处”。②不为物欲所累，“志闲而少欲”“不惧于物”。③不妄想妄为，“谣邪不能惑其心”“不妄作”。④意志坚强，循理而行，“意志和则精神专直，魂魄不散”。⑤身心有劳有逸，有规律地生活，“御神有时”“起居有常”。⑥心神宁静，“恬淡虚无”“居处安静”“静则神藏”。⑦热爱生活，人际关系好，“乐其俗”“好利人”。⑧善于适应环境变化，“婉然从物，或与不争，与时变化”。⑨涵养性格，陶冶气质，克服自己的缺点，“节阴阳而调刚柔”。

两千多年来，中国健全人格是在个人统一于社会及人复归于自然的非对立心理健康思想的融合之中发展的，中医文化进一步强化了健全人格中“和”的意义。辩证地看，以“和”为中心的健全人格思想通过血缘关系的无限延伸和凝化，以超强的内聚力支撑着整个中华民族的稳定发展，创造出了辉煌的中国传统文化，但同时也在一定程度上禁锢了个体自然性的发展，过分强调遵从社会规范、同化于自然，在人文精神上逐渐显露出萎缩、回避的特点。

总之，中外各学派对健全人格的研究和描述是多角度、多层次的，其研究结论也极其复杂，而且某些观点之间还存在分歧，又有相似之处，这充分说明对健全人格的界定很困难。

二、以科学发展观为指导的健全人格特征

马克思说："哲学家只是用不同的方式解释世界，而问题在于改变世界。"健全人格的人不仅要适应社会，还要改造社会，做社会的主人。因此，在制定健全人格的标准时，应着眼于人的发展性和创造性，强调全面发展，强调以人为本，强调人发展过程中自我身心的和谐。

以科学发展观为指导的健全人格特征是以马克思主义的视角，用科学发展观综合分析各种健全人格理论，强调健全人格的动态性和发展性。其具体特征如下所述。

（一）有适度的安全感，正确的生存意识，不断创新的意识

安全的需要是人的基本需要之一，安全感来自安全需要的满足。马斯洛指出，成人与儿童有着类似的安全需要，但成人的安全需要更多地表现在以下方面：①需要稳定的社会秩序、健全的法律保障；②追求有保障的工作，渴望得到各种保险；③偏爱熟悉的事物和熟悉的环境。上述表现尽管在内容上有别于儿童安全需要的种种表现，但在性质上是相同的。无论儿童或成人都有安全的需要，如果安全的需要得到满足，就有安全感；反之，就会惶惶不可终日，产生抑郁、焦虑等心理，还会引起消化系统功能的失调，甚至会导致病变。

一个人获得安全感的过程是一个动态的过程。一般情况下，随着人的年龄增长，伴随人的身体和心理机能的强大，人的安全感是不断增加的。但人的成长环境错综复杂，一些客观存在的因素常常会威胁到已经拥有的安全感，这就使人获得安全感的过程变得很复杂，成人常常既有儿童安全需要的种种表现，又有成人安全需要的种种表现。例如，他们有稳定的社会秩序、健全的法律保障、偏爱熟悉的事物和熟悉的环境的需要，而自身又追求变化刺激，部分人还缺乏应有的法律意识。事实上，获得安全感的过程是一个人由儿童的自然人到社会的成熟人转变的过程，是每个人必须经历的成长过程，这是由人的心理发展规律决定的。对于成人而言，应对"不确定性"而获得安全感是非常重要的。现代社会瞬息即变，要使一切都在预料之中，变得很困难。接受新事物，适应新变化，是时代对现代人的要求。以积极的态度应付变化的世界，这种以不变应万变的状态是"现代"意义上的安全感。还有，克服挫折感才能更好地获得安全感。人的一生不可能一切都随愿。当一个人开始独立面对生活时，便会出现一些与人生美好理想发展方向相反的环境和境遇，如工作不顺心、病魔缠身、亲人丧生、交通事故等。这些挫折都是不以人的意志为转移的意外变故。每个人都应该用科学的态度应对挫折，分析挫折的成因，越挫越奋，做自己生命之舟的主人，在克服挫折的过程中，寻找人生的安全感。总之，安全感对每个人都有重要意义，失去安全感就谈不上健全人格。

当获得安全感后，还应具有生存意识、创新意识。没有生存意识即有自杀倾向，向来被认为是不健康的。因为自杀对当事人具有毁灭性危害，对家人和社会都是一种悲剧。同时，现实社会充满竞争，任人唯贤、优胜劣汰是不可逆转的社会大趋势。健全人格的人会在竞争中求生存，在创新中求发展。如果嫉贤妒能、因循守旧、不思进取的意识占据大脑，很难培养健全人格。

（二）了解自我，悦纳自我，不断完善自我

人的自我意识是否恰当是判断一个人心理是否健康的重要标志。所谓自我意识是人的意识发展的高级阶段，是个体对自己的认知和评价，它反映了个人对自己的态度。

人格健全的人能体验到自己的存在价值，既能了解自己、接受自己，又能不断完善自我。有自知之明，即对自己的能力、性格和优缺点都能做出恰当的、客观的评价；悦纳自我，即高兴、喜悦地接受自己，对自己不会提出苛刻的、非分的期望与要求；对自己的生活目标和理想也能定得切合实际，因而对自己总是满意的。即使是自己无法补救的缺陷，也能安然处之，不会因此产生自卑并由此产生极度的焦虑。同时，人格健全的人会结合自身的特点不断地挖掘并发挥自身的潜能，完善自己。

人格不健全的人则缺乏自知之明。缺乏自知之明的人，或者志大才疏，自命不凡；或者好高骛远，眼高手低；或者妄自菲薄、缺乏自信；或者在能力方面以己之短，搏人之长，终于事倍功半、成就寥寥；或者在兴趣方面朝秦暮楚，见异思迁，到头来年华流逝、岁月蹉跎。不能了解自己，更谈不上悦纳自我，就会总是对自己不满意。许多人的焦虑来源于对自我的不接纳，常常不知道自己的生活目标和发展目标以及如何发展自己。还常表现在自我的认识与社会规范对其要求的脱节，缺乏人生规划，没有不断自我完善意识，造成社会不接纳。

在了解自我、悦纳自我的基础上不断完善自我，体现了人生命的一种动态的积极发展的过程。

（三）接受他人，善与人相处，人际关系和谐

交往是人的存在方式。生活在社会中的人们，总要同他人广泛接触，相互作用，建立各种各样的联系。戴尔·卡耐基（Dale Carnegie）曾说过："一个人事业的成功，只有15%是依赖于他的专业知识和技能，而85%则依靠于他的人际关系和处世能力。"良好的人际关系不仅是人的社会化和个性发展的必要条件，是一个人开创辉煌事业的可靠保证，也最能体现和反映一个人的健全人格状况。

人格健全的人乐于与人交往，不仅能接受自我，也能接受他人，悦纳他人，能够客观地认识到他人存在的必然性、重要性和作用。他不会因为自己的好恶而在主观感觉上否认自己不喜欢者的存在。他懂得人与人交往的规律与技巧，能用尊重、信任、友爱、宽容、理解等积极态度与人相处，能分享、接受、给予爱和友谊。他在人际交往中，经常保持积极的态度，而很少有猜疑、忌妒、畏惧、敌视等消极的态度。因此，他在社会生活中有较强的适应能力，能够建立协调和谐的人际关系，自己也会受到他人的欢迎。

人格不健全的人，往往在人际交往中受挫或封闭自己。正如我国著名心理学家丁瓒

所说："人类的心理适应，最主要的就是对人际关系的适应。所以人类的心理疾病，主要是由于人际关系的失调而来。"人们常常因为与朋友、同事、家人等之间的相处不和谐而影响心情。一个不能与他人正常交往，不能融入社会，总是与他身边的人格格不入的人，肯定是人格不健全的。

（四）正视现实社会，接受现实社会，改造现实社会

从社会历史上看人生，一个人的人生是一条线段。对于一个具体的人来讲，人生又像一条射线。一个人如何面对生活，对现实社会的态度如何，是衡量一个人是否人格健全的尺度。

人格健全的人，能直面现实社会，能够对周围的事物和环境做出客观的认识和评价，并能与现实社会保持良好的接触，能对现实社会做出客观的观察，并进行有效的适应，而不是歪曲现实社会。他们不断发挥自己的主观能动性，为理想的社会而奋斗，在适应现实社会的过程中不断地改造着现实社会。

人格不健全的人往往对现实社会缺乏正确的判断和评价。社会上有一些愤青族，他们面对现实社会的阴暗面，慷慨激昂、指点江山，但往往以幻想代替现实，而行动上缺乏改革进取，没有足够的勇气去接受现实的挑战；总是沉湎于不切实际的幻想和奢望中，总是抱怨自己"生不逢时"，或者责备社会环境对自己不公而怨天尤人，甚至采取逃避现实的方式。不能面对现实，就很难适应现实社会，更谈不上改造现实，人格健全就无从谈起。

（五）热爱生活，乐于求知，追求人生价值

生活是五彩缤纷的，然而不同的人对生活有不同的感受。一个人是否热爱生活，是否乐于求知和工作，既能反映出一个人的生活态度、学习和工作的能力，同时也是衡量人格健全与否的一个指标。

人格健全的人热爱现实生活，并积极地投身于现实生活，能够体验到人生的乐趣。他们善于发现生活中的美，总是用美的眼光去审视生活。他们乐于参加社会活动，愿意为社会尽自己的义务，乐意做组织和管理工作或做积极的参与者。他们有终身学习的理念，具有很强的求知欲，决不虚度，以追求人生价值为愉悦。

人格不健全的人常常对生活失去信心，在学习生活中找不到乐趣，也不乐意做一些有意义的工作。学习兴趣的缺失，往往伴随着学习困难，又不能客观地分析，更体会不到学习的乐趣与价值。严重的还会悲观、抑郁、懒散、消极、退缩，甚至感到人生没有意义、没有价值，而产生自杀的念头。人生的意义在于创造价值，对价值的追求是一种积极的、健康的心态，反之，无所事事、无所追求，就谈不上发展自身。受市场经济逐利自私的消极影响，一些人对社会价值的追求淡化，使自我价值的追求没有了归宿，因而造成人格分裂的不在少数。

（六）能协调与控制情绪，保持心境良好

人随时随地都会发生喜、怒、悲、惧等情绪、情感的起伏变化。情绪恰似催化剂，

使人的活动加速或减速地进行。人需要积极的、快乐的情绪，它是获得幸福与成功的动力，使人充满生机；同时，人也会体验焦虑、痛苦等消极的情绪，它使人心灰意冷、沮丧消沉，若不妥善处理，还可能严重危害身心健康。人对情绪的协调能力与控制水平，是人格健全的重要指标。

人格健全的人愉快、乐观、开朗、满意等积极情绪状态总是占优势，虽然也会有悲伤、忧愁、厌恶、愤怒等消极情绪体验，但一般不会维持长久，会主动使之合理地无害化宣泄；在社会交往中既不妄自尊大，也不退缩畏惧；对于无法得到的东西不过于贪求，争取在社会允许范围内满足自己的各种需要；对于自己能得到的一切感到满意，心情总是开朗的、乐观的。同时，人格健全的人对自己情绪的控制能力很强，不论遇到什么事情总能适度地控制自己的情绪，喜不狂、忧不绝，胜不骄、败不馁，谦而不卑、自尊自重，既不会得意忘形，也不会悲极轻生。因此，人格健全的人，对自己能得到的一切感到满意，幸福感比较强，心境通常是平稳、开朗、乐观的。

人格不健全的人，往往不能适度、准确地表达自己的情感，情绪波动大，消极的情绪占主导地位，不能适度控制自己的情绪，常因情绪失控而做出过激行为，事后常追悔莫及。不会宣泄自己的不良情绪，使自己过着极其压抑的生活，或者用不适当的方式宣泄。

（七）智力正常，智商在中等或以上，自觉开发智力

智力正常是人正常生活最基本的心理条件，是人格健全的重要标准。智力是人的观察力、记忆力、思考力和操作能力的综合。一般常用智力测验来诊断智力发展水平。智力的低下常常是由于疾病或先天的遗传造成的。随着优生优育的观念深入人心，我国先天智力低下的儿童比例极低，绝大部分人智力正常甚至超常。一些人常常强调自己很笨，这也常常是其缺乏自信的表现。依据科学发展观，任何人的潜能都是可以不断挖掘的。因而，人格健全的人会不断在新的环境中自觉开发智力，使自己越来越聪明。

（八）人格完整和谐，并自觉地不断完善

人格是个体比较稳定的心理特征的总和。心理健康的人，有健全的人格，其人格结构包括气质、能力、性格、理想、信念、动机、兴趣、人生观等各方面能平衡发展。人格作为人的整体的精神面貌能够完整、协调、和谐地表现出来；思考问题的方式适中、合理，待人接物能采取恰当灵活的态度，对外界刺激不会有偏颇的情绪和行为反应；能够与社会的要求相符，并能与集体融为一体；能够以积极进取的人生观作为人格的核心，以此为中心把自己的需要、目标和行动统一起来。人格健全的人，还能够在人生成长的过程中，正确对待自己性格中的缺陷，自觉调整自己，不断完善人格。

当一个人的人格不完整甚至分裂时，心理健康就会出现问题，如人格障碍。人格障碍是制约人正常生活的因素。对存在人格障碍的人有必要使用心理治疗的有关理论与矫正方法进行处理。

“性格决定命运”的理论已经被大多数人所接受，有些人常常对自己的性格不认同，为自己性格的缺陷而烦恼。然而，性格作为人格的外显特征，固然有稳定性，但也是可

以变化的。当一个人认识到基于遗传气质，性格是可以重新塑造时，就可以不断地完善自己，这就是积极健全与发展人格的修身养性的过程。

综上所述，衡量一个人的人格是否健全不是绝对的、静止的、二分论的，它是对人的人格状况从不同方面的水平发展的动态描述，体现了人的科学发展过程。人格教育要针对不同的人的人格健全状况提出针对的教育内容。

第三节　培育健全人格

一、培育健全人格的重要意义

（一）积极开展健全人格培育有利于人的全面发展

教育的目的是使受教育者和谐、健康、全面地发展，而人的全面发展要建立在健全人格之上。人格教育是基础性的教育。因为人具有人格才产生对自然、社会和人际交往的需要，有目的、有选择地去认识客观世界，并对自己的愿望、行为和个性品质做出评价。因为人有人格，才使人以不同的态度和不同程度的积极性去组织自己的行动，调节和控制自己的行为，使人能卓有成效地改造客观现实和个人的主观世界。人格教育培养人的健全人格，从而为品德和思想政治教育提供更好的个人主观条件。相反，人格不健全，如自高自大、心胸狭窄、忌妒心理、思维偏激等的人，难以形成高尚的道德和良好的思想素质。思想政治教育需要以健全人格为前提条件，在良好和健康的人格基础上，才有可能形成良好的道德和思想政治品质。总之，健全人格教育是人全面发展的起始点。

（二）经济全球化促使人格教育成为社会发展的必然要求

经济的全球化，网络时代的到来，使地球成为名副其实的地球村。市场运行机制通用于全球经济领域。与此相应的，在精神领域中也需要有一个以“放诸四海而皆准”的价值观作为教育新理念，来整合东西方教育观念。国际教育基金会总裁石竣昊博士指出，要在全球范围内培养具有道德性和伦理性的个人良知，而个人良知是优良的事业、成功的人生、稳定的家庭及真实的社会公民的基础。这种人具有高尚的德行、良好的价值观、健康有益的习惯，能够过着自然快乐的典范生活。而只有人格教育成功才能孕育出这样负责任的成熟人。因此，人格教育将是人类的共同使命。而面对激烈的国际竞争，中华民族正投身于建设中国特色社会主义的伟大事业中，为实现中华民族的伟大复兴而奋斗着。竞争的需要、梦想的实现都依靠高素质、健全人格的人才，国民的健全人格教育势在必行。

二、培育健全人格是一个系统工程

人格的形成与发展受生物的遗传、个体、家庭、学校教育、社会等诸多因素的综合作用。因此，培育健全人格是一个系统工程。

（一）个体是培育健全人格的主客观的统一体

培育健全人格的内在机制是由主体对外来信息进行积极的选择、整合、内化等环节构成的。因此，在培育健全人格时必须强化当事人的主体意识，让其主动地选择教育信息，并进行加工整合，而后，通过直接和间接的实践活动对信息进行检验，最终使之内化为个体的人格特质。健全人格的形成是一个人修身养性的过程，贯穿人的一生，老年人也不例外。尽管人格具有较强的稳定性，老年人因诸多原因像变了一个人似的个案也层出不穷。关于双胞胎人格的研究充分证明了个体在自我人格形成方面具有很强的主观能动性——双胞胎有同样的遗传基因、家庭环境、同样的学校教育、同样的社会大环境，但最终二者的人格各异，人生道路也不同。因而，培育健全人格离不开个体的主动参与。

（二）家庭是培育儿童健全人格的起点

塔尔科特·帕森斯（Talcott Parsons）说“家庭是制造人格的加工厂”，家庭不但是人的第一个社会环境，而且是最早向儿童传播社会经验的场所。孩子是一个家庭的主要成员，是父母共同血缘的拥有者，是家庭稳定的血缘支撑点，也是家庭中最活跃、最有潜能的分子，但是也是最弱小、最没有安全感的个体，他们从出生到长大成人，身体不断强壮、经济逐渐独立、人格逐渐完善，然后脱离家庭，走向社会。俗话说“三岁看老”，一方面强调人格的稳定性，另一方面强调儿童教育的重要性。精神分析学派尤其重视学龄前的教育，认为0~6岁是人格形成的关键期，因而，做父母的不仅需要把孩子的身体喂养强壮，还要有意识地、科学地培育孩子的健全人格。

（三）学校是培育学生健全人格的主渠道

当今社会信息的多元化对学校教育有很大冲击。尤其是互联网时代，良莠不齐的、海量的信息呈现在学生面前，微信的出现，更使“爬手机”成为学生们获得信息的主要形式。这使某高校加强课堂手机管理制度建设备受关注，为了加强学风建设，管理者规定在教师讲课前，把手机调到静音放在教室前的手机袋中，并要求大学生上课不看手机，此规定受到媒体的关注和支持，这充分证明了在当今社会学校教育面临的挑战。

以人的全面发展为目的的教育工作者必须坚守教育的主动权和主导权。全体教职员工应形成教育合力，不仅支持心理专职教师的工作，同时在学生日常教育与管理工作中渗透心理教育。各科专业教师也要结合教学工作过程，对学生渗透人格教育的内容。班主任、辅导员也要在增进学生心理健康和提高学生心理素质中发挥积极作用。要充分利用学校广播、电视、计算机网络、校刊、校报、橱窗、板报等宣传媒体及形式，通过第二课堂活动，广泛宣传、普及心理知识，强化学生的参与意识，提高广大学生的兴趣。要通过加强校园文化建设，营造积极、健康、高雅的氛围，陶冶学生高尚的情操，促进其全面发展和健康成长。总之，培育健全人格需要融入全体教育者的全部教育活动中。

（四）用人单位是培育员工健全人格的场所

在职业生涯中创造价值是一个健全人必须要面对的。以每周40小时工作制计算，职工约四分之一的时间在职场中度过，职场也就成为职工实现自我、完善自我、不断社会化的重要场所。工作是否顺心、是否获得成就感是影响员工心理的重要因素。

现代职场生活竞争激烈，工作节奏快、工作强度大、突发事件频发、创新挑战多，导致员工的心理压力日益增大。员工的身心健康备受关注，员工帮助计划（employee assistance program，EAP）逐渐被管理者所接受。员工帮助计划，又称员工心理援助项目、员工心理管理技术，它是由用人单位为员工提供的一套系统的、长期的人文关怀的福利与心理支持项目。通过心理专业人员对组织文化的诊断、建议和对员工及其直系亲属提供专业心理指导、培训和咨询，旨在帮助解决员工及其家庭成员的各种心理和行为问题，从而提高员工在企业中的工作绩效。员工帮助计划工作的重点在于预防工作倦怠和培育健康心理，在于及时鉴别和改变员工的心理压力来源，减少危险因素，为员工创造有利于健全人格形成的工作环境，重视提高员工应对心理危机的能力，引导员工学习心理减压的技能，开发自己的潜能。尽管员工帮助计划最终的目的在于发挥员工的潜能，提高其工作绩效，为组织谋利，但客观上体现了以人为本的现代管理理念，达到了员工与组织的共赢。

（五）党和政府是培育公民健全人格的重要力量

社会主义文化建设是健全人格培育的基础。健全人格的人不是生活在真空中，而是生活在国际社会生活中的独立主体、民族存在的最高组织形式——一个具体的国家中。执政党和政府把握着治国方略、主导着社会发展的方向。作为执政党的共产党和作为国家的最高行政机关的政府对繁荣社会文化有义不容辞的责任。

继承和弘扬中国优秀传统文化为培育健全人格构建基础。中华民族的传统文化通过潜移默化的作用，影响着中国人格的形成，为公民人格形象的塑造提供着直接的世界观和方法论的指导。摒弃中国传统文化，个体的中国人就会失去文化根基，必然会造成文化归属感的缺失，从而产生不健全的行为取向和价值取向，表现为文化素质差，道德、伦理感的丧失。一些病态型人格特征就会出现，表现为人与人之间情感淡漠、拜金主义、信任危机、低层次需求泛滥等。因此，现代公民人格的培育需要中华传统文化知识做支撑。党和国家领导人非常重视中华民族的优秀传统文化的传承，并以此增强民族的内在凝聚力和向心力，增强个体的心理归属感。

弘扬正能量的公共文化建设旨在营造有利于现代公民健全人格形成的大环境。政府主导的公共文化建设，服务于公民科学文化素质的提高和公民精神生活的丰富。公共文化建设包括物质层次、制度层次和精神层次。在物质层次上，需要加快公共文化基础设施的建设；在制度层次上，要形成良好的服务方式及服务运行机制；在精神层次上，要把握好公共文化服务的内容，丰富公民的精神生活。

三、培育健全人格的途径与方法

健全的人格关系到当事人的生存状态、家庭幸福、工作绩效，还会影响社会和谐与稳定，社会各界都应该关注培育健全人格的问题。

（一）加强健全人格知识的宣传和普及

每个人都是心理学的实践者，但系统的心理学知识需要学习，特别是要学习人格心理学知识，提高心理健康意识，自觉培育健全人格。加强健全人格知识的宣传和普及可以从以下几方面做起。

1. 重视健全人格知识的学习

“知识就是力量”，让社会大众了解心理学，了解人格心理学，让人们对心理疾病不再有恐惧感和神秘感。对心理健康的科学知识有深入的了解是培育健全人格的第一步。在家庭中，父母除了阅读育儿书籍外，还应学习幼儿心理学的知识；幼儿园、小学、中学、大学教育中应根据学生年龄与心理发展的阶段开设心理学课程。目前在学校教育中，对心理健康的重视程度应该加强。师生们都应树立健全人格是学生健康发展必修课的理念；在政府机关、各类企事业单位中，要重视员工心理健康，工作业绩评价不仅仅以经济利润为唯一的评价标准，员工的健全人格和幸福感也应成为单位领导关注的内容，有条件的单位可以效仿一些西方企业建立员工心理宣泄室；在社区中，也要建立重视健全人格知识学习的氛围，尤其是利用社区卫生站在宣传身体健康的同时，加强健全人格教育的宣传；在公共生活领域，适当增加有关健全人格知识的公益性广告。

2. 建立健全人格公益信息发送机制或心理健康网站

电脑、手机在现代人中普及率很高，政府、社会组织等机构可以利用互联网等途径为人们发送心理保健知识，丰富他们的文化生活；可以利用现代多媒体技术建立起心理健康知识网站与免费咨询网站，广泛普及心理保健的科学知识，向大众宣传可以获得收费或免费心理咨询服务的途径与方式。

3. 开展公益性心理健康讲座

随着社会治理的深化，涌现了许多非营利性的公益组织，各公益组织应结合自己的工作性质在公民健全人格教育中做出贡献。例如，2010 年 7 月 7 日，北京市海淀区总工会举办首届职工心理疏导员培训班。培训班以职工职场心理疏导为主题。据海淀区总职工帮扶中心副主任连跃介绍，举办此培训班的目的是加强对职工特别是刚步入城市的员工提供有针对性的心理健康疏导和行为矫正服务。目前，各个城市社区都开始加强心理疏导的科普讲座的开办，电台、电视台上的专题讲座也越来越多。

（二）加强心理健康普查和心理档案管理

人们对人口普查、身体普查、学业检查等已经耳熟能详，但是心理健康普查却少有人问津。随着心理学在公共管理中的广泛应用，政府应组织专门的人力、物力对大众心理健康进行普查与数据库建设。例如，现在很多企业在招聘员工时已加入心理健康测试的环节，这种做法尽管是为了企业选择高素质人才，但在一定程度上普及了心理健康测试。因而，政府有关部门有必要像重视身体健康一样重视心理健康，通过专业的心理测量了解人们的心理健康状况，像建立人事、健康档案一样，建立相应的心理档案，筛选出有心理问题的人员，及时地进行专业的干预和辅导，避免他们的心理问题越积越多，最终导致严重心理疾病的发生，从而对社会和当事人造成极大的伤害，导致国家医疗与社保方面要付出更大的代价。

（三）加强各类心理咨询机构的建设

现代社会有很多心理咨询机构，而且心理咨询是一个收入很高的行业，据了解，心理咨询的费用每小时最低也要 100 元，高的达千元以上。这些费用的天文数字是一般人不敢奢望的。政府应支持心理咨询机构介入百姓生活，由政府公共福利资金与社会慈善基金支持具有一定咨询资质的心理咨询机构面向普通百姓开展免费服务，教育民众如何调节自己的心情、如何应对消极情绪、如何处理心理创伤，向他们介绍常见的心理疾病和简易自我疗法，这样有助于全面提升民众的人格健全意识与自我心理管理的能力，减少因心理问题、人格变态导致的社会突发事件。

（四）建立公共心理极端事件应急机制

任何突发的公共安全事件都会影响到公众的心理，反过来，公众的心理反应又会对公共事件发展产生一定的影响。网络上千人围观跳楼的报道就有多起，面对轻生者，围观群众众说纷纭，折射出世人万千心态，有人甚至用跳与不跳设赌来儿戏生命、扭曲人性。人格不健全引起的极端事件对社会危害较大，如自杀事件、“跳楼秀”等，尤其是以杀害他人达到自杀目的的变态人格以及反社会人格的犯罪对社会的危害更大。

相关部门在应对极端事件的同时，需要构建极端事件应急机制，要了解突发事件中的当事人的心理和公众心理，并通过科学地发布风险信息来减轻和化解社会心理压力，培养心理谈判专家、心理疏导专家和心理应急队伍，防患于未然。

（五）加大公共服务与基本设施建设，满足精神需求

人的需求是多层次的，当人的基本生理需求得到满足后，必然会追求高层次的精神生活，健全人格的追求也是社会发展的需要。用人单位需要加强内部管理，增强人文关怀，实施员工帮助计划。政府应该重视公共服务与基本设施建设，着重建设必要的文化、娱乐、休闲设施，改善公共环境，提高公共服务，让人们在劳动之余有广泛的休闲放松方式与场所，不要因为压力和挫折的逐渐积累，酿成心理危机，进而危害社会。

总之，关注公民的心理健康，培育健全人格，构建和谐社会，需要全社会的努力。需要家庭、学校、政府、社会、心理专业机构等各界人士切实为此做些实际工作，只有这样，社会主义社会的繁荣与稳定、和谐与发展才会有充分的保证。

【课后案例】

2012 年 12 月 21 日曾经备受世人关注，被称为“世界末日”，这一天日升日落像往常一样，并没有什么异样，人类也没有迎来灭顶之灾，“玛雅人预言太阳纪结束地球毁灭”“极夜说”“地球磁极倒转”“太阳风暴袭击”等有关世界末日论的谣言不攻自破。然而，荒诞不经的末日论还是渗透到当时人们的生活中，带来了真实而严重的后果。恐慌抢购

致使蜡烛等与末日论相关的多种商品脱销，无度挥霍的人们迎来的是“世界末日”后的艰难度日，抵押捐赠的闹剧贻笑后人，不法分子利用末日说大肆行骗敛财。当然，也有“世界末日论”的受益者。精明的商人看到无限商机，利用求生产品大赚了一把。浙江义乌的民间发明者杨宗福因制作“诺亚方舟”而名噪一时，他的救生设备还接受了多单预订，他本人的事迹也被电视媒体追踪报道。人类没有受到来自自然的灾害影响，但是不少人却受到了来自社会的伤害以及直接或间接的影响。

【案例简析】

经济、科学、文化高度发达的现代社会，为什么人们不相信科学？为什么会相信假想的灾难呢？人们面对世界末日论的反应，是人类自身对自己生命的感悟，彰显了不同的人格特征。人们对假想的末日忧虑反应是现代人一种真实的生存焦虑与安全感的缺失。现代人生活节奏普遍较快，压力较大，人与人之间的心理距离越来越大，人情越来越淡漠，这让现代人感到无助、焦虑甚至恐惧。“世界末日论”只是放大了这些忧虑，尤其是年轻人把末日转换成疯狂娱乐和购物狂欢，以此缓解压力、减轻焦虑、放松心情。这些都表明现代人心底安全感的缺失和对心灵归宿的追求。只有健全人格的人才能以平常心对待生活，处乱而不惊，临危而不惧。

【思考题】

1. 怎样理解人格的含义？
2. 以科学发展观为指导的健全人格的特征包括哪些？
3. 简述员工帮助计划。

参考文献

阿尔蒙德 G A，鲍威尔 Jr G B. 1987. 比较政治学：体系、过程和政策[M]. 曹沛霖译. 上海：上海译文出版社.

阿特金森 T . 2005. 社会排斥、贫困和失业[J]. 丁开杰译. 经济社会体制比较，(3)：8-15.

白锐. 2005. 公共管理的生态分析[J]. 理论探讨，(3)：78-80.

北京青年研究会. 2001. 北京青年发展报告[M]. 北京：北京师范大学出版社.

波普诺 D. 1999. 社会学[M]. 第十版. 李强，等译. 北京：中国人民大学出版社.

曹连元，杨甫德，王健. 2008. 地震灾害心理救援案例集[M]. 北京：军事医学科学出版社.

曹瑞东. 2012. 呼和浩特市低保人员心理健康状况及社区心理卫生对策研究[D]. 内蒙古农业大学硕士学位论文.

陈安，赵晶，张睿. 2009. 应急管理中的可恢复性评价[J]. 科学对社会的影响，(2)：36-39.

陈传锋，武雪婷，严建雯. 2007. 国外社区心理健康服务研究综述[J]. 宁波大学学报(教育科学版)，(5)：10-15.

陈旭. 1995. 情境讨论、榜样学习和角色扮演对儿童助人行为影响的实验研究[J]. 西南师范大学学报(哲学社会科学版)，(1)：30-35.

陈振明. 2001. 什么是公共管理（学）——相关概念辨析[J]. 中国行政管理，（2）：13-16.

程灶火. 2000 . 心理治疗的发展趋势[J]. 中国临床心理学杂志，8 (3)：192-194.

费孝通. 1948. 乡土中国[M]. 北京：生活 · 读书 · 新知三联书店.

高文敏. 2005. 以科学发展观探索城市“低保”工作的新思路[J]. 商业研究，(21)：144-146.

顾爱华. 2002. 公共管理[M]. 沈阳：东北大学出版社.

郭亚雄. 2005. 中国古代社会保障思想及其行为探究[J]. 江西财经大学学报，(5)：58-61.

韩克庆，刘喜堂. 2011-08-22. 建设更好的城市低保制度[EB/OL]. http://news.sina.com.cn/c/sd/2011-08-22/095723029933_3.shtml.

怀特 W F. 1994. 街角社会：一个意大利人贫民区的社会结构[M]. 黄育馥译. 上海：商务印书馆.

黄光国. 2010. 人情与面子：中国人的权力游戏[M]. 北京：中国人民大学出版社.

黄桂霞. 2010. 建立以人为本的社会保障制度—— 从需求层次论看社会保障[J]. 南都学坛（人文社会科学学报），(7)：101-106.

黄建钢. 2008. 公共行政心理在行政管理中的作用探究[J]. 陕西行政学院学报，（11）：51-52.

黄丽，傅素芬，李梅，等. 2009. 甲型 H1N1 流感爆发后的心理危机干预[J]. 健康研究，（5）：355-357.

黄希庭. 2008. 中国高校哲学社会科学发展报告 1978-2008——心理学卷[M]. 桂林：广西师范大学出版社.
黄喜珊，王永红. 2005. 教师效能感与社会支持的关系[J]. 中国健康心理学杂志，(1)：45-47.
黄映瑜. 2005. 高校教师心理契约研究——以广东省高校教师为例[D]. 中山大学硕士学位论文.
贾海薇. 2012a. 县处级党政干部工作倦怠的成因分析[J]. 政治学研究，(1)：118-126.
贾海薇. 2012b. 我国党政干部工作倦怠心理干预机制的构建——基于西方国家公务员 EAP 项目的启示[J]. 国家行政学院学报，(6)：30-35.
姜春媛，韩元俊. 2012-11-10. 多数网友认为提升幸福感要有完备的社会保障[N]. 中国新闻网，http://www.chinanews.com/gn/ 2012/11-10/4318173.shtml.
金艾裙. 2012. 基于职业生涯发展的高校教师心理契约管理[J]. 江苏高教，(4)：81-82.
景怀斌. 2009. 从心理的二维特性看公共管理的着眼点[A]//第十二届全国心理学学术大会论文摘要集[C]. 北京：中国心理学会.
科特雷尔 S. 2012. 学习技术手册[M]. 靖晓霞译. 北京：北京大学出版社.
孔新双. 2013. 基于需求层次理论的农民工社会保障研究[D]. 大连理工大学硕士学位论文.
库少雄. 2002. 社会工作实务[M]. 北京：社会科学文献出版社.
乐国安. 2004. 20 世纪 80 年代以来西方社会心理学新进展[M]. 广州：暨南大学出版社.
乐国安，任克勤，金昌平. 1987. 证人心理学[M]. 北京：中国人民公安大学出版社.
李伯黍，燕国材. 2010. 教育心理学[M]. 上海：华东师范大学出版社.
李华萍，张华坤，姜秀举，等. 2005. 南昌市低保人群心理健康及相关因素研究[J]. 中国健康心理学杂志，(3)：232-233.
林崇德，张文新. 1996. 认知发展与社会认知发展[J]. 心理发展与教育，(1)：50-55.
林红. 2012. 由宿舍矛盾引发的大学生心理危机个案分析与干预[J]. 科教导刊，(1)：242-244.
林金本，黄俊才. 2009. 应用安全心理学原理控制人的不安全行为[J]，安全与健康，(9)：33-34.
刘霞. 2005. 公共组织创新战略[M]. 北京：中国社会科学出版社.
刘燕生. 2001. 社会保障的起源、发展和道路选择[M]. 北京：法律出版社.
刘宗粤. 2002. 行政管理心理学[M]. 成都：电子科技大学出版社.
罗杰斯 E M. 2002. 创新的扩散[M]. 第 4 版. 辛欣译，郑颖译校，北京：中央编译出版社.
罗润生，申继亮. 2001. 中学教师职业承诺的特点研究[J]. 宁波大学学报（教育科学版），23（6）：13-15.
吕姿之. 1998. 健康教育与健康促进[M]. 北京：北京医科大学、中国协和医科大学联合出版社.
马赫 E. 1997. 感觉的分析[M]. 洪谦，梁志学，等译. 北京：商务印书馆.
苗春霞，覃昭晖，谷玉明，等. 2007. 城市低保与非低保对象心理状况分析[J]. 现代预防医学，(22)：4228-4230.
南客，唐仲勋，徐琴. 1991. 现代化与社会主义新人[M]. 重庆：重庆出版社.
钱穆. 1971. 中国文化精神[M]. 台北：三民书局.
沙莲香. 2002. 社会心理学[M]. 北京：中国人民大学出版社.
邵辉，王凯全. 2004. 安全心理学[M]. 北京：化学工业出版社.
沈杰. 2006. 中国现代化起飞阶段的社会心理[J]. 云南大学学报（社会科学版），(2)：54-62.
沈君彬. 2011. 促进新生代农民工城市融入的积极社会政策体系：理念、特征、实践[J]. 中共福建省委党校学报，(11)：61-68.

盛硕. 2010. 建立社会保障安全网[J]. 经济研究参考,(70):34-35.
时勘,卢嘉. 2001. 管理心理学的现状及发展趋势[J]. 应用心理学,7(2):52-56.
时蓉华. 2002. 社会心理学[M]. 上海:上海人民出版社.
史占彪,闫洪丰,卢敏,等. 2014. 公务员心理健康促进体系建设实践与反思[A]//第七届全国心理卫生学术大会论文汇编[C]. 北京:中国心理卫生协会.
宋国平,汪默. 2010. 职业健康心理学[M]. 南京:东南大学出版社.
苏东水. 2004. 管理心理学[M]. 上海:复旦大学出版社.
孙多勇. 2005. 公共管理学[M]. 长沙:湖南人民出版社.
孙立平. 2011. 走向积极的社会管理[J]. 社会学研究,(4):22-32.
孙隆基. 1985. 中国文化的深层结构[M]. 香港:集贤社.
孙美佳,李新建. 2012. 群体交互记忆系统研究述评[J]. 外国经济与管理,34(10):30-38.
孙时进,王金丽. 2012. 心理学概论[M]. 上海:复旦大学出版社.
孙亚忠. 2010. 市政学[M]. 北京:高等教育出版社.
覃朝晖,刘苏,杜鹃,2010. 城市低保人员心理异常的危险因素分析[J]. 徐州医学院学报,(5):343-345.
屠文淑. 2009. 社会心理学新编[M]. 北京:经济科学出版社.
瓦格 S. 2005. 社会变迁[M]. 王晓黎,等译. 北京:北京大学出版社.
王春华. 2005. 应关注低保群体心理问题[J]. 中国民政,(6):44.
王登峰,张伯源. 1992. 大学生心理卫生与咨询[M]. 北京:北京大学出版社.
王佃利. 2005. 现代市政学[M]. 北京:中国人民大学出版社.
王定云,王世雄. 2008. 西方国家新公共管理理论综述与实务分析[M]. 上海:上海三联书店.
王俊秀,杨宜音,陈午晴. 2011-11-18. 中国社会心态调查报告[EB/OL]. http://www.360doc.com/content/11/1118/16/559654_165517154.shtml.
王陇德. 2005. 卫生应急工作手册[M]. 北京:人民卫生出版社.
王沛,林崇德. 2002. 社会知觉的理论模型综述[J]. 心理科学,(1):73-75.
王思斌. 1998. 社会工作导论[M]. 北京:北京大学出版社.
王文素. 2009. 中国古代社会保障研究[M]. 北京:中国财政经济出版社.
王语哲. 2007. 公共服务[M]. 北京:中国人事出版社.
王志芬. 2003. 浅析中国古代的尊老养老体制[J]. 学术探索,(7):53-56.
网易新闻. 2005-10-30. 两少年为躲避警察触电身死 引发巴黎郊区骚乱[EB/OL]. http://news.163.com/05/1030/16/21AVDDQD0001121S.html.
网易教育. 2009-10-26. 大学生结人梯救人3人溺亡续:集体申报见义勇为[EB/OL]. http://edu.163.com/09/1027/08/5MKCEFBB00293I4V.html.
魏杰. 2010-11-12. 全国人大常委会委员、中国人民大学教授郑功成解读《社会保险法》——中国社会保障体系建设的重要里程碑[N]. 中国人事报,第5版.
温立洲. 2010. 城市管理视角下的城市化问题及其解决途径[J]. 城市研究,(4):32-34.
吴江霖,戴建林,陈卫旗. 2004. 社会心理学[M]. 广州:广东高等教育出版社.
吴均林. 2007. 心理健康教育学[M]. 北京:人民卫生出版社.
吴智育. 2009. 心理健康标准的研究现状综述[J]. 学理论,(14):58-61.

奚洁人. 2007 . 中国领导学研究 20 年[M]. 上海：华东师范大学出版社.
肖舒楠. 2010-08-03. 批评有效：40.4%中国网友承认偏好分享负面评论[EB/OL]. http://zqb.cyol.com/content/ 2010-08/03/ content_3355186.htm.
谢标. 2009. 武汉市城乡基本公共服务均等化研究——以公共卫生和基本医疗为例[J].长江论坛，(5)：28-29.
熊锡元. 1990. 傣族共同心理素质探微——民族心理研究之五[J]. 思想战线，(4)：54-60.
徐华春，黄希庭. 2007. 国外心理健康服务及其启示[J]. 心理科学，30（4）：1006-1009.
徐家良. 1997. 公共行政学基础[M]. 杭州：浙江大学出版社.
徐景安. 2010-08-07. 全社会关注民众的精神健康[EB/OL]. http://www.chinavalue.net/Blog/440142.aspx.
燕国材. 1993. 五谈非智力因素的几个问题[J]. 上海师范大学学报，(3)：38-42.
闫戈. 2005. 当代管理心理学研究的热点与重心[J]. 河南师范大学学报（哲学社会科学版），32（2）：179-181.
颜世富. 1999. 心理健康与成功人生[M]. 上海：上海人民出版社.
杨国枢. 2004. 中国人的心理与行为：本土化研究[M]. 北京：中国人民大学出版社.
杨国枢，余安邦. 1994. 中国人的心理与行为：理念及方法篇（一九九二）[M]. 台北：桂冠图书股份有限公司.
杨国枢，叶明华. 2004. 中国人的家族主义：概念分析与实证衡鉴[M]. 北京：中国人民大学出版社.
杨宜音. 2001. 社会变迁与人的变迁：杨国枢有关中国人“个性现代性”研究述评[J]. 社会心理研究，(3)：36-48.
杨治良，刘素珍. 1996. “攻击性行为”社会认知的实验研究[J]. 心理科学，19（2）：75-78.
叶国平. 2009. 公共危机管理中的民众心理干预探讨[J]. 前沿，(9)：152-155.
叶南客. 1991. 当代青年心态现代化的实证分析[J]. 青年探索，(5)：6-8，35.
叶南客. 1996. 中国现代化进程中二元人格的冲突与整合[J]. 江海学刊，(4)：39-43.
叶孝理. 1990. 现代城市管理手册[M]. 北京：经济科学出版社.
于建新，沈俊莲，朱成友，等. 2008. 神经症患者的生活质量及影响因素研究[J]. 精神医学杂志，21(1)：24-26.
于秀娥. 2011. 中外管理思想史[M]. 北京：中国商业出版社.
俞可平. 2006. 民主是个好东西[M]. 北京：社会科学文献出版社.
俞文钊. 2008. 管理心理学[M]. 大连：东北财经大学出版社.
喻丰，彭凯平，郑先隽. 2015. 大数据背景下的心理学：中国心理学的学科体系重构及特征[J]. 科学通报，(5~6)：520-533.
张德. 2011. 组织行为学 [M]. 北京：高等教育出版社.
张钢，熊立. 2007. 交互记忆系统研究回顾与展望[J]. 心理科学进展，15（5）：840-845.
张功. 2003. 社区心理卫生综述[J]. 前沿，(10)：169-170.
张玲. 2002. 心理健康研究与指导[M]. 北京：教育科学出版社.
张婍，王二平. 2009. 政府信任：前因变量及对公众合作行为意向的影响[A]//第十二届全国心理学学术大会论文摘要集[C]. 北京：中国心理学会.
张倩，郭念锋. 1999. 攻击行为儿童大脑半球某些认知特点的研究[J]. 心理学报，（1）：104-110.

张枢贤. 1994. 社区医学[M]. 北京：北京医科大学、中国协和医科大学联合出版社.
张训保. 2006. 城市化进程中低保人员心理卫生状况与影响因素分析[D]. 东南大学硕士学位论文.
张训保，卓朗，周益跃，等. 2006. 城市低保与非低保人员的心理卫生状况[J]. 中国临床康复，(11)：65-66.
张志刚. 2008. 公共管理学[M]. 大连：大连理工大学出版社.
章志光. 1996. 社会心理学[M]. 北京：人民教育出版社.
赵玉芳，毕重增. 2009. 我国民众对公共事务的归因结构[A]//第十二届全国心理学学术大会论文摘要集[C]. 北京：中国心理学会.
浙江在线. 2010-12-28. 乐清召开新闻发布会 披露上访村长被碾死事件经过[EB/OL]. http://zjnews.zjol.com.cn/ system/ 2010/12/28/ 017196683.shtml.
郑功成. 2002. 中国社会保障制度变迁与评估[M]. 北京：中国人民大学出版社.
郑功成. 2008. 中国社会保障制度 30 年[M]. 北京：人民出版社.
郑杭生，杨敏. 2003. 个人与社会的关系——从前现代到现代的社会学考察[J]. 江苏社会科学，(1)：1-9.
郑全全，俞国良. 1999. 人际关系心理学[M]. 北京：人民教育出版社.
郑小燕. 社会保障缺乏是阻碍农民工融入城市的障碍[N]. 凤凰网. http://news.ifeng.com/gundong/detail_2011_03/07/5021817_0.shtml，2011-03-07.
郑雪. 2004. 社会心理学[M]. 广州：暨南大学出版社.
周晓虹. 1988. 试论当代中国青年文化的反哺意义[J]. 青年界，(1)：10.
周晓虹. 2008. 社会心理学[M]. 北京：高等教育出版社.
周晓虹. 2014. 开放：中国人社会心态的现代表征[J]. 江苏行政学院学报，(5)：46-49.
周长明. 2005. 中国城市弱势群体思想意识研究[M]. 成都：四川大学出版社.
朱宝荣，周楚. 2006. 现代心理学原理与应用[M]. 上海：上海人民出版社.
朱红青，张青松. 2007. 安全心理学在煤矿安全管理中的运用分析[J]. 矿业安全与环保，(3)：78-79.
朱新秤. 2008. 教育管理心理学[M]. 北京：中国人民大学出版社.
朱颖慧. 2010-10-29. 城市六大病：中国城市发展新挑战[N]. 光明日报，第 11 版.
朱永新. 2006. 管理心理学[M]. 北京：高等教育出版社.
Andreeva G M . 1987. 西方现代社会心理学[M]. 李翼鹏译. 北京：人民教育出版社.
Aronson E，Wilson T D，Ackert R. 2005. 社会心理学[M]. 侯玉波译. 北京：中国轻工业出版社.
Ashford J B. 2005. 人类行为与社会环境——生物学、心理学与社会学视角[M]. 王宏亮译. 北京：中国人民大学出版社.
Bandura A. 2003. 自我效能——控制的实施[M]. 缪小春，等译. 上海：华东师范大学出版社.
Barron R A，Bourne D. 2004. 社会心理学[M]. 黄敏儿，王飞雪译. 上海：华东师范大学出版社.
Bohlin L，Durwin C C，Reese-Weber M. 2012. 教育心理学[M]. 连榕，缪佩君，陈坚译. 北京：机械工业出版社.
Brehm S S. 2005. 亲密关系[M]. 郭辉，肖斌译. 北京：人民邮电出版社.
Friedman J L，Sears D O，Carlsmith J M. 1984. 社会心理学[M]. 高地，高佳译. 哈尔滨：黑龙江人民出版社.
Gilliland B E，James R K. 2000. 危机干预策略[M]. 肖水源译. 北京：中国轻工业出版社.

Ginatt H G. 2005. 老师怎样和学生说话[M]. 冯杨，周呈奇译. 海口：海南出版社.

Hock R R. 2004. 改变心理学的 40 项研究[M]. 白学军，等译. 北京：中国轻工业出版社.

Inkeles A，Smith D H. 1992. 从传统人到现代人[M]. 顾昕译. 北京：中国人民大学出版社.

Jonas H. 2008. 技术、医学与伦理学——责任原理的实践[M]. 张荣译. 上海：上海译文出版社.

Mead G H. 1934. 心灵、自我与社会[M]. 赵月瑟译. 上海：上海译文出版社.

Myers D G. 1993. 心理学[M]. 黄希庭译. 北京：人民邮电出版社.

Negroponte N. 1996. 数字化生存[M]. 胡泳译. 海口：海南出版社.

Riesman D. 1989. 孤独的人群——美国人性格变动之研究[M]. 刘翔平译. 沈阳：辽宁人民出版社.

Robbins S P. 1997. 组织行为学[M]. 孙健敏，李原译. 北京：中国人民大学出版社.

Roberson I. 1991. 社会学[M]. 黄育馥译. 北京：商务印书馆.

Senge P M. 2004. 第五项修炼[M]. 郭进隆译. 上海：上海三联书店.

Taylor S E，Peplau L A，Sears D O. 2004. 社会心理学[M]. 谢晓非，谢冬梅，张怡玲译. 北京：北京大学出版社.

Turner J C. 1968. 自我归类论[M]. 杨宜音，王兵，林含章译. 北京：中国人民大学出版社.

Webster A. 1987. 发展社会学[M]. 陈一筠译. 北京：华夏出版社.

Abramovitch R，Freedman J L. 1981. Actor-observer differences in children's attributions[J]. Merrill-Palmer Quarterly of Behavior and Development，27（1）：53-59.

Ackoff R L，Gupta S K，Minas J S. 1985. Scientific method：optimizing applied research decisions[J]. European Journal of Operational Research，21（3）：410-411.

Adam N E. 2010. School-based management and its effect on teacher commitment[J]. Leadership in Education，5（4）：323-341.

Albery I P，Strang J，Gossop M. 2000. Illicit drugs and driving：prevalence，beliefs and accident involvement among a cohort of current out-of-treatment drug users[J]. Drug and Alcohol Dependence，58（1）：197-204.

Allport G W. 1935. Attitudes[A]//Murchison C. A Handbook of Social Psychology[C]. Worcester：Clark University Press：798-844.

Altman I，Taylor D A. 1973. Social Penetration：The Development of Interpersonal Relationships[M]. New York：Holt，Rinehart and Winston.

Anderman E M，Maehr M L. 1994. Motivation and schooling in the middle grades[J]. Review of Educational Research，64（2）：287-309.

Anderson C A，Dill K E. 2000. Video games and aggressive thoughts，feelings，and behavior in the laboratory and in life[J]. Journal of Personality and Social Psychology，78（4）：772-790.

Arkes H R，Blumer C. 1985. The psychology of sunk cost[J]. Organizational Behavior and Human Decision Processes，35（1）：124-140.

Aronson E，Worchel P. 1966. Similarity versus liking as determinants of interpersonal attractiveness[J]. Psychonomic Science，5（4）：157-158.

Aronson E，Carlsmith J M. 1968. Experimentation in social psychology[A]//Lindzey G，Aronson E. The Handbook of Social Psychology[C]. Upper Saddle River：Addison-Wesley：1-79.

Asch S E. 1951. Effects of group pressure upon the modification and distortion of judgments[A]//Geutzkow H. Groups, Leadership, and Men[C]. Pittsburgh: Carnegie Press: 177-190.

Asch S E. 1955. Opinions and social pressure[J]. Scientific American, 193 (5): 31-35.

Bandura A. 1973. Aggression: A Social Learning Analysis[M]. Englewood: Prentice Hall.

Barley J M, Latane B. 1968. Bystander intervention in emergencies: diffusion of responsibility[J]. Journal of Personality and Social Psychology, 8 (4): 377-383.

Bar-Tal D, Kruglanski A W. 1988. The Social Psychology of Knowledge[M]. New York: Cambridge University Press.

Beck A T. 1991. Cognitive therapy: a 30-year retrospective[J]. American Psychologist, 46 (4): 368-375.

Belkin G S. 1984. Introduction to Counseling[M]. Dubuque: William C. Brown.

Bem D J. 1967. Self-perception: an alternative interpretation of cognitive dissonance phenomena[J]. Psychological Review, 74 (3): 183-200.

Bem D J. 1972. Self-perception theory[A]//Berkowitz L. Advances in Experimental Social Psychology[C]. New York: Academic Press: 1-62.

Benner. 1975. Accident investigations: multilinear events sequencing methods[J]. Journal of Safety Research, 7 (2): 67-73.

Berelson B R, Lazarsfeld P F, McPhee W N. 1954. Voting: A Study of Opinion Formation in a Presidential Campaign[M]. Chicago: University of Chicago Press.

Berry D S, Hansen J S. 1996. Positive affect, negative affect, and social interaction[J]. Journal of Personality and Social Psychology, 71 (4): 796-809.

Berry J W. 1997. Immigration, acculturation, and adaptation[J]. Applied Psychology, 46 (1): 5-34.

Berry J W. 2005. Acculturation: living successfully in two cultures[J]. International Journal of Intercultural Relations, 29 (6): 697-712.

Berry J W, Kalin R. 1995. Multicultural and ethnic attitudes in Canada: an overview of the 1991 national survey[J]. Canadian Journal of Behavioural Science, 27 (3): 301-320.

Berry J W, Phinney J S, Sam D L, et al. 2006. Immigrant Youth in Cultural Transition[M]. Mahwah: Erlbaum.

Berscheid E. 1985. Interpersonal attraction[A]//Lindzey G, Aronson E. Handbook of Social Psychology [C]. 3rd ed. New York: Random House: 413-484.

Berscheid E, Reis H T. 1998. Attraction and close relationships[A]//Gilbert D T, Fiske S T, Lindzey G. The Handbook of Social Psychology[C]. 4th ed. New York: McGraw-Hill: 193-281.

Billig M G, Tajfel H. 1973. Social categorization and similarity in intergroup behaviour[J]. European Journal of Social Psychology, 3 (1): 27-52.

Blake R R, Mouton J S. 1970. 9.9 sales grid style produces results[J]. Training & Development Journal, 24 (10): 4-7.

Bochner S, Insko C A. 1966. Communicator discrepancy, source credibility, and opinion change[J]. Journal of Personality and Social Psychology, 4: 614-621.

Bonaccio S, Dalal R S. 2006. Advice taking and decision-making: an integrative literature review, and implications for the organizational sciences[J]. Organizational Behavior and Human Decision Processes,

101（2）：127-151.

Bond R，Smith P B. 1996. Culture and conformity：a meta-analysis of studies using Asch's （1952b，1956）line judgment task[J]. Psychological Bulletin，119（1）：111-137.

Brandon D P，Hollingshead A B. 2004. Transactive memory systems in organizations：matching tasks，expertise，and people[J]. Organization Science，15（6）：633-644.

Bregman N J，McAllister H A. 1987. Perceived innocence or guilt：role of eyewitness identification and fingerprints[J]. Southern Psychologist，3（2）：49-52.

Brehm J W. 1966. A Theory of Psychological Reactance[M]. New York：Academic Press.

Bretherton I. 1991. Intentional communication and the development of an understanding of mind[A]//Frye D，Moore D. Theories of Mind[C]. Hillsdale：Lawrence Erlbum Associates：49-76.

Brewer M B，Dull V，Lui L. 1981. Perceptions of the elderly：stereotypes and prototypes[J]. Journal of Personality and Social Psychology，41（1）：656-670.

Brudney J L，O'toole L J，Rainey H G. 2000. Advancing Public Management：New Developments in Theory，Methods，and Practice[M]. Washington：Georgetown University Press.

Bruner J S，Olver R，Greenfield P M. 1966. Studies in Cognitive Growth[M]. Oxford：Wiley.

Bruvold W H. 1973. Belief and behavior as determinants of environmental attitudes[J]. Environment and Behavior，5（2）：202-218.

Buckhout R. 1974. Eyewitness testimony[J]. Scientific American，231：23-31.

Burnstein E，Sentis K. 1981. Attitude polarization in groups[A]//Petty R E，Ostrom T M，Brock T C. Cognitive Responses in Persuasion[C]. Hillsdale：Erlbaum：197-216.

Burnstein E，Crandall C S，Kitayama S. 1994. Some neo-Darwinian decision rules for altruism：weighing cues for inclusive fitness as a function of the biological importance of the decision[J]. Journal of Personality and Psychology，67（5）：773-789.

Buss D M，Kenrick D T. 1998. Evolutionary social psychology[A]//Gilbert D T，Fiske S T，Lindzey G. The Handbook of Social Psychology [C]. 4th ed. New York：McGraw-Hill：982-1026.

Butterfield B，Metcalfe J. 2001. Errors committed with high confidence are hypercorrected [J]. Journal of Experimental Psychology：Learning，Memory and Cognition，27（6）：1491-1494.

Byrne D. 1961. Interpersonal attraction and attitude similarity[J]. Journal of Abnormal and Social Psychology，62（3）：713-715.

Byrne D. 1997. An overview(and underview)of research and theory within the attraction paradigm[J]. Journal of Social and Personal Relationships，14（3）：417-431.

Byrne D，Clore G L. 1967. Effectance arousal and attraction[J]. Journal of Personality and Social Psychology，6（4）：1-18.

Byrne D，Clore G L. 1970. A reinforcement model of evaluative process[J]. Personality：An International Journal，（1）：103-128.

Cacioppo J T，Petty R E. 2009. The need for cognition[J]. Mark R Leary，42（1）：318-329.

Cacioppo J T，Petty R E，Morris K. 1983. Effects of need for cognition on message evaluation，recall，and persuasion[J]. Journal of Personality and Social Psychology，45（4）：805-818.

Cacioppo J T, Pretty R E, Feinstein J, et al. 1996. Dispositional differences in cognitive motivation: the life and times of individuals low versus high in need for cognition[J]. Psychology Bulletin, 119(2): 197-253.

Cadden V. 1964. Crisis in the family[A]//Caplan G. Principles of Preventive Psychiatry[C]. New York: Basic Books: 288-297.

Caplan G. 1959. Concepts of Mental Health Consultation[M]. Washington: Children's Bureau.

Caplan G. 1964. Principles of Preventive Psychiatry[M]. New York: Basic Books.

Cartwright D, Zander A. 1953. Group Dynamics: Research and Theory[M]. Evanston: Row, Peterson, & Company.

Chaiken S. 1980. Heuristic versus systematic information processing and the use of source versus message cues in persuasion[J]. Journal of Personality and Social Psychology, 39 (5): 752-766.

Chaiken S, Baldwin M W. 1981. Affective-cognitive consistency and the effect of salient behavioral information on the self-perception of attitudes[J]. Journal of Personality and Social Psychology, 41 (1): 1-12.

Chaiken S, Eagly A H. 1976. Communication modality as a determinant of message persuasiveness and message comprehensibility[J]. Journal of Personality and Social Psychology, 34 (4): 605-614.

Chaiken S, Eagly A H. 1993. The Psychology of Attitudes[M]. Fort Worth: Harcourt Brace Jovanovich College Publishers.

Chaiken S, Maheswaran D. 1994. Heuristic processing can bias systematic processing: effects of source credibility, argument ambiguity, and task importance on attitude judgment[J]. Journal of Personality and Social Psychology, 66 (3): 460-473.

Chave E J. 1929. Measurement in religious education[A]//Thurstone L L, Chave E J. The Measurement of Attitude: A Psychophysical Method and Some Experiments with a Scale for Measuring Attitude Toward the Church[C]. Chicago: University of Chicago Press: 9-10.

Cialdini R B. 1976. Basking in reflected glory: three (football) field studies[J]. Journal of Personality and Social Psychology, 34 (3): 366-375.

Cialdini R B, Reno R R, Kallgren C A. 1990. A focus theory of normative conduct: recycling the concept of norms to reduce littering in public place[J]. Journal of Personality and Social Psychology, 58 (6) : 1015-1026.

Clark K B, Clark M P. 1947. Racial identification and racial preference in negro children[A]//Newcomb T M, Hartley E L. Reading in Social Psychology[C]. New York: Holt: 169-178.

Comte A. 1842. The Course in Positive Philosophy[M]. Paris: J.-B. Baillière and Fils.

Condon J W, Crano W D. 1988. Inferred evaluation and the relation between attitude similarity and interpersonal attraction[J]. Journal of Personality and Social Psychology, 54 (5): 789-797.

Cooley C H. 1902. Human Nature and the Social Order[M]. New York: Scribner.

Cooley C H. 1922. The social self—the meaning of "I" [A]//Cooley C H. Human Nature and the Social Order[C]. New York: Charles Scribner's Sons: 168-210.

Cooper H M. 1979. Statistically combining independent studies: a meta-analysis of sex differences in conformity research[J]. Journal of Personality & Social Psychology, 37 (1): 131-146.

Crusel J E，Lytton H. 1988. Social Development：History，Theory and Research[M]. New York：Springer.

Curtis R C，Miller K. 1986. Believing another likes or dislikes you：behaviors making the beliefs come true[J]. Journal of Personality and Social Psychology，51（2）：284-290.

Cutler B L，Penrod S D. 1988. Improving the reliability of eyewitness identification：lineup construction and presentation[J]. Journal of Applied Psychology，73（2）：281-290.

Cutler B L，Penrod S D，Martens T K. 1987a. The reliability of eyewitness identification：the role of system and estimator variables[J]. Law and Human Behavior，11（3）：233-258.

Cutler B L，Penrod S D，Martens T K. 1987b. Improving the reliability of eyewitness identification：putting context into context[J]. Journal of Applied Psychology，72（4）：629-637.

Dahrendorf R G. 1957. The functions of social conflict[J]. Kölner Zeitschrift für Soziologie und Sozialpsychologie，9：677-698.

Damon W. 1991. Exploring children's social cognition on two fronts[A]//Frye D，Moore D. Theories of Mind[C]. Hillsdale：Lawrence Erlbum Associates：154-175.

Davitz. 1952. The effects of previous training on postfrustration behavior[J]. The Journal of Abnormal and Social Psychology，47（2）：309-315.

Dearborn W F. 1906. The psychology of reading：an experimental study of the reading pulses and movements of the eye[J]. Archives of Philosophy，Psychology and Scientific Methods，4（4）：641-653.

Deaux K，La France M. 1998. Gender[A]//Gilbert D T，Fiske S T，Lindzey G. The Handbook of Social Psychology [C]. 4th ed. New York：McGraw-Hill：788-828.

Deschamps J C，Doise W. 1978. Crossed category membership in intergroup relations[A]//Tajfel H. Differentiation Between Social Groups：Studies in the Social Psychology of Intergroup Relations[C]. London：Academic Press：141-158.

Desjarlais R，Eisenberg L. 1996.World Mental Health：Problems and Priorities in Low-Income Countries[M]. Oxford：Oxford University Press.

Deutsch F M，Krauss R M. 1960. The effect of threat upon interpersonal bargaining[J]. Journal of Abnormal and Social Psychology，61（2）：181-189.

Deutsch F M，Lamberti D M. 1986. Does social approval increase helping?[J]. Personality and Social Psychology Bulletin，12（2）：149-157.

Dodge K A. 1993. Social-cognitive mechanisms in the development of conduct disorder and depression[J]. Annual Review of Psychology，44（2）：559-584.

Dodge K A，Schwartz D. 1997. Social information processing mechanisms in aggression behivior[A]//Stoff D M，Breilling J. Handbook of Antisocial Behavior[C]. New York：Wiley：171-180.

Dollard J，Doob L，Miller N，et al. 1939. Frustration and Aggressin[M]. New Haven：Yale University Press.

Dunning D，Stern L B. 1994. Distinguishing accurate from inaccurate eyewitness identification via inquiries about decision process[J]. Journal of Personality and Social Psychology，67（5）：818-835.

Eagly A H，Warren R. 1976. Intelligence，comprehension，and opinion change[J]. Journal of Personality，44（2）：226-242.

Eagly A H，Chaiken S. 1993. The Psychology of Attitudes[M]. Fort Worth：Harcourt Brace.

Edwards A L. 1957. Techniques of Attitude Scale Construction[M]. New York：Appleton-Centuty-Crofts.

Ericsson K A，Smith J. 1991. Toward a General Theory of Expertise：Prospect and Limits[M]. New York：Cambridge University Press.

Esser J K，Lindoerfer J S. 1989. Groupthink and the space shuttle challenger accident：toward a quantitative case analysis[J]. Journal of Behavioral Decision Making，2（3）：167-177.

Esses V M，Webster C D. 1988. Physical attractiveness，dangerousness，and the canadian criminal code[J]. Journal of Applied Social Psychology，18（12）：1017-1031.

Fairchild H H，Cowan G. 1997. The O. J. Simpson trial：challenges to science and society[J]. Journal of Social Issues，53（3）：583-591.

Feingold A. 1992. Good-looking people are not what we think[J]. Psychological Bulletin，111（2）：304-341.

Feng B，MacGeorge E L. 2006. Predicting receptiveness to advice：characteristics of the problem，the advice-giver，and the recipient[J]. Southern Journal of Communication，71（1）：67-85.

Festinger L. 1950. Informal social communication[J]. Psychological Review，57（5）：271-282.

Festinger L. 1954. A theory of social comparison process[J]. Human Relations，7（2）：117-140.

Festinger L. 1957. A Theory of Cognitive Dissonance[M]. Palo Alto：Stanford University Press.

Festinger L，Carlsmith J M. 1959. Cognitive consequences of forced compliance[J]. Journal of Abnormal and Social Psychology，58（2）：203-210.

Fishbein M，Ajzen I. 1974. Attitudes towards objects as predictors of single and multiple behavioral criteria[J]. Psychological Review，81（2）：59-74.

Fishbein M，Ajzen I. 1975. Belief，Attitude，Intention and Behavior：An Introduction to Theory and Research[M]. Reading：Addison-Wesley.

Fisher R P，Geiselman R E，Raymond D S，et al. 1987a. Enhancing enhanced eyewitness memory：refining the cognitive interview[J]. Journal of Police Science and Administration，15（4）：291-297.

Fisher R P，Geiselman R E，Raymond D S. 1987b. Critical analysis of police interview techniques[J]. Journal of Police Science and Administration，15（3）：177-185.

Freedman J L. 1975. Crowding and behavior[J]. Economic Geography，52（4）：376.

Freeman（Ⅲ）A M. 1984. The sign and size of option value[J]. Land Economics，60（1）：1-13.

Frobenius L.1933. Kulturgeschichte Afrikas[M]. Zürich：Salzwasser-Verlag GmbH.

Gallup G G. 1977. Self-recognition in primates：a comparative approach to the bidirectional properties of consciousness[J]. American Psychologist，32（5）：329-338.

Garry M，Manning C G，Loftus E F. 1996. Imagination inflation：imagining a childhood event inflates confidence that it occurred[J]. Psychonomic Bulletin & Review，3（2）：208-214.

Gawande A. 2001. Under suspicion：the fugitive science of criminal justice[J]. The New Yorker，（1）：50-53.

General Accounting Office（GAO）. 2002. Business tax incentives：incentives to employ workers with disabilities receive limited use and have an uncertain impact[R]. Report to Congressional Committees.

Gino F. 2008. Do we listen to advice just because we paid for it? The impact of advice cost on its use[J]. Organizational Behaviorand Human Decision Processes，107（2）：234-245.

Gino F，Moore D A. 2007. Effects of task difficulty on use of advice[J]. Journal of Behavioral Decision

Making，20（1）：21-35.

Gino F，Shang J，Croson R. 2009. The impact of information from similar or different advisors on judgment[J]. Organizational Behavior and Human Decision Processes，108（2）：287-302.

Ginott H G. 1993. Teacher and Children：A Book for Parents and Teacher[M]. New York：Scribner Paper Fiction.

Glasser W. 1965. Reality Therapy：A New Approach to Psychiatry[M]. New York：Harper and Row.

Godek J，Murray K B. 2008. Willingness to pay for advice：the role of rational and experiential processing[J]. Organizational Behavior and Human Decision Processes，106（1）：77-87.

Goffman E. 1959. Presentation of Self in Everyday Life[M]. Garden City：Anchor.

Graves T D. 1967. Psychological acculturation in a tri-ethnic community[J]. Southwestern Journal of Anthropology，23（4）：337-350.

Greenwald A G. 1968. Cognitive learning，cognitive response to persuasion and attitude change[A]// Greenwald A G，Brock T C，OstromT M. Psychology Foundations of Attitude[C]. New York：Academic Press：147-170.

Greenwald A G，McGhee D E，Schwartz J L K. 1998. Measuring individual differences in implicit cognition：the implicit association test[J]. Journal of Personality and Social Psychology，74（6）：1464-1480.

Greenwood M. 1950. Accident proneness[J]. Biometrika，37（1/2）：24-29.

GSBC. 2014-02-05. Gyeonggi province opens first employment and general welfare center in Korea [EB/OL]. http://en.gsbc.or.kr/category/sub3/sub3_2_view.asp?sn=201.

Guagnano G A，Stern P C，Dietz T. 1995. Influences on attitude-behaviour relationships：a natural experiment with curbside recycling[J]. Environment and Behavior，27（5）：699-718.

Hackman J R，Oldham G R. 1976. Motivation through the design of work：test of a theory[J]. Organizational Behavior and Human Performance，16（2）：250-279.

Hamilton W. 1964. The genetical evolution of social behaviour[J]. Journal of Theoretical Biology，7（1）：17-52.

Haney C. 1991. The fourteenth amendment and symbolic legality：let them eat due process[J]. Law and Human Behavior，15（2）：183-204.

Harries C，Yaniv I，Harvey N. 2004. Combing advice：the weight of a dissenting opinion in the consensus[J]. Journal of Behavioral Decision Making，17（5）：333-348.

Harvey N，Fischer I. 1997. Taking advice：accepting help，improving judgment，and sharing responsibility[J]. Organizational Behavior and Human Decision Processes，70（2）：117-133.

Hatfield E，Walster G W. 1978. A New Look at Love[M]. Reading：Addison-Wesley.

Hatfield E，Sprecher S. 1986. Measuring passionate love in intimate relationships[J]. Journal of Adolescence，9（4）：383-410.

Hatfield E，Rapson R L，Aumer-Ryan K. 2008. Social justice in love relationships：recent developments[J]. Social Justice Research，21（4）：413-431.

Heider F. 1958. The Psychology of Interpersonal Relations[M]. New York：Wiley.

Higbee K L，Millard R J，Folkman J R. 1982. Social psychology research during the 1970s predominance of experimentation and college students[J]. Personality and Social Psychology Bulletin, 8（1）: 180-183.

Hogarth R M, Einhorn H J. 1992. Order effects in belief updating: the belief-adjustment model[J]. Cognitive Psychology, 24（1）: 1-55.

Hollenbeck J R, Ilgen D R, Sego D J, et al. 1995. Multilevel theory of team decision making: decision performance in teams incorporating distributed expertise [J]. Journal of Applied Psychology, 80（2）: 292-316.

Homans G C. 1961. Social Behavior: Its Elementary Forms[M]. New York: Harcourt Brace.

Hovland C I. 1959. Reconciling conflicting results derived from experimental and survey studies of attitude change[J]. American Psychologist,（14）: 8-17.

Hovland C I, Weiss W. 1951.The influence of source credibility on communication effectiveness[J]. Public Opinion Quarterly, 15（4）: 635-650.

Humphrey S E, Hollenbeck J R, Meyer C J, et al. 2002. Hierarchical team decision making[A]//Ferris G R, Martocchio J J. Research in Personnel and Human Resources Management[C]. Stamford: JAI Press: 175-213.

ILO. 2012. Introduction to policies and programs for green jobs[R]. ILO Regional Office for Asia and the Pacific.

Inkeles A, Holsinger D B. 1974. Education and Individual Modernity in Developing Countries[M]. Leiden: Brill Academic Publishers.

Insko C A. 1967. Theories of Attitude Change[M]. New York: Appleton-Century-Crofts.

Ishbein M, Ajzen I. 1975. Belief, Attitude, Intention, and Behavior: An Introduction to Theory and Research[M]. Reading: Addison-Wesley.

Ito T A, Larsen J T, Smith N K, et al. 1998. Negative information weighs more heavily on the brain: the negative bias in evaluative categorizations[J]. Journal of Personality and Social Psychology, 75（4）: 887-900.

Jackson J W. 1993. Realistic group conflict theory: a review and evaluation of the theoretical and empirical literature[J]. Psychological Record, 43（3）: 395-413.

Janis I L. 1973. Groupthink and group dynamics: a social psychological analysis of defective policy decision[J]. Policy Studies Journal, 2（1）: 19-25.

Janis I L. 1982. Groupthink: Psychological Studies of Policy Decisions and Fiascoes[M]. Boston: Houghton Mifflin.

Janis I L, Feshbach S. 1953. Effect of fear-arousing communications[J]. Journal of Abnormal Psychology, 48（1）: 78-92.

Jarvis S, Jenkins S P. 1995. Do the Poor Stay Poor? New Evidence About Income Dynamics from the British Household Panel Survey[M]. Colchester: University of Essex Press.

Johnson D W, Johnson R T, Smith K A. 2013. Cooperative learning: improving university instruction by basing practice on validated theory[J]. Journal on Excellence in University Teaching,（1）: 1-26.

Johnson M K, Sherman S J. 1990. Constructing and reconstructing the past and the future in the present[A]//Higgins E T, Sorrentino R M. Handbook of Motivation and Cognition: Foundations of Social

Behavior[C]. New York：Guilford Press：482-526.

Jones E E，Davis K E. 1965. From acts to dispositions：the attribution process in social psychology[A]// Berkowitz L. Advances in Experimental Social Psychology[C]. New York：Academic Press：219-266.

Jones E E，Harris V A. 1967. The attribution of attitudes[J]. Journal in Experimental Social Psychology，3（1）：1-24.

Jost J T. 1997. An experimental replication of the depressed-entitlement effect among women[J]. Psychology of Women Quarterly，21（3）：387-393.

Kalven H，Zeisel H. 1966. The American Jury[M]. Boston：Little，Brown and Company.

Kalven H，Zeisel H. 1972. The American jury：a critique：rejoinder[J]. Journal of the American Statistical Association，67（340）：779.

Kang S H. 2014. Employment policy implementation mechanisms in the Republic of Korea[R]. ILO Employment Policy Department，Employment Working Paper.

Kaplan L. 1965. Foundations of Human Behavior[M]. New York：Harper & Row.

Karau S J，Williams K D. 1993. Social loafing：a meta-analytic review and theoretical integration[J]. Journal of Personality and Social Psychology，65（4）：681-706.

Kassin S M，Kiechel K L. 1996. The social psychology of false confessions：compliance，internalization，and confabulation[J]. Psychological Science，7（3）：125-128.

Kassin S M，Tubb V A，Hosch H M，et al. 2001. On the "general acceptance" of eyewitness testimony research：a new survey of the experts[J]. American Psychologist，56（5）：405-416.

Katsuno H，Mendelzon A. 1991. Propositional knowledge base revision and minimal change[J]. Artificial Intelligence，52（3）：263-294.

Katz D. 1960. The functional approach study of attitudes[J]. Public Opinion Quarterly，24（2）：163-204.

Katz E，Lazarsfeld P F. 1955. Personal Influence[M]. New York：The Free Press.

Kay A C，Jost J T，Mandisodza A N，et al. 2007. Panglossian ideology in the service of system justification：how complementary stereotypes help us to rationalize inequality[J]. Advances in Experimental Social Psychology，(39)：305-358.

Keenan J P，Gallup G G，Falk D. 2003. The Face in the Mirror：The Search for the Origins of Consciousness[M]. New York：Harper Collins.

Kelley H H. 1950. The warm-cold variable in first impressions of persons[J]. Journal of Personality，18（4）：431-439.

Kelley H H. 1967. Attribution theory in social psychology[A]//Levin D. Nebraska Symposium on Motivation[C]. Lincoln：University of Nebraska Press：192-238.

Kelly G A. 1955. Emerging concepts that affect interpersonal alignments in psychology[J]. Annals of the New York Academy of Sciences，63（3）：359-364.

Kelly G A. 1992. The Psychology of Personal Constructs：A Theory of Personality[M]. New York：Routledge.

Kelman H C. 1958. Compliance，identification and internalization：three processes of attitude change[J]. Journal of Conflict Resolution，2（1）：51-60.

Kelman H C. 1967. Human use of human subjects：the problem of deception in social psychological experiments[J]. Psychology Bulletin，67（1）：1-11.

Kim D H. 2014. Review of Public Employment Services in Korea[M]. Seoul：Korea Labor Foundation.

Kipling R. 1923. Land & Sea Tales：For Scouts and Guides[M]. London：Macmillan and Co.

Klapper J T. 1960. The Effects of Mass Communication[M]. Glencoe：The Free Press.

Kohlberg L. 1969. Stage and sequence：the cognitive developmental approach to socialization[A]//Goslin D. Handbook of Socialization Theory and Research[C]. Chicago：Rand McNally：347-480.

Kosslyn S M，Kagan J. 1991. Conerete thinking and the development of social cognition[A]// Frye D，Moore D. Theories of Mind[C]. Hillsdale：Lawrence Erlbum Associates：82-96.

Kotter J P. 1973. The psychological contract：managing the joining-up process[J]. California Management Review，15（3）：91-99.

Laban R，Lawrence F C. 1974. Review of：Effort：economy of human movement [J]. Performance Research A Journal of the Performing Arts，17（6）：32-39.

Laird J. 1988. Proceedings of the fifth international conference on machine learning[C].

Langlois J H，Kalakanis L，Rubenstein A J，et al. 2000. Maxims or myths of beauty? A meta-analytic and theoretical review[J]. Psychological Bulletin，126（3）：390-423.

Lapiere R T. 1934. Attitude VS action[J]. Social Forces，13（2）：230-237.

Latané B. 1981. The psychology of social impact[J]. American Psychologist，36（4）：343-356.

Latané B，Darley J M. 1970. The Unresponsive Bystander：Why Doesn't He Help?[M]. Englewood：Prentice Hall.

Leary W E. 1988-09-19. Novel methods unlock witnesses' memoties[N]. New York Times.

Leippe M R. 1985. The influence of eyewitness nonidentifications on mock-jurors' judgments of a court case[J]. Journal of Applied Social Psychology，15（4）：656-672.

Lewicki P. 1983. Self-image bias in person perception[J]. Journal of Personality and Social Psychology，45（2）：384-393.

Lewicki P. 1985. Nonconscious biasing effects of single instances of subsequent judgments[J]. Journal of Personality and Social Psychology，48（3）：563-574.

Lewin P. 1943. Defining the "field at the given time" [J]. Psychological Review，50（3）：292-310.

Likert R. 1932. A technique for the measurement of attitudes[J]. Archives of Psychology，22（140）：1-55.

Lindsay D S. 1993. Eyewitness suggestibility[J]. Current Directions in Psychological Science，2（3）：86-89.

Lindsay D S，Hagen L，Read J D，et al. 2004. True photographs and false memories[J]. Psychological Science，15（3）：149 -154.

Lindsay R C，Wells G L，Rumpel C M. 1981. Can people detect eyewitness-identification accuracy within and across situations?[J] . Journal of Applied Psychology，66（1）：79-89.

Linton R. 1936. The Study of Man：An Introduction[M]. Boston：E. P. Dutton.

Lippa R A，Donaldson S I. 1990. Self-monitoring and idiographic measures of behavioral variability across interpersonal relationships[J]. Journal of Personality，58（2）：465-479.

Lochman J E，Dodge K A. 1994. Social-cognitive processes of severely violent，moderately aggressive，and nonaggressive boys[J]. Journal of Consulting and Clinical Psychology，62（2）：366-374.

Locke J. 1690. An Essay Concerning Humane Understanding[M]. London：Thomas Bassett.

Loftus E F. 1979. Eyewitness Testimony[M]. Cambridge：Harvard University Press.

Loftus E F，Palmer J. 1974. Reconstruction of automobile destruction：an example of the interaction between language and memory[J]. Journal of Verbal Learning and Verbal Behavior，13（5）：585-589.

Lott A J，Lott B L. 1965. Croup cohesiveness are interpersonal attraction：a review of relationships with antecedent and consequent variables[J]. Psychological Bulletin，64（4）：259-309.

Luce R D，Raiffa H. 1957. Games and Decisions：Introduction and Critical Survey[M]. New York：Wiley.

Malinowski B. 1944. A scientific theory of culture，and other essays [J]. Milwaukee Journal Sentinel，15（3）：217-228.

Markus H. 1977. Self-schemata and processing information about the self[J]. Journal of Personality and Social Psychology，35（2）：63-78.

McArthur L A. 1972. The how and what of why：some determinants and consequences of causal attribution[J]. Journal of Personality and Social Psychology，22（2）：171-193.

McGuire W J. 1964. Inducing resistance to persuasion[A]//Berkowitz L. Advances in Experimental Social Psychology[C]. New York：Academic Press：192-229.

McGuire W J. 1986. The myth of massive media impact：savagings and salvagings[J]. Public Communication and Behavior，（1）：173-257.

McGuire W J，Papageorgis D. 1962. Effectiveness of forewarning in developing resistance to persuasion[J]. Public Opinion Quarterly，26（1）：24-34.

McPherson M，Smith-Lovin L，Cook J M. 2001. Birds of a feather：homophily in social networks[J]. Review of Sociology，27（1）：415-444.

Meier H. 2010. Experience gained during development and testing of the first swept-wing jet aircraft[A]//German Development of the Swept Wing 1935-1945[C]. Reston：Library of Flight：443-543.

Metiu A，Rothbard N P. 2013. Task bubbles，artifacts，shared emotion，and mutual focus of attention：a comparative study of the microprocesses of group engagement[J]. Organization Science，24（2）：455-475.

Meyer J P，Allen N J. 1997. Commitment in the Workplace：Theory，Research and Application[M]. Thousand Oaks：Sage Publications.

Meyerowitz J. 2002. How Sex Changed：A History of Transsexuality in the United States[M]. Cambridge：Harvard University Press.

Milgram S. 1961. Nationality and conformity[J]. Social American，205（6）：45-51.

Milgram S. 1963. Behavioral study of obedience[J]. Journal of Abnormal and Social Psychology，67（4）：371-378.

Milgram S，Bickman L，Berkowitz L. 1969. Note on the drawing power of crowds of different size[J]. Journal of Personality and Social Psychology，13（2）：79-82.

Ministry of Government Legislation. 2009-05-21. Korean laws in English：social enterprise promotion act[EB/OL]. http://www.moleg.go.kr/english/korLawEng?pstSeq=52974&pageIndex=29.

Ministry of Labor. 2009. Employment Insurance White Paper 2009：Introduction to the Employment Insurance

Plan of the Republic of Korea[R].

Ministry of Strategy and Finance. 2012-03-27. Framework act on cooperatives to take effect from December [EB/OL]. http://english.mosf.go.kr/eco/view.do?bcd=E0009&seq=33&bPage=1.

Minnis M S, Cartwright W J. 1968. Sociological Perspectives: Readings in Deviant Behavior and Social Problems[M]. Dubuque: Wm. C. Brown Book Company.

Money J. 1952. Hermaphroditism: an inquiry into the nature of a human paradox[D]. PhD. Dissertation of Harvard University.

Money J, Tucker P. 1975. Sexual Signatures on Being a Man or a Woman[M]. Boston: Little, Brown & Compamy.

Moore D L, Hausknecht D, Thamodaran K. 1986. Time compression, response opportunity and persuasion[J]. Journal of Consumer Research, 13 (1): 85-99.

Moorhead G. 1991. Group decision fiascoes continue: space shuttle challenger and a revised groupthink framework[J]. Human Relations, 44 (6): 539-550.

Moreland R L, Beach S R. 1992. Exposure effects in the classroom: the development of affinity among students[J]. Journal of Experimental Social Psychology, 28 (3): 255-276.

Morgan C J, Peck R F. 1978. Bystander intervention: experimental test of a formal mode[J]. Journal of Personality and Social Psychology, 36 (1): 43-55.

Moscovici S, Lage E, Naffrechoux M. 1969. Influence of a consistent minority on the responses of a majority in a color perception task[J]. Sociometry, 32 (4) : 365-380.

Moston S, Stephenson G M. 1993. The questioning and interviewing of suspects outside the police station[A]//Britain G. Royal Commission on Criminal Justice[C]. London: HMSO: 83-85.

Mŭnsterberg H. 1908. On the Witness Stand: Essays on Psychology and Crime[M]. New York: Doubleday.

Murray H A. 1938. Explorations in Personality[M]. New York: Oxford University Press.

Negroponte N. 1995. Being Digital[M]. Philadelphia: Coronet Books.

Newcomb T M. 1978. The acquaintance process: looking mainly backward[J]. Journal of Personality and Social Psychology, 36 (10) : 1075-1083.

Nisbett R E, Caputo C, Legant P, et al. 1973. Behavior as seen by the actor and as seen by the observer[J]. Journal of Personality and Social Psychology, 27 (2): 154-164.

OECD. 2003. Transforming Disability Into Ability: Policies to Promote Work and Income Security for Disabled People[M]. Paris: OECD Publication Service.

Ohman A, Lundqvist D, Esterves F. 2001. The face in the crowd revisited: threat advantage with schematic stimuli[J]. Journal of Personality and Social Psychology, 80 (3): 381-396.

Osgood C E. 1952. The nature and measurement of meaning[J]. Psychological Bulletin, 49 (3): 197-237.

Osgood C E. 1958. Insights into the nature of insight[J]. Contemporary Psychology, 3 (7): 197-201.

Osgood C E. 1962. Studies on the generality of affective meaning system[J]. American Psychologist, 17 (1): 10-28.

Osgood C E, Suci G J, Tannenbaum P H. 1957. The Measurement of Meaning[M]. Urbana: University of Illinois Press.

Ostrom T M. 1984. The sovereignty of social cognition[A]//Wyre R S，Srull T K. Handbook of Social Cognition[C]. Hillsdale：lawrence Erlbum Associates：1-32.

Pareto V. 1916. Trattato Di Sociologia Generale[M]. Firenze：G. Barbèra.

Park Y B，Chung J S. 2013. Vocational education and training in Korea[R]. Korea Research Institute for Vocational Education and Training Working Paper.

Parkinson B. 1985. Emotional effects of false automatic feedback[J]. Psychological Bulletin，98（3）：471-494.

Parsons T. 1951. The Social System[M]. Glencoe：The Free Press.

Patt A G，Bowles H R，Cash D W. 2006. Mechanisms for enhancing the credibility of an advisor：prepayment and aligned incentives[J]. Journal of Behavioral Decision Making，19（4）：347-359.

Pavlov I P. 1927. Conditioned Reflexes[M]. New York：Oxford University Press.

Peltokorpi V. 2014. Transactive memory system coordination mechanisms in organizations：an exploratory case study[J]. Group & Organization Management，39（4）：444-471.

Pennebaker J W，Sanders D Y. 1976. American graffiti：effects of authority and reactance arousal[J]. Personality and Social Psychology Bulletin，2（3）：264-267.

Perls F S，Hefferline R F，Goodman P. 1973. Gestalt therapy：excitement and growth in the human personality[J]. Narodno Zdravlje，31（11~12）：312-320.

Peterson R C，Thurstone L L. 1933. Motion Pictures and the Social Attitudes of Children：A Payne Fund Study[M]. New York：MacMillan & Company.

Petty R E，Cacioppo J T. 1981. Effects of issue involvement on attitudes in an advertising context[A] //Corn G，Goldberg M. Proceedings of the Division 23 Program[C]. Montreal：American Psychological Association：20-24.

Petty R E，Cacioppo J T. 1984. Source factors and the elaboration likelihood model of persuasion[J]. Advances in Consumer Research，11（1）：668-672.

Petty R E，Cacioppo J T. 1986. Communication and Persuasion：Central and Peripheral Routes to Attitude Change[M]. New York：Springer-Verlag.

Petty R E，Cacioppo J T，Goldman R. 1981. Personal involvement as a determinant of argument-based persuasion[J]. Journal of Personality and Social Psychology，41（5）：847-855.

Popenoe D. 1999. Can the nuclear family be revived[J]. Society，36（5）：28-30.

Price P C，Stone E R. 2004. Intuitive evaluation of likelihood judgment producers：evidence for a confidence heuristic[J]. Journal of Behavioral Decision Making，17（1）：39-57.

Redfield R. 1953. The Primitive World and Its Transformations[M]. Ithaca：Cornell University Press.

Reisman S，Insko C A，Valins S. 1970. Triadic consistency and false heart-rate feedback[J]. Journal of Personality，38（4）：629-640.

Reno R R，Cialdini R B，Kallgren C A. 1993. The transituational influence of social norms[J]. Journal of Personality and Social Psychology，64（1）：104-112.

Reyes P. 1990. Teachers and Their Workplace：Commitment，Performance，and Productivity[M]. Newbury Park：Sage Publications.

Ridgeway C L，Correll S J. 2004. Unpacking the gender system：a theoretical perspective on gender beliefs and social relations[J]. Gender & Society, 18（4）: 510-531.

Riesman D, Glazer N, Denney R. 1953. The lonely crowd: a study of the changing American character[J]. The Journal of Modern History, 25（2）: 181-183.

Ringelmann M. 1913. Recherches sur les moteurs animés: travail de l'homme（research on animate sources of power: the work of man）[J]. Annales de l'Institut National Agronomique（Annals of the National Agronomic Institute）, 2（12）: 1-40.

Robbins S, Coulter M. 1997. Management[M]. Essex: Pearson Education Limited.

Roberson R. 1992. Globalization: Social Theory and Global Culture[M]. London: Sage.

Robertson I. 1989. Society, a Brief Introduction[M]. New York: Worth Publishers.

Rohan M J, Zanna M P. 2001. Blackwell Handbook of Social Psychology: Intraindividual Processes[M]. Hoboken: Blackwell Publishing Ltd.

Rokeach M. 1968. Beliefs, Attitudes and Values: A Theory of Organization and Change[M]. San Francisco: Jossey-Bass.

Rokeach M. 1973. The Nature of Human Values[M]. New York: The Free Press.

Rokeach M. 1982.Value Survey[M]. Sunnyvale: Halgren Tests.

Rosch E. 1975. Cognitive representation of semantic categories[J]. Journal of Experimental Psychology General, 104（3）: 192-233.

Rosenbaum M E. 1986. The repulsion hypothesis: on the nondevelopment of relationship[J]. Journal of Personality and Social Psychology, 51（6）: 1156-1166.

Rosenberg M J, Hovland C I. 1960. Cognitive, affective and behavior components of attitudes[A]//Rosenberg M J, Hovland I C, McGuire W J, et al. Attitude Organization and Change[C]. New Haven: Yale University Press: 1-14.

Rosenberg M, Turner R. 1981. Social Psychology: Sociological Perspective Paperback[M]. New York: Transaction Publishers.

Rosenberg S, Nelson C, Vivekananthan P S. 1968. A multidimensional approach to the structure of personality impressions[J]. Journal of Personality and Social Psychology, 9（4）: 283-294.

Ross L, Nisbett R E. 1991. The Person and the Situation: Essential Contributions of Social Psychology [M]. Philadelphia: Temple University Press.

Rushton J P. 1976. Socialization and the altruistic behavior of children[J]. Psychological Bulletin, 83（5）: 898-913.

Rushton J P. 1989. Genetic similarity, human altruism, and group selection[J]. Behavioral and Brain Sciences, 12（3）: 503-559.

Savadori L, Swol L M V, Sniezek J A. 2001. Information sampling and confidence within groups and judge advisor systems[J]. Communication Research, 28（6）: 737-771.

Schachter S, Singer J. 1962. Cognitive, social, and physiological determinants of emotional state[J]. Psychological Review, 69（5）: 379-399.

Schelkle W, Krauth W H, Kohli M, et al. 2000. Paradigms of Social Change: Mordernization, Development, Transformation, Evolution[M]. New Yok: Campus Verlag.

Schleicher D J, Day D V, Mayers B T, et al . 2002. A new frame for frame of refernce training: enhancing the contrast validity of reassessment center[J]. Journal of Applied Psychology, 87（4）: 735-746.

Schneider M E, Major B, Luhtanen R, et al. 1996. Social stigma and the potential costs of assunptive help[J]. Personality and Social Psychology Bulletin, 22（2）: 201-209.

Schrah G E, Dalal R S, Sniezek J A. 2006. No decision-maker is an island: integrating expert advice with information acquisition[J]. Journal of Behavioral Decision Making, 19（1）: 43-60.

Schroeder D A, Penner L A, Dovidio J F, et al. 1995. The Psychology of Helping and Altruism: Problems and Puzzles[M]. New York: McGraw-Hill.

Schutz W. 1958. A Three-Dimensional Theory of Interpersonal Behavior[M]. New York: Rinehart.

Schwarz N, Bles H, Bohner G. 1991. Mood and persuasion: affective states influence the processing of persuasive communications[A]//Zanna M P. Advances in Experimental Social Psychology[C]. San Diego: Academic Press: 161-201.

Sedikides C, Skowronski J J. 1997. The symbolic self in evolutionary context[J]. Personality and Social Psychology Review, 1（1）: 80-102.

Senge P. 1994. The Fifth Discipline[M]. New York: Doubleday.

Shantz C U. 1983. Social cognition[A]//Mussen P H. Handbook of Child Psychology [C]. 3rd ed. Hoboken: John Willey & Sons: 495-555.

Shantz C U. 1984. Social perception development[A]//Husen T, Postlethwaite T N. International Encyclopedia of Education: Research and Studies[C]. Oxford: Pergamon Press.

Shaw J, Reyes P. 1992. School cultures: organizational value orientation and commitment[J]. Journal of Educational Research, 85（5）: 295-302.

Shepperd J A, Ouellette J A, Fernandez J K. 1996. Abandoning unrealistic optimistic performance estimates and the temporal proximity of self-relevant feedback[J]. Journal of Personality and Social Psychology, 70（4）: 844-855.

Sherif M. 1936. The Psychology of Social Norms[M]. New York: Harper.

Sherif M, Harvey O J, White J, et al. 1961. Intergroup Conflict and Cooperation: The Robber's Cave Experiment[M]. Norman: Institute of Intergroup Relations, University of Oklahoma Book Exchange.

Sherman S J, Fazio R H. 1983. Parallels between attitudes and traits as predictors of behavior[J]. Journal of Personality, 51（3）: 308-345.

Simith E R. 1990. Content and process specificity in the effects of prior experiences[A]//Sroll T K, Wyer R S. Advances in Social Cognition[C]. Hove: Psychology Press: 1-59.

Skinner B F. 1938. The Behavior of Organisms: An Experimental Analysis[M]. Cambridge: B.F. Skinner Foundation.

Smith E R, Zarate M A. 1990. Exemplar and prototype use in social categorization[J]. Social Cognition, 8(3): 243-262.

Smith E R, Zarate M A. 1992. Exemplar-based model of social judgment[J]. Psychological Review, 99（1）: 3-21.

Smith E R, Semin G R. 2004. Socially situated cognition: cognition in its social context[J]. Advances in

Experimental Social Psychology, （36）: 53-117.

Smith P B, Band M H. 1993. Social Psychology Across Cultures: Analysis and Perspectives[M]. New York: Harvester Wheat Sheaf.

Smith S. 1985. Groupthink and the hostage rescue mission[J]. British Journal Political Science, 15（1）: 117-123.

Smith S M, Petty R E. 1996. Message framing and persuasion: a message processing analysis[J]. Personality and Social Psychology Bulletin, 22（3）: 257-268.

Sniezek J A, Buckley T. 1989. Social influence in the advisor-judge relationship[C]. Annual Meeting of the Judgmentand Decision Making Society.

Sniezek J A, Buckley T. 1995. Cueing and cognitive conflict in judge-advisor decision making[J]. Organizational Behavior and Human Decision Processes, 62（2）: 159-174.

Sniezek J A, Swol L M V. 2001. Trust, confidence, and expertise in a judge-advisor system[J]. Organizational Behavior and Human Decision Processes, 84（2）: 288-307.

Sniezek J A, Schrah G E, Dalal R S. 2004. Improving judgement with prepaid expert advice[J]. Journal of Behavioral Decision Making, 17（3）: 173-190.

Snyder M, Tanke E D, Berschied E. 1977. Social perception and interpersonal behavior: on the self-fulfilling nature of social stereotypes[J]. Journal of Personality and Social Psychology, 35（9）: 656-666.

Sorokin P A. 1965. Sociology of yesterday, today and tomorrow[J]. American Sociological Review, 30（6）: 833-843.

Spencer H. 1898. Principles of Sociology（V1-V3）[M]. New York: D. Appleton and Company.

Spengler O. 1931. Man and Technics: A Contribution to a Philosophy of Life[M]. Honolulu Hawaii: University Press of the Pacific.

Staub E. 1974. Helping a distressed person: social, personality, and stimulus determinants[A]//Berkowitz L. Advances in Experimental Social Psychology[C]. New York: Academic Press: 293-341.

Staub E. 1984. Notes toward an interactionist-motivational theory of the determinants and development of（pro）social behavior[J]. Development and Maintenance of Prosocial Behavior, （31）: 29-49.

Sternberg R J. 1986. A triangular theory of love[J]. Psychological Review, 93（2）: 119-135.

Sternberg R J. 1988. The Triangle of Love[M]. New York: Basic Books.

Stoller R J. 1968. Sex and Gender: On the Development of Masculinity and Femininity[M]. New York: Science House.

Storms M D, Nisbett R E. 1970. Insomnia and the attribution process[J]. Journal of Personality and Social Psychology, 16（2）: 319-328.

Sun L K. 2002. The Chinese National Character: From National to Individuality[M]. Armonk: M. E. Sharpe.

Swol L M V. 2009. Discussion and perception of information in groups and judge-advisor systems[J]. Communication Monographs, 76（1）: 99-120.

Swol L M V, Sniezek J A. 2005. Factors affecting the acceptance of expert advice[J]. British Journal of Social Psychology, 44 （3）: 443-461.

Swol L M V, Ludutsky C L. 2007. Tell me something I don’t know: decision-makers’ preference for advisors with unshared information[J]. Communication Research，34（3）：297-312.

Tajfel H. 1957. Value and the perceptual judgement of magnitude[J]. Psychological Review，64(3)：192-204.

Tajfel H. 1959. Quantitative judgment in social perception[J]. British Journal of Psychology，50（1）：16-29.

Tajfel H. 1970. Experiments in intergroup discrimination[J]. Scientific American，223（5）：96-102.

Tajfel H. 1981. Human Groups and Social Categories[M]. Cambridge：Cambridge University Press.

Tajfel H，Turner J C. 1979. An integrative theory of intergroup conflict[A]//Austin W G，Worchel S. The Social Psychology of Intergroup Relations[C]. Monterey：Brooks/Cole：162-173.

Tajfel H，Turner J C. 1985. The social identity theory of intergroup behavior[A]//Worchel S，Austin W G. Psychology of Intergroup Relations[C]. Chicago：Nelson- Hall：7-24.

Tajfel H，Billig M G，Bundy R F，et al. 1971. Social categorization and intergroup behavior[J]. European Journal of Social Psychology，1（2）：149-178.

Taylor S E，Fiske S T. 1975. Point of view and perceptions of causality[J]. Journal of Personality and Social Psychology，32（3）：439-445.

Thibaut J W，Kelly H H. 1959. The social psychology of groups[J]. Journal of Social Issues，30(4)：297-320.

Thompson J E，Thompson H O. 1989. Teaching ethics to nursing students[J]. Nursing Outlook，37(2)：84-88.

Thornton P，Lunt N.1997. Employment policies for disabled people in eighteen countries：a review[J]. Disblity & Society，28（5）：156-157.

Thurstone L L. 1928. Attitudes can be measured[J]. American Journal of Sociology，33（4）：529-554.

Toynbee A J. 1939. A Study of History[M]. London：Oxford University Press.

Travers J，Milgram S. 1969. An experimental study of the small world problem[J]. Sociometry，32（4）：425-443.

Triplett N. 1898. The dynamogenic factors in pacemaking and competition[J]. American Journal of Psychology，9（4）：507-533.

Trivers R. 1985. Social Evolution[M]. Redwood City：Benjamin-Cummings Pub Co.

Tschannenmoran M，Hoy A W，Hoy W K. 1998. Teacher efficacy：its meaning and measure[J]. Review of Educational Research，68（2）：202-248.

Turner J C. 1985. Social categorization and the self-concept：a social cognitive theory of group behavior[A]//Lawler E J. Advances in Group Processes[C]. Greenwich：JAI Press：77-122.

Tziner A，Vardi Y. 1982. Effects of command style and group cohesiveness on the performance effectiveness of self-selected tank crews[J]. Journal of Applied Psychology，67（6）：769-776.

Vago S. 2005. Social Change[M].Beijing：Peking University Press.

Vaughan G M. 1978. Social change and intergroup preferences in New Zealand[J]. European Journal of Social Psychology，8（3）：297-314.

Vernon P E. 1933. Some characteristics of the good judge of personality[J]. The Journal of Social Psychology，4（1）：42-57.

Wagner C，Wheeler L. 1969. Model，need，and cost effects in helping behavior[J]. Journal of Personality and Social Psychology，1（2）：111-116.

Walker R W，Ashworth K. 1994. Poverty Dynamics：Issues and Examples[M]. Aldershot：Avebury.

Walpole R E, Myers R H, Myers S L. 1993. Probability and Statistics for Engineers and Scientists[M]. 5th ed. Upper Saddle River: Prentice-Hall International.

Walster E, Waslter G, Berscheid E. 1978. Equity: Theory and Research[M]. Boston: Allyn & Bacon.

Walters R H, Parke R D. 1967. The influence of punishment and related disciplinary techniques on the social behavior of children: theory and empirical findings[J]. Prog Exp Pers Res, (4): 179-228.

Webster A. 1990. Population, urbanisation and education[A]//Webster A. Introduction to the Sociology of Development[C]. London: Palgrave: 98-128.

Wegner D M. 1995. A computer network model of human transactive memory[J]. Social Cognition, 13(3): 319-339.

Wells G L. 1984. The psychology of lineup identifications[J]. Journal of Applied Social Psychology, 14(1): 89-103.

Wells G L, Bradfield A L. 1998. "Good, you identified the suspect": feedback to eyewitnesses reports distorts their reports of the witnessing experience[J]. Journal of Applied Social Psychology, 83(3): 360-376.

Wells G L, Olson E A. 2003. Eyewitness testimony[J]. Annual Review of Psychology, (54): 277-295.

Wells G L, Lindsay R C, Ferguson T J. 1979. Accuracy, confidence, and juror perceptions in eyewitness identification[J]. Journal of Applied Psychology, 64(4): 440-448.

Wells G L, Ferguson T J, Lindsay R C L. 1981. The tractability of eyewitness confidence and its implications for triers of fact[J]. Journal of Applied Psychology, 66(6): 688-696.

White T B. 2005. Consumer trust and advice acceptance: the moderating roles of benevolence, expertise, and negative emotions[J]. Journal of Consumer Psychology, 15(2): 141-148.

Whitley B E. 1987. The effects of discredited eyewitness testimony: a meta analysis[J]. Journal of Social Psychology, 127(2): 209-214.

Whitley B E, Greenberg M S. 1986. The role of eyewitness confidence in juror perceptions of credibility[J]. Journal of Applied Social Psychology, 16(5): 387-409.

WHO. 1972. Human development and public health: report of a WHO scientific group[J]. World Health Organization Technical Report, 485(2): 1-40.

Wicks R H. 1996. Standpoint: joseph klapper and the effects of mass communication: a retrospective[J]. Journal of Broadcasting & Electronic Media, 40(4): 563-569.

Williams P T. 1995. Physical activity and public health[J]. The Journal of the American Medical Association, 274(7): 533-534.

Williamson T M. 1993. From interrogation to investigative interviewing: strategic trends in police questioning[J]. Journal of Community and Applied Social Psychology, 3(2): 89-99.

Wilson E O. 1975a. Some central problems of sociobiolog[J]. Social Science Information, 14(6): 5-18.

Wilson E O. 1975b. Sociobiohgy: The New Synthesis[M]. Cambridge: Harvard University Press.

Winslow C E A. 1920. The untilled fields of public health[J]. Science, 51(1306): 23-33.

Woodworth R S. 1931. Contemporary Schools of Psychology[M]. New York: Ronald Press Company.

Worchel S, Cooper J, Goethals G R. 1991. Understanding Social Psychology[M]. 5th ed. Homewood: The Dorsey Press.

Wyre R S，Srull T K. 1989. Memory and Cognition in Social Context [M]. Hillsdale：Lawrence Erlbaum Associates.

Wyre R S，Radvansky G A. 1999. The comprehension and validation of social information[J]. Psychological Review，106（1）：89-118.

Yaniv I. 2004a. Receiving other people's advice：influence and benefit[J]. Organizational Behavior and Human Decision Processes，93（1）：1-13.

Yaniv I. 2004b. The benefits of additional opinions[J]. Current Directions in Psychological Science，13（2）：75-78.

Yaniv I，Kleinberger E. 2000. Advice taking in decision making：egocentric discounting and reputation formation[J]. Organizational Behavior and Human Decision Processes，83（2）：260-281.

Yaniv I，Milyavsky M. 2007. Using advice from multiple sources to revise and improve judgments[J]. Organizational Behavior and Human Decision Processes，103（1）：104-120.

Zaccaro S J，Lowe C A. 1988. Cohesiveness and performance on an additive task：evidence for multidimensionality[J]. Journal of Social Psychology，128（4）：547-558.

Zaccaro S J，McCoy M C. 1988. The effects of task and interpersonal cohesiveness on performance of a disjunctive group task[J]. Journal of Applied Social Psychology，18（10）：837-851.

Zajonc R B. 1968. Attitudinal effects of mere exposure[J]. Journal of Personality and Social Psychology，9（2）：1-27.

Zimbardo P G. 1969. The human choice：individuation，reason，and order versus deindividuation，impluse and chaos[A]//Arnold M J，Levine D. Nebraska Symposium on Motivation[C]. Lincoln：University of Nebraska Press：237-307.

Zwaan R A，Radvansky G A . 1998. Situation models in language comprehension and memory[J]. Psychological Bulletin，123（2）：162-185.

后　　记

当今中国社会是追求物质与精神生活双丰裕的社会，民众对幸福的深层含义有了更多的理解，而广大民众的幸福感提升要靠一个真正的公共社会来实现，即一个有完善的公共设施、公共服务和福利制度的社会，一个私人权利和公共权利都能得到充分保障和展示的社会，一个人人都可以在法律与制度的保障下自由追求发展的社会，一个公共事务的制度决策、执行程序与管理结果都公开透明的社会，一个机会均等、既注重效率又注重公平的社会，一个各阶层、各民族和谐共处、包容团结的社会。这其中，最重要的任务是凝聚民众心意、顺应时代心理而做出科学、积极、正确的公共管理决策，所以，公共管理与公众心理的互动关系的意义是历史的和未来的，所有的公共管理活动参与者都必须重视公共管理心理学的学习与运用。

在国内，人口增长、经济发展、民主推进、文化互动、信息爆炸、社会变迁，促使当今的中国社会变得更加多元化、丰富化与动态化，公共事务数量呈级数增长，公共管理对象日益变化，公共管理环境越来越复杂，公众心理也在时时刻刻地发生着高度混沌的变化，既有质的方面，又有量的方面；而在国际上，文化冲突引发的民族问题、现代化变迁引发的贫富差距、政治分歧引发的暴恐袭击等在2016年和2017年呈现迅速激化的状态，多个国家在政治、经济、文化、安全等方面发生了黑天鹅事件，各个国家都感觉到了当代公共管理的复杂性与艰巨性的增强，都加快了、深化了对公共管理的研究。公共管理质量以其自身特殊的地位，成为当代国家间竞争的核心软实力之一。

各国已有经验证明，公共管理的实践与研究要特别注意将心理学的最新研究成果引入，分析公共管理领域有别于其他管理领域的独特心理问题，研究可以解决各种现实矛盾的心理对策，科学地指导公共管理实践。在国内，公共管理学科的发展还处在婴幼儿阶段，而公共管理心理学的研究更是刚刚起步。本教材的编写工作将成为提高国内公共管理水平、提升公共管理质量的一次有益探索，也是将最新心理学研究成果与国内公共管理实践相结合、相联系的一次积极尝试。

追溯起始，本教材的雏形乃是公共管理各专业学生的心理学课程的讲稿，因为在教学实践中发现，各个高校公共管理学科教学中采用的心理学教材基本是从国外直接引进或是在我国学者编著的《社会心理学》或《管理心理学》的教材中选用一种，其主要不足是：现有的《社会心理学》教材偏重于介绍心理学在社会学领域的理论与应用，重点分析社会问题，更适合作为社会学领域各细分专业学生的专业基础课教学用书；而现有的《管理心理学》则偏重于介绍心理学在企业管理中的应用，重点分析员工生产率与组织行为，更为适合企业管理、生产管理、经济管理等专业的学生使用。所以，我与我的同事紧抓公共管理的视角，整合编写了近年来中西方心理学研究的新成果并将心理学的理论知识与公共管理学科中公共行政管理、司法实践、公共卫生与医疗、城市管理、应急管理、社会工作、新闻传播、劳动安全管理、教育管理、社会保障等专业方向的学生的能力培养的具体需要相结合的教学讲义。

经过六年多的课堂教学与讲义编写的互动促进，我们于 2011 年底完成这部稚嫩的《公共管理心理学》，它的特点是在介绍西方理论的同时，强化对中国本土研究成果的介绍，并主要选择中国的典型案例，案例简析密切联系中国社会主义现代化建设的实际，重点讨论改革开放过程中出现的各种典型的公共管理问题与相应的社会心理现象，并结合中国文化传统的实际，探讨具有本国特点的政府、社会与公民的行为分析。

通过努力，本教材在科学出版社正式出版，成为全国高校公共管理学院各个专业学生学习必备的，以及适合全校性选修课、研究生培养的一部理论系统、着重技能、强化实践的教材，公共行政管理、公共政策、公共事业管理、城市与社区管理、应急管理、社会学、劳动安全与社会保障、社会工作、公共政策、人类学、公共卫生与医疗、新闻传播、法律教育、教育管理、土地资源管理等专业的教学均可使用，还可以供从事公共管理工作的管理者学习参考，以及对公共管理心理学感兴趣的人士阅读。

2014 年 9 月，本教材入选教育部第二批"十二五"普通高等教育本科国家级规划教材，全体编写组成员都非常兴奋，结合三年来的使用情况与师生反馈，我们决定进行内容的更新与完善，扩展相关章节、增补参编人员。全书整体设计为两个大的部分：第一大部分是"公共管理心理学的基本理论"篇章，包括第一章到第九章。其中，第一章由华南农业大学贾海薇撰写，第二章由华南师范大学胡中锋撰写，第三章由西安交通大学王渭玲撰写，第四章由中山大学张书维撰写，第五章由河北科技大学蒋立杰撰写，第六章由湛江师范学院程甫撰写，第七章由华南师范大学雷丽珍、首都师范大学赵晨撰写，第八章由浙江大学范柏乃撰写，第九章由广东金融学院杨洋撰写。第二大部分是"公共管理心理学的实践"篇章，包括第十章到第二十章。其中，第十章由华南农业大学巩玉涛撰写，第十一章由内蒙古大学鄂尔多斯学院刘海英撰写，第十二章由华南农业大学张雯闻、刘辉撰写，第十三章由西南财经大学姚望撰写，第十四章由华南农业大学高青莲撰写，第十五章由北京大学句华撰写，第十六章由中国人民大学孙柏瑛撰写，第十七章由华南农业大学王宇丰撰写，第十八章由华南农业大学马步广撰写，第十九章由北京航空航天大学代懋撰写，第二十章由河北师范大学吴智育撰写。在本教材的二次修订中，我们参考了大量国内外的有关资料，在此向各位学者致谢致敬。同时，本教材的第一版与第二版的出版工作始终得到了科学出版社诸多同仁的大力支持，在此，我们一并致谢！

由于在有限的有知边界之外，是无限的无知，本教材难免存在疏漏、不足之处，欢迎读者与同行批评指正，我们会不断努力，定期更新与完善。

贾海薇

2017 年夏